LES ÉTRUSQUES
ET L'EUROPE

LES ÉTRUSQUES ET L'EUROPE

Galeries Nationales du Grand Palais
Paris

15 septembre - 14 décembre 1992

Altes Museum
Berlin

25 février - 31 mai 1993

RÉUNION DES MUSÉES NATIONAUX

Cette exposition est placée
sous le haut patronage

de Monsieur Oscar Luigi Scalfaro
Président de la République italienne

et

de Monsieur François Mitterrand
Président de la République française

Cette exposition a été organisée
par le Ministero per i Beni Culturali
e Ambientali,
la Réunion des musées nationaux
et les Staatliche Museen
zu Berlin-Preussischer Kulturbesitz,
le Groupe FIAT et le Palazzo Grassi,
avec la collaboration scientifique
de l'Institut National
des Etudes Etrusques et Italiques

Le projet scientifique a été
élaboré par Massimo Pallottino

La présentation a été conçue et réalisée
par Agata Torricella Crespi, avec le concours
des équipes techniques du Grand Palais

FIAT

PALAZZOGRASSI

ISBN 2-7718-2576-0

Comité d'honneur

Jack Lang
Ministre d'Etat
Ministre de l'Education nationale et de la Culture

Roland Dumas
Ministre d'Etat
Ministre des Affaires étrangères

Philippe Cuvillier
Ambassadeur de France en Italie

Claude Harel
Directeur général des Relations culturelles, scientifiques et techniques, Ministère des Affaires étrangères

Jacques Sallois
Directeur des Musées de France
Président de la Réunion des musées nationaux

Evelyne Pisier
Directeur du Livre et de la Lecture, Ministère de l'Education nationale et de la Culture

Jean Leclant
Secrétaire perpétuel de l'Académie des Inscriptions et Belles-Lettres

Giorgio Frasca
Président directeur général de Fiat France

Alberto Ronchey
Ministro
per i Beni Culturali e Ambientali

Emilio Colombo
Ministro degli Affari Esteri

Luigi Guidobono Cavalchini
Ambasciatore d'Italia in Francia

Alessandro Vattani
Direttore generale delle Relazioni culturali
Ministero degli Affari Esteri

Francesco Sisinni
Direttore generale dell'Ufficio Centrale per i Beni Ambientali, Architettonici, Archeologici, Artistici e Storici, Ministero per i Beni Culturali e Ambientali

Francesco Sicilia
Direttore generale dell'Ufficio Centrale per i Beni librari e gli Istituti culturali, Ministero per i Beni Culturali e Ambientali

Giovanni Agnelli
Presidente del Gruppo FIAT

Feliciano Benvenuti
Presidente di Palazzo Grassi

Commissariat général

Massimo Pallottino
Membre de l'Accademia dei Lincei
Membre de l'Académie des Inscriptions et Belles-Lettres
Président de l'Institut National des Etudes Etrusques et Italiques

Commissariat

Françoise Gaultier
Conservateur au Département des Antiquités grecques, étrusques et romaines, Musée du Louvre

Giovannangelo Camporeale
Professeur d'Étruscologie et d'Archéologie italique, Université de Florence

Coordination scientifique

Filippo Delpino
Premier chercheur de l'Institut pour l'Archéologie étrusque et italique, Conseil National de la Recherche

Alain Pasquier
Conservateur général du Patrimoine, chargé du Département des Antiquités grecques, étrusques et romaines, Musée du Louvre

Wolf-Dieter Heilmeyer
Directeur de l'Antikensammlung, Staatliche Museen zu Berlin - Preussischer Kulturbesitz

Coordination générale

Irène Bizot
Administrateur général de la Réunion des musées nationaux

Paolo Viti
Directeur des activités culturelles du Palazzo Grassi

Gaita Leboissetier
Administrateur des Galeries Nationales du Grand Palais

Comité scientifique

Que toutes les personnalités qui ont permis par leur généreux concours la réalisation de cette exposition trouvent ici l'expression de notre gratitude:
Monsieur et Madame Denys Haynes
Madame Georges Pruvot
ainsi que toutes celles qui ont préféré garder l'anonymat.
Nos remerciements s'adressent également aux responsables des collections suivantes:

ALLEMAGNE
Alfeld
Heimatmuseum
Berlin
Staatliche Museen zu Berlin, Antikensammlung
Staatliche Schlösser und Gärten
Bonn
Rheinisches Landesmuseum
Karlsruhe
Badisches Landesmuseum
Mayence
Römisch - Germanisches Zentralmuseum
Munich
Architekturmuseum Technische Universität
Staatliche Antikensammlungen und Glyptothek
Staatliche Graphische Sammlung
Stuttgart
Württembergisches Landesmuseum
Würzburg
Martin von Wagner Museum der Universität

AUTRICHE
Eisenstadt
Burgenländisches Landesmuseum
Salzbourg
Salzburger Museum Carolino Augusteum
Vienne
Kunsthistorisches Museum, Antikensammlung
Naturhistorisches Museum, Prähistorische Abteilung

BELGIQUE
Bruxelles
Musées Royaux d'Art et d'Histoire

CITTÀ DEL VATICANO
Musei Vaticani

DANEMARK
Copenhague
Ny Carlsberg Glyptotek

ESPAGNE
Badajoz
Museo Arqueologico Provincial
Barcelone
Museu Arquéologic
Empuries
Museu d'Empùries
Ullastret
Museu d'Ullastret

ETATS-UNIS D'AMERIQUE
New-York
The Metropolitan Museum of Art
Providence
Museum of Art, Rhode Island School of Design
Toledo
Toledo Museum of Art

FRANCE
Aix-les-Bains
Musée Faure
Aléria
Musée Archéologique Départemental Jérôme Carcopino
Besançon
Musée des Beaux Arts et d'Archéologie
Bourges
Musées de la Ville de Bourges
Chambéry
Musées d'Art et d'Histoire
Châtillon-sur-Seine
Musée Archéologique
Colmar
Musée d'Unterlinden
Lattes
Musée Archéologique Henri Prades
Lons-le-Saulnier
Musée d'Archéologie
Lyon
Musée de la Civilisation gallo-romaine
Marseille
Musée d'Archéologie méditerranéenne
Nantes
Musée Dobrée
Nice
Musée d'Art et d'Histoire
Paris
Académie d'Architecture
Bibliothèque Centrale des Musées de France
Bibliothèque Nationale
Cabinet des Médailles
Département des Estampes et de la Photographie
Département des Livres Imprimés
Ecole nationale supérieure des Beaux-Arts
Musée du Louvre
Département des Antiquités grecques, étrusques et romaines
Département des Arts graphiques
Département des Peintures
Union Centrale des Arts Décoratifs
Musée des Arts Décoratifs
Bibliothèque des Arts Décoratifs
Saint-Germain-en-Laye
Musée des Antiquités nationales
Saint-Rémy-de-Provence
Service Régional de l'Archéologie de Provence-Alpes-Côte d'Azur
Sèvres
Musée national de Céramique
Sigean
Musée des Corbières
Strasbourg
Musée archéologique

GRANDE-BRETAGNE
Londres
British Library
British Museum
Victoria and Albert Museum

GRECE
Olympie
Musée archéologique

ITALIE
Aquilée
Museo Archeologico Nazionale
Arezzo
Chiesa della Santa Croce
Museo Archeologico
Artimino
Museo Archeologico
Bologne
Biblioteca comunale dell'Archiginnasio, Gabinetto disegni e stampe
Museo Civico Archeologico

Soprintendenza Archeologica
dell'Emilia Romagna
Cerveteri
Museo Nazionale Cerite
Chiusi
Museo Archeologico Nazionale
Civita Castellana
Museo dell'Agro Falisco
Cortone
Accademia Etrusca
Biblioteca Comunale e dell'Accademia
Etrusca
Este
Museo Nazionale Atestino
Ferrare
Museo Nazionale Archeologico
Florence
Biblioteca Marucelliana
Biblioteca Medicea Laurenziana
Biblioteca Moreniana
Biblioteca Nazionale Centrale
Casa Buonarroti
Galleria degli Uffizi
Gabinetto Disegni e Stampe degli Uffizi
Istituto Nazionale di Studi Etruschi
e Italici
Museo Archeologico
Opificio delle Pietre Dure
Soprintendenza per i Beni Artistici
e Storici delle Province di Firenze
e Pistoia
Soprintendenza Archeologica per la Toscana
Grosseto
Museo Archeologico della Maremma
Marzabotto
Museo Nazionale Etrusco Pompeo Aria
Modène
Galleria e Museo Estense
Soprintendenza per i Beni Artistici
e Storici di Modena e Reggio Emilia
Murlo
Antiquarium
Naples
Museo e Gallerie Nazionali di Capodimonte
Museo Archeologico Nazionale
Museo Archeologico di Lacco Ameno
Soprintendenza Archeologica delle
Province di Napoli e Caserta
Padoue
Museo Civico Archeologico
Soprintendenza Archeologia per il Veneto
Palerme
Museo Archeologico Regionale
Pérouse
Museo Archeologico Nazionale dell'Umbria
Soprintendenza Archeologica per l'Umbria
Pise
Soprintendenza ai Monumenti e Gallerie di
Pisa
Plaisance
Museo Civico
Rome
Biblioteca Nazionale Centrale
Biblioteca Universitaria Alessandrina
British School
Galleria Nazionale d'Arte Antica
Istituto per l'Archeologia Etrusco-Italica
del C.N.R.
Istituto Archeologico Germanico
Istituto Svedese di Studi Classici
Musei Capitolini
Museo delle Antichità Etrusche e Italiche
dell'Università degli Studi
di Roma "La Sapienza"
Museo Napoleonico
Museo Nazionale di Villa Giulia
Museo Nazionale Preistorico Etnografico
L. Pigorini
Pontificia Insigne Accademia Artistica
dei Virtuosi al Pantheon
Soprintendenza Archeologica per
l'Etruria Meridionale
Sassari
Museo Nazionale G.A. Sanna
Tarquinia
Museo Archeologico Nazionale
Trieste
Soprintendenza Archeologica per i Beni
Ambientali Architettonici Artistici e
Storici del Friuli Venezia Giulia
Turin
Museo di Antichità
Soprintendenza Archeologica del Piemonte
Vérone
Museo Archeologico al Teatro Romano
Museo di Castelvecchio
Volterra
Museo Etrusco Guarnacci

PAYS-BAS
Leyde
Rijksmuseum van Oudheden

POLOGNE
Varsovie
Cabinet des Estampes de la Bibliothèque
de l'Université

ROUMANIE
Cluj-Napoca
Muzeul de Istorie al Transilvaniei

RUSSIE
Saint-Petersbourg
Archives Nationales
Musée de l'Ermitage

SLOVENIE
Ljubljana
Narodni Muzeum

SUEDE
Stockholm
Statens Historiska Museum
Visby
Gotlands Fornsal

SUISSE
Berne
Bernisches Historisches Museum
Genève
Musée d'Art et d'Histoire
Zurich
Schweizerisches Landesmuseum

TCHECOSLOVAQUIE
Litomerice
Okresni vlastivedné Muzeum
Prague
Nàrodni Muzeum

L'Europe occidentale, dans quelques mois, ne sera plus seulement une entité géographique et historique, mais une réalité politique et, plus que jamais, économique. Ce grand rêve, en gestation voici trente-cinq ans dans le Traité de Rome, tous les empires occidentaux depuis l'antiquité l'avaient plus ou moins caressé. Au moment où il prend définitivement et, cette fois, pacifiquement corps, il devient urgent d'en récrire l'histoire, c'est à dire de redécouvrir, par delà les identités régionales et nationales, les fondements d'une commune mémoire européenne.

Nourrie par la diversité des cultures dans lesquelles les nations d'Europe s'enracinent, enrichie par les antagonismes et les heurts, cette mémoire l'est aussi par des liens plus paisibles, entendons les liens de civilisation qui unissent nos peuples depuis l'antiquité et qui en marquent aujourd'hui encore les traits. Le rayonnement d'Athènes et de Rome fut de ces ciments durables, que l'humanisme nous a transmis, mais qui a relégué à l'arrière-plan d'autres cultures également fondatrices. Les Celtes, par exemple, dont la fabuleuse civilisation "barbare" fut révélée l'an passé à Venise, dans une magnifique exposition du Palazzo Grassi. Et les Etrusques que nous redécouvrons cette année au Grand Palais grâce au Ministère des Biens culturels italien, au Groupe FIAT encore et à la Réunion des musées nationaux.

Exhumé à la Renaissance, le monde étrusque exerce une fascination aux ressorts plus subtils que celle de Rome et d'Athènes, et probablement plus profonds. Un millénaire d'existence, une langue encore obscure expliquent partiellement cela. Mais l'influence indéniable de la Grèce n'entame en rien l'originalité d'un foyer de culture essentiellement urbaine, éclaté en une douzaine de cités aristocratiques et marchandes dont les noms ont parfois survécu dans la toponymie italienne. Confronté à l'idéal gréco-romain, solaire, universel et impassible, l'art étrusque, dans sa spontanéité, dans son archaïsme aussi, paraît plus proche des préoccupations de l'art d'aujourd'hui. Il est l'expression d'une de ces civilisations originales que d'autres, plus puissantes, ont avec le temps absorbées, et qui de ce fait constituent le substrat de notre mémoire européenne.

Jack Lang

Ministre d'Etat
Ministre de l'Education Nationale
et de la Culture

Au moment même où l'Europe est en train d'avancer, parfois laborieusement, sur le chemin de son unité économique et politique, et recherche son identité commune face au monde, voici qu'elle se tourne à nouveau, avec attention et intérêt, vers ses plus lointaines origines.
Et parmi celles-ci il est clair que ce peuple et cette civilisation étrusques, qui conservent encore tant de traits mal connus, occupent une place importante.
C'est donc à ces précurseurs de Rome qu'est dédiée l'exposition "Les Etrusques et l'Europe" qui, à travers de nombreux documents et témoignages de leur art et de leur activité économique et commerciale, vise à renouer le long fil qui les relie à l'Europe d'aujourd'hui.
Conformément à la dimension européenne qui caractérise son projet d'entreprise, et à sa politique de soutien aux activités culturelles de longue haleine, le Groupe FIAT a bien volontiers fait sienne l'idée de promouvoir cette initiative, avec le Palazzo Grassi et la prestigieuse Réunion des musées nationaux. Il entend ainsi confirmer sa présence, d'ailleurs profondément enracinée en France, non seulement sur le terrain de la vie économique, mais aussi sur celui, si riche, de la vie culturelle de ce pays.

Giovanni Agnelli
Président du Groupe FIAT

Nul ne l'ignore: l'année 1992 est une date capitale pour l'avenir de l'Europe. Le vieux continent est en effet sur le point de s'engager dans l'étape décisive d'une unification que tant de grands esprits ont ardemment souhaitée. Qu'au moment où les pays qui le composent s'appliquent à inventer un futur qui les associera étroitement se retournent vers le passé, et se penchent sur leurs racines communes apparaît comme une démarche particulièrement opportune. C'est dans cette direction que le professeur Massimo Pallottino a proposé le thème d'une exposition qui attire l'attention sur les rapports qui ont été échangés entre d'une part la civilisation des Etrusques, et d'autre part l'Europe, l'Europe de l'Antiquité ou celle des Temps Modernes. Explorer les domaines dans lesquels et les moyens par lesquels les Etrusques ont reçu de l'Orient ou de la Grèce, puis transmis aux Celtes de l'Europe centrale et occidentale maint élément de culture, mettre en lumière le rôle joué par l'héritage toscan soit au travers de la civilisation romaine, soit par la rétrospection qui ne cesse de s'exercer depuis la Renaissance par le fait des savants et des artistes, voilà la tâche passionnante que Massimo Pallottino a confiée à quelques-uns de ses disciples, en leur donnant généreusement accès aux richesses de sa prodigieuse érudition. Giovannangelo Camporeale et Françoise Gaultier, commissaires de l'exposition, ont donc orchestré les efforts de toutes celles et de tous ceux qui ont apporté leur appui et leur talent à la réalisation de ce beau projet, parmi lesquels il convient de citer Filippo Delpino, qui a coordonné le développement scientifique du projet en Italie, et l'architecte Agata Torricella, dont la mission délicate a été de mettre en scène les quelque 620 objets retenus.

Il a été décidé, d'une manière symbolique, que cette exposition soit présentée successivement dans deux des plus anciennes capitales de l'Europe, à Paris et Berlin. C'est donc le Grand Palais, puis "l'île des musées", où cette manifestation inaugurera la réorganisation muséographique que la réunification de l'Allemagne a rendue possible, qui abriteront pour quelque temps un bouquet des plus grands chefs-d'œuvre de la civilisation étrusque. Disons-le clairement: un tel projet n'aurait pu être viable sans le soutien chaleureux, sans l'amicale compréhension des responsables de collections, qui ont consenti à laisser voyager des objets illustres pour donner à l'événement le plus grand éclat: qu'en particulier Francesco Nicosia, pour le Musée archéologique de Florence, Carlo Pietrangeli, pour le Musée du Vatican, et Giovanni Scichilone, pour celui de la Villa Giulia, trouvent ici l'expression de la très vive gratitude qu'éprouvent les responsables des deux manifestations parisienne et berlinoise.

Enfin tout ceci, bien sûr, n'aurait pas été possible sans l'heureuse conjugaison des compétences et des moyens dont disposent la Réunion des musées nationaux, les Staatliche Museen zu Berlin - Preussischer Kulturbesitz, le Groupe FIAT et le Palazzo Grassi, où Paolo Viti a fait preuve d'une inlassable énergie pour que cette entreprise rencontre le succès. L'Italie, la France, l'Allemagne, en méditant de la sorte avec maint autre pays européen sur leur passé commun, confirment ainsi l'étroitesse des liens qui réunissent leurs cultures d'aujourd'hui, et adressent à tous un message de confiance pour l'avenir que va bientôt inaugurer la naissance du XXIème siècle.

Alain Pasquier

Au moment même où les discussions politiques sur l'Europe s'intensifient, la nécessaire réflexion sur les cultures qui l'ont formée ne peut être menée sans les avoir d'abord distinguées. Si les Grecs et les Romains furent assurément les principaux éléments constitutifs de la première Europe, les Etrusques vécurent au contraire dans une partie bien délimitée de celle-ci, mais aussi avec celle-ci, méme si ce fut à leur insu. L'importance des liens qui nous unissent encore à eux est devenu de plus en plus évidente à mesure que se sont dissipées les énigmes que les découvertes archéologiques avaient fait naître.
Pour d'évidentes raisons géographiques, la recherche sur les Etrusques est née en Italie; elle n'en est pas moins active, et depuis longtemps, dans d'autres pays. Si l'étruscologie fait partie intégrante, pour les Italiens, de leur culture nationale, ailleurs elle s'intègre naturellement dans la discipline générale de l'archéologie classique. Aussi bien une confrontation des points de vue est-elle possible, comme ce fut une première fois le cas entre 1954 et 1956, quand l'exposition "Art et Civilisation des Etrusques" - la première grande exposition itinérante qui leur aura été consacrée - circula à travers l'Europe.
L'exposition "Les Etrusques et l'Europe" est aussi au cœur de cette confrontation: en effet, au-delà de l'étude des Etrusques eux-mêmes, elle éclaire les différentes approches qu'ils ont suscitées depuis l'Antiquité, dans un débat qui s'est encore élargi après l'exposition de 1954-1956.
La conception de ces deux expositions (comme de celle de 1954-1956) est due à Massimo Pallottino, qui peut être considéré de plein droit, en ce qui concerne les Etrusques, comme notre maître à tous. A Paris comme à Berlin, ses travaux et ceux de ses collaborateurs suscitent toujours le même intérêt. A l'Altes Museum, dans le Lustgarten, non seulement un "cabinet étrusque" a été créé dès 1844, mais c'est aussi dans ce musée que fut présentée, en 1988, l'exposition "Die Welt der Etrusker - Archäologische Denkmäler aus Museen sozialistischer Länder". C'est dire que nous nous sentions prêts, ici à Berlin, à répondre à la sollicitation, venue d'Italie, de réfléchir au thème: les Etrusques et l'Europe. Pour avoir rendu possible la réalisation de ce projet, nous tenons à remercier les prêteurs, les collègues italiens et français qui se sont chargés du catalogue de l'exposition, la Réunion des musées nationaux, l'administration des Staatliche Museen zu Berlin, les services pédagogiques et tous les collaborateurs des départements d'Antiquités. Mais c'est aussi grâce au soutien généreux et renouvelé du Groupe FIAT que l'entreprise a pu voir le jour. A Berlin, elle n'aurait pu être menée à bien sans le dévouement et l'activité de Gertrud Platz et d'Irma Wehgartner.
D'un point de vue strictement historique, les Etrusques ont été absorbés par l'Italie romaine. Mais si nous pouvons les retrouver aujourd'hui en Europe, c'est que certains éléments de leur culture ont franchi les frontières de l'espace et du temps.

Wolf-Dieter Heilmeyer

CATALOGUE

FABBRI EDITORI

Direction éditoriale
Paolo Parlavecchia

Coordination éditoriale
Simonetta Rasponi

Réalisation éditoriale
Paula Billingsley
Claudia Converso
Enrica Sacchi
Gilberta Stivanin

Recherche iconographique
Carla Viazzoli
avec
Evelina Rossetti

Réalisation technique
Carla Bonacina
Silvano Caldara
Giuseppina Magro
Roberto Moroni
Enrico Vida

Secrétariat
Luisa Gandolfi

Conception graphique
Flavio Guberti

RÉUNION DES MUSÉES NATIONAUX

Responsable du département
du Livre et de l'Image
Anne de Margerie
Coordination éditoriale de l'édition française
Marie Lionnard

Nous tenons à exprimer notre reconnaissance aux personnalités qui ont permis cette exposition et à tous ceux qui, en France et à l'étranger, ont pris une part active à sa réalisation et nous ont apporté leur aide, leur soutien et leur collaboration.
En regrettant de ne pouvoir les citer tous, nous tenons à remercier plus particulièrement, à l'occasion de sa présentation à Paris: en Italie, Rosetta Agresti Mosco et Maria Grazia Benini, Directeur des relations extérieures et Directeur principal du bureau central B.A.A.A.S. au Ministère des biens culturels et de l'environnement ainsi que nos collègues et leurs collaborateurs: Giovanni Ballerini, Claudio Bettini, Francesca Boitani, Mariolina Cataldi, Mario Cygielman ainsi que Paolo Parlavecchia, Directeur de l'édition des livres, Simonetta Rasponi et les collaborateurs des éditions Fabbri; en Allemagne: Gertrud Platz et Irma Wehgartner; en France: Claire Filhos-Petit, Chef du département des expositions, Anne de Margerie, Chef du département du livre et de l'image, Alain Madeleine-Perdrillat, Responsable de la communication, Marianna Lemarignier, Marie Lionnard, Jean Naudin, Francine Robinson, Agnès Takahashi et les services de la Réunion des musées nationaux; Martine Guichard, Alain Deplagne, Palmiro Carta et les équipes du Grand Palais; Joël Courtemanche et les ateliers des travaux muséographiques du Musée du Louvre; au Département des Antiquités grecques, étrusques et romaines: François Baratte, Catherine Metzger, Marie Montembault, Marie-Thérèse Pasquali, Agnès Scherer et tout particulièrement Brigitte Tailliez, Danièle Ros et Paolo Nadalini qui nous ont assistés avec une grande compétence, une gentillesse et un dévouement sans faille.
Nous tenons à remercier également Marie-Françoise Briguet, Dominique Briquel, François Villard, ainsi que Pierre Arizzoli-Clémentel, Egidio Barborini, Stefano Bruni, Francesco Buranelli, Michel Cugnet, Vincent Jolivet, Catherine Legrand, Amaury Lefebure, Jean-Marc Léri, Sandra Lhéraud, Christine Lyon-Caen, Brigitte Ruelle, l'entreprise Mostre e Fiere et toutes les entreprises qui nous ont assistés dans le montage sans oublier l'architecte de l'exposition Agata Torricella Crespi qui a participé à toutes les étapes de sa présentation et à qui va tout particulièrement notre gratitude.

Sommaire

Présentation générale

Une exposition sur le thème "Les Etrusques et l'Europe" est d'une telle nouveauté qu'il n'est peut-être pas superflu d'en expliquer préalablement les enjeux. Au cours des cinquante dernières années, la civilisation étrusque a exercé une fascination croissante et plusieurs manifestations de niveau international lui ont été consacrées. Il y eut d'abord la grande exposition "Art et civilisation des Etrusques" qui s'est tenue successivement à Zurich, Milan, La Haye, Paris, Oslo et Cologne en 1955 et 1956. Elle fut suivie dans d'autres villes européennes d'expositions plus ou moins vastes, dont le thème général ou spécifique était illustré par des œuvres provenant des musées italiens ou étrangers. En 1985, le "Progetto Etruschi" connut un retentissement particulier. Soutenu par l'Etat et les Régions, ce projet a été à l'origine d'une grande exposition à Florence et d'expositions satellites dans diverses villes de Toscane. En 1985 également et dans les années suivantes, d'autres manifestations analogues eurent lieu en Italie, en Ombrie, en Emilie, en Lombardie, dans le Latium et, hors d'Italie, en Allemagne, en France et dans les pays de l'Europe de l'Est.
Toutes ces initiatives ont largement contribué à approfondir notre connaissance de la civilisation étrusque et à en faire connaître les traits particuliers comme les traits généraux. Aujourd'hui l'exposition "Les Etrusques et l'Europe" voudrait montrer pour la première fois dans quelle mesure et de quelle manière le patrimoine de l'ancienne Etrurie a contribué à la formation de la culture européenne, soit directement dès les temps les plus reculés, soit indirectement par l'intermédiaire de Rome. L'exposition voudrait présenter ensuite la découverte du monde étrusque par l'Europe moderne, ses vicissitudes, ses caractéristiques et ses échos, plus importants qu'on pourrait le penser, dans le domaine historique, artistique et littéraire.
Tout en conservant son unité, l'exposition s'articule donc en deux parties. La première (le monde des Etrusques et sa contribution à la formation de la culture européenne) s'appuie nécessairement sur une présentation des caractères essentiels de la civilisation étrusque et aborde successivement les thèmes suivants: mines et métaux à l'origine de l'Etrurie: la culture villanovienne; la vocation maritime des Etrusques; l'épanouissement des aristocraties et le style orientalisant; les cités; la "discipline" étrusque: espaces célestes, espaces terrestres; l'écriture et la civilisation des livres; l'au-delà; la romanisation.
L'étude des influences exercées par l'Etrurie sur le continent européen, vient se greffer sur ces différents thèmes. Ces échanges qui caractérisent l'histoire de l'Etrurie antique, se traduisent par la transmission de coutumes, de techniques et de modèles dans le domaine artistique, ce dont témoignent, par exemple, la diffusion du vin, l'apparition de l'art des situles, le développement de l'art celtique, ou même celui de la sculpture funéraire d'Occident; ou encore les emprunts des écritures runiques aux alphabets nord-étrusques. Il faut bien sûr ajouter aux influences que l'Etrurie exerce directement sur l'Europe à l'époque protohistorique tout ce que l'Etrurie transmet au monde européen par l'intermédiaire de Rome. Des motifs architecturaux comme la colonne toscane et l'arc dans sa version monumentale, et des motifs iconographiques comme l'effigie du défunt sur le sarcophage ou encore, dans le domaine linguistique, l'origine étrusque présu-

mée d'un certain nombre de mots latins, donnent des exemples de cet héritage. Même si ce dernier domaine n'autorise aucune certitude, l'hypothèse, hautement probable, est stimulante.
La seconde partie de l'exposition (la découverte des Etrusques et ses échos dans la culture européenne) décrit la rencontre de la civilisation étrusque et du monde moderne. Le parcours chronologique se conjugue avec l'approche systématique et thématique et débute naturellement avec la Renaissance; viennent ensuite les XVIIe et XVIIIe siècles: des références savantes on passe aux témoignages de la grande vague "étrusquisante" qui se propage en Europe dans la seconde moitié du XVIIIe siècle et au début du siècle suivant. Puis c'est l'aventure romantique, la découverte des grands centres de l'Etrurie et de leurs riches nécropoles. C'est enfin, dans la seconde moitié du XIXe siècle, l'époque du positivisme et de la réflexion scientifique sur les connaissances acquises. L'histoire des collections d'antiquités étrusques et le passage de la collection privée aux collections publiques des grands musées archéologiques sont traités à part; l'attention est attirée sur quelques exemples particuliers comme celui de la collection Campana. La reproduction des peintures funéraires et le succès des copies, qui ont tant contribué à faire connaître ce mode particulier d'expression artistique et ont joué un si grand rôle dans la décoration murale des musées, ainsi que les problèmes liés aux contrefaçons et aux imitations qui ont suivi la vogue des collections étrusques, font également l'objet de présentations particulières. Mais il convenait de rappeler aussi les allusions au monde des Etrusques, à ce qu'il nous suggère, à ce qu'il exprime, qui parsèment les essais, mais aussi le roman et la poésie: elles témoignent de manière remarquable de l'intérêt croissant des sociétés européennes, et tout particulièrement de la Grande-Bretagne, pour l'Etrurie, entre le XIXe et le XXe siècle. En évoquant les fouilles du roi de Suède Gustave VI Adolphe, l'exposition se conclut presque symboliquement par un exemple notoire et quasiment contemporain de la passion que peuvent susciter les Etrusques.
Nous avons défini l'exposition dans ses grandes lignes sans épuiser pour autant le sujet, infiniment plus vaste que ce que peut en dire une exposition comme celle-ci, d'aussi large envergure soit-elle. L'analyse des influences étrusques sur les racines profondes de l'Europe et surtout celle de leurs échos dans la culture européenne moderne mériteraient en effet de plus amples développements. Il est clair que tous les documents présentés dans cette exposition résultent d'un choix limité, même si celui-ci est très large et répond à des critères de sélection précis. N'oublions pas que ces questions sont abordées pour la première fois et presque à titre expérimental.
Les caractères particuliers que nous venons d'évoquer s'écartent des règles qui président habituellement à l'organisation de manifestations qui veulent illustrer une époque, une civilisation, un phénomène historique ou artistique, et se fondent pour cela sur la simple présentation d'objets ordonnés et commentés pour leur valeur de témoignage. Il s'agit plutôt de proposer ici et dans une certaine mesure de mettre en lumière certaines connexions par-delà le temps et par-delà l'espace. La documentation doit, pour répondre aux exigences du raisonnement, être organisée selon un parcours essentiellement "conceptuel". Elle se présente

naturellement sous des aspects variés: objets originaux (vestiges archéologiques, œuvres d'art), textes imprimés et documents d'archives, reproductions, portraits, reconstitutions, cartes, légendes explicatives. Tous ces éléments sont juxtaposés ou associés au gré des exigences du discours. Une importance égale leur est accordée et les originaux sont traités comme les pièces qui les illustrent ou les commentent. L'organisation de l'exposition était complexe et sa réalisation en est d'autant plus méritoire.

Il faut souligner qu'on a retenu pour le choix des œuvres originales, et surtout pour celui des œuvres étrusques, les pièces les plus prestigieuses, celles qui possédaient la plus grande valeur artistique, celles qui étaient les plus rares ou les plus célèbres. Le projet n'aurait pu voir le jour sans le concours des directeurs de musées et des responsables de tous les organismes qui ont répondu favorablement aux demandes de prêts qui leur ont été faites. Dans l'impossibilité de les nommer tous, nous citerons plus particulièrement Francesco Nicosia, surintendant aux Antiquités de la Toscane, Giovanni Scichilone, surintendant aux Antiquités de l'Etrurie méridionale, Alain Pasquier, conservateur général chargé du Département des antiquités grecques, étrusques et romaines du musée du Louvre, Wolf-Dieter Heilmeyer, directeur de l'Antikensammlung des Musées de Berlin, sans qui l'exposition n'aurait pu avoir une telle ampleur. Mais que tous trouvent ici l'expression de notre gratitude.

Le catalogue, dont la qualité doit autant aux Editeurs qu'aux Auteurs, décrit, interprète et complète l'exposition. Il en suit fidèlement le déroulement, même si des contraintes pratiques ont imposé quelques modifications de parcours à l'aménagement de l'exposition. Chaque thème fait l'objet d'un texte d'introduction rédigé par les plus éminents spécialistes et est pourvu d'une documentation iconographique complémentaire. Viennent ensuite les notices illustrées des œuvres exposées. Réparties en quatre grandes sections, elles suivent elles aussi le cheminement de l'exposition. Leur numérotation est progressive et le report du numéro sur le cartel qui, dans l'exposition, accompagne les objets présentés, devrait en faciliter la consultation.

Il faut souligner l'ampleur d'un projet qui n'aurait pu voir le jour sans l'appui constant des organisateurs italiens, français et allemands, et le dévouement de ceux qui par leur travail et en parfaite harmonie l'ont porté à terme. Paolo Viti a été l'âme du projet, Giovannangelo Camporeale, Filippo Delpino, Françoise Gaultier, Wolf-Dieter Heilmeyer et Agata Torricella Crespi ont été de précieux collaborateurs. A tous nous voulons dire notre reconnaissance et qu'ils ont donné une importante contribution à la science et à la culture.

Antéfixe à tête de Ménade
du Temple de Portonaccio, Véies
Vers 500 av. J.-C.
Rome, Museo Nazionale di Villa Giulia
Cat. 168

Première partie

LES ETRUSQUES ET L'EUROPE

Hassle
Mosbaek
Przeslawice
Gorszewice
Hochdorf
Heuneburg
Gurgy
Vix
Bourges
Stična
Saint-Blaise
Ampurias
Huelva
Territoires étrusques et zones d'influence étrusque
Territoires grecs et zones de colonisation grecque
Grands axes de diffusion des produits étrusques
Grands axes de diffusion des produits grecs
Grands axes de diffusion des produits orientaux et des objets de style orientalisant

Les exportations étrusques
en Europe

LA CIVILISATION ETRUSQUE

Les Etrusques dans l'Histoire

Massimo Pallottino

L'évocation du monde étrusque a de tout temps suscité des réactions diverses: de vif intérêt, de curiosité, mais aussi de perplexité. Dans l'antiquité déjà, les Etrusques étaient considérés comme un peuple à part: comme le notait Denys d'Halicarnasse, dans son *Archéologie romaine* (*Histoire ancienne de Rome*, I, 30), il se distinguait des autres par la langue et les coutumes. Selon cet auteur grec de l'époque d'Auguste, cet isolement s'ajoutait en réalité à des traits fortement archaïques. Pour les Romains de la fin de la République et du début de l'Empire, la civilisation étrusque devait apparaître en effet comme un univers profondément lié au passé et, par certains aspects, désuet et incompréhensible.
A l'époque moderne, aux siècles d'érudition que furent les XVIe et XVIIe siècles, l'Etrurie antique exerça un puissant attrait et suscita de véritables mythes. Cette passion pour les Etrusques finit par engendrer à l'époque du néo-classicisme toute une mode. Au XIXe siècle, les fantastiques recherches archéologiques, dont l'Etrurie devint l'objet, commencèrent à bouleverser les études des historiens de l'antiquité, qui ne cessaient de s'interroger sur les origines et la langue des Etrusques sans jamais trouver de réponses satisfaisantes à leurs questions. Ce désarroi des érudits se propagea dans le domaine des lettres: de nouveaux mythes se forgèrent, parallèlement à l'activité scientifique et indépendamment de celle-ci. Chose plus grave, l'idée d'un "mystère étrusque", propice à l'éclosion d'élucubrations des plus fantaisistes, se répandit alors parmi le grand public.
Nous savons que les civilisations qui appartiennent à un lointain passé exercent toutes, avec plus ou moins de force, une fascination sur les hommes de notre époque. Mais nous pouvons nous demander pourquoi la civilisation étrusque captive et inquiète plus que ne le requiert son poids historique réel. Ce n'est qu'en examinant avec soin ce que fut réellement cette civilisation que nous pourrons trouver quelque réponse à cette question. Nous sommes là face à une histoire difficile à connaître et sur bien des points totalement obscure, en particulier à cause de la perte irréparable de tout récit historique national et de la disparition des œuvres grecques ou latines qui traitaient spécifiquement des Etrusques. On regrettera surtout la perte du traité de Verrius Flaccus *Etruscarum rerum* et des vingt volumes des *Tyrrhenikà*, écrits en grec par l'empereur Claude. Ces conditions ne facilitent guère, à l'évidence, l'approche des faits historiques, qu'il s'agisse des événements, des institutions ou des activités de l'esprit. Les documents écrits en langue étrusque qui nous sont parvenus, documents épigraphiques pour la plupart, et, d'une manière plus générale, les vestiges archéologiques, pallient toutefois les lacunes: les premiers nous donnent quelques informations sur les structures socio-politiques et sur la religion, les seconds nous éclairent sur certains aspects de l'art, des techniques et des coutumes des Etrusques. Malgré ce handicap initial, qui décourage d'emblée toute tentative de comprendre la civilisation étrusque et d'en évaluer l'importance historique, ce qu'il nous est donné de connaître de cette civilisation, du moins dans ses grandes lignes, suffit à en attester la profonde originalité. Dans une Italie qui, à l'aube du Ier millénaire av. J.-C., apparaît encore immergée dans des modes de vie préhistoriques – à l'exception des régions côtières, qui bénéficient du rayonnement des

page 26
Cratère à couvercle
Vulci
725-700 av. J.-C.
Paris, Musée du Louvre
Cat. 107

L'Etrurie

grandes et très anciennes civilisations de l'Orient méditerranéen – un peuple énergique naît, s'épanouit, emprunte à ces civilisations certains éléments essentiels de progrès qu'il fait rapidement siens: l'organisation politique, le modèle de la cité, l'écriture, le goût des arts décoratifs et des constructions durables. Son destin exceptionnel dépendit dans une large mesure des richesses minières de l'Etrurie (fer, cuivre, plomb argentifère) et de leur exploitation dès l'âge du bronze tardif. Deux autres régions de la Méditerranée centro-occidentale possédaient ce type de ressources fondamentales à une époque où le métal était un produit très demandé: la Sardaigne et la péninsule Ibérique, dont les minerais satisfont les exigences locales, modestes, et attirent les étrangers, navigateurs et marchands, phéniciens surtout, qui fondent sur leurs côtes des comptoirs et des colonies, les Grecs venant ensuite. Mais l'Etrurie présente un cas différent. La poussée démographique des sociétés indigènes, qui plus est dans une zone située à l'écart des grandes routes du commerce maritime en Méditerranée, limitera les interférences étrangères et permettra la mise en valeur du patrimoine naturel au bénéfice exclusif des populations locales. A l'époque que nous appelons l'âge du fer, durant la période "villanovienne" (IXe et VIIIe siècles av. J.-C.), ces populations non seulement sont déjà dotées d'une organisation structurée, d'une culture autonome et homogène et présentent, c'est à souligner, des caractéristiques ethnico-linguistiques étrusques; mais elles manifestent aussi une très nette propension à l'expansion. Par voie de terre elles se répandent au-delà de la Toscane et du Latium jusqu'à l'arc des Apennins qu'elles franchissent même par endroits; sur mer, elles naviguent vers le Sud en mer Tyrrhénienne, touchent la côte campanienne et se heurtent peut-être aux premières vagues de colons grecs dans les eaux de la Sicile. Ces populations, loin d'être plus ou moins passivement l'"objet" de la curiosité ou de la convoitise de navigateurs entreprenants venus des terres de haute civilisation qui bordent la Méditerranée orientale, s'adonnent elles-mêmes à des activités assez analogues.

Les vestiges archéologiques principalement, mais aussi quelques souvenirs de la tradition historique classique, nous révèlent que ce monde étrusque a connu alors une période d'extraordinaire bouillonnement; il apparaît aux alentours du VIIe siècle av. J.-C. profondément imprégné d'éléments orientaux et grecs, surtout grecs, toujours plus grecs, le peuple hellénique en pleine expansion coloniale, de la mer Noire à l'Espagne, s'affirmant alors comme le créateur de la plus haute forme de civilisation de l'antiquité. L'Etrurie, entraînée dans le cercle magique du progrès, prodigue son potentiel économique pour satisfaire surtout les exigences de luxe de ses chefs et de ses aristocraties. Elle importe d'Asie, d'Egypte et de Grèce, des matières précieuses, comme l'or ou l'ivoire, et des objets manufacturés; elle en imite les styles selon ce goût quelque peu composite que nous appelons "orientalisant" (qualification généralement étendue à toute la période). Tandis que les cités côtières, et plus spécialement Caere (Cerveteri), brillent de tout leur éclat, de leur port partent des flottilles équipées par des marchands qui, directement ou indirectement, concourent à diffuser les produits étrusques vers le Sud de la France et l'Espagne d'une part, et de l'autre, en Méditerranée orientale jusqu'en Asie Mineure, à Chypre et en Syrie: ces entreprises maritimes font concurrence aux navigateurs phéniciens et grecs et bénéficient parfois de l'exclusivité, surtout en mer Tyrrhénienne; elles font appel à des méthodes de guerre de course qui valurent aux Etrusques une réputation de pirates, et même de pirates féroces, selon un lieu commun qui perdura auprès des Grecs et dans le monde classique en général.

Mais qui donc étaient ces Etrusques, ces nouveaux acteurs qui faisaient irruption sur la grande scène méditerranéenne? Les Grecs les désignaient du nom de *Tyrsanoi*, *Tyrsenoi* (d'où par la suite *Tyrrhenoi*), dénomination qu'ils partageaient avec un peuple de la mer Egée dont les liens de parenté avec les Etrusques d'Italie sont discutables. La racine *turs* est aussi utilisée par les mots qui les désignent chez les populations italiennes, *Turskus* chez les Ombriens et *Tu(r)sci* chez les Latins eux-mêmes, qui adoptèrent la forme *Etrusci* construite par métathèse et dotée d'un *e* prothétique. Selon Denys d'Halicarnasse, les Etrusques se nommaient eux-mêmes *Rasenna*, terme qui, si l'on se réfère à la forme *rasna* des inscriptions étrusques, pourrait avoir également le sens générique d'"Etats" (de cités-Etats) comme en Amérique *the States*. Les Grecs les considéraient comme des étrangers, comme des barbares, mais non sans perplexité; ils devaient aussi les considérer comme appartenant, dans une certaine mesure, à la sphère hellénique à cause des ressemblances très fortes qui unissaient leurs deux mondes: on songera par exemple au système d'organisation identique en cités-Etats, aux coutumes, aux armements, aux jeux et divertissements semblables, aux représentations et aux attributs similaires des grandes divinités, on pensera à l'alphabet grec employé par les Etrusques, aux thèmes iconographiques et aux styles artistiques grecs adoptés par l'art étrusque, à la contribution particulière de ce dernier à l'essor du grand courant ionien ou gréco-oriental.

Au Ve siècle av. J.-C., alors que la Grèce prenait pleinement conscience de sa propre histoire et de celle des autres peuples (l'œuvre d'Hérodote en témoigne), plusieurs légendes couraient sur les origines des Etrusques, indice révélateur de la confusion qui régnait à propos de leur identité. Hérodote avait imaginé une fable sur leur provenance de Lydie, d'un pays non grec. Mais un autre historien, Hellanicos, en identifiant les Tyrrhéniens - c'est-à-dire les Etrusques - au mystérieux et très ancien peuple errant des Pélasges, avait en quelque sorte pressenti leur lien avec le monde grec le plus reculé. Nous savons aujourd'hui qu'il ne faut imaginer ni immigration ni colonisation à l'origine du peuple étrusque, mais bien plutôt un processus de formation dans lequel ont pu intervenir des apports étrangers d'origine orientale, mais seulement à l'époque préhistorique.

Dans le cadre de la politique méditerranéenne internationale également, l'Etrurie semble occuper une place singulière et difficile à cerner. Entre le VIe et le Ve siècle av. J.-C., la puissance maritime des Etrusques, quoique déjà sur le déclin, conserve une importance considérable, dont il faut tenir compte et cerner la portée historique. L'équilibre des forces alors en présence pourrait être ainsi schématisé: au centre, le monde grec, bien que divisé par la rivalité de Sparte et d'Athènes, est en plein essor; il est flanqué de deux grands empires barbares et menaçants: terrestre et militaire à l'est, celui des Perses, maritime et commercial à l'ouest, celui des Carthaginois. Les Etrusques se situent en marge de ce tableau et leur place est mal définie. Ils sont fondamentalement les alliés des Carthaginois, sans avoir toutefois aucune affinité avec le monde sémite. Mais durant la guerre du Péloponnèse, on les voit participer aux côtés d'Athènes à l'ambitieuse, et désastreuse, expédition de 415-413 av. J.-C. contre Syracuse; ils fraternisaient en quelque sorte ainsi contre les Doriens avec les Ioniens, auxquels les liait une profonde affinité culturelle. Un siècle plus tard, ils seront en revanche des auxiliaires du roi de Syracuse, Agathocle, contre les Carthaginois.

A l'époque hellénistico-romaine, la civilisation étrusque dans ses expressions les plus originales appartient déjà au passé. Il ne reste plus de cette civilisation que quelques singulières traditions religieuses, cultivées dans les vieilles cités et particulièrement à Tarquinia, par de petits cercles de prêtres exerçant surtout la pratique divinatoire qui, restée associée au nom des Etrusques, s'est maintenue jusqu'à la fin de l'antiquité: l'haruspicine ou divination par examen des entrailles des animaux sacrifiés. Mais le plus important est qu'on puisse entrevoir, semble-t-il, en dépit même de la faiblesse des témoignages de ces époques reculées, quelques caractéristiques, peut-être, de cet aspect "archaïsant" dont parlait Denys d'Halicarnasse, qui distinguent cette civilisation du monde classique auquel elle appartient, et dont l'origine pourrait être rapportée à des phases de développement antérieures. C'est avant tout la langue, objet d'infinis débats à l'époque moderne, qui, malgré les connaissances limitées que nous avons de ses structures et de son patrimoine lexical, apparaît décidément et profondément différente des langues parlées par les peuples du monde classique, Grecs, Latins et autres populations italiques, et d'une façon plus générale, des langues indo-européennes ou sémitiques. Il s'agit en somme d'un idiome dépourvu de tout lien de parenté avec une langue connue, possédant un important répertoire de mots et des noms de nombres absolument isolés et ne présentant que quelques réminiscences, surtout grammaticales, avec des langues caucasiennes, anatoliennes et indo-européennes, suffisantes toutefois pour attester son enracinement initial en terre euro-méditerranéenne. L'hypothèse la plus logique est qu'il s'agisse du résidu d'une stratification ethnico-linguistique antérieure à la diffusion des langues indo-européennes, qui affleure comme un "îlot linguistique" en pleine époque historique. Ceci pourrait être confirmé par l'existence d'une autre petite "épave" en mer Egée, sur l'île de Lemnos où fut découverte une inscription préhellénique qui présente de singulières analogies avec l'étrusque.

Il est possible de déceler d'autres traits archaïques dans la mentalité et les croyances des Etrusques, dans la mesure où nous pouvons les connaître. On notera ainsi, sans aller jusqu'à supposer imprudemment un matriarcat originel, la position privilégiée de la femme dans la société que laisse supposer l'importance des cultes rendus aux divinités féminines. Dans le domaine religieux, la quête obsédante de la volonté des dieux et le formalisme du rite trahissent une absence totale de rationalisme dans le rapport que les Etrusques entretiennent avec le surnaturel. Il semble que leur mode de pensée appartienne encore à la sphère de la réflexion prélogique. On pensera à ce propos à la célèbre comparaison de Sénèque au sujet des éclairs (*Quaest. nat.*, II, 52, 2): selon les connaissances "scientifiques" qui prévalaient alors dans le monde gréco-romain, les éclairs naissaient naturellement du choc des nuages, alors que, pour les Etrusques, les dieux faisaient entrer les nuages en collision pour se manifester par l'intermédiaire des éclairs. On peut imaginer qu'à ce niveau mental, la pensée des Etrusques devait être fermée à toute spéculation intellectuelle semblable à celle qui s'affirmait alors en Grèce et dépourvue de toute sensibilité éthique et de toute préoccupation artistique, sinon du sens pratique qu'imposaient ainsi les exigences de la vie quotidienne et les impératifs rigoureux d'une loi supérieure, écrite et orale, l'*Etrusca disciplina*. C'est pourquoi les Etrusques apparaissent, surtout au début de leur histoire, comme un peuple actif, industrieux, qui exploite au mieux ses ressources naturelles (au IIIe siècle av. J.-C. encore, sous la domination romaine, ce sont eux qui approvisionneront pour une large part l'expédition africaine de Scipion contre Carthage avec les produits de leur industrie métallurgique, leur bois et leurs céréales). Ils apparaissent aussi comme un peuple dont les villes (que nous connaissons par leurs immenses nécropoles monumentales) sont très denses et qui s'aventure loin sur les mers. Plus tard, au Ve siècle av. J.-C., le développement des villes étrusques, de celles de la côte tyrrhénienne surtout, se ralentit. Les centres de l'intérieur comme Volsinies (Orvieto) et Chiusi demeurent florissants. L'Etrurie padane connaît son heure de gloire avec l'essor de Felsina (Bologne) et du port de Spina. Mais dès le IVe siècle av. J.-C., les Etrusques doivent céder la Campanie aux Samnites; avec la conquête de Véies et la guerre contre Tarquinia, Rome impose progressivement son protectorat sur les Etats étrusques. Au début du Ier siècle av. J.-C., la concession de la citoyenneté romaine à tous les Italiques marque l'amorce de la romanisation complète, linguistique et culturelle, de l'Etrurie.

A cette étape de notre parcours, quelques remarques peuvent éclairer de manière particulièrement intéressante les rapports de la civilisation étrusque avec l'ensemble du monde occidental. Quand l'Etrurie entama son développement, l'Italie, on l'a déjà vu, n'avait encore atteint pour l'essentiel, tout comme l'ensemble de l'Europe continentale, qu'un niveau de culture préhistorique et villageoise, qui contrastait nettement avec celui des cultures des pays évolués de la Méditerranée orientale, ainsi que de la Grèce et de ses extensions territoriales en Europe, en Asie Mineure et dans les îles. Entre le VIIIe et le VIe siècle av. J.-C., en accueillant avec une avidité presque convulsive impulsions et inspirations venues d'Orient et de Grèce, l'Etrurie élabore une culture qui lui est propre et constitue la première expression d'une organisation urbaine supérieure en terre strictement européenne. Mais ce qui paraît le plus significatif sur le plan historique, c'est que cet îlot de progrès, réceptif aux influences venues du monde gréco-oriental, dispensera à son tour généreusement, sous des formes multiples, ses modèles et sera source d'inspiration pour les régions qui, au sud et au nord des Alpes, étaient proches de l'Etrurie. Celle-ci apparaît du même coup comme un important relais culturel, dont le rôle sera parachevé par l'expansion romaine.

On pourra objecter que les premiers ferments civilisateurs apparus en Europe continentale à l'âge du fer avec les cultures de Hallstatt et de La Tène, avaient été transmis directement à la faveur des échanges commerciaux et des contacts établis avec des colons phéniciens et surtout grecs, ces derniers s'étant disséminés de la mer Noire, des Balkans jusqu'en bordure du golfe du Lion, où la cité phocéenne de Massalia-Marseille est fondée vers 600 av. J.-C. Mais ces "percées" commerciales éparses, dont il subsiste des échos en Europe centrale, n'ont rien de comparable au rayonnement intense et prolongé de la civilisation étrusque, relayé par le port de Spina, la plaine padane et les territoires alpins vers le nord, par la côte ligure vers l'ouest.

Rome ayant été à bien des égards l'héritière directe de l'Etrurie, celle-ci n'a pu jouer enfin qu'un rôle important sur la scène de l'histoire universelle.

Mines et métaux aux origines de l'Etrurie: la culture villanovienne

Giovannangelo Camporeale

Urne cinéraire avec décor incisé
Première moitié du VIIIe siècle av. J.-C.
Florence, Museo Archeologico
Cat. 29

«Les métaux sont en eux-mêmes une richesse, et sont aussi le prix des choses»: Pline l'Ancien ouvre ainsi (*N.H.*, XXXIII, 1,1) son exposé sur les mines et la métallurgie, qui n'occupe pas moins de deux livres (XXXIII et XXXIV) de son encyclopédie - témoignage éloquent de la valeur vénale que l'on accordait aux minerais et aux métaux dans l'antiquité. C'est la raison pour laquelle le même Pline, parlant des beautés et des richesses de l'Italie, en célèbre la prééminence en matière de mines d'or, d'argent, de cuivre et de fer (*N.H.*, III, 30, 138; XXXIII, 21, 78; XXXVII, 77, 201-202). Son texte ne fait pourtant que de brèves allusions aux mines d'Italie; pour l'Etrurie, il se contente de mentionner par deux fois les mines de fer de l'île d'Elbe (*N.H.*, III, 6, 81; XXXIV, 41, 112), peut-être parce que de son temps les mines ne représentaient plus une source de richesse pour l'économie du pays: un «vieux décret» du sénat interdisait, en effet, l'extraction des minerais dans toute la péninsule (Pline, *N.H.*, III, 20, 138; XXXIII, 21, 78). Aucun auteur ne nous renseigne sur la date précise de ce décret, mais les sources historiographiques nous autorisent à émettre quelque hypothèse à cet égard. Strabon (*Geogr.*, V, 2,6), lors d'un passage à Populonia, remarque de vieilles mines abandonnées et des ouvriers occupés à traiter le minerai provenant de l'île d'Elbe; si l'abandon de ces mines remontait au décret en question, on pourrait en déduire que celui-ci est antérieur à l'époque d'Auguste. Diodore de Sicile, faisant pour sa part l'éloge de l'Etrurie (V, 40), mentionne seulement la fertilité de son sol et les richesses que, de son temps, lui assurait l'agriculture. On pourrait se demander si l'importance accrue de l'économie agricole à cette époque ne s'expliquerait pas aussi par le décret qui interdisait l'extraction minière: dans cette hypothèse, celui-ci ne devrait pas être postérieur au début du Ier siècle av. J.-C.

Les richesses des mines de fer de l'île d'Elbe, leur caractère inépuisable, sont un lieu commun chez les auteurs antiques depuis le dernier siècle de la République jusqu'à la fin de l'Empire; tous en parlent comme d'une réalité de leur temps (Diodore de Sicile, V, 13, 1-2; Varron chez Servius, *Ad Aen.*, X, 174; Virgile, *Aen.*, X, 173-174; Strabon, *Geogr.*, V, 2, 6; Silius Italicus, *Pun.*, VIII, 615-616; Pline, *N.H.*, III, 6, 81 et XXXIV, 41, 152; Pseudo-Aristote, *Mir. Ausc.*, 93; Rutilius Namatianus, *De Red.*, 351 sq.). Pour le territoire de l'Etrurie péninsulaire, et pour la période antérieure, nous ne disposons que de quelques informations, à vrai dire assez peu explicites. Strabon - on l'a déjà dit - évoque l'abandon des mines de Populonia. Rhianos, poète hellénistique du IIIe siècle av. J.-C., cite le «cuivre de Caere» (Stéphane de Byzance, *s.v.* Ἄγυλλα) et se réfère ainsi, clairement, à un produit connu, même si nous ne pouvons préciser s'il s'agissait effectivement du cuivre des mines des monts de La Tolfa, dans l'arrière-pays de Caere. Le Pseudo-Aristote (*Mir. Ausc.*, 93) fait état d'une mine de l'île d'Elbe d'où l'on avait extrait d'abord du cuivre, puis du fer, et ajoute, à propos du cuivre, que c'est le matériau qui servait en Etrurie à la fabrication de tous les ustensiles: cette glose, confirmée par ailleurs par la documentation archéologique, paraît refléter une opinion générale. Certaines légendes, peut-être élaborées tardivement, s'expliquent, en outre, par les ressources minières de l'Etrurie: c'est en allant à la quête de métaux, que les Argonautes auraient

Casque à décor repoussé
Première moitié du VIIIe siècle av. J.-C.
Florence, Museo Archeologico
Cat. 30

parcouru une grande partie de la mer Tyrrhénienne et débarqué en Etrurie (Apollodore, *Bibl.*, I, 9, 24), combattu aux côtés des Etrusques (Possis chez Athénée, *Deipnosoph.*, VII, 296 d), et même fondé sur l'île d'Elbe Porto Argo, qui doit son nom au nom de leur navire (Strabon, *Geogr.*, V, 2, 6).
A la lueur des mentions rares et fragmentaires des auteurs anciens, nous comprenons qu'en Etrurie l'activité minière et les activités métallurgiques et manufacturières qui lui étaient liées, aient eu une importance considérable et aient connu un grand renom dans tout le monde antique, mais nous ignorons la localisation précise des mines exploitées par les Etrusques.
Nous sommes mieux renseignés sur l'activité métallurgique, qui succède à l'extraction du minerai, et devait se pratiquer, dans l'antiquité, à proximité des mines, là où l'on disposait des ressources nécessaires (eau, bois). Il est révélateur que les rares lampes de mineurs trouvées en Etrurie l'aient été à Campiglia Marittima, dans un contexte archéologique que l'on peut définir, avant tout, comme métallurgique. Dans les secteurs miniers - île d'Elbe, Massa Marittima - on trouve fréquemment des scories de fusion qui passent pour antiques à cause de leur haute teneur en métal; mais rien ne prouve qu'elles remontent à l'époque étrusque. L'un des rares témoignages assurés est celui que constituent les énormes accumulations de scories qui, jusqu'aux années vingt de notre siècle, couvraient sur plusieurs hectares la nécropole archaïque de Populonia et représentaient le rebut du traitement du minerai de fer extrait des mines locales et de celles de l'île d'Elbe (Varron chez Servius, *Ad Aen.*, X, 174; Strabon, *Geogr.*, V, 2, 6).
Les scories présentent un intérêt particulier lorsqu'elles ont été utilisées comme

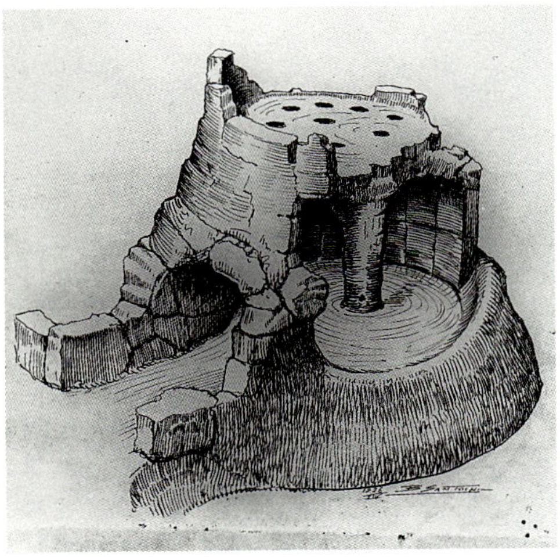

Reconstitution graphique:
four pour la fusion du minerai, Campiglia Marittima

Gisements de minerais en Etrurie

matériau de construction (cet usage est encore répandu aujourd'hui dans les zones minières) dans des contextes datables: dans l'habitat étrusque archaïque de l'Accesa (Massa Marittima), on trouve souvent des scories mélangées aux pierres dans les fondations des murs des maisons; sur les hauteurs de l'île d'Elbe certaines forteresses (Castello di Procchio, Castiglione di San Martino), construites au Ve ou au IVe siècle av. J.-C., sont fondées sur une couche de scories de fer.

On a découvert dans les zones minières comprises à l'intérieur du territoire de l'Etrurie (par exemple à Torrenuova ou à San Michele, près de Populonia) des dépôts du premier âge du bronze qui contiennent des «pains» de cuivre, ce qui suppose une activité minière et une activité d'échange faisant sa place au métal. Dans un habitat de l'âge du bronze final situé près de Manciano, dans la vallée du Fiora, on a retrouvé des matrices pour la fusion des métaux qui impliquent aussi une activité métallurgique dans cette zone.

Le territoire étrusque a livré de nombreux dépôts de l'âge du bronze final - Limone, Gabbro, Elbe-San Martino, Campese - qui contenaient des objets en bronze parfois fragmentaires, ou intentionnellement brisés: on a suggéré d'y reconnaître des dépôts de fondeurs ou des richesses qu'on aurait accumulées et entassées pour les mettre à l'abri. On peut en déduire que dès cette période l'industrie des métaux et, peut-être, l'exploitation des mines étaient déjà connues sur le territoire étrusque.

Les contextes étrusques, funéraires, sacrés ou domestiques, anciens ou récents, sont extraordinairement riches en objets métalliques, surtout de fer et de

Vase zoomorphe provenant de Vetulonia
VIIIe siècle av. J.-C.
Florence, Museo Archeologico

bronze. Indépendamment des découvertes futures qui devraient en augmenter le nombre, ces objets ne représentent qu'une partie infime de l'ensemble de la production. Habituellement le fer en effet s'oxyde, se conserve rarement, et toujours mal. Le bronze, lorsqu'il est laminé, se détériore facilement, et nous parvient souvent réduit en poussière; nombre des pièces que nous connaissons ont été retrouvées lors de fouilles réalisées au cours des siècles passés, à une époque où l'on ne recueillait que les objets plus ou moins intacts: comme il est de règle que les objets retrouvés dans les fouilles soient fragmentaires, on a dû en perdre ainsi une quantité importante. Compte tenu de la valeur intrinsèque de son alliage, le bronze a pu en outre être fondu et réutilisé. Les Anciens pratiquaient ce type d'opération (Pline, *N.H.*, XXXIV, 14, 30), mais on en a aussi des exemples plus récents: en 1546, la commune de Corneto (Tarquinia) paya au pape un tribut de 6 000 livres de métal composé d'objets antiques, qui furent fondus pour revêtir de bronze les colonnes de la basilique romaine de Saint-Jean-de-Latran.

Le processus de formation de l'*ethnos* étrusque, dans lequel entrent en jeu plusieurs facteurs d'origines diverses, s'achève au IXe siècle av. J.-C. On a coutume d'appeler «villanovienne» la culture qui s'affirme alors sur le territoire de l'Etrurie historique et se prolonge jusqu'à la fin du VIIIe siècle av. J.-C. La population augmente sensiblement par rapport à la période précédente, et se fixe dans des villages, sur les sites qu'occuperont ensuite les grandes métropoles. L'habitation est la cabane. Elle est construite en matériaux périssables et nous en avons peu de témoignages. Nous sommes mieux renseignés sur les nécropoles. Le rite funéraire le plus répandu est l'incinération, le type de sépulture le plus fréquent celui de la tombe à puits: les cendres étaient déposées dans un vase d'argile de forme biconique, coiffé par une écuelle renversée. Le rite de l'inhumation, lié à la tombe à fosse, est moins fréquent. Les deux rites sont parfois attestés dans la même nécropole, sans que cette différence signale une chronologie, un sexe, une race ou une origine différents. Le mobilier funéraire, composé le plus souvent de vaisselle de table et d'objets personnels, devient de plus en plus riche au fur et à mesure que l'on passe des plus anciennes aux plus récentes manifestations de ce faciès culturel. Le répertoire décoratif est de type géométrique: petits points, angles, zigzags, triangles, quadrilatères, méandres, svasti-

L'Etrurie et les différentes cultures de l'Italie antique au début de l'âge du fer (IXe-VIIIe siècle av. J.-C.)

kas...; rares sont les motifs végétaux et animaux, plus rares encore les scènes narratives, qui reproduisent le plus souvent des sujets d'inspiration réaliste, chasse, colloque ou adieux. Les objets métalliques - rasoirs, casques, épées, pointes de lance, couteaux, mors de cheval, fibules, épingles, ceinturons... - sont les éléments principaux du mobilier funéraire villanovien, et soulignent la condition sociale élevée du défunt.

Ce phénomène ne peut être dissocié des ressources naturelles du territoire: agriculture, élevage, bois, mines. Parmi ces ressources, les minerais et les métaux avaient une importance primordiale, en raison de la richesse qu'ils assuraient à leur propriétaire. Il est significatif que plusieurs des épicentres de la culture villanovienne, tels Caere, Tarquinia, Vetulonia, Populonia ou Volterra, se soient développés dans des régions minières.

Les produits métalliques, que nous ont livrés les fouilles archéologiques effectuées en Etrurie, se signalent dès l'origine non seulement par leur quantité, mais aussi par leur technique et par leur qualité, qu'on pense à la proportion du cuivre et de l'étain dans les alliages de bronze, à l'emploi de techniques avancées (martelage, fusion, repoussé, incision), et à la finesse du décor de certains rasoirs ou fourreaux d'épée villanoviens. Il est donc probable que des maîtres artisans qualifiés soient venus de régions, où la métallurgie était connue depuis longtemps, pour s'installer en Etrurie. On peut tirer à cet égard quelques conclusions d'un examen, même rapide, des mobiliers villanoviens: des objets comme les épées à antennes ou les casques à crête ou à calotte supposent des rapports avec l'aire carpatho-danubienne, les poignards de type nuragique, les modèles réduits de bateaux, les cruches d'*impasto* à col décentré nous orientant en revanche vers la Sardaigne. Ces deux régions étaient des régions minières, où s'était développée une métallurgie florissante. Nous ne savons pas exactement comment ces

éléments étrangers furent intégrés en Etrurie aux groupes sociaux existants, mais il est certain qu'ils ont eu un rôle formateur et qu'ils ont fait école.
A partir du VIIIe siècle av. J.-C., beaucoup d'objets étrusques seront exportés vers la Sardaigne, l'Europe centrale, les grands sanctuaires de Delphes, de Dodone et d'Olympie: rasoirs, fibules, casques, boucliers... On notera avec intérêt que les objets exportés d'Etrurie sont d'abord des objets métalliques comptant au nombre des biens de prestige. Si on laisse de côté la question des relations, directes ou indirectes, qui unissaient lieu de production et lieu d'importation, la circulation des objets métalliques, si ceux-ci sont bien, comme nous l'avons dit, des *status symbol*, implique alors certainement la classe dominante, et l'on ne peut exclure qu'eux-mêmes aient véhiculé les valeurs idéologiques qui, en Etrurie, s'y rattachaient.
Dès les IXe-VIIIe siècles av. J.-C., les tombes étrusques livrent des objets

Vase à décor géométrique dit "a tenda"
Première moitié du VIIIe siècle av. J.-C.
Rome, Museo di Villa Giulia
Cat. 42

pages suivantes
Détail d'une coupe attique, Peintre de la Fonderie
vers 490-480 av. J.-C.
Berlin, Staatliche Museen Preussischer Kulturbesitz Antikensammlung
Cat. 141

Monnaie de bronze de Volterra
face et revers
IIIe siècle av. J.-C.
Florence, Museo Archeologico

Monnaie de bronze de Vetulonia
face et revers
IIIe siècle av. J.-C.
Florence, Museo Archeologico

rents siècles de l'histoire étrusque. En dépit de la variété et de la richesse de ce tableau, il n'est pas exclu, comme on a pu le soutenir à différentes reprises, que des métaux venus de l'aire danubienne, de France ou d'Espagne, aient été importés en Etrurie: non seulement ceux qui y manquaient, comme l'or, ou qui s'y trouvaient en faible quantité, comme l'étain, mais aussi le cuivre, qui put être importé dans des centres comme Vulci ou Chiusi, sièges d'une métallurgie florissante, mais sans contrôle direct sur aucun district minier.

On peut déduire de cet ensemble de données que les mines jouèrent un rôle capital dans la formation de la nation étrusque et contribuèrent à insérer d'emblée l'Etrurie dans un circuit de rapports internationaux de grande ampleur. Elles constitueront un élément d'appréciation fondamental pour un certain nombre de grands moments de l'histoire étrusque, comme par exemple la genèse d'une classe aristocratique dans la seconde moitié du VIIIe siècle av. J.-C., l'affirmation d'une idéologie nouvelle, liée à l'essor de la cité, dès la fin du VIIe siècle et au VIe siècle av. J.-C., l'alternance des phases de prospérité et de déclin de centres comme Tarquinia et Caere, ou Vetulonia et Populonia, la baisse sensible des importations de céramique attique en Etrurie autour du Ve siècle av. J.-C., la politique monétaire de centres comme Tarquinia, Vetulonia, Populonia ou Volterra, et même la fin de la civilisation étrusque qui coïnciderait plus ou moins avec la date proposée plus haut pour le décret interdisant l'activité minière en Italie.

BIBLIOGRAPHIE:
Actes Florence-Populonia-Piombino, 1981; G. Bartoloni, Rome 1989; B. Bouloumié, dans Actes Florence, 1989, p. 813-892; B. Bouloumié, dans Actes Madrid, 1989, p. 213-221; G. Camporeale, Rome 1984, p. 26 sq.; G. Camporeale, dans Actes Madrid, 1989, p. 205 sq.; M. Cristofani, dans *Civiltà degli Etruschi* (Cat. Exp.), Florence-Milan 1985, p. 137 sq.; M. Cristofani, dans *Rasenna*, 1986, p. 77 sq.; G. Colonna, dans "Istituto Italiano di Numismatica. Annali. Supplemento" 22, 1975, p. 3 sq.; F. Delpino, dans "Studi Etruschi" LVI, 1989-1990, p. 3 sq.; *L'Etruria mineraria* (Cat. Exp.), Florence-Milan 1985; M. Gras, Rome 1985; N.B. Hartmann, Ann Arbor 1982; F.W. von Hase, dans Actes Mannheim, p. 9 sq.; H.V. Herrmann, dans "Annuario della Scuola Archeologica di Atene" 61, 1983, p. 271 sq.; J. Martinez-Pinna, dans *La presencia de material etrusco en la Penísula Ibérica*, Barcelone 1991, p. 35 sq.; M. Pallottino, dans Actes Florence, 1989, p. 55 sq.; D. Ridgway, Milan 1984; G. Tanelli, dans Actes Florence, 1989, p. 1409 sq.; M. Torelli, Rome-Bari 1990; A. Zifferero, dans "Studi Etruschi" LVII, 1991, p. 201 sq.

La vocation maritime des Etrusques

Giovannangelo Camporeale

Petit lion en ivoire avec inscription étrusque signe de reconnaissance entre hôtes revers Milieu du VIe siècle av. J.-C. Rome, Antiquarium Comunale

Les Etrusques, selon des théories répandues dans le monde antique, seraient arrivés du bassin de l'Egée en Italie après un long voyage maritime; certains auteurs pensent qu'ils venaient de Lydie (Hérodote, I, 94), d'autres de l'île de Lemnos (Anticlide chez Strabon, *Geogr.*, V, 2, 4). Il n'y a pas lieu de discuter ici la véracité de ces thèses et, moins encore, la question de l'origine des Etrusques, mais on notera que les Anciens ont établi un lien entre les Etrusques et la mer dès le début de leur histoire, de même qu'ils ont proposé une origine maritime pour un certain nombre de cités appartenant au territoire de l'Etrurie historique: ainsi, Populonia aurait été fondée par des Corses (Servius, *Ad Aen.*, X, 172), Cortone par les Pélasges (Hellanicos chez Denys d'Halicarnasse, I, 26, 1, I, 28, 3), Faléries par les Argiens (Caton chez Pline, *N.H.*, III, 5, 51; Ovide, *Am.*, III, 13, 51-55; *Fast.*, IV, 72-73; Denys d'Halicarnasse, I, 21).
En observant une carte d'Etrurie, on constate immédiatement que la plupart des principaux centres richement documentés dès la phase villanovienne – Caere, Tarquinia, Vulci, Roselle, Vetulonia, Populonia – se trouvent le long du littoral tyrrhénien; ils se sont établis non pas sur la mer, mais à quelque distance d'elle, et lui sont reliés par des routes: cette position leur permettait d'en tirer le meilleur parti, sans s'exposer aux dangers qu'elle pouvait leur faire courir. Certains centres de l'intérieur, qui semblent situés loin de la côte, lui sont pourtant reliés par des voies naturelles: c'est le cas de Véies, par la vallée du Tibre, et de Volterra, par celle du Cecina.
L'ouverture de l'Etrurie sur la mer est confirmée par un certain nombre d'indices. Parmi les premières importations attestées dans les plus anciens contextes villanoviens, certains objets supposent des rapports avec des groupes venus par mer: ainsi, à Tarquinia, un miroir en bronze de type égéo-chypriote, ou bien à Vulci, une figurine, un panier et un tabouret (ou instrument musical?) miniatures, également de bronze, fabriqués en Sardaigne. Dès le début du VIIIe siècle av. J.-C., les Grecs d'Eubée exportent leurs produits dans différents centres de l'aire tyrrhénienne méridionale et septentrionale, et parviennent à s'établir solidement en Campanie (Pithécuses, Cumes), mais non en Etrurie: à l'évidence, les centres étrusques du littoral tyrrhénien s'intéressaient déjà de très près à leurs débouchés sur la mer, et en interdisaient l'accès aux colons étrangers.
L'historiographie antique s'accorde à présenter les Etrusques comme une puissance maritime: on pensait même que les mers Tyrrhénienne et Adriatique, qui baignent les territoires qu'ils occupèrent, avaient été nommées ainsi, la première à cause du nom que les Grecs donnaient aux Etrusques, la seconde à cause de la cité d'Adria, que beaucoup d'historiens antiques considéraient comme étrusque (Varron, *De ling. Lat.*, V, 161; Diodore de Sicile, V, 40, 1; Tite-Live, V, 33, 7-8; Plutarque, *Cam.*, 16; Pline, *N.H.*, III, 16, 120-121). Les Etrusques sont souvent présentés comme des pirates. A cet égard, on rappellera le jugement lapidaire de Cicéron (*De re publ.*, II, 4, 9): "En effet, les barbares n'étaient pas des navigateurs, à l'exception des Etrusques et des Phéniciens, ceux-ci pour faire du commerce, ceux-là pour exercer la piraterie". L'hymne "homérique» à Dionysos, qu'on date communément entre la seconde moitié du VIe siècle et le début du Ve siècle av. J.-C., est le premier texte qui parle de pirates étrusques: ces

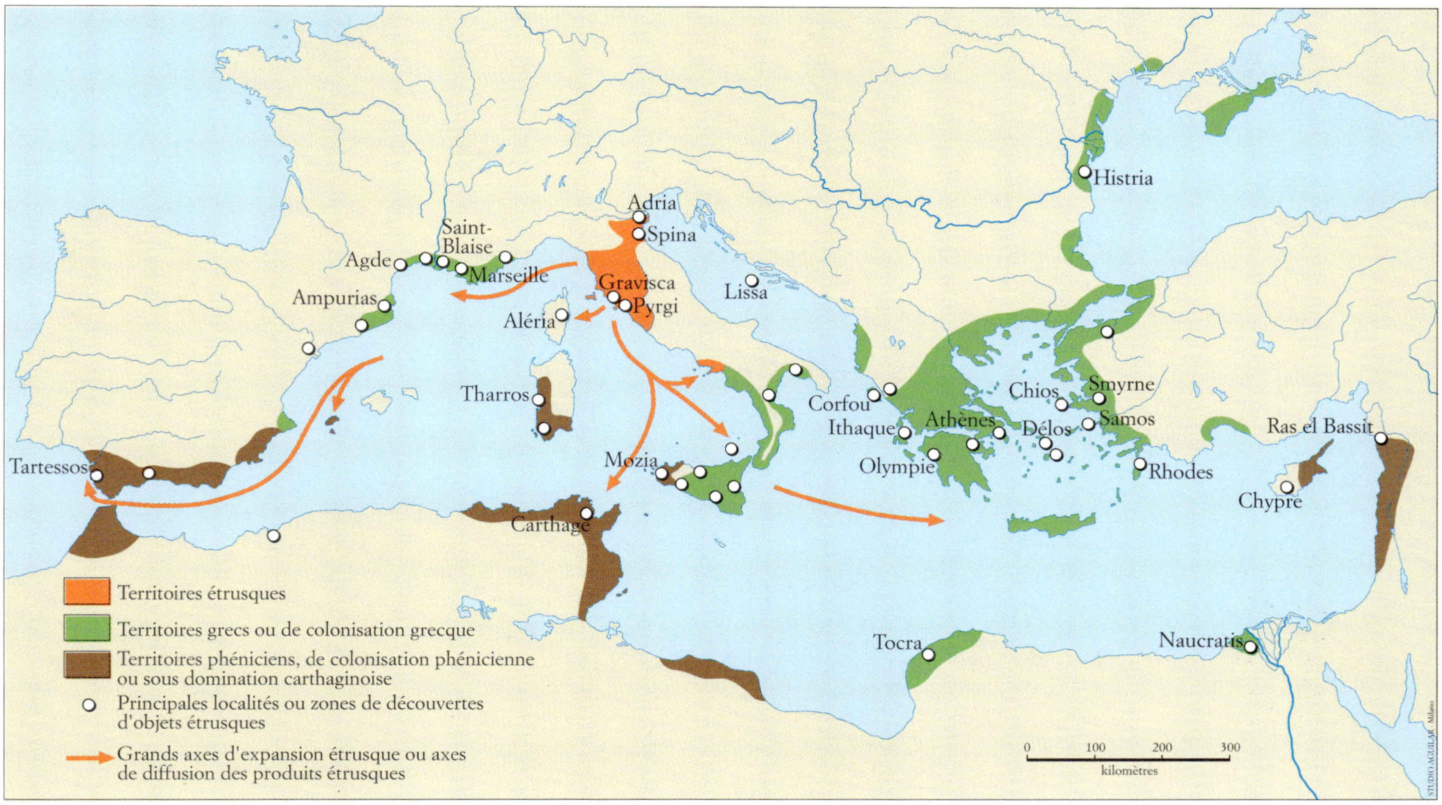

Expansion commerciale en Méditerranée VIIe siècle av. J.-C.-première moitié du VIe siècle av. J.-C.

Petit lion en ivoire avec inscription étrusque signe de reconnaissance entre hôtes face Milieu du VIe siècle av. J.-C. Rome, Antiquarium Comunale

pirates auraient enlevé un jeune homme d'une grande beauté pour en obtenir une rançon, sans s'apercevoir qu'il s'agissait de Dionysos; ce dernier, pour les punir, les aurait transformés en dauphins (ce mythe a été illustré par la tradition figurée grecque et étrusque contemporaine). En attendant le paiement de la rançon, le dieu aurait dû voyager sur leur navire "vers l'Egypte, vers Chypre, ou vers la contrée des Hyperboréens". Ces pillards étaient aussi des commerçants et à cette époque, les Etrusques pouvaient donc mener de front commerce et piraterie. Du reste, selon Thucydide (II, 5), dans les temps anciens, avant que la cité-Etat ne s'affirmât comme entité politico-institutionnelle, la piraterie n'était pas considérée comme une activité répréhensible. Les chefs d'équipage, tirant de leurs razzias des ressources pour eux-mêmes et pour les plus pauvres, se comportaient sur mer comme les riches sur terre. Leurs entreprises étaient d'ordre privé et elles ne seront condamnées que plus tard par la cité-Etat et ses lois "démocratiques".

D'autres textes sur la piraterie étrusque se rapportent à une période antérieure, mais ils sont l'œuvre d'écrivains vivant à une date encore plus récente. Au IVe siècle av. J.-C., Ephore (chez Strabon, *Geogr.*, VI, 2, 2), se référant à la seconde moitié du VIIIe siècle av. J.-C., assure que les Etrusques se livraient à des incursions sur les côtes orientales de la Sicile avant la fondation des colonies grecques de Naxos et de Mégare. Cette information n'est pas confirmée par la documentation archéologique actuellement en notre possession: les objets étrusques présents en différents points de Sicile - plats "à hérons", vases de bucchero "à éventails" ou à décoration incisée... - ne sont pas antérieurs au milieu du VIIe siècle av. J.-C. Il est pourtant intéressant de noter que des vases en forme de barque apparaissent déjà dans les contextes villanoviens, qu'embarcations et poissons, qui compteront plus tard parmi les motifs les plus anciens de l'iconographie proprement étrusque, font dès cette époque partie du répertoire figuré. Les premières représentations de batailles navales apparaissent dès le VIIe siècle et font peut-être allusion à l'activité des destinataires des objets qu'elles décorent. Diodore de Sicile (V, 9, 4) écrira que la population de la colonie de Lipari était, dès sa fondation par les Cnidiens, affectée pour une moitié aux travaux agricoles et pour l'autre à la défense de l'île contre les razzias des pirates étrusques. A cette époque, de nombreux navires - puniques, grecs et certainement étrusques - engagés dans des opérations commerciales, parcouraient la mer Tyrrhénienne.

Déjà au VIIIe, mais surtout entre le VIIe et le Ve siècle av. J.-C., l'Etrurie qui, avec son agriculture, ses bois et ses mines, disposait de ressources appréciées sur

Cratère signé par Aristonothos
Second quart du VIIe siècle av. J.-C.
Rome, Musei Capitolini
Cat. 48

le marché international, est le débouché des produits très raffinés de l'artisanat du Proche-Orient et de la Grèce. Avec ces marchandises, qui arrivaient par mer, vinrent aussi très probablement des hommes, chefs d'ateliers et marchands, ainsi que des idées. C'est l'époque où s'introduisent de nouvelles techniques artisanales (tour du potier) et agricoles (exploitation de la vigne et de l'olivier), où, dans les ateliers et les champs, le travail des artisans et des paysans s'organise. Abondante et de qualité, la production s'adresse dès lors à une plus vaste clientèle et devient compétitive sur le marché international. Tous ces faits reflètent l'idéologie nouvelle, qui accompagne l'essor de la cité, et transparaît dans la planification de l'espace urbain. Les grandes métropoles maritimes de l'Etrurie méridionale urbanisent le littoral et y implantent les ports: Pyrgi pour Caere, Gravisca pour Tarquinia, Regae pour Vulci. A Pyrgi et à Gravisca, de grands sanctuaires d'*emporion*, qui font partie des infrastructures portuaires, ont été mis au jour. Dans ces lieux de contact direct et permanent entre éléments étrangers et locaux s'effectuaient certes des échanges commerciaux, mais aussi culturels. Ces grands ports jouaient en Etrurie le même rôle que Marseille, la colonie fondée par les Phocéens autour de 600 av. J.-C., à l'embouchure du Rhône.
Il est difficile de définir en termes précis le rôle de la marine étrusque à cette époque. Si les objets sardes (épées, poignards, haches, boutons, modèles réduits

Cratère avec scène de bataille navale
vers 630-620 av. J.-C.
Paris, Musée du Louvre
Cat. 49

pages suivantes
Hydrie de Caere représentant l'aveuglement de Polyphème
Seconde moitié du VIe siècle av. J.-C.
Rome, Museo di Villa Giulia

de vaisseaux, carquois miniatures), et les objets étrusques (rasoirs, fibules, épées, vases de bucchero) restitués, les premiers, par les mobiliers funéraires des IXe-VIIIe siècles av. J.-C. des centres de l'Etrurie côtière et les seconds, par les mobiliers funéraires contemporains du Nord de la Sardaigne, impliquent tous une ouverture des Etrusques vers la mer, nous n'avons pas cependant d'élément pour déterminer - et il conviendrait de le faire cas par cas - qui transportait ces objets, d'autant moins que Sardes et Etrusques exploitaient les mines, pratiquaient les uns et les autres la métallurgie, et trouvaient dans cette activité de nombreuses occasions de contacts et d'échanges.
Des ex-voto étrusques apparaissent à partir du VIIIe siècle av. J.-C. dans les grands sanctuaires grecs de Delphes, Dodone, Olympie, Samos: bronzes (casques, boucliers, fibules, mors de cheval, lébès) et vases de bucchero (des canthares surtout).
Plusieurs raisons peuvent justifier leur présence: butin d'expéditions militaires grecques, marchandises rapportées par des marchands grecs qui fréquentaient l'Etrurie, ou par des Grecs de l'Italie méridionale, offrandes de chefs étrusques. Un canthare de bucchero, trouvé dans le sanctuaire de Perachora (isthme de Corinthe), présente par ailleurs une dédicace en langue grecque et alphabet corinthien qui cite le nom, grec, du dédicant (Néarchos).

Cippe de Sostratos avec dédicace à Apollon Eginète, Gravisca
*Fin du VI*e *siècle av. J.-C.*
Tarquinia, Museo Nazionale

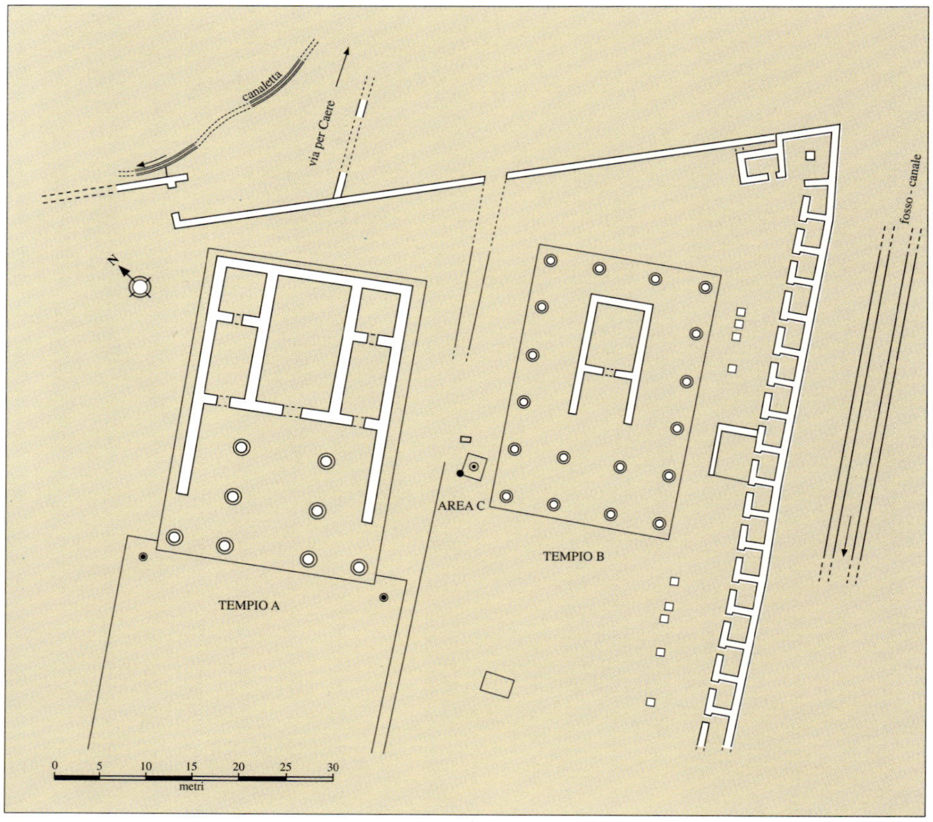

Planimétrie du sanctuaire de Pyrgi

Une trentaine de canthares de bucchero ont été également découverts avec de la céramique de provenance variée (gréco-orientale, laconienne, corinthienne) dans une boutique située sur la route qui conduisait de Corinthe à son port, et l'on en conclura que ces objets étrusques ont pu être exportés pour des clients grecs et avoir été offerts également par des Grecs dans leurs sanctuaires. Mais on distingue mal, cette fois encore, qui a transporté ces marchandises étrusques en Grèce. Pour cette même époque, un passage de Pausanias (V, 12, 5) évoque encore un trône de bronze dédié à Zeus, à Olympie, par un prince étrusque du nom d'Arimnestos, et laisse supposer que les sanctuaires grecs étaient déjà fréquentés par des chefs étrusques.

A partir du dernier quart du VIIe siècle av. J.-C. un grand mouvement commercial prend son essor depuis l'Etrurie méridionale, depuis surtout Caere et Vulci, en direction de la France méridionale, de la Catalogne, du Sud de l'Espagne, de la Corse, de la Sardaigne, de Carthage, de la Sicile et de l'Italie méridionale tyrrhénienne: amphores de transport en *impasto*, vases de bucchero destinés à puiser et à verser, flacons à parfum étrusco-corinthiens. Cet inventaire suppose une production importante et de qualité, de vin et d'huile, en Etrurie. On peut tirer des épaves de navires archaïques des indications sur ces mouvements commerciaux. Un bateau, échoué près de l'île du Giglio, contenait de la céramique datée du corinthien ancien et moyen, de la céramique gréco-orientale, des amphores de transport grecques et étrusques (dont quelques-unes conservaient encore des noyaux d'olives), des flûtes en bois, des lingots de cuivre et de plomb étrusques. L'épave récupérée près de Bon-Porté était chargée d'amphores de transport étrusques, gréco-orientales et corinthiennes et contenait un fragment de céramique de Grèce de l'Est. Ces navires pratiquaient presque certainement une navigation de petit cabotage, chargeant et déchargeant leurs marchandises dans différents ports, sans qu'il soit possible de qualifier de grecque ou d'étrusque cette activité commerciale. L'épave du Cap-d'Antibes a restitué également un chargement étrusque (amphores de transport, vases de bucchero, et céramique étrusco-corinthienne), à l'exception d'une lampe punique présentant des traces d'usure, qui pourrait fournir une indication intéressante sur la composition de son équipage.

Dans la première moitié du VIe siècle av. J.-C., après la fondation de Marseille et des colonies phocéennes d'Agde, Ampurias, Nice et Aléria, une fois les ports

Vue des fouilles du sanctuaire de Pyrgi

Vue des fouilles du sanctuaire de Gravisca

d'Etrurie méridionale - Pyrgi, Gravisca, Regae - organisés, une répartition des aires de contrôle du bassin méditerranéen se dessine: la partie septentrionale et la zone du détroit de Messine sont contrôlées par les Phocéens, la partie centrale est contrôlée par les Etrusques, la partie sud-ouest, avec la Sardaigne, par les Carthaginois.

L'arrivée à Aléria, vers 545, de nouveaux colons de Phocée, qui se livrent à des razzias au détriment des populations locales (Hérodote, I, 165), rompt l'équilibre ainsi formé, et suscite un affrontement naval en mer de Sardaigne entre les Phocéens, d'une part, les Etrusques et les Carthaginois, de l'autre: les Phocéens perdirent leur flotte et durent abandonner la Corse, qui passa sous le contrôle direct des Etrusques.

Cette situation nouvelle n'empêcha ni le commerce, ni la circulation de chefs d'ateliers et de marchands. La céramique grecque continue à parvenir en Etrurie et, sur la lancée, Athéniens et Eginètes rejoignent les Phocéens: le port de Gravisca est fréquenté par le riche commerçant éginète Sostratos; des artistes arrivent de la Grèce orientale pour s'installer dans les cités côtières de l'Etrurie méridionale, où ils peignent tombes et vases; dans le sanctuaire de Pyrgi, Thefarie Veliana adresse en étrusque et en punique une dédicace à la déesse Uni-

Coupe attique, œuvre du peintre Exékias avec représentation de Dionysos 540-530 av. J.-C. Munich, Antikensammlungen

Hydrie étrusque rapt de Dionysos par les pirates tyrrhéniens 510-500 av. J-C. Toledo (Ohio), Museum of Art Cat. 77

BIBLIOGRAPHIE:

Actes Aix-en-Provence, 1979; Actes Rome, 1985; C. Albore-Livadie, dans "Rivista di Studi Liguri" 33, 1967, p. 300 sq.; J. Berard, Paris 1957; G. Colonna, dans Actes Florence-Populonia-Piombino, 1981, p. 443 sq.; M. Cristofani, dans "Xenia" VIII, 1984, p. 3 sq.; M. Cristofani, dans *Rasenna*, Milan 1986, p. 124 sq.; M. Cristofani, Milan 1989; "Dialoghi di Archeologia" 3, 1-2, 1969; M. Giuffrida, dans "Kokalos" XXIV, 1978, p. 175 sq.; M. Gras, dans *Mélanges offerts à J. Heurgon*, Paris-Rome 1976, p. 341 sq.; M. Gras, Rome 1985; F.W. v.Hase, dans Actes Mannheim, p. 9 sq.; G.V. Herrmann, dans "Annuario della Scuola Archeologica di Atene" LXI, 1983, p. 271 sq.; M. Martelli, dans Actes Florence-Populonia-Piombino, 1981, p. 399 sq.; M. Martelli, dans *Civiltà degli Etruschi* (Cat. Exp.), Florence-Milan 1985, p. 175 sq.; M. Martelli, dans Actes Florence, 1989, p. 781 sq.; S. Paglieri, dans "Studi Etruschi" XXVIII, 1960, p. 209 sq.; M. Pallottino, dans "Kokalos" 18-19, 1973, p. 48 sq.; M. Pallottino, Milan 1984, p. 111 sq.; M. et F. Py, dans "MEFRA" 86, p. 141 sq.; D. Ridgway, Milan 1984; M.A. Rizzo, Rome 1990; *Santuari di Etruria* (Cat. Exp.), Florence-Milan 1985, p. 127 sq.; N.J. Spivey, dans "Prospettiva" 44, 1986, p. 2 sq.; M. Torelli, dans *Il commercio greco nel Tirreno in età arcaica*, Salerno 1981, p. 67 sq.

Astarté; à Lattes et à Pech-Maho, des témoignages épigraphiques éloquents prouvent que des Etrusques sont intégrés aux communautés locales.

Plusieurs établissements étrusques de la plaine du Pô remontent à la seconde moitié du VIe siècle av. J.-C., parmi lesquels Spina, le grand port céréalier de l'Adriatique, occupe une place à part: la puissance de ses habitants sur mer était dans l'antiquité un fait reconnu (Strabon, *Geogr.*, V, 1, 7).

La thalassocratie étrusque et les activités qui s'y rattachent subissent en l'espace d'un siècle une série de coups qui en signent le déclin. Avant 480 av. J.-C., les Carthaginois empêchent les Etrusques de coloniser les "îles bienheureuses" dans l'Atlantique (Diodore de Sicile, V, 20, 4); en 480, après une parenthèse victorieuse, les Etrusques sont défaits par les Lipariens dans les eaux qui baignent leur île (Diodore de Sicile, V, 9, 5; Strabon, *Geogr.*, VI, 2, 10; Pausanias, X, 11, 3; X, 16, 7); en 474, ils perdent leur flotte dans les eaux de Cumes sous les coups des Syracusains (Pindare, *Pyth.*, 1, 72 sq.; Diodore de Sicile, XI, 51); en 453, ils subissent dans le secteur minier de l'île d'Elbe des incursions syracusaines, qui ont pour résultat de couper les grandes cités de l'Etrurie méridionale (Caere, Tarquinia, Vulci) du commerce avec la Grèce; Populonia, en Etrurie septentrionale, s'adjuge ces échanges commerciaux (Diodore de Sicile, XI, 88, 4-5); en 414-413, trois navires étrusques seulement participent, aux côtés des Athéniens, au siège de Syracuse, qui se conclut par une défaite (Thucydide, VI, 103; VII, 53, 2-3; 54, 2); en 384, enfin, le sanctuaire du port de Pyrgi sera mis à sac par les Syracusains (Diodore de Sicile, XV, 14, 3-4).

On relate quelques actes de véritable piraterie étrusque au IVe siècle av. J.-C.: Denys de Syracuse lance, on l'a vu, une attaque contre le sanctuaire de Pyrgi sous le prétexte de purger la mer Tyrrhénienne des pirates étrusques (Diodore de Sicile, XV, 14, 1); en 339, un certain Postumius, peut-être originaire de Caere, après avoir effectué des razzias avec douze navires, aborde à Syracuse en ami, mais y est condamné à mort en raison de sa conduite (Diodore de Sicile, XVI, 82, 3). Mais ce siècle est aussi celui d'Ephore, qui fait remonter jusqu'au VIIIe siècle les activités de piraterie des Etrusques: on ne peut exclure que l'historiographie antique, à partir du IVe siècle av. J.-C., ait eu tendance, peut-être sur la base d'expériences contemporaines, à qualifier de piraterie toute activité des Etrusques sur la mer, même celle qui s'exerçait aux époques les plus reculées, quand la piraterie, si elle a réellement existé, était sans doute dépourvue, de connotation péjorative comme du point de vue éthique du point de vue juridique.

Au IVe siècle av. J.-C., dans les cités côtières de l'Etrurie méridionale, s'affirme une nouvelle classe aristocratique, qui tire sa richesse de l'agriculture et oriente ses intérêts vers l'arrière-pays. En outre, les cités étrusques doivent affronter, sans succès, l'une après l'autre, la puissance nouvelle et croissante de Rome. La conjoncture n'est pas favorable à l'activité maritime: il est révélateur qu'en 205 av. J.-C., au moment où P. Cornelius Scipion équipe sa flotte pour combattre Hannibal en Afrique, beaucoup de cités étrusques aient apporté leur contribution sous forme de matériel servant à la construction des navires - bois, poix, lin pour les voiles - au lieu de fournir des bateaux.

L'épanouissement des aristocraties et le style orientalisant

Francesco Nicosia

Vase de Bocchoris. provenant de Tarquinia
Fin du VIIIe siècle av. J.-C.
Tarquinia, Museo Nazionale

La période qui s'étend de la fin du VIIIe siècle aux premières décennies du VIe siècle av. J.-C. est marquée, dans toutes les régions riveraines de la Méditerranée centrale et occidentale, par de grands changements politiques, économiques, ethno-démographiques et sociaux, qui ont laissé une profonde empreinte sur toutes les formes de la production et sont à l'origine d'un nouveau faciès culturel, qu'on appelle "orientalisant" à cause de la présence diffuse, dans les contextes archéologiques, d'objets, de motifs figurés, et d'éléments culturels provenant directement ou indirectement du Proche-Orient.
Région riche en minerais et en produits naturels, desservie par de nombreux ports, habitée par une population très ouverte au progrès et aux échanges commerciaux et culturels, l'Etrurie offrait un milieu tout à fait propice au développement de la culture orientalisante. Ses manifestations y sont particulièrement riches et bien caractérisées et le phénomène lui-même y est favorisé par l'affirmation et la consolidation d'une classe dominante de *principes*, dont l'importance sur le plan culturel, politique et économique ne fut pas sans conséquence sur la production et la distribution des produits, somptuaires tout au moins, dans l'ensemble du monde méditerranéen. La délimitation des tumulus, d'abord par des cercles de pierres ficheés en terre, puis par des "tambours" d'aspect monumental, et la *cella* unique des plus anciennes tombes orientalisantes, réservée au couple conjugal titulaire du sépulcre, prouvent que la possession de la terre et la prééminence absolue et exclusive du *pater familias* sont, à l'origine, caractéristiques de cette classe de *principes* qui admettra cependant au cours du VIIe siècle l'arrivée au pouvoir d'autres personnages, toujours subordonnés au *pater familias* dans le cercle de la *gens* (les *cellae* secondaires des mausolées de l'orientalisant récent devaient leur être destinées). Ils avaient en main la transformation des ressources du sous-sol, l'exécution d'armes renommées, de vaisselle métallique et d'instruments agricoles. Ils veillaient aussi à l'élaboration des produits du sol et à la réalisation des récipients utilisés pour leur conservation, à la fabrication du vin destiné aux banquets aristocratiques, et à celle des compositions cosmétiques et pharmaceutiques, pour lesquelles le vin lui-même, l'huile et le miel étaient nécessaires. Ces produits finis devaient non seulement satisfaire les besoins locaux mais étaient aussi pour une part destinés à l'exportation vers les diverses communautés étrusques et italiques ou vers les pays lointains du monde celte, de la Grande-Grèce et du bassin de l'Egée.
Les *principes* étrusques sont aussi une classe de "lettrés". Non seulement ils font usage de l'écriture (pour signifier par exemple l'appartenance d'un objet, pour le dédier à quelque divinité dans un sanctuaire, ou encore pour confier des messages durables aux parois d'une tombe à chambre), mais se vantent en outre de posséder cet art et en revendiquent l'enseignement, comme l'indique la présence d'une tablette à écrire dans une tombe princière de Marsiliana. L'étalage de la culture est l'ornement d'une classe qui, par ailleurs, cultive l'idéal guerrier traditionnel, dont témoigne la présence constante d'armes dans les sépultures masculines: dans l'aristocratie grecque, à la même époque, une épée à garde d'ivoire cloutée d'or semblable à celles qui ont été découvertes dans les tombes de La Montagnola et des Boschetti constitue le prix accordé au valeureux Antiménide.

Paire de bracelets en or à décor de filigrane
Premier quart du VIIe siècle av. J.-C.
Florence, Museo Archeologico
Cat. 83

Les *athyrmata* orientaux ne sont pas exhibition de luxe, mais symboles d'un prestige international acquis en affrontant au loin toutes sortes de difficultés et de dangers.

Le miracle de l'orientalisant étrusque est probablement le résultat de cette synthèse entre un conservatisme fondé sur la propriété du sol et une grande ardeur à entreprendre. L'extension ultérieure des bases de la production – et par voie de conséquence, du pouvoir politique et militaire – donnera naissance au siècle suivant à la société urbaine archaïque.

Etant donné la perte totale des sources littéraires étrusques, les informations que nous possédons sur le faciès orientalisant découlent en premier lieu de l'examen des objets de luxe, importés, ou produits sur place, qui ont été déposés dans les tombes, utilisés dans les plus riches demeures, ou échangés comme cadeaux de prix. Les fouilles nous restituent ces objets, mais seulement dans certaines limites, car il faut déplorer la perte quasi complète des produits faits de matériaux organiques et périssables: bois, cuir ou tissu, mais aussi aliments, boissons ou cosmétiques, dont nous devons parfois nous contenter d'identifier les récipients. On ne doit pas non plus oublier que, même dans le domaine funéraire, les objets qui servaient pour le rituel, mais n'étaient pas destinés à accompagner les restes du défunt dans sa sépulture, demeurent exclus de notre documentation.

Par ailleurs, l'existence de la sépulture individuelle et la présence du mobilier funéraire, qui témoignent de la croyance en une forme de vie outre-tombe, nous invitent à lire avec une extrême attention les messages systématiques, quelquefois extrêmement synthétiques, mais complets, que nous livrent le mobilier et

Vue de la fouille de la Tombe A du tumulus de Montefortini à Artimino-Comeana (en cours de restauration) vers le milieu du VIIe siècle av. J.-C.

le monument funéraire; ces messages étaient moins destinés aux vivants qu'à la divinité à laquelle on confiait la protection du défunt (les images monumentales qui font, comme à Poggio Civitate de Murlo, partie du décor de terre cuite des grands "palais" de tradition encore orientalisante, et représentent les ancêtres, attestent que ceux-ci étaient l'objet d'un culte, qui pouvait avoir une forte connotation politique).

Mais il est une autre donnée importante pour notre connaissance de l'orientalisant étrusque: les personnages princiers qui en sont les protagonistes sont visiblement engagés dans un vaste réseau d'échanges internationaux avec les *principes* d'autres régions de la Méditerranée. Ces relations nous autorisent, dans notre lecture des objets de luxe que les princes étrusques exhibent, à nous servir comme d'une aide "extérieure" des sources littéraires, grecques, qui émanent de structures socio-politiques analogues et sont liées à celles que nous voulons examiner.

Déjà pendant la période villanovienne, dès la fin du IXe, mais surtout au cours du VIIIe siècle av. J.-C., des membres de la classe dominante de certains centres étrusques entretenaient des relations de *xenia* avec leurs homologues d'autres régions: leurs liens avec la Sardaigne sont attestés par la présence d'un certain nombre de petites cruches sardes, askoïdes et très particulières, dans les nécropoles d'Etrurie, surtout dans celle de Vetulonia (où l'on a retrouvé aussi des objets orientaux appartenant à la même période); à ces importations répond en Sardaigne la présence d'armes et de fibules en bronze exportées d'Etrurie. Le mobilier funéraire de Cavalupo (Vulci: n° Cat. 36-38), qui témoigne du

Coupe godronnée en verre bleu, Tombe A du tumulus de Montefortini, Artimino-Comeana (en cours de restauration) vers le milieu du VIIe siècle av. J.-C. Soprintendenza Archeologica della Toscana

mariage d'une princesse originaire du centre de la Sardaigne et d'un seigneur de Vulci, constitue dans ce cadre un document exceptionnel.

La diffusion en divers centres étrusques de la céramique géométrique grecque – eubéenne pour la plus grande part – atteste les relations de l'Etrurie avec Pithécuses, intermédiaire probable aussi pour les importations proprement orientales.

Les événements historiques de la fin du VIIIe siècle dans les zones méditerranéennes orientale et centrale, par exemple la conquête assyrienne des escales syro-phéniciennes et les transformations qui affectent les formes de la présence grecque en Italie méridionale (des *emporia* du début, créés à des fins essentiellement commerciales, aux colonies de peuplement), ont probablement été à l'origine de deux phénomènes importants pour l'orientalisant étrusque.

1. Certaines routes commerciales vers le Proche-Orient (vers l'Egypte, la Syrie, la Phénicie ou Chypre...) semblent s'être affranchies du monopole phénicien et se sont largement ouvertes du même coup à la marine étrusque, dont l'autonomie était jusque là limitée aux eaux tyrrhéniennes. Parallèlement les relations semblent s'intensifier – peut-être grâce à la venue de "spécialistes" – avec les centres métallurgiques d'Europe centrale, de culture hallstattienne. Ainsi parviennent en Etrurie les vases de faïence égyptiens, les coupes d'argent de la zone phénicienne, les petites cruches d'argent de Chypre, les premiers ivoires et les

Plaquette d'ivoire décorée d'une figure de griffon,
Tombe A du tumulus de Montefortini
Artimino-Comeana (en cours de restauration)
Vers le milieu du VIIe siècle av. J.-C.
Soprintendenza Archeologica della Toscana

Plaquette d'ivoire représentant Aristée
Tombe A du tumulus de Montefortini
Artimino-Comeana (en cours de restauration)
Vers le milieu du VIIe siècle av. J.-C.
Soprintendenza Archeologica della Toscana

Cratère d'Eurytios
Vers 600 av. J.-C.
Paris, Musée du Louvre
Cat. 113

premières coquilles d'oeufs d'autruche au décor oriental, gravé ou peint, les vases de céramique magnifiquement peinte de Corinthe, de Chios, de Rhodes ou des Cyclades.

2. Des artisans orientaux sont venus s'installer en Occident et ont fondé en terre étrusque des ateliers d'artisanat de haute qualité (orfèvrerie, gravure sur ivoire et sur os, décoration des oeufs d'autruche, peut-être aussi sculpture monumentale en pierre locale - au moins à Vetulonia et à Caere - mais il faut encore approfondir l'étude des rapports que cette sculpture pourrait entretenir avec la sculpture monumentale des nuraghes, d'époque antérieure). Des artisans grecs se sont de même transplantés en Etrurie, où ils ont introduit diverses expériences technologiques et développé, spécialement dans les centres de l'Etrurie méri-

dionale maritime (Caere, Tarquinia, Vulci) une très florissante production de céramique peinte, bientôt suivie des premières manifestations monumentales de la peinture de tombes; c'est à l'enseignement de ces précurseurs que l'on doit la formation d'artisans très raffinés; c'est de leurs ateliers que proviennent les ivoires et les oeufs d'autruche à décor incisé et en relief, les bijoux en filigrane et en feuilles d'or, dont le décor allie repoussé, granulation et très fin *pulviscolo*, les céramiques polychromes, les vases de bucchero aux formes très élaborées. On leur doit aussi des réalisations architecturales en pierre locale, les grands tumulus gentilices et leur décor sculpté, la première sculpture funéraire en terre cuite et plus tard les terres cuites ornementales (à décor modelé ou peint) des édifices sacrés et des palais de l'aristocratie.

BIBLIOGRAPHIE:

G. Camporeale, dans *Civiltà degli Etruschi* (Cat. Exp.), Florence-Milan 1985, p. 78-84; G. Camporeale, dans "Studi Etruschi" LIV, 1988, p. 3-14; C. Colonna-F.-W. v.Hase, dans "Studi Etruschi" LII, 1986, p. 13-59; F. Lo Schiavo, dans Actes Florence-Populonia-Piombino, 1981, p. 299-314; F. Nicosia, dans *Cento preziosi etruschi*, Florence 1984, p. VII-XVI; M. Pallottino, dans *Enciclopedia Universale dell'Arte*, X, p. 223-237; F. Prayon, dans Actes Florence, 1989, p. 441-443.

L'Etrurie des cités

Giovannangelo Camporeale

Combat entre guerriers de Vulci
et guerriers d'autres cités
Tombe François de Vulci
Seconde moitié du IVe siècle av. J.-C.
Rome, Villa Albani

En 1870, année de la création du musée archéologique de Florence qui devait réunir les objets étrusques conservés dans la Galerie des Offices, un débat divisa les archéologues de l'époque sur les critères de présentation à retenir: musée typologique, qui répartirait le mobilier par classes (vases, bronzes, orfèvrerie, urnes, etc.), ou bien musée topographique, qui présenterait le matériel par centres et par contextes. La première orientation demeurait fidèle à la tradition des XVIIIe et XIXe siècles, la seconde apparaissait comme une nouveauté, portée par le contexte historique du moment. Le débat se poursuivit pendant plusieurs années, avant d'aboutir à un compromis: les objets des anciennes collections du grand-duc de Toscane seraient exposés selon le critère typologique, le matériel retrouvé dans les fouilles récentes selon le critère topographique. Mais ce dernier suscita bientôt un consensus général, fut adopté pour l'organisation d'autres musées "centraux", consacrés, comme celui de la Villa Giulia, à la civilisation étrusque, et fut pris en compte aussi par la politique de développement des musées locaux. Mis en évidence par ce nouveau principe de présentation des vestiges archéologiques, un certain nombre de caractères propres aux différents centres d'Etrurie offrent alors des éléments d'appréciation nouveaux.
La civilisation étrusque s'est développée au cours du premier millénaire av. J.-C. et il est difficile de penser que tous les centres ont connu un développement homogène sans alterner périodes de prospérité et périodes de crise, ou d'imaginer que la culture d'une métropole a été en tout point identique à celle des petits centres qui en dépendaient. La complexité de ces phénomènes peut être illustrée par quelques exemples.

L'Italie à l'époque de la plus grande expansion des Etrusques vers la fin du VIe siècle av. J.-C.

A l'époque villanovienne, Tarquinia est un centre très riche et réceptif aux influences extérieures, tandis que Caere, tout en étant lui aussi un centre important, est assurément moins riche et moins ouvert sur l'extérieur, et ce n'est pas un hasard si la tradition littéraire, unanime, a situé à Tarquinia la légende de la révélation de la discipline étrusque par Tagès. Mais à l'époque orientalisante la situation s'inverse au profit de Caere. On a cherché à expliquer ce phénomène par une éventuelle alternance du contrôle de la zone minière voisine des monts de la Tolfa, exercé tantôt par l'une, tantôt par l'autre cité, avec des conséquences d'ordre économique, social et culturel.

Vetulonia doit avoir joui d'une certaine célébrité dans l'antiquité; selon des sources anciennes, la cité aurait même participé, avec d'autres centres étrusques et latins, à une guerre contre Tarquin l'Ancien, à la fin du VIIe siècle av. J.-C. (Denys d'Halicarnasse, III, 51, 4), et Rome lui aurait emprunté ses insignes du pouvoir (Silius Italicus, *Pun.*, VIII, 483-487). Les témoignages archéologiques révèlent de fait un centre très florissant entre le IXe et le VIe siècle av. J.-C., mais aussi une pause de deux siècles au moins, et une reprise à l'époque hellénistique; en d'autres termes, ils nous fournissent des précisions qu'aucune autre source ne nous livre.

Le rapport Florence-Fiesole paraît de même plutôt clair dans la tradition littéraire: Fiesole est une fondation étrusque, Florence une fondation coloniale romaine du Ier siècle av. J.-C. Mais les recherches archéologiques ont mis au jour un établissement villanovien à Florence, près du Ponte Vecchio, où un gué permettait de passer l'Arno, en un point certainement névralgique pour les communications entre l'Etrurie et la plaine du Pô.

Kościelec
?Sion
?Lauriacum
Hallstatt
Golasecca
Milan
La Liquière
St. Julien de Pézenas
Antibes
Saint-Blaise
Vis
Ampurias
Ullastret
Vulci
Tarquinia
Aléria
Cerveteri
Pontecagnano
Capoue
Cumes
Tarente
Tharros
Ibiza
Huelva
Lipari
Cadix
Malaga
Toscanos
Guadalhorce
Sélinonte
Megara Hyblaea
Syracuse
Utique
Carthage
Tipasa
0 100 200 300
kilomètres

Diffusion du bucchero étrusque (d'après F.W. von Hase, "Jahrbuch des Römisch-Germanischen Zentralmuseums Mainz" 36, 1989, fig. 1)

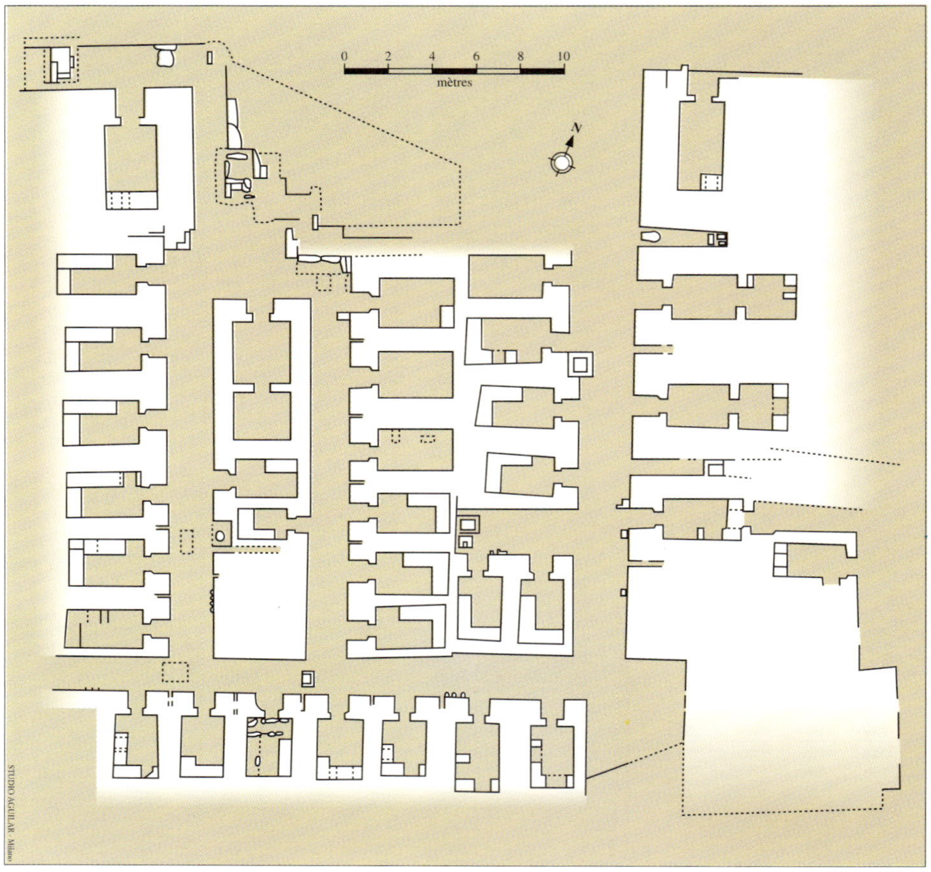

Planimétrie partielle de la nécropole de Crocifisso del Tufo à Orvieto Milieu du VIe siècle av. J.-C.

On pourrait multiplier les exemples, on parviendrait aux mêmes conclusions, et il apparaît de plus en plus urgent de privilégier dans notre approche de la civilisation étrusque les témoignages matériels livrés par les différents centres. Les sources archéologiques s'inscriront ainsi de plein droit parmi les sources historiques. Les auteurs anciens ont parlé de "douze peuples" d'Etrurie. Les savants des temps modernes ont voulu y voir une sorte de ligue composée par ces peuples. Mais le lien qui les unissait devait être moins de nature politico-administrative que de "sang", pour reprendre l'expression de Tite-Live (V, 17, 9). Il est difficile d'identifier ces douze peuples car le nombre des grandes cités, que nous connaissons grâce aux sources littéraires et/ou archéologiques, est supérieur à douze. On a pensé que certaines cités avaient pu en remplacer d'autres ou que ce nombre limité n'avait eté conforme à la réalité qu'au tout début de l'histoire étrusque. En effet, entre le Ve et le IVe siècle, nous savons que des réunions annuelles, ou extraordinaires, eurent lieu près du sanctuaire de Voltumna (qui n'a pas encore été localisé) pour discuter de questions de politique générale. Mais aucune décision unitaire n'y fut jamais prise. Le cas de Véies est exemplaire. Avant et pendant la guerre de dix ans qui l'opposa à Rome (405-396 av. J.-C.), de nombreuses assemblées panétrusques se sont réunies, parfois à la demande des habitants de Véies ou de Faléries, pour convaincre les autres peuples d'Etrurie de participer à la défense de Véies: mais aucun accord ne fut jamais trouvé, et Véies fut prise et détruite par les Romains. Les sources iconographiques illustrent un cas de division analogue: les représentations "historiques" de la Tombe François de Vulci (seconde moitié du IVe siècle av. J.-C.) présentent des groupes de deux guerriers opposés, qui sont tous désignés par leur nom; mais tandis que le vainqueur n'est nommé que par son prénom et son gentilice, le vaincu est aussi désigné par une référence ethnique, qui renvoie à d'autres villes que Vulci (Volsinies, Rome, Sovana): le vainqueur est à l'évidence un héros local, le vaincu un étranger, et l'allusion aux luttes menées par Vulci contre d'autres villes est très claire.

Le jugement, aussi précis que concis, formulé par J. Heurgon voilà quelques années, est toujours pertinent: «L'histoire étrusque, comme l'histoire grecque, est avant tout une histoire de villes autonomes, liées entre elles par le sentiment de leur parenté de race et tendant à créer... une unité politique jamais réalisée».

Vue de la cité etrusque de Marzabotto à plan orthogonal
Fin du VIe-début du Ve siècle av. J.-C.

Cette appréciation, soulignons-le, vaut autant pour les villes étrusques que pour les villes étrusquisées de la Campanie et de la plaine du Pô.

Dès la phase villanovienne, mais surtout à partir de la phase orientalisante, la culture de chaque centre étrusque tend à se différencier toujours davantage. L'autonomie politique et administrative de chaque ville a joué sans doute un rôle de premier plan dans ce processus, mais il faut tenir compte également des caractéristiques géologiques et des ressources naturelles propres aux différents centres. La tombe hypogée est habituelle en Etrurie méridionale, où la roche la plus courante, le tuf, se laisse tailler avec facilité et régularité, tandis que l'Etrurie septentrionale, où les roches les plus courantes, l'*alberese* et *l'arenaria*, et présentent pas les mêmes qualités, préféra toujours la tombe construite. De même, l'importance de l'industrie du bronze à Vetulonia au VIIe siècle av. J.-C., ou de la production d'albâtre à Volterra aux IIIe-Ier siècles av. J.-C., ne peuvent être dissociées des mines de cuivre et des carrières d'albâtre, qui se trouvaient sur leur territoire respectif.

Reconstitution graphique du toit et des statues d'acrotère du temple de Portonaccio

Statues d'acrotère en terre-cuite représentant Héraclès et Apollon provenant du temple de Portonaccio à Veies
Fin du VIe siècle av. J.-C.
Rome, Museo di Villa Giulia

Fondations de maisons, agglomération étrusque près du lac de l'Accesa (Massa Marittima) VIe siècle av. J.-C.

L'adoption des formes institutionnelles et architecturales propres à la cité, événement capital dans l'histoire de l'Etrurie, ne fut de même ni homogène ni simultanée dans les différents centres. Dans la seconde moitié du VIIe siècle et, plus encore, au VIe siècle av. J.-C., les activités de production cessent d'être, en Etrurie, une prérogative de la famille: elles sont exercées par des travailleurs qui, toujours plus spécialisés dans les différents arts et métiers (agriculture intensive, artisanat, échanges), acquièrent progressivement conscience professionnelle et richesse; cette dernière n'est plus concentrée dans les mains de quelques aristocrates, comme c'était le cas depuis le milieu du VIIIe siècle av. J.-C., mais distribuée plus largement et plus équitablement. Ce phénomène ne pouvait rester sans conséquences sur les plans politique, économique et social. C'est alors que se forme la classe moyenne, analogue au *demos* grec, qui se concentrera bientôt en grandes agglomérations urbaines, structurées selon de nouveaux principes: la zone habitée est entourée de murailles faites de briques crues, puis de gros blocs de pierre; les maisons présentent des dimensions et un plan plus ou moins identiques, et s'alignent le long de rues régulièrement tracées; les travaux d'intérêt public - installations hydrauliques, routes, nécropoles, pavage des lieux publics, etc. - sont assurés par des organismes administratifs centralisés; les espaces destinés aux réunions de caractère laïc ou religieux, la place et le sanctuaire, sont soigneusement définis; le décor des édifices publics, des temples par exemple, s'insère dans des programmes qui célèbrent la communauté. Ce phénomène est évident dans les villes ou les nécropoles de fondation nouvelle, conçues selon une planification rigoureuse, comme la ville de Marzabotto ou la nécropole de Crocefisso del Tufo à Orvieto, créées la première vers la fin, la seconde vers le milieu du VIe siècle av. J.-C. Toutefois, dans un habitat du VIe siècle av. J.-C. des environs du lac de l'Accesa, près de Massa Marittima, qui se trouvait sur le territoire de Vetulonia, l'implantation des édifices

s'opère encore par quartiers distincts, dont l'un se compose de maisons qui supposent encore une organisation de type aristocratique: un versant de l'habitat est couvert par une seule maison, qui ne comporte pas moins de sept pièces, tandis que l'autre est occupé par plusieurs maisons généralement formées d'une seule pièce, exceptionnellement de deux ou trois.

L'hoplite, le citoyen armé de la lance et du petit bouclier rond, qui peut combattre en phalange avec ses pairs pour défendre la ville, est le symbole de ce nouvel ordre institutionnel. Cette nouvelle classe tend souvent à s'approprier les insignes de l'ancienne classe aristocratique: elle acquiert le gentilice, adopte des armes comme la double hache (bipenne), fait siens des monuments et des thèmes qui avaient à l'origine une autre destination (on verra, par exemple, les reliefs en pierre de Chiusi avec scènes de chasse, de danse ou de banquet).

En Grèce, et dans les colonies grecques d'Occident, la cité (*polis*) était déjà une réalité au VIIIe siècle av. J.-C. et l'on peut penser que les influences que le monde grec a exercées sur l'Etrurie ont été profondes en raison des relations commerciales et culturelles intenses qui unirent la Grèce et l'Etrurie, aux VIIIe et VIIe siècles av. J.-C.

Cippe quadrangulaire représentant un retour de la chasse, provenant de Chiusi
Début du Ve siècle av. J.-C.
Londres, British Museum

BIBLIOGRAPHIE:
Actes Bologne, 1971; Actes Orvieto, 1985; C. Ampolo (sous la dir. de), Rome-Bari 1980; B. Banti, Rome 1969; M. Cristofani, dans *Gli Etruschi. Una nuova immagine*, Florence 1984, p. 14 sq.; B. D'Agostino, dans *The Greek City from Homer to Alexander*, Oxford 1990, p. 59 sq.; "Dialoghi di Archeologia" n.s. 2, 1980; *La formazione della città preromana in Emilia Romagna*, Bologne 1988; M. Grant, Florence 1982; J. Heurgon, dans "Historia" VI, 1957, p. 63 sq.; M. Pallottino, Milan 1984, p. 363 sq.; H.H. Scullard, Milan 1977; P.F. Stary, Mayence 1981, p. 128 sq.; M. Torelli, Rome 1987; M. Torelli, Rome-Bari 1990.

Architecture civile et architecture religieuse

Giovannangelo Camporeale

Notre connaissance de l'architecture étrusque est assez limitée. En Etrurie, les fouilles archéologiques se sont, en effet, presque toujours déroulées dans les nécropoles; les aires urbaines ou urbanisées n'ont que dans de rares cas, pour la plupart assez récents, fait l'objet d'une exploration systématique. L'élévation des édifices, généralement exécutés en matériaux périssables, brique crue et pisé, et seulement dans quelques cas en tuf, n'a de surcroît jamais été conservée. Les modèles réduits d'habitations ou de temples, réalisés en terre cuite, en métal ou en pierre, et utilisés comme urnes cinéraires ou comme ex-voto, sont là cependant pour nous aider.

Le type de maison le plus ancien (IXe-VIIIe siècle av. J.-C.) est offert par la cabane à plan circulaire, tendant parfois à l'ovale ou au rectangle, faite de branchages et d'argile sur une ossature de poteaux; le toit de chaume, en dos d'âne, reposait sur une structure de bois. La surface variait de trente-cinq à quatre-vingts mètres carrés; la maison était composée d'une seule pièce, dont le foyer devait occuper le centre et le *thalamos* la partie la plus reculée.

Mais l'exploitation intensive des ressources du sol et du sous-sol de l'Etrurie entre la seconde moitié du VIIIe siècle et le VIIe siècle développe la production et le commerce sur une large échelle, entraînant l'accumulation de richesses, qui vont se concentrer entre les mains d'un petit nombre d'"entrepreneurs": le style de vie se transforme. On relève entre autres innovations le passage de la cabane à la maison construite en dur: les fondations sont désormais en pierres, l'élévation en briques crues et en pisé, le toit d'abord en chaume, puis à partir du milieu du VIIe siècle en tuiles; le plan rectangulaire est développé en longueur, l'intérieur divisé en plusieurs pièces. Une maison de ce type exige des ressources financières importantes, tant pour sa construction que pour son ameublement: il s'agissait donc d'un privilège de la classe sociale émergente, les plus pauvres devant encore habiter des cabanes. Quand, entre la fin du VIIe siècle et le VIe siècle av. J.-C. la richesse, répartie plus équitablement, s'étend aussi à un plus grand nombre, quand une classe moyenne s'affirme, la maison construite en dur est aussi plus répandue. Son plan rectangulaire se développe cette fois en largeur; les pièces - deux ou trois, placées côte à côte - sont précédées par un vaste vestibule. Cependant la demeure aristocratique ne disparaît pas. A Murlo ou Acquarossa par exemple, les résidences aristocratiques sont, dans la première moitié du VIe siècle, composées de nombreuses pièces disposées de manière à former une construction quadrangulaire, dont le centre est occupé par une cour intérieure à portiques. Ces palais ont restitué des terres cuites architecturales - statues et plaques de revêtement décorées en relief - dont les représentations évoquent la vie de cour. Mais un autre type d'habitation s'affirme alors: c'est celui de la maison-atelier, dont les divisions internes répondent à des exigences fonctionnelles. Les maisons du quartier industriel de Populonia sont ainsi reliées à des fours installés à l'extérieur de la construction et utilisés pour la fusion des métaux; dans les maisons de Marzabotto, plusieurs pièces ouvertes sur l'atrium sont destinées à des activités artisanales.

La maison de Marzabotto, avec son atrium sur lequel donnent aussi le *tablinum* et les chambres à coucher, deviendra typique de l'habitat des classes moyennes

Urne cinéraire en forme de palais
Territoire de Chiusi
IIe siècle av. J.-C.
Florence, Museo Archeologico
Cat. 158

Urne en forme de temple,
Volterra
IVe-IIIe siècle av J.-C.
Florence, Museo Archeologico
Cat. 160

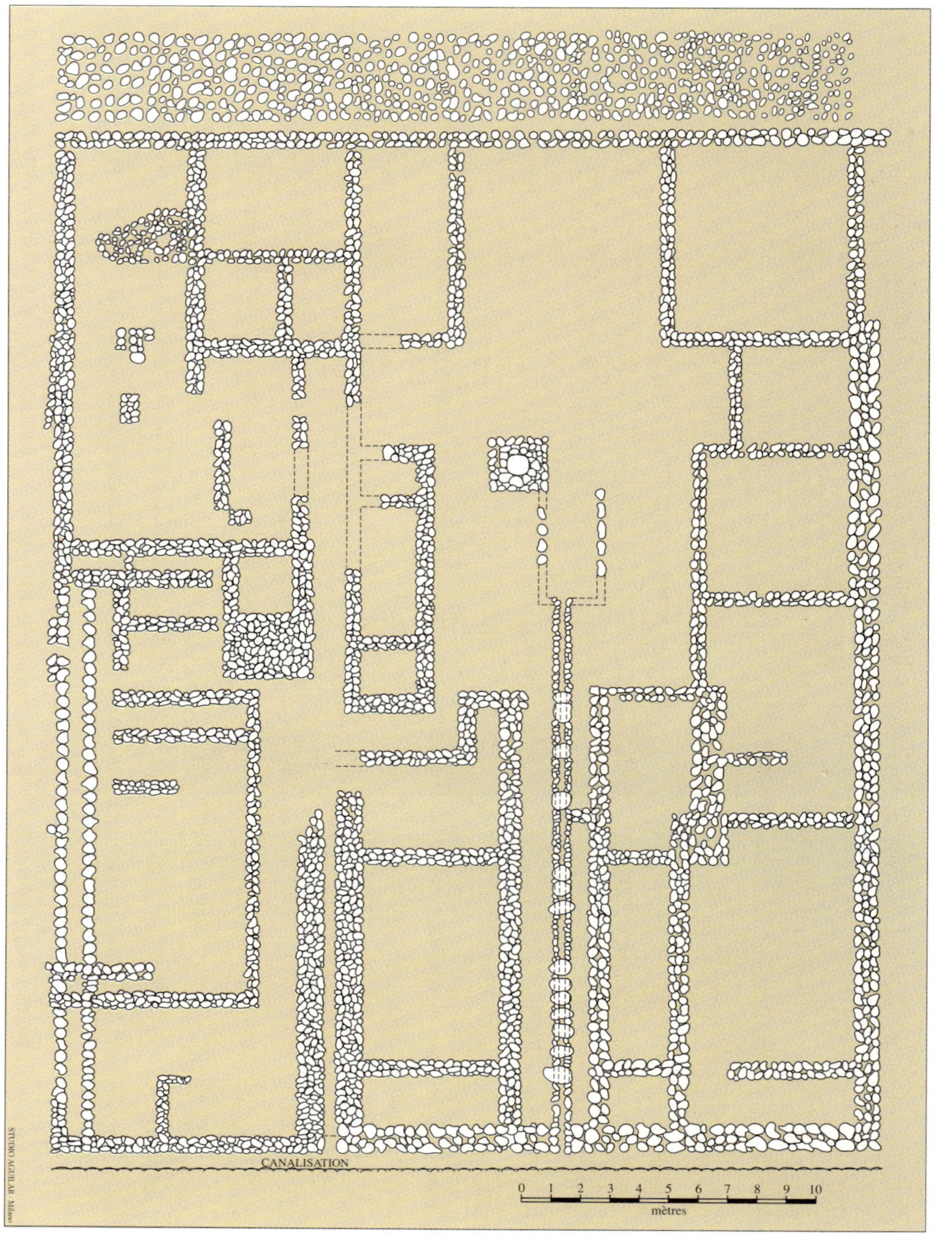

Plan d'une maison de la cité étrusque de Marzabotto
Fin du VIe-début du Ve siècle av. J.-C.

et supérieures à partir du Ve siècle av. J.-C. C'est à une maison de ce genre que Diodore de Sicile paraît faire allusion, lorsqu'il rapporte que les esclaves se rassemblaient dans l'atrium, pour éviter que le bruit de leurs discussions ne dérangeât leurs maîtres (V, 40,1).

Le développement du temple est parallèle à celui de la maison et, dans une certaine mesure, lui est lié. Aux premiers siècles de la civilisation étrusque, le culte se déroulait dans des lieux privés, tombe ou maison. Au VIe siècle av. J.-C. certaines pièces des palais princiers (Murlo, Acquarossa) ont été, en raison de leur emplacement, de leur décoration ou du soin apporté à leur construction, interprétées comme des lieux destinés au culte. Tant que le pouvoir demeure aux mains des aristocrates, les manifestations religieuses impliquant la communauté occupent en fait peu de place et aucun édifice ne leur est spécifiquement destiné. L'émergence d'une classe moyenne entre la seconde moitié du VIIe siècle et le Ve siècle provoque l'organisation des villes et de leurs alentours en fonction des exigences de la communauté. Le sanctuaire, ou en tout cas l'aire sacrée, au sens d'un espace défini et attribué à une divinité, répond désormais à un besoin. Le culte peut être destiné à un ou plusieurs dieux, le sanctuaire peut comporter un ou plusieurs temples, être situé à l'intérieur de l'espace urbain, dans ses faubourgs, près de ses voies d'accès, ou dans des zones plus éloignées, mais encore sous le contrôle de la cité: tel est le cas des sanctuaires côtiers qui sont partie intégrante des infrastructures portuaires à caractère par ailleurs essentiellement commercial. La construction d'un temple est, dans la mesure où elle engage la

Plaque en terre-cuite avec scène de banquet, provenant du revêtement architectural du palais de Murlo
Première moitié du VIe siècle av. J.-C.
Murlo, Antiquarium

plus grande partie des ressources de la communauté, la meilleure expression de l'organisation politique de cette dernière, au vrai sens du terme.

Le temple le plus ancien d'Etrurie est peut-être celui de l'acropole de Véies. Construit dans les premières années du VIe siècle, il se composait d'une seule pièce de plan rectangulaire (15,35 × 8,07 m), dont le toit à double pente, fait de tuiles plates et rondes, était peut-être soutenu par deux piliers: le souvenir de la maison à plan rectangulaire du VIIe siècle y est assez clair. Les pentes du fronton et l'entablement étaient protégés par une frise faite de plaques de revêtement en terre cuite décorées en relief, sur lesquelles se répétaient, juxtaposées, les mêmes figures, hoplite, char avec aurige et guerrier, cavalier: ce décor entendait très probablement célébrer une expédition militaire entreprise par la cité. Nous manquons d'éléments pour préciser le culte qu'on pratiquait dans ce sanctuaire. Les temples de l'acropole étaient selon Vitruve (*De arch.*, I, 7, 1), dédiés aux divinités protectrices de la cité; dans ce cas précis, on pourrait penser à Uni (Junon-Héra) puisque les sources littéraires mentionnent à Véies le culte d'une Junon reine (Liv., V, 22, 4-7; Plut., *Cam.*, 6).

Toujours à Véies, sur une terrasse située à l'ouest de la ville, se trouvait un sanctuaire qui comportait différentes constructions d'époques diverses: à l'est, un temple à pièce unique de plan rectangulaire (9 × 7,5 m), un autel et deux portiques; à l'ouest, un temple tripartite de plan carré (18,5 m de côté) de la fin du VIe siècle av. J.-C., construit sur un édifice du troisième quart de ce siècle, et une piscine destinée aux ablutions rituelles. D'autres structures du sanctuaire

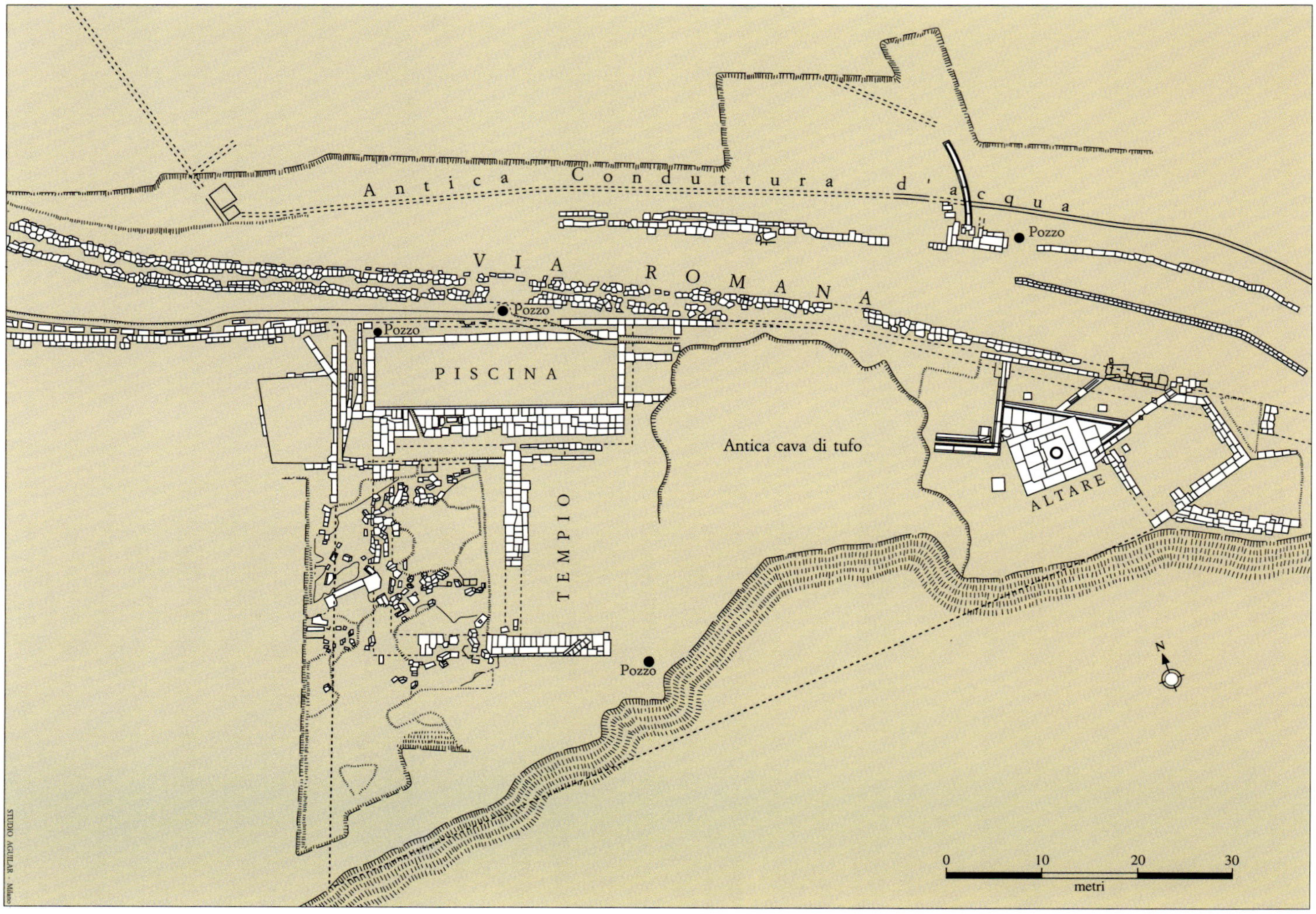

Plan du sanctuaire de Portonaccio a Véies

ont été identifiées, puits, pièces isolées, qui jouaient aussi un rôle dans les cultes pratiqués.

Parmi ces édifices, le plus intéressant, tant par son plan que par sa décoration en terre cuite, est le temple tripartite, auquel appartiennent les éléments décoratifs présentés dans cette exposition. Construit sur un podium, il était divisé en deux, la partie antérieure était composée d'un portique et la partie postérieure articulée en trois salles. Les murs devaient être en tuf, de même peut-être que les colonnes; le toit était de tuiles. Ce type de temple est celui-là même que Vitruve définit comme "toscan" (*De arch.*, IV, 6-7). Les quelques différences relevées entre cet édifice et la description de Vitruve, par exemple son plan carré, et non rectangulaire selon un rapport de six unités de longueur pour cinq unités de largeur, sont peu significatives, et n'incitent pas à modifier le jugement que l'architecte (*De arch.*, III, 3, 5) porte sur les temples étrusques: "bas, lourds, horizontaux". Le temple toscan n'est autre que la transposition monumentale de la maison à trois pièces alignées horizontalement, comportant un atrium dans sa partie antérieure, qui se répand en Etrurie au cours du VIe siècle av. J.-C.

Les structures en bois, de l'entablement aux pentes du fronton, étaient revêtues de plaques en terre cuite, de tuiles de gouttières, de corniches ajourées, qui se signalaient par leur riche et vive décoration polychrome: palmettes, fleurs de lotus, godrons, méandres, tresses. La dernière tuile ronde de chaque rangée était décorée par une antéfixe à tête de gorgone, de ménade ou de silène, encadrée par un nimbe en forme de coquille. Des statues en terre cuite de divinités ou de héros, plus grandes que nature, étaient placées sur le faîte du toit, évoquant des scènes mythologiques qui paraissent avoir revêtu ici une signification locale: le petit Apollon qui, dans les bras de sa mère Leto, bande son arc en direction du serpent Python, pourrait faire allusion à un culte oraculaire qui lui aurait été voué à Véies; le groupe d'Héraclès, vainqueur d'Apollon dans la lutte pour la biche de Cérynie, pourrait faire allusion à la prépondérance de Véies, pendant une phase de régime tyrannique, que personnifierait Héraclès, sur la cité voisine

de Faléries, dont Apollon était l'une des divinités protectrices. Le décor des plaques de revêtement des extrémités des poutres faîtières et latérales, pouvait s'inscrire dans un programme politique impliquant la communauté tout entière: parmi les rares fragments récupérés, on reconnaît Bellérophon, des guerriers et des cavaliers. Les inscriptions dédicatoires ainsi que les statues acrotériales et votives permettent de déduire que plusieurs divinités étaient vénérées dans ce sanctuaire: Apollon, Héraclès, Minerve, Aphrodite, Artémis, Venai.
Le temple tripartite, dans ses deux variantes, à trois *cellae* ou à *cella* centrale et ailes latérales, a connu une large diffusion en Etrurie depuis les VIe et Ve siècles av. J.-C. (Pyrgi, temple B; Marzabotto, acropole; Orvieto, Belvedere). Ses plus anciennes attestations connues à ce jour se trouvent à Rome, mais remontent à l'époque de la monarchie étrusque, qu'il s'agisse du temple de Jupiter Capitolin, dédié à la triade Jupiter-Junon-Minerve et placé par la tradition vers 580 av. J.-C. ou du temple situé sous l'église de Sant'Omobono et daté des environs de 570 av. J.-C. Le temple de Jupiter Capitolin, devenu symbole de la civilisation romaine, sera à ce titre repris et imité dans les colonies romaines.

Plaque en terre-cuite du revêtement architectural du Temple de la Place d'Armes à Véies
Début du IVe siècle av. J.-C.
Rome, Museo di Villa Giulia

BIBLIOGRAPHIE:
A. Andrén, Lund-Leipzig 1940; *Architettura etrusca nel Viterbese*, Rome 1986; M.P. Baglione, dans "Scienze dell'Antichità" I, 1987, p. 381 sq.; G. Bartoloni (sous la dir. de), Rome 1987; A. Boethius, Harmondsworth 1978; G. Camporeale, dans *L'Etruria mineraria* (Cat. Exp.), Florence-Milan 1985, p. 127 sq.; G. Camporeale, dans *Rasenna*, Milan 1986, p. 246 sq.; G. Colonna, dans *Rasenna*, Milan 1986, p. 371 sq.; G. Colonna, dans "Opuscola Romana" XVI, 1987, p. 7 sq.; M. Cristofani, dans "Prospettiva" 1, 1975, p. 9 sq.; M. Cristofani-M.Martelli, dans *L'Etruria mineraria* (Cat. Exp.), Florence-Milan 1985, p. 84 sq.; I.E.M. Edlund-Berry, Rome 1992; G.A. Mansuelli, dans "Mitteilungen des Deutschen Archäologischen Instituts, Römische Abteilung" 70, 1963, p. 44 sq.; C.E. Östenberg, Rome 1975; G. Pianu, dans M. Torelli, Rome-Bari 1985, p. 269 sq.; F. Prayon, Heidelberg 1975; *Santuari d'Etruria* (Cat. Exp.), Florence-Milan 1985; R.A. Staccioli, Florence 1968; R.A. Staccioli, dans *Mélanges offerts à J. Heurgon*, Paris-Rome 1976, p. 961 sq.; S. Stopponi (sous la dir. de), Florence-Milan 1985.

La "discipline" étrusque: espaces célestes, espaces terrestres

Giovannangelo Camporeale

Notre connaissance de la religion des Etrusques est considérablement limitée par la perte de leur littérature, dont le contenu était essentiellement religieux. Les témoignages les plus intéressants de cet aspect de leur civilisation sont fournis par la tradition littéraire grecque et latine de la fin de la République et de l'Empire, et la tradition figurée étrusque.

Il n'existe aucun traité antique sur la religion étrusque: les sources littéraires ne l'abordent que de façon sporadique et occasionnelle et s'adressent en outre à un public - grec et romain - qui a des exigences et des orientations culturelles et religieuses propres. Les allusions au monde étrusque apparaissent souvent comme une référence érudite. A l'exception d'un certain nombre de sujets spécifiques, les documents figurés se réfèrent bien à de véritables traditions locales, mais ils sont aussi tributaires des conventions propres à la tradition figurée, qui peut être indigène ou étrangère, orientale, grecque ou romaine selon les époques. Autant dire que les témoignages fournis par ce type de sources sont loin d'être directs.

Dans l'antiquité, les Etrusques avaient la réputation d'un peuple très religieux (Cicéron, *De div.*, I, 42; Tite-Live, V, 1, 6; Arnobe, *Adv. nat.*, VIII, 26), mais sans doute devaient-ils cette réputation non tant à la profondeur de leur sentiment religieux qu'à leur spécialisation professionnelle dans les pratiques rituelles.

La religion étrusque est fondée sur des révélations. Nombre d'auteurs antiques le soulignent explicitement, de Cicéron à Jean le Lydien: Tagès, enfant à la sagesse de vieillard, aurait surgi de terre alors qu'un paysan labourait son champ près de Tarquinia, et, souhaitant que ses enseignements soient consignés par écrit, aurait parlé de l'haruspicine à la foule immense attirée par cet événement. L'enfant prodige sera placé ensuite sur le même plan que des philosophes, qui avaient traité de religion, comme Pythagore ou Platon (*Comm. in Stat. Theb.*, IV, 56). D'autres révélations, sur les foudres (Servius, *Ad Aen.*, VI, 72), ou sur le devoir de respecter la propriété privée (*Gromatici veteres*, éd. Lachmann, p. 350 sq.), étaient attribuées à la nymphe Végoia. Tous ces préceptes constituent la "discipline", c'est-à-dire l'ensemble des normes qui réglementent les rapports entre les dieux et les hommes. Le premier devoir des hommes est de connaître, pour s'y conformer, la volonté des dieux, qui se manifeste au moyen des foudres, des viscères des animaux et des prodiges. L'interprétation de ces phénomènes appartient à des spécialistes, qui jouent un rôle fondamental dans la société étrusque.

La foudre est le signe qui exprime de la manière la plus éloquente la volonté divine. Les Etrusques, selon Diodore de Sicile (V, 40), étaient extrêmement compétents en matière d'interprétation des foudres. Selon Sénèque (*Quaest. nat.*, II, 32, 2), les Romains croyaient que la foudre tombait lorsque des nuages se heurtaient, tandis que les Etrusques pensaient que les nuages se heurtaient pour produire la foudre, et étaient convaincus que ces phénomènes se produisaient pour manifester la volonté des dieux. Toujours selon Sénèque (*Quaest. nat.*, II, 39), Aulus Caecina distinguait trois sortes de foudres: la première "conseille" d'accomplir, ou non, une action projetée; la seconde "confirme" si un événement déjà survenu aura de bonnes ou de mauvaises conséquences; la troisième "avertit" et prévient d'un danger auquel on n'a pas pensé. Pline l'Ancien (*N.H.*, II, 53, 138) assure: "Neuf dieux lancent des foudres, mais il en existe onze sor-

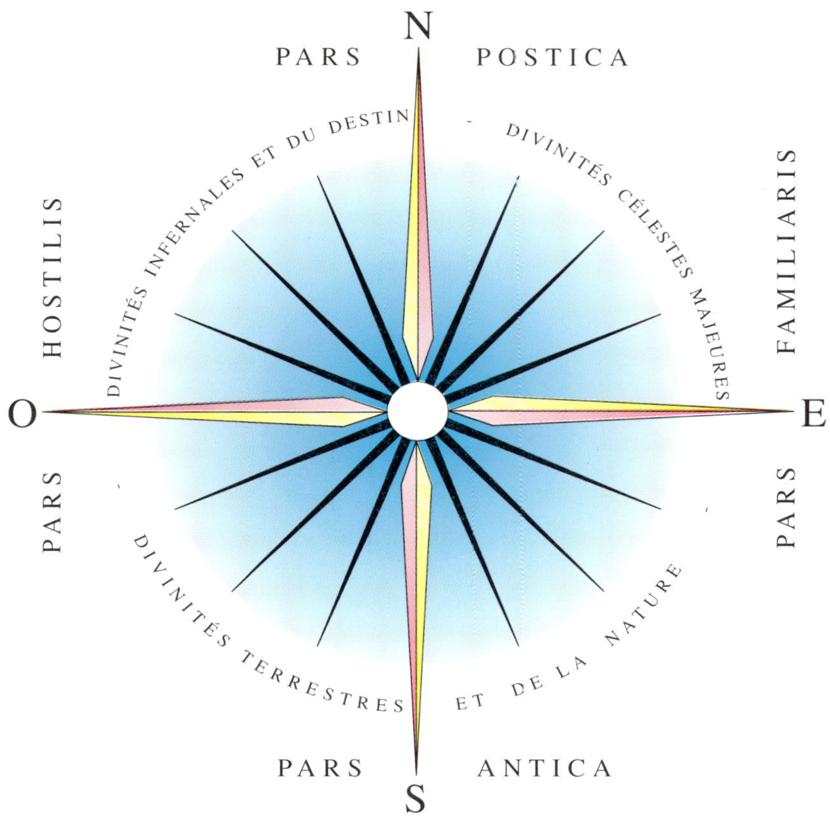

Division de l'espace céleste selon la discipline étrusque d'après Pline l'Ancien

tes, parce que Jupiter en lance de trois sortes différentes". L'origine étrusque de la théorie des neuf dieux fulgurants est une question controversée, mais il est généralement admis que Jupiter, le Tinia des Étrusques, possédait trois sortes de foudres: la première, lancée sur l'initiative du dieu lui-même, sert d'avertissement et ne provoque aucun dégât; la seconde, lancée avec l'accord de douze dieux (*dei consentes*), a des effets positifs pour les uns, négatifs pour les autres; la troisième, lancée après consultation des dieux supérieurs et cachés (*dei superiores et involuti*), détruit tout ce qu'elle frappe (Sénèque, *Quaest. nat.*, II, 41). Il est donc important de savoir d'où provient et où va la foudre, de manière à prévoir ses effets favorables et défavorables. Tout cela demande de la part de l'interprète, appelé *trutnvt* en étrusque, une connaissance minutieuse de l'espace céleste. La description qu'en donne Pline l'Ancien (*N.H.*, II, 55, 143) est claire: l'espace céleste est divisé en quatre secteurs par deux lignes droites perpendiculaires idéales qui relient les quatre points cardinaux, et chaque secteur se divise, à son tour, en quatre, de manière à former seize sections; les parties orientales étaient considérées comme favorables, les parties occidentales comme défavorables. Martianus Capella (*De nupt. Philol. et Merc.* I, 45-60), au Ve siècle ap. J.-C., rappelle cette division, et indique l'emplacement des différentes divinités, qui siègent dans chaque section. L'espace céleste, ainsi divisé et orienté, est un "temple", au sens technique que ce terme revêt en latin.

Une seconde manière de connaître la volonté des dieux est l'examen des organes internes des animaux sacrifiés, en particulier celui du foie. "Les Etrusques", assure Cicéron (*De div.*, I, 42, 93), "comme ils immolaient, en peuple profondément religieux, de nombreuses victimes, s'adonnèrent avec zèle à l'examen des viscères". Tibulle écrit plus explicitement encore (III, 4, 5-6): "Les dieux annoncent la vérité; les viscères annoncent la vérité, elles qui prédisent l'avenir après leur examen par les Etrusques".

Nous possédons des témoignages figurés de cette doctrine qu'on appelle l'"haruspicine". Sur un miroir de Vulci, daté de la fin du Ve siècle av. J.-C., un haruspice (*netśvis* en étrusque) est en train d'examiner un foie; il est ailé, et son nom, Chalchas, est indiqué à côté du personnage: le rapprochement avec le nom du devin homérique Calchas s'impose, mais ses ailes sont une adjonction étrusque: elles font peut-être allusion à la faculté d'approcher les dieux que lui con-

Statuette en bronze représentant Héraclès,
Massa Marittima
IIIe siècle av. J.-C.
Florence, Museo Archeologico
Cat. 175

fère son don d'interprète. Sur un miroir de Tuscania, du IIIe siècle av. J.-C., un jeune homme en costume d'haruspice - bonnet à pointe (*apex*) et manteau à franges - examine un foie en présence de différents personnages: il porte le nom de Pava Tarchies; parmi ceux qui l'entourent se trouve un Tarchunus, peut-être le Tarchon qui, selon une tradition transmise par Jean le Lydien (*De ost.*, *Proem.*, 3), fut initié à l'art de la divination par Tagès. Sur le couvercle d'une urne de Volterra, du IIe siècle av. J.-C., c'est un défunt qui tient un foie à la main: allusion évidente à la profession qu'il exerçait de son vivant.

Un petit modèle de foie de mouton en bronze, daté entre la fin du IIe et le début du Ier siècle av. J.-C., et trouvé près de Plaisance, porte de nombreux noms de divinités: sa partie convexe est séparée par une incision en deux lobes, celui de droite consacré à Usil (le Soleil), celui de gauche à Tivr (la Lune); la partie plate est divisée en quarante cases, où sont inscrits les noms des dieux. Seize cases s'alignent le long du bord. La division en seize parties correspond à celle du ciel: le foie de Plaisance est donc, lui aussi, un "temple". Les avis relatifs à l'orientation de ce foie et aux correspondances qui pourraient exister entre les divinités des différentes cases et celles qui ont été énumérées par Martianus Capella, divergent. Il paraît incontestable en revanche que l'hépatoscopie étrusque évoque l'hépatoscopie babylonienne et les théories cosmologiques grecques.

Le rôle des haruspices était aussi d'expliquer les phénomènes anormaux, que l'on nommait prodiges (et, dans les cas défavorables, de suggérer également des moyens d'expiation): naissance d'êtres monstrueux, pluies de lait, de pierres ou de sang, dépôt de laine sur les arbres, tremblements de terre... Ces phénomènes sont fréquents dans l'histoire romaine, mais leur interprétation revient à des Etrusques, comme le montrent plusieurs épisodes: Servius (*Ad Aen.*, IV, 166) assure que, "selon la discipline étrusque, rien n'est plus funeste, pour celui qui se marie, qu'un tremblement de terre"; Cicéron (*In Cat.*, III, 19) rappelle le cataclysme qui dévasta le Capitole, abattant et dispersant statues et tables des lois, et ajoute que les haruspices que l'on avait fait venir d'Etrurie prédirent des massacres, des guerres civiles, et même la fin de Rome, si l'on ne parvenait pas à apaiser les dieux.

Même si elle ne connaît peut-être pas en Etrurie le même succès que chez les Romains et les peuples italiques, l'observation des oiseaux, ou avispicine, est une autre pratique divinatoire courante chez les Etrusques. Nous ne connaissons pas le terme étrusque qui servait à désigner les spécialistes de cette pratique; dans le monde romain, ils portaient le nom d'augures et avaient pour attribut un bâton recourbé, le *lituus*. Strabon (*Geogr.*, XVI, 2, 39) rapporte que les augures étrusques étaient tenus en haute estime chez les Romains; Porphyre (*De Abst.*, III, 4) ajoute que les Etrusques comprenaient le cri des aigles. Rappelons que le plus ancien exemple de *lituus*, réalisé en bronze, provient d'une tombe de Caere de la première moitié du VIe siècle av. J.-C.

Parmi les témoignages relatifs aux premiers siècles de l'histoire étrusque (période comprise entre le IXe et le milieu du VIIe siècle av. J.-C.) les éléments sur lesquels nous pouvons nous fonder pour reconstituer la vie religieuse des Etrusques

sont, sauf dans le domaine des pratiques funéraires, problématiques et peu nombreux. C'est pourtant à cette époque que remonte probablement un certain nombre de divinités dont les traits (sexe, nombre, qualités, noms) resteront indéfinis, même lorsque les divinités étrusques, soumises à l'influence de la culture religieuse grecque, seront de mieux en mieux individualisés.
On peut considérer comme l'un des plus anciens documents à contenu (magico-) religieux la scène de danse, composée de petites figures en ronde bosse, qui orne le vase en bronze de Bisenzio daté de la seconde moitié du VIIIe siècle av. J.-C.: des guerriers, un laboureur et un chasseur dansent autour d'un monstre mi-homme, mi-bête. Ces personnages, compte tenu de leurs attributs (armes, couvre-chef), compte tenu aussi du caractère précieux du vase, pourraient représenter des membres de l'aristocratie. Il est difficile toutefois d'établir s'il s'agit des membres d'une même *gens*, ou d'un groupe dont les liens sont d'une autre nature.
La présence d'objets, d'artisans, de marchands grecs en Etrurie est attestée dès le VIIIe et se fait plus sensible au cours du VIIe siècle av. J.-C.

Vase en bronze décoré avec une scéne de danse en armes autour d'un animal totémique provenant de Bisenzio
Seconde moitié du VIIIe siècle av. J.-C.
Rome, Museo di Villa Giulia

pages suivantes
Détail du vase en bronze de Bisenzio
Rome, Museo di Villa Giulia

Le contact des deux mondes n'est pas sans conséquences: le mythe grec s'introduit alors en Etrurie où il prend une signification politique ou sociale en rapport avec l'organisation gentilice de la société, fondée sur le pouvoir du prince.

Au VIe siècle av. J.-C., la présence grecque en Etrurie sera plus importante encore, les références au mythe grec seront plus nombreuses et plus variées, et leur signification politique et sociale pourra se rapporter tour à tour à une organisation gentilice, démocratique ou tyrannique. Les interprétations étrusques des mythes grecs présentent souvent des altérations ou des variantes de l'iconographie hellénique: oserais-je dire que la chose est normale, puisque le mythe est alors un produit culturel accueilli dans un milieu différent de celui qui l'a créé et en a élaboré un code de représentation? Le sens que peut prendre un thème mythologique en Etrurie, sens différent parfois de celui qu'il avait en Grèce, favorise du reste ces altérations. Le cas d'une amphore étrusque à figures noires du début du Ve siècle av. J.-C., conservée au Louvre, est significatif: l'adversaire du Minotaure est ici Héraclès, et non Thésée. La scène fait allusion à l'affirmation des forces civilisées sur les forces sauvages et célèbre, peut-être plus spécifiquement, l'intervention d'un personnage qui se serait illustré dans la restauration de l'ordre social: l'artiste aurait dans ce cas utilisé, en faisant abstraction de leur contexte d'origine, deux figures, que leur iconographie respective rend par ailleurs tout à fait reconnaissables. Dans le répertoire étrusque de la fin de l'époque classique et de l'époque hellénistique, les thèmes du mythe grec connaîtront une grande diffusion, mais prendront des sens différents selon les monuments sur lesquels ils figurent: érotique, souvent, sur les miroirs, funéraire sur les urnes.

Les protagonistes des épisodes mythologiques sont des dieux et des héros et l'arrivée du mythe grec en Etrurie favorise naturellement l'individualisation et l'anthropomorphisation de nombreuses divinités du panthéon local: le dieu du ciel avec ses foudres (Tinia) sera identifié à Zeus, la parèdre du dieu céleste (Uni) à Héra, la déesse de l'amour (Turan) à Aphrodite, la déesse de la guerre (Menerva) à Athéna, le dieu de l'ivresse (Fufluns) à Dionysos, le dieu de la guerre (Laran) à Arès. Quelques divinités grecques, comme Apollon, Artémis ou Héraclès, seront introduites telles quelles dans le panthéon étrusque, tandis que d'anciennes divinités étrusques acquerront, grâce à ce processus, une personnalité mieux définie: ainsi Culsans, le dieu à double face.

L'image de ces divinités nous est donnée par les représentations mythologiques et, à partir de la fin du VIe siècle, par les statuettes, de bronze pour la plupart, provenant des dépôts votifs des zones sacrées. A partir de la fin du IVe siècle, ces dépôts votifs nous livrent aussi des reproductions, parfois en bronze, mais le plus souvent en terre cuite, d'organes ou de parties du corps humain, qui étaient offertes à la divinité pour lui demander la guérison, ou pour la remercier de l'avoir accordée. Ces ex-voto ayant été trouvés dans presque tous les sanctuaires, il ne faut pas les considérer comme le témoignage d'un culte adressé à un dieu guérisseur particulier. Ils invoquent seulement la fonction salutaire que possédaient en commun de nombreuses divinités.

BIBLIOGRAPHIE:

R. Bloch, Paris 1963; R. Bloch, dans Actes Florence, 1989, p. 895 sq.; R. Bloch, Paris 1991; G. Camporeale, dans Actes Florence, 1989, p. 905 sq.; C. Clemen, Bonn 1936, p. 27 sq.; G. Colonna, dans *L'epos greco in Occidente*, Naples 1980-1989, p. 303 sq.; G. Colonna, dans "Scienze dell'Antichità" I, 1987, p. 419 sq.; M. Cristofani, dans "Prospettiva" 41, 1985, p. 4 sq.; M. Cristofani, dans "Prospettiva" 51, 1987, p. 46 sq.; G.Q. Giglioli-G. Camporeale, dans *Storia delle religioni*, Turin 1971, p. 539 sq.; *Die Göttin von Pyrgi*, Florence 1981; R. Hampe-E. Simon, Mayence 1964; H. Herbig, dans "Historia" VI, 1957, p. 123 sq.; R. Herbig, Mayence 1975; I. Krauskopf, Mayence 1974; A. Maggiani, dans "Studi Etruschi" L, 1982, p. 53 sq.; A. Maggiani, dans "Prospettiva" 52, 1988, p. 2 sq.; A. Maggiani-E.Simon, dans *Gli Etruschi. Una nuova immagine*, Florence 1984, p. 136 sq.; M. Pallottino, Milan 1984, p. 323 sq.; J.A. Pfiffig, Graz 1975; G. Radke, Münster 1979; *Santuari d'Etruria* (Cat. Exp.), Florence-Milan 1985; M. Torelli, dans *Rasenna*, Milan 1986, p. 159 sq.; M. Torelli, dans *Studia Tarquiniensia*, Rome 1988, p. 109 sq.; L.B. Van der Meer, dans "Bulletin Antieke Beschaving" 56, 1979, p. 79 sq.; L.B. Van der Meer, Amsterdam 1987.

Amphore étrusque à figures noires
Héraclès et le Minotaure
Début du Ve siècle av. J.-C.
Paris, Musée du Louvre

L'écriture et la civilisation des livres

Giovannangelo Camporeale

Alphabet incisé sur un petit vase de bucchero en forme de coq provenant de Viterbe
Seconde moitié du VIIe siècle av. J.-C.
New York, The Metropolitan Museum of Art
Cat. 204

La "parole écrite" eut sans doute une importance considérable dans le monde étrusque. Plusieurs exemples suffisent à le prouver.

Le petit génie Tagès surgi de terre prêcha à une foule énorme de gens accourus de toute l'Etrurie les préceptes de l'*Etrusca disciplina*, afin qu'ils les écoutent et qu'ils les consignent par écrit (Cicéron, *De div.*, II, 23). Cette rédaction ne fut pas faite par le génie lui-même, mais par ses auditeurs, ou, selon une autre tradition, par les lucumons (Censorinus, *De die nat.* IV, 13).

Les témoignages littéraires et figurés de l'époque archaïque accordent un rôle particulièrement prestigieux au scribe chargé d'enregistrer les actes officiels: Mucius Scaevola tua par erreur le scribe assis à côté du roi étrusque Porsenna, abusé par l'identité de leurs habits (Tite-Live, II, 12, 7; Denys d'Halicarnasse, V, 28, 2); sur deux bas-reliefs en pierre tardo-archaïques de Chiusi, conservés l'un à Palerme, l'autre à Paris, le scribe est assis sur une estrade à côté des juges-magistrats chargés de donner les prix aux vainqueurs des compétitions.

Les abécédaires étrusques qui nous sont parvenus, plus de soixante, couvrent une période qui va de l'orientalisant à l'époque hellénistique, et ont été trouvés dans des tombes et dans des zones urbaines (Acquarossa, Spina) ou urbanisées (sanctuaire de Gravisca) en Etrurie proprement dite, et en Etrurie campanienne et padane. Cette situation met en évidence non seulement la très large diffusion de l'écriture étrusque, mais atteste peut-être aussi son enseignement. Dès le VIIe siècle, certains alphabets ne comportent plus toutes les lettres. On peut donc supposer que l'on considérait l'écriture comme un moyen d'organiser et de fixer les principes de la vie civile et qu'on lui attribuait un pouvoir magique. Elle fixait par exemple l'appartenance à la divinité ou la propriété privée d'un objet, la désignation d'un personnage, la description d'un acte sacré ou juridique.

Les plus anciens témoignages écrits en étrusque remontent au premier quart du VIIe siècle et utilisent un alphabet d'origine grecque. Les affinités typologiques que leurs lettres présentent avec celles des inscriptions des colonies eubéennes de Campanie, de Pithécuses et de Cumes, laissent à penser que la transmission de l'alphabet se fit, sans doute d'abord en Etrurie méridionale, à Caere et/ou à Tarquinia: c'est là qu'ont été retrouvées les plus anciennes inscriptions et que s'est déroulé le processus d'adaptation d'un alphabet étranger à la langue locale; des vingt-six lettres d'origine de l'alphabet eubéen, on est passé aux vingt-deux lettres utilisées en Etrurie, en éliminant les consonnes sonores (*b, g, d*) et la voyelle vélaire (*o*); ces signes correspondaient à des sons absents dans le système phonologique étrusque. Quelques lettres pourraient être arrivées dans le courant du VIIe siècle à partir de milieux grecs autres que l'eubéen: par exemple la sifflante dérivée du *sade* phénicien (*M*) ou le gamma crochu (*C*) originaires de Corinthe, ou encore le thêta ponctué (*Θ*), peut-être originaire de Grèce orientale.

La transmission de l'alphabet grec en Etrurie s'insère dans un cadre historique et culturel très vaste. Au cours du VIIe siècle av. J.-C., les relations entre le monde eubéen et le bassin moyen et inférieur de la mer Tyrrhénienne sont intenses: les colonies de Pithécuses et de Cumes sont fondées en Campanie, le monde eubéen (et argien) exporte en Etrurie des céramiques peintes qui font partie des "services à vin"; des maîtres céramistes, originaires des mêmes régions, répan-

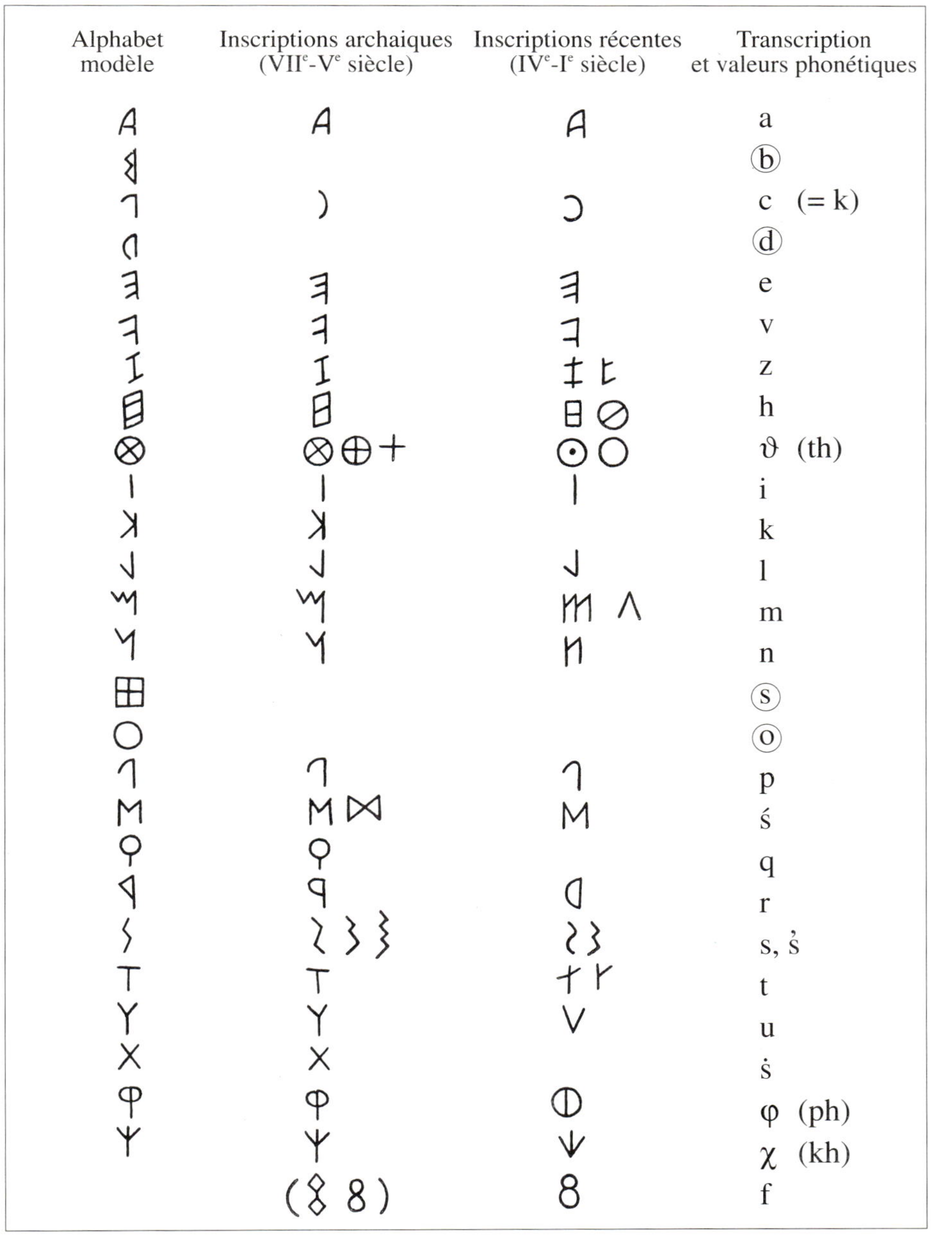

Alphabet incisé sur un petit vase de bucchero en forme de coq provenant de Viterbe
Seconde moitié du VIIe siècle av. J.-C.
New York, The Metropolitan Museum of Art
Cat. 204

L'alphabet en Etrurie: modèle grec et adaptations locales

dent de nouvelles techniques, un goût nouveau et de nouveaux usages. Des produits de l'artisanat étrusque, exécutés entre la fin du VIIIe siècle et les débuts du VIIe siècle, ont été trouvés à leur tour dans des centres eubéens: peut-être un ceinturon de bronze en losange en Eubée, des boucliers de tôle de bronze à Cumes, des amphores d'*impasto* à décor de spirales à Pithécuses.

Dès le VIIIe siècle, et massivement au cours du VIIe siècle, l'Etrurie reçoit de Corinthe des vases peints, qui font encore partie des services à vin, des vases à parfum destinés à la toilette féminine, et voit affluer des peintres et des sculpteurs dont le travail sur place devait favoriser le développement de nouvelles activités artistiques. Nos sources situent l'arrivée de ces artistes vers le milieu du VIIe siècle, à la suite du riche commerçant Démarate (Pline, *N.H.*, XXV, 5, 16; 43, 152), auquel une tradition, qui nous a été transmise par Tacite (*Ann.*, XI, 14) attribue l'introduction de l'écriture en Etrurie. L'écriture et l'art, rapportés au même personnage, avaient donc probablement la même valeur dans l'opinion publique.

Un autre milieu hellénique est largement impliqué dans les échanges culturels avec l'Etrurie au VIIe siècle, la Grèce orientale, d'où arrivent aussi des vases à vin (coupes, petites œnochoés, calices, etc.) et à parfum (aryballes de la série rhodo-crétoise).

Le tableau que permet de tracer un examen, même rapide, des échanges culturels qui unissent au VIIe siècle l'Etrurie au monde grec, ou mieux, à différentes parties du monde grec, est analogue à celui que suggère l'examen de l'alphabet. Il y a plus. Les objets d'origine étrangère trouvés en Etrurie appartiennent aux mobiliers funéraires les plus riches et caractérisent donc la classe supérieure. Les plus anciennes inscriptions étrusques, qui s'échelonnent tout au long du VIIe siècle, apparaissent sur des objets de très grande qualité et de grande valeur vénale, or, argent, bronze, céramique peinte importée ou locale, *bucchero sottile*, etc., et usent de formules diverses pour indiquer la propriété de l'objet; en d'autres termes, dans le contexte social étrusque du VIIe siècle, inscriptions et objets importés sont des *status symbol* de la classe aristocratique.

Entre la fin du VIIe et le VIe siècle, la société étrusque subit des transformations profondes: une classe moyenne s'affirme aux côtés de l'aristocratie tandis que, parallèlement, se consolide l'idéologie nouvelle liée à l'essor de la cité. Les représentants de la nouvelle classe s'approprient des signes qui avaient caractérisé les aristocrates entre le VIIIe et le VIIe siècle. Ainsi, l'écriture ou, si l'on préfère, la manière de faire parler un objet au moyen d'une inscription, se démocratise et devient l'apanage de cette classe.

Dans le courant du VIe siècle, l'alphabet évolue encore: on abandonne certaines lettres (*X* = *s*), l'aspirante labiodentale est notée par le signe *8* au lieu du digramme *vh*/*hv*, la consonne gutturale sourde est indiquée par un *C* en Etrurie méridionale, par un *K* en Etrurie septentrionale. D'autres évolutions, essentiellement de caractère typologique, se produiront au cours des siècles suivants, par exemple, pour les lettres *m*, *n*, *r*, *t*.

On écrit d'abord indifféremment de droite à gauche, de gauche à droite, ou en *boustrophedon* (de droite à gauche puis de gauche à droite à la ligne suivante, ou inversement), puis systématiquement de droite à gauche à partir du VIe siècle. Pendant les premiers siècles, les différents mots d'un texte forment une inscription continue, tandis qu'un point les sépare à partir du Ve siècle. Dès l'époque archaïque, on trouve en Etrurie méridionale, notamment à Véies, des exemples de ponctuation syllabique.

Flacon en bucchero avec alphabet et syllabaire inscrits provenant de Cerveteri
VIIe siècle av. J.-C.
Cité du Vatican, Museo Gregoriano Etrusco

A partir du VIe siècle, l'alphabet étrusque se diffuse dans d'autres aires linguistiques de l'Italie antique: Vénétie, Gaule cisalpine, Picénum, Ombrie, Samnium, en s'adaptant aux langues locales.
La question de l'alphabet est directement liée à celle de la langue, pour laquelle nous disposons de témoignages directs ou indirects. Les témoignages directs sont constitués par plus de dix mille inscriptions et par un texte écrit sur les bandelettes de lin qui enveloppaient la momie d'une jeune femme, trouvée en Egypte, et conservée aujourd'hui à Zagreb, seul *liber linteus* du monde classique qui nous soit parvenu. Les témoignages indirects comprennent des gloses, des survivances étrusques en latin, dans les langues italiques, ou même en italien, des vestiges toponymiques, des traductions en latin. Les inscriptions se rapportent à des con-

Bandelette en lin portant un texte religieux etrusque, utilisée pour envelopper la momie d'une jeune fille
IIe siècle av. J.-C.
Zagreb, Musée National

textes précis: dédicaces votives, épitaphes, indications de propriété, didascalies, malédictions, formules onomastiques, marques de fabrique, signatures d'artistes, etc. Elle sont très courtes, à quelques exceptions près: textes rituels de la «tuile» de Capoue (environ trois cents mots conservés) et de la momie de Zagreb (environ douze cents mots conservés) par exemple. La langue est réduite à des formulaires, selon la convention du style épigraphique, ce qui influe sur les déductions d'ordre grammatical, syntaxique ou stylistique qu'on peut en tirer. La connaissance de la langue est fondamentale pour tirer parti de ces textes à des fins historiques. Cette recherche finit souvent par en recouper une autre, de caractère linguistique, qui vise à définir tour à tour fonctions et catégories grammaticales, valeurs lexicales ou classification de la langue. On s'accorde aujourd'hui à penser que l'étrusque ne fait pas partie du groupe linguistique indo-européen, auquel appartiennent la plupart des langues de l'Italie antique, même s'il présente certains traits indo-européens évidents, pour des raisons contingentes. On connaît la signification précise d'un certain nombre de termes, notamment ceux qui indiquent des rapports de parenté ou l'acte d'offrir; pour beaucoup d'autres, nous ne connaissons que le domaine conceptuel d'appartenance.
Le monde étrusque eut aussi une littérature, assez célèbre dans l'antiquité. A la fin du IVe siècle av. J.-C. selon Tite-Live (IX, 30, 3), les nobles romains envoyaient leurs fils en Etrurie, à Caere, pour y étudier les lettres. Les auteurs latins parlent de *libri* qui, selon leur contenu, étaient classés en livres des haruspices, des foudres, des prodiges et, en livres rituels, fatals, achérontiques, livres qui avaient été inspirés par des génies, comme Tagès, ou par des nymphes, comme Végoia. Ces livres devaient contenir une série de règles et constituer des manuels de consultation: en 363 ap. J.-C., encore, les haruspices étrusques interprétèrent un prodige annonçant la mort au combat de l'empereur Julien l'Apostat, en consultant les *libri exercituales* (Ammien Marcellin, XXIII, 5, 8). Cette production littéraire, de caractère religieux, ne nous est pas parvenue. Au Ier

Fibule en or avec inscription et decor de granulation provenant des environs de Chiusi Seconde moitié du VIIe siècle av. J.-C. Paris, Musée du Louvre Cat. 119

siècle av. J.-C., alors que le processus de romanisation s'achève en Etrurie, des traductions en latin en ont été données par Aulus Caecina, Nigidius Figulus, Tarquitius Priscus, mais elles ont été perdues aussi. Nos connaissances se limitent à des titres, à des notices fortuites, à de brefs extraits, à des résumés partiels, transmis par les auteurs latins. Le *liber linteus* de Zagreb qui contient, précisément, un calendrier rituel, pourrait constituer à cet égard une exception. Varron (chez Censorinus, *De die nat.*, XVII, 6) mentionne des *historiae Tuscae* écrites au VIIIe siècle étrusque, c'est-à-dire entre 207 et 88 av. J.-C., exactement à l'époque où étaient écrites (en grec) les œuvres des annalistes romains. C'est peut-être à des œuvres historiques que fait allusion l'empereur Claude, auteur entre autres d'une œuvre (perdue) en vingt livres sur les Etrusques, quand il évoque les *auctores Tusci* (*CIL* XIII, 1688). Il est difficile de définir la portée historique de ces œuvres, et de préciser quel était leur lien de dépendance avec la religion.

Il est extrêmement probable que les sanctuaires et les familles nobles disposaient d'archives dont les documents ont probablement été utilisés par les écrivains qui ont traité d'antiquités étrusques (Verrius Flaccus, Claude) ou par ceux qui, à l'époque impériale, ont rédigé des textes d'éloges, comme ceux de la famille Spurinna, trouvés à Tarquinia.

Varron (*De ling. Lat.*, V, 40, 5) mentionne aussi un certain Volnius, auteur de tragédies étrusques. Le théâtre a connu assurément un certain succès en Etrurie au cours de la période hellénistique, à en juger par les témoignages (indirects) monumentaux, linguistiques et iconographiques qui nous sont parvenus: pour ne citer que les plus importants, les vestiges du théâtre d'Arezzo-Castelsecco, la découverte de masques de théâtre dans des tombes des IVe-IIIe siècles av. J.-C., l'origine étrusque de l'un des noms latins de l'acteur (*histrio*), la venue à Rome d'acteurs étrusques en 364 av. J.-C., le succès rencontré par des thèmes épiques et mythiques identiques dans la tragédie latine archaïque et dans le répertoire figuré des urnes étrusques d'époque hellénistique, la relation évidente entre certains détails des représentations figurées mythologiques sur ces urnes et les dispositifs utilisés au théâtre.

Les textes d'une certaine ampleur étaient sans doute écrits sur un support de lin, découpé en bandelettes et roulé de manière à former un *volumen*, celui-ci devenant parfois l'attribut des démons infernaux et faisant alors clairement allusion à la liste des récompenses ou des peines réservées au défunt dans l'au-delà. C'est probablement parce qu'il était lui-même auteur de *libri* que Laris Pulena, le défunt allongé sur un sarcophage de Tarquinia daté de la seconde moitié du IIIe siècle, tient à la main un rouleau portant une longue épitaphe; cette hypothèse est fondée sur l'interprétation d'une expression contenue dans le texte de l'épitaphe (*ziχ neϑśrac acasce*).

Les multiples références des sources classiques aux livres étrusques, les représentations fréquentes des supports de l'écriture, depuis les livres présentés en *codex* ou en *volumen* jusqu'aux diptyques, la conservation miraculeuse d'un *liber linteus* entre autres conduisent à considérer l'aspect littéraire comme l'un des plus caractéristiques de la civilisation étrusque. Ce qui fait penser au monde hébreu antique qui attribuait lui aussi une grande importance aux livres et à la parole écrite.

BIBLIOGRAPHIE:

Actes Florence, 1976; L. Agostiniani, Florence 1982; L. Agostiniani-O. Mjordt-Vetlesen, Florence 1988; "Annali della Fondazione per il Museo C. Faina" 4, 1990; G. Colonna, dans "Mélanges d'Archéologie et d'Histoire" 82, 1970, p. 637 sq.; G. Colonna, dans "Studi Etruschi" LXV, 1977, p. 175 sq.; M. Cristofani, dans "Annali della Scuola Normale Superiore di Pisa" s. II, 38, 1969, p. 99 sq.; M. Cristofani, dans "Annali della Scuola Normale Superiore di Pisa" s. III, 1, 1971, p. 295 sq.; M. Cristofani, dans *Aufstieg und Niedergang der römischen Welt*, Berlin-New York 1972, p. 466 sq.; M. Cristofani, dans "Scrittura e civiltà" 2, 1978, p. 2 sq.; M. Cristofani, Florence 1991; C. De Simone, Wiesbaden 1968-70; J. Heurgon, Paris 1961, p. 270 sq.; I. Krauskopf, Mayence 1974; G. Maetzke, dans "Rendiconti della Pontificia Accademia Romana di Archeologia" 55-56, 1982-1984, p. 35 sq.; P. Mingazzini, dans *Archeologica. Scritti in onore di Aldo Neppi Modona*, Florence 1975, p. 387 sq.; M. Pallottino, Paris 1978; M. Pallottino, dans *Rasenna*, Milan 1986, p. 311 sq.; M. Pallottino, dans "Vjesnik" s. III, 19, 1986, p. 1 sq.; M. Pallottino-M. Pandolfini Ageletti (sous la dir. de), *TLE*, 1978-1984-1985; M. Pandolfini-A.L. Prosdocimi, Florence 1990; J. Pfiffig, Graz 1969; *Le ricerche epigrafiche e linguistiche dell'etrusco*, Florence 1973; H.Rix, Wiesbaden 1963; H. Rix, dans *Gli Etruschi. Una nuova immagine*, Florence 1984, p. 210 sq.; H. Rix (sous la dir. de), Tübingen 1991; F. Roncalli, dans "Rendiconti della Pontificia Accademia Romana di Archeologia" 50-52, 1978-80, p. 3 sq.; F. Roncalli, dans "Jahrbuch des Deutschen Archäologischen Instituts" 95, 1980, p. 277 sq.; F. Roncalli (sous la dir. de), Milan 1985; G. Ronzitti Orsolini, Florence 1971; M. Sordi, dans Actes Florence, 1989, p. 41 sq.; M. Torelli, Florence 1975.

L'au-delà

Giovannangelo Camporeale

Schéma d'une tombe a puits

La plus grande partie de notre documentation sur la civilisation étrusque, inscriptions comme œuvres d'art et d'artisanat, provient des tombes. Il est impossible cependant de dresser un tableau complet du monde funéraire, en raison surtout de la perte de la littérature étrusque, qui traitait spécifiquement du sujet (*libri Acherontici*).

La tombe, lieu de survie du défunt dans le monde des vivants, a été l'objet d'un soin particulier chez les Etrusques: sa structure, son mobilier, sa décoration évoquent souvent la maison et la vie terrestre. Selon les époques et les lieux, en fonction aussi de considérations d'ordre social, éthique et parfois ethnique, le cadavre est inhumé ou incinéré, la dépouille ou les cendres recueillies dans tel ou tel type de monument, accompagnées ou non d'un mobilier composé d'objets, dont la nature, la quantité et l'emplacement eux-mêmes varient selon les cas.

A l'époque villanovienne, le rite funéraire le plus répandu est l'incinération. Le vase qui contient les cendres du mort possède, en règle générale, la forme d'un double cône renversé, souvent aussi celle d'une cabane, qui veut recréer le cadre domestique du défunt. On pense, sans doute à juste titre, que ces urnes-cabanes pourraient faire allusion à un rôle particulier que le disparu aurait assumé dans son milieu familial. Les dépositions sont généralement simples, rarement doubles. Les tombes à cercle de Vetulonia, qui pour les premières remontent au milieu du VIIIe siècle av. J.-C., constituent une évolution vers les sépultures multiples: elles contiennent jusqu'à une quinzaine de dépositions dans une aire délimitée par un cercle de pierres fichées dans le sol; elles se rapportent très probablement aux membres d'une même communauté, clan ou *gens*.

La tombe à chambre, qui devient fréquente en Etrurie à partir du VIIe siècle av. J.-C., est le plus souvent liée au rite de l'inhumation et aux progrès de l'organisation gentilice: une place dans la tombe familiale revient de droit à tout membre de la *gens*. Les tombes les plus anciennes sont petites, destinées à un petit nombre de dépositions et presque toujours utilisées dans l'espace d'une seule génération; elles s'agrandissent au fil du temps pour recevoir les dépositions des générations suivantes.

Dès l'origine, le rituel funéraire prévoit l'exposition du défunt dans son cadre domestique (la plupart du temps sous un pavillon dressé à cet effet), la lamentation par les membres de la famille, femmes et hommes, et peut-être aussi par des pleureuses professionnelles, puis le transport, l'inhumation ou l'incinération (qui devait se faire près de la tombe), enfin la déposition du mobilier funéraire composé des objets chers au défunt et des offrandes des parents. Des cérémonies devaient précéder l'enterrement. Il est significatif que certaines tombes du VIIe siècle av. J.-C. présentent une sorte de niche, qui contenait les cendres du mort et ses objets personnels, tandis que d'autres objets, donnés en offrande ou utilisés dans le rituel du sacrifice, étaient rassemblés dans un angle de la chambre (tombes 926 et 928 de Pontecagnano, Bernardini de Praeneste, Boschetti de Comeana). On a proposé d'établir un rapport entre cette niche et le *thalamos*, hypothèse qui met en relation rite funéraire et cadre domestique. La tombe cérétaine de l'Alcôve, datée du IVe siècle, offre, tant par sa structure que par ses implications idéologiques, l'équivalent de cette niche, bien entendu sous une forme monumentale.

Urne cinéraire surmontée d'une figure, provenant de Chiusi
VIIe siècle av. J.-C.
autrefois à Chiusi, Museo Archeologico Nazionale

pages suivantes
Cerveteri, vue aérienne de la nécropole de la Banditaccia

Populonia, Tombe des Eventails
VIIe siècle av. J.-C.

L'intérieur de certaines tombes du VIIe siècle donne des indices pour penser que des cérémonies pourraient s'y être déroulées. Dans l'atrium de la Tombe des Statues de Ceri (près de Cerveteri), on a retrouvé deux figures de pierre, drapées et majestueusement assises sur des trônes. On y a reconnu les images des ancêtres du fondateur de la tombe, en l'honneur desquels des rites devaient être pratiqués. Dans une pièce latérale de la Tombe des Cinq Sièges de Caere (Cerveteri), cinq statues de terre cuite, elles aussi placées sur des trônes, ont été expliquées de même comme des images d'ancêtres. Dans cette tombe un autel et des aménagements creusés dans la roche font aussi penser à l'exécution de cérémonies. Celles-ci devaient être analogues aux manifestations qui devaient se dérouler au sommet des tumulus de la nécropole de Caere, que des rampes ou des escaliers, parfois encore conservés, permettaient de gravir, ou sur la plate-forme des plus anciennes tombes "en dé" des nécropoles rupestres, que l'on atteignait par un escalier latéral. Le culte des ancêtres est un honneur qui revenait au chef de la *gens*; il est donc propre à la classe gentilice, qui occupait au VIIe siècle le rang social le plus élevé. Ce culte dut connaître aussi une grande faveur en Etrurie au cours des siècles suivants, compte tenu du rapprochement qui a été proposé entre une famille de termes étrusques bien attestée (*apa*, *apas*, *apasi*, *apires*...) et la famille latine correspondante (*parentes*, *parentalia*, *parentare*...). Dans ce contexte, il convient de rappeler une croyance étrusque qui, consignée dans les *libri Acherontici*, nous a été transmise par des sources tardives (Arnobe, *Adv. nat.*, II, 62; Servius, *Ad Aen.*, III, 168) et selon laquelle, si l'on offrait certains sacrifices à certaines divinités, les âmes, divinisées (*dei animales*), se transformaient en dieux pénates.

Dès certainement le VIe siècle av. J.-C., le rituel funéraire comporte des compétitions sportives, des banquets, des danses, dont nous avons de multiples témoignages dans les peintures funéraires de Tarquinia et de Chiusi. Il est évident, et bien établi, que ces manifestations sont l'apanage de la classe aristocratique. Dans ces peintures, le défunt est souvent représenté dans des activités comme le banquet familial ou la chasse, caractéristiques de son rang social élevé.

A partir de la fin du Ve siècle av. J.-C., les représentations relatives au monde funéraire changent, peut-être parce que s'affirment en Etrurie de nouvelles conceptions religieuses, orphico-pythagoriciennes, venues de Grèce. On représente l'au-delà peuplé de démons, d'êtres monstrueux, de divinités infernales. La figure de Charon, *Charun* en étrusque, le passeur des âmes sur les eaux de l'Achéron, apparaît ainsi dans la tombe tarquinienne des Démons Bleus, datée

Cerveteri, intérieur de la Tombe des Chaises et des Boucliers
VIIe siècle av. J.-C.

Cerveteri, intérieur de la Tombe des Cinq Chaises chambre latérale
VIIe siècle av. J.-C.

de la fin du Ve siècle av. J.-C. Dans la Tombe Golini d'Orvieto (IVe siècle av. J.-C.), le défunt arrive en char au royaume des morts où se déroule, en présence d'Hadès et de Perséphone, un banquet auquel participent peut-être les membres de la *gens* qui l'ont précédé dans la mort. Dans la chambre la plus récente de la tombe tarquinienne de l'Ogre (fin du IVe-début du IIIe siècle av. J.-C.), l'enfer se peuple de personnages mythologiques: Agamemnon, Ajax, Ulysse, Tirésias, Géryon, Thésée, sont figurés en présence d'Hadès et de Perséphone et du démon Tuchulcha, reconnaissable à son bec de rapace, à ses oreilles d'âne, et aux serpents qu'il brandit dans les mains. Dans le répertoire figuré des sarcophages et des urnes d'époque hellénistique, le motif du voyage aux enfers est fréquent: à pied, à cheval, sur un char, en bateau, il s'effectue sous l'escorte de Charun, hirsute et armé d'un maillet, ou de démons féminins ailés tenant à la main une torche. A partir du IVe siècle, la présence de démons dans nombre de scènes mythologiques confère à ces représentations une signification nouvelle, sans doute liée à la destination funéraire des monuments et des objets qu'elles déco-

Scènes de jeux athlétiques
Détails de la Tombe
des Olympiades à Tarquinia
Fin du VIe siècle av. J.-C.

rent: ainsi la présence de Charun et de Vanth dans le sacrifice des prisonniers troyens de la Tombe François de Vulci, de Charun et de Tuchulcha dans la scène d'adieu d'Alceste et Admète représentée sur un cratère à figures rouges de la Bibliothèque nationale de Paris, ou encore de Charun ou de démons féminins dans les épisodes du cycle troyen ou thébain figurés sur les urnes hellénistiques.

La civilisation étrusque chercha toujours à individualiser le monument funéraire, évidemment de manière différente en fonction des époques et des lieux. Certains contextes funéraires villanoviens contiennent un rasoir ou des armes, d'autres des fusaïoles, des fuseaux et des bobines; les premiers correspondent à des sépultures masculines, les secondes à des sépultures féminines. Mais les armes, en particulier l'épée, sont aussi les insignes de la classe émergente au sein de la société villanovienne; l'emploi d'un casque au lieu de l'écuelle communément utilisée comme couvercle de l'urne cinéraire biconique, constitue une autre marque de statut social. Les fusaïoles, les fuseaux et les bobines renvoient pour leur part au filage, l'activité par excellence des matrones étrusques: dans le temple de Sancus à Rome, au Ier siècle av. J.-C., on conservait le fuseau et la quenouille, encore entourée de laine, de Tanaquil, l'épouse étrusque de Tarquin l'Ancien (Pline, *N.H.*, VIII, 74, 194). La présence de ces objets dans une tombe était donc liée au rang social élevé de la défunte. Les premières formes d'individualisation des tombes indiquent ainsi des différences, qui ne sont pas seulement de sexe, mais déjà de classe.

Des tentatives intéressantes de reproduire les traits du visage marquent dès l'époque villanovienne une étape ultérieure dans l'individualisation du monument funéraire: sur un casque à calotte en bronze d'une tombe à fosse de Tarquinia, du VIIIe siècle av. J.-C., le décor de bossettes, de lignes et de points, est agencé de manière à donner l'impression d'un visage d'homme; les couvercles

Sacrifice des prisonniers troyens aux mânes de Patrocle détail de la Tombe François de Vulci Seconde moitié du IVᵉ siècle av. J.-C. Rome, Villa Albani

BIBLIOGRAPHIE:
G. Bartoloni (sous la dir. de), Rome 1987; M.-F. Briguet, Florence 1989; G. Camporeale, dans "Mitteilungen des Deutschen Archäologischen Instituts, Römische Abteilung" 66, 1959, p. 31 sq.; G. Camporeale, Rome 1984; M. Cataldi Dini, dans Actes Milan, 1987, p. 37 sq.; G. Colonna, dans "Studi Etruschi" XLV, 1977, p. 175 sq.; G. Colonna, dans *Rasenna*, Milan 1986, p. 371 sq.; G. Colonna-F.W. v.Hase, dans "Studi Etruschi" LII, 1984, p. 13 sq.; M. Cristofani, Rome 1975; M. Cristofani, dans Actes Milan, 1987, p. 191 sq.; B. D'Agostino, dans "Monumenti Antichi" s.misc. II 1, 1977; B. D'Agostino, dans *L'Archéologie aujourd'hui*, Paris 1980, p. 207 sq.; B. D'Agostino, dans "Prospettiva" 32, 1983, p. 2 sq.; F. Delpino, dans Actes Grosseto-Roselle-Vulci, 1977, p. 173 sq.; S. De Marinis, Rome 1961; L. Donati, dans *Studi di antichità in onore di G. Maetzke*, Rome 1984, p. 273 sq.; M.A. Fugazzola Delpino, Rome 1984; R.D. Gempler, s.l. 1974; H. Hencken, Cambridge 1968; H. Hencken, Cambridge 1971; I. Krauskopf, Florence 1987; F. Magi, dans Actes Pérouse, 1964, p. 175 sq.; G.A. Mansuelli, dans "Studi Etruschi" XXXVI, 1968, p. 3 sq.; F. Nicosia, Florence 1966, p. 11 sq.; M. Pallottino, dans "Studi Etruschi" XXVI, 1958, p. 49 sq.; F. Prayon, dans "Marburger Winckelmann-programm", 1974, p. 3-15; J.P. Thuiller, Rome 1985; M. Torelli, dans *Rasenna*, Milan 1986, p. 159 sq.; M. Torelli, Rome 1987.

de certaines urnes cinéraires biconiques de Vulci et de Saturnia sont des écuelles surmontées d'une extrémité sphérique qui peut évoquer elle aussi une tête humaine; une urne d'*impasto* de Bisenzio, enfin, présente dans sa partie haute l'ébauche des traits du visage.

Ce processus connaîtra un développement significatif avec un groupe de vases cinéraires anthropomorphes, conventionnellement appelés "canopes", produits à Chiusi à partir de la première moitié du VIIᵉ siècle et pendant la plus grande partie du VIᵉ siècle av. J.-C.: l'urne est souvent déposée sur un trône, le couvercle a la forme d'une tête humaine, les anses prennent parfois la forme de bras, et les seins sont indiqués sur certains vases destinés aux dépositions féminines. La tête présente quelques caractères qui distinguent l'homme de la femme, le vieux du jeune, le maigre du gros, mais elle demeure très éloignée d'un véritable portrait. Toujours à Chiusi, à la même époque que les canopes, des figurines entières surmontent le couvercle de certaines urnes cinéraires. Au cours de la seconde moitié du VIᵉ siècle, quand s'achève la production des canopes, commence celle des statues-cinéraires en pierre, qui se prolongera jusqu'au IVᵉ siècle: la statue, assise sur un trône, est faite de parties mobiles et l'intérieur en est creusé pour recevoir les cendres du défunt. Il s'agit là d'une évolution de l'ancien canope, qui accentue nettement le caractère aristocratique du monu-

ment. Caere, dans la seconde moitié du VIe siècle av. J.-C., produit des sarcophages et des urnes en terre cuite, où le défunt, parfois représenté avec son épouse, est figuré étendu sur le dos ou à demi redressé dans l'attitude du banqueteur. Dans tous ces exemples, la personnalisation du monument est toujours plus poussée, mais les visages s'en tiennent à des types fixes.

Les stèles archaïques de différents centres d'Etrurie septentrionale (Roselle, Vetulonia, Volterra, Fiesole) présentent un caractère plus spécifique: le défunt, figuré héroïsé, est individualisé moins par ses armes, ou par d'autres attributs, que par l'inscription qui indique son nom.

Dans les peintures des tombes du IVe siècle av. J.-C. (par exemple la Tombe de l'Ogre ou celle des Boucliers), sur les sarcophages ou les urnes d'époque hellénistique, la figure du défunt est habituelle, mais elle se limite encore à des types génériques; le défunt est représenté sous les traits d'un individu jeune, d'âge mûr, ou âgé, il est doté parfois d'un élément d'identification supplémentaire – barbe, calvitie – qui n'en fait pourtant pas un véritable portrait. Ici encore, c'est l'inscription qui permet l'identification: le sarcophage du Magnat découvert à Tarquinia et daté du IIIe siècle av. J.-C., représente le défunt sous les traits d'un homme mûr, et non sous l'aspect du vieillard qu'il devait être au moment de sa mort, située dans sa quatre-vingt-deuxième année par l'inscription.

La romanisation

Giovannangelo Camporeale

Le cours inférieur du Tibre, que les auteurs anciens considéraient comme la limite naturelle entre l'Etrurie et le Latium antique (Strabon, *Geogr.*, V, 2, 1; Pline, *N.H.*, III, 5, 53; 5, 56), n'a jamais constitué un obstacle infranchissable. Les contacts et les heurts, qui ont, dès les origines, tissé l'histoire des Etrusques et des Latins, ont suscité un échange intense de leurs expériences culturelles respectives. Epilogue de ces échanges, mais aussi dernière phase du développement de la civilisation étrusque, la romanisation progressive de l'Etrurie, politique, administrative et militaire, s'engage au début du IVe siècle pour s'achever au Ier siècle av. J.-C. Elle s'insère dans un phénomène plus vaste, celui de la romanisation de l'Italie tout entière.

Rome, jusqu'au milieu du IVe siècle environ, est une cité de l'Italie antique parmi d'autres, dont l'importance ne dépasse guère le territoire restreint qui l'entoure. Commence alors son ascension progressive, politique, économique et culturelle, dont on rappellera quelques étapes significatives: en 338 av. J.-C., avec la dissolution de la ligue latine, Rome s'affirme comme une puissance régionale; en 270 av. J.-C., avec la soumission de Tarente et de Reggio, elle devient une puissance de rang national; en 241 av. J.-C., grâce à la victoire qu'elle remporte au terme de la première guerre punique et à la conquête de la Sicile, elle s'élève au niveau international. La romanisation de l'Etrurie progresse parallèlement à ces événements; elle ne sera ni uniforme, ni homogène, mais prendra des formes différentes selon les centres et les moments.

Véies est la première ville étrusque à tomber sous la domination de Rome. Les deux cités entretenaient des rapports d'hostilité que la tradition fait remonter à l'époque de Romulus (Tite-Live, I, 15; Denys d'Halicarnasse, II, 54-55; III, 6, 1; Plutarque, *Rom.*, 25): toutes deux voulaient contrôler l'exploitation des salines qui se trouvaient près de l'embouchure du Tibre. La guerre décisive qui les opposa se déroula entre 405 et 396 av. J.-C.; selon les sources anciennes, la cité étrusque fut assiégée, prise grâce à un stratagème et détruite, son territoire annexé à celui de Rome et distribué à la plèbe romaine. Rome s'étendait ainsi sur la rive droite du Tibre, tout en portant un premier coup au système socio-économique de l'Etrurie, qui était fondé sur le pouvoir des *principes*.

Sutri et Nepi, les premières colonies de droit latin en territoire étrusque, sont déduites en 373 av. J.-C. dans le but précis de contrôler les Falisques, qui avaient pris parti pour les Véiens au cours de la guerre entre Rome et Véies; des foyers de culture romaine se créent ainsi en territoire étrusque.

Tarquinia s'oppose au projet romain, désormais évident, de s'ingérer dans les affaires intérieures de l'Etrurie: en 358 av. J.-C., cette ville se lance dans une guerre qui s'achèvera en 351 par une trêve de quarante ans, renouvelée en 308. En 353, Caere qui, à l'exception d'une brève période pendant la guerre menée par Tarquinia, avait toujours entretenu de bons rapports avec Rome (en 390, lors de l'incursion gauloise, la cité avait accueilli les Vestales romaines), conclut une trêve de cent ans et devient *municipium sine suffragio*. La présence romaine en Etrurie méridionale, vers le milieu du IVe siècle av. J.-C., est désormais une réalité. Elle favorise l'émergence dans cette région d'une nouvelle classe aristocratique, d'origine terrienne, pour laquelle seront réalisées les grandes tombes

Colonies et routes romaines en Etrurie le nom des colonies est indiqué en latin

décorées de fresques ou de stucs de la seconde moitié du IVe siècle av. J.-C. A plusieurs reprises, Rome intervient ainsi dans des villes étrusques pour résoudre des tensions internes entre deux factions opposées, l'une démocratique et antiromaine, l'autre aristocratique et proromaine: ainsi à Arezzo, en 302 av. J.-C., pour mettre un terme aux rébellions populaires contre la riche famille des Cilnii (Tite-Live, X, 3).

Au IIIe siècle av. J.-C., Rome continue à intervenir en Etrurie et à remporter des victoires sur différentes villes: en 292 av. J.-C., le consul L. Postumius Megellus remporte une victoire définitive sur Roselle; en 280 av. J.-C., le consul T. Coruncanius triomphe de Vulci et de Volsinies; en 264 av. J.-C. le consul M. Fulvius Flaccus détruit Volsinies et contraint les Volsiniens à se transférer sur un site de plaine (*Volsinii Novi*); en 241 av. J.-C., Falèries aussi sera détruite, et ses habitants également déplacés dans la plaine (*Falerii Novi*). Dans le même temps, Rome multiplie en Etrurie les déductions de colonies de droit latin (Cosa en 273) et romain (*Castrum Novum* en 264, *Alsium* en 247, *Fregenae* en 245, *Pyrgi* en 191, *Saturnia* en 183, *Graviscae* en 181). On commence également à construire les grandes voies consulaires qui traversent l'Etrurie: l'Aurelia, la

Cerveteri, intérieur de la Tombe des Reliefs
Seconde moitié du IVe siècle av. J.-C.

Claudia, la Cassia, la Flaminia, l'Amerina. Ces routes, qui reprennent souvent le tracé d'anciennes voies étrusques, servent surtout aux déplacements des troupes, mais constituent aussi un vecteur important de diffusion de la culture romaine. Nous savons qu'en 205 av. J.-C., lorsque P. Cornelius Scipion organise son expédition contre Hannibal en Afrique, beaucoup de villes étrusques – Caere, Populonia, Tarquinia, Volterra, Arezzo, Pérouse, Chiusi, Roselle – participeront à l'effort de guerre en fournissant chacune le produit de ses propres ressources: blé, bois, poix et toile pour les navires, fer et armes (Tite-Live, XXVIII, 45).
On relève dans les représentations étrusques des IIIe et IIe siècles av. J.-C. – dans les reliefs des sarcophages et des urnes, les portraits funéraires et honorifiques, les statuettes de bronze, les terres cuites architecturales et les peintures des tombes – les tendances d'origine pergaménienne, rhodienne et attique qui s'affirment à l'époque; c'est à Rome que l'influence attique trouve, à partir du second quart du IIe siècle av. J.-C., son centre de diffusion principal. Pendant

Inscription bilingue étrusco-latine provenant de Pesaro
Seconde moitié du Ier siècle av. J.-C.
Pesaro, Museo Oliveriano

pages suivantes
Le "Trône Corsini"
vue d'ensemble et détails de la décoration
Ier siècle av. J.-C.
Rome, Galleria d'Arte Antica
Palais Corsini
Cat. 235

cette même période, Rome et l'Etrurie ont en commun certains intérêts culturels: on pensera à la diffusion en Etrurie de *pocula* portant des dédicaces en langue latine; à la circulation de monnaies romaines dans les villes étrusques (à Caere, Tarquinia, ou Arezzo), ou au succès des mythes du cycle thébain ou troyen dans la tragédie latine archaïque et dans le répertoire figuré des urnes étrusques.

Rome devient dès lors la référence des populations italiennes, qui y trouvent à la fois culture et travail. Pour de nombreux Italiens, qui ne trouvent plus chez eux de moyens de subsistance, l'enrôlement dans l'armée romaine est une bonne solution. Ce sont désormais les Italiens qui cherchent à se conformer aux coutumes et usages des Romains: en 180 av. J.-C., les Cumains solliciteront de ces derniers l'autorisation d'utiliser la langue latine pour les actes publics et les ventes aux enchères (Tite-Live, XL, 42, 13). On date généralement, par ailleurs, du IIe siècle av. J.-C. (les datations proposées varient entre le premier et le dernier quart du siècle) la statue de l'*Arringatore*: cette statue qui a été trouvée aux environs de Pérouse, porte une inscription étrusque et appartient encore à un milieu culturel étrusque, mais elle présente aussi des éléments - costume (tunique et toge), chaussures, anneau, traitement réaliste du visage - qui témoignent d'une large ouverture en direction du monde romain.

La guerre sociale (90-88 av. J.-C.), qui aboutit à l'égalité des droits entre Italiens et citoyens romains, sanctionnée par la *lex Iulia de civitate*, marque la fin des cultures régionales de l'Italie antique. Dorénavant, la culture dominante sera la culture romaine, la langue officielle le latin.

Bien que les manifestations d'ouverture des peuples italiens à la culture romaine soient de plus en plus nombreuses et profondes, on peut cependant relever aux derniers temps de la République et sous l'Empire un certain nombre de témoignages éloquents de survivances des cultures régionales. Ainsi, à Volterra, on continuera jusqu'au milieu du Ier siècle av. J.-C. environ, à produire des urnes d'albâtre comme aux IIIe-IIe siècles av. J.-C., et certaines portent une inscription en latin. L'inscription bilingue de Pesaro, rédigée en latin et en étrusque, qui mentionne un certain L. Cafatius, d'origine étrusque, haruspice et interprète des foudres, remonte à la seconde moitié du Ier siècle av. J.-C. La présence du texte en étrusque, une langue qui devait devenir de plus en plus désuète en dehors de la sphère religieuse et érudite, à côté du texte en latin, devenu la langue courante, apparaît comme une sorte d'hommage à la profession exercée par L. Cafatius; celle-ci continuera à jouir d'une grande faveur sous l'Empire, et même au haut Moyen Age. Les témoignages des auteurs anciens sont éloquents à cet égard.

Tacite (*Ann.*, XI, 15), au Ier siècle ap. J.-C., rapporte un discours tenu au sénat par l'empereur Claude, qui insiste sur la nécessité de ne pas laisser perdre par paresse la "très ancienne discipline d'Italie", et rappelle les précieuses recommandations données par les haruspices étrusques dans les moments difficiles. Ammien Marcellin (XXIII, 5, 8), au IVe siècle ap. J.-C., précise qu'au cours de l'expédition des Romains contre les Perses, en 363 avant la bataille décisive où l'empereur Julien l'Apostat devait trouver la mort, les haruspices étrusques qui

accompagnaient l'armée romaine, après avoir consulté les "livres exercituels", interprétèrent la présence d'un grand lion au milieu des ennemis, et sa mise à mort par les Romains, comme un présage défavorable à l'empereur. Zosime (*Hist. nov.*, V, 41), au Ve siècle ap. J.-C., décrivant le siège de Rome par Alaric, en 409 ap. J.-C., précise que Pompeianus, qui commandait la ville, rencontra des Etrusques qu'il avait fait venir à dessein parce qu'ils prétendaient avoir réussi à éloigner les dangers qui menaçaient la ville de Narni en adressant aux dieux des prières formulées selon les traditions ancestrales. Procope (*De bell. Goth.*, VIII, 21, 16), au VIe siècle ap. J.-C., évoquant l'interprétation donnée par un Etrusque à un événement extraordinaire - un taureau châtré montant une vache - événement auquel il avait assisté par pur hasard, ajoute que, encore de son temps, les Etrusques étaient fameux comme devins.

Ces témoignages sont rares et occasionnels; ils ne sont pas dépourvus pourtant de signification: ils correspondent aux dernières manifestations, simples survivances assurément, d'une civilisation qui n'appartenait plus qu'au domaine de l'Histoire.

Petite urne en albatre, décorée d'une scéne du mythe des Sept contre Thèbes provenant de Volterra Milieu du Ier siècle av. J.-C. Volterra, Museo Guarnacci

L' "Arringatore" (l'orateur), statue decouverte dans les environs de Pérouse IIe siècle av. J.-C. Florence, Museo Archeologico

BIBLIOGRAPHIE:
A. Carandini (sous la dir. de), Florence-Milan 1985; F. Catalli, Rome 1980; M. Cristofani-M. Martelli (sous la dir. de), Florence 1977; T. Dohrn, Berlin 1968; W.V.Harris, Oxford 1971; G.A. Mansuelli, Bologne 1988; S. Mazzarino, dans "Historia" VI, 1957, p. 98 sq.; M. Pallottino, dans "Studi Etruschi" XXIV, 1955-1956, p. 45 sq.; L. Quilici, dans Actes Florence, 1989, p. 451 sq.; G. Radke, Bologne 1981; *Roma medio-repubblicana*, Rome 1973; M. Sordi, Rome 1960; M. Torelli, dans "Dialoghi di Archeologia" III, 1969, p. 67 sq.; M. Torelli, Florence 1975; M. Torelli, dans *Rasenna*, Milan 1986, p. 67 sq.; M. Torelli, Rome-Bari 1990.

Mines et métaux

1. Fragment d'hématite pure

Dim. 2,5 cm × 2,5 cm × 1,4 cm environ
Ischia, Museo Archeologico, Inv. 238645
Provenance: Pithécuses, Lacco Ameno; trouvé sur les flancs du mont Vico

Fragment d'hématite pure ($Fe_2 O_3$), extrait probablement dans l'île d'Elbe (mines de Rio). La présence de ce fragment à Pithécuses, où a été localisé un quartier dans lequel on pratiqua la métallurgie à partir du milieu du VIIIe siècle av. J.-C., précise la nature des relations qui unissaient l'Etrurie à l'établissement eubéen que les Grecs avaient créé sur l'île d'Ischia comme avant-poste vers l'Italie, afin de s'approvisionner notamment en minerais.

Ouvrage collectif, *L'Etruria mineraria* (Exposition), Florence-Milan, 1985, p. 46, n° 1 (G. Buchner).

2. Lampe de mineur

Impasto brun noir avec inclusions micacées
Haut. 4,5 cm, long. 8 cm, larg. 3 cm
Florence, Museo Archeologico, inv. 112916
Provenance: Val Fucinaia, Campiglia Marittima, zone des fours métallurgiques

Corps quadrangulaire fermé, fond plat, bec relevé, de forme ronde. Sur le fond est gravé le mot *akius* (nom du propriétaire?). Bien que cette forme n'apparaisse nulle part ailleurs en Etrurie, les traces d'utilisation invitent à penser qu'il s'agit d'une lampe à huile.

Ouvrage collectif, *L'Etruria mineraria* (Exposition), Florence-Milan, 1985, p. 46, n° 2 (A. Romualdi); A. Romualdi, dans "Campiglia Marittima - Percorsi storici e turistici", San Giovanni Valdarno, 1990, p. 133-135.

3. Lampe de mineur

Impasto avec inclusions de mica
Haut. 5,4 cm, larg. 7 cm, larg. fond 4 cm
Florence, Museo Archeologico, inv. 112913
Provenance: Campiglia Marittima, zone des fours métallurgiques

Fin du Ve-début du IVe siècle av. J.-C.

Ouvrage collectif, *Civiltà degli Etruschi* (Exposition), Florence-Milan, 1985, p. 146, n° 6-11 (A. Romualdi).

4-5
Lingots

Florence, Museo Archeologico
Provenance: île du Giglio, épave de Campese

Ces lingots proviennent du chargement d'un navire, naufragé dans les eaux de l'île du Giglio, qui comprenait également de la céramique fine et des amphores étrusques et grecques. Ce matériel témoigne de la vitalité et de la diversité du commerce étrusque à l'époque archaïque.
Début du VIe siècle av. J.-C.

M. Bound, dans "ΕΝΑΛΙΑ", suppl. 1, 1991, p. 26, fig. 5.

4. Lingot de plomb

Long. 47 cm, larg. 17,4 cm
Inv. 148173

Forme ovale aplatie, avec une face convexe et une face plane. Deux lettres sont gravées en dessous.

5. Lingot de cuivre

Diam. 41,5-43 cm
Inv. 148175

Forme circulaire

6. Four métallurgique

Terre réfractaire
Haut. 24 cm, diam. 24 cm
Murlo, Antiquarium Comunale

Reconstitution moderne à partir de fragments trouvés à Murlo durant les fouilles effectuées dans la zone des activités métallurgiques.

7. Minerai de fer: scories de fusion

Provenance: Populonia, zone archéologique de San Cerbone

Le travail du métal est attesté dans la région de San Cerbone à Populonia dès la fin du VIe siècle av. J.-C.; il s'intensifie à partir du début du IVe siècle av. J.-C. Les minerais utilisés, rougis ou fondus, provenaient des alentours de Populonia ou de l'île d'Elbe. La forte teneur en métal de ces scories permet de les attribuer à l'antiquité; elles s'amoncelèrent en d'épais monticules qui occupèrent plusieurs hectares de terrain autour de l'actuel golfe de Baratti et recouvrirent les tombes des IXe-Ve siècles av. J.-C.

A. Minto, Florence, 1943, p. 35-38; Ouvrage collectif, *L'Etruria mineraria* (Exposition), Florence-Milan, 1985, p. 21-22 (G. Camporeale).

8. Filière

Pierre
Long. 11,7 cm, larg. 4,7 cm, ép. 2 cm
Marzabotto, Museo Nazionale Etrusco
P. Aria, inv. 827
Provenance: Marzabotto, terrasse A devant la fonderie de la *regio* V, 5

Plaque, mutilée aux deux extrémités, percée de deux rangées de trous. Des signes alphabétiques figurent sur les deux faces et des inscriptions sur la tranche:
A: [...?] *śualuś mi*; B: [...] *teś*.
On reconnaît, dans la première, un gentilice d'origine padane.
Ve siècle av. J.-C.

Ouvrage collectif, *Civiltà degli Etruschi* (Exposition), Florence-Milan, 1985, p. 146-147 (G. Sassatelli).

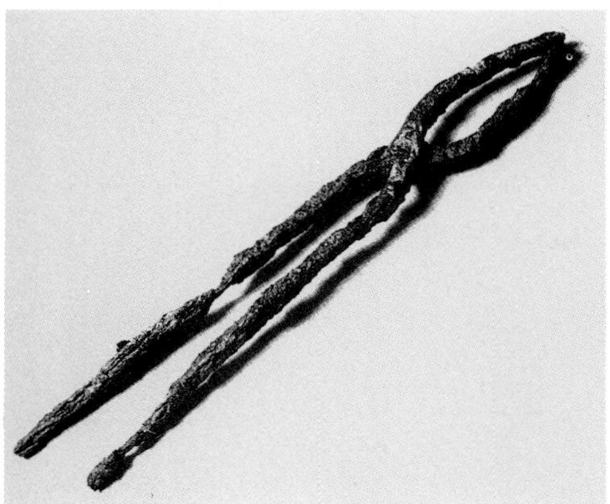

9. Tenailles

Fer
Long. 46 cm
Marzabotto, Museo Nazionale Etrusco
P. Aria, inv. 986
Provenance: Marzabotto, canalisation située en face de la maison 6 de la *regio* IV, 1

Instrument de forgeron
Ve siècle av. J.-C.

Ouvrage collectif, *Civiltà degli Etruschi* (Exposition), Florence-Milan, 1985, p. 146 (G. Sassatelli).

10. Fragment de moule (bras)

Terre cuite
Haut. 9 cm, larg. 8,8 cm
Marzabotto, Museo Nazionale Etrusco
P. Aria, inv. 861
Provenance: Marzabotto, zone de la fonderie de la *regio* V, 5

Moule pour la fonte à cire perdue d'une statue masculine en bronze, dont la hauteur a été évaluée à 80/90 cm environ. Ce fragment, et d'autres qui proviennent de la même zone, témoignent de la capacité des artisans de Marzabotto à exécuter des pièces de haute qualité.
Début du Ve siècle av. J.-C.

G.A. Mansuelli *et al.*, Bologne, 1982, p. 58, fig. 54.

11. Fragment de moule (paragnathide?)

Terre cuite
Haut. 10,4 cm, larg. 9,5 cm
Marzabotto, Museo Nazionale Etrusco
P. Aria, inv. 871
Provenance: Marzabotto, zone de la fonderie de la *regio* V, 5

Moule avec décor de palmettes et de volutes utilisé peut-être pour la fonte d'un élément de casque, probablement un couvre-joue.
Début du IVe siècle av. J.-C.

L. Malnati-V. Manfredi, Milan, 1991, p. 192, fig. 45, n° 6.

12. Fragment de moule (tête)

Terre cuite
Haut. 13,3 cm
Marzabotto, Museo Nazionale Etrusco
P. Aria, inv. 860
Provenance: Marzabotto, zone de la fonderie de la *regio* V, 5

Moule pour la fonte d'une statue de couros: partie du visage conservant un œil allongé et une chevelure bouclée. La statue s'inspirait des modèles grecs dont la présence est attestée à Marzabotto par une tête de couros en marble.
Début du Ve siècle av. J.-C.

L. Malnati-V. Manfredi, Milan, 1991, p. 192, fig. 45, n° 5.

13-23
Vetulonia, Poggio alla Guardia, tombe à puits V

Fouilles Falchi, 1884-1888
Rome, Museo preistorico-etnografico
L. Pigorini

Les recherches qu'Isidore Falchi mena méthodiquement à Poggio alla Guardia et sur les hauteurs environnantes, à partir des années 1880, permirent de résoudre le problème très débattu de l'emplacement de la cité étrusque de Vetulonia et révélèrent l'étendue et la richesse de ses nécropoles de la phase la plus ancienne de l'âge du fer à la période orientalisante.
Des doutes planent sur la composition exacte d'un grand nombre de mobiliers funéraires mis au jour par Falchi. Dans le mobilier présenté ici, entré au musée préhistorique en 1888, l'association d'éléments typiques des dépositions féminines et d'objets qui caractérisent en général les mobiliers masculins est suspecte. Il convient sans doute de retirer de l'ensemble la fibule *a sanguisuga* (inv. 37421/a) car elle est en surnombre par rapport au nombre de fibules que mentionnent les documents d'archives et n'est pas de la même époque que le reste du matériel, qui constitue un ensemble chronologiquement cohérent, datable de la phase ancienne du premier âge du fer (IXe siècle av. J.-C.).

G. Bartoloni *et al.*, Rome, 1987, p. 30-31, fig. 13, pl. VIII, c.

13. Urne-cabane

Impasto; restaurations
Haut. 36,5 cm, base 35 cm × 38,5 cm
Inv. 37416

Urne cinéraire à plan ovale; porte rectangulaire encadrée de cordons en relief; toit à deux pentes en saillie; sur chaque pente cinq cordons en relief figurant les branchages qui maintenaient la couverture; ouvertures dans les espaces des frontons.

14. Petit vase à une anse

Impasto
Haut. 10 cm, larg. max. 8 cm
Inv. 37418

Décor *a falsa cordicella*: série de triangles remplis de traits obliques.

15. Petite cruche

Impasto
Haut. 14 cm, larg max. 9,7 cm
Inv. 37417

Corps "askoïde" à col excentrique, embouchure trilobée, anse oblique en ruban. Il s'agit peut-être d'un objet importé de Sardaigne ou, plus probablement, d'une réélaboration locale de modèles sardes.

16. Fibule à arc torsadé

Bronze, incomplète
Long. conservée 5,4 cm
Inv. 37421/c

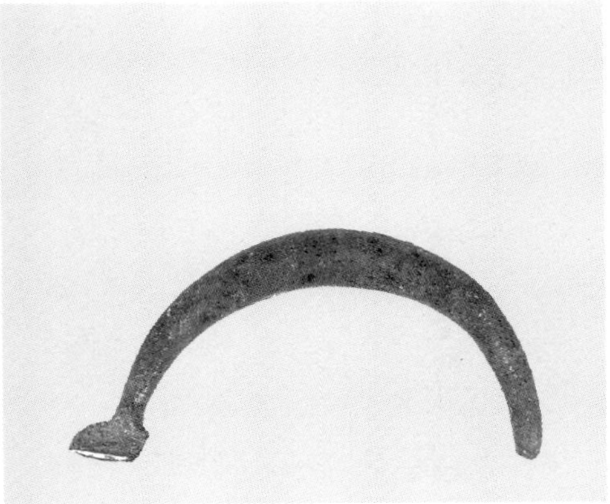

17. Fibule à arc renflé

Bronze; incomplète
Long. conservée 8,3 cm
Inv. 37421/b

Etrier symétrique. Décor composé de bandes de lignes verticales parallèles et de files de points.

18. Fibule en deux parties à arc serpentant

Bronze; fragmentaire
Long. conservée 6,8 cm
Inv. 37421/f

Arc serpentant, à double ressort, dans lequel s'insère l'extrémité supérieure de l'ardillon; l'étrier (disparu) était du type à disque.

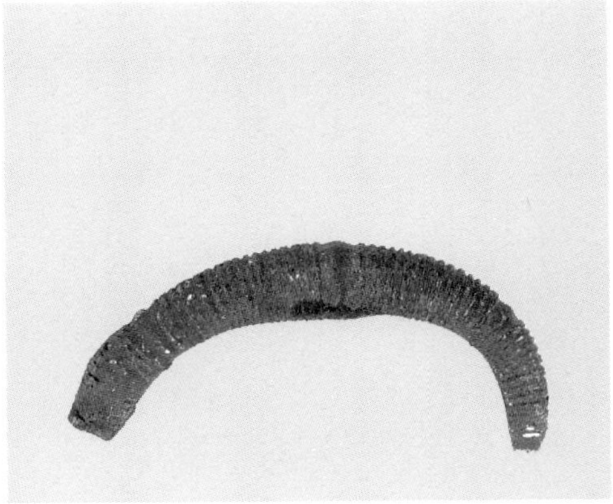

19. Fibule à arc renflé et surbaissé

Bronze; incomplète
Long. conservée 5,4 cm
Inv. 37421/d

Décor de lignes parallèles verticales. L'étrier (disparu) était du type à disque.

20. Fibule à arc recouvert

Bronze; fragmentaire
Long. conservée 5 cm
Inv. 37421/e

Arc à section quadrangulaire, sur lequel sont enfilés de minces petits disques de diamètre décroissant du centre aux extrémités. L'étrier (disparu) était du type à disque.

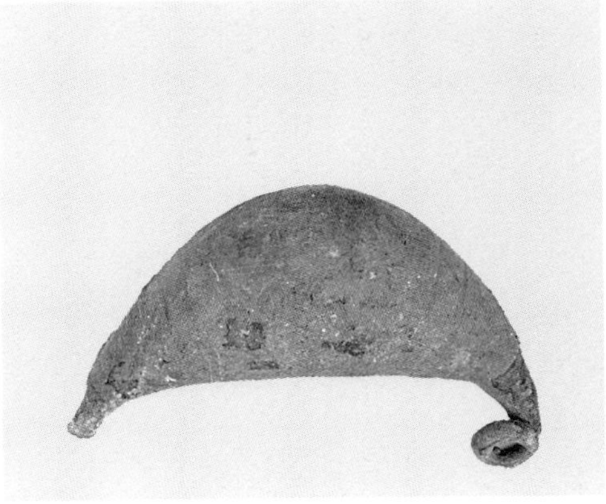

21. Fibule *a sanguisuga*

Bronze; incomplète
Long. conservée 6,1 cm
Inv. 37421/a

Décorée de bandes transversales sur la face supérieure.

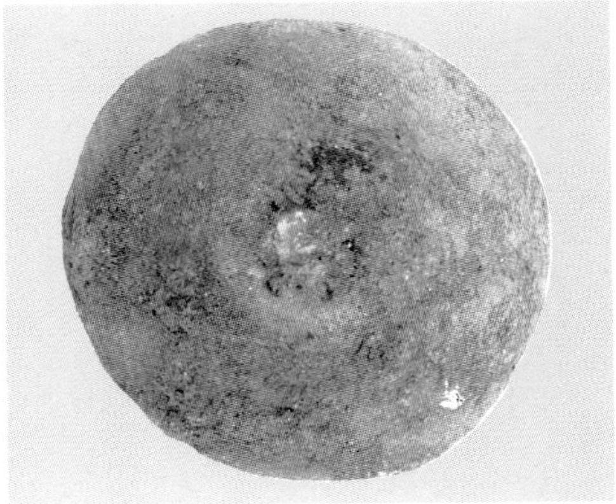

22. Fusaïole biconique

Impasto
Haut. 3,1 cm, larg. max. 3,5 cm
Inv. 37419

23. Anneau
Bronze
Diam. 4,3 cm
Inv. 37420

24-28
Populonia, Falda della Guardiola, dépôt

Florence, Museo Archeologico

Les n° 24-28 appartiennent à un dépôt de l'âge du fer, découvert en 1926 sous la grosse tour en saillie de la muraille hellénistique. Il contenait des objets de bronze dont certains étaient importés de Sardaigne.

24. Nacelle
Bronze fondu
Long. 20,4 cm
Inv. 93505

Cette nacelle, dont la proue se termine en protome de boeuf ou de cerf, présente une coque allongée de forme trapézoïdale, à fond plat.
Des objets de ce type ont pu servir de lampe à huile. De production sarde, celui-ci témoigne des échanges commerciaux qui unissaient la Sardaigne à l'Etrurie.
Seconde moitié du VIIIe siècle av. J.-C.

Ouvrage collectif, *L'Etruria mineraria* (Exposition), Florence-Milan, 1985, p. 47, n° 10 (G. Parise Presicce).

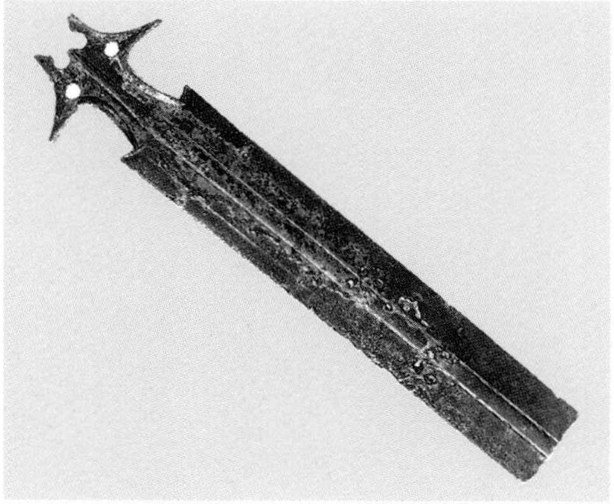

25. Epée à soie
Bronze fondu
Long. max. conservée 26 cm, larg. 4 cm
Inv. 93497

Cette épée, dont il manque une partie de la lame, appartient au type de Monte Sa Idda, de production sarde. C'est le seul exemplaire connu en Italie péninsulaire.
Seconde moitié du VIIIe siècle av. J.-C.

V. Bianco Peroni, Munich, 1970, p. 99, n° 270, pl. 40 (*Prähistorische Bronzefunde* IV, 1); Ouvrage collectif, *L'Etruria mineraria* (Exposition), Florence-Milan, 1985, p. 47, n° 12 (G. Parise Presicce).

26. Hache à ailerons
Bronze fondu
Long. 15 cm
Inv. 93821

Cette hache, à contour presque trapézoïdal, sans talon distinct, à ailerons très carrés, correspond à une variante des haches à ailerons du type Elba, localisée entre l'île d'Elbe et Populonia.
Seconde moitié du VIIIe siècle av. J.-C.

G.L. Carancini, Munich, 1984, p. 113, n° 3539 (*Prähistorische Bronzefunde* IX, 12); Ouvrage collectif, *L'Etruria mineraria* (Exposition), Florence-Milan, 1985, p. 47, n° 13 (G. Parise Presicce).

27. Quatre haches à ailerons
Bronze fondu
Long. 18,5 cm
Inv. 93820; 126387; 126388; 126389

Dans la typologie spécifique de ces haches, celles-ci sont considérées comme une variante du type Bambolo, et répandues dans la région centrale du bassin Tyrrhénien (l'illustration correspond au n° inv. 126387).
Seconde moitié du VIIIe siècle av. J.-C.

G.L. Carancini, Munich, 1984, p. 8-9; n° 2043-2046 (*Prähistorische Bronzefunde* IX, 12); Ouvrage collectif, *L'Etruria mineraria* (Exposition), Florence-Milan, 1985, p. 47, n° 14 (G. Parise Presicce).

28. Fibule *a navicella*
Bronze fondu et laminé
Long. 4,2 cm
Inv. 113854

Cette fibule présente un arc en losange, un long étrier et un ressort à enroulement double; elle appartient au type Sundwall G III β. Il semblerait que ce soit l'objet le plus récent du dépôt.
Seconde moitié du VIIIe siècle av. J.-C.

Ouvrage collectif, *L'Etruria mineraria* (Exposition), Florence-Milan, 1985, p. 47, n° 11 (G. Parise Presicce).

29-34 Tarquinia, Nécropole de Poggio dell'Impiccato, tombe I à incinération

Florence, Museo Archeologico

Le mobilier funéraire comprenait aussi un rasoir en demi-lune du type Grotta Gramiccia, un pendentif en forme de roue, les fragments de deux fibules, l'une à arc composé de disques de diamètre décroissant, l'autre en deux parties, à arc en fer revêtu d'un fil de bronze et terminé par une tête d'ambre et d'or, des plaquettes en feuille d'or, un petit vase pansu en *impasto*, une petite tasse double à anse thériomorphe double et plusieurs petites coupes à pied. La tasse en feuille de bronze, le casque, la lance et le pendentif en forme de roue, restent liés à la culture des Champs d'Urnes, l'épée et son fourreau relèvent d'un type dont on rencontre plusieurs exemples dans l'Italie du Sud (Pontecagnano).
L'ensemble du mobilier indique que la sépulture est celle d'un personnage de sexe masculin et de rang social élevé, et plus précisément, celle d'un guerrier.
Première moitié du VIIIe siècle av. J.-C.

29. Urne cinéraire
Impasto brun-foncé, décor incisé au peigne et imprimé à l'aide d'un poinçon circulaire
Haut. 39 cm, diam. de l'embouchure 19 cm, diam. du pied 11,4 cm
Inv. 83379/t

Corps biconique, anse unique à section circulaire, fond s'évasant légèrement. Sur le col, en haut, méandre continu, en bas, dessins géométriques se terminant en deux "figures assises" affrontées à la hauteur de l'anse. Sur l'épaule, décor de "métopes" ornées chacune d'une croix gammée complexe.

Ouvrage collectif, *Civiltà degli Etruschi* (Exposition), Florence-Milan, 1985, p. 57 n° 1 (M. Iozzo).

30. Casque
Bronze fondu et laminé. Décor repoussé et incisé
Haut. 35,7 cm, diam. 22,3 cm
Inv. 83379/a

Calotte hémisphérique, à pointe, surmontée d'une crête; trois faux rivets dépassent sur les deux côtés de la calotte, sous la crête. Décor constitué d'une double rangée de bossettes sur la calotte et sur la crête.

Ouvrage collectif, *Civiltà degli Etruschi* (Exposition), Florence-Milan, 1985, p. 57 n° 7 (M. Iozzo) (avec bibl.); G. von Merhart, Mayence, 1969, p. 125 fig. 5.

31. Pyxide
Bronze fondu et laminé, décoration au repoussé
Haut. (sans couvercle) 5,5 cm, haut. totale 10 cm, diam. 4 cm
Inv. 83379/e

Corps cylindrique à base plate appliquée, couvercle à poignée à double protome d'oiseau stylisée, et longue chaîne de suspension. Sur le couvercle et le corps, files parallèles de bossettes et de points.

Ouvrage collectif, *Civiltà degli Etruschi* (Exposition), Florence-Milan, 1985, p. 59 n° 9 (M. Iozzo).

32. Tasse
Bronze laminé, décor repoussé et incisé
Haut. (sans l'anse) 7 cm, haut. totale 10,6 cm, diam. de l'embouchure 12,1 cm
Inv. 83379/b

Bord légèrement évasé, brève épaule oblique, vasque profonde à parois rigides, petit pied oblique; anse en ruban dépassant. Vasque ornée de séries de bossettes et de petits points au repoussé et de zigzags incisés. Cette tasse du type "Stillfried-Hostomiče" est considérée comme un rare exemple d'importation d'Europe centrale plutôt que comme une imitation locale.

Ouvrage collectif, *Civiltà degli Etruschi* (Exposition), Florence-Milan, 1985, p. 57 n° 8 (M. Iozzo) (avec bibl.); G. von Merhart, Mayence, 1969, p. 309, pl. 36, n° 3.

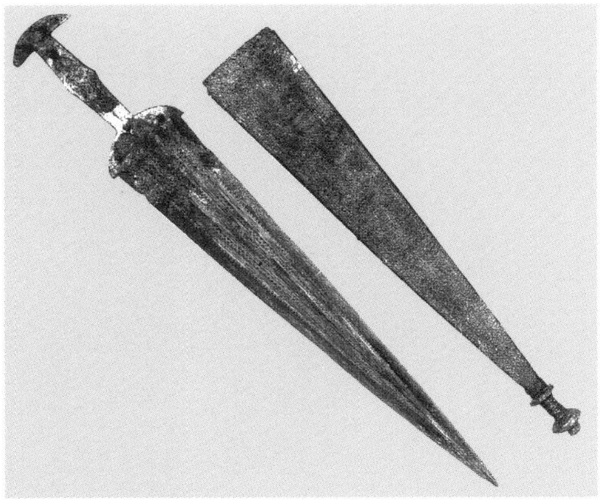

33. Epée et son fourreau

Bronze fondu et laminé; bois; décor incisé
Long. de l'épée 43 cm, du fourreau 32,2 cm
Inv. 83379/p

Epée: la fusée de la poignée est pourvue d'une plaque dans laquelle s'encastrait le pommeau en demi-lune; la garde est largement arquée. Sur la lame, décor gravé au burin.
Fourreau en bois revêtu d'une plaque de bronze décorée de motifs d'animaux et de scènes de chasse inscrites dans des métopes. Epée et fourreau appartiennent au type Pontecagnano.

Ouvrage collectif, *Civiltà degli Etruschi* (Exposition), Florence-Milan, 1985, p. 58 (M. Iozzo) (avec bibl.); G. Camporeale, Rome, 1984, p. 21 fig. 2.

34. Pointe et talon de lance

Bronze fondu et laminé; sur le talon, décor gravé
Pointe, long. 20,5 cm, larg. 4,8 cm
Talon, long. 16,5 cm, larg. 2,1 cm
Inv. 83379/g1-g2

Lame à profil sinueux, canon à section ronde; talon conique taillé en facettes, décoré à la base d'incisions parallèles.

Ouvrage collectif, *Civiltà degli Etruschi* (Exposition), Florence-Milan, 1985, p. 57 (M. Iozzo).

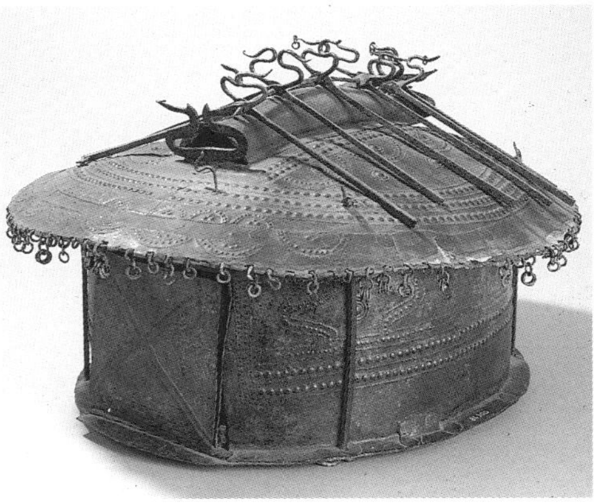

35. Urne-cabane

Bronze laminé; plaque de plomb dans le double fond
Haut. 28,5 cm, base 40,5 x 35,7 cm
Rome, Museo Nazionale di Villa Giulia
Inv. 84900
Provenance: Vulci, Nécropole de l'Osteria, tombe à ciste en pierre

Plan ovale; porte mobile; quatre montants soutiennent l'avancé du toit. Celui-ci est percé d'une ouverture circulaire pour l'aération et pourvu de deux rangées de petites barres parallèles qui se terminent en protome d'oiseau stylisée. Ce motif évoque celui de la barque solaire et provient peut-être de la culture de Hallstatt. Il est très largement répandu dans les bronzes villanoviens.
Première moitié du VIIIe siècle av. J.-C.

V. D'Atri, dans G. Bartoloni et *al.*, Rome, 1987, p. 53-54, n° 67, fig. 31-33; p. 170.

36-38
Vulci, Nécropole de Cavalupo
Tombe des petits bronzes nuragiques

Rome, Museo Nazionale di Villa Giulia

Ce riche mobilier de femme, retrouvé dans une tombe à puits *a custodia*, est d'un très grand intérêt historique et culturel en raison de la présence de trois petits bronzes sardes originaires de la moitié nord de l'île, qui attestent la précocité des contacts qui, liés aux échanges de minerais, unissaient l'Etrurie et la Sardaigne. Leur association avec un ceinturon en forme de losange et des colliers en bronze et en or pourrait faire supposer qu'il existait déjà quelques formes de distinction sociale avant même la fin de la première phase villanovienne.
Seconde moitié du IXe siècle av. J.-C.

Ouvrage collectif, *Civiltà degli Etruschi* (Exposition), Florence-Milan, 1985, p. 64-66 (M.A. Fugazzola Delpino).

36. Statuette

Bronze, fonte pleine
Haut. 12,8 cm, haut. max. 13,5 cm
Inv. 59917

Chapeau conique, vêtement se terminant en pointe dans le dos, ceinture à la taille et sandales à semelle épaisse. De son bras droit (main levée) pend un objet globulaire; au bras gauche une grande "pièce" plate repliée, peut-être de cuir. Selon M.A. Fugazzola Delpino, il ne s'agirait ni d'un guerrier ni d'un prêtre, comme on l'a souvent affirmé, mais d'une femme de haut rang.

M.A. Fugazzola Delpino, Rome, 1984, p. 98-100; Ouvrage collectif, *Civiltà degli Etruschi* (Exposition), Florence-Milan, 1985, p. 64-65, n° 2.5.2, 6 (M.A. Fugazzola Delpino).

37. "Tabouret" miniature

Bronze, fonte pleine
Haut. 3 cm
Inv. 55918

Plateau constitué d'une plaque perforée en son centre, reposant sur cinq pieds qui se terminent par des anneaux. Cet objet, reconnu pour être un tabouret rituel, a été récemment interprété comme un instrument de musique d'un type connu en milieu sarde: on devait agiter l'instrument à l'aide d'une tige passée dans le trou supérieur et le son devait être produit par des pendeloques suspendues aux anneaux.

M.A. Fugazzola Delpino, Rome, 1984, p. 101; Ouvrage collectif, *Civiltà degli Etruschi* (Exposition), Florence-Milan, 1985, p. 65, n° 2.5.2, 5 (M.A. Fugazzola Delpino).

38. Panier miniature

Bronze, fonte pleine
Haut. 3,3 cm, diam. max. du couvercle 4,5 cm
Inv. 59919

Couvercle avec un rabat intérieur et des poignées qu'on devait réunir aux anses par des lanières. Décor de rainures imitant le tressage des corbeilles d'osier. Des modèles de paniers en bronze proviennent de la zone du temple de Santa Vittoria de Serri, en Sardaigne.

M.A. Fugazzola Delpino, Rome, 1984, p. 102-103; Ouvrage collectif, *Civiltà degli Etruschi* (Exposition), Florence-Milan, 1985, p. 65, n° 2.5.2, 6 (M.A. Fugazzola Delpino).

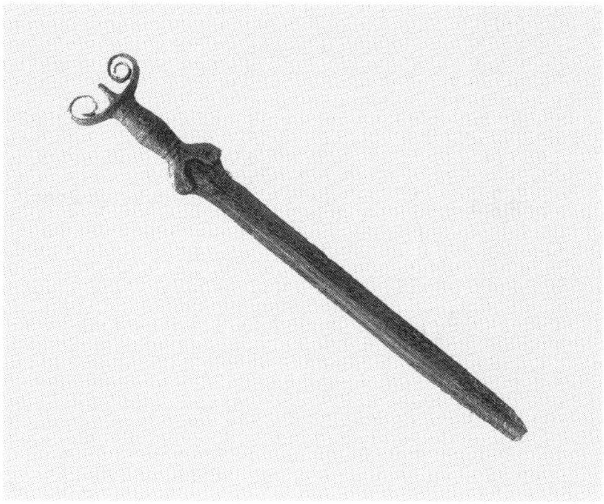

39. Epée à antennes

Bronze
Long. 46 cm
Sassari, Museo Nazionale G.A. Sanna
Inv. 10627
Provenance : Ploaghe, nuraghe Attentu

Attribuée en dernier lieu au type Zurich de Müller Karpe, diffusé au nord des Alpes et en Vénétie. Cette pièce, ainsi qu'une autre épée à antennes de Sa Sedda et Sos Carros, quelques fibules et divers bronzes de production étrusque retrouvés en Sardaigne, attestent la vitalité des échanges entre l'Etrurie et la Sardaigne, deux régions riches en gisements métallifères.
IXe siècle av. J.-C.

F. Lo Schiavo, dans *Etruria Mineraria*, Atti del Convegno, Florence, 1981, p. 303-304; M. Gras, Rome, 1985, pp. 118-119.

40. Rasoir

Bronze
Long. 12,6, larg. 9,3 cm
Sassari, Museo Nazionale G.A. Sanna
Inv. 63
Provenance: La Nurra

Rasoir à double tranchant, petit manche moulé avec un nodule au milieu; sur la lame, quatre trous cernés de cercles gravés. Variante du type Marino, répandu en Italie centrale et méridionale. Exporté en Sardaigne, à la faveur de la circulation des personnes ou des marchandises (des minerais, probablement).
Fin du Xe-début du IXe siècle av. J.-C.

M. Gras, Roma 1985, p. 115, fig. 21; F. Lo Schiavo, dans *Il Museo Sanna in Sassari*, Milan-Sassari 1986, fig. 146.

41. Tasse "oenôtrienne"

Argile fine jaune clair, décor peint à vernis brun
Haut. 7,5 cm; diam. 10,6 cm; diam. de l'embouchure 6,9 cm
Florence, Museo Archeologico
Inv. 83707/a
Provenance: Tarquinia, Poggio dell'Impiccato, tombe 78, à sarcophage de *nenfro*

Lèvre évasée, corps globulaire légèrement aplati, pied très court et profilé, anse verticale à section circulaire. Motifs géométriques sur la lèvre et l'épaule.
Production "oenôtrio-géométrique" (Lucanie), première moitié du VIIIe siècle av. J.-C.

Ouvrage collectif, *Civiltà degli Etruschi* (Exposition), Florence-Milan, 1985, p. 63-64 n° 2.4.14 (M. Iozzo) (avec bibl.).

42. Petite cruche

Argile fine, décor à vernis brun
Haut. 20,6 cm, diam. max. 21,6 cm
Rome, Museo Nazionale di Villa Giulia
Inv. 62981
Provenance: Vulci, Nécropole de l'Osteria
Col tronconique bas sur une panse globulaire aplatie. Sur l'épaule, motif *a tenda* (en tente). Pièce de production "oenôtrio-géométrique", de type Kilian K7e. Elle appartient à un mobilier funéraire comprenant un nombre limité de céramiques (provenant de Vulci, Tarquinia et Capène) et de bijoux en bronze importés de l'aire oenôtrienne (Lucanie) en Etrurie dans la première moitié du VIIIe siècle av. J.-C., à la faveur d'échanges probablement liés au commerce des métaux. Première moitié du VIIIe siècle av. J.-C.

F. Delpino, dans *Studi in onore di G. Maetzke*, Rome, 1984, p. 257 sqq., p. 261, notes 15, 18.

La vocation maritime des Etrusques

43-47
Olympie. Bronzes étrusques et italiques

Olympie, Musée Archéologique

A partir du VIIIe siècle av. J.-C., parviennent à Olympie et dans plusieurs grands sanctuaires helléniques, comme Delphes, Samos et Dodone, des objets de fabrication étrusque, surtout des bronzes: armes, pièces de parures individuelles et de harnachements de chevaux, vases. L'identité des donateurs reste incertaine: ce sont peut-être des Grecs des colonies, des marchands ou des guerriers de retour dans leur patrie. Mais il est probable que les rapports avec l'Etrurie étaient déjà très étroits - si l'on pense à l'arrivée d'objets et d'artisans grecs en Etrurie - et certainement liés au commerce des métaux. Et, s'il était sûrement difficile à un étranger de participer aux manifestations des grands sanctuaires panhelléniques, on ne peut exclure que des Etrusques soient venus y faire un voeu; on se souviendra des relations, plus tardives, entre Caere et Delphes, et de la mention par Pausanias (V, 12, 5) d'un trône, offert par Arimnestos, "roi étrusque qui, le premier parmi les barbares, avait fait une offrande à Zeus à Olympie".

43. Bouclier (fragment)

Bronze laminé, décor repoussé
Inv. BR 9692
Provenance: zone du Pélopéion

Fragment de plaque, à décor géométrique en zones concentriques: il subsiste deux zones, garnies de groupes de traits verticaux séparées par des files de bossettes. Produit caractéristique de l'Etrurie méridionale.
Dernier quart du VIIIe-premier quart du VIIe siècle av. J.-C.

I. Strφm, Odense 1971, p. 40-41; H.-V. Herrmann, dans *Ann. Sc. At.* LXI, 1983 (1984), p. 273-274, fig. 2.

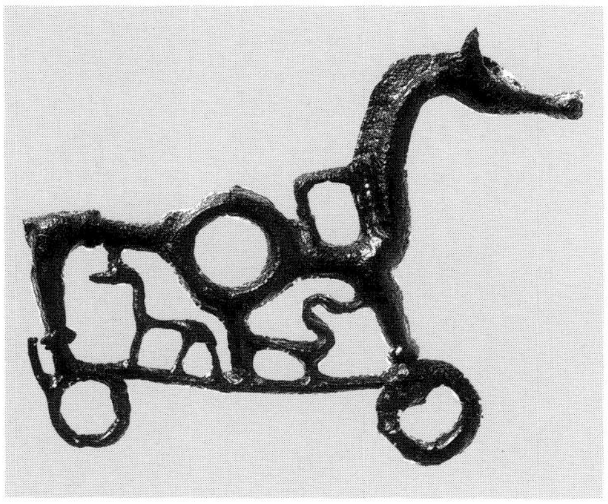

44. Mors de cheval

Bronze fondu, il ne subsiste qu'un montant
Inv. BR 9550
Provenance: bordure sud, Stade II, remblai

Montant en forme de petit cheval, avec un autre petit cheval sur le dos (aujourd'hui disparu) et un anneau au centre pour passer le filet; entre les pattes se trouvent un quadrupède et un oiseau stylisés. Produit très élaboré fabriqué à Vetulonia et proche du type Volterra.
Première moitié du VIIe siècle av. J.-C.

F.-W. von Hase, Munich 1969, p. 11-14; H.V. Herrman, dans *Ann. Sc. At.* LXI, 1984, p. 271 sq., fig. 21.

45. Fibule

Bronze fondu
Haut. 2,15 cm, long. 5,1 cm
Inv. BR 1721
Provenance: au nord du temple de Zeus

Arc renflé dans la partie centrale, long étrier. Sur le dessus, au centre, deux séries transversales et opposées de motifs en arêtes de poisson; sur les côtés, groupes de lignes transversales. On trouve des exemples du même type en milieu étrusque et à Sala Consilina.
VIIIe siècle av. J.-C.

H. Philipp, Berlin 1981, p. 293, n° 1062, pl. 65.

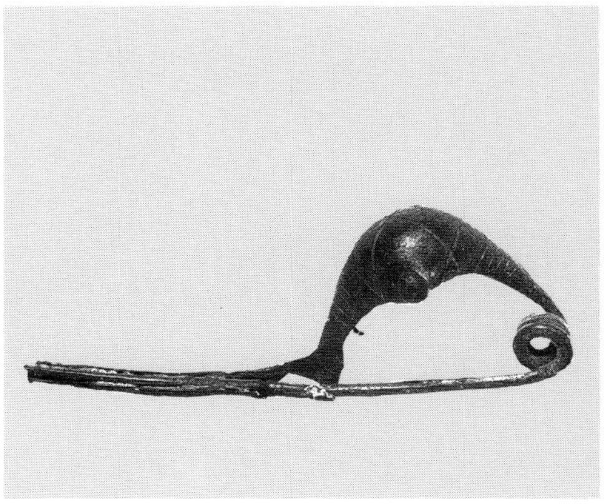

46. Fibule

Bronze fondu
Haut. 2,3 cm, long. 6,7 cm, larg. max. 2,25 cm
Inv. BR 6251
Provenance: bâtiments sud-est

Arc a *navicella* fortement recourbé, avec une paire de protubérances latérales globulaires. Ressort à double enroulement, long étrier, dentelé dans la partie supérieure. Arc décoré d'incisions obliques entrecroisées. Aux deux extrémités, groupes de lignes parallèles transversales. Le type, connu dans toute l'Italie méridionale, est le plus souvent sans décor.
VIIe siècle av. J.-C.

H. Philipp, Berlin 1981, p. 292-293, n° 1060, pl. 65.

47. Bassin

Bronze laminé, anses fondues
Inv. BR 5758
Provenance: puits sur le côté sud du Stade

Bassin à calotte aplatie, sur pied tronconique orné d'un tore dans la partie supérieure; anses à poignée quadrangulaire (l'une a disparu), surmontées d'une fleur de lotus épanouie et de deux lions rampants sur les côtés. Ce bassin s'inscrit dans un groupe homogène que l'on peut attribuer à un atelier de Vetulonia. Le dessin des anses rappelle des produits chypriotes du VIIIe siècle av. J.-C. diffusés dans diverses régions du Bassin méditerranéen.
Première moitié du VIIe siècle av. J.-C.

H.-V. Herrmann, dans *Ann. Sc. At.* LXI, 1984, p. 271 sq., fig. 21; G. Camporeale, dans "Studi Etruschi" LIV, 1988, p. 4, n° 4, pl. VII.

48. Cratère

Argile, engobe; décor en silhouette et au trait
Haut. 36,3 cm, diam. du bord 33,5 cm
Rome, Musei Capitolini, ancienne Collection Castellani, Inv. 172 Provenance: Cerveteri

Face A: aveuglement de Polyphème; face B: combat opposant peut-être un navire grec à un navire étrusque. Les influences de la première phase du proto-attique moyen et la signature *Aristonothos*, peinte derrière la figure du Cyclope, indiquent que ce vase est l'oeuvre d'un maître d'origine grecque (cycladique?), installé à Cerveteri, peut-être après être passé par Syracuse. Peu avant 650 av. J.-C.

M. Martelli (sous la direction de), Novare, 1987, n° 40, p. 263-265 (M. Martelli).

49. Grand vas à couvercle

Impasto rosso à décor peint en blanc
Haut. 50 cm, diam. 42 cm
Paris, Musée du Louvre, Département des Antiquités grecques, étrusques et romaines
Inv. MNB 1780 (n° usuel: D 150)
Provenance: Cerveteri

Sur la panse, deux scènes représentant, la première deux vaisseaux de guerre à proue en forme d'animal, la seconde un lion qui pose la patte sur un bige guidé par un aurige. La première scène, peut-être l'évocation d'un combat naval, témoigne de l'intérêt des Etrusques pour les activités maritimes.
Cerveteri, Peintre de la naissance de Minerve.
Vers 630-620 av. J.-C.

M. Martelli (sous la dir. de), Novare, 1987, n° 44, p. 267 (M. Martelli), fig. p. 95.

50-63
Le sanctuaire de Gravisca

Tarquinia, Museo Nazionale

Gravisca, fondée probablement aux environs de 600 av. J.-C., était le port de Tarquinia. Dès le VIe siècle, des marchands venaient de toute la Méditerranée pour y effectuer d'intenses et fructueux échanges. La première chapelle dédiée à Aphrodite-Turan fut édifiée vers 580 av. J.-C. dans le sanctuaire que l'on créait dans le port. Les cultes de Héra, Déméter et Apollon y furent également célébrés, comme le prouvent de nombreuses dédicaces. Après une brève période de fréquentation des Eginètes, dont témoigne l'offrande la plus connue, l'ancre de pierre de Sostratos, riche commerçant mentionné dans les sources littéraires, des édifices plus monumentaux furent érigés dans ce lieu sacré lors de son réaménagement aux environs de 470 av. J.-C. La vie religieuse, dont les cultes de Turan et d'Adonis étaient le foyer d'attraction, se poursuivit dans le sanctuaire qui fut remanié plusieurs fois.

50. Amphore de transport

Argile épurée beige rosé
Haut. 23 cm, diam. 15 cm, diam. max. 34 cm
Inv. 75/10737
Provenance: édifice "delta"

Parmi les nombreuses amphores destinées au transport, retrouvées dans l'*emporion* de Gravisca, celle-ci est probablement de production samienne. Elle est remarquable par son inscription "une hydrie juste", écrite sur l'épaule en dialecte et alphabet ioniens, qui indique l'unité de mesure du liquide qu'elle contenait.
VIe siècle av. J.-C.

Ouvrage collectif, *Civiltà degli Etruschi* (Exposition), Florence-Milan, 1985, p. 183, n° 7.1.3 (F. Boitani).

51. Fragments de dinos

Argile rougeâtre, engobe ivoire, vernis brun-rougeâtre
Inv. II 16395
Provenance: édifice "alpha"

Fragment de rebord décoré de losanges, et fragment d'épaule orné d'un museau de capridé, appartenant à un dinos du style "de la chèvre sauvage" fabriqué en Ionie du Nord. C'est l'un des rares exemples de ce type de vases retrouvés en Etrurie. Début du VIe siècle av. J.-C.

Ouvrage collectif, *Les céramiques de la Grèce de l'Est et leur diffusion en Occident*, Naples, 1978, p. 216 sq.; p. 217, fig. 1, 1 et 2 (F. Boitani); Ouvrage collectif, *Civiltà degli Etruschi* (Exposition), Florence-Milan, 1985, p. 182, n° 7.1.4.1. (F. Boitani).

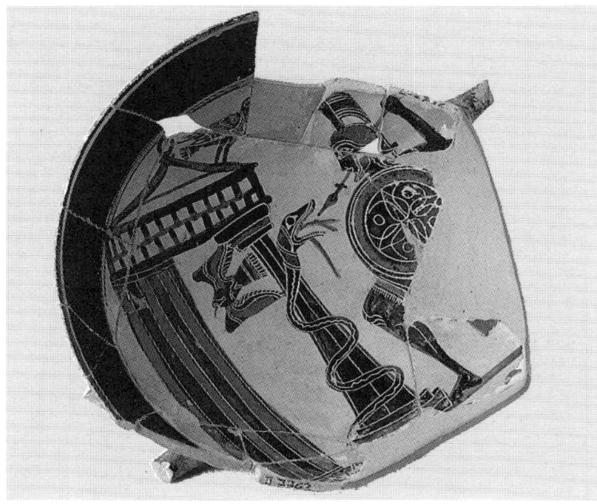

52. Coupe

Argile fine, engobe crème
Diam. 18 cm
Inv. II 7762
Provenance: édifice "alpha"

Production laconienne. A l'intérieur, scène figurée dont la signification reste incertaine: lutte de Cadmos contre le dragon ou d'Apollon contre Python. Peintre des Cavaliers.
550-500 av. J.-C.

M. Martelli, dans "Studi Etruschi" XLVII, 1979, p. 37 sq., p. 52; Ouvrage collectif, *Civiltà degli Etruschi* (Exposition), Florence-Milan, 1985, p. 183, n° 7.4.4.2. (F. Boitani).

53. Amphorisque

Argile claire
Haut. 8 cm
Inv. 76/17182
Provenance: édifice "gamma"

Production corinthienne; sur la panse sont représentés deux chevaux en course et un sphinx.
575-550 av. J.-C.

Ouvrage collectif, *Civiltà degli Etruschi* (Exposition), Florence-Milan, 1985, p. 183, n° 7.1.4.3. (F. Boitani).

54. Coupe

Argile orangée
Haut. 8 cm, diam. 22 cm
Inv. 72/10286
Provenance: édifice "gamma"

Coupe à bandes, production attique. Sous le bord série de scènes d'accouplements; à l'intérieur, dédicace à Aphrodite.
550-540 av. J.-C.

Ouvrage collectif, *Civiltà degli Etruschi* (Exposition), Florence-Milan, 1985, p. 183, n° 7.1.1.4. (F. Boitani).

55. Vase à parfum en forme de grenade

Argile
Haut. 7 cm
Inv. 76/17162
Provenance: édifice "gamma"

Les petits vases plastiques, produits à Milet, Rhodes et Samos, et les parfums et onguents qu'ils contenaient furent exportés en Méditerranée. Ils pénétrèrent en Etrurie entre la seconde moitié du VIIe et la première moitié du VIe siècle. La plupart des exemples de Gravisca proviennent du sanctuaire dédié à Aphrodite.
600-550 av. J.-C.

Ouvrage collectif, *Civiltà degli Etruschi* (Exposition), Florence-Milan, 1985, p. 184, n° 7.1.5.1. (F. Boitani).

56. Vase à parfum en forme de comaste

Argile fine
Haut. 10,5 cm
Inv. 77/12422
Provenance: édifice "gamma"

Ce type de vase en forme de comaste accroupi, les mains sur le ventre, est rare en Etrurie.
600-550 av. J.-C.

Ouvrage collectif, *Civiltà degli Etruschi* (Exposition), Florence-Milan, 1985, p. 184, n° 7.1.5.2. (F. Boitani).

57. Protome de griffon

Bronze fondu
Haut. 18 cm
Inv. 74/19817
Provenance: édifice "delta"

Elle appartenait à un lébès en bronze de production gréco-orientale, probablement samienne. Ces chaudrons furent exportés à Rome, en Etrurie méridionale, à Tarquinia et, de là, vers l'intérieur, jusqu'à Brolio, dans le val di Chiana.
Fin du VIIe-début du VIe siècle av. J.-C.

M. Torelli, dans "Parola del Passato" 32, 1977, p. 398 sq., p. 409, fig. 8; Ouvrage collectif, *Civiltà degli Etruschi* (Exposition), Florence-Milan, 1985, p. 185, n° 7.1.8. (F. Boitani).

58. Divinité en armes

Bronze fondu
Haut. 19 cm
Inv. 75/18896
Provenance: édifice "gamma"

Figure féminine debout, coiffée du casque corinthien, vêtue d'un long péplos, armée d'un bouclier et d'une lance (disparus). Attribué à un atelier laconien, ce type, rare, d'Aphrodite Promachos, est l'un des objets les plus énigmatiques retrouvés dans le sanctuaire de la déesse.
Second quart du VIe siècle av. J.-C.

M. Torelli, dans "Parola del Passato", 32, 1977, p. 398 sq., p. 433; Ouvrage collectif, *Civiltà degli Etruschi* (Exposition), Florence-Milan, 1985, p. 184, n° 7.1.7.2. (F. Boitani).

59. Fragment de coupe

Argile fine
Inv. 72/10697
Provenance: édifice "gamma"

Pied de coupe ionienne de type B3, avec dédicace en grec à Aphrodite: [---τ]ἠφροδίτηι
550-530 av. J.-C.

M. Torelli, dans "Parola del Passato" 37, 1982, p. 310, n° 34; Ouvrage collectif, *Civiltà degli Etruschi* (Exposition), Florence-Milan, 1985, p. 181, n° 7.1.1.1. (F. Boitani).

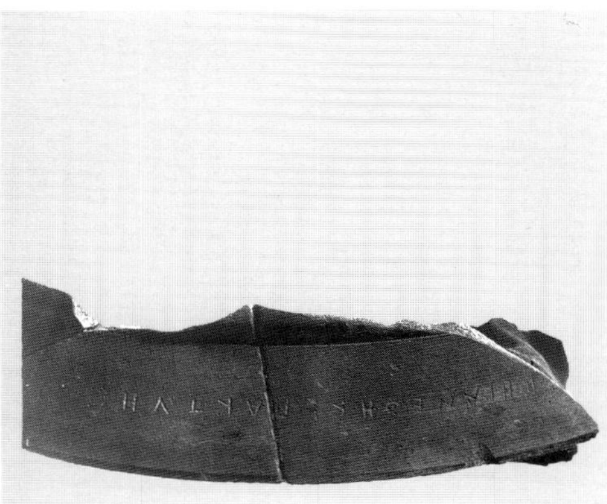

60. Fragment de coupe

Argile fine
Inv. 74/8387
Provenance: édifice "gamma"

Fragments de lèvre de coupe B3 portant une dédicace en grec de Paktyes à Héra: ἥρηι ἀνέθηκε πακτύης. Le nom lydien Paktyes est le même que celui du célèbre trésorier du roi Crésus.
550-530 av. J.-C.

M. Torelli, dans "Parola del Passato" 37, 1982, p. 310, n° 25; Ouvrage collectif, *Civiltà degli Etruschi* (Exposition), Florence-Milan, 1985, p. 181, n° 7.1.1.2. (F. Boitani).

61. Fragment de coupe

Argile orangée
Inv. 73/25311
Provenance: édifice "béta"

Pied et fond de coupe attique, portant une dédicace en grec à Déméter: δήμητρος.
530-500 av. J.-C.

M. Torelli, dans "Parola del Passato" 37, 1982, p. 311, n° 41; Ouvrage collectif, *Civiltà degli Etruschi* (Exposition), Florence-Milan, 1985, p. 181, n° 7.1.1.3. (F. Boitani).

62. Fragment de coupe

Argile orangée
Inv. 75/11195
Provenance: édifice "gamma"

Fragment de pied de coupe attique des Petits Maîtres, avec une dédicace en grec à Apollon: ἀπόλλο[ν---].
550-530 av. J.-C.

M. Torelli, dans "Parola del Passato" 37, 1982, p. 310, n° 38; Ouvrage collectif, *Civiltà degli Etruschi* (Exposition), Florence-Milan, 1985, p. 181, n° 7.1.1.4 (F. Boitani).

63. Fragment de cratère
Argile fine à engobe clair
Inv. 72/23122
Provenance: édifice "gamma"

Fragment de rebord de cratère, de production laconienne, avec une dédicace en étrusque à Turan: *mit[u]runs*. C'est la plus ancienne dédicace étrusque à cette déesse identifiée à l'Aphrodite grecque dès le premier établissement du sanctuaire de Gravisca.
560 av. J.-C.

CIE 10335; Ouvrage collectif, *Civiltà degli Etruschi* (Exposition), Florence-Milan, 1985, p. 182, n° 7.1.2.1. (F. Boitani).

64. Trois lamelles inscrites
Or (copies)
Haut. 18,5 cm, larg. 8,7 cm
Rome, Museo Nazionale di Villa Giulia
Provenance: Pyrgi, sanctuaire, aire sacrée C

Lamelles A et B (*CIE*, 6314, 6315): inscription étrusque, lamelle C (*CIE*, 6316): inscription phénicienne.
Textes similaires: dédicace à Uni d'un don mal identifié, statue, autel et édifice de l'aire C, ou temple B. La rédaction du texte réalisée en langues différentes laisse supposer que le sanctuaire, qui appartenait aux infrastructures du port de Pyrgi, était fréquenté par des gens de diverses origines.
Fin du VIe -début du Ve siècle av. J.-C.

CIE II, 6314, 6315, 6316; M. Cristofani, dans *Miscellanea ceretana* I, Rome, 1989, p. 85-93; G. Colonna, dans "Scienze dell'Antichità" III-IV, 1989-1990, p. 197-216.

65-72
Spina, Nécropole de Valle Trebba, tombe 475

Ferrare, Museo Archeologico Nazionale

Le mobilier de la tombe 475 de la nécropole de Valle Trebba témoigne de la vocation commerciale de l'*emporion* de Spina; le matériel le plus ancien que l'on a retrouvé dans ses nécropoles atteste déjà son exceptionnelle réceptivité aux objets venus d'outremer et en particulier aux produits athéniens.
C'est au Céramique d'Athènes que nous reportent, non seulement les vases à figures noires et rouges, mais aussi les deux coupelles qui comptent parmi les plus anciens exemples de vases à vernis noir connus à Spina.
Ces rapports privilégiés avec Athènes, déjà attestés à l'epoque de Pisistrate et qui se prolongeront sans interruption jusqu'au troisième quart du IVe siècle, ont assuré la prospérité et la puissance de Spina. Celle-ci deviendra, d'une part le centre de distribution de la céramique attique dans l'Etrurie padane, et d'autre part le lieu de convergence des produits d'un arrière-pays fertile (céréales), très prisés sur les marchés athéniens.

Ouvrage collectif, *La formazione della città in Emilia Romagna* II, Bologne, 1987, p. 192-196 (G. Parmeggiani).

65. Œnochoé attique
Argile, figures noires, avec rehauts rouges (sur les vêtements et les bandeaux) et blancs (sur les chairs des figures féminines)
Haut. 21,8 cm, diam. 14,6 cm
Inv. 266

Dans le tableau, enlèvement de Thétis par Pélée entre deux Néréides.
Peintre d'Altenburg.
Vers 500 av. J.-C.

66. Olpé attique
Argile, figures noires
Haut. 23,5 cm, diam. 13 cm
Inv. 271

Dans le tableau, une Amazone avance vers la droite en se retournant.
Classe de Délos 547, proche du groupe de Léagros.
Fin du VIe siècle av. J.-C.

67. Coupe attique

Argile, figures rouges
Haut. 12 cm, diam. 31,7 cm
Inv. 245

A l'intérieur, guerrier scythe courant vers la droite, en se retournant.
Le long de la bordure du médaillon, inscription acclamatoire: Ἵππαρχος.
Peintre de Bonn.
Vers 500 av. J.-C.

68. Cratère attique à colonnettes

Argile, figures rouges
Haut. 38,5 cm, diam. 34,7 cm
Inv. 264

Décor accessoire sur le rebord (lierre), sur le col, face A (frise de boutons de lotus renversés), en bordure des tableaux (languettes et feuilles de lierre) et autour du pied (arêtes rayonnantes).
Face A: scène de palestre avec deux entraîneurs drapés qui dispensent leur enseignement à deux éphèbes nus. Sur le fond: petite pioche et haute stèle portant l'inscription: καλός.
Face B: trois éphèbes drapés, en conversation.
Peintre de Harrow.
Vers 490 av. J.-C.

69. Coupelle attique

Argile, vernis noir
Haut. 3,5 cm, diam. 9,4 cm
Inv. 267

Bord oblique incliné vers l'intérieur, vasque légèrement aplatie, pied annulaire avec base d'appui et fond réservés.
500-480 av. J.-C.

70. Coupelle attique

Argile, vernis noir
Haut. 3,4 cm, diam. 9,3 cm
Inv. 272

Voir n° 69

71. Eléments de tabouret

Seuls subsistent les éléments de bronze, le bois a disparu
Haut.: 1,9 cm, 9,8 cm, 1/1,9 cm, diam. 4,4 cm, 1 cm, 0,5 cm
Inv. 269, 28446, 28447, 28448, 270, 28449, 28450

Quatre "sabots" munis d'un anneau à profil mouluré et dentelés au sommet, percés d'un trou central destiné à recevoir un clou à tête.
Deux chevilles cylindriques à tête conique.
Cinq petits clous.

72. Deux valves supérieures d'huîtres

Nacre grise
Dim. max. 8,5 cm x 7 cm; 6,7 cm x 4,5 cm
Inv. 276, 277

73. Hydrie

Argile, figures noires
Haut. 44 cm
Paris, Musée du Louvre, Département des Antiquités grecques, étrusques et romaines
Inv. Cp 63 (n° usuel: E 696); ancienne Collection Campana - Provenance inconnue

Face A: chasse au sanglier de Calydon; face B: enlèvement d'Europe.
Le décor de ce vase est attribué à un peintre originaire de Phocée ou du Nord de l'Ionie, à l'un de ces artisans qui, dans la seconde moitié du VIe siècle av. J.-C., s'installent en Etrurie et contribuent à la formation du patrimoine culturel et artistique de leur nouvelle patrie. Cerveteri, Groupe des hydries de Caere, Peintre de l'Aigle. Vers 525 av. J.-C.

J.M. Hemelrijk, Mayence 1984, p. 21-23, pl. 51-53.

74. Hydrie étrusque

Argile rosée, vernis brun, figures noires
Haut. 52 cm
Londres, British Museum, Inv. GR 1836. 2-24.228 (B.M. Cat. Vases B 60)
Provenance: Vulci

Sur la panse, tableau: navires de guerre à l'attaque, avec, en poupe, le pilote et, sur le pont, un soldat et quatre archers dont deux répondent, depuis le gaillard, aux piques lancées par les adversaires. Piraterie et commerce sont deux activités dans lesquelles excellaient les Etrusques et dont ils ont laissé d'intéressants témoignages figurés. L'oeuvre est attribuée au Peintre de Micali.
510-500 av. J.-C.

N.J. Spivey, Oxford 1987, p. 15, n° 75, pl. 14a.

75. Casque

Bronze, décor gravé
Olympie, Musée Archéologique, Inv. M9
Provenance: Olympie, sanctuaire, rives de l'Alphée

Type corinthien; une palmette de part et d'autre des ouvertures oculaires. Sur l'un des côtés, dédicace de Hiéron, tyran de Syracuse, à Zeus: "Hiéron le Deinoménide et les Syracusains [offrent] à Zeus [les dépouilles] des Etrusques [prises] à Cumes". Offrande des Syracusains après la victoire de Cumes en 474 av. J.-C.
Vers 474 av. J.-C.

E. Kunze, Berlin, 1967, 83; M.L. Lazzarini, dans "Memorie dell'Accademia dei Lincei" XIX, 1976, p. 47 sq., n° 964b; Ouvrage collectif, *Civiltà degli Etruschi* (Exposition), Florence-Milan, 1985, p. 256, n° 9.21.2 (M. Cristofani).

76. Casque

Bronze
Haut. 19,5 cm, diam. 21,5-20 cm
Londres, British Museum, Inv. GR 1928. 6-10.1
Provenance: Olympie, sanctuaire, rives de l'Alphée

Casque de type Negau, répandu en Etrurie, en Italie et en Europe centrale. L'inscription gravée sur la calotte, en dialecte gréco-dorique et dans un alphabet syracusain, répète à quelques variantes près l'inscription du casque n° 75.
Vers 474 av. J.-C.

B. Walters, Londres, 1899, p. 27, B 250; M.L. Lazzarini, dans "Memorie dell'Accademia dei Lincei" XIX, 1976, p. 317, n° 964; M. Egg, Mayence, 1986, p. 198, n° 185, pl. 108.

77. Hydrie étrusque

Argile, figures noires
Haut. max. 52,1 cm, haut. au niveau du bord 45,7 cm, diam. embouchure 21,6 cm, diam. max. 29,6 cm
Toledo, Museum of Art, Inv. 82134
Provenance inconnue

Sur le col, deux jeunes gens; sur l'épaule, un Triton nage. Il tient un poisson et un dauphin; sur la panse, six hommes-dauphins. La référence à l'épilogue de l'enlèvement mythique de Dionysos, relaté dans le VIIe *Hymne homérique*, est claire: les pirates tyrrhéniens, qui ont enlevé le dieu, sont transformés par celui-ci en dauphins.
Attribué au Peintre du Vatican 238.
510-500 av. J.-C.

M. Martelli (sous la dir. de), Novare, 1987, n° 130, p. 38, 311 (M.A. Rizzo).

L'épanouissement des aristocraties

78. Patère

Bronze laminé, décor repoussé et gravé
Diam. 18,9 cm
Florence, Museo Archeologico, Inv. 6097
Provenance: Vetulonia, Poggio alla Guardia, Circolo di pietre interrotte, tombe VII

Vasque à profil fortement convexe; intérieur décoré d'une frise d'animaux (bouquetins?, cerfs, félins, faucons), et de motifs floraux disposés sur trois registres. Cette coupe est un précieux témoignage du rôle commercial qu'a joué Vetulonia durant la période orientalisante, ne serait-ce que par l'intermédiaire de la Sardaigne. Elle s'insère dans le premier courant d'échanges entre l'Orient et l'Occident.
750-720 av. J.-C.

A. Maggiani, dans "Studi Etruschi", XLI, 1973, p. 73 sq.

79. Petite cruche

Argile rouge brique, engobe crème
Haut. 16 cm, diam. max 11,5 cm
Florence, Museo Archeologico, Inv. 21394
Provenance: Tarquinia

Corps globulaire; col cylindrique à anneau plastique au-dessus de l'attache de l'anse; embouchure discoïdale; anse à section circulaire. Sur la partie supérieure du col, restes d'un décor de bandes en vernis brun rouge. Forme d'origine "syro-phénicienne", dont on connaît peu d'exemples importés mais qu'attestent aussi de nombreuses imitations locales à Chypre, à Rhodes et à Carthage. 800-750 av. J.-C.

Ouvrage collectif, *Gli Etruschi di Tarquinia* (Exposition), Modène 1986, p. 78 (A.M. Esposito); M. Martelli, dans *Atti del II Congresso Internazionale di Studi Fenici e Punici*, Rome 1991, vol. III, p. 1056.

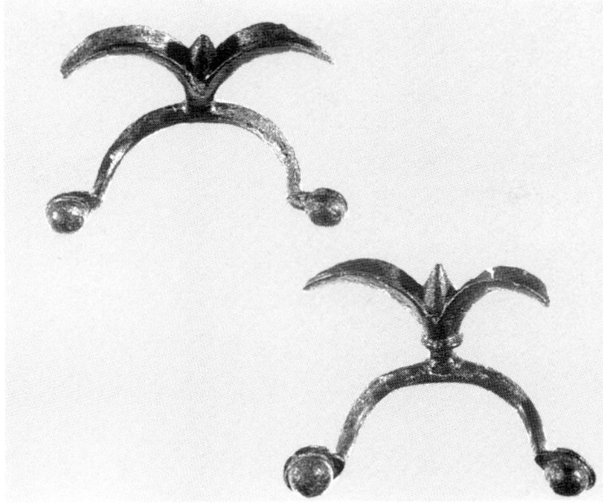

80. Deux anses

Bronze massif, fonte pleine
Long. 7,4 cm, haut. 5,1 cm
Berlin, Antikensammlung, inv. Misc. 7825 et 7826
Provenance: Vulci, Polledrara, tombe à puits

Anses horizontales ornées en leur milieu d'une fleur de lotus verticale. Elles appartenaient à un bassin (perdu) exécuté par un atelier chypriote.
750-700 av. J.-C.

Ouvrage collectif, *Die Welt der Etrusker* (Exposition), Berlin 1988, p. 54, n° A3. 12 (I. Kriseleit).

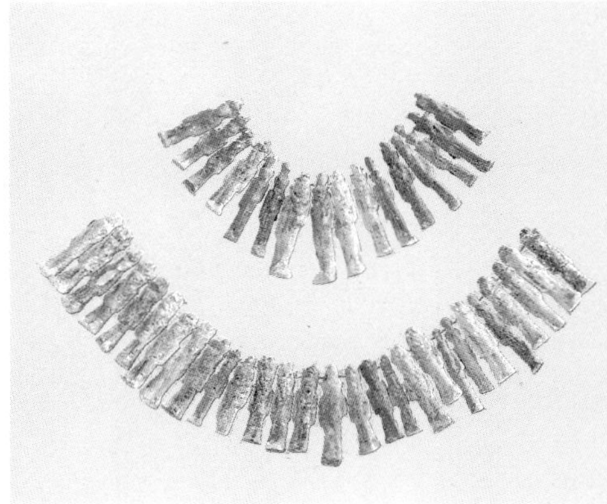

81. Collier

Faïence
Haut. pendentifs 3 cm
Tarquinia, Museo Archeologico Nazionale
Inv. RC 6062
Provenance: Tarquinia, tombe à chambre dite Tombe de Bocchoris

Le collier est composé de quarante-cinq pendentifs représentant des divinités égyptiennes. Le mobilier qui comporte une situle de faïence portant le cartouche du pharaon Bocchoris qui régna entre 720 et 710 av. J.-C. environ, constitue un point de référence important pour la chronologie de la période orientalisante.
Vers 700 av. J.-C.

H. Hencken, Cambridge Mass. 1968, p. 364-378, fig. 3; Ouvrage collectif, *Civiltà degli Etruschi* (Exposition), Florence-Milan 1985, p. 93-95, n° 3.13 (M. Cataldi).

82. Patère

Argent doré, décor au repoussé et ciselé
Diam. 19 cm, haut. 3 cm
Rome, Museo Nazionale di Villa Giulia
Inv. 61565
Provenance: Préneste, Tombe Bernardini

Elle s'inscrit dans un groupe de coupes, découvertes en Italie, dont les motifs et le style s'inspirent pour l'essentiel de l'Egypte, mais ne sont pas dénuées d'influences orientales, en particulier assyriennes. L'attribution est controversée: atelier phénico-chypriote, syrien, ou phénicien, installé en Italie. Second quart du VIIe siècle av. J.-C.

F. Canciani-F. von Hase, Rome 1979, p. 37-38, pl. 15,1 III, 1; M. Cristofani - M. Martelli (sous la dir. de), Novare 1983, p. 256-257, n° 18 (M.A. Rizzo).

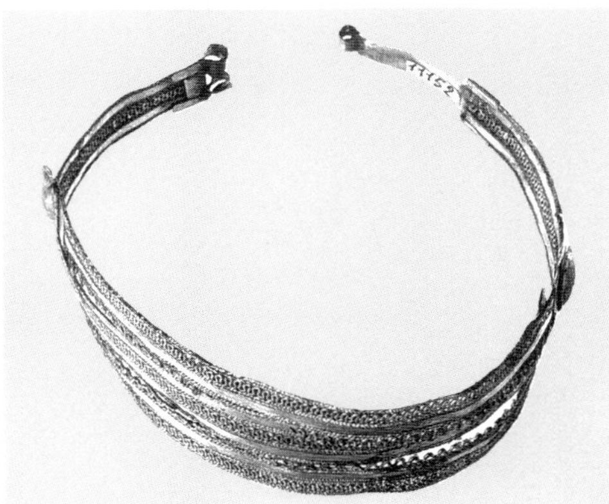

83. Paire de bracelets

Or laminé, décor en filigrane
Diam. 5,5 cm
Florence, Museo Archeologico, Inv. 11151-11152
Provenance: Marsiliana d'Albegna, Banditella, tombe II

Chaque bracelet est formé par trois rubans réunis, et faits de fines lamelles lisses, alternant avec des bandes de fil ondulé, reliés ensemble par des fils fins en "cordon" imitant une tresse.
Des bracelets de forme et de technique analogues ont été signalés dans divers centres d'Etrurie.
Premier quart du VIIe siècle av. J.-C.

Ouvrage collectif, *Etrusker in der Toskana* (Exposition), Hambourg, 1987, p. 98, n° 2-3 (G.C. Cianferoni).

84-85
Marsiliana d'Albegna, Circolo degli Avori
Nécropole de Banditella, tombe à fosse 67

Les n° 84-85 et 201-203 font partie d'un des plus riches mobiliers funéraires étrusques orientalisants. Les n° 201-203 appartiennent à un nécessaire à écrire (E. Peruzzi, Bologne, 1973, II, p. 35-43), les n° 84-85 sont des objets de toilette typiques. Les uns et les autres se réfèrent à des formes de vie aristocratique.

84. Pyxide

Ivoire sculpté, décor gravé et en bas relief
Haut. 18,2 cm, diam. max. 10 cm
Florence, Museo Archeologico, inv. 21647

Corps cylindrique muni d'un couvercle. Base évasée plate. Poignée en forme de fleur de lotus pleinement épanouie. Sur le couvercle, des hommes combattent des fauves. Sur la panse, deux zones sont séparées par une torsade; l'une représente des combats entre hommes et animaux, l'autre entre animaux. Sous la base, motif en étoile. Vers 650 av. J.-C.

Ouvrage collectif, *Civiltà degli Etruschi* (Exposition), Florence-Milan, 1985, p. 96, n° 3.14.22 (M. Michelucci); Ouvrage collectif, *Etrusker in der Toskana* (Exposition), Hambourg, 1987, p. 158-159, n° 213 (F. Nicosia).

85. Peigne

Ivoire sculpté, décor en ronde bosse et en bas relief
Haut. 9,5 cm, larg. 11 cm
Florence, Museo Archeologico, inv. 93437

Manche cintré, dents faites de fines lamelles. Sur la bordure, deux figures d'animaux séparées par un motif floral. Sur les côtés, protomes de griffon. Sur le corps sont figurés, d'un côté deux sphinx affrontés, de l'autre deux lions ailés.
Milieu du VIIe siècle av. J.-C.

Ouvrage collectif, *Civiltà degli Etruschi* (Exposition), Florence-Milan, 1985, p. 96, n° 3.14.23 (M. Michelucci); Ouvrage collectif, *Etrusker in der Toskana* (Exposition), Hambourg, 1987, p. 155-156, n° 206 (M. Michelucci).

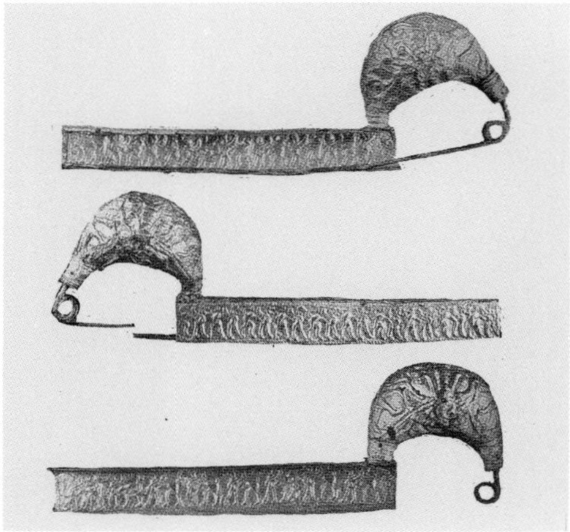

86. Trois fibules

Arc et épingle en argent, revêtus d'une plaque d'or, étrier en or décoré au repoussé
Long. 21,5 cm; 20,8 cm; 20,8 cm
Florence, Museo Archeologico
Inv. 77257-77258-77259
Provenance: Vetulonia, Acquastrini, Tomba del Littore

Type *a sanguisuga*, à étrier long. Sur l'arc et l'étrier, sphinx barbus, griffons et lions. Ces trois fibules ont été exécutées dans des ateliers locaux.
Seconde moitié du VIIe siècle av. J.-C.

M. Cristofani - M. Martelli (sous la dir. de), Novare, 1983, p. 117, 271, n° 62-64 (M. Martelli); Ouvrage collectif, *Schätze der Etrusker* (Exposition), Sarrebruck, 1986, p. 187, n° 17-19 (M. Cygielman) (avec bibl. préc.).

87. Oeuf d'autruche

Décor peint à l'ocre rouge
Haut. 16,9 cm, diam. 12,1 cm
Tarquinia, Museo Archeologico Nazionale
Inv. prov. 3987
Provenance: saisi à Montalto di Castro, 1961

Trois trous ont été percés avant la pose de la peinture. Décor à motifs géométriques, parmi lesquels s'intercalent une file d'oiseaux, une frise de boutons et de fleurs de lotus et une frise de figures humaines dansant en se tenant par la main. Les motifs decoratifs relèvent de répertoires d'origine syrienne, chypriote, phénicienne et grecque. Objet probablement importé des régions orientales.
Milieu du VIIe siècle av. J.-C.

M. Torelli, dans "Studi Etruschi" XXXIII, 1965, p. 329-365.

88-90
Préneste, Tombe Barberini

Rome, Museo Nazionale di Villa Giulia

Le mobilier est celui d'un guerrier de rang élevé. Par sa richesse et son contenu, il présente de nombreuses analogies avec celui de la Tombe Bernardini: il comprend des objets importés du Proche-Orient ainsi que des œuvres locales de très belle facture, en particulier des ivoires, des pièces d'orfèvrerie et des bronzes.
Début du second quart du VIIe siècle av. J.-C.

88. Calice

Ivoire, décor en bas-relief
Haut. 14 cm, diam. 14,7 cm
Inv. 13234

Vasque légèrement évasée, reposant sur un grand pied "en trompette" et soutenue par quatre caryatides vêtues d'un long chiton et figurées bras pliés, tenant leurs tresses. Sur la vasque, zone d'animaux dessinés à double contour. Cette forme de calice fut reprise en bronze et en bucchero. La frise figurée s'inspire du répertoire orientalisant que l'on retrouve aussi dans la céramique grecque.

M.E. Aubet, Barcelone, 1970-71, p. 168-174, 200-201, n° 46, fig. 28; pl. XXVI.

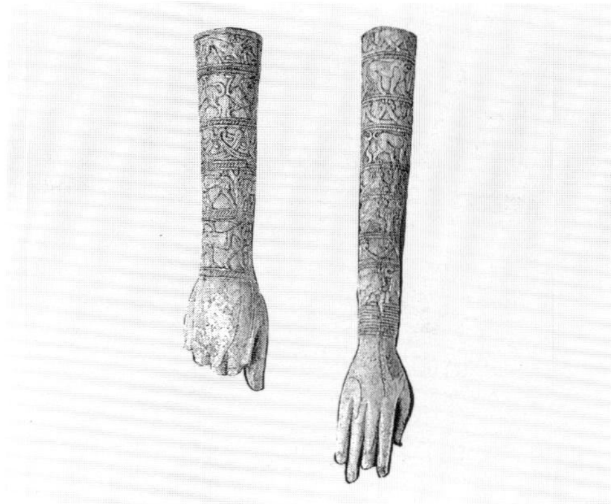

89.-90. Manches d'éventails

Ivoire, décor en bas-relief
A: long. 19 cm, diam. supérieur 3,6 cm
B: long. 28 cm, diam. supérieur 3,4 cm
Inv. 13232, 13231

A: Frises figurées, disposées sur registres entre des bandes de hachures obliques. Le répertoire iconographique est issu du Proche-Orient et de la Grèce; figure féminine ailée qui saisit les queues de deux lions poursuivant une chèvre; sphinx, lions, chimères, palmettes entrelacées, cerfs, centaures.
B: Frises figurées disposées sur quatre registres, entre des bandes de feuilles d'olivier. Décor orientalisant: griffons ailés, cerfs, lions, sphinx.

M.E. Aubet, Barcelone, 1970-71, p. 153-158, n° 39; fig. 22; pl. XXb, XXIb; *Idem*, p. 147-153, 199-200, n° 38, fig. 21; pl. XXa, XXIa.

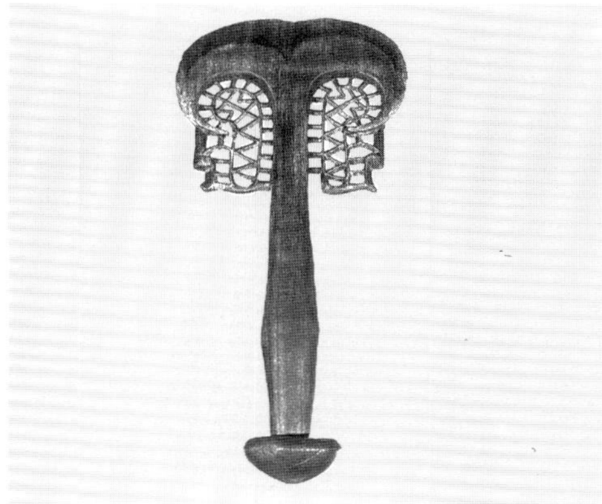

91. Manche d'éventail

Bois
Haut. 20 cm
Bologne, Soprintendenza Archeologica per l'Emilia-Romagna, Inv. 13538
Provenance: Verucchio, tombe 89

Corps fusiforme, qui se termine en bas par une tête conique et, en haut, par des volutes. Décor géométrique ajouré. Cet objet appartient au mobilier d'une riche tombe de faciès orientalisant, qui comporte divers autres objets en bois et en métal ainsi que des textiles.
Vers le milieu du VIIe siècle av. J.-C.

G.V. Gentili, dans Ouvrage collectif, Bologne, 1987, p. 248-249, n° 109.

92. Eventail

Bronze laminé et fondu, décor en repoussé
Diam. 50 cm, long. max. cons. du manche 21 cm
Florence, Museo Archeologico, Inv. 89325
Provenance: Populonia, Porcareccia, Tombe des Eventails

Forme circulaire, manche court. Décor en zones concentriques autour d'un disque central, dans lequel, à l'intérieur d'une bordure perlée, sont représentées deux figures féminines affrontées de part et d'autre d'un élément végétal. Le *flabellum*, objet de parade présent dans le mobilier des tombes princières, caractérise le haut rang social de son propriétaire.
Seconde moitié du VIIe siècle av. J.-C.

Ouvrage collectif, *Etrusker in der Toskana* (Exposition), Hambourg, 1987, p. 234 sq., n° 32 (A. Romualdi).

93. Faisceau de verges avec bipenne

Fer
Bipenne: long. 25 cm, larg. 26,2 cm
Verges: long. 14,5 - 17 cm
Florence, Museo Archeologico, Inv. 8608
Provenance: Vetulonia, Acquastrini, Tombe du Licteur

Verges cylindriques, hache double à manche creux. Cet insigne du pouvoir, ancêtre du faisceau de licteur, évoque une tradition, rapportée par Silius Italicus (*Guerres Puniques*, VIII, 485), selon laquelle Vetulonia aurait transmis à Rome les insignes des magistrats.
Seconde moitié du VIIe siècle av. J.-C.

C. Benedetti, dans "Studi Etruschi" XXVIII, 1960, p. 453, 459-461; Ouvrage collectif, *Schätze der Etrusker* (Exposition), Sarrebruck, 1986, p. 194-195 (M. Cygielman) (avec bibl. préc.).

94. Bouclier

Bronze repoussé, riveté ; éléments rapportés fondus
Diam. 66,2 cm
Berlin, Antikensammlung, inv. Misc. 6326,1
Provenance: Tarquinia, Tombe du Guerrier

Bouclier à décor concentrique de rangées de points, de cercles et de motif en arêtes de poisson; au centre les deux disques en relief formés par un double ressaut sont ornés de motifs linéaires. Rivets à tête conique. Fixées sur la face intérieure: une poignée et quatre garnitures décoratives comprenant chacune une paire de barques solaires.
Ce bouclier était posé sur la poitrine du mort.
Fin du VIIIe siècle av. J.-C.

K. Kilian, "JdI" 92, 1977, 26 n° 1; Ouvrage collectif, *Die Welt der Etrusker* (Exposition), Berlin, 1988, p. 59 sq., n° A4, 1 (I. Kriseleit).

96-100
Murlo, terres cuites architecturales

Murlo, Antiquarium Comunale
Provenance: édifice de Murlo, Poggio Civitate
Premier quart du VIe siècle av. J.-C.

Ces terres cuites architecturales ornaient l'édifice archaïque de Poggio Civitate. L'attitude solennelle des effigies des statues d'acrotères (n° 99-100) et les thèmes représentés sur les plaques de revêtement - banquet, assemblée, procession - (n° 96, 97, 98) témoignent du rang social élevé des propriétaires de l'édifice.

95. Trône

Bronze. Décor estampé
Haut. 93 cm
Paris, Musée du Louvre, Département des Antiquités grecques, étrusques et romaines
Inv. MND 2302 (n° usuel: Br 4406)
Provenance inconnue

Sur la plaque incurvée du dossier, adaptée à un support moderne (avec quelques fragments antiques), décoration de tradition villanovienne. Ce siège et l'urne cinéraire qui devait y être placée sont une première étape vers l'anthropomorphisation du monument funéraire et indiquent le rang social élevé du défunt.
Milieu du VIIe siècle av. J.-C.

F. Jurgeit, dans "Römische Mitteilungen" 97, 1990, p. 4, 24, 28, pl. 8.

96. Plaque: procession

Haut. 24 cm, larg. 39 cm
Inv. 112603-112599

Deux personnages conduisent un bige dans lequel sont assises deux figures dont l'une tient une ombrelle en forme de baldaquin. Suivent deux femmes qui tiennent à la main un éventail et portent sur la tête, qui un panier, qui deux tabourets. La scène représente une procession ou bien l'arrivée de personnages de haut rang.

Ouvrage collectif, *Case e palazzi d'Etruria* (Exposition), Florence-Milan, 1985, p. 126-127, n° 427 et 432 (L.R. Lacy).

97. Plaque: assemblée

Haut. 24 cm, larg. 54 cm
Inv. 112729

Ces huit personnages ont été identifiés à des divinités, aux seigneurs de Poggio Civitate ou bien à des magistrats. Le premier, assis sur un tabouret, tient un *lituus*, et est assisté d'un serviteur qui tient une lance et une épée; suit une femme, assise sur un trône, un élément végétal à la main: elle tend un voile devant elle, aidée par une servante portant un éventail et une situle; trois autres figures sont assises sur des tabourets. Celle du milieu, barbue, tient une double hâche, les deux autres femmes ont en main des éléments végétaux. Un serviteur qui tient un bâton fourchu, ferme la scène.

98. Plaque: banquet

Haut. 24 cm, larg. 54 cm
Inv. 112591

Deux couples sur des lits de banquet, entourés de quatre serviteurs qui apportent des coupes et des cruches; devant les lits, deux tables sont dressées, sous lesquelles se trouve un chien; au centre un lébès est posé sur un support.

Ouvrage collectif, *Case e palazzi d'Etruria* (Exposition), Florence-Milan, 1985, p. 425, n° 408 (L.R. Lacy).

99. Acrotère: Homme barbu
Haut. conservée 85 cm
Inv. 111198

Le personnage porte un chapeau à haute et étroite calotte conique et à larges bords relevés. Sa longue barbe descend sur le buste en une masse rigide, rectangulaire et aplatie. La partie supérieure, seule conservée, appartient à une figure assise du même type que le fragment suivant.

Ouvrage collectif, *Case e palazzi d'Etruria* (Exposition) Florence-Milan, 1985, p. 102-106, n° 258 (L.R. Lacy); I.E.M. Edlund-Berry, Rome, 1992, p. 23-29.

100. Acrotère: Personnage assis sur une tuile faîtière
Haut. conservée 80 cm
Inv. 111190

Le personnage, vêtu d'un long vêtement moulant et chaussé de souliers "à la poulaine", est assis sur un tabouret à quatre pieds, les avant-bras posés sur les genoux, les poings refermés sur un objet tubulaire disparu. Il s'agit de l'un des types d'acrotères qui décoraient le *columen* de l'édifice.

Ouvrage collectif, *Case e palazzi d'Etruria* (Exposition), Florence-Milan, 1985, p. 104-105, n° 263 (L.R. Lacy); I.E.M. Edlund-Berry, Rome, 1992, p. 23-29.

101. Tête féminine
Pierre calcaire
Haut. 27 cm
Florence, Museo Archeologico, Inv. 8514
Provenance: Vetulonia, Tumulus de la Pietrera

Visage allongé, front bas, yeux en amande, cheveux partagés de chaque côté du visage. Cette tête appartient sans doute à la même statue que le buste n° 102.
Orientalisant récent.
Troisième quart du VIIe siècle av. J.-C.

102. Buste féminin
Pierre calcaire
Haut. 63 cm, larg. du buste 44 cm
Florence, Museo Archeologico, Inv. 8553
Provenance: Vetulonia, Tumulus de la Pietrera

Les seins, les tresses et le collier sont nettement représentés. La taille est serrée par une haute ceinture, ornée de félins ailés. Les deux fragments (n° 101 et 102) répètent des modèles iconographiques orientaux qui figurent déjà sur des ivoires et des vases de la première moitié du VIIe siècle av. J.-C. Il semble qu'en Etrurie, le centre d'origine de cet art monumental ait été Caere. Orientalisant récent.

F. Prayon, dans *Colloqui del Sodalizio*, II, V, 1975-76 (1977), p. 168 sq.; G. Colonna-F.W.v. Hase, dans "Studi Etruschi" LII, 1986, p. 47-48; Ouvrage collectif, *Etrusker in der Toskana* (Exposition), Hambourg, 1987, p. 214 (avec bibl. préc.) (M. Cygielman).

103. Figure masculine assise
Terre cuite
Haut. 48 cm
Rome, Musei Capitolini, ancienne collection Castellani, Inv. 62
Provenance: Tombe des Cinque Sièges

C'est une des cinq statuettes (trois masculines et deux féminines) qui, placées autrefois sur des sièges, dans une pièce latérale de la tombe, sont peut-être des effigies d'ancêtres. C'est l'une des premières manifestations de la sculpture en terre cuite étrusque, dont l'apparition a été mise en relation avec l'arrivée de *fictores* (de modeleurs), venus en Etrurie avec Démarate de Corinthe, vers le milieu du VIIe siècle av. J.-C. (Pline, *H.N.*, XXXV, 152).
Vers 640 av. J.-C.

G. Colonna-F. von Hase, dans "Studi Etruschi" LII [1984], 1986, p. 37, 40, 50, pl. XVa.

104. Coupe
Argile fine avec inclusions de mica, couleur beige en surface, rose à la cassure
Haut. 6,6 cm, diam. embouchure 11 cm
Civita Castellana, Museo dell'Agro Falisco
Inv. 60637 /1. Provenance: Véies, Quattro Fontanili, tombe FF 16-17

Sur la lèvre, trois lignes horizontales, sur la vasque, bande de chevrons entre les anses; en dessous, deux lignes horizontales; partie inférieure du corps et anses à vernis brun sombre. L'un des exemples de production eubéo-cycladique (GM récent) importés en Etrurie et largement imités.
Second quart du VIIIe siècle av. J.-C.

J. Close Broks, dans "Notizie degli scavi" 1963, p. 178, fig. 132 b; J.P. Descoeudres-R. Kearsley, dans "Papers British School Athens" LXXVIII, 1983, p. 29, fig. 21.

105. Coupe

Argile rouge brique, décor à vernis noir
Haut. 7 cm, diam. de l'embouchure 11,8 cm
Florence, Museo Archeologico, Inv. 21332
Provenance: Tarquinia, Selciatello di Sopra, tombe 174 *a ziro*

Deux bandes horizontales parallèles sur la lèvre; entre les anses, au centre, métope ornée d'un oiseau et d'une rosette à points, et flanquée de bandes horizontales.
Production géométrique eubéenne, peut-être de Chalcis.
Vers le milieu du VIIIe siècle av. J.-C.

Ouvrage collectif, *Civiltà degli Etruschi* (Exposition), Florence-Milan, 1985, p. 61 (S. Bruni) (avec bibl.); O. Paoletti, dans "Archäologischen Anzeiger" 1986, p. 411, fig. 3.

106. Cratère à couvercle

Argile fine
Cratère: diam. du bord 25 cm, diam. du fond 19 cm, haut. 32 cm
Couvercle: diam. 25 cm, haut. 18,5 cm
Grosseto, Museo Archeologico e d'Arte della Maremma, Inv. 1426

Il appartient certainement à la production tardo-géométrique eubéenne et, en particulier, à l'atelier du Peintre de Cesnola. Ce vase est peut-être parvenu en Etrurie directement d'Eubée ou bien des colonies eubéennes de Campanie, mais on ne peut exclure qu'il soit l'œuvre d'un atelier installé sur le territoire de Vulci.
730-710 av. J.-C.

O. Paoletti, dans *CVA Grosseto I*, Rome, 1986, pl. 20, 1-2 et 21, 1-3, p. 21-24.

107. Cratère à couvercle

Argile
Haut. 31,5 cm
Paris, Musée du Louvre, Département des Antiquités grecques, étrusques et romaines
Inv. CA 5807
Provenance inconnue

Décor peint, géométrique et figuré, d'ascendance eubéenne qui rappelle les œuvres du Peintre de Cesnola. La décoration plastique comparable à celle de la céramique géométrique attique, témoigne du saut de qualité opéré par les ateliers étrusques au contact des artisans immigrés et des produits importés de Grèce.
Vulci, Atelier du Cratère tessinois
725-700 av. J.-C.

M. Martelli, Novare, 1987, p. 243-244, n° 4, fig. p. 67 (F. Canciani).

108. Œnochoé à bouche ronde

Argile rosée, engobe noisette, vernis brun
Haut. 24 cm, diam. max. 25 cm, diam. bouche 10 cm
Rome, Museo Nazionale di Villa Giulia
Inv. 87994
Provenance: Vulci (?). Saisie en 1961

La décoration figurée, d'excellente qualité, est limitée à l'épaule et formée par une file de bouquetins, de griffons et d'oies. L'œnochoé est un des meilleurs produits du "style de la chèvre sauvage".
650-640 av. J.-C.

M. Martelli Cristofani, dans Ouvrage collectif, *Les céramiques de la Grèce de l'Est et leur diffusion en Occident*, Paris-Naples, 1978, p. 157-158.

109. Skyphos

Argile fine
Haut. 13 cm, diam. 15 cm
Rome, Museo Nazionale di Villa Giulia
Inv. 46165
Provenance: Cerveteri, Tumulus della Nave, tombe 2, chambre de droite

Skyphos protocorinthien. La vasque aux parois renflées est comparable à celles des exemplaires les plus anciens; le motif du serpent est déjà attesté au dernier quart du VIIIe siècle av. J.-C.
Premier quart du VIIe siècle av. J.-C.

Ouvrage collectif, *Civiltà degli Etruschi* (Exposition), Florence-Milan, 1985, p. 91-92, n° 3.12,1. (M.A. Rizzo).

110. Skyphos

Bucchero sottile
Haut. 6,9 cm, diam. 7,1 cm
Rome, Museo Nazionale di Villa Giulia
Inv. 87952
Provenance: Cerveteri, Monte Abatone, tombe 4, chambre de droite, sépulture féminine

Le mobilier de la tombe d'où provient ce skyphos et dans lequel des céramiques locales sont associées à de rares et très précieux objets d'importation, constitue un document capital pour l'orientalisant céretain. Beau travail céretain, qui s'inspire, comme les autres vases de bucchero du même ensemble, de modèles protocorinthiens. Cette pièce appartient au type Rasmussen b, attesté à Cerveteri et à Véies.
Deuxième-troisième quart du VIIe siècle av. J.-C.

M.A. Rizzo, Rome, 1991, p. 49-54; p. 53, n° 11, fig. 49.

111-112
Véies, Tombe des Quaranta Rubbie

Rome, Museo Nazionale di Villa Giulia

Riche ensemble de l'Orientalisant avancé, bien que privé d'objets en métal, sans doute dérobés dans l'antiquité. Il comporte de la vaisselle prestigieuse importée du monde grec: deux amphores attiques SOS - groupe *Moyen* de Johnson -, une amphore de la Grèce orientale ou du Levant; des vases protocorinthiens de très haute qualité et un *tripode bowl*. A ces objets s'ajoute un ensemble remarquable de céramiques étrusco-corinthiennes de production locale (trois aryballes du Peintre Castellani, une œnochoé, une olpé ornée de chiens courant, et d'autres décorées d'écailles, des coupes à décor linéaire), des vases de bucchero et des vases d'*impasto* originaires de Caere.
630 av. J.-C.

M. Martelli Cristofani, dans Ouvrage collectif, *Les céramiques de la Grèce de l'Est et leur diffusion en Occident*, Paris-Naples, 1978, p. 153-157; M.A. Rizzo, Rome, 1991, p. 43-48.

111. Olpé

Argile fine, décor incisé sur le vernis et rehauts de couleurs
Haut. 28 cm, diam. 20 cm
Inv. 55400

Sur l'épaule, combat entre un lion et un taureau. C'est l'un des plus beaux exemples de la production protocorinthienne polychrome sur fond noir. Généralement attribuée à l'œuvre tardive du Peintre des Chiens, cette pièce a été récemment attribuée à son école.

M.A. Rizzo, Rome, 1991, p. 44-45, n° 4, fig. 28.

112. Olpé

Argile, décor incisé et en silhouette
Haut. 19 cm, diam. 11 cm
Inv. 55415/ C

Col évasé, panse ovoïde. Décor d'écailles sur l'épaule; en dessous, entre deux bandes peintes, file de chiens courants; arètes rayonnantes autour du pied. Produit étrusco-corinthien imitant la céramique protocorinthienne tardive.
Dernières décennies du VIIe siècle av. J.-C.

M.A. Rizzo, Rome, 1991, I, p. 47, n° 12, fig. 36; J.G. Szilágyi, Florence, 1992, p. 83, n° 8.

113. Cratère "d'Eurytios"

Argile
Haut. 46 cm, diam. max. 46,5 cm
Paris, Musée du Louvre, Département des Antiquités grecques, étrusques et romaines
Inv. Cp 33 (n° usuel E 635), ancienne Collection Campana. Provenance: Cerveteri

C'est l'exemplaire le plus ancien d'une série de cratères à colonnettes corinthiens dont l'iconographie semble centrée sur les goûts de l'aristocratie étrusque. Les inscriptions distinguent la scène de banquet empruntée au cycle d'Héraclès d'autres de type générique. Corinthien ancien; vers 600 av. J.-C.

D.A. Amyx, Berkeley, 1988, p. 147, n° 1, p. 559, n° 12, pl. 57, 1A, 1B, pl. 134, 3; J. de la Genière, dans "Bulletin Correspondance Hellénique" 112, 1988, p. 84, 85, fig. 1.

114. Lébès sur trépied

Bronze fondu et laminé, traverses du support en fer
Haut. 56,5 cm, diam. 24 cm
Rome, Museo Nazionale di Villa Giulia
Inv. 61619
Provenance: Préneste, Tombe Bernardini

Ce lébès fait partie d'un mobilier princier, qui était renfermé dans une tombe à grande fosse et qui, daté vers 675 av. J.-C., apporte des informations essentielles pour la connaissance de l'art orientalisant en Etrurie: c'est un résumé des différentes composantes culturelles qui lui ont donné naissance. Il comporte en effet des chaudrons, des supports, de petites cruches, des patères, des ivoires et des faïences importés du Proche-Orient (Syrie, Assyrie, Phénicie, Chypre), divers autres objets fortement influencés par ces productions et des pièces de tradition grecque. Les uns et les autres sont peut-être dus à des artisans orientaux ou grecs installés en Etrurie. Les figurines en ronde bosse (hommes et chiens) tournées vers l'intérieur du lébès sont, stylistiquement, issues de la tradition villanovienne. Elles présentent néanmoins une plus grande qualité plastique dans les formes et un traitement plus soigné des détails par rapport aux réalisations de cette période. Leur disposition est probablement influencée par les chaudrons du Proche-Orient, découverts également en Etrurie et dans cette même Tombe Bernardini.

F. Canciani-F. von Hase, Rome, 1979, p. 49, n° 44, pl. 32i, 33-54.

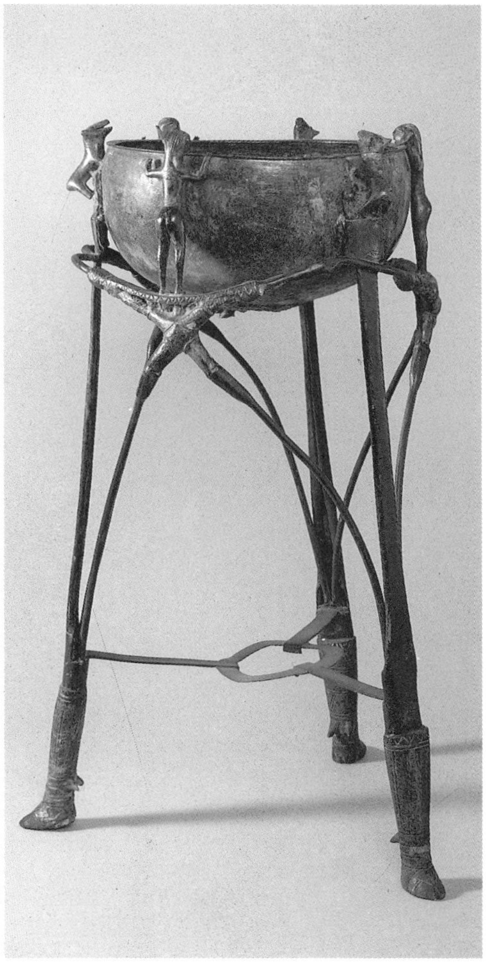

115. Cratère: scène de naufrage

Argile
Haut. 17 cm, diam. 22,5 cm
Ischia, Museo Archeologico, Inv. 168813
Provenance: Pithécuses, San Montano (Lacco Ameno), trouvaille sporadique

L'un des premiers exemples, en Italie, de céramique décorée d'une scène narrative: une grande embarcation s'est retournée et les marins tentent de survivre dans une mer poissonneuse; l'un d'eux est dévoré par un requin. La scène évoque sans doute un accident réel survenu dans les eaux de la Méditerranée. Selon certains, elle serait à relier au retour de Troie des héros homériques.
Seconde moitié du VIIIe siècle av. J.-C.

D. Ridgway, Milan, 1981, p. 73-75, fig. 10.

116. Fragment de cratère

Argile
Haut. 8 cm, larg. 8 cm
Ischia, Museo Archeologico, Inv. 239083
Provenance: Pithécuses, Lacco Ameno, localité Mazzola, trouvaille sporadique

Ce fragment d'un cratère géométrique de production locale porte la plus ancienne signature de potier que l'on ait découverte sur le sol italique, presque certainement celle d'un artisan grec, travaillant dans l'*emporion* de Pithécuses. Le nom du potier est amputé dans sa première partie: [...] *inos mepoiese* (... inos m'a façonné).
Dernier quart du VIIIe siècle av. J.-C.

E. Peruzzi, Bologne, 1973, II, p. 27-28, pl. III; D. Ridgway, Milan, 1984, p. 110, fig. 26.

117. Amphore à spirales

Impasto fin
Haut. 7,6 cm, diam. 8,3 cm
Ischia, Museo Archeologico, Inv. 166706
Provenance: Pithécuses, San Montano (Lacco Ameno), tombe 159

Type Beijer Ib. Classe caractéristique de l'Etrurie méridionale et du Latium, d'où des exemplaires ont été, exceptionnellement, exportés à Pithécuses comme à Pontecagnano. L'association avec un aryballe protocorinthien tardif et avec un autre "crétorhodien" conduit à une datation entre 720 et 700 av. J.-C.

G. Buchner, dans *Dialoghi di Archeologia* III, 1969, fig. 22.6, 23.7; A. Beijer, dans "Mededelingen van het Nederlands Instituut te Rome" XL, 1978, p. 9-10, note 52; D. Ridgway, Milan, 1984, p. 80, fig. 13.3.

118. Calice

Impasto gris sombre à engobe brun
Haut. 9 cm, diam. à l'embouchure 10,3 cm
Paris, Musée du Louvre, Département des Antiquités grecques, étrusques et romaines
Inv. Cp 3414 (n° usuel C 54); ancienne Collection Campana
Provenance inconnue

Vasque hémisphérique sur pied haut. L'inscription *mi laucies mezenties* (j['appartiens à] Laucie Mezentie), se rapporte à un personnage qui avait le même gentilice que le Mézence dont parle Virgile.
675-650 av. J.-C.

F. Gaultier-D. Briquel, dans "Comptes-Rendus de l'Académie des Inscriptions et Belles-Lettres", janvier-mars 1989, p. 99-115; C. De Simone, dans "Archeologia Classica", 43, 1991 (*Miscellanea etrusca e italica in onore di Massimo Pallottino*), p. 559-573.

119. Fibule inscrite

Or. Décor et inscription en granulation
Long. 11 cm
Paris, Musée du Louvre, Département des Antiquités grecques, étrusques et romaines
Inv. Cp 282 (n° usuel Bj 816), ancienne Collection Campana
Provenance: Chiusi

Sur l'étrier: *mi arathia velavesnaś zamathi mamurke mulvanike tursikina* (je suis la fibule [?] de Arath Velavesna. Mamurke Tursikina m'a donnée). Ce bijou précieux, qui porte la plus ancienne mention épigraphique du nom des Etrusques, dut être offert à l'occasion de quelque cérémonie à un aristocrate de Chiusi.
Dernier quart du VIIe siècle av. J.-C.

M. Martelli, Novare, 1983, n° 10, p. 282 (M. Cristofani), fig. 103, p. 140.

120. Kyathos

Bucchero, décor en bas-relief et incisé
Haut. 22 cm, diam. du bord 16,5 cm, haut. du pied 5 cm
Florence, Museo Archeologico, Inv. 7082
Provenance: Vetulonia, Poggio al Bello, Tomba del Duce (Groupe IV)

Vasque hémisphérique, pied tronconique, anse en ruban. L'intérieur de la vasque est décoré de trois lions ailés, l'extérieur d'arcs entrelacés. Sur le pied, inscription de 46 lettres se déroulant en spirale et indiquant un don. Ce kyathos est une importation de Caere à Vetulonia.
Milieu du VIIe siècle av. J.-C.

G. Camporeale, Florence, 1967, p. 115-120; M. Bonamici, dans "Studi Etruschi" XL, 1972, p. 97.

121. Brûle-parfum
Bucchero
Haut. 27 cm, larg. 25,8 cm
Artimino, Museo Archeologico, Inv. 96813
Provenance: Artimino, Prato di Rosello, tumulus C

Composé de cinq éléments: trois petites vasques placées sur un support horizontal, soutenu par un pied élevé en forme de trompette ajourée. L'inscription en alphabet étrusco-septentrional: (*mi zinaku larθuzale kuleniiesi*), désigne en la personne de Larthusa Kulenie, le destinataire ou le fabricant du brûle-parfum. Objet probablement lié au culte et dont la conception dérive peut-être des "candélabres" de Golasecca et d'autres vases composites. Sa technique et son style, le placent dans la production caractéristique du territoire florentin. Fin du VIIe siècle av. J.-C.

F. Nicosia, dans "Studi Etruschi" XL, 1972, p. 375-390.

122. Pied de coupe
Bucchero
Haut. totale 17 cm, diam. du pied 5 cm
Rome, Museo Nazionale di Villa Giulia, s.n.i.
Provenance: Véies, sanctuaire de Portonaccio

Pied élevé sur une large base. Dédicace d'Avile Vipiennas, l'un des deux frères originaires de Vulci, connus pour leurs exploits réalisés avec Mastarna qu'on identifie au roi de Rome Servius Tullius. Milieu du VIe siècle av. J.-C.

M. Pallottino, dans "Studi Etruschi" XIII, 1939, p. 455 sqq., n° 1.

L'Etrurie des cités

123. Laboureur
Bronze, fonte pleine
Haut. 10 cm
Rome, Museo Nazionale di Villa Giulia
Inv. 24562
Provenance: Arezzo

Ce petit bronze, issu d'un atelier de l'Etrurie septentrionale, est un intéressant témoignage du matériel et des techniques agricoles en usage, ainsi que du costume que portaient les agriculteurs (tunique, peau de bête, chapeau à large bord).
Vers 400 av. J.-C.

M. Cristofani, Novare, 1985, n° 54; Ouvrage collectif, *Civiltà degli Etruschi* (Exposition), Florence-Milan, 1985, p. 140, n° 6.3 (M. Cristofani).

124. Faucheur
Bronze fondu
Haut. 6,2 cm
Florence, Museo Archeologico, Inv. 98551
Provenance: Scansano, Ghiaccio Forte
dépôt votif

Figure masculine nue, debout, les bras tendus, une petite faucille dans la main droite.
Statuette votive, représentant un agriculteur ou bien une divinité agreste.
Fin du IVe siècle av. J.-C.

Ouvrage collectif, *Civiltà degli Etruschi* (Exposition), Florence-Milan, 1985, n° 6.6 p. 140 (A. Talocchini).

125. Modèle de char agricole

Bronze fondu
Haut. 11 cm, long. 29 cm
Rome, Museo Nazionale di Villa Giulia, Inv. 56097
Provenance: Bolsena, Melona, probablement dans un dépôt votif

Reproduction d'un char agricole de transport: roues pleines renforcées. Caisse rectangulaire montée sur des essieux dont les extrémités sont encastrées dans les roues. Le fond de la caisse est constitué par un treillis de tiges qui passent sous le timon et sont attachées aux bords de la caisse. Le timon, long et robuste, soutient un gros joug permettant d'atteler deux bêtes.
IVe-IIIe siècle av. J.-C.

F. Woytowitsch, Munich, 1978, p. 73-74, n° 168, pl. 38; G. Barbieri, dans Ouvrage collectif, *L'alimentazione nel mondo antico*, Rome, 1987, p. 144.

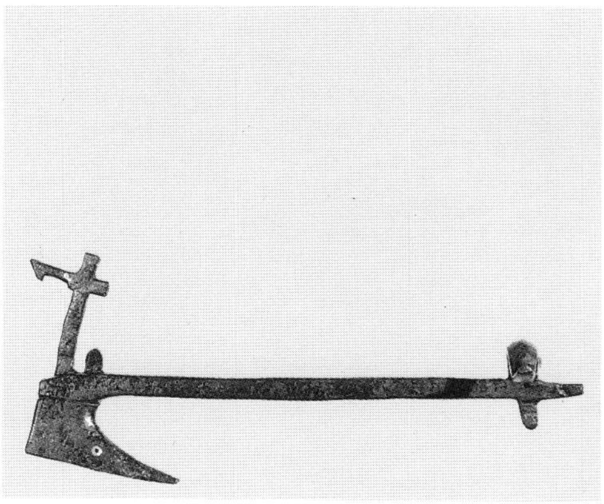

126. Araire

Bronze
Haut. 12,2 cm, long. 31,3 cm, larg. 11,4 cm
Florence, Museo Archeologico, Inv. 70940
Provenance: Télamon, dépôt Vivarelli Strozzi

Soc triangulaire, timon à section carrée et joug double. Objet votif, qui à l'exception de la pointe du soc reproduit avec beaucoup de fidélité des exemplaires en bois. Il provient d'un dépôt votif qu'il faut mettre en relation avec un milieu d'agriculteurs et de guerriers: des modèles d'armes y ont également été retrouvés.
IIe siècle av. J.-C.

Ouvrage collectif, *Civiltà degli Etruschi* (Exposition), Florence-Milan, 1985, p. 140, n° 6.4 (M. Michelucci).

127-139
Télamon, dépôt du Genio Militare

Florence, Museo Archeologico

Ce dépôt contient des reproductions miniatures, en bronze, d'outils agricoles et d'armes, qui font penser qu'il s'agit d'un dépôt votif lié au culte d'une divinité agricole et guerrière qui fut parfois identifiée à Echetlos. On retrouve ce héros sur de nombreuses petites urnes en terre cuite de Chiusi datant du IIe siècle av. J.-C. Celui-ci est représenté tenant un soc de charrue analogue au n° 127. Les armes évoquent celles des Celtes, les instruments agricoles fournissent de précieuses indications sur le matériel employé par les petits agriculteurs et pasteurs de la fin de la période hellénistique. Ce matériel est daté, d'après une fibule, analogue à celles du type Nauheim, d'origine celte, de la seconde moitié du IIe siècle av. J.-C.

Ouvrage collectif, *Civiltà degli Etruschi* (Exposition), Florence-Milan, 1985, p. 140-142 (M. Michelucci).

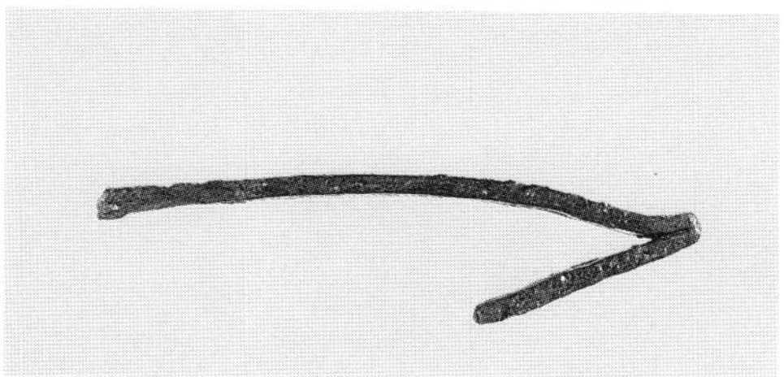

127. Araire

Haut. 5,5 cm, long. 12 cm
Inv. 10681

Barre mince, à section quadrangulaire, repliée à la jonction du soc et du timon.

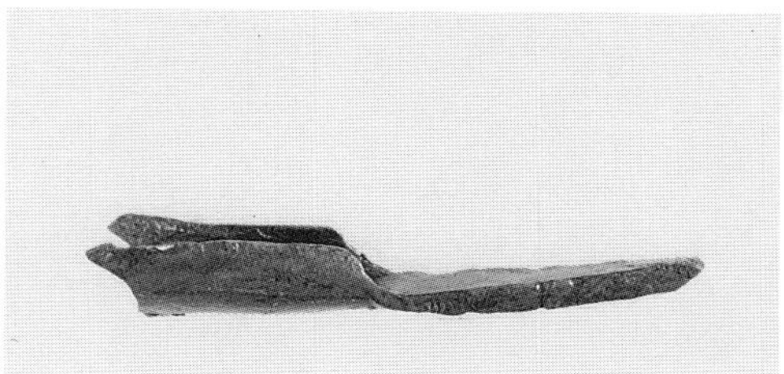

128. Pointe d'araire

Long. 3,9 cm, larg. 1 cm
Inv. 10680

Lame rectangulaire s'amincissant vers la pointe, avec un raccordement formé de deux ailettes repliées.

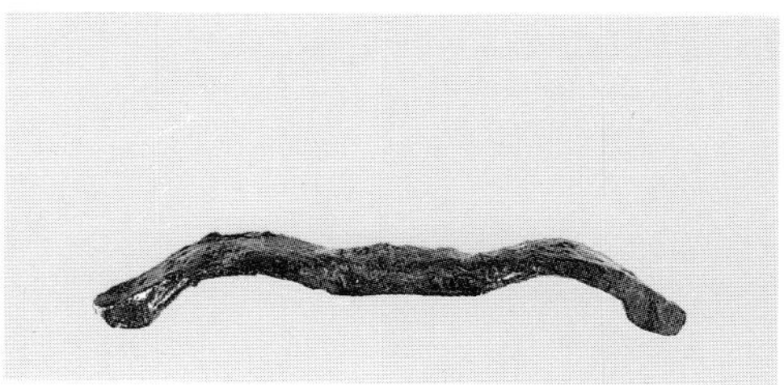

129. Joug double

Larg. 1,2 cm, long. 6,5 cm
Inv. 10678

Ce joug se compose de deux éléments cintrés, épaissis aux extrémités et réunis par une barre transversale à section quadrangulaire.

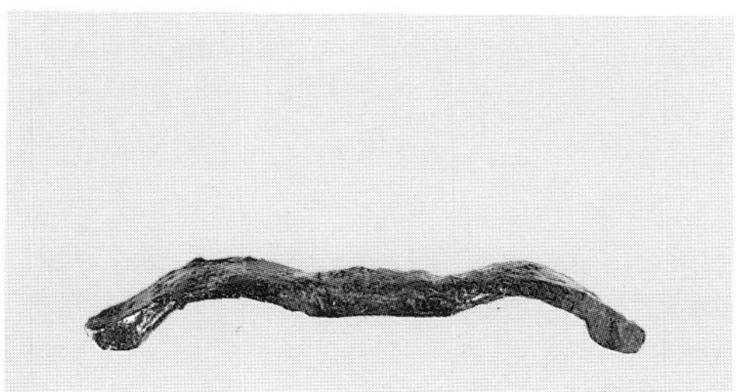

130. Joug double

Larg. 1,2 cm, long. 6,4 cm
Inv. 10679

Identique au précédent.

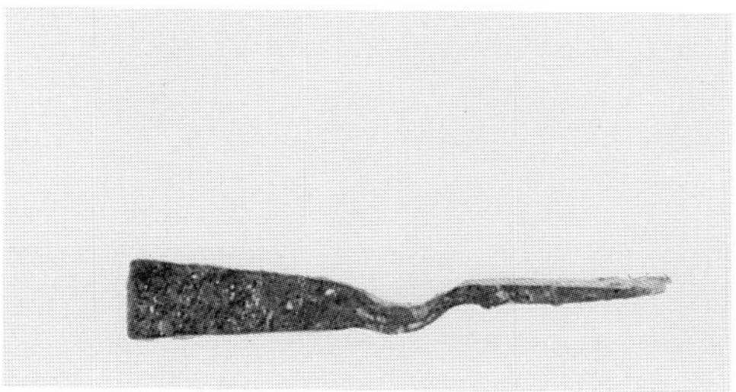

131. Pioche

Haut. 2,2 cm, long. 6,3 cm
Inv. 10685

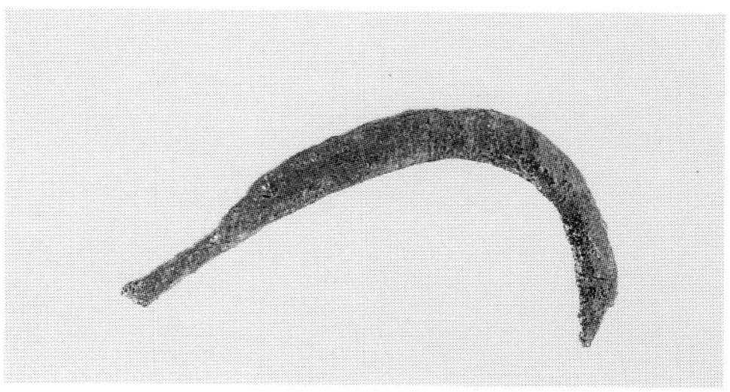

132. Faulx

Long. 7,9 cm, larg. 0,4 cm
Inv. 10669

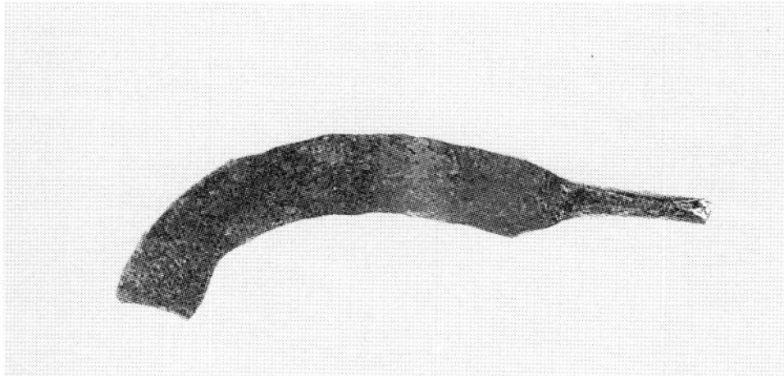

133. Faulx
Long. 6,6 cm, larg. 0,4 cm
Inv. 10673

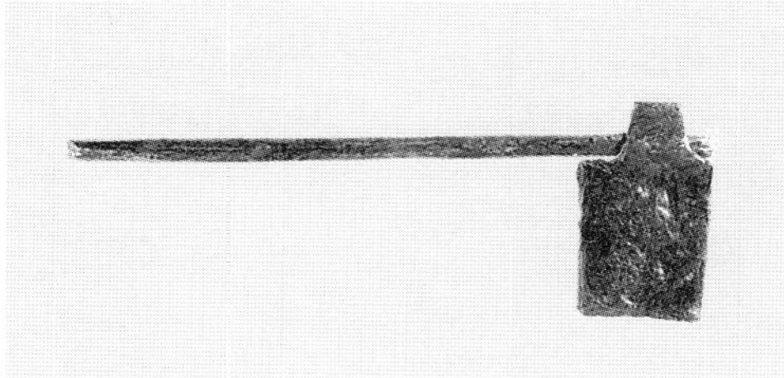

134. Hachette
Haut. 2,9 cm, long. 8,4 cm
Inv. 10688

Lame rectangulaire.

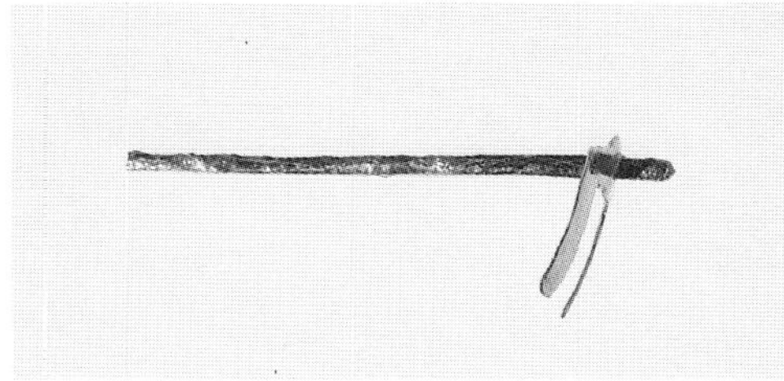

135. Houe
Haut. 2,1 cm, long. 6,5 cm, larg. 2,3 cm
Inv. 10683

Double lame.

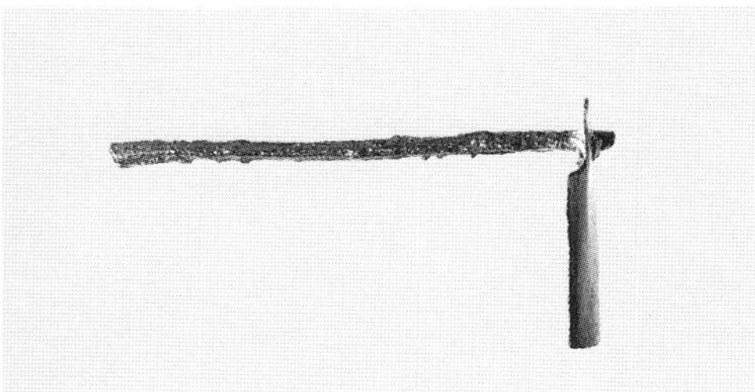

136. Houe
Haut. 2,2 cm, long. 5,9 cm
Inv. 10682

Lame étroite et recourbée.

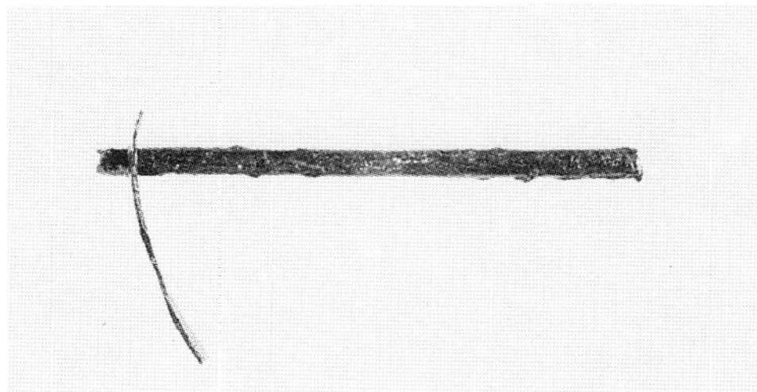

137. Houe
Haut. 2,2 cm; long. 6,7 cm, larg. 2,8 cm
Inv. 10684

Lame large.

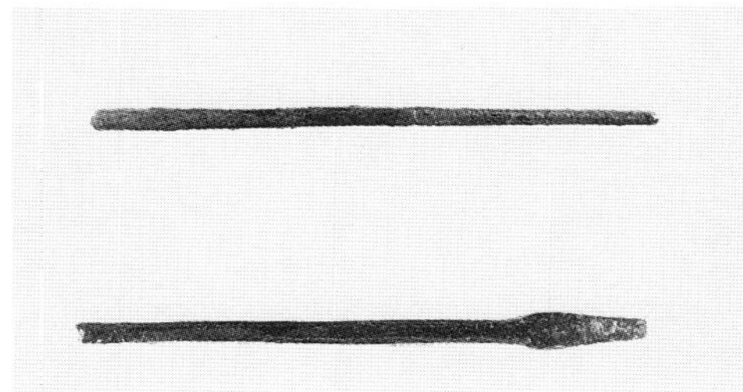

138.-139. Pieu et Levier
A: long. 12,5 cm, diam. 0,5 cm
B: long. 9,8 cm, larg. 0,8 cm
Inv. 10686, 10675

Pieu à section circulaire; levier aplati à une extremité.

140. Stamnos
Argile fine, figures noires, inscriptions peintes avant cuisson
Haut. 29 cm
Florence, Museo Archeologico, Inv. 96780
Provenance inconnue

Face A: artisan occupé à terminer une tête de cheval en bronze; autour de la figure est peinte une inscription en grec: ἐποιός καλός.
Face B: citharistе assis, entouré de l'inscription suivante: καλός ὁ κι(...)ς. Ces inscriptions indiquent que ce maître, actif dans les ateliers de Vulci, était peut-être d'origine grecque. Groupe des Boutons de lotus. Premier quart du Ve siècle av. J.-C.

P. Bocci Pacini-A. Maggiani, dans "Bullettino d'Arte", 1985, p. 49-54; Ouvrage collectif, *La ceramica degli Etruschi*, Novare, 1987, p. 39 et note 89 (M.A. Rizzo).

141. Coupe
Argile, figures rouges
Haut. 12 cm; diam. 30,5 cm
Berlin, Antikensammlung F 2294
Provenance: Vulci

Décor intérieur: Thétis reçoit d'Héphaistos les armes d'Achille. Décor extérieur: Représentation d'un atelier de fonte du métal avec fabrication de deux statues en bronze. Coupe éponyme du Peintre de la Fonderie, actif à Athènes à la fin de l'époque archaïque. Ses œuvres furent pour l'essentiel trouvées en Etrurie. Vers 490-480 av. J.-C.

ARV[2] 400,1 Beazley Addenda[2] 230; G. Zimmer, 1990, p. 132, pl. 11.

142-147
Vases de bucchero

Florence, Museo Archeologico

Les vases n° 142-147 sont tous de bucchero. Bien que de provenances variées ils sont typiques de la production des ateliers étrusques au cours du VIe siècle av. J.-C. et peuvent donner une idée du service à vin utilisé au cours du banquet.

142. Amphore à couvercle

Bucchero noir, décor estampé
Amphore: haut. 37 cm, diam. 21,5 cm
Couvercle: haut. 5,4 cm, diam. 14,9 cm
Inv. 77378
Provenance: Montepulciano, Acquaviva, tombe à chambre 2

Sur l'épaule, panthères couchées alternant avec un motif de languettes. Sur la panse, lions passant. Sur la partie extérieure de l'anse, un hoplite. Sur le couvercle trois têtes barbues. Exemple typique de la production de *bucchero pesante* de Chiusi, qui, au cours du VIe siècle av. J.-C., est caractérisée par un accroissement de l'épaisseur des parois des vases, une exubérance des formes et de lourds décors estampés ou en ronde bosse, figurés et végétaux. Seconde moitié du VIe siècle av. J.-C.

G. Pellegrini, dans "Notizie degli scavi", 1897, p. 386 sq.

143. Œnochoé

Bucchero noir
Haut. 34 cm, diam. 18 cm
Inv. 77379
Provenance: Montepulciano, Acquaviva, tombe à chambre 2

Embouchure trilobée, panse ovoïde, anse se terminant en haut par deux petits disques.
Seconde moitié du VIe siècle av. J.-C.

G. Pellegrini, dans "Notizie degli scavi" 1897, p. 386 sq.

144. Kyathos

Bucchero, décoration estampée
Haut. 13,7 cm, diam. 14,4 cm
Inv. 72971
Provenance: Castiglione del Lago, Val di Sasso, tombe à chambre

Vasque hémisphérique ornée de gouttes plastiques; anse en ruban et dentelée, raccordée au rebord par une petite plaque décorée d'une figure de *potnia therôn* (maîtresse des animaux).
Première moitié du VIe siècle av. J.-C.

G. Valentini, dans "Studi Etruschi" XXXVII, 1969, p. 427, n° 25.

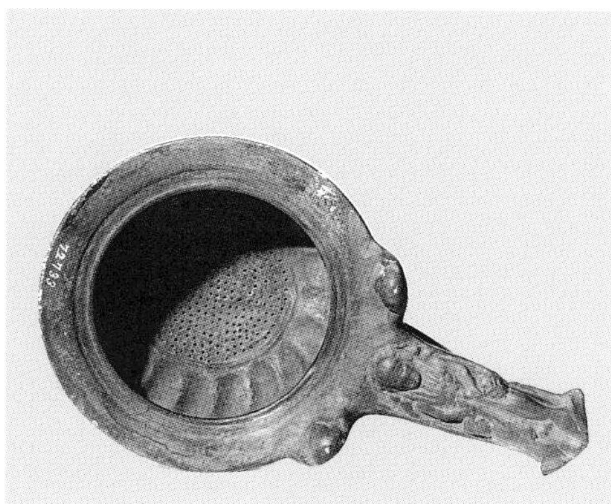

145. Infundibulum

Bucchero noir
Haut. 9 cm, long. 21,5 cm, diam. 13,2 cm
Inv. 72733
Provenance: Città della Pieve

Vasque à godrons, fond perforé se terminant en entonnoir, poignée horizontale munie d'un anneau. Motif de la *potnia therôn* sur le manche et, sur les côtés, deux têtes féminines tournées vers l'intérieur. L'objet servait à la fois d'entonnoir et de passoire.
Seconde moitié du VIe siècle av. J.-C.

G. Valentini, dans "Studi Etruschi" XXXVII, p. 428, n° 67.

146. Canthare

Bucchero
Haut. 7,2 cm; haut. à l'anse 12,7 cm, diam. 17 cm
Inv. 35144
Provenance: Chiusi, La Paccianese, fouilles Paolozzi 1912, tombe 5

Sous la lèvre sont gravées deux lignes parallèles; décor denticulé sur la saillie entre la lèvre et la vasque. Le type (Rasmussen 3e) est très largement diffusé en Etrurie et exporté dans tout le bassin méditerranéen à partir du dernier quart du VIIe et jusqu'au milieu du VIe siècle av. J.-C.
Première moitié du VIe siècle av. J.-C.

147. Plat profond à pied haut

Bucchero gris
Haut. 10,6 cm, diam. 15,1 cm
Inv. 35218
Provenance: Chiusi, fouilles de 1927

Bord légèrement rentrant; vasque à profil convexe, pied "en trompette". Variante d'une forme créée en *impasto* au VIIe siècle et reprise en bucchero gris entre la fin du VIIe et la première moitié du VIe siècle av. J.-C.
Première moitié du VIe siècle av. J.-C.

148-156
Vulci, Tombe 47 dite "du Guerrier"

Rome, Museo Nazionale di Villa Giulia

Sa qualité et sa richesse font de ce mobilier funéraire l'un des plus prestigieux de l'archaïsme mûr et l'un des rares qui soient complets pour cette époque. Au moment de sa découverte, la panoplie de bronze et des guirlandes végétales étaient encore accrochées aux parois.
Au même mobilier appartient aussi un riche service destiné au *symposion*, constitué de vases étrusques de bronze, de bucchero, *d'impasto* et de céramique attique, dont une amphore panathénaïque du Peintre d'Antiménès, qui fournit un point de repère pour la datation de l'ensemble aux environs de 520-510 av. J.-C.

Ouvrage collectif, *Civiltà degli Etruschi* (Exposition), Florence-Milan, 1985, p. 248, n° 9.8; p. 300-302, n° 11.21 (P. Baglione).

148. Stamnos

Bronze laminé, anses fondues
Haut. 41 cm
Inv. 63566

Epaule haute et arrondie, panse à parois légèrement convexes et fond plat. Les attaches des anses sont en forme de palmettes composeés de onze feuilles lancéolées, entre deux volutes se terminant en fleur de lotus. Des *stamnoi* en bronze de même type, de production étrusque, de la première moitié du Ve siècle av. J.-C., furent exportés vers la Corse et le monde celtique.

G. Proietti, Rome, 1980, p. 57, n° 52-53; B. Bouloumié, dans Ouvrage collectif, *Il commercio etrusco arcaico*, Rome, 1985, p. 167-178.

149. Œnochoé

Bronze laminé
Haut. 26,5 cm
Inv. 63568

Œnochoé à panse plutôt trapue, du type *Plumpekanne*. Sur le rebord du vase, deux petits lions couchés aux extrémités supérieures de l'anse; à l'attache inférieure, palmette à feuilles lancéolées entre deux tritons.

B. Bouloumié, Rome, 1973, p. 218, pl. LXXVII, fig. 260-261.

150. Œnochoé

Bronze laminé, anse fondue
Haut. 29,4 cm, diam. max. 14,7 cm, diam. du fond 10,3 cm
Inv. 63569

Œnochoé à panse légèrement asymétrique à haute épaule arrondie, flancs dissymétriques et fond plat, du type *Schnabelkanne*.
Les attaches supérieures de l'anse se terminent en boutons, l'attache inférieure en forme de palmette à neuf feuilles lancéolées est du type "en ancre" répandu principalement en Etrurie mais aussi en France, en Belgique, en Allemagne et à Carthage.

B. Bouloumié, Rome, 1973, p. 98, 230-233; pl. XLII, fig. 144-146.

151. Œnochoé

Bronze laminé, anse fondue
Haut. 28,3 cm, diam. max. 15 cm, diam. du fond 9,2 cm
Inv. 63567

Semblable à la précédente. Les exemplaires exécutés pour le marché local ont, le plus souvent, des dimensions inférieures à celles des œnochoés faites pour l'exportation ou imitées hors d'Etrurie. Les plus grandes ont été retrouvées dans la région rhénane.

B. Bouloumié, Rome, 1973, p. 96, 230-233; pl. XLI, fig. 141-143.

152. Vase à puiser le vin
Bronze laminé, anse fondue
Haut. 14,5 cm
Inv. 63564

Lèvre évasée, épaule large et arrondie, panse fortement amincie vers le fond, plat et large. Anse verticale surélevée, en ruban.

153. Olpé
Bronze laminé, anse fondue
Haut. 14,5 cm
Inv. 63559

Embouchure large, corps fuselé, anse se terminant en corps de lion. Type Guzzo II. Cette forme, produite probablement à Vulci, a été largement répandue dans toute la péninsule italienne, en Sicile et en Corse.

P.G. Guzzo, dans *Acc. Naz. Lincei, Rend. Sc. Morali, storiche e filosofiche*, VIII, vol. XXV, 3-4, 1970, p. 89, n° 18; p. 93.

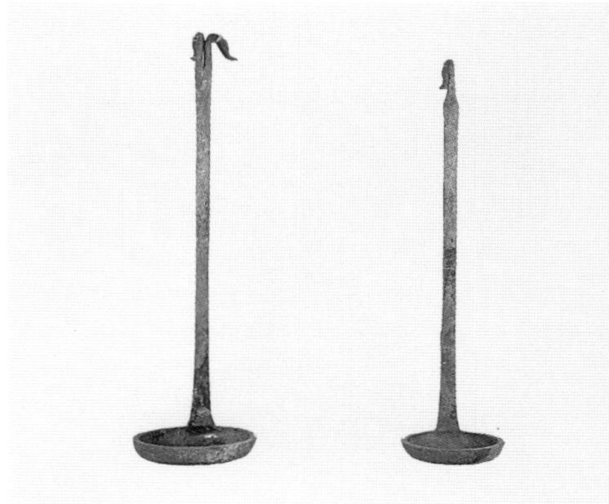

154. Paire de *simpula*
Bronze
Long. respectivement 32,5 cm et 35 cm
Inv. 63560, 63561

Louches à vasque large et basse; manche se terminant en protome de canard, bifide pour l'exemplaire le plus long. Ce type de louche a connu également une grande faveur sur les marchés corses.

F. Magi, Rome 1941, II, p. 206, n° 70; J. e L. Jehasse, Paris, 1973, p. 524-525; n° 2197 et 2199, pl. 154.

155. Petite passoire
Bronze
Long. 28 cm
Inv. 63562

Vasque hémisphérique large et basse dont le centre, plus profond, est percé de petits trous; manche à tige ondulée. Ustensile indispensable pour filtrer le vin au cours du *symposion*. Type largement diffusé entre la fin du VIe et la première moitié du Ve siècle av. J.-C., dans diverses régions de l'Italie antique ainsi qu'en Corse.

Ouvrage collectif, *Civiltà degli Etruschi* (Exposition), Florence-Milan, 1985, p. 301, n° 11.21,7 (P. Baglione).

156. Bassin à *omphalos*
Bronze laminé, anses et applications plastiques fondues
Diam. 35 cm
Inv. 63576

Anses mobiles en forme de larges anneaux insérés dans des attaches en forme de bobine. Sur le bord quatre petits lions en ronde bosse, tournés à gauche, l'un d'eux regardant vers l'arrière. Ces bassins ont été attribués aux ateliers de Vulci, Bologne, Orvieto, et plus généralement à l'Etrurie centrale.

B.F. Cook, dans "American Journal of Archaeology" 1968, p. 337-344; G. Colonna, dans *Annali della Fondazione per il Museo "Claudio Faina"*, Orvieto, 1980, p. 46.

Architecture civile et architecture religieuse

157. Urne

Impasto rouge, à décor surpeint blanc
Haut. max. 45,6 cm, long. 54 cm, larg. 28 cm
Cerveteri, Museo Nazionale, Inv. sc. 1 LD
Provenance: Cerveteri, nécropole de Monte Abatone, tombe à chambre 426, chambre de droite

Petite urne en forme de maison; couvercle à double versant; acrotères et poutres se croisant sur le faîte du toit. Celui-ci imite une couverture de chaume. Décor de motifs géométriques. C'est l'un des exemplaires les plus archaïques de la série.
Dernières décennies du VIIe siècle av. J.-C.

F. Buranelli, Rome, 1985, n° 4 p. 43; G. Bartoloni-A. De Santis, dans G. Bartoloni-F. Buranelli-V. D'Atri-A. De Santis, Rome, 1987, p. 143, pl. LVIIa; A. Coen, Florence, 1991, p. 50-51, 74-78.

158. Urne

Pierre calcaire
Haut. 43,5 cm, long. 51,5 cm, larg. 35,5 cm
Florence, Museo Archeologico, Inv. n. 5539
Provenance: territoire de Chiusi

L'urne, munie d'un couvercle en forme de toit à deux pentes, reproduit des éléments d'architecture et de décor réels, selon l'habitude de donner à l'urne la forme d'une maison. Sur les petits côtés, entre deux pilastres surmontés de chapiteaux renflés, s'ouvre un portail cintré. Sur les longs côtés, des pilastres à chapiteaux éoliques encadrent un portique soutenant une galerie à colonnettes.
IIe siècle av. J.-C.

Ouvrage collectif, *Civiltà degli Etruschi* (Exposition), Florence-Milan, 1985, p. 157-158, n° 6.29 (G. Nardi).

159. Modèle de temple

Argile rose très épurée
Haut. 18,5 cm, long. 32,6 cm, larg. 22 cm
Rome, Museo Nazionale di Villa Giulia
Inv. 59757
Provenance: Vulci, dépôt votif de la Porte Nord

Petit temple à plan rectangulaire, prostyle, diptère, à *cella* entièrement ouverte sur le devant et *pronaos* fermé sur les côtés par les murs d'antes. Toit à double versant, tuiles et antéfixes à palmette. Le décor du fronton - deux divinités du cycle dionysiaque figurées à demi étendues - est exceptionnel.
Première moitié du Ier siècle av. J.-C.

R.A. Staccioli, Florence, 1968, p. 24, n° 15, pl. XII-XV.

160. Urne

Terre cuite executée au moule, avec retouches à l'ébauchoir et applications à la barbotine; traces de polychromie
Haut. 58 cm, long. 43 cm
Florence, Museo Archeologico, Inv. 148171, autrefois à Volterra, Collection Cinci 428
Provenance: environs de Volterra. Fouilles de G. Cinci, vraisemblablement en 1828

Urne en forme de petit temple toscan à fronton ouvert; les pilastres d'angle sont d'ordre ionique. Les proportions réduites du plan contrastent avec l'importance accordée à l'ornementation et le soin apporté à la représentation des différents éléments de la couverture. IVe-IIIe siècle av. J.-C.

E. Fiumi, dans "Studi Etruschi" XXV (II), 1957, p. 470, n° 87; Ouvrage collectif, *Rasenna*, Milan, 1986, p. 492, fig. 397 (G. Colonna).

161. Maquette de temple étrusque

Bois, plâtre
Haut. 63,5 cm, larg. 1,22 m, long. 1,26 m
Rome, Università della Sapienza, Museo delle Antichità Etrusche e Italiche, Inv. M.72

Cette maquette représente un temple étrusque à trois *cellae*, reconstitué d'après les indications de Vitruve (*De Architectura*, IV, 1-5) et d'après les vestiges retrouvés dans les fouilles du temple de Portonaccio à Véies: le plan, presque carré, comporte un espace clos, divisé en trois *cellae* dans la partie postérieure (une *cella* centrale et deux ailes latérales) et, dans la partie antérieure, un espace ouvert, à colonnes, de mêmes dimensions.

Ouvrage collectif, *Santuari d'Etruria* (Exposition), Milan, 1985, p. 61, n° 3.1.

162-169
Véies: Temple de Portonaccio

Rome, Museo Nazionale di Villa Giulia

Le sanctuaire hors les murs de Portonaccio occupe une place particulière parmi les cultes de Véies. Il se composait de plusieurs zones sacrées, que cernait un unique mur d'enceinte (*témenos*). Minerve, Apollon, Héraclès, Aphrodite, Artémis et Venai devaient y être vénérés. Le temple à trois *cellae* fut édifié dans le courant du VIe siècle av. J.-C. et remanié à la fin du siècle, quand sa décoration en terre cuite fut exécutée par de grands maîtres locaux.

On trouvera ici un choix des riches revêtements en terre cuite du temple tripartite de Portonaccio (deuxième phase de construction): outre les corniches, les *simae* et les plaques, le décor comprenait des acrotères, les tuiles du larmier et des antéfixes à tête de Gorgone, de Ménade ou de Silène. Ce décor constitue un des plus beaux décors de terre cuite de la fin de l'archaïsme en Étrurie.

A. Andrén, Lund-Leipzig 1940; E. Stefani, dans "Notizie degli Scavi" 1953, p. 29 sqq.; Ouvrage collectif, *Rasenna*, Milan, 1986, p. 470, fig. 334 (G. Colonna).

162. Corniches de revêtement du fronton

Terre cuite polychrome
Haut. 47 cm, larg. 70 cm
Inv. VP 457; VP 458

Ces deux corniches ajourées, qui surplombaient les *simae*, sont ornées de motifs floraux, surmontés d'une rangée de palmettes pleines; elles témoignent de la grande élégance qui distingue le décor en terre cuite de ce temple.
Vers 500 av. J.-C.

163. Plaques de revêtement du fronton

Terre cuite polychrome
Inv. VP 565; VP 567
VP 565: haut. 52 cm, long. 70 cm
VP 567: haut. 52 cm, long. max. cons. 55 cm

Ces deux *simae* du fronton, surmontées des corniches ajourées n° 162, sont ornées au centre d'un motif de tresse d'une grande finesse d'exécution.
Vers 500 av. J.-C.

164. Plaques de revêtement

Terre cuite polychrome
Haut. 65 cm, larg. 50 cm (chacune)
Inv. VP 585 et VP 586

Le décor de fleurs de lotus et de palmettes diversement combinées montre que, dans la seconde phase du temple, les frises narratives en terre cuite ont disparu au profit d'élégantes compositions florales et de motifs géométriques.
Vers 500 av. J.-C.

165. Plaques de revêtement

Terre cuite polychrome
Haut. max 22 cm, long 49,5 (chacune)
Inv. 2269 et s.n.i.

Les plaques décorées de motifs floraux, recouvraient l'entablement, le long des murs latéraux du temple, et étaient placées sous les antéfixes.
Vers 500 av. J.-C.

166. Antéfixe à tête de Méduse

Terre cuite polychrome
Haut. env. 50 cm
Inv. sc. 2499

Au centre du nimbe à godrons, tête de Méduse, caractérisée par une couronne de serpents, des yeux écarquillés, une bouche grande ouverte. L'expression terrifiante est encore accentuée par la couleur. Les antéfixes du temple de Portonaccio, qui étaient placées sur le bord latéral du toit, sont parmi les meilleurs exemples de décor en terre cuite archaïque.
Vers 500 av. J.-C.

167. Antéfixe à tête de Silène

Terre cuite polychrome
Haut. env. 37 cm
Inv. sc. 2342

Au centre du nimbe à godrons, tête de Silène barbu, avec des oreilles de cheval et une chevelure bouclée.
Comme dans les autres antéfixes, l'emploi de la couleur renforce l'expression du visage.
Vers 500 av. J.-C.

168. Antéfixe à tête de Ménade

Terre cuite polychrome
Haut. env. 45 cm
Inv. sc. 2246

Au centre du nimbe à godrons, tête de Ménade portant un diadème, des boucles d'oreilles à disque et un collier à pendentif. Le visage ovale présente des traits finement modelés.
Vers 500 av. J.-C.

169. Tête d'Hermès

Terre cuite polychrome
Haut. 37 cm
Inv. 40772

Tête coiffée d'un *pilos*, à chevelure bouclée, et dont les tresses retombent sur les épaules. Traits du visage finement modelés.
La figure d'Hermès, dont il ne subsiste que la tête, constituait, avec les statues d'acrotère d'Apollon et d'Héraclès, un groupe représentant la lutte pour la possession de la biche de Cérynie.
510-500 av. J.-C.

G. Proietti, Rome, 1980, p. 105, n° 123-125.

La "discipline étrusque"

170. Tinia
Bronze, fonte pleine
haut. 12,3 cm
Rome, Museo Nazionale di Villa Giulia, s.n.i.
Provenance: Furbara

Tinia (Zeus) nu, au repos, le visage barbu; un manteau couvre l'épaule gauche et le ventre; il est rabattu sur le bras gauche. Il manque les pieds, l'avant-bras gauche et l'attribut (probablement un foudre).
Cette statuette est le seul exemplaire connu sur la côte de Caere d'un type de Zeus attesté, en revanche, à Orvieto et à Faléries.
Troisième quart du IVe siècle av. J.-C.

M. Cristofani, Novare, 1985, p. 278, n. 84.

171. Minerve combattant
Bronze, fonte pleine. Manquent le bouclier et la lance
Haut. 29 cm
Paris, Musée du Louvre, Département des Antiquités grecques, étrusques et romaines
Inv. 3079 (n° usuel Br 298)
Provenance: environs de Pérouse

Cette divinité guerrière a été très tôt et fréquemment représentée dans l'art étrusque sous l'aspect de l'Athéna grecque, mais l'attitude de la statuette a peut-être subi l'influence des guerriers italiques en bronze, figurés en position d'attaque.
Second quart du Ve siècle av. J.-C.

M. Cristofani, Novare, 1985, n° 89, p. 280, fig. 193.

172. Fufluns
Bronze, fonte pleine
Haut. 17 cm
Modène, Galleria Estense
Inv. 523 P - 12205
Provenance inconnue

Fufluns (Dionysos) barbu et couronné, vêtu d'un *chiton* (tunique) et d'un *himation* (manteau). Le dieu dont il manque les pieds et le bras droit devait tenir dans la main droite un vase à boire.
Exécuté peut-être par le même atelier d'Etrurie septentrionale que la figure féminine de Falterona, n° 510.
Vers 480 av. J.-C.

M. Cristofani, Milan, 1985, n° 99, p. 283; E. Corradini, dans Ouvrage collectif, Bologne, 1989, n° 76, p. 157.

173. Turms
Bronze, fonte pleine. Manque le caducée que la figure devait tenir en main
Haut. 17 cm
Paris, Musée di Louvre, Département des Antiquités grecques, étrusques et romaines
Inv. MNE 948
Provenance inconnue

Ce petit bronze représente *Turms*, l'Hermès étrusque. Bien attesté dès le VIIe siècle dans le répertoire iconographique local, le dieu y est caractérisé par les mêmes attributs qu'en Grèce: pétase et bottines ailées, caducée.
Vers 480 av. J.-C.

F. Gaultier, dans "La Revue du Louvre", 1990, fasc. 1, p. 1-6; C.

174. Laran
Bronze, fonte pleine
Haut. 27 cm
Leyde, Rijksmuseum van Oudheden
Inv. CO. 32
ancienne Collection Corazzi, Cortone
Provenance inconnue

Laran (Arès ?), armé et coiffé d'un casque de type chalcidien, vêtu d'une cuirasse en cloche à manches courtes sur une tunique courte. Corps massif. Produit étrusque de style ionisant.
Troisième quart du VIe siècle av. J.-C.

M. Cristofani, Novare, 1985, p. 279, n° 86.

175. Herclé

Bronze, fonte pleine
Haut. 28 cm
Florence, Museo Archeologico, Inv. 5
Provenance: Massa Marittima, Poggio Castiglione

Herclé (Héraclès), la peau de lion nouée sur la poitrine et lui servant de couvre-chef, au repos, une corne à boire dans la main droite, un attribut mal identifié dans la main gauche. Cette œuvre est un exemple raffiné et savant de la petite sculpture en bronze, sans doute attribuable à un centre de l'Etrurie méridionale.
IIIe siècle av. J.-C.

M. Cristofani, Novare, 1985, p. 283, n° 98, fig. à la p. 203.

176. Culśanś

Bronze, fonte pleine
Haut. 29,6 cm
Cortone, Museo dell'Accademia Etrusca
Inv. 1278
Provenance: Cortone, zone du Forum Boarium, zone sacrée (?)

Figure à deux visages, debout, nue, portant un couvre-chef et chaussée de bottines. Sur la cuisse gauche, inscription rédigée en alphabet étrusque septentrional: dédicace à la divinité (Culśanś) de la part de Vel Cvinti fils de Arnt. Œuvre de production locale présentant des caractères stylistiques provinciaux. Première moitié du IIIe siècle av. J.-C.

M. Cristofani, Novare, 1986, p. 285 sq., n° 104; P. Bruschetti-M. Gori Sassoli-M.C. Guidotti, Cortone 1988, p. 18 sqq.

177. Selvanś

Bronze, fonte pleine
Haut. 30,7 cm
Cortone, Museo dell'Accademia Etrusca, inv. 1279
Provenance: Cortone, zone du Forum Boarium, zone sacrée (?)

Figure debout, nue, portant une dépouille de félin comme couvre-chef et chaussée de bottines. Sur la cuisse gauche, inscription rédigée en alphabet étrusque septentrional: dédicace à la divinité (Selvanś), de la part de Vel Cvinti fils de Arnt, qui dédia aussi la statuette n° 176. Découvertes ensemble, les deux statuettes formaient manifestement une paire: elles furent sans doute réalisées dans le même atelier. Première moitié du IIIe siècle av. J.-C.

M. Cristofani, Novare, 1986, p. 286, n° 105; P. Bruschetti-M. Gori Sassoli-M.C. Guidotti, Cortone 1988, p. 18 sq.; sur l'inscription: *CIE* 436 = *TLE* 641.

178. Enfant ("Putto Carrara")

Bronze, fonte creuse
Haut. 32,7 cm
Cité du Vatican, Museo Gregoriano Etrusco
Inv. 12108
Provenance: Tarquinia, don de Monseigneur F. Carrara à Clément XIV en 1771

Sur le bras gauche, brisé au dessus du coude, est gravée une dédicace au dieu Selvanś. Certains caractères de la statuette, tels que la coiffure d'adulte, la main posée sur le sol et la tête levée, ont fait penser qu'il pourrait s'agir du mythique Tagès, qui, à Tarquinia contribua pour une grande part à définir l'*Etrusca disciplina*. Fin du IVe-début du IIIe siècle av. J.-C.

CII 2334; *CIE* 5549; M. Cristofani, Novare, 1985, p. 299, n° 126; Ouvrage collectif, *Santuari d'Etruria* (Exposition), Milan, 1985, p. 37-38, n° 1.24 (F. Roncalli).

179-188
Tarquinia: dépôt votif près de l'Ara della Regina

Tarquinia, Museo Nazionale

Il faut probablement mettre en rapport avec le culte pratiqué dans le temple de l'Ara della Regina le dépôt votif dont proviennent les quelques ex-voto présentés en exposition. Découvert sur l'acropole de la cité, ce dépôt contenait un abondant matériel: de nombreuses têtes votives, souvent de facture excellente et beaucoup d'ex-voto anatomiques offerts à la divinité pour demander une guérison ou la remercier de l'avoir obtenue. Ce dépôt, comblé par une couche de matériaux qui atteint souvent 1 m d'épaisseur, est daté entre la fin du IVe et le début du Ier siècle av. J.-C.

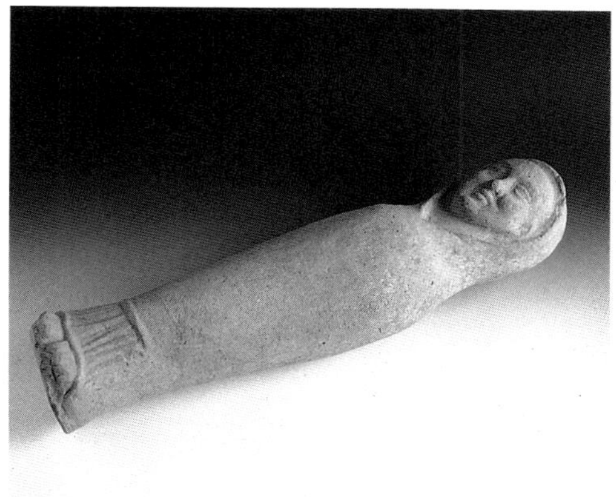

179. Enfant emmailloté

Argile ivoire
Haut. 48 cm
Inv. 4631

Tête recouverte d'une étoffe qui encadre le visage. Corps cylindrique enveloppé dans des langes qui laissent apercevoir, près des pieds, un petit vêtement plissé.
Les enfants sont très nombreux dans ce dépôt votif et comparables à ceux du sanctuaire de Gravisca, qui proviennent du même atelier.
II-Ier siècle av. J.-C.

A. Comella, Rome, 1982, p. 19, A4 IIb, pl. 4c.

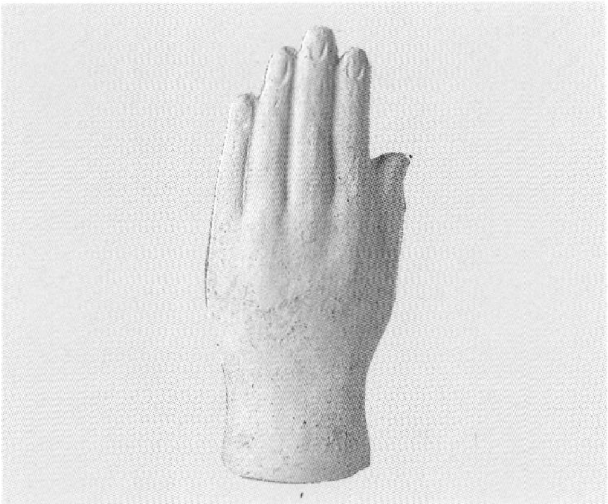

180. Main gauche

Argile rosée
Long. 20 cm
Inv. 3713

Main aux doigts courts et écartés, ongles faits à l'ébauchoir. Les mains sont toujours exécutées à l'aide de deux moules, et assez rarement prolongées par l'avant-bras. Ce type d'ex-voto est fréquent dans beaucoup de dépôts votifs de l'aire étrusco-italique. IIIe-IIe siècle av. J.-C.

A. Comella, Rome, 1982, p. 107, D2 I, pl. 72 c-d.

181. Ex-voto: oreille droite

Bronze
Haut. 6,5 cm, larg. 4 cm
Inv. 4776

Parmi les ex-voto en bronze de ce dépôt votif, il n'existe que cette représentation d'oreille. Il n'en existe aucune en terre cuite.
IIIe-IIe siècle av. J.-C.

A. Comella, Rome, 1982, p. 159, E8, pl. 95a; Ouvrage collectif, *Santuari d'Etruria* (Exposition), Milan, 1985, p. 78, C13 (M. Cataldi).

182. Sexe masculin

Argile rosée
Haut. 9,5 cm, long. 11 cm, larg. 7,5 cm
Inv. 3944

En nombre important dans ce dépôt votif, les organes génitaux masculins sont obtenus au moule.
IIIe-IIe siècle av. J.-C.

A. Comella, Rome, 1982, p. 135, D15 V, pl. 83e.

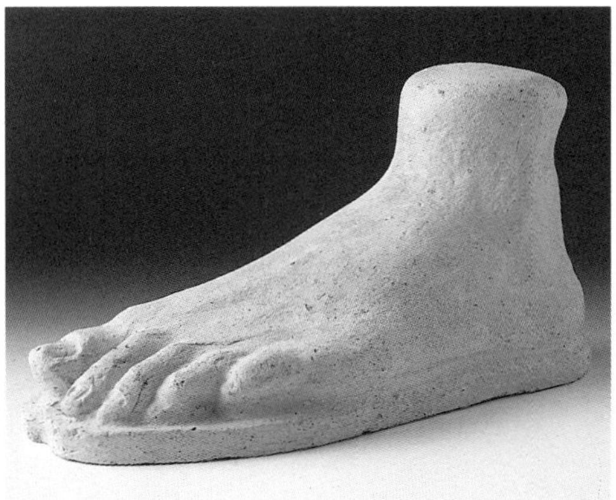

183. Pied gauche d'adulte

Argile rosée, traces de couleur rouge
Haut. 13 cm, long. 24 cm, larg. 9 cm
Inv. 4581

Pied à la plante large, reposant sur une semelle; ongles incisés. Les membres inférieurs, d'adultes ou d'enfants, sont communs dans d'autres dépôts votifs de l'aire étrusco-italique.
IIIe-IIe siècle av. J.-C.

A. Comella, Rome, 1982, p. 117, D11 II, pl. 78b., Ouvrage collectif, *Santuari d'Etruria* (Exposition), Milan, 1985, p. 78, C5 (M. Cataldi).

184. Sein

Argile rosée
Long. 6 cm, diam. 11 cm
Inv. 3729

Il est hémisphérique, large et aplati, avec une bordure légèrement relevée. On retrouve ce type d'ex-voto à Gravisca, Véies, Lavinium, Lucera et Préneste.
IIIe-IIe siècle av. J.-C.

A. Comella, Rome, 1982, p. 132, D14 V, pl. 82g.

185. Sexe féminin

Argile rosée
Haut. 6,5 cm, larg. 8 cm
Inv. 4625

C'est le seul exemplaire qui provient du dépôt votif. Ce type d'ex-voto est en revanche fréquemment attesté à Véies (dépôt votif de Porta Caere) et, moins fréquemment, à Lavinium.
IIIe-IIe siècle av. J.-C.

A. Comella, Rome, 1982, p. 139, D16 I, pl. 84f.

186. Utérus

Argile rosée
Long. 16 cm, larg. 9 cm
Inv. 4422

En forme d'amande aplatie; la face supérieure est divisée en deux par un mince cordon.
Type le plus répandu parmi les ex-voto anatomiques retrouvés dans le dépôt votif.
IIIe-IIe siècle av. J.-C.

A. Comella, Rome 1982, p. 145, D17 VIII A, pl. 86b.

187. Organes internes

Argile rosée
Long. 28,5 cm, larg. 12,5 cm
Inv. 4070

Sont ici représentés la trachée-artère, les poumons, le cœur, le foie, l'estomac, la vessie et l'utérus. L'ex-voto en ronde bosse est moins fréquent que les tablettes polyviscérales représentant plusieurs organes internes aplatis.
IIe siècle av. J.-C.

A. Comella, Rome 1982, p. 157, D20 VA, pl. 93b.

188. Masque avec les yeux et le nez

Bronze
Haut. 4,5 cm, larg. 12,5 cm
Inv. 4786

Parmi les ex-voto anatomiques en bronze, les petits demi-masques, avec les yeux et la racine du nez, sont identiques aux ex-voto analogues en terre cuite.
IIIe-IIe siècle av. J.-C.

A. Comella, Rome 1982, p. 159, E4, pl. 95a; Ouvrage collectif, *Santuari d'Etruria* (Exposition), Milan, 1985, p. 78, C12 (M. Cataldi).

189. Lituus

Plaque de bronze
Long. 36,5 cm, larg. 2,5 cm
Rome, Museo Nazionale di Villa Giulia
Inv. 60254
Provenance: Cerveteri, tombe à chambre

Reproduction du bâton sans noeuds qu'utilisaient les augures. Si la typologie à spirale très accentuée est caractéristique de l'époque tardo-républicaine, son association avec deux hydries du Corinthien Moyen en fixe la date aux alentours de 580 av. J.-C.

Ouvrage collectif, *Civiltà degli Etruschi* (Exposition), Florence-Milan, 1985, p. 251, n° 9.13 (G. Colonna).

190. Haruspice

Bronze, fonte pleine
Haut. 17 cm
Cité du Vatican, Museo Gregoriano Etrusco
Inv. 12040
Provenance: "rive droite du Tibre"

Le haut couvre-chef à large pointe, noué sous le menton, et la tunique à manches courtes sur laquelle est passé un manteau à franges, fermé sur la poitrine par une fibule, permettent d'identifier ce personnage: il s'agit d'un haruspice étrusque.
Une inscription votive est gravée sur le côté antérieur droit de sa tunique: *tn turce vel sveitus* (Vel Sveitus offrit cette [statuette]).
IIIe siècle av. J.-C.

F. Roncalli, Mannheim 1982, p. 124-132; M. Cristofani, Novare 1985, p. 272, n° 60.

191. Haruspice

Bronze, fonte pleine
Haut. 34 cm
Rome, Museo Nazionale di Villa Giulia
Inv. 24478 (fonds Kircheriano)
Provenance inconnue

Figure représentée dans l'attitude de l'offrant: main gauche ouverte, main droite à demi ouverte en coupe. La statuette appartient à un type de petits bronzes, aux formes allongées, répandus à partir du IVe siècle en Italie centrale (Volterra, Pérouse, Ancône et Nemi).
IIIe siècle av. J.-C.

Ouvrage collectif, *Santuari d'Etruria* (Exposition), Milan, 1985, p. 29, n° 1.5 (M.A. Rizzo).

192. Miroir

Bronze fondu, décor gravé
Haut. totale 18,5 cm, diam. 14,8 cm
Cité du Vatican, Museo Gregoriano Etrusco
Inv. 12240
Provenance: Vulci, fouilles de la société Vincenzo Campanari - Governo Pontificio (1835-1837)

Disque muni d'un petit appendice. Sur la face non réfléchissante, un personnage masculin ailé est occupé à examiner le foie d'un animal. La légende *χalχaς* l'identifie à Calchas, le devin légendaire de la guerre de Troie. Fin du Ve siècle av. J.-C.

G.A. Mansuelli 1946-1947, p. 16-17, pl. I; C. Pfister-Roesgen 1975, p. 63-64, 158-159, pl. 49; U. Fischer Graf 1980, p. 42 sq., pl. 10/3; Ouvrage collectif, *La tomba François* (Exposition), 1987, p. 209-219, n° 80 (R. Rea); F. Buranelli 1992, p. 59-61.

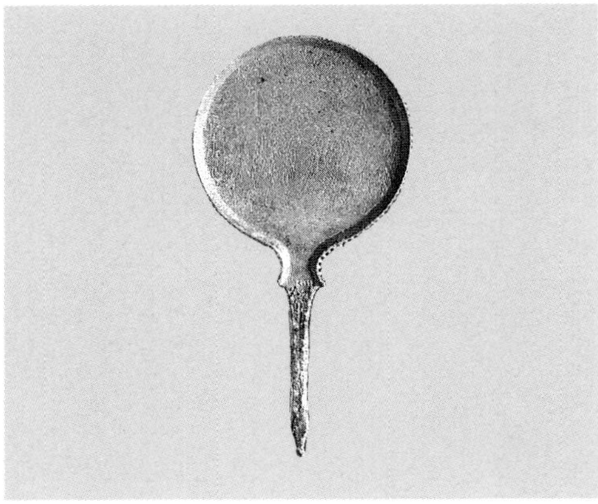

193. Miroir

Bronze fondu, disque gravé
Haut. 25 cm, diam. 12,3 cm
Florence, Museo Archeologico
Inv. 77759
Provenance: Tuscania, tombe à chambre dans la localité San Lazzaro

Pava Tarchies (Tagès?), est en train d'examiner le foie d'un animal ou d'enseigner l'haruspicine à plusieurs personnages. La tradition antique reliait l'origine de la *disciplina* à Tarquinia et par conséquent assignait à celle-ci la primauté dans les domaines civil et religieux.
Fin du IVe siècle av. J.-C.

M. Cristofani, dans "Prospettiva" 51, 1987, p. 46-48 (avec bibl.).

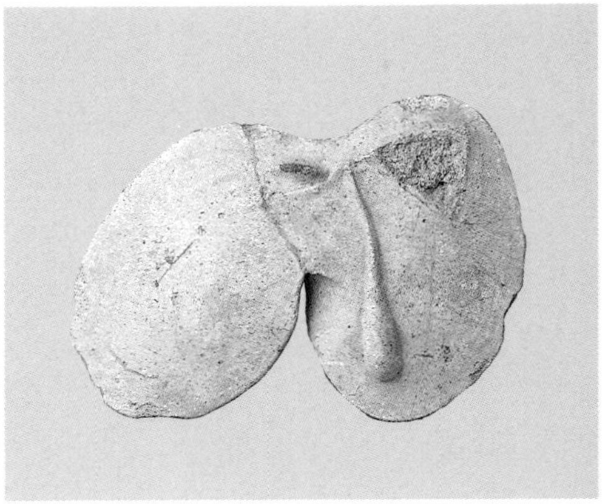

194. Modèle de foie d'animal

Terre cuite
Long. 28 cm, larg. 19 cm
Rome, Museo Nazionale di Villa Giulia
Inv. 3786
Provenance: Faléries, dépôt votif du temple de Lo Scasato

Constitué de deux lobes et de la vésicule biliaire. Objet lié à la pratique de l'haruspicine, pratiquée sans doute dans le sanctuaire où il a été découvert. IVe IIIe siècle av. J.-C.

Ouvrage collectif, *Santuari d'Etruria* (Exposition), Milan, 1985, p. 31, n° 1.8 (M.A. Rizzo).

195. Modèle de foie d'ovin

Bronze, fonte pleine
Haut. max. 6 cm, long. max. 12,6 cm, larg. max. 7,6 cm
Plaisance, Museo Civico, inv. 1101
Provenance: Settima (Plaisance)

La partie convexe est partagée en deux lobes par une incision; le lobe droit consacré au soleil (Usil), le gauche à la lune (Tivr). La partie plate est divisée en quarante cases; dans chacune d'elles est inscrit un nom de divinité. Les seize cases situées le long du bord correspondent aux seize subdivisions du ciel selon les croyances étrusques. Cet objet était utilisé pour la pratique de l'haruspicine.
Entre la fin du IIe et le début du Ier siècle av. J.-C.

A. Maggiani, dans "Studi Etruschi" L, 1982 [1984], p. 53-88; L.B. Van Der Meer, Amsterdam 1987.

196. Couvercle d'urne

Albâtre
Haut. 52 cm, long. 76 cm, larg. 22 cm
Volterra, Museo Guarnacci, inv. 136
ancienne Collection Guarnacci
Provenance: Volterra

Figure masculine à demi couchée. Voilée, couronnée, revêtue d'une tunique et d'un manteau, elle tient dans la main gauche le modèle d'un foie de mouton, qui l'identifie à un haruspice. C'est la seule fois que l'on rencontre cet attribut dans toute la production de Volterra. Inscription étrusque sur la plinthe: *au.lecu.l.ril.XXVIII.*
Milieu du Ier siècle av. J.-C.

M. Cristofani (sous la dir. de) *Corpus delle urne etrusche di età ellenistica. Urne volterrane. Il Museo Guarnacci*, Florence 1977, II, n° 192.

197. Coffret

Bucchero noir
Principal fragment: haut. max. conservée 9,7 cm larg. de la face inscrite 4,8 cm, ép. des parois de 0,4 à 0,6 cm
Rome, Museo Nazionale di Villa Giulia
Inv. sc. St. 21
Provenance: Véies, sanctuaire de Portonaccio

Ces deux fragments, réunis récemment, appartiennent à la même face d'un coffret (destiné à contenir les *sortes* servant à la divination?), et portent la dédicace: *laris velkasną[s mini muluvanice] menervas* (Laris Velkasna m'a dédié à Minerve).
Première moitié du VIe siècle av. J.-C.

G. Colonna, dans "Studi Etruschi" LI, 1985, p. 237-238.

198. Plaquette inscrite
Bronze, fonte pleine
Haut. 1 cm, long. 10,1 cm
Rome, Museo di Villa Giulia, inv. 24427
précédemment au Museo Kircheriano
Provenance: Viterbe

Plaquette percée d'un petit trou rond à l'extrémité, par où devait passer une cordelette qui permettait d'enfiler une liasse de plaquettes analogues. Sur une face est gravée une inscription: *savcnes. śuris*. *Śuris* est le nom d'un dieu infernal (au génitif) et *savcnes*, un adjectif qualifiant ce même dieu. La présence du trou et le contenu du texte permettent d'identifier l'objet comme une *sors* cléromantique. IVe-IIIe siècle av. J.-C.

G. Colonna, dans "Studi Etruschi" XXXIX, 1971, p. 369-371.

L'écriture et la civilisation des livres

199. Sort
Nodule de silex
Long. 5,1 cm, larg. 4,5 cm, ép. 1,5 cm
Arezzo, Museo Archeologico G. Cilnio Mecenate, inv. 19326
Provenance: Arezzo, près de l'église de Santa Croce

Caillou ovoïde, portant sur ses deux faces une inscription aux lettres en relief: *aplu.puteś./tur.fartnś* (D'Apollon Pythien/ offre à Farthan). L'inscription indique d'un côté le dieu titulaire de l'oracle, Apollon Pythien, de l'autre est reproduite la réponse qui impose de faire une offrande au dieu Farthan, qui correspond probablement au *Genius* latin.
IIe siècle av. J.-C.

A.Maggiani, dans "Caesarodunum" 1986, Suppl. 56, p. 26 sq.; J. Champaux, dans "Mélanges d'Archéologie et d'Histoire de l'Ecole Française de Rome. Antiquité", 102, 1990, p. 287 sq., fig. 6.

201-203 Marsiliana d'Albegna, Circolo degli Avori Nécropole de Banditella, tombe à fosse 67

Voir les numéros 84 et 85 à la page 126.

200. Sort
Fonte de plomb
Diam. 4,5 cm, ép. max. 0,7 cm
Arezzo, Museo Archeologico G. Cilnio Mecenate, inv. 12326
Provenance: Arezzo, près du cimetière moderne

Sur une face du disque est gravé, dans une écriture étrusco-septentrionale, le mot *suriś* (de Suri).
Le sort déclare son appartenance à Suri, dieu étrusque vénéré également dans l'aire falisque et identifié, par les sources latines, à l'Apollon des Grecs, peut-être plus particulièrement dans sa dimension chtonienne. IIe siècle av. J.-C.

G. Gamurrini, dans "Notizie degli scavi" 1880, p. 219; G. Colonna, dans "Studi Etruschi" XXXIX, 1971, p. 370; J. Champaux, dans "Mélanges d'Archéologie et d'Histoire de l'Ecole Française de Rome. Antiquité", 102, 1990, p. 291, fig. 12.

201. Tablette à écrire
Ivoire, décor incisé
Long. 8,4 cm, larg. 5,1 cm
Florence, Museo Archeologico, inv. 93480
Provenance: Marsiliana d'Albegna, Nécropole de Banditella, Circolo degli Avori

Tablette rectangulaire munie d'un listel relevé sur les bords, et d'une poignée formée de deux petites têtes de lion opposées. Tresse décorant la tranche. Sur le bord, est gravé un alphabet grec de 26 lettres à lire de droite à gauche: *a b c d e v z h ϑ i k l m n s̈ o p ś q r s t u ṡ ϕ χ*
Milieu du VIIe siècle av. J.-C.

Ouvrage collectif, *Etrusker in der Toskana* (Exposition), Hambourg 1987, p. 154, n° 203 (M. Michelucci).

202. Manches de stylet

Ivoire
Long. 6 cm
Florence, Museo Archeologico
Inv. 21661 a, b, c
Provenance: Marsiliana d'Albegna, Nécropole de Banditella, Circolo degli Avori

Manches de stylet de forme conique, à âme métallique (on fixait sur ces manches les pointes qui servaient à inciser la cire).
Milieu du VIIe siècle av. J.-C.

Ouvrage collectif, *Etrusker in der Toskana* (Exposition), Hambourg 1987, p. 154-155, n° 204 (M. Michelucci).

203. Grattoirs

Ivoire
Long. 9 cm et 8,5 cm
Florence, Museo Archeologico
Inv. 21667-21668
Provenance: Marsiliana d'Albegna, Nécropole de Banditella, Circolo degli Avori

Lame en forme de couteau, anse à section octogonale avec prise en forme de bouton.
Milieu du VIIe siècle av. J.-C.

Ouvrage collectif, *Etrusker in der Toskana* (Exposition), Hambourg 1987, p. 155, n° 205 (M. Michelucci).

204. Abécédaire

Vase plastique en forme de petit coq, bucchero noir *sottile*, décor incisé
Haut. 10,3 cm, long. 5,3 cm
New York, Metropolitan Museum of Art
Inv. 24.97.21
Provenance: Viterbe

Les vases de ce type, en bucchero ou en argile fine, sont assez rares et concentrés en Etrurie du Sud. Sur la panse de celui-ci a été inscrit un alphabet de 26 lettres écrites de gauche à droite: *a b c d e v z h ϑ i k l m n ṡ o p ś q r s t u s φ χ*.
Le type des lettres est caractéristique des inscriptions du VIIe siècle de l'Etrurie méridionale.
Seconde moitié du VIIe siècle av. J.-C.

M. Pandolfini-A.L. Prosdocimi, Florence 1990, p. 22-23, pl. IV; G. Camporeale, Rome 1991, I, p. 155-157.

205. Abécédaire

Coupelle en bucchero
Diam. du bord 12 cm, haut. 4,4 cm
Grosseto, Museo Archeologico e d'Arte della Maremma, inv. 1561
Provenance: Roselle (?)

A l'extérieur, autour du pied, est incisé un alphabet de vingt-deux lettres écrites de droite à gauche: *a c e v z h θ i k l m n p ś q r s t u φ χ f*.
C'est l'exemple le plus ancien qui nous soit parvenu d'abécédaire modifié suivant l'orthographe de l'Etrurie méridionale avec, à la fin, le signe 8 (*f*).
Y figure également, gravé avec beaucoup d'imprécision, le signe *q*, déjà pratiquement tombé en désuétude. Fin du VIe siècle av. J.-C.

M. Pandolfini - A.L. Prosdocimi, Florence 1990, p. 51-52 notice III.2.

206. Abécédaire

Bucchero noir
Haut. max. 1,5 cm, diam. max. 7,2 cm
Pérouse, Museo Archeologico Nazionale, inv. 88601
Provenance: Pérouse, Via Pellini

Pied annulaire appartenant probablement à une coupe et portant un alphabet étrusque écrit de droite à gauche: *a e v z h ϑ i k l m n p ś r s t u φ χ a b a t*.
Les 19 premières lettres constituent une série alphabétique complète; les quatre dernières, peut-être d'une autre main, correspondent probablement à la désignation étrusque abrégée de l'alphabet: *abat*.
Seconde moitié du VIe siècle av. J.-C.

A.E. Feruglio, dans "Studi Etruschi" XLI, 1973, p. 293-295, n° 40, pl. LXXIII; M. Pandolfini-A.L. Prosdocimi, Florence 1990, p. 46-47, n° II.12, pl. XXII.

207. Abécédaire (double)

Argile
Haut. 1,4 cm, diam. 7,5 cm
Ferrare, Museo Archeologico Nazionale, inv. 33212
Provenance: Spina, habitat au sud du canal collecteur du Mezzano, secteur 8 III D

Fond de *skyphos* attique à vernis noir. Sur le bord externe du pied sont incisées deux séries alphabétiques de vingt lettres, propres à la région étrusco-padane à l'époque récente: *a e v z h ϑ i k l m n p ś r s t u φ χ f*.
La lettre *χ*, au centre, est peut-être l'estampille du propriétaire du vase qui, exécuté dans le premier quart du IVe siècle av. J.-C., a été utilisé comme *ostrakon* dans les vingt-cinq années qui ont suivi.

Ouvrage collectif, *Civiltà degli Etruschi* (Exposition), Florence-Milan, 1985, p. 188 (F. Berti).

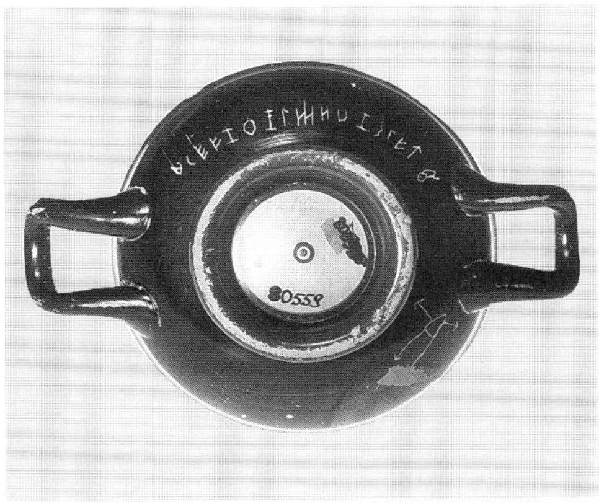

208. Abécédaire

Coupe à vernis noir
Haut. 4,8 cm, diam. à l'ouverture 13,7 cm
Naples, Museo Nazionale, Inv. 80559
Provenance: Nola, fouilles, fin du XVIIIe siècle

Coupe attique à *inset lip*. A l'extérieur de la vasque est incisé un alphabet étrusque de 17 lettres (de 0,6-1 cm de hauteur), écrites de droite à gauche: *a c e v z ϑ z l m n p z ś l v χ f*.
Alphabet de type méridional. Dans la série alphabétique, les lettres *h, k, q, r, t* manquent et des erreurs ont été commises sur certaines lettres en raison de la ressemblance graphique (*z* pour *i*, *l* pour *u*) ou phonétique (*z* à la place de *ś*, *v* au lieu de *ϕ*). Première moitié du Ve siècle av. J.-C.

M. Pandolfini-A.L. Prosdocimi, Florence, 1990, p. 67-68, pl. XXXI.

209. "Tuile" de Capoue

Argile sombre; la partie supérieure manque
Haut. max. 62 cm, long. max. 49 cm
Berlin, Staatliche Museen, Antikensammlung
Inv. 30982
Provenance: Santa Maria Capua Vetere (?)

Plaque, qualifiée improprement de "tuile", bordée d'un listel. Sur l'une des faces est gravé un texte, d'environ 300 mots, en écriture boustrophédon et avec ponctuation syllabique, qui contient la description d'un rituel funéraire et le nom des divinités de nature infernale en l'honneur desquelles on devait accomplir les pratiques cultuelles qui y sont indiquées. Il existe vraisemblablement un rapport entre le contenu de ce texte et celui des *Libri Acherontici*. Ve siècle av. J.-C.

TLE 2; F. Roncalli (sous la dir. de), Milan, 1985, p. 65-73.

210. Cippe

Pierre fétide, décor en bas-relief
Haut. 37 cm, long. 81 cm
Palerme, Museo Archeologico Regionale
Inv. 8395, ancienne Collection Casuccini
Provenance: Chiusi

Base quadrangulaire. Sur l'estrade qui domine la scène, un scribe est assis auprès de deux magistrats tenant un bâton incurvé. Il inscrit les noms des vainqueurs aux jeux. Sur le côté opposé, un licteur désigne les outres offertes en prix. Ce monument confirme la tradition (Tite Live, II, 12, 7; Denys d'Hal., V, 28, 2) selon laquelle le scribe jouissait d'une grande considération dans la société étrusque et latine du VIe siècle av. J.-C. Fin du VIe siècle av. J.-C.

G. Colonna, dans *Mélanges offerts à Jacques Heurgon* [...], I, Rome, 1976, p. 187.

211. Groupe cinéraire

Pierre fétide
Haut. 80 cm, long. 130 cm
Florence, Museo Archeologico, inv. 94352
Provenance: Chianciano, localité La Pedata

A Chiusi, la tradition de l'incinération donne lieu à la création de statues creuses; la tête exécutée à part permettait d'introduire à l'intérieur les cendres du défunt. Le groupe de Chianciano appartient à cette série. Le défunt, à demi allongé, torse nu, la tête ceinte d'un diadème, tenait sans doute une patère dans la main droite tendue. Un démon féminin ailé, probablement Vanth, qui tient un rouleau sur lequel était peinte une inscription, est assis à ses côtés. Début du IVe siècle av. J.-C.

Ouvrage collectif, *Civiltà degli Etruschi* (Exposition), Florence-Milan, 1985, p. 303, n° 11.22 (M. Cristofani).

212. Sarcophage de Laris Pulena (couvercle)

Pierre (*nenfro*)
Long. 198 cm
Tarquinia, Museo Nazionale, inv. 9804
Provenance: Tarquinia, Monterozzi

Le défunt, à demi couché, ouvre un *volumen*, sur lequel est écrite une épitaphe contenant sa généalogie, l'énumération de ses titres et des activités qui l'ont distingué. Il s'agirait de l'auteur d'un livre sur l'haruspicine, si l'on peut interpréter en ce sens les mots *ziχ neϑśrac acasce*. Le monument est l'œuvre d'un atelier de Tarquinia. Seconde moitié du IIIe siècle av. J.-C.

Ouvrage collectif, *Civiltà degli Etruschi* (Exposition), Florence-Milan, 1985, p. 350, n° 15.6 (M. Cristofani); Ouvrage collectif, *Rasenna*, Milan, 1986, p. 321, fig. 240 (M. Pallottino).

213. Urne cinéraire

Albâtre
Haut. de la cuve 38 cm, larg. 49 cm, prof. 25 cm
Chiusi, Museo Archeologico, inv. 505
Provenance: Chiusi, Fonte Rotella, tombe à chambre, fouilles de 1873

Sur le couvercle, le défunt déroule un *volumen* sur lequel est gravée la formule onomastique: *larϑ ane/aprinϑuna*. Sur la cuve, en bas-relief, un cavalier au galop transperce un gaulois tombé à terre; à droite un démon agite une torche. Le thème de la Celtomachie, assez fréquent sur les urnes de Chiusi, est sans doute tiré d'un corpus de traditions historiques locales. Seconde moitié du IIIe siècle av. J.-C.

Ouvrage collectif, *Artigianato artistico in Etruria* (Exposition), Milan, 1985, p. 47-48, n° 24 (A. Maggiani).

L'au-delà

214. Urne

Albâtre, décor en relief
Couvercle: haut. 34,5 cm, long. 55 cm, larg. 21 cm
Cuve: haut. 37,5 cm, long. 52 cm, larg. 26 cm
Volterra, Museo Guarnacci, inv. 334
Provenance: Volterra, tombe de la *gens* Cneuna

Sur le couvercle, figure masculine à demi couchée, voilée et couronnée, qui tient dans la main droite un diptyque ouvert, sur lequel figure une inscription étrusque (*CIE*, 70): *setre. cneuna a.titial. ril XIIII.*
Sur la cuve, duel de Philoctète et Pâris.
Ier siècle av. J.-C.

H. Brunn-G. Körte, Rome-Berlin, 1870-1916, I, p. 85, pl. LXXII, 8.

215. Lion

Pierre (*nenfro*), traces de polychromie
Haut. 52 cm, long. 67 cm
Florence, Museo Archeologico, inv. 75964
Provenance: Tuscania

L'animal, couché, la patte avant gauche posée sur une tête humaine, s'inscrit dans la tradition des lions funéraires de l'Etrurie méridionale, qui faisaient fonction de gardiens à l'entrée des tombes. Ce motif a connu une grande faveur dans l'art médiéval.
Première moitié du IIIe siècle av. J.-C.

W.L. Brown, Oxford, 1960, p. 152-153, pl. LIV b.

216. Haut-relief: figure féminine ailée

Pierre (*nenfro*)
Haut. 94 cm
Florence, Museo Archeologico, inv. 75842
Provenance: Tuscania, tombe des Vipinana, acquis en 1849

La légère torsion vers la droite de la figure ailée (Vanth), laisse supposer qu'une autre figure de démon lui était symétrique. Le chiton, ouvert dans le bas, dont les plis raides contrastent avec la souplesse du corps, et la solide implantation de la tête et du buste situent cette sculpture dans la production de l'Etrurie méridionale.
Fin du IVe-début du IIIe siècle av. J.-C.

Ouvrage collectif, *Civiltà degli Etruschi* (Exposition), Florence-Milan, 1985, p. 298, n° 11.17 (P. Seu).

217. Tombe du Lit funèbre

Peinture à fresque
Tarquinia, Museo Nazionale
Provenance: Tarquinia, Nécropole de Monterozzi, localité Calvario, fouilles de 1873

Paroi du fond: deux coussins et deux couvre-chefs évoquant les défunts, sont posés sur un grand lit. Un banquet est figuré de chaque côté. Parois latérales: scènes de musique, de danse, de compétitions sportives. De part et d'autre de la porte d'entrée: un bige et deux cavaliers; au fronton: panthères affrontées. Plafond: damier polychrome; *columen*: rosaces, rameaux de lierre. Avec celle du Triclinium, cette tombe qui révèle de fortes influences attiques, compte parmi les plus belles peintures étrusques de la fin de l'archaïsme. 475-450 av. J.-C.

J. Steingräber, Milan, 1984, p. 59, 325-326, n° 82.

218. Cippe

Pierre fétide. Décor en bas-relief
Haut. 41 cm, long. et larg. 40-41 cm
Florence, Museo Archeologico
Inv. 93488
Provenance: Chiusi

Base de forme presque cubique. Les quatre faces représentent respectivement l'exposition du défunt sous une tente, une procession de pleureuses, trois figures masculines qui dansent, accompagnées par un aulète, deux figures à cheval. Ces thèmes conservent, malgré leur variété, un caractère unitaire et possèdent un grand intérêt documentaire comme représentations du rituel funéraire.
Vers la fin du VIe siècle av. J.-C.

J.-R. Jannot, Rome, 1984, p. 27-28, B II 2, fig. 111-115.

219. Urne cinéraire

Pierre fétide
Haut. 35,5 cm, long. 63 cm, larg. 38 cm
Florence, Museo Archeologico, inv. 5501
Provenance: territoire de Chiusi (Collection Servadio)

Sur une face de l'urne est représenté un banquet en plein air. Deux couples masculins sont étendus sur des *klinés*, devant de petites tables bien garnies sous lesquelles se trouvent un chien et une oie. A gauche, un serviteur et un lébès posé sur un support. Au centre, un joueur de flûte. Sur l'autre face figurent cinq jeunes danseuses portant un vêtement long et un manteau et chaussées de *calcei repandi*. Ces deux thèmes sont liés au rituel funéraire et à l'idéologie aristocratique. 535-520 av. J.-C.

J.-R. Jannot, Rome, 1984, p. 19 sq., fig. 93-94.

220. Canope

Impasto. Visage et cou peints en ocre clair
Haut. 50 cm
Paris, Musée di Louvre, Département des Antiquités grecques, étrusques et romaines
Inv. 4855 (n° usuel: D 162)
Provenance inconnue

Le couvercle en forme de tête féminine et les bras mobiles témoignent du désir d'humaniser ce type d'ossuaire particulier à Chiusi à l'époque archaïque (improprement appelé "canope") et de souligner la dignité de la défunte qui poursuit sa vie dans l'outre-tombe.
Seconde moitié du VIe siècle av. J.-C.

R.D. Gempeler, Einsiedeln 1975, n° 95, p. 105-106; Ouvrage collectif, *Aspects de l'art des Etrusques* (Exposition), Paris, 1976, n° 28, p. 18-19 (M.F. Briguet).

221. Urne cinéraire

Albâtre
Haut. totale 84 cm
Cuve: haut. 40 cm, larg. 62 cm, ép. 9 cm
Couvercle: haut. 44 cm, larg. 63 cm, ép. 25,5 cm
Paris, Musée di Louvre, Département des Antiquités grecques, étrusques et romaines
Inv. Charles X 105 (n° usuel: MA 2357), ancienne Collection Micali
Provenance: Volterra

Cuve: voyage funéraire de la défunte en *carpentum* accompagnée de serviteurs. Couvercle: défunte à demi étendue, tenant un éventail.
Fin du IIe-début du Ier siècle av. J.-C.

H. Brunn-G. Körte, Rome, 1870-1916, vol. III, LXXXI 6a; Ouvrage collectif, *Aspects de l'art des Etrusques* (Exposition), Paris 1976, n° 88, p. 40 (M.F. Briguet).

222. Urne cinéraire

Albâtre
Cuve: haut. 39 cm, long. 40 cm, larg. 29 cm
Chiusi, Museo Archeologico, inv. 886
Provenance: Chiusi

Sur le couvercle (qui n'appartient pas à la cuve) une figure féminine à demi couchée tient un vase à parfum de la main droite. Sur la cuve: bandeau supérieur décoré de losanges et de deux rosettes au centre; tableau principal figurant le défunt, enveloppé d'un manteau, s'avançant vers la gauche, entre un démon féminin ailé et Charun.
En bas, inscription: *vel tutni larϑialisa*.
Seconde moitié du IIIe siècle av. J.-C.

G.Q. Giglioli, Milan, 1935, pl. CCCXCVI, 2.

223. Urne cinéraire

Albâtre
Haut. 37 cm
Chiusi, Museo Archeologico, inv. 92
Provenance: Montepulciano, localité Metina, fouilles de 1863

Sur le couvercle: figure masculine à demi couchée. Sur le bord de l'urne, inscription gravée: *ϑanχvi Afe*. La scène figurée sur la cuve, liée au thème de l'au-delà, est fréquemment représentée sur les urnes en terre cuite à relief estampé. Au centre, Cerbère sort de la porte de l'Hadès, à gauche, Charun est figuré, le maillet sur l'épaule gauche; le défunt est représenté à droite.
Seconde moitié du IIIe siècle av. J.-C.

G.Q. Giglioli, Milan, 1935, pl. CCCCV, 4; Ouvrage collectif, *Archeologia in Valdichiana*, Rome, 1988, fig. 83.

224 Cuve d'urne
Albâtre, décor en relief
Haut. 48 cm, long. 73 cm, larg. 21,5 cm
Volterra, Museo Guarnacci, inv. 156
Provenance: Volterra, Nécropole du Portone, fouilles de 1731

Sur la face antérieure, cortège d'un magistrat. La figure principale est placée à l'extrême droite de la scène; dans le cortège, deux personnages conduisent un cheval richement harnaché, des musiciens sont précédés d'*apparitores* portant des faisceaux.
Ier siècle av. J.-C.

M. Cristofani (sous la dir. de), *Corpus delle urne etrusche di età ellenistica. Urne volterrane. Il Museo Guarnacci*, Florence, 1977, II, n° 147.

225 Couvercle d'urne ("Urne des Epoux")
Terre cuite modelée à l'ébauchoir
Haut. 38 cm, long. 70,4 cm, larg. 26,5 cm
Volterra, Museo Guarnacci, inv. 613, ancienne Collection Guarnacci
Provenance: Volterra, Nécropole d'Ulimeto, fouilles de 1743

Couple de vieillards étendus sur un lit. C'est le plus célèbre couvercle d'urne cinéraire de Volterra. La caractérisation brutale des traits physionomiques des défunts a eu des incidences notables sur les discussions concernant l'art du portrait étrusque, romain et médio-italique de la fin de l'époque hellénistique tardive.
Divers éléments ont fait penser que le commanditaire de l'urne souhaitait être représenté *antiquo more*, à un moment où l'aristocratie de Volterra, à la veille de son intégration dans l'Etat romain, semblait revenir à ses antiques traditions.
Début du Ier siècle av. J.-C.

M. Nielsen, dans *Acta Instituti Romani Finlandiae*, V, Rome, 1975, p. 323-325.

La romanisation

226. Urne
Albâtre, décor en relief
Couvercle: haut. 34 cm, long. 56,5 cm, larg. 20 cm
Cuve: haut. 30 cm, long. 50 cm, larg. 20 cm
Volterra, Museo Guarnacci, inv. 141
Provenance: Volterra, première tombe des Caecina

Sur le couvercle, figure masculine à demi couchée, voilée et couronnée, tenant des tablettes dans la main droite. Inscription latine sur la plinthe (*CIE* 24): *A. Caecina. Selcia. annos XII.* Sur la cuve, voyage aux enfers en *carpentum*.
Ier siècle av. J.-C.

M. Cristofani (sous la dir. de), *Corpus delle urne etrusche di età ellenistica. Urne volterrane. Il Museo Guarnacci*, Florence, 1977, I, n° 9.

227. Couvercle de sarcophage
Albâtre sculpté au ciseau
Haut. 64 cm, long. 216 cm, larg. 70 cm
Florence, Museo Archeologico, inv. 5482
Provenance: Chiusi, don de la Società Colombaria

Homme âgé, à demi couché, le cou paré d'une guirlande, vêtu d'un manteau qui découvre le buste et un ventre proéminent. Cet "Etrusque obèse" porte une bague à l'annulaire droit et tient, dans la main gauche, une phiale ornée d'un masque de jeune homme. Ces détails soulignent sa richesse et son rang social. D'un style proche de l'art du portrait médio-italique, cette œuvre a été récemment insérée dans la phase de transition de la production des sarcophages en albâtre de Chiusi. 300-250 av. J.-C.

G. Colonna, dans *Atti del XVII Convegno di Studi Etruschi* (Chianciano T., 1988), Florence (sous presse).

228. Couvercle de sarcophage

Marbre italique
Haut. 63 cm, long. 145 cm, prof. 66 cm
Copenhague, Ny Carlsberg Glyptotek
Inv. 846
Provenance: Ostie, localité Pianabella, fouilles Pacca-Campana, 1834-1835

Sur le couvercle, figure masculine à demi couchée. Ses dimensions réduites ont fait penser que ce couvercle appartenait à une urne et non à un sarcophage. Le rapprochement s'impose avec les urnes étrusques et leur représentation du défunt étendu sur le lit de banquet.
Début du IIe siècle ap. J.-C. (fin du règne de Trajan)

F. Poulsen, Copenhague, 1951, n° 777; R. Calza, *Scavi di Ostia* vol. V, Rome, 1964, p. 64, n° 112.

229. Eloge des Spurinna

Plaque de marbre
A) haut. 26,5 cm, long. 56 cm
B) haut. 10,2 cm, long. 8,2 cm
C) haut. 12 cm, long. 10 cm (perdu)
Tarquinia, Museo Nazionale (fragment n° 3), s.n.i.
Provenance: Tarquinia, Ara della Regina

Cette inscription, composée pour célébrer la famille des Spurinna, de Tarquinia, rappelle les exploits d'Aulus, peut-être à l'époque des hostilités entre Rome et Tarquinia, entre 358 et 351 av. J.-C.
Ier siècle ap. J.-C. (époque Claudienne)

M. Torelli, Florence, 1975, p. 39, n° 4; Ouvrage collectif, *Civiltà degli Etruschi* (Exposition), Florence-Milan, 1985, p. 394, n° 19.3.3 (M.J. Strazzulla).

230. Eloge des Spurinna

Plaque de marbre
Haut. 46,5 cm, larg. 43,6 cm
Tarquinia, Museo Nazionale (fragment n° 1), inv. 2780
Provenance: Tarquinia, Ara della Regina

Cet éloge rappelle les entreprises d'un membre de la famille des Spurinna: le Velthur dont parle ce texte est probablement le fondateur de la *gens*, connu pour avoir mené une expédition militaire en Sicile, peut-être pour appuyer les Athéniens contre les Syracusains lors de l'expédition de 414-413 av. J.-C. Ier siècle ap. J.-C. (époque Claudienne)

M. Torelli, Florence, 1975, p. 30 sq., pl. XV, 1; Ouvrage collectif, *Civiltà degli Etruschi* (Exposition), Florence-Milan, 1985, n° 19.3.1, p. 394 (M.J. Strazzulla).

231. Base inscrite

Marbre
Haut. 89 cm, larg. à la base 66 cm, ép. à la base 47 cm
Chiusi, Museo Archeologico, inv. 2299
Provenance: Chiusi

Inscription honorifique d'un habitant de Chiusi, L. Tiberius Maefanas Basilius, qui occupa la charge de *praetor Etruriae XV populorum*, magistrature d'époque impériale commune à l'ensemble des cités étrusques.
Seconde moitié du IVe siècle ap. J.-C.

B. Lion, Bruxelles 1969, n° 10, p. 54 sq.; E. Pack, dans *I Romani di Chiusi* (sous la dir. de G. Paolucci), Rome, 1988, p. 37.

232. Inscription des Haruspices

Plaque de marbre; ép. de 3,1 à 3,9 cm
Tarquinia, Museo Nazionale
Provenance: Tarquinia (fragment Bormann 1899 + fragment Romanelli 1938 [perdu] + fragment Torelli 1968)

L'inscription fait en vers l'éloge de quatre personnages membres d'un collège d'haruspices, désignés au nominatif à la première ligne de chaque *elogium*. A Tarquinia, à l'époque impériale, on remit à l'honneur la doctrine de l'haruspicine. Cela favorisa l'intégration définitive de la noblesse étrusque dans la société romaine. Ier siècle ap. J.-C. (époque Claudienne)

M. Torelli, Florence, 1975, p. 105-135, pl. 17.1-2 et 18.1; Ouvrage collectif, *Civiltà degli Etruschi* (Exposition), Florence-Milan, 1985, p. 396, n° 19.4 (F.H. Massa Pairault).

233. Plaque ornée d'une scène du "sulcus primigenius"

Marbre, décor en relief
Long. 95 cm, haut. 44 cm, ép. 9 cm
Aquilée, Museo Archeologico Nazionale
Inv. 1171
Provenance: Aquilée

Sur cette plaque de revêtement, qui appartenait à une frise, figure un personnage en toge, qui tient un soc tiré par des bœufs parés d'ornements de fête, et suivi par quatre autres personnages qui observent la scène. Celle-ci se réfère probablement à la fondation de la colonie d'Aquilée, selon le rite de tradition étrusque.
Début du Ier siècle ap. J.-C.

G. Brusin, Rome, 1936, p. 5-6, fig. 1; V. Santa Maria Scrinari, Rome, 1972, p. 193, n° 600.

234. Pseudo-trône de Claude

Pierre, décor en relief
Haut. 78 cm, long. 75 cm, ép. 15 cm
Cité du Vatican, Museo Profano Lateranense
Inv. 9942
Provenance: Cerveteri, zone du théâtre romain
Fouilles de 1840-1846

Les personnifications de trois des *populi* étrusques sont encore visibles sur la face antérieure: Tarchon, la tête couverte d'un voile à la façon des haruspices, une déesse assise sur un trône et une divinité marine, un timon sur l'épaule et la main droite levée en signe de salut, représentent respectivement les habitants de Tarquinia, de Vulci et de Vetulonia. Au revers, près d'un autel et d'un arbre, une truie destinée au sacrifice. Le monument, longtemps considéré comme un fragment du trône de l'empereur Claude, constituait probablement le couronnement d'un autel.
Milieu du Ier siècle ap. J.-C.

L. Bonfante, dans *Studies in Honor of B.L. Trell*, Detroit 1981, p. 105 sq.; M. Torelli, dans *Annali della Fondazione per il Museo "Claudio Faina"*, II, Orvieto 1985, p. 37-53, fig. 1-2; G.A. Mansuelli, dans "Studi Etruschi" LIV, 1986 [1988], p. 101-112.

235. Trône "Corsini"

Marbre
Haut. 82,5 cm, diam. 49,5 cm
Rome, Galleria d'Arte Antica, Palazzo Corsini
Inv. 666
Provenance: Rome, sous la chapelle Corsini de l'église Saint-Jean du Latran

Siège cylindrique et dossier décorés, l'un de scènes de sacrifice, de procession et de lutte; l'autre de scènes de chasse, d'un défilé de cavaliers et d'hoplites. Sa forme s'inspire des trônes étrusques orientalisants et archaïques, son décor du répertoire figuré de l'"art des situles". C'est, à l'époque romaine, une claire reprise des traditions figurées étrusques.
Ier siècle av. J.-C.

Ouvrage collectif, *Civiltà degli Etruschi* (Exposition), Florence-Milan, 1985, p. 397, n° 19.6 (M.J. Strazzulla).

236. Table claudienne

Bronze. Haut. 139 cm, long. 193 cm, ép. 0,8 cm
Lyon, Musée de la Civilisation Gallo-romaine
Inv. Br 2. Provenance: découverte en 1528 sur l'emplacement du sanctuaire fédéral

Commémoration par l'empereur Claude en faveur de l'éligibilité des chefs des nations gauloises. Claude appuie sa plaidoirie sur l'origine étrangère des monarques qui jetèrent, à l'aube de son histoire, les bases de la grandeur de Rome, et cite l'étrusque Servius Tullius, qui aurait abandonné le nom de Mastarna pour régner sur Rome. Peu après 48 ap. J.-C.

CIL, XIII, 1668; P. Fabia, 1929 (trad. franç. p. 63-65); M. von Albrecht, Heidelberg 1971 (trad. all. p. 166-168); Ouvrage collectif, *La tomba François* (Exposition), Cité du Vatican, 1987, p. 236-242 (I. Di Stefano Manzella).

237. Portrait d'homme

Terre cuite grise, peinte en rouge
Haut. 33,5 cm
Rome, Museo Nazionale di Villa Giulia, inv. 56513
Provenance: Cerveteri, temple du Manganello

C'est à l'époque hellénistique qu'apparaissent les premiers véritables portraits étrusques. Les traits de ce visage masculin, fortement personnalisés et soulignés par la couleur rouge, prouvent que le sculpteur a assimilé les traditions locales et les nouvelles expériences de l'art hellénistique, et témoignent de l'apport étrusque au portrait romain de l'époque de Sylla.
Fin du IIe-première moitié du Ier siècle av. J.-C.

G. Proietti, dans "Prima Italia", Rome, 1981, n° 164, p. 224; Ouvrage collectif, *Rasenna*, Milan, 1986, n° 596, p. 675 (F. Roncalli).

238. Portrait d'homme

Terre cuite, avec engobe verdâtre
Haut. 24 cm
Tarquinia, Museo Nazionale, inv. 3733

Front large, sillonné de trois rides; au coin des yeux, pattes d'oie bien marquées; nez large; lèvres entrouvertes; mâchoire carrée. C'est l'une des pièces les plus célèbres de la sculpture en terre cuite étrusque d'époque hellénistique: cette effigie d'un homme d'âge mûr est un véritable portrait qui annonce l'art de l'époque suivante.
Première moitié du IIe siècle av. J.-C.

A. Comella, Rome, 1982, p. 48, B1 IV, pl. 8b.

239. Portrait de jeune homme

Bronze
Haut. 30 cm
Paris, Musée du Louvre, Département des Antiquités grecques, étrusques et romaines
Inv. MNE 817 (n° usuel: Br 19)
Provenance: environs de Fiesole

Cette tête appartenait sans doute à une statue de taille naturelle. A la caractérisation générique des effigies funéraires et des ex-voto étrusques d'époque hellénistique, elle joint un certain souci de fidélité au modèle, qui annonce le portrait individuel romain, et montre dans quelques détails une attention à l'exactitude formelle héritée de la tradition grecque.
IIIe siècle av. J.-C.

M. Cristofani, Novare, 1985, n° 123, p. 287; K. de Kersauson, Paris, 1986, n° 1, p. 8 et 9.

240. L'Arringatore (L'orateur)

Bronze, fonte à la cire perdue, exécutée en sept parties soudées entre elles, retouches au burin, inscription gravée sur la matrice avant la fonte
Haut. 179 cm
Florence, Museo Archeologico, inv. 3
Provenance: Pérouse, localité Pila, acquis par Côme Ier de Médicis en 1556

Cette statue, véritable portrait en bronze, représente un personnage illustre, en tunique et toge, dans une attitude solennelle. L'inscription gravée sur le bord inférieur de la toge (*auleśi meteliś ve[luś] vesial clenśi / cen fleres tece sanśl tenine / tuϑineś χisvlicś*) indique que la statue, honorifique et votive, a été érigée par Aule Meteli dans un sanctuaire de "Tece Sans". L'œuvre, que l'on a située à différents moments de l'art figuré tardo-républicain (fin du IIe-début du Ier siècle av. J.-C.), a été récemment attribuée au milieu artistique d'Arezzo et datée du IIe siècle av. J.-C.
Première moitié du IIe siècle av. J.-C. (G. Colonna); début du Ier siècle av. J.-C. (M. Cristofani).

M. Cristofani, Novare, 1985, p. 300, n° 129; G. Colonna, dans "Studi Etruschi" LVI, 1991, p. 99-119.

L'ETRURIE ET L'EUROPE
INFLUENCES DIRECTES

L'Italie et l'Europe centrale: les temps protohistoriques

Luciana Aigner Foresti

Epée "à antennes" provenant de Steyr
IXe-VIIIe siècle av. J.-C.
Vienne, Naturhistorisches Museum
Cat. 254

page 156
Chariot cultuel de Strettweg
VIIe siècle av. J.-C.
Graz, Steiermärkisches Landesmuseum Joanneum
Cat. 242

L'histoire de la péninsule italienne montre que les Alpes n'ont jamais été un obstacle insurmontable pour les peuples qui, depuis la préhistoire, ont voulu les franchir.

Pour dresser un tableau des rapports qui unissaient l'Italie et l'Europe centrale au cours de la protohistoire, nous n'avons pas d'autres fondements que les sources archéologiques. Celles-ci nous montrent que les rapports entre ces deux aires géographiques commencèrent à se développer à l'âge du bronze récent (XIIIe-XIIe siècle av. J.-C.), pour devenir particulièrement étroits à partir du IXe siècle, c'est-à-dire au moment où la culture villanovienne, qui marque l'émergence de la "nation" étrusque, se répand dans toute l'Emilie-Romagne, au nord des Apennins. Des objets de type villanovien-étrusque, produits originaux ou d'imitation, parviennent alors dans certaines régions d'Italie septentrionale, ainsi que dans les zones alpines et transalpines, jalonnant déjà les itinéraires qui relieront plus tard les deux territoires. Ce sont surtout des objets liés aux coutumes guerrières des Etrusques, épées à antennes, casques à crête, mors de cheval et aussi rasoirs en demi-lune qui, imités sur place, suscitent des variantes locales (De Marinis 1986, p. 52 sq.) qu'on peut illustrer par les épées de Haute-Autriche et du Brandebourg (Müller-Karpe 1961, p. 63 sq., pl. 54,1; 54,4), les casque à crête de Hallstatt (Egg 1978, p. 37 sq., fig. 1) et d'Ukraine occidentale (Hencken 1971, p. 122, fig. 93), les mors de Zurich (Von Hase 1969, p. 9, fig. 1,8) et de Zolyom en Slovaquie (Hampel 1890, pl. 60,5), ainsi que les rasoirs en demi-lune de Dalmatie (Stare 1957, p. 219, n° 12, pl. 5,1) et d'Autriche orientale (Jockenhovel 1971, p. 209, n° 45, pl. 30, fig. 405). La culture villanovienne d'Etrurie exerça donc une influence importante sur les cultures locales, et suscita aussi des changements d'ordre idéologique: ces influences peuvent s'expliquer par la présence d'Etrusques, de guerriers ou de personnages de rang élevé, et peut-être aussi par l'activité d'artisans qui, en Etrurie ou ailleurs, enseignèrent aux artisans d'Europe centrale les techniques de fabrication de ces objets nouveaux pour eux. La répartition géographique des trouvailles montre que ces objets se répandirent de Bologne en direction des régions transalpines en passant par la Vénétie et par la vallée de l'Adige: c'est ce qu'indiquent, dans le premier cas, l'épée à antennes d'Este (Capuis 1986, p. 90 sq., fig. 40, n° 176), dans le second, le mors de type véien de la nécropole de Vadena/Pfatten (De Marinis 1986, p. 55); les épingles et les fibules de type semblable, utilisées par les habitants des deux rives de l'Adriatique (Gabrovec 1992), témoignent aussi de mutations dans les traditions locales de la côte dalmate.

A partir de la première moitié du VIIIe siècle, certains objets étrusques découverts au nord des Alpes durent aussi transiter par la Vénétie: les récipients en forme d'askos de Ljubljana et le trépied de Kranj témoignent d'une mode passagère qui eut la faveur de quelques-uns, mais ne laissa pas de trace dans les cultures locales. Au VIIe siècle av. J.-C., des objets étrusques de grand prix, qui concourent au prestige de leurs acquéreurs, transitent encore par Bologne: on citera pour exemple les harnachements de chevaux et les deux coupes trouvées à Stična, l'une en bronze, l'autre en terre cuite de facture étrusco-corinthienne, un trépied découvert à Novo Mesto en Slovénie (Gabrovec 1992), des bijoux

Œnochoé, Tombe de la Situle, Stična
Fin du VIIe siècle av. J.-C.
Ljubljana, Narodni Muzej Ljubljana
Cat. 269

Trépied en bronze, Tombe du Trépied, Novo Mesto
Milieu du VIIe siècle av. J.-C.
Ljubljana, Narodni Muzej Ljubljana
Cat. 267

en filigrane d'or retrouvés à Kleinklein en Styrie (Dobiat 1980); enfin, provenant de Gornja Radgona/Radkersburg, entre Graz et Maribor, la pièce angulaire d'un char *a cannone* (on retrouve des exemplaires semblables à Ca' Morta près de Côme, à Este, dans le Trentin à Vadena/Pfatten, en Slovénie, en Bavière et en Basse Rhénanie: cf. Egg 1986, p. 207 sq.), et un *harpago*, dont il existe un parallèle à Sanzeno dans le Trentin (Nothdurfter 1979, pl. 43, p. 608). Ces objets, assurément très prestigieux, ont dû être acquis pour leur valeur exotique, ou avec l'idée qu'ils pourraient servir, par exemple, à renforcer des amitiés, des alliances ou des liens de parenté; donnés peut-être en cadeau par des personnages de haut rang, ils pouvaient apparaître comme des marques de prestige pour qui les recevait, mais n'eurent de prolongements réels ni dans la culture étrusque,

Diffusion des objets étrusques ou de type étrusque au-delà des Alpes

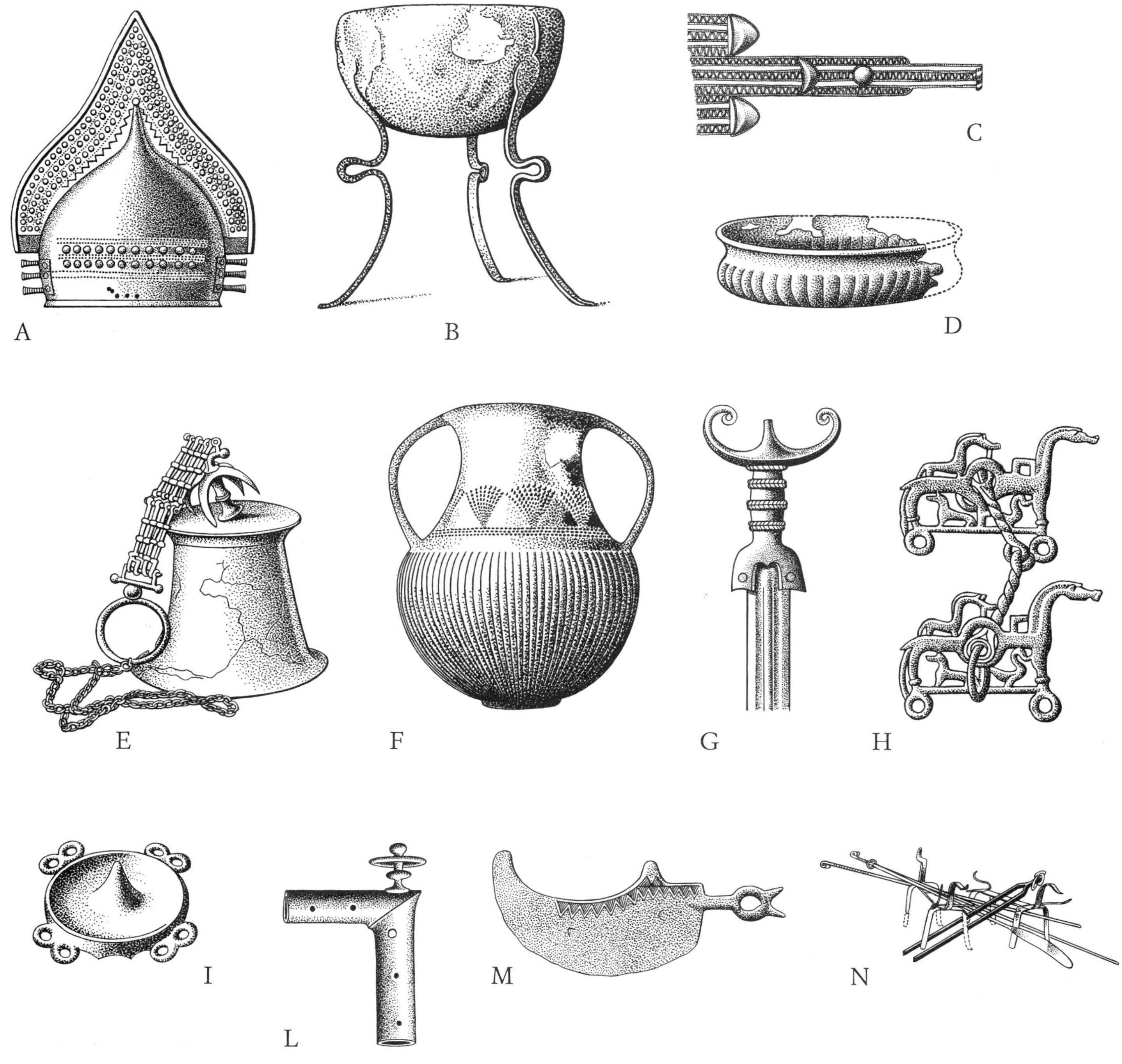

Altitude supérieure à 500 m
0 100 200 300
kilomètres
G Seddin
Elbe
L Pullach
D Francfort-Stadtwald
E D Appenwihr
I N Beilngries
L Ohneheim
Rhin
H Zolyom
A Zavadintsy
G Steyr
St. Georgen am Leithagebirge
M
N R Hallstatt
C S Klein Klein
Gornia Radgona-Radkersburg
L O
O Sanzeno
Crnolice-Rifniks P
Q U Stična
Novo Mesto
B T
G Lyon
Grandate V
Este
R S Z
Ca' Morta
D L R
Pô
Rhône
Danube
F U
Saint-Blaise
Nin
M
H Volterra
S Murlo
B C D E L O P U Vetulonia
Chiusi V
Tarquinia A G I M
Cerveteri
F N R T Z
Préneste
Q

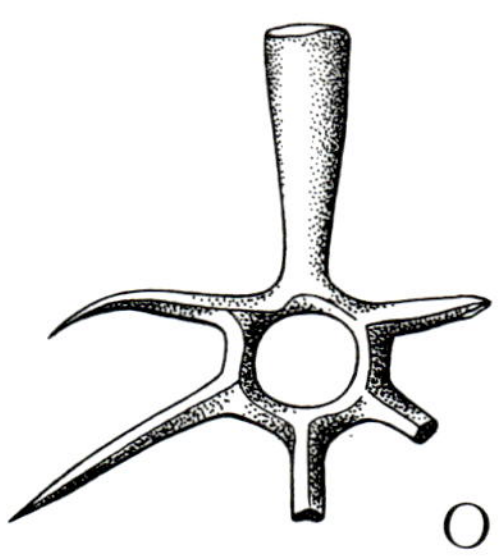
O

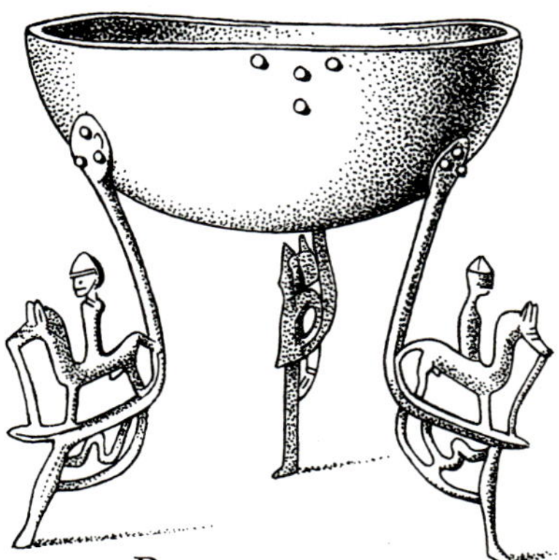
P

Q

R

V

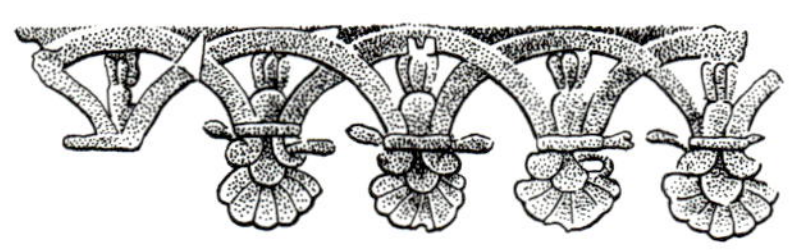
T

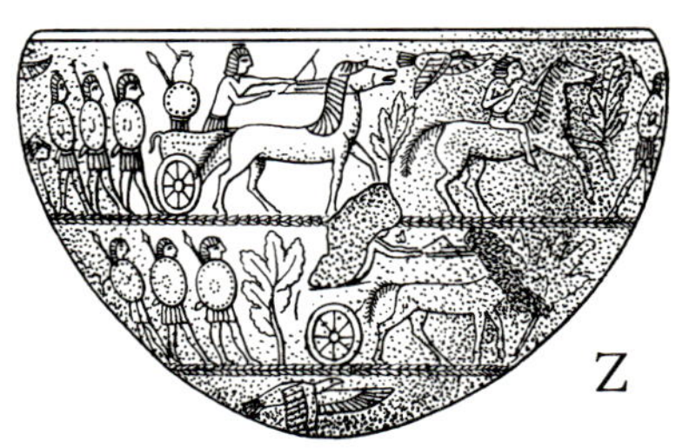
Z

S

U

Chariot provenant de Bisenzio
Seconde moitié du VIIIe siècle av. J.-C.
Rome, Museo di Villa Giulia
Cat. 241

ni dans la culture locale. A côté de ces objets isolés, on assiste cependant à la transmission de coutumes propres au monde italique, et en particulier étrusque, qui paraissent avoir transité, dans certains cas, par la Vénétie: ce sont dans la basse Carniole, où les fibules *a navicella* et *a sanguisuga* sont fréquentes et où les casques à calotte imitent des modèles étrusco-italiques, tandis que le reste de l'armement demeure de tradition locale, de nouveaux usages dans le vêtement féminin et le costume militaire; ce sont aussi de nouvelles techniques, qui permettent d'obtenir des pâtes céramiques mieux épurées, ou encore de nouveaux motifs décoratifs, toujours d'origine étrusque, comme le motif d'arcs et de palmettes du casque de Novo Mesto (Egg 1986, p. 167, n° 104, fig. 115, 1, pl. 49a). Le service de table déposé dans le tumulus de Strettweg (Egg 1991, p. 25 sq.) mentre que l'usage du banquet à l'étrusque se répand; l'apparition de figures anthropomorphes témoigne de l'affirmation de nouvelles attitudes mentales; les figures humaines qui décorent le chariot de Strettweg, les feuilles de bronze laminé de Kleinklein et les figurines de Frög en Carinthie, apparaissent en effet dans un milieu qui ignorait complètement, auparavant, les représentations de la figure humaine (Aigner Foresti 1980). On observe ainsi la reprise de phénomè-

Chariot cultuel provenant de Strettweg
VIIe siècle av. J.-C.
Copie de l'original en bronze conservé au Steiermärkisches Landesmuseum Joanneum de Graz
Mayence, Römisch-Germanisches Zentralmuseum
Cat. 242

nes culturels étrusques qui vont jusqu'à influencer la culture locale et jusqu'à provoquer un certain nombre de changements, même si, en définitive, ceux-ci ne peuvent apparaître comme fondamentaux. On peut parler de rapports culturels et humains d'une grande importance, qui suggèrent la présence d'artisans étrusques ou, en tout cas, "étrusquisés", qui mirent à la disposition des populations locales leurs connaissances et leur savoir-faire; de véritables groupes installés en leur sein, et qui leur transmirent certains modes de pensée.

Cette floraison, commencée au VIIe siècle, s'interrompit à la fin du VIe siècle: la pression constante exercée par les Scythes ne favorisait pas la naissance de centres permanents, et l'invasion celtique devait définitivement l'empêcher. Le VIIe siècle voit aussi se nouer des contacts entre l'Italie et le Sud de la France. La grande quantité de vases de bucchero et d'amphores étrusques trouvée dans les habitats indigènes de la zone comprise entre les Alpes occidentales et les Pyrénées (Aigner Foresti 1988) montre que le monde celtique et le monde ligure empruntent aux Etrusques la coutume du *symposion*, en même temps qu'ils importent la vaisselle du banquet. Il s'agit là d'échanges culturels et de contacts humains liés d'une part à la présence de négociants étrusques à la recherche de

Guerrier de Lozzo
Seconde moitié du VIIIe siècle av. J.-C.
Este, Museo Nazionale Atestino
Cat. 243

marchés et d'autre part au désir de la population locale d'acquérir des produits auréolés du prestige de leur origine étrangère. Ces liens commerciaux permirent d'instaurer des rapports d'amitié, mais ne provoquèrent pas de changements profonds et durables dans les sociétés locales: les Etrusques ne fondèrent pas en effet de colonies dans cette région, dont ils commencèrent à se retirer à partir du moment où les Phocéens, vers 600 av. J.-C., fondèrent Massalia, une ville parfaitement organisée dont les activités marchandes aboutirent rapidement à l'ouverture d'une voie commerciale empruntant le couloir rhodanien (Pauli 1986, p. 18 sq.). Cette région abandonnée, ils concentrèrent leur intérêt sur la plaine du Pô, et en particulier sur sa partie orientale, d'où partent des routes qui atteignent le Sud de l'Allemagne par les cols des Alpes, en traversant en particulier le secteur compris entre le Tessin et la Lombardie méridionale actuelle. Cette zone s'était peuplée, à partir du XIIe siècle, d'habitants provenant du centre et du centre-ouest des régions transalpines (Pauli 1991), qui appartenaient au rameau celtique. C'est du moins ce que semblent indiquer les inscriptions lépontiques, qui remontent aux VIe-Ve siècles av. J.-C. Ces groupes celtiques avaient progressivement formé, avec les occupants déjà implantés sur ce sol, une nouvelle population, celle des Lépontiens, et une nouvelle culture, la culture de Golasecca.

Dès le début du VIIe siècle, un certain nombre d'objets étrusques de grand prix parvinrent, en traversant ce territoire, dans les régions transalpines, où, tout comme dans le Sud de la France, ils précédèrent les objets grecs. Il s'agit de vaisselle destinée au banquet, notamment des coupes godronnées, d'un type bien attesté à Vetulonia, trouvées dans les tombes de Kastenwald/Appenwihr (Frey 1969, p. 62, fig. 34,1), de Poiseul-la-Perrière et de Francfort (Fischer 1979, p. 72, p. 129, pl. 9,2), ou encore des situles de bronze à attaches en demi-lune attestées en Etrurie, dans le Picenum, à Francfort et en Rhénanie (De Marinis 1986, p. 57 sq.), ainsi que de la pièce angulaire de char déjà mentionnée. On trouve aussi des objets qui semblent avoir servi au culte, comme la "pyxide-encensoir" de Kastenwald/Appenwihr (Frey 1980, fig. 12, 23), semblable à des exemplaires de Vetulonia, et des pièces particulièrement précieuses, comme la perle d'or à décor de granulation et le pendentif en or provenant des environs de Berne (Drack 1974, p. 27). L'on reprend aussi alors l'usage de la fibule. L'on adopte de nouveaux motifs décoratifs et iconographiques ainsi que de nouvelles techniques artisanales. Les motifs ornementaux à figures stylisées remplacent de très anciens décors, comme celui de l'oiseau, sur les plaques de ceinturon de tradition locale (Frey 1986, p. 101), et les séparateurs de fils de colliers en bois de cerf à motif de méandres incurvés, qui proviennent de la Heuneburg, trouvent des parallèles à Chiusi (Frey 1986, p. 10 sq.). Enfin, de nouvelles pratiques religieuses sont adoptées: la coutume de déposer des broches et des chenets dans les tombes du Hallstatt ancien (Stary 1979, p. 40 sq.) remonte à une tradition d'origine étrusque. Ces exemples montrent que les couches supérieures de la société locale acquirent des objets étrusques pour leur qualité intrinsèque ou pour leur exotisme, mais que ceux-ci ne furent pas imités: il s'agit peut-être de dons qui vinrent sceller des rapports d'amitié entre familles d'un rang élevé,

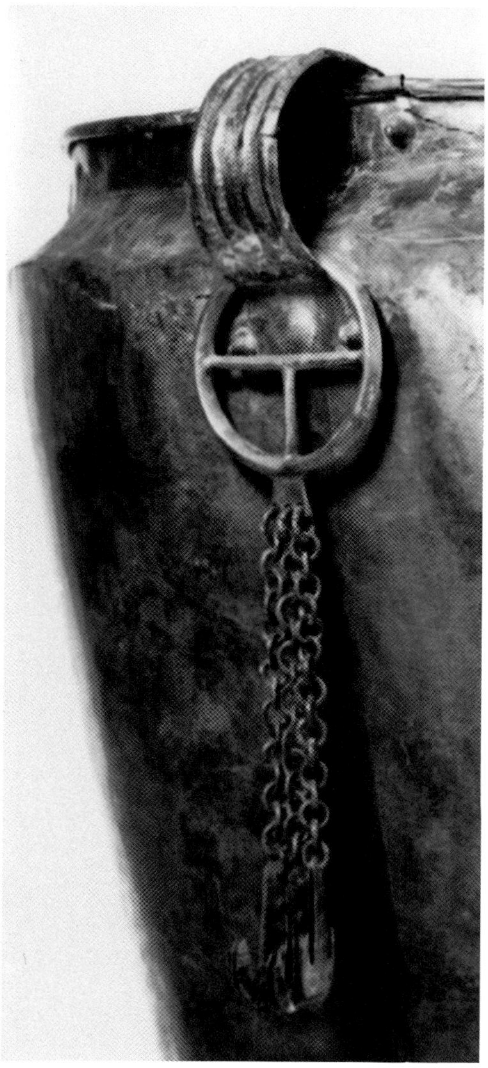

Situle du type Kurd, nécropole de Hallstatt
VIIe siècle av. J.-C.
Vienne, Naturhistorisches Museum
Cat. 264

Situle du type Kurd, Tombe Bernardini
Préneste
VIIe siècle av. J.-C.
Rome, Museo di Villa Giulia
Cat. 265

mais qui ne firent jamais l'objet d'échanges ou de marchés. Au cours de la même période, quelques objets du monde hallstattien apparaissent au nord de l'Italie: c'est le cas, dès le VIIIe siècle, des situles décorées de files de points et de cercles estampés, du type de celles de Gevelinghausen (Jockenhovel 1974, p. 25 sq.), des situles à attaches cruciformes, qui parviennent, depuis le Nord de l'Europe, jusqu'à Vetulonia, et des situles du type Kurd.
Au cours du VIe siècle, les Etrusques créèrent en Italie du Nord de nouveaux modèles de société et d'économie, qui ne manquèrent pas de susciter des échos en Celtique transalpine, où se constitue alors une société présentant de fortes disparités sociales, qui transparaissent dans les tombes à tumulus et dans les objets précieux d'importation qui font partie du mobilier de certaines tombes.
Au cours de la première moitié du VIe siècle, on fortifie des résidences princières: la mieux connue, celle de la Heuneburg, fut entourée d'une enceinte d'argile crue recouverte d'un enduit, et munie de bastions, technique et typologie qui sont propres aux pays méditerranéens. Dans les niveaux les plus récents, on trouve de la céramique dont les formes sont locales, mais dont la matière cherche à imiter le bucchero des Etrusques, manifestant ainsi la volonté des aristocrates celtes d'adopter certains éléments de la culture de cette nation. On peut relever ainsi des modifications dans un certain nombre de domaines, mais la culture locale ne fut pas fondamentalement affectée par ces échanges.
La résidence princière de la Heuneburg fut brutalement détruite vers le milieu du VIe siècle, puis reconstruite selon les principes de l'architecture de la région. Une nouvelle manière de boire le vin s'affirme alors: les fragments de *Schnabelkannen* locales de la fin du VIe siècle (imitations en argile des œnochoés de bronze étrusques), trouvés à la Heuneburg et sur d'autres sites, au centre de l'Allemagne du Sud et dans la région de Salzbourg (Moosleitner 1979, p. 64), invitent à penser que le vin était alors versé, selon l'usage étrusque, et non plus puisé, comme le voulait la tradition locale. De nouvelles modes vestimentaires apparaissent aussi à cette époque, comme le suggèrent les restes d'étoffes et de chaussures de type étrusque découverts dans le tumulus de Hochdorf, près de Stuttgart (Frey 1986, p. 14 sq.).
Les profonds changements qui affectent le monde celtique à partir du Ve siècle ne sont pas seulement dus à des raisons internes; il faut aussi les étudier en relation avec l'influence du monde italique. On trouve un premier indice de cette influence dans la très large diffusion des rites du banquet, attestée par la grande quantité de vaisselle étrusque qui forme désormais, avec la céramique grecque, le mobilier type des tombes princières celtes, de la Rhénanie à la Bohême et à la région de Salzbourg; dans cette dernière région, des sceptres cultuels signalent en outre des rapports directs avec la Vénétie et l'ouverture d'une nouvelle route, qui traversait les Alpes orientales. Une nouvelle prédilection pour les étoffes et les chaussures à bout relevé d'Etrurie fournit un deuxième indice de l'influence du monde italique sur l'Europe centrale: cette prédilection est révélatrice, en effet, de la volonté des classes supérieures d'améliorer leur niveau de vie en empruntant à une autre civilisation des produits et des modes de vie, qu'elles réélaborent ensuite pour créer des formes originales qui leur soient propres:

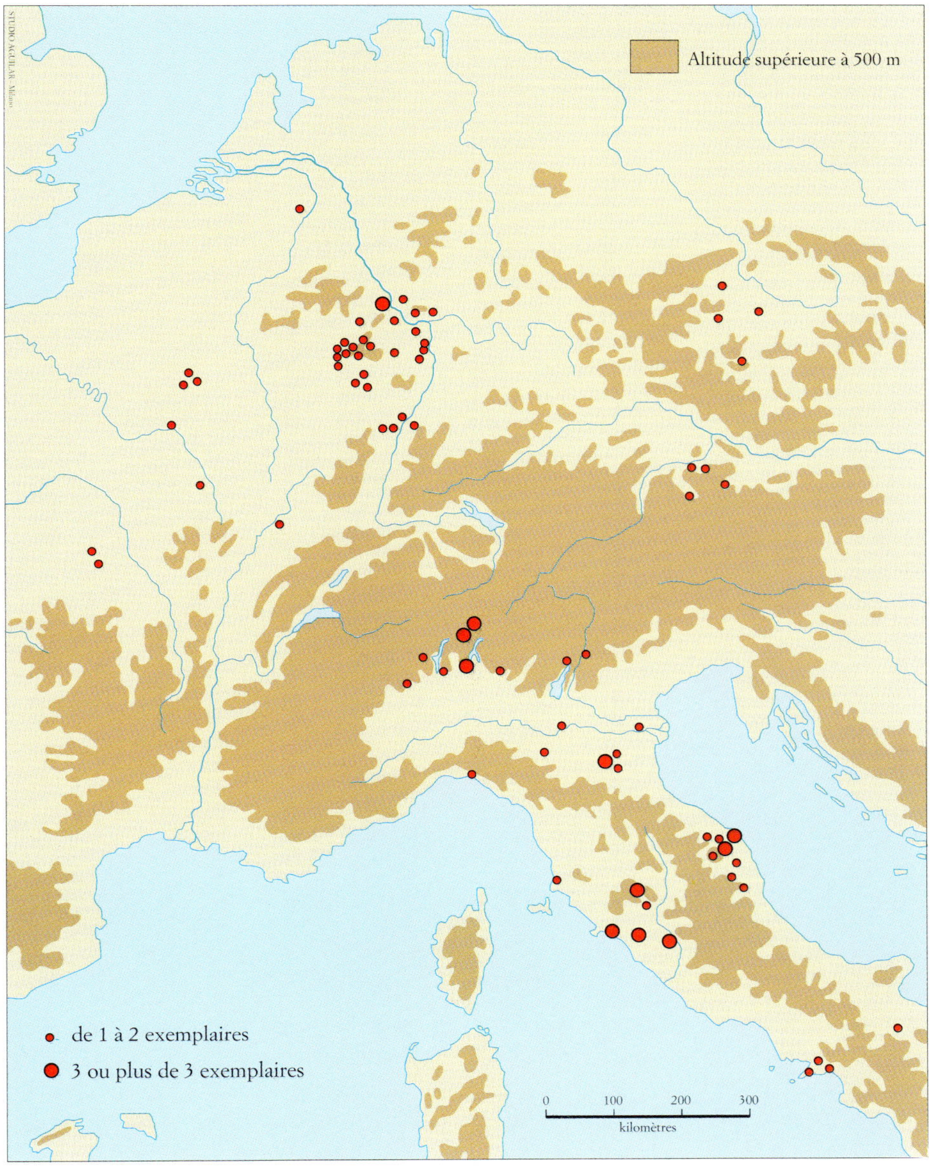

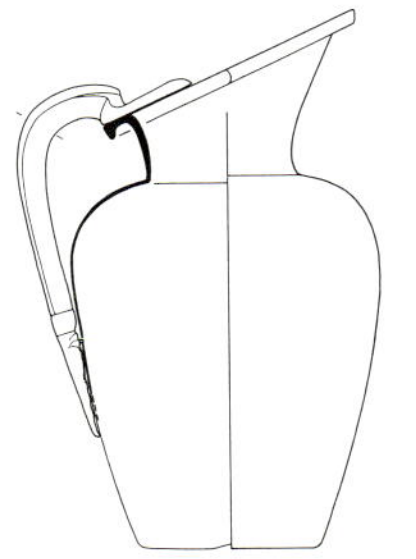

Diffusion de œnochoés du type "Schnabelkanne"

ainsi, par exemple, le temple de Závist en Bohême, dont le podium s'inscrit dans la tradition des podiums des temples étrusques (Bouzek 1992). L'adoption du répertoire ornemental gréco-étrusque, sa transformation en un nouveau langage stylistique (Frey 1986, p. 16 sq.) et les nouvelles traditions importées font penser à la reprise d'un système étranger homogène et cohérent, qui suscita des transformations profondes dans l'artisanat, dans la société et l'économie locales. On doit imaginer que des artisans étrusques ont, en grand nombre, noué des rapports étroits avec les commanditaires et les artisans locaux, et mis à leur disposition leurs connaissances et leur savoir-faire, tandis que des artisans celtes venus en Italie imitaient la céramique étrusque, reprenaient et adaptaient à leurs propres traditions des motifs décoratifs étrusques, et créaient ainsi un nouveau langage formel, original et de grande qualité, celui de l'art celtique. Les négociants, désireux d'élargir leurs marchés ou seulement intéressés par la vente de matières premières, eurent certainement aussi une place importante dans cette évolution. Mais ce processus fut de courte durée: il fut interrompu peu après le début du Ve siècle, par l'arrivée des Celtes qui venaient en Italie puiser directement aux sources de la civilisation.

BIBLIOGRAPHIE:
Actes Vienne, 1992; L. Aigner Foresti, Florence 1980; L. Aigner Foresti, Vienne 1988; B. Bouloumié, dans Actes Aix-en-Provence, 1979, p. 111 sq.; J. Bouzek, dans Actes Vienne, 1992, p. 361 sq.; L. Calzavara Capuis, dans *Gli Etruschi a nord del Po*, Mantoue 1987, p. 90 sq.; R. De Marinis (sous la dir. de), *Gli Etruschi a nord del Po*, Mantoue 1987; R. De Marinis, dans *Gli Etruschi a nord del Po*, Mantoue 1987, p. 52 sq.; K. Dobiat, Graz 1980; W. Drack, dans *Ur und Frühgeschichtliche Archäologie der Schweiz*, Bâle 1974, p. 19 sq.; M. Egg, dans "Archäologisches Korrespondenzblatt" 8, 1978, p. 37-40; M. Egg, dans *Römisch-germanisches Zentralmuseums* 11, Mayence 1986; M. Egg, dans "Archäologie Österreichs. Mitteil. der Osterr. Gesellschaft für Ur- und Frühgeschichte" 41, 2/2, 1991, p. 25 sq.; U. Fischer, Francfort 1979; O.-H. Frey, Berlin 1969; O.-H.Frey, dans *Die Hallstattkultur [...]* (Cat. Exp.), 1980, p. 80 sq.; O.-H.Frey, dans *Gli Etruschi a nord del Po*, Mantoue 1987, p. 11 sq.; S. Gabrovec, dans Actes Vienne, 1992, p. 203 sq.; A. Guidi, Marbourg 1983; *Die Hallstattkultur [...]* (Cat. Exp.), 1980; J. Hampel, Budapest 1886-1896; F.-W. von Hase, Munich 1969; H. Hencken, Cambridge 1971; A. Jockenhövel, Munich 1971; A. Jockenhövel, dans "Germania" 52, 1974, p. 25 sq.; W. Kimmig, Mayence 1983; W. Kimmig, dans Actes Vienne, 1992, p. 281 sq.; G. Kossack, dans "Jahrbuch des Römisch-Germanischen Zentralmuseums Mainz" 1, 1954, p. 111-178; G. Kossack, Berlin 1959; K. Kromer, Florence 1959; R. Lunz, Florence 1974; G. von Merhart, dans *Festschrift des römisch-german. Zentralmuseums Mainz*, 1952; F. Moosleitner, dans "Germania" 57, 1979, p. 53 sq.; H. Müller-Karpe, Berlin 1959; H. Müller-Karpe, Munich 1961; H. Nothdurfter, Berlin 1979; L. Pauli, dans *Gli Etruschi a nord del Po*, Mantoue 1987, p. 18 sq.; L. Pauli, dans Actes Vienne, 1992, p. 179 sq.; S. Sievers, Berlin 1984; F. Stare, dans "Archeološki Vestnik" 8, 1957, p. 219, n. 12, pl. 15,1; P. Stary, Marbourg 1979; E. Woytowitsch, Munich 1978.

Le commerce maritime dans le Sud de la France

Bernard Bouloumié

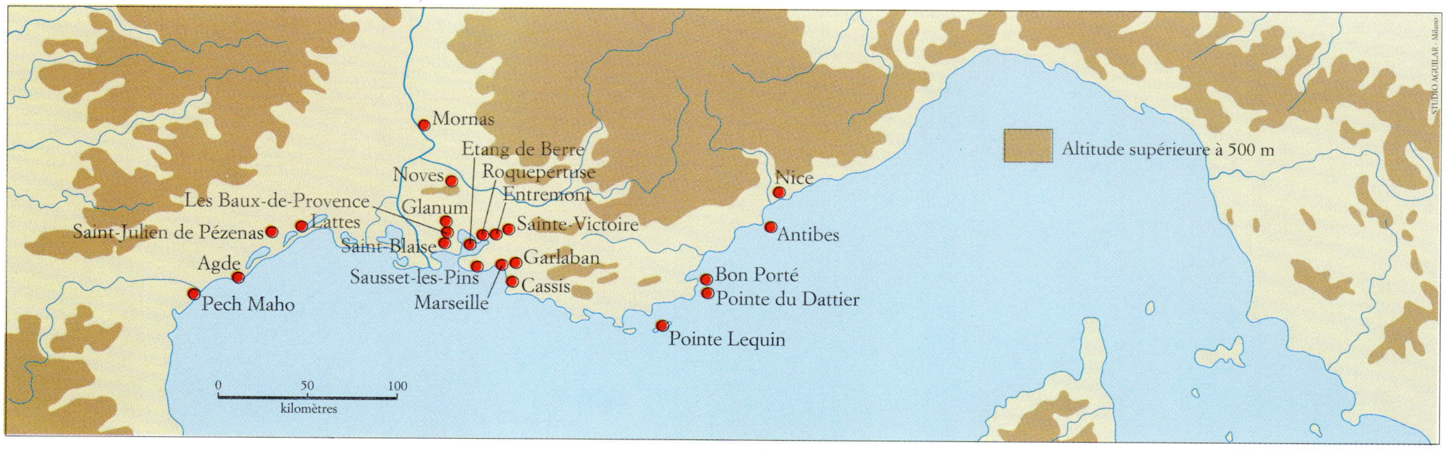

Le commerce maritime étrusque dans le Sud de la France

Une table ronde internationale a été réunie en 1975 à Aix-en-Provence pour faire le point sur la diffusion du *bucchero nero* en Gaule méridionale: plus de 60 sites répartis entre Provence et Languedoc en avaient alors fourni dans leurs couches du début de l'âge du fer, si bien qu'à l'heure actuelle, le bucchero constitue l'un des fossiles directeurs de cette période (seconde moitié du VIIe et VIe siècle av. J.-C.). Dans certains cas, son abondance étonne: plusieurs milliers de fragments, par exemple, à Saint-Blaise. La plupart du temps, le répertoire des formes se limite au canthare et à l'œnochoé, mais on connaît aussi un certain nombre d'olpés, de *kylikes* ou autres coupes, voire de plats. Dans les mêmes niveaux se rencontrent aussi, mais beaucoup plus rarement, des vases étrusco-corinthiens (coupes, aryballes et plats), de la céramique commune à dégraissant volcanique (bols, coupes, pots et marmites), et dans le même type de pâte que cette dernière catégorie de vases, les amphores vinaires de transport. On se souviendra, à leur propos, que leur identification comme étrusque est précisément due à leur association systématique avec le bucchero, tant dans les gisements terrestres que pour les cargaisons de certaines épaves, en particulier celle du Cap d'Antibes. Lorsqu'en 1975 s'est tenu à Marseille un colloque international sur les amphores étrusques et marseillaises archaïques, certains spécialistes hésitaient encore sur leur provenance, et il aura fallu attendre la magnifique exposition du musée de la Villa Giulia à Rome, en décembre 1983, pour qu'une typologie définitive soit établie à leur sujet.

Repérées donc et identifiées en Provence, ces amphores sont omniprésentes sur les *oppida* des régions aixoise et marseillaise, ainsi qu'autour de l'Etang de Berre: elles s'y trouvent en surface, dans les éboulis, souvent sous forme de très gros fragments. Nous en avons même ramassé au sommet du Garlaban et au pic des Mouches, point culminant du massif de Sainte-Victoire. Dans les fouilles d'habitats, ces amphores envahissent les niveaux archaïques: à Saint-Blaise, où H. Rolland en avait dégagé plus de huit cents exemplaires et où le sondage Q 8/9 des années 1978-1980 en a fourni treize cents fragments; à Marseille, où les couches de la première moitié du VIIe siècle les restituent par caisses entières; à Lattes

Coupe attique, peintre de Penthésilée, Aléria
475-450 av. J.-C.
Aléria, Musée Carcopino
Cat. 295

également, où elles constituent une couche uniforme sur tout le site. Dans d'autres cas, comme à Saint-Julien-de-Pézenas, ces amphores sont utilisées comme vases cinéraires, selon une coutume bien attestée par ailleurs, notamment à Camarine.

D'une manière générale, les gisements concernés se situent non loin de la côte et dans l'immédiat arrière-pays, en liaison étroite donc avec le trafic maritime. A cela s'ajoutent des tombes de chefs sous tumulus, particulièrement en Provence, qui contiennent des vases plus prestigieux en bronze, de production tout autant étrusque: il s'agit alors de bassins à bord lisse ou perlé, d'œnochoés du type dit rhodien et de *Schnabelkannen*. On a pu, à juste titre, se poser la question de la nature même de ces sites: l'abondance à Saint-Blaise ou à Lattes du matériel d'origine étrusque peut, en effet, faire penser à des comptoirs, voire à des *emporia* fréquentés majoritairement par des commerçants venus d'Etrurie. Des monnaies de Populonia, les seules monnaies étrusques jamais retrouvées hors d'Etrurie, ont été signalées sur un petit *oppidum* des rives de l'étang de Berre. A Lattes, quatre coupes d'*impasto* buccheroïde portent des graffites en alphabet et en langue étrusque (génitif féminin *vcial*). A cet égard, le document le plus remarquable est le plomb de Pech-Maho, publié il y a peu par M. Lejeune, dont une face est inscrite en ionien et l'autre, plus ancienne, en étrusque: six lignes avec une centaine de lettres, où apparaît à deux reprises le prénom *Venelus*. Le rapprochement avec les *emporia* de Gênes et d'Aléria semble ainsi justifié.

L'existence d'un intense trafic maritime est d'ailleurs corroborée par la découverte d'épaves et de gisements sous-marins. Pour ces derniers, il s'agit d'amphores récupérées en mer, en général à proximité de la côte: quatorze sites entre

Canthare de bucchero et fragments de canthares
épave du Cap d'Antibes
Antibes, Collection Pruvot
Cat. 283

Amphores étrusques du type B,
épave du Cap d'Antibes
Antibes, Collection Pruvot
(à gauche et au centre)
Cat. 280 et Cat. 281

Amphore étrusque du type A,
épave du Cap d'Antibes
Antibes, Collection Pruvot
(à droite)
Cat. 279

Nice et Agde. Quant aux épaves proprement dites, elles sont à l'heure actuelle au nombre de cinq, peut-être même six. La plus complète et la plus homogène en même temps est celle du Cap d'Antibes, dont la cargaison se composait de cent quatre-vingts amphores étrusques, trois amphores grecques "ionio-massaliotes", quarante canthares et vingt-cinq œnochoés de *bucchero nero*, six coupes et trois plats étrusco-corinthiens, une coupe et deux olpés ioniennes, trois bols, sept pots et quatre vases ansés en céramique commune et une lampe

Planimétrie de la fouille sous-marine du Cap d'Antibes

à bec punique. Le bateau, de petites dimensions, et dont les structures manquent, transportait également une grande cuve en céramique, trois jas d'ancre en pierre et sans doute des huîtres. L'épave de Bon-Porté I, malgré un pillage important, a fourni des amphores étrusques (une vingtaine) et des amphores grecques, "ionio-massaliotes", ioniennes et corinthiennes, ainsi qu'une œnochoé à bandes gréco-orientale. La coque "cousu" de ce petit navire de six à sept mètres de longueur constitue le plus ancien vestige de ce type en Méditerranée occidentale. L'épave de la pointe du Dattier, tout autant pillée que la précédente, associait de la même manière des amphores étrusques à des amphores grecques ("ionio-massaliotes" et ioniennes). Celle de Cassidaigne, à Cassis, a donné pour sa part une quinzaine d'amphores étrusques. A Sausset-les-Pins, des amphores massaliotes se trouvent mêlées à des amphores étrusques, de même qu'à la pointe Lequin IB. Enfin, dans la rade de Marseille, à l'Estéu-dou-Mieù, un site largement pillé et encore en cours de fouille rappelle l'épave du Cap d'Antibes avec plus de trente amphores étrusques et des fragments de canthares et d'œnochoés en *bucchero nero*.

L'analyse du matériel étrusque retrouvé tant sur les gisements terrestres que sous-marins, y compris les épaves, fait apparaître essentiellement deux bases de départ possibles: Cerveteri/Pyrgi et Vulci. C'est en effet à Pyrgi (donc, sans doute, à Cerveteri) qu'il faut rattacher les types d'amphores les plus répandus;

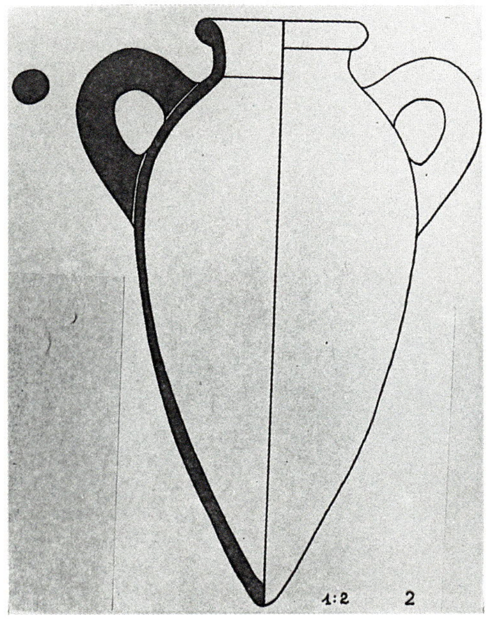

Amphores étrusques de transport
en haut: type B (Cat. 280-281-282)
en bas: type A (Cat. 278-279)

Lamelle de plomb provenant de Pech-Maho face avec inscription étrusque Première moitié du Vᵉ siècle av. J.-C. Sigean, Musée des Corbières Cat. 293

c'est aussi à Cerveteri qu'on place aujourd'hui les ateliers de production de la céramique étrusco-corinthienne du groupe *dei rosoni* et du groupe *a maschera umana*. Les amphores du type Bon-Porté et le bucchero de style transitionnel invitent par contre à regarder du côté de Vulci, tandis que certaines séries (lécythes à bandes et olpés de bucchero) ont été attribuées à Volsinies. Et naturellement, on n'oubliera pas Populonia, à cause des deux monnaies d'argent mentionnées plus haut. Au regard de la chronologie, les premières amphores, de même que les vases de bronze (bassins à rebord perlé et œnochoés "rhodiennes"), se placent dans le dernier quart du VIIᵉ siècle ou les premières décennies du VIᵉ siècle. Les épaves d'Antibes, de Bon-Porté, du Dattier et de Marseille sont, elles, à situer toutes dans le troisième quart de ce même VIᵉ siècle. Et les fouilles terrestres de Lattes, de Saint-Blaise, etc., montrent que, si le bucchero disparaît à l'orée du Vᵉ siècle, certains types d'amphores se rencontrent encore, mais de plus en plus rarement, jusqu'au début du IVᵉ siècle.

Une telle chronologie s'explique aisément par les besoins de l'Etrurie et par la nature même des échanges avec le Midi de la Gaule. On aura remarqué que les traces de ce commerce concernent toutes le vin, qu'il s'agisse de son transport ou des vases appropriés à sa consommation. Ce vin lui-même n'est pas uniquement d'origine étrusque: des amphores ioniennes et corinthiennes accompagnent les cargaisons en provenance de Pyrgi ou de Vulci, mais dans des proportions moindres, à titre de curiosités, d'exotisme sans doute. Les fouilles de Saint-Blaise montrent qu'on appréciait tout spécialement le vin de Chios – comme en Etrurie –, et qu'on était friand aussi des productions de Clazomènes (épaves de Bon-Porté et du Dattier). Ce vin était bu dans des canthares de bucchero, dans des coupes étrusco-corinthiennes, mais aussi dans des coupes ioniennes A1, B1, A2, B2, etc., ainsi que dans des bols "rhodiens" à oiseaux, à rosettes, à bandes ou autres, dont on attribuera l'importation aux mêmes "commerçants" étrusques, tant pour des raisons de chronologie que par comparaison avec ce même type de matériel largement attesté en Etrurie.

Pendant environ un siècle, un tel trafic n'a pas rencontré de concurrence. Même Marseille, pourtant fondée vers 600, est approvisionnée en vin d'Etrurie: l'épave de l'Estéu-dou-Mieù et l'abondance impressionnante des amphores étrusques sur tous les *oppida* avoisinants, tout comme dans les couches les plus anciennes de la colonie phocéenne, en témoignent avec clarté. C'est seulement dans le dernier quart du VIᵉ siècle que le vignoble massaliote devient productif, et que l'on voit petit à petit les amphores micacées si caractéristiques supplanter les non moins caractéristiques amphores étrusques. Notre connaissance du commerce maritime étrusque avec le Midi de la Gaule est ainsi limitée au seul fret d'aller, c'est-à-dire au vin et à sa vaisselle d'accompagnement. Pour ce qui est du fret de retour, nous sommes tenus de rester dans le domaine de l'hypo-

Lamelle de plomb provenant de Pech-Maho
face avec inscription grecque
460-430 av. J.-C.
Sigean, Musée des Corbières
Cat. 293

thèse, des présomptions et des vraisemblances liées aux besoins de l'Etrurie et aux ressources que la Gaule était à même d'offrir à cette époque. On considérera comme secondaires, mais non négligeables, les produits de la pêche (poissons, corail, pourpre), de l'élevage (viandes, charcuteries, peaux), de l'agriculture (céréales, fromages, miel), de la forêt (bois de construction navale, poix), et une éventuelle et même probable réserve de main-d'œuvre humaine. On notera aussi que Saint-Blaise, le comptoir le plus fréquenté par les Etrusques, était un *oppidum* du sel, et que cette denrée, fondamentale pour de nombreux usages et plutôt rare en Etrurie, a certainement joué un rôle de premier plan dans l'attrait des commerçants étrusques pour les rivages provençaux.
Cela dit, il ne serait pas raisonnable de penser qu'un trafic aussi intense en direction du Midi de la France ait été motivé par ce seul type de ressources. On dispose, au contraire, d'un faisceau d'indices assez convaincants pour envisager que cette région ait représenté aux yeux des Grecs comme des Etrusques un véritable centre d'approvisionnement en métaux. D'abord l'or, qui manque tout à fait en Etrurie, et dont de nombreux témoignages littéraires et archéologiques confirment l'abondance remarquable en Gaule, et en particulier en Gaule du Sud. Et, à l'époque qui nous intéresse, il était sans doute plus disponible ici qu'ailleurs.
Il y a aussi le fameux étain, nécessaire à la confection du métal le plus utilisé alors, le bronze. Rare en Etrurie, et selon toute probabilité inaccessible aux métallurgistes étrusques, il n'était pas obligatoirement extrait, comme on le dit trop souvent, en Grande-Bretagne. D'importants gisements protohistoriques sont attestés en Gaule même, dans l'Ouest, le Centre et le Midi. Utilisable sous la forme de minerai brut, il pouvait, par ailleurs, être "commercialisé" comme bronze avec des teneurs variables, parfois tellement élevées qu'on est bien forcé de le considérer comme métal de simple troc. Tout le territoire de la Gaule regorge de cachettes et dépôts de fondeurs, dont les plus intéressants ici sont les fameux dépôts "launaciens" qui prolifèrent dans le Midi à l'âge du bronze final III, donc au moment où les premiers bateaux étrusques fréquentent cette région. Il semble bien, une telle concomitance n'étant pas le fruit du hasard, qu'un véritable marché du métal y ait été organisé, dont les destinataires étaient ces commerçants de Pyrgi ou de Vulci, qui ne disposaient comme monnaie d'échange que de leur vin et de sa vaisselle de service.

BIBLIOGRAPHIE:
Actes Rome, 1985; B. Bouloumié, Marbourg 1982; B. Bouloumié, dans "Revue archéologique de l'Est et du Centre-Est" 32, I, 1981, p. 75-81; B. Bouloumié, dans "Quaderni della Scuola di Specializzazione in viticultura ed enologia" 7, 1983, p. 165-188; B. Bouloumié, dans Actes Florence, 1989, p. 813-892; B. Bouloumié, dans Actes Madrid, 1989, p. 213-221; G.Colonna, dans "Studi Etruschi" 48, 1980, p. 181-185; M. Lejeune et al., dans "Revue archéologique de Narbonnaise" 21, 1988, p. 19-59; *Voyage en Massalie [...]* (Cat. Exp.), Marseille 1990.

Les Etrusques et la péninsule Ibérique

Martin Almagro-Gorbea

La péninsule Ibérique, située à l'extrémité occidentale de la Méditerranée, pose des problèmes particuliers, lorsqu'on étudie ses relations avec le monde étrusque. Le nombre croissant des découvertes permet de connaître de manière toujours plus précise les contacts qui unissaient ces deux régions dans l'antiquité; on peut par ailleurs établir d'intéressantes comparaisons entre le monde étrusque et le monde tartesso-ibérique, fruits de l'évolution culturelle de deux contrées méditerranéennes au contact des peuples colonisateurs que sont les Phéniciens et les Grecs.

Toutefois, malgré la proximité géographique et culturelle de ces deux mondes, les études étruscologiques ont en Espagne peu stimulé la recherche historique et archéologique, bien moins en tout cas que dans les pays voisins. Il ne faudrait pas cependant considérer ces recherches limitées comme un manque d'intérêt pour cette civilisation du monde antique, mais plutôt comme une conséquence de la carence traditionnelle des études archéologiques en dehors du domaine spécifiquement ibérique; carence qui peut s'expliquer par la crise culturelle et politique que subit l'Espagne à partir du XIXe siècle, contredite seulement par quelques rares, mais notables exceptions, dont témoigne l'intérêt que le marquis de Salamanque portait à l'antiquité dans la seconde moitié du siècle: ses collections sont en grande partie aujourd'hui conservées au Musée archéologique national de Madrid. Depuis ces dernières années, les chercheurs qui, en Espagne, s'intéressent aux Etrusques, s'attachent surtout à étudier les contacts culturels qui existaient dans l'antiquité entre les deux péninsules qui encadrent la Méditerranée occidentale.

L'exploration de ce domaine, entreprise il y a déjà soixante-quinze ans, alors qu'on cherchait une explication commune aux cultures ibérique et étrusque, a suscité ces derniers temps parmi les érudits espagnols et étrangers un intérêt croissant et sans cesse renouvelé par les découvertes et les continuelles remises en question. Des contacts plus fréquents et plus étroits entre Espagne et Italie forgent aussi actuellement une tradition d'études dans d'autres domaines de l'étruscologie, et plus particulièrement dans ceux de la religion et de la recherche historique. On citera pour preuve de ces intérêts divers et croissants la table ronde qui s'est récemment tenue à Barcelone, dont les actes (parus sous la direction de J. Remesal et O. Musso, 1991) reflètent bien l'état de la question et présentent les dernières découvertes étrusques dans la péninsule Ibérique.

Toute recherche d'interprétation doit tenir compte de la dispersion géographique et de la chronologie des objets découverts: ce sont ces données qui permettront de reconstruire en effet les relations qui existaient dans l'antiquité entre l'Espagne et l'Etrurie et de découvrir leur signification historique. Des objets étrusques ont été découverts sur une cinquantaine de sites de la péninsule Ibérique, éparpillés le long de la côte méditerranéenne et de la partie méridionale de la côte de l'Atlantique, situés quelquefois dans l'arrière-pays du littoral atlantique, d'où ils gagnaient l'intérieur. Leur dispersion est quelque peu irrégulière: les lieux de trouvailles sont concentrés dans l'Ampurdan, vers l'embouchure de l'Ebre, dans les Baléares et dans la zone du Sud-Est, la Costa del Sol et le cours inférieur du Guadalquivir; ils sont séparés par de grands espaces aux découvertes rares.

A ce tableau des découvertes correspond l'état de la recherche qui ne traite dans

Les exportations étrusques et italiques, leurs imitations et leurs variantes dans la péninsule Ibérique

sa grande majorité que de découvertes isolées bien que sur les sites fouillés systématiquement, comme Ampurias ou Ullastret en Catalogne, Toscanos ou Guadalhorce près de Malaga, les pièces, plus nombreuses et plus variées, permettent de préciser la documentation. Celle-ci donne une image logique et cohérente, et peut être déjà considérée comme valable. Elle révèle bien un commerce marginal, mais plus étendu que ne le laisse supposer la seule dissémination côtière. Ce commerce était dirigé vers des zones stratégiques de l'activité coloniale, comme le golfe de Rosas, dépendant de la colonie d'Ampurias, l'embouchure de l'Ebre, porte d'accès aux villages de l'intérieur, le Sud-Est, que les découvertes de Los Villares, Pozo Moro et Segobriga permettent de considérer comme une voie de pénétration vers la Meseta, les colonies phéniciennes de Toscanos à Cadix, le domaine tartessien de Huelva et le cours inférieur du Guadalquivir, qui ouvre à ce commerce l'arrière-pays minier jusqu'à Cancho Roano et El Raso.

La nature des découvertes, constituées pour l'essentiel de vases à vin en bucchero – canthares le plus souvent, œnochoés, mais aussi amphores, coupes et *kyathoi* – met en valeur la caractéristique du commerce dirigé vers ces différentes régions; les amphores vinaires, repérées par ailleurs en toujours plus grand nombre, confirment qu'on a affaire ici au commerce du vin étrusque, qui était très prisé; rares en effet sont les céramiques étrusco-corinthiennes: mise à part la coupe "à masque humain" d'Ullastret, ce sont généralement des vases à parfum. La prédominance des importations métalliques composées surtout de services à boisson, dans certaines régions, ne trouve pas cependant nécessairement son explication dans l'exportation de vin, mais dans la valeur somptuaire de ces services. Dans l'Ampurdan, et plus particulièrement sur le site de la ville grecque d'Ampurias et sur celui de la ville ibérique d'Ullastret, la prédominance des amphores de transport et du bucchero laisse supposer, malgré l'existence de quelques objets de toilette comme les aryballes étrusco-corinthiens, qui conte-

Tasse etrusco-corinthienne
milieu du VIe siècle av. J.-C.
Ullastret, Museu
Cat. 303

Miroir en bronze à décor gravé, Ampurias
vers 300 av. J.-C.
Barcelone, Museu Arqueológico de Barcelona
Cat. 300

naient du parfum, ou le miroir d'Ampurias, rare importation de type somptuaire, un commerce du vin semblable à celui du Languedoc. Le même type de commerce peut être mis en évidence dans la zone de l'Èbre, et d'autant plus clairement que la situle en bronze de La Pedrera peut elle-même être interprétée en faveur d'un commerce de ce type. Le bucchero constitue aussi, à l'exception de quelques pièces remarquables, comme l'œnochoé en bronze de Malaga, prestigieuse pièce du service à vin, la majorité des objets importés dans les colonies phéniciennes.

Dans les autres régions les objets isolés prédominent, objets en bronze pour la plupart, exceptionnellement en ivoire, comme le très précieux coffret de Los Villares. Nombre de ces objets, olpés et œnochoés plus ou moins décorées, bassins à rebord perlé..., proviennent des riches tombes ibériques d'El Cigarralejo, de Pozo Moro ou de l'Alcurucen pour ne citer que quelques exemples: ce contexte explique en partie leurs caractéristiques et leurs similitudes avec les objets véhiculés par le commerce étrusque vers les zones transalpines. Mais on peut aussi souligner dans la zone tartessienne la présence de matériel étrusque dans le palais

orientalisant de Cancho Roano et dans le sanctuaire de La Algaida, où de somptueux vases exotiques, bijoux et figurines, furent utilisés dans des rites aristocratiques ou disposés comme ex-voto.

Enfin, les Baléares présentent, comme bien souvent, une problématique particulière. Il faut, pour interpréter le faible nombre des vestiges trouvés récemment à Ibiza, tenir compte des secteurs puniques de Carthage et de la Sardaigne, qui devaient jouer le rôle d'escale entre l'Etrurie et l'Ibérie. A Majorque et Minorque, les vestiges étrusques sont constitués pour leur part et pour l'essentiel de petits bronzes, trouvés dans les sanctuaires, associés à d'autres figurines provenant d'Italie du Sud ou même d'origine locale et que l'on a, pour cette raison, interprétés comme des ex-voto dédiés par les fameux mercenaires des Baléares, réputés dans l'antiquité pour être des plongeurs émérites. On pourrait peut-être étendre cette interprétation aux casques de Gava et à la *machaira*, l'épée courte, d'Elche, mais en l'absence d'autre information sur leur contexte, ces armes ne peuvent qu'attirer l'attention sur des similitudes jusqu'ici sous-estimées.

Cette rapide synthèse demande qu'on analyse l'itinéraire suivi par les objets étrusques exportés vers la péninsule Ibérique, pour déterminer s'ils furent importés directement d'Etrurie par le commerce étrusque ou indirectement par l'intermédiaire des colonies gréco-phocéennes ou phénico-puniques. On manque d'éléments de jugement décisifs, comme pourraient l'être des inscriptions étrusques, pour trancher définitivement cette question largement discutée en faveur d'un commerce étrusque direct. L'absence d'information ne peut être considérée cependant comme une preuve négative suffisante, qui plus est dans un domaine où les connaissances ne cessent de croître.

La réalité est sans doute plus complexe qu'on ne l'a supposé jusqu'à maintenant. Les épées de type "Terni" de Betera ou les fibules de type *a sanguisuga* provenant de la côte atlantique, comparables à d'autres pièces villanoviennes découvertes au nord des Alpes, mais presque oubliées par les spécialistes car difficiles à interpréter, prouvent ainsi l'existence d'importations à partir de l'époque villanovienne. Pour le commerce archaïque, il faudrait identifier la provenance, la chronologie et le contexte des objets étrusques découverts dans la péninsule Ibérique pour savoir si le commerce étrusque vers l'Espagne était direct et parvenait aux marges de la colonisation phocéenne, comme dans le Sud de la France.

Dans la péninsule Ibérique, les trouvailles étrusques bien documentées d'Ampurias, d'Ullastret, de Toscanos, de Malaga, ou de Guadalhorce... apparaissent, dès le début du VIe siècle av. J.-C., associées à des importations phocéennes, en Catalogne comme dans les comptoirs phéniciens du Sud, et laissent donc la question ouverte. Mais quelques gisements comme ceux d'Illa d'en Reixach, offrent du bucchero à un niveau stratigraphique antérieur au niveau des importations ioniennes et permettent de supposer l'existence d'un commerce étrusque direct. On a émis l'idée que les importations étrusques dans les zones phéniciennes de l'Espagne pouvaient suivre des circuits commerciaux qui leur étaient propres, par la Sardaigne ou Carthage. Le commerce d'objets étrusques en Extrême-Occident reflète la complexité du monde colonial en Méditerranée occidentale au VIe siècle av. J.-C. et reste un sujet de débat largement ouvert.

Manche de passoire, Cancho Roano
Première moitié du VIe siècle av. J.-C.
Badajoz, Museo Arqueológico Provincial
Cat. 304

Mais il convient de signaler encore pour son intérêt un dernier aspect des relations Ibérie-Etrurie et de relever les parallèles que peuvent offrir les vestiges archéologiques des deux régions. Ces ressemblances s'observent dans différents domaines culturels: tombes à chambre (Tutugi), palais (Campello, Cancho Roano), éléments sculptés (Bicha de Balazote, Malla), techniques d'orfèvrerie (trésors d'Aliseda...), armement (*machairai*, *kardiophylakes*), sans oublier les motifs iconographiques de la patère de Tivissa ou du monument de Malla... Très souvent de tels éléments ont été interprétés comme des influences étrusques dans le monde tartessien ou ibérique. Il existe, en effet, quelques cas d'imitations d'objets étrusques, comme le stamnos-situle d'Ullastret ou l'œnochoé d'Illa d'en Reixach, le vase en bronze de Don Benito et celui de Grenade, de type rhodien, ou les ex-voto de Despeñaperros... Mais dans la majeure partie des cas cités, ces ressemblances sont dues à la similitude des cultures ibérique et étrusque plus encore qu'aux liens réels qui peuvent les unir. Elles sont en fait le fruit de l'évolution similaire de deux cultures depuis toujours considérées comme parallèles, toutes deux fortement influencées par l'Orient, avec une différence pourtant: l'Etrurie est beaucoup plus ouverte au monde hellénique que l'Ibérie. Il ne faut pas non plus oublier les importations ibériques en Etrurie: presque toutes tardives et contemporaines des importations étrusques les plus récentes, bronzes et céramiques à vernis noir, qui, en raison de leur datation à l'époque hellénistique, échappent au cadre de cette exposition. Pour la même raison, nous n'aborderons pas non plus ici la vieille polémique suscitée par l'existence d'éventuels éléments linguistiques communs, surtout dans le domaine de la toponymie, selon une théorie développée par A. Schulten et encore sujette à révision. Les contacts entre l'Etrurie, la région de Tartessos et l'Ibérie proposent, quoi qu'il en soit, un champ d'étude d'un très grand intérêt à qui veut approfondir sa connaissance des premières cultures urbaines de la Méditerranée occidentale et mieux comprendre leur processus de formation dans le cadre de la colonisation antique.

BIBLIOGRAPHIE:
M. Almagro, dans "Boletín Arqueológico de Tarragona" 49, 1949, p. 97-102; M. Almagro-Gorbea, dans Actes Florence, 1989, p. 1149-1160; J. Alvar, dans *Flotta e commercio greco [...]*, [en cours d'impression]; A. Arribas-G. Trias, dans "Archivio Español de Arqueología" 34, 1961, p. 18-40; J.M. Blázquez, Salamanca 1975; J. Gran Aymerich, Madrid [en cours d'impression]; J.P. Morel, dans Actes Florence-Populonia-Piombino 1981, p. 463-508; J. Remesal-O.Musso (sous la dir. de), Barcelone 1991; W. Schule, Berlin 1969; B.B. Shefton, dans *Phönizier im Westen*, Mayence 1982, p. 337-370.

Les relations transalpines

Richard Adam
Dominique Briquel
Jean Gran-Aymerich
David Ridgway
Ingrid Strøm
Friedrich-Wilhelm von Hase

Dans l'Europe du Centre-Ouest

L'importation d'objets étrusques et italiques au nord des Alpes est un phénomène bien connu du grand public depuis les riches découvertes de Vix, de Hochdorf (Rhénanie) ou de Gurgy. Ces trouvailles sensationnelles, présentées lors de grandes expositions internationales comme *Trésors des princes celtes*, ont redonné un nouvel élan à l'étude de fouilles anciennes, comme celles de Magny-Lambert, Mercey et Apremont, Conliège ou Bourges. L'étude typologique avait auparavant été menée par S. Boucher et B. Bouloumié (statuaire, œnochoés); on se préoccupe davantage maintenant des aspects sociologiques des sépultures princières. Mais ces grands arbres ne doivent pas cacher la forêt des centaines d'objets ordinaires, répartis dans plusieurs dizaines de musées de province, dont le recensement intégral est actuellement en cours. Il faut ainsi distinguer des objets de prestige, qui ont pu parcourir des trajets supérieurs à mille kilomètres jusqu'aux grands tumulus hallstattiens qui ont attiré l'attention des fouilleurs du siècle dernier, les modestes artefacts issus d'échanges plus ordinaires, et les matériaux bruts transportés d'un versant à l'autre des Alpes et travaillés localement.

C'est au Néolithique final et au Chalcolithique, dans les civilisations chasséenne, Saône-Rhône et campaniforme, à partir du IIIe millénaire, que s'établissent les premiers échanges transalpins, dont ne survit guère que la pierre dure extraite en Val d'Aoste et près du mont Viso, qui se répand dans les vallées alpines, jusqu'à l'Ain, et le long de la côte provençale. La roche verte du Val d'Aoste parvenait sur le versant français des Alpes sous la forme d'ébauches et y était polie pour devenir haches, herminettes, armatures de flèches. Un exemplaire de Tarentaise a été analysé, et sa composition indique qu'il provient du versant italien. Mais sur les quelque 200 haches et herminettes en roche verte conservées à Grenoble, on note aussi une forte minorité de roches locales.

Les Alpes de l'âge du bronze connaissent, comme toute l'Europe, des échanges technologiques et culturels intenses, surtout à l'époque des Champs d'Urnes, à partir du XIIe siècle. Le fer est connu en Gaule deux siècles plus tard qu'en Italie: la hache d'Etrembières est proche de nos types de l'âge du bronze final, mais le resserrement de ses ailerons la rattache au villanovien de Bologne et Vetulonia, et la lettre étrusque χ gravée sur son talon confirme l'importation - soit dans un contexte déjà aristocratique, s'il s'agit d'une arme de parade, soit en raison d'une fonction prémonétaire. Réciproquement, des haches alpines (Allevard) on été exportées en Piémont (Brebbia, Pinerolo). D'origine moins sûrement italique, certains ornements (des pendentifs à spirales en fil de bronze) et outils découverts anciennement dans les stations palafittiques du lac du Bourget témoignent au minimum d'influences; provenant de ces mêmes stations, des décors sur céramique et des statuettes de terre cuite voient s'ajouter, aux techniques continentales des Champs d'Urnes, quelques traits stylistiques protovillanoviens; de Pralognan-la-Vanoise, et peut-être aussi du lac du Bourget, à l'extrême fin de notre âge du bronze, proviennent des rasoirs villanoviens typiques. Ce sont finalement assez peu d'objets clairement italiques qu'on peut recenser pour ces périodes, même si, par erreur, certains auteurs citent comme italiques des épées et poignards qui sont en fait rhodaniens.

Les exportations étrusques et italiques et leur imitations au-delà des Alpes: l'Europe du Centre-Ouest

L'essor le plus décisif de ces échanges date clairement du début de l'âge du fer alpin, où la pénétration hallstattienne ne se manifeste pas avant le VIe siècle, et les objets caractéristiques sont des fibules, des pendentifs, des fermoirs de ceinture. Les fibules de l'arc alpin sont pour la plupart de type Golasecca et produites dans le Tessin italien; en Suisse, elles sont plus fréquentes près du Saint-Gothard, et se répartissent des Grisons (Mesocco) et du Tessin (Muzzano) au Valais (Ritzingen, Loësche-les-Bains, Saint-Nicolas); en France, on citera celles de Saint-Jean-de-Maurienne et Lanslevillard, Meyronnes, les pendentifs de Guillestre et Orpierre. Quand on les connaît, les contextes sont presque toujours funéraires, et couvrent le Hallstatt final et le début de La Tène ancienne (VIe et Ve siècles).
Les lieux de fabrication ne se limitent pas à l'aire tessinoise: celle-ci étant en contact avec Bologne, Este, le Picenum et l'Etrurie, on trouve, dans les Alpes françaises et en Suisse comme dans le Tessin italien, des objets de ces diverses régions: fibules vénètes à protubérances à Chavignières-en-Avançon (avec un vase à puiser en bronze de même provenance), Habère-Lullin; fibules Certosa à appendice à bouton de l'Ubaye, Loetschen, fabriquées dans la région de Bologne. C'est à partir des types Certosa et Golasecca que se développeront les fibules alpines à bouton terminal et ressort externe, et celles à grand disque à la tête de l'arc. On rencontre à La Motte d'Aveillans des pendentifs qui auraient pu être fondus dans un moule trouvé à Sirolo dans le Picenum. L'origine des fibules *a sanguisuga* est plus difficile à déterminer puisqu'elles sont à peu près identiques de Bologne à Cumes, et celle de l'Oisans, comme l'agrafe de ceinturon de Lanslevillard et le bassin à marli décoré de bossettes de Serres, doit probablement être attribuée à l'Etrurie.
La diffusion de ces types s'étend aussi largement au-delà des territoires voisins de l'Italie: en contexte funéraire, on trouve à Bourges, faubourg de Mazières, une fibule serpentante à disque terminal; à Flagey, Ivory, Grosseibstatt, Dricourt des fibules *a sanguisuga* ou à boutons latéraux dans des tombes sous tumulus; à Larnaud et Mulhouse-Ratzedœrfle, on a joint des fibules italiques à des

dépôts de bronzes; à Saint-Aignan, un trésor de monnaies romaines, républicaines et impériales, comprenait deux minuscules fibules d'or étrusques. Mais pour la centaine d'autres fibules censées provenir du territoire français, les conditions de découverte sont inconnues: une grande partie d'entre elles a dû être acquise sur le marché des antiquités italien au siècle dernier.

Quelle peut être, dans ces conditions, la signification de ces objets? Il faut examiner à part les échanges de proximité attestés en Suisse, dans les Alpes et le Jura: fibules, pendentifs ou ceintures, les objets importés qui accompagnent le mort dans sa tombe appartiennent au vêtement et à la parure; le défunt les portait comme preuve de sa richesse ou de ses contacts personnels avec le versant italien des Alpes; ils matérialisaient un privilège social ou désignaient, comme un sauf-conduit, ceux qui commerçaient avec l'autre versant. Dans les dépôts en revanche, les objets de parure étrangers n'ont d'autre valeur que d'échange avec les humains (poids du métal brut) ou avec les dieux (dépôts votifs). On pourrait, pour Mulhouse, suggérer qu'un bronzier local ait rapporté d'Italie des échantillons pour s'en inspirer, car sur dix fibules il n'y en a pas deux semblables, mais à cette époque (VIIe siècle), on dépose plutôt du matériel à refondre, et les autres objets du dépôt étaient en piteux état. A Larnaud, le fragment de fibule et la statuette de bovidé italiques, mêlés à des déchets de bronze indigènes, étaient à l'évidence destinés à la refonte.

C'est en revanche une fonction votive qu'ont dû assurer les quelques statuettes archaïques de guerriers, d'orantes et de bovidés produites à Volterra ou Arezzo à la fin du VIIe siècle, diffusées en Italie padane et en Gaule: probablement en dépôt à Menthon, dans le lit de la Cure près de Vézelay, non loin de la Seine à Montaulin, en dépôt à Thorigné-en-Charnie et à Châtillon-sur-Seiche. Atteignant la Normandie et la Bretagne, leur diffusion dépasse les frontières du monde hallstattien et pénètre le domaine de l'âge du bronze final atlantique.

Le centre de la Gaule est traversé par la Loire et par les voies qui relient son embouchure au couloir Rhône-Saône. Cette région Centre, que les anciens plaçaient au cœur de l'isthme gaulois, constitue le verrou occidental de l'un des principaux réseaux de communication qui parcourent l'Europe: celui qui relie la façade atlantique au continent (échanges est-ouest) et au monde méditerranéen (échanges nord-sud). Ces longs parcours terrestres connaissent une phase d'intense activité au premier âge du fer et au début du second, et intéressent les populations préceltiques et celtiques, ainsi que les Grecs et les Etrusques. La richesse des aristocrates locaux, comme ceux dont l'habitat et les tombes ont été tout récemment reconnus sur le site de Bourges, s'expliquerait par leur situation au point de jonction de ces voies, en particulier de l'axe commercial alpin-franc-comtois et de l'axe commercial Rhône-Saône.

Les importations de la période de la plus grande expansion des Etrusques (fin du VIIIe à la seconde moitié du Ve siècle) attestées au centre de la Gaule sont pour l'essentiel des pièces de parure (comme les fibules) et des vases de banquet en bronze (comme les cruches à vin, ou œnochoés), qui se généralisent à partir de la fin du VIe siècle, au moment où les céramiques grecques, liées elles aussi au banquet aristocratique (coupes et amphores à vin), font leur apparition. On

Œnochoé de type Schnabelkanne, *Bourges vue d'ensemble et détail de l'embouchure*
Seconde moitié du Ve siècle av. J.-C.
Bourges, Musée de la Ville de Bourges
Cat. 327

connaît encore d'autres importations, comme les pièces d'armement (épées, casques), les matières premières – parmi lesquelles le corail et l'ivoire peuvent être mis en rapport avec les exportations étrusco-italiques –, enfin les denrées périssables ou de consommation, en particulier le vin. Le monde des images aussi fait irruption, et joue un rôle important dans la formation du premier art celtique laténien: en témoignent les statuettes (comme celle de Bourges, avec l'un des motifs les plus répandus, celui du Mars italique nu) ou les bronzes d'applique étrusques, ainsi que les influences décelables dans les productions locales.
Depuis les travaux pionniers de Henri Schuermans en 1872 et Hermann Genthe en 1874, les trouvailles étrusques dans le centre de la Gaule se sont multipliées, et leur association avec les importations grecques s'est décidément imposée, ainsi que le rôle actif des populations celtiques et préceltiques – comme Joseph Déchelette l'avait mis en relief dès 1914.
Ces dernières années, les recherches dans les régions de l'axe de la Loire on été marquées par la réévaluation des découvertes faites en contexte funéraire au siècle dernier, et par l'apport des nouvelles fouilles sur les habitats: ainsi W. Kimmig a réexaminé la plaque de ceinture du musée Dobrée de Nantes, J.-R. Jannot a proposé de nouvelles hypothèses sur les fibules d'or *a sanguisuga* de Saint-Aignan, l'épée à antennes de type tarquinien d'Amboise a été revue par G. Cordier, R. Chevallier a inclus l'étude de l'œnochoé de Saint-Etienne-de-Chigny, près de Tours, dans son analyse de cet axe de la Loire comme "troisième route de l'étain en Gaule", et enfin les bronzes retrouvés en une extraordinaire concentration à Bourges et dans ses environs font actuellement l'objet d'analyses.
C'est précisément sur ce site de Bourges que le programme d'archéologie urbaine engagé par le service archéologique municipal, en collaboration avec d'autres institutions comme le CNRS, fournit les preuves de la présence d'un riche habitat. Cette résidence princière, avec importation de céramiques grecques de

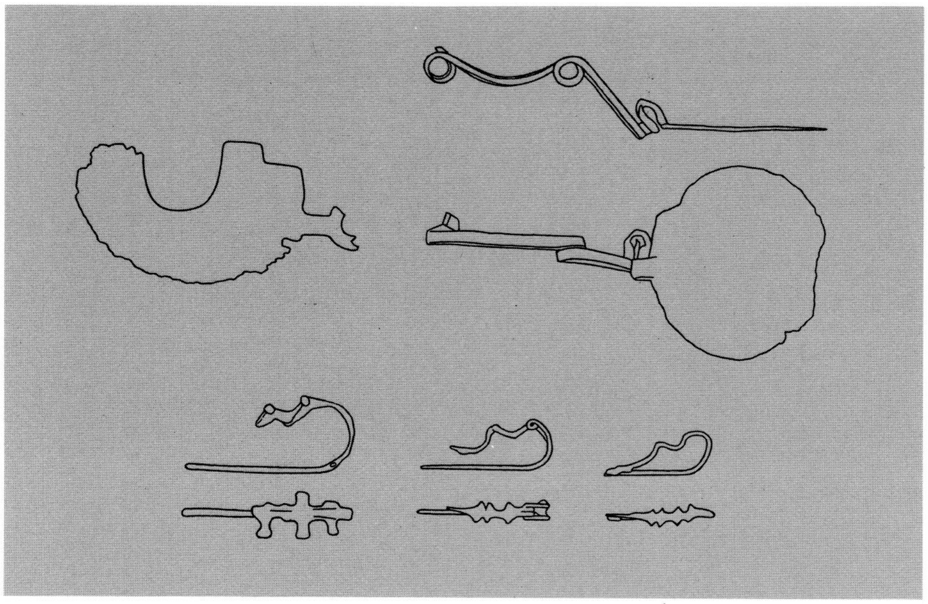

Exportations étrusques et italiques, ou imitations découvertes sur le territoire de Bourges VIIIe-VIIe siècle av. J.-C.

grande qualité, de la fin de l'époque de Hallstatt et du début de La Tène, vient compléter ce qu'on savait avec la découverte au siècle dernier de tombes aristocratiques, dont certaines sous tumulus, qui ont livré les importations étrusques conservées au musée du Berry, à Saint-Germain-en-Laye et dans les collections privées (voir *Actes Vienne*, 1988).

Dans la Gaule intérieure, les sites qui fournissent des importations étrusques sont d'une part les tombes aristocratiques, d'autre part les habitats avec résidences princières situés à proximité des plus importantes d'entre elles, enfin les dépôts de rivières ou de marécages, vraisemblablement à caractère votif. Aux sites les plus occidentaux jusqu'ici identifiés de Château-Salins dans le Jura et du Mont-Lassois-Vix en Bourgogne, il faut ajouter plus à l'ouest la nécropole de Gurgy, à proximité d'Auxerre, et dans la région Centre le site de Bourges, constitué d'un habitat de type princier, entouré de tombes aristocratiques auxquelles s'ajoutent des trouvailles de rivière.

Mais il faut avoir conscience que ces contacts entre monde hallstattien et monde étrusque de la fin du VIIIe et du VIIe siècle ne sont pas à sens unique. Certes, nous sommes frappés par la diffusion, très large en Europe continentale, de bronzes étrusco-italiques. Il suffit de citer les rasoirs en demi-lune du type Benacci, attestés jusqu'en Gaule par les exemplaires de la forêt de Mulhouse et de Bourges, les épées à antennes de type tarquinien comme celle d'Amboise sur la Loire, les casques à crête, tels que celui d'Armancourt sur l'Oise, les fibules serpentiformes comme celles de Besançon et de Bourges, les agrafes de ceinture comme celles de Châtel-Gérard ou de Nantes, enfin les premiers vases en bronze représentés par le biconique de Gerenlinghausen, la pyxide d'Appenwihr en Alsace et les bassins côtelés comme ceux de Poiseul-la-Ville. Mais il ne faut pas négliger la contrepartie attestée par les objets métalliques venant du nord retrouvés en territoire étrusque et la présence même d'artisans hallstattiens en Toscane.

Il en va de même au cours de la deuxième phase d'échanges, qui se développe au VIe et au Ve siècle. Elle aussi est marquée par des contacts jouant dans les deux sens: ce qui répond au témoignage de Tite-Live sur la première présence celte en territoire italique, que vient confirmer une découverte épigraphique comme celle révélant, avec le Katacina d'Orvieto, la présence d'un Celte complètement étrusquisé dans cette cité toscane. Dans l'autre sens, nous sommes alors au moment de l'exportation vers les régions les plus lointaines, comme le centre de la Gaule, de vases en bronze formant des services de banquet aristocratique – principalement œnochoés et vases destinés à mélanger et à présenter la boisson, *stamnoi* et cistes à cordons.

Même si la tendance actuelle est à la réévaluation des boissons alcoolisées locales, il ne fait pas de doute que le vin a eu une place symbolique très importante, dans les échanges entre le monde continental et les Grecs et les Etrusques. Le vin, offert ou échangé avec les notables de la Gaule interne au VIe et au Ve

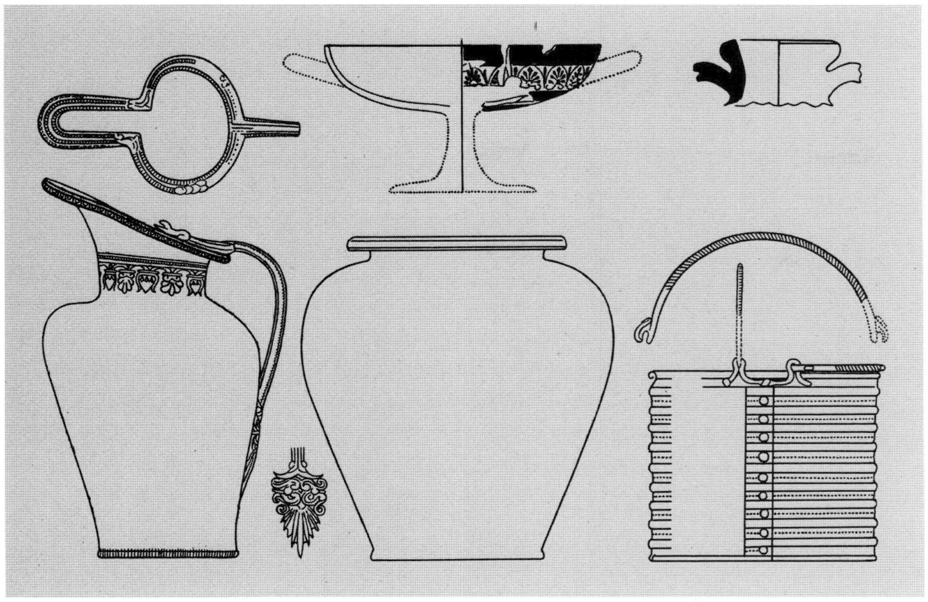

Exportations étrusques, italiques et grecques découvertes sur le territoire de Bourges VIe-Ve siècle av. J.-C.

siècle, par ses qualités spécifiques, mais aussi par son caractère exotique, son prix, enfin par le riche accompagnement de vases de service qu'il entraîne, confère au repas collectif des chefs les caractères d'un banquet aristocratique. Ce vin venu de loin et sa vaisselle de prestige sont des symboles d'ostentation et de pouvoir empruntés peut-être moins au modèle du *symposion* grec qu'aux fastes des royautés orientalisantes, transmis par les Etrusques et les Grecs de l'Est.
La Gaule intérieure a livré un nombre important de vases de bronze étrusques utilisés pour le service des banquets aristocratiques, mais pas de vases à boire ou d'amphores de transport du vin ayant cette origine. En revanche, de la Heuneburg sur le Danube à Châtillon-sur-Glane en Suisse, au Mont-Lassois sur la Seine et jusqu'à Bourges, cette vaisselle de banquet étrusque est associée à des coupes à boire grecques, attiques, et à des amphores de transport marseillaises.
On doit en effet noter que lorsque, vers la fin du VIe siècle, les coupes attiques pénètrent jusqu'à Bourges, ou, plus loin encore, jusqu'au mont Kemmel en Flandre ou l'embouchure de la Tamise en Grande-Bretagne, le bucchero étrusque n'est plus exporté. En Etrurie même sa production est réduite à des séries d'usage local, tandis que les coupes attiques sont massivement importées.
La plus forte concentration de vases de bucchero étrusques se trouve, hors de l'Italie, dans le Midi de la Gaule, et les trouvailles les plus septentrionales ne dépassent pas la hauteur de Valence. La présence de bucchero a sans doute été parfois signalée plus au nord, sur le site de Vix et sur l'habitat de Sion, en Lorraine: mais ces attestations sont extrêmement douteuses. Jusqu'ici, tous les fragments qualifiés comme bucchero trouvés à l'intérieur de la Gaule se sont, après expertise, révélés être de la céramique locale lustrée - comme par exemple en Haute-Marne ou pour les deux fragments de Bourges. Cette absence d'importations céramiques exclut, jusqu'ici, toute possibilité d'une influence des formes ou de la technique du bucchero sur les céramiques hallstattiennes locales, qui s'insèrent dans le tronc commun des céramiques lustrées et carénées de l'âge du bronze final et du début du premier âge du fer en Europe.
Par conséquent, la présence de céramiques étrusques au nord des Alpes serait exceptionnelle, et en tout cas n'a pas été certifiée dans un contexte de fouilles. On peut juste signaler que du bucchero aurait été trouvé sur le site de Lorch (*Lauriacum*) sur le Danube, près de Linz, et à Standz, près d'Innsbrück, sur un site ayant fourni des bronzes étrusques et clairement relié à l'axe du haut Adige, passant par Bolzano, où ont été trouvées quatre pièces de bucchero. Mais les trouvailles de bucchero qui auraient été faites en Bohême, sur le cours du Danube, ou en Pologne (à Koscielec, près de Pakosc), ne sont pas confirmées.
En ce qui concerne les vases étrusco-corinthiens, on peut signaler deux cas - en dehors du Midi de la Gaule: l'œnochoé trilobée du tumulus de Stična, de la nécropole de Dolenisko en Slovénie, qui contenait aussi des pièces de harnachement en bronze proches de celles du Circolo del Tridente à Vetulonia. L'olpé étrusco-corinthienne du musée de Saint-Rémy à Reims provient de la collection

locale Payard, constituée au siècle dernier, et porte la mention "trouvé à Haguenau, Bas-Rhin", très sujette à caution.
Les amphores étrusques enfin, si fréquentes dans les zones touchées par le commerce maritime comme le Midi de la Gaule, ne sont pas attestées dans l'intérieur. Aucun exemplaire n'a été reconnu en Europe continentale et, sur l'axe du Rhône, les trouvailles les plus septentrionales étaient celles du site de Malpas, dans l'Ardèche, au sud de Valence, jusqu'à ce qu'on en découvre, tout dernièrement, dans l'agglomération lyonnaise, sur le site des "Gorges du Loup", à l'occasion des travaux de creusement d'une ligne de métro. Cette absence de diffusion des amphores étrusques par voie terrestre doit être mise en rapport avec la présence d'amphores de Marseille sur les mêmes sites princiers où on note l'association de vases de bronze étrusques et de coupes attiques: ainsi à la Heuneburg, au Mont-Lassois ou à Bourges. La consommation du vin et des boissons locales, l'origine grecque ou étrusque de ce vin et son transport sont autant de probles posés par ces associations de coupes attiques, amphores marseillaises et vases de bronze étrusques, dans la période qui va de la fin du VIe aux débuts du Ve siècle. En revanche, la période suivante, jusqu'à la seconde moitié du Ve siècle, voit disparaître les amphores marseillaises. Ces deux phases, si importantes pour l'évolution du monde celtique, sont particulièrement bien illustrées au cœur de la Gaule par l'habitat et par les nécropoles de Bourges.
La situation est moins nette pour les innombrables statuettes italiques tardives, la vingtaine de miroirs, et quelques autres objets italiques non antérieurs au IIIe siècle trouvés en principe sur le territoire français, mais rarement accompagnés de notices utilisables sur les conditions de découverte. Hercule se taille la part du lion dans la petite statuaire: dieu guérisseur en Italie et sans doute en Gaule, il est représenté sur des milliers de statuettes stéréotypées. Si l'on peut faire quelque confiance aux provenances indiquées par les auteurs du XIXe siècle, il apparaîtrait précisément dans des villes thermales comme Néris-les-Bains et dans de grands centres gallo-romains comme Grand, Bavay, Reims, Chalon-sur-Saône et Autun, Les Fins-d'Annecy; ici, la statuaire italique aurait été trouvée lors de travaux édilitaires parallèlement à des monnaies républicaines qui avaient encore cours au début du Principat. A Paris, un miroir étrusque du IIIe siècle av. J.-C. a été inhumé dans une tombe de la nécropole sud au IIe siècle ap. J.-C. Comme les monnaies, diffusées jusqu'en Bretagne, les statuettes coulées quelques décennies plus tôt, les miroirs fabriqués deux siècles avant, peut-être même des fibules de cinq siècles s'il faut ranger dans cette catégorie la trouvaille de Saint-Aignan, ont pénétré la Gaule avec le conquérant romain, ses amphores, son vin, son goût des antiquités; Chalon, grand port fluvial, centre distributeur du vin campanien, et Autun, fondée par Auguste, auront reçu (sauf acquisitions de collectionneurs modernes) ces bronzes comme fret accessoire des navires pinardiers de l'Italie tardo-républicaine et impériale, ou cadeaux des patrons romains à leurs clients gaulois, image appauvrie des somptueux ensembles du Hallstatt final, mais qui révèle le même rapport d'un impérialisme économique méditerranéen à une Europe réputée barbare.
Reprendre les termes employés par Ch. Goudineau pour résumer le débat sur

Pyxide, Appenwihr (Colmar) tumulus I
vue d'ensemble et détail du couvercle
VIIe siècle av. J.-C.
Colmar, Musée d'Unterlinden
Cat. 312

le rôle des influences grecques et étrusques dans le Midi de la Gaule n'équivaut pas à prolonger vers l'intérieur du continent la réalité des zones littorales. La situation, dans cette époque charnière du VIIe au Ve siècle, n'est certes pas la même pour les régions du Midi, au contact direct des colonies grecques et du commerce maritime étrusque, et le monde intérieur, où les apports des centres littoraux sont relayés par un commerce terrestre et concurrencés par les voies transalpines. La réalité indiscutable des échanges passant par le Midi et le couloir Rhône-Saône, par les cols des Alpes ou dans certaines périodes par les deux à la fois ne fait que relancer les questions de fond: quelle est la nature des échanges (distribution aléatoire ou concentration des biens de prestige dans les cours de petits royaumes)? Quel est le degré de perméabilité culturelle de ces régions continentales, par rapport d'une part aux Grecs, par les contacts directs avec le monde colonial, et d'autre part à l'Etrurie et l'Italie du Nord, par des échanges de biens et d'hommes qui sont les fruits d'un voisinage qui fait sentir ses effets de haute date?

Pour la Gaule, les deux sites les plus significatifs pour l'importation de matériaux étrusques sont Saint-Blaise en Provence et Bourges dans le Centre. Ils apparaissent certes comme antinomiques et représentatifs de deux mondes, celui du Midi maritime et celui du centre de l'isthme gaulois. Il convient pourtant de ne pas dissocier la thalassocratie étrusque de l'expansion terrestre de l'Etrurie, qu'elle soit commerciale ou se traduise par l'occupation de territoires. Les récentes trouvailles de Bourges et les travaux en cours d'inventaire systématique des importations étrusques au nord et au nord-ouest de l'Etrurie nous permettent de mieux percevoir la complexité et la complémentarité de ces deux domaines, maritime et terrestre, et de mieux évaluer le rôle joué par les Etrusques à l'aube de l'Europe historique. Ainsi se confirme l'intuition de J. Déchelette sur la richesse d'une recherche comparative entre les deux cultures qui occupaient une position centrale dans le monde maritime antique, l'Etrurie au centre de la Méditerranée et le monde celtique entre la façade atlantique de l'Europe et sa partie orientale.

R.A.-D.B.-J.G.-A.

En Angleterre

Il est rare que les objets de fabrication étrusco-italique, réputés trouvés en Angleterre, proviennent de sites archéologiques connus. Même lorsque c'est le cas, les indications que nous possédons à leur sujet ne sont pas toujours convaincantes. La plupart des objets de ce genre ont dû être rapportés en Angleterre par des collectionneurs, à leur retour du "grand tour", et il n'est pas exclu que des marchands locaux dénués de scrupules aient par la suite faussement attribué à certaines œuvres une provenance de sites romains d'Angleterre (ce qui semble s'être produit au moins une fois pour la célèbre station thermale de Bath, l'antique *Aquae Sulis*). Cependant, il peut s'agir effectivement, pour un nombre limité d'objets, de produits étrusco-italiques importés dans l'antiquité, comme c'est le cas pour les dizaines de fibules du premier âge du fer italien, présentées comme découvertes dans des localités anglaises. Il n'y a pas lieu de douter, par exemple, de la trouvaille, à Weybridge dans le Surrey, d'une ciste à cordons d'un type attesté en France et en Belgique (Stijernquist 1967, n° 44), pour laquelle il existe une documentation relativement correcte. Il n'est pas non plus inconcevable que certaines *Schnabelkannen* étrusques en bronze aient traversé la Manche au Ve siècle av. J.-C.: pour aucune on ne dispose de données satisfaisantes sur le contexte de découverte, mais leurs provenances - le Sud-Est de l'Angleterre - pourraient impliquer une extension, limitée mais non invraisemblable, des grands axes de circulation qui, dans l'antiquité, acheminaient des objets similaires au-delà des Alpes et le long du Rhin.

Toutefois, pour la grande majorité des découvertes étrusques faites en Angleterre, le cas de la pièce la plus importante - la statuette en bronze de Turms, déterrée par une charrue à Uffington près d'Oxford (Riis 1946; Richardson 1983, p. 359 sq., pl. 261, fig. 863) - est malheureusement la règle. S'il s'agit d'une importation antique, éventuellement d'époque romaine (explicable alors par fait d'héritage), comment se fait-il qu'elle soit privée de contexte archéologique ? et, si, en revanche, elle appartenait à un collectionneur, pourquoi celui-ci s'en est-il défait ? et pourquoi en pleine campagne? D.R.

Au Danemark

Trois vases étrusques en bronze ont été trouvés au Danemark, l'un dans une tourbière, à Mosbaek près d'Aalborg dans le Nord du Jutland, et deux dans des sépultures à incinération du premier âge du fer, à Langaa dans le Sud-Est du Funen, remontant au IIe ou au Ier siècle av. J.-C.

Le chaudron de Mosbaek est bien conservé. De forme tronquée, pourvu d'une épaule horizontale sur laquelle sont fixées deux attaches en forme de masques d'Héraclès, il mesure 28,5 cm de haut sur 49,5 cm de diamètre et repose sur un support circulaire séparé. C'est une œuvre du début de la période hellénistique, du IIIe siècle av. J.-C., provenant probablement du Nord de l'Etrurie.

Un autre chaudron très incomplet, trouvé à Langaa, constitue la plus ancienne importation étrusque au Danemark. Il n'en subsiste que le bord, avec deux attaches d'anses tubulaires qui se terminent en forme de masques et silène entre

Plaque d'ornement provenant de la tombe princière de Chlum
Seconde moitié du Ve siècle av. J.-C.
Prague, Národní Muzeum
Cat. 334

deux volutes, et de nombreux fragments corrodés du corps. Ce chaudron peut être daté de la première moitié du Ve siècle av. J.-C. et fut probablement fabriqué dans la Campanie étrusque.
D'une autre tombe de Langaa proviennent des restes d'un stamnos en bronze de la première moitié du IVe siècle av. J.-C., qui a été, semble-t-il, exécuté à Vulci.
Les deux premiers récipients mentionnés ci-dessus sont conservés au Musée national danois de Copenhague, les fragments du stamnos de Langaa au musée Fyens Stifts d'Odense. I.S.

En Allemagne du Nord et en Pologne
Depuis longtemps déjà les spécialistes tentent de fournir une interprétation historique convaincante des objets, d'origine étrusque, réelle ou supposée, découverts en Allemagne, mais aussi en Pologne et en Scandinavie.
Dès qu'ou eut commencé de mettre au jour, après le milieu du siècle dernier, en différents lieux du Sud-Ouest de l'Allemagne et de la Rhénanie, des tombes dont une partie du riche mobilier funéraire provenait sans aucun doute du Sud de l'Europe, les chercheurs s'intéressèrent au problème soulevé par ces vestiges archéologiques.
On retiendra à ce propos, pour leur intérêt historiographique, les courtes remarques du grand archéologue Ludwig Lindenschmitt, qui remontent déjà à 1858, ainsi que ses commentaires détaillés parus en 1870 à l'occasion de la publication de plusieurs œnochoés étrusques du type *Schnabelkanne* et du fameux trépied de Vulci, découvert dans une riche tombe celte de Bad Dürkheim, près de Ludwigshafen am Rhein. Intéressantes sont également ses réflexions concernant les rapports de l'Europe continentale avec l'Etrurie à l'époque protohistorique, qui parurent en 1881, en complément cette fois à la présentation de la fameuse tombe de Waldalgesheim publiée dans la série *Die Alterthümer unserer heidnischen Vorzeit*.
Deux études, qui parurent à cette époque, révèlent par leur titre l'orientation des recherches d'alors. Il s'agit de la publication de C.P. Wiberg *Der Einfluss der klassischen Völker auf den Norden durch den Handelsverkehr*, parue en 1867, et de l'important ouvrage de H. Genthe publié en 1874 sous le titre *Über den etruskischen Tauschhandel mit dem Norden*. Ce dernier ouvrage contient en substance toutes les questions qui sont encore au cœur de la recherche actuelle, forte

bien sûr d'une connaissance plus approfondie du matériel archéologique qui était alors encore très limité.
L'idée de rapports interrégionaux depuis la fin de la période des Champs d'Urnes et le début de Hallstatt (Ier-VIIe siècles av. J.-C.) fut étayée par les découvertes faites en Etrurie, en Italie du Nord et en Europe centrale, mais aussi par les résultats obtenus grâce aux efforts des préhistoriens scandinaves – et avant tout de leur mentor Oscar Montelius – qui tentaient d'établir une chronologie absolue de l'âge du bronze dans les régions nordiques, à partir des données que fournissait l'Italie.
Les débats qui animent les milieux scientifiques depuis les années 1870 révèlent à quel point des chercheurs éminents, comme M. Worsaae, I. Undset et S. Müller, s'intéressèrent à la question des influences italo-étrusques sur des régions aussi septentrionales que la Scandinavie. Nous ne citerons que deux groupes d'objets de fouille qui jouèrent très tôt un rôle important dans cette discussion: les urnes-cabanes qui, découvertes dans le Nord de l'Europe comme en Italie, présentent entre elles des similitudes frappantes, et les épées à antennes du type Tarquinia, avec leurs légères variantes.
Il fallut pourtant attendre les années 1930 pour ce point de vue, d'abord qualifié non sans ironie de "fascination pour l'Italie", donnât lieu à une étude systématique, fort justifiée notamment dans le cas des régions nordiques, qui permit de nuancer les résultats auxquels on croyait être parvenu. Le travail de E. Sprockhoff *Zur Handelsgeschichte der germanischen Bronzezeit*, paru en 1930, constitua un jalon important dans cette entreprise. Nombre d'objets découverts dans le Nord de l'Europe et considérés autrefois comme des importations provenant d'Italie, se révélèrent, à la suite de recherches plus approfondies, des objets de fabrication locale, réalisés dans des ateliers d'Europe centrale.
Le sujet passa dès lors au second plan. Mais la présence de quelques "intrus" d'époque villanovienne dans des ensembles d'objets indigènes continua de préoccuper les archéologues jusqu'à nos jours. Certains d'entre eux, tenants des théories diffusionnistes, ont tenté encore récemment d'établir un lien direct entre les urnes-cabanes du Latium et de l'Etrurie et celles de provenance nordique. D'autres chercheurs cependant ont émis des réserves à ce sujet, en raison notamment de critères chronologiques et géographiques. Cette question reste aujourd'hui encore difficile à trancher. Si on hésite à admettre l'idée d'une dépendance typologique directe entre les exemplaires septentrionaux et les modèles italiens, nettement plus anciens, il est toutefois permis d'imaginer que des croyances religieuses, en se répandant vers le Nord, aient pu conduire à l'élaboration de formes d'urnes analogues dans des régions différentes, apparemment sans rapport les unes avec les autres.
Les épées à antennes du type Tarquinia ainsi que leurs variantes, qui datent des IXe et VIIIe siècles av. J.-C., dispersées de l'Italie centrale aux régions qui nous intéressent ici, posent un tout autre problème.
On ne peut nier l'étroite parenté typologique qui caractérise ce groupe d'objets. Pourtant il reste à savoir comment, et par l'intermédiaire de combien d'ateliers reproduisant avec des variantes minimes un prototype donné, cette forme

d'épée a pu se répandre sur un territoire aussi vaste. On ne peut bien sûr envisager ici une diffusion linéaire, à partir d'un centre de production unique qui aurait exporté ses produits dans des contrées lointaines.
Différents récipients en bronze laminé viennent étayer aussi l'hypothèse d'échanges entre les cultures protohistoriques du Nord et du Sud de l'Europe dès la fin de l'époque des Champs d'Urnes (Ha B3). Deux urnes revêtent dans ce contexte une importance particulière: la première, trouvée dans un dépôt de la période Montelius V (-Ha B3) - c'est-à-dire du VIIIe siècle av. J.C. - à Przeslawice (près de Grudziadz), fut, à cause de sa forme et de son décor caractéristique, considérée par des archéologues polonais comme une importation italienne. Même si on ne peut confirmer cette origine, on peut néanmoins constater que ce récipient - quel que soit son lieu de fabrication - fut réalisé par un artisan connaissant bien les modèles italiques correspondants.
La seconde urne, découverte en 1961 dans une tombe à incinération de Gevelinghausen (près de Meschede, Westphalie), peut être considérée selon toute vraisemblance comme une importation en provenance d'Etrurie: ni sa forme, ni son décor avec ses barques solaires ne trouvent de parallèles véritables dans les spécimens connus au nord des Alpes.
On peut en revanche établir une comparaison directe avec la riche tombe guerrière AA 1 de la nécropole de Quattro Fontanili de Véies datée de la période Véies II B 1-2 (vers 750-710 av. J.-C.).
Enfin les grands chaudrons de bronze, utilisés dans les banquets étrusques depuis la phase orientalisante et, à en juger par les mobiliers funéraires, bientôt adoptés dans le monde hallstattien par les princes celtes, constituent un autre groupe significatif dans le cadre de notre exposé. Unique en son genre dans toute la Scandinavie, le chaudron de bronze initialement orné de protomes, qui fut trouvé à Hassle dans le Sud de la Suède, se rattache à ce même groupe.
Probablement fabriquée en Italie tyrrhénienne à la fin du VIIe ou au début du VIe siècle av. J.-C., cette pièce que l'on peut rapprocher du chaudron de Sainte-Colombe et désormais aussi de celui de Strettweg, rejoignit sa lointaine destination sans doute après plusieurs étapes intermédiaires. Il est possible que l'une de ces étapes ait été la région de Hallstatt, comme l'atteste la présence, aux côtés du chaudron, d'épées du Hallstatt ancien et de cistes de bronze (Ha D), également importées.
Nous citerons ici aussi un petit pendentif triangulaire, à bras horizontaux et protomes d'oiseaux, qui provient de Gorszewice (province de Poznan). Si cette pièce d'apparence anodine, qui figura pourtant à plusieurs reprises dans les ouvrages spécialisés, est bien de production locale, ses modèles sont à chercher dans les pendentifs constituant le décor accessoire de pièces de harnachement, de boucliers et de récipients en bronze laminé, réalisés dans le centre et le Nord de l'Italie.
Ce rapprochement entre deux contrées aussi lointaines est conforté par une pièce équivalente, trouvée à Saint-Vid, en Hongrie.
On a découvert également dans le centre et le Nord de l'Allemagne comme en Pologne des fibules qui datent avec certitude du premier âge du fer italien

(VIIIᵉ-VIIᵉ siècles av. J.-C.). A ce groupe appartiennent la fibule *a sanguisuga* à décor incisé de Kirchborchen près de Paderborn en Westphalie, ainsi que deux fibules serpentiformes trouvées respectivement à Winzenburg (près d'Alfeld) et à Grosseibstadt (près de Rhön-Grabfeld).
Plus à l'est, on peut également citer la fibule *a navicella* à pied court, découverte vraisemblablement dans les environs de Stettin (Poméranie occidentale) et dont l'origine est loin d'être certaine.
Parmi les objets découverts en Pologne, on retiendra tout particulièrement la fameuse fibule trouvée dans une tombe masculine de Gorszewice (province de Poznan), dont l'arc porte une grosse perle de verre à décor de tresse. Elle possède en effet des parallèles directs en Etrurie, à Bologne et à Este. Le sol polonais a livré encore trois fibules d'importation, légèrement plus récentes, qu'il ne faut pas négliger. Il s'agit de deux fibules *a navicella*, l'une provenant de Nietrzanowo (province de Poznan), l'autre de Wroclaw-Janowek (province de Wroclaw), et d'une fibule à long pied et disques d'ambre trouvée à Chojno (province de Leszno).
En résumé, on peut dire - lorsque nous connaissons les circonstances de leur découverte - que le petit groupe de fibules évoqué ici, hormis l'exemplaire de Winzenburg qui provient d'un dépôt votif situé près d'une source, appartenait à des tombes indigènes des périodes Ha C et Ha D. Malheureusement nous ne pouvons donner pour ces fibules d'origine plus précise que les régions du centre et du Nord de l'Italie. Par ailleurs, nous ignorons toujours comment ces objets modestes arrivèrent sur le lieu de leur découverte, s'ils y parvinrent par le biais d'échanges commerciaux, s'ils furent rapportés comme "souvenirs" ou si leur présence s'explique seulement par la circulation des personnes. Il n'est pas sans intérêt de constater que hormis les fibules, aucun autre accessoire vestimentaire de l'Italie étrusque du début de l'âge du fer n'a été retrouvé dans le Nord de l'Europe.
Si l'on tente de situer ces objets de fouille dans un contexte plus vaste, il faut diriger son regard plus au Sud, où des bronzes d'importation d'époque villanovienne - ou leur imitation locale - apportent un complément intéressant à notre étude. Bien que peu nombreux (rasoir en demi-lune, fragment de casque italique à crête, fibules serpentiformes à protubérances latérales, fragments de ceinturon et imitations locales de mors en forme de petit cheval), ces objets témoignent des liens qui existaient entre l'Italie et l'Europe centrale dès l'époque villanovienne. Ces contacts précoces, peu pris en compte jusqu' à présent, permettent une meilleure appréciation des échanges plus intenses qui caractérisèrent ultérieurement le monde celtique (de la seconde moitié du VIIᵉ siècle au Vᵉ siècle av. J.-C.).
Selon une opinion communément admise, un commerce direct, qui n'était sans doute pas exempt de motivations politiques, unissait le monde méditerranéen (grec et étrusque) aux puissants princes du monde hallstattien et à leurs territoires. Les quelques objets découverts dans les régions nordiques feraient en revanche davantage l'impression d' "intrus" qui n'auraient atteint leur destination qu'après de multiples étapes.

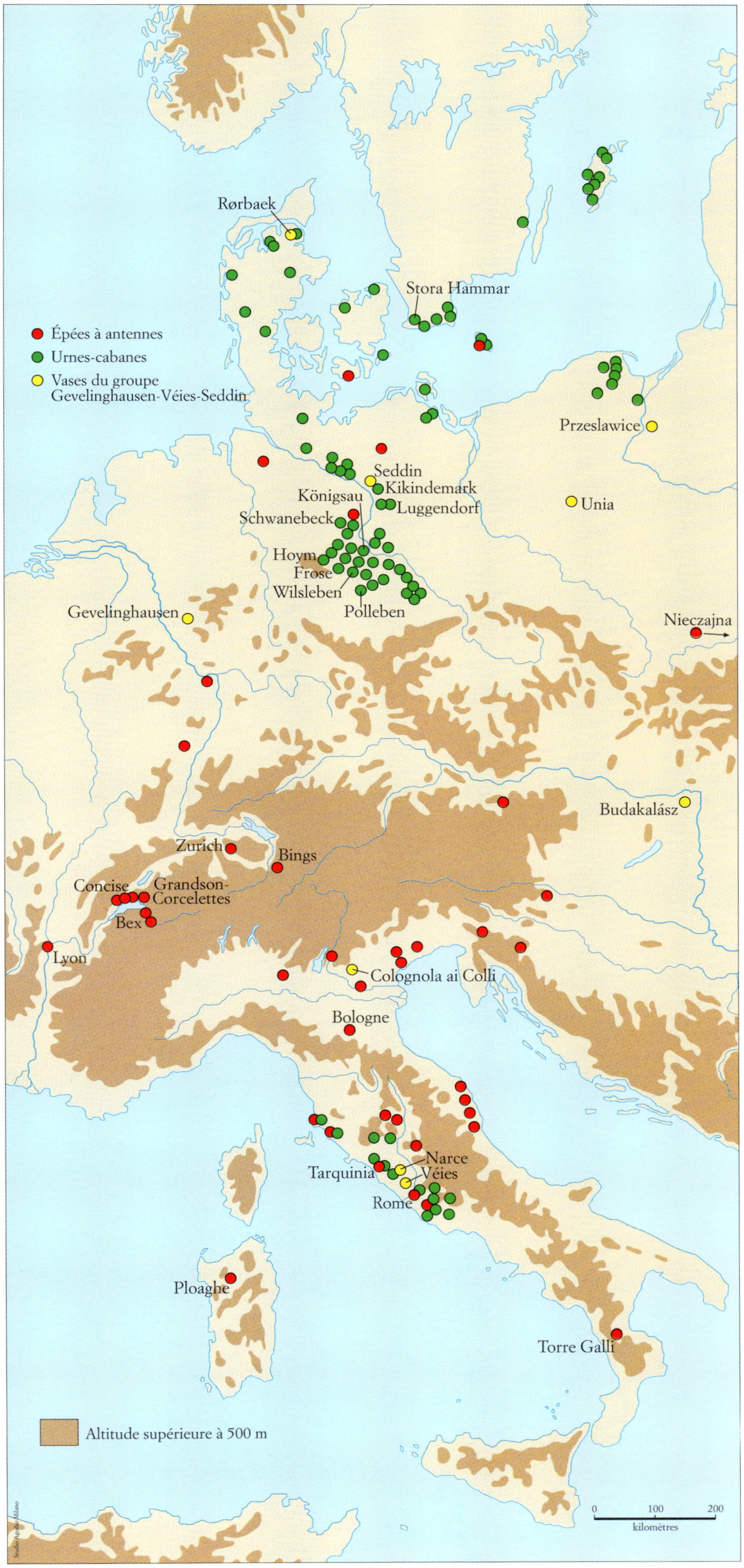

Carte de répartition
Epées à antennes du type Tarquinia et variantes du type Tarquinia en Italie et en Europe centrale
Urnes-cabanes
Vases de bronze du groupe Gevelinghausen-Véies-Seddin

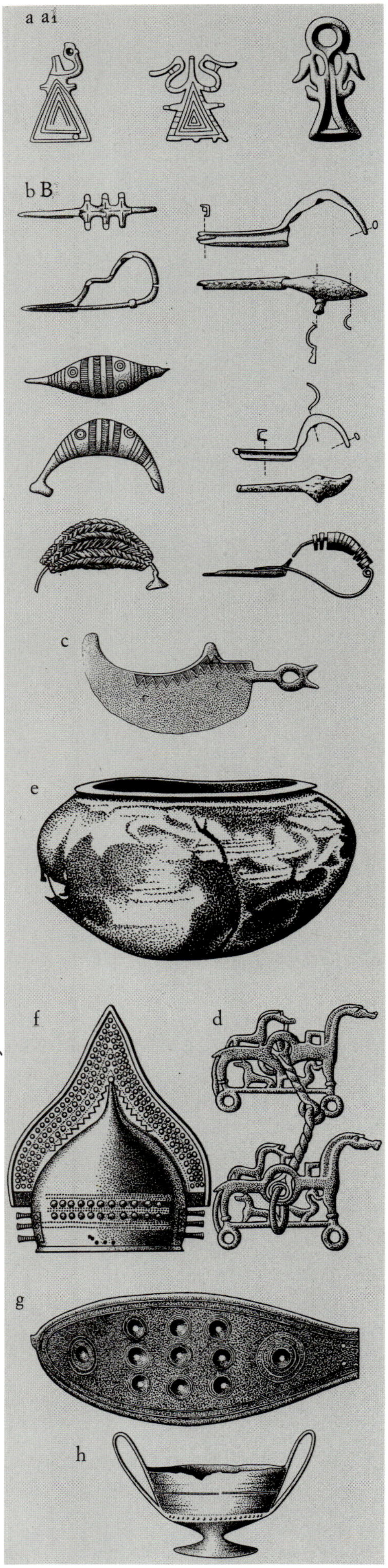

Répartition des produits étrusques et de leurs imitations en Europe du Nord, du Centre et de l'Est

- *a* *Pendentifs triangulaires à appendices et protomes d'oiseaux*
- *a_1* *Variantes locales*
- *b* *Fibules italiques du premier âge du fer*
- *B* *Zones de forte concentration de trouvailles de fibules*
- *c* *Rasoirs villanoviens en demi-lune*
- *d* *Mors de chevaux: variantes locales*
- *e* *Chaudrons du type Hassle*
- *f* *Casques à crête villanoviens*
- *g* *Ceinturons de bronze villanoviens*
- *h* *Bucchero étrusque*

Le cas de la Pologne nous apparaît quelque peu différent: l'ambre, cet "or du Nord", dut exercer un attrait non négligeable aux yeux des peuples méridionaux et justifier peut-être un commerce à longue distance entre cette région et le Sud de l'Europe. Mais ici encore il ne faut pas surestimer l'influence italique et/ou étrusque. Tout porte à croire que les quelques objets d'importation méridionale répertoriés jusqu'à présent dans la région de l'Oder et de la Vistule - auxquels il faut sans doute ajouter un canthare en bucchero trouvé à Koscielec (province de Bydgoszez; centre de la Pologne) et daté de la fin du VIIe ou de la première moitié du VIe siècle - atteignirent leur destination par le biais d'échanges commerciaux avec la région alpine de Hallstatt. La région d'Italie concernée pourrait être dans ce cas la région d'Este qui aurait participé plus ou moins directement à ces échanges lointains, mais en aucun cas l'Etrurie propre. F.-W.v.H.

BIBLIOGRAPHIE:

Europe Centre-Ouest:
Actes Aix-en-Provence, 1979; Actes Paris, 1989; Actes Vienne, 1992; A. Bocquet, Grenoble 1969; Q. Bocquet, dans "Revue archéologique de Narbonnaise" suppl. 22, 1991; S. Boucher, dans "Gallia" 28, 1970; B. Bouloumié, dans "Gallia" 31, 1973; B.Bouloumié, dans "Latomus" 37/1, 1976; B. Bouloumié, dans Actes Florence, 1989; B. Cunliffe, Londres 1986; J. Déchelette, Paris 1914; C. Dunning, dans "Revue archéologique de Narbonnaise" suppl. 22, 1991; A. Duval *et al.*, dans "Gallia" 32, 1974; F.-M. Gambari, dans "Revue archéologique de Narbonnaise" suppl. 22, 1991; H. Genthe, Francfort 1874; J. Gran-Aymerich, dans Actes Vienne, 1992; J.-P. Morel, dans Actes Florence-Populonia-Piombino, 1981; R. Adam (sous la dir. de), dans "Caesarodunum" suppl. 57, t. I, 1987; suppl. 58, t. II, 1989; suppl. 59, t. III, 1990; *Trésors des princes celtes* (Cat. Exp.), Paris 1987.

Angleterre:
P. Harbison-L.R. Laing, Oxford 1974; D.B. Harden, dans Actes Florence, 1950; E.H. Richardson, Mayence 1983; P.J. Riis, dans "Journal of Roman Studies" 36, 1946; P. Stary, dans RM 98, 1991, p. 1-31; B. Stjernquist, Bonn 1967.

Danemark:
P.J. Rüs, dans "Acta Archaeologica" 30, 1959; P. Stary, dans RM 98, 1991.

Allemagne du Nord et en Pologne:
G. Bartoloni (sous la dir. de), Rome 1987; F. Behn, Berlin 1924; V. Bianco Peroni, Munich 1970; C.W. Beck, dans "Savaria" 16, 1983; Z. Bukowski, dans "Archaeologia Polona" 28, 1988; F. Fischer, dans "Germania" 51, 1973; J. Fogel-T. Makiewicz, dans "Studi Etruschi" LV, 1987-1988; M. Gedl, Munich [en cours d'impression]; H. Genthe, Francfort 1874; F.W. v.Hase, dans Actes Florence, 1989; F.W. v.Hase, dans Actes Vienne, 1992; A. Jockenhövel, dans "Germania" 52, 1974; G. Kossack, dans "Savaria" 16, 1982; W. Krämer, Munich 1985; K.Kromer, dans "Jahrbuch des Römisch-Germanischen Zentralmuseums Mainz" 33, 1986; L. Lindenschmitt, Mayence 1858-1881; L.J. Łuka, dans "Slavia Antiqua" 6, 1957-1959; T. Malinowski, dans "Prähistorische Zeitschrift" 46,1, 1971; T. Malinowski, dans "Münstersche Beiträge zur antiken Handelsgeschichte" 3, 2, 1984; G. v.Merhart, Mayence 1969; O. Montelius, 1986; H. Müller-Karpe, Munich 1961; H. Polenz, dans "Marburger Studien zur Vor- und Frühgeschichte" 7, 1986; J.N. v. Sadowski, Poznań 1877; B.B. Shefton, dans "Kölner Jahrbuch für Vor- und Frühgeschichte" 22, 1989; B. Sprockhoff, Berlin 1930; B. Stjernquist, dans "Simris" 2, 1961; W. Szafrański, dans "Pomorania Antiqua" 2, 1968; H. Thrane, dans "Acta Archaeologica" 39, 1968; C.F. Wiberg, Hambourg 1867; C.F. Wiberg, 1870.

La diffusion du vin en Europe centrale et nord-occidentale

Bernard Bouloumié

Diffusion du vin et des services à boire étrusques auprès des princes hallstattiens

A partir de la seconde moitié du VIIe siècle av. J.-C., en pleine période orientalisante donc, on voit apparaître en milieu celtique (ou pré-celtique) une cinquantaine d'objets d'origine méditerranéenne qui présentent la particularité d'être pour leur très grande majorité liés à la consommation du vin: il s'agit d'œnochoés du type dit rhodien, de trépieds et de lébès à protomes, de bassins à bord orné ou perlé, de coupes, hydries, passoires, pyxides, etc. Presque tous sont en bronze et de fabrication étrusque, et ils correspondent très exactement au matériel que contiennent les tombes contemporaines d'Etrurie.

Dans une seconde phase, qui couvre en gros la période archaïque étrusque, et qui se prolonge jusqu'au début du IVe siècle av. J.-C., le nombre de ces vases augmente dans des proportions considérables (atteignant quelque deux cents exemplaires) et suit l'évolution typologique des productions étrusques avec, à présent, des *Schnabelkannen*, des *stamnoi*, des situles, des amphores, des bassins, etc. Quelques objets, comme le cratère de Vix ou le chaudron de Hochdorf, proviennent d'ateliers grecs. Ils sont accompagnés parfois de céramiques elles aussi grecques (surtout attiques), jamais étrusques, et dans un cas comme dans l'autre (vases métalliques ou céramiques), ils se rattachent sans exception au service du vin.

C'est qu'en effet du vin était parvenu depuis la Méditerranée jusque dans les

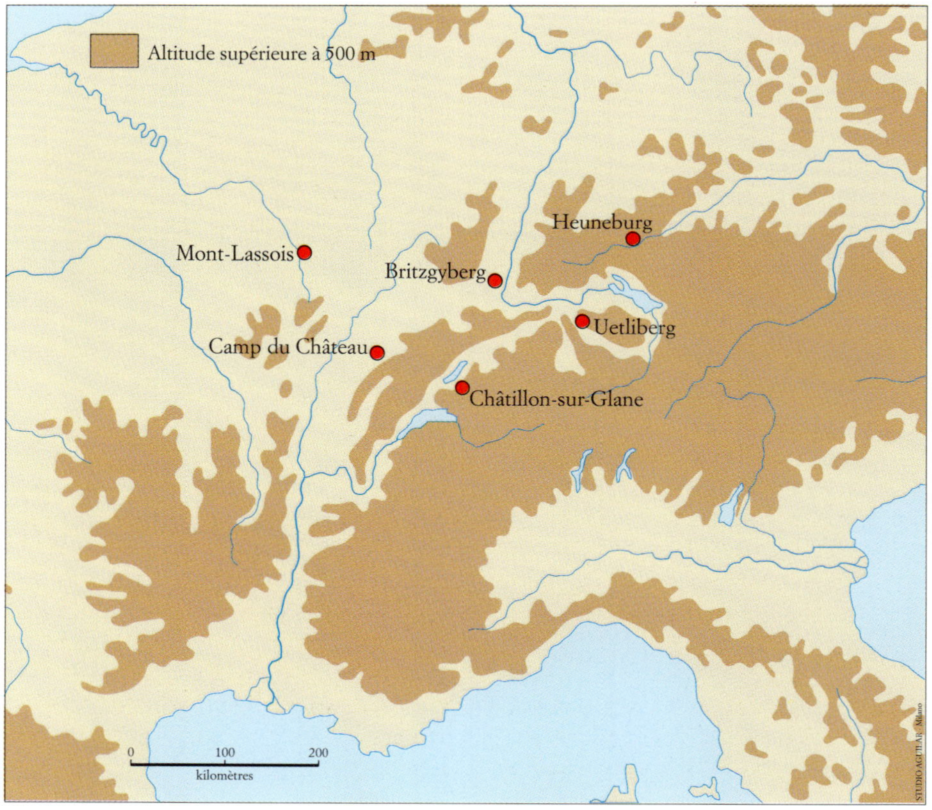

Oenochoé en bronze de type rhodien
Pertuis
625-600 av. J.-C.
Marseille, Musée de la Vieille Charité
Cat. 318

provinces les plus reculées du monde celtique, et selon toute vraisemblance, du vin étrusque. Celui-ci a été diffusé dans le Midi de la Gaule avec les amphores caractéristiques qu'on a retrouvées sur les habitats ou dans les épaves de la côte provençale. Aucune amphore étrusque n'a pourtant été jusqu'à ce jour identifiée au nord de Lyon, et il faut bien admettre, l'amphore étant avant tout un moyen de transport maritime, lourd, fragile, et, dans le cas qui nous occupe ici, d'une relativement faible contenance, qu'on utilisait de préférence des outres en peau. Toujours est-il que des traces de vin, sous forme de dépôts en particulier résineux, ont été décelées dans plusieurs récipients de facture étrusque (*stamnoi* et gourdes de bronze) en Gaule, Rhénanie et Autriche. La datation de ces derniers vases et des tombes qui les ont fournis se situant dans la seconde moitié du Ve siècle, il n'est pas assuré, malgré tout, que le liquide ait eu encore à ce moment-là une origine étrusque, car on signale la présence d'amphores massaliotes sur quelques sites du Hallstatt final et du début de La Tène.

Oenochoé de type Schnabelkanne, *Eigenbilzen*
Seconde moitié du Ve siècle av. J.-C.
Bruxelles, Musées Royaux d'Art et d'Histoire
Cat. 323

Ainsi, se pose à nouveau la question d'une concurrence entre trafic étrusque et trafic grec, notamment massaliote. La fondation en 600 av. J.-C. de la colonie phocéenne a, en effet, constitué un obstacle sérieux à l'expansion commerciale des Etrusques dans le Midi de la Gaule, obstacle qui s'est concrétisé vers 525 par la mise en production d'un important vignoble, avec comme conséquence directe la prolifération des amphores micacées locales. D'où un recul très sensible et très rapide des arrivages d'Etrurie. Il est possible qu'avant cette phase de déclin, la vallée du Rhône ait servi de voie de pénétration pour le vin étrusque, éventuellement transvasé au-delà de Lyon. Mais il paraît aujourd'hui bien plus probable que déjà à la fin du VIIe siècle, en tout cas sûrement dans le courant du VIe siècle, les exportations de vin aient suivi des trajets alpins à partir de l'Italie du Nord, comme tendent à le montrer les découvertes de plus en plus fréquentes de matériel étrusque en Lombardie et dans la région tessinoise. Et ce trafic ne fait ensuite que s'intensifier avec l'éviction progressive des commerçants étrusques du marché méridional et de l'axe rhodanien. Les résidences princières du Centre-Ouest de l'Europe ont conservé dans leurs couches archéologiques de la fin du VIe siècle les souvenirs de ces arrivages de vin sous la forme de véritables services de banquets à la grecque, composés d'hydries, de *stamnoi*, de cratères à volutes et à colonnettes, d'amphores de table, d'œnochoés, d'olpés, de coupes, de *skyphoi*, etc., en céramique attique, chalcidienne ou ionienne. A ces catégories de vases en céramique, il faut ajouter les récipients en bronze déjà mentionnés, et que l'on a retrouvés dans les tombes, souvent réparés et présentant des traces manifestes d'usure. Ils avaient été naturellement d'abord utilisés à la table des princes, comme le prouve, entre autres détails, une bande de bronze servant à renforcer un des bassins de la tombe de Vix, que les fouilleurs ont récupérée non pas dans le mobilier funéraire, mais sur le Mont-Lassois.
Il est clair que les princes hallstattiens, grâce aux arrivages de vin étrusque, ont adopté les coutumes de leurs semblables d'Etrurie, lesquels cherchaient eux-mêmes à imiter les conditions de vie des potentats microasiatiques. Sans doute, une tradition aristocratique locale de fête ou de festin ne pouvait qu'en favoriser l'introduction, et le vin vient simplement remplacer les breuvages celtiques, bière ou hydromel. Mais, comme on le constate aisément, il ne s'agit pas d'une simple substitution de boisson: les services à boire sont eux aussi modifiés. Alors, par exemple, que le prince de Hochdorf, apparemment moins contaminé par les mœurs du Sud, se fait ensevelir avec un chaudron de 400 litres d'hydromel (ledit chaudron est quand même d'origine grecque) destiné à être consommé avec neuf cornes à boire, dans les autres tombes princières, les vases du service sont étrusques, voire grecs. En fait, tout le cérémonial du banquet méditerranéen, du *symposion*, semble reconstitué avec beaucoup de fidélité: il y a, d'abord, le grand récipient, lébès, cratère ou chaudron, avec ou sans trépied, et parfois avec un filtre; puis les vases à puiser et à servir: œnochoés, passoires, *simpula*, etc. Les vases à boire sont, en général, représentés par une coupe en or – objet personnel du défunt, comme les *skyphoi* d'argent ou les coupes en verre des tombes orientalisantes d'Etrurie –, dans quelques rares cas, par des céramiques grecques. Et, à en juger par le mobilier de quelques tombes, y compris celle

de Hochdorf, le banquet se déroulait dans un décor tout autant méditerranéen, avec des *klinai*, et même des instruments de musique (sistre de Hochdorf). On aura remarqué qu'à part un très petit nombre d'exemplaires de coupes grecques en céramique trouvées dans les tombes, la plupart des vases du service du vin sont en bronze. De par leur nature même de vases métalliques, de par leur origine aussi, ils ont atteint une valeur qui dépasse largement leur aspect fonctionnel: ce sont des objets exotiques, venus du Sud, et que l'on thésaurise volontiers. Devenus propriétés du prince au titre de cadeau diplomatique, de produit de pillage, de bien héréditaire ou de tout autre mode d'acquisition, ils font partie des *ktemata* que l'on exhibe dans les banquets comme dans la tombe, et qui servent en quelque sorte à identifier le rang du défunt. Ces *ktemata*, qu'il s'agisse de *Schnabelkannen* ou de *klinai*, les princes hallstattiens les ont obtenus à la faveur des importations de vin. Rien ne permet, à l'heure actuelle, de déterminer avec précision la nature et le niveau de ce genre de trafic. Il est malgré tout loisible d'envisager qu'on a affaire à des relations lointaines, à des échanges indirects au cours desquels les objets circulent d'une manière aléatoire. La notion de contacts directs entre Etrusques et princes celtes est totalement à exclure: les passages des Alpes restaient la propriété des tribus locales, et ce serait un anachronisme que de supposer une route du vin au VIe siècle av. J.-C., à l'image des circuits commerciaux qu'on connaîtra à l'époque romaine. Le phénomène d'acculturation auquel on assiste donc à la fin de la période hallstattienne est une simple conséquence des échanges commerciaux (même si ce terme trop moderne ne convient guère pour les conditions d'alors) qui se nouent entre une civilisation avancée du monde méditerranéen en quête de matières premières fondamentales (étain, or, cuivre, ambre, etc.) et un groupe finalement assez uniforme de principautés - ou si l'on préfère, plus modestement, de tribus - susceptibles de fournir ces mêmes matières premières, et sans doute indirectement contactées à cet effet. Mais le résultat de ces trafics ne se limite pas à un mimétisme plus ou moins affirmé dans les modes de vie et de sépulture: la diffusion des objets étrusques - et accessoirement grecs - liés au service du vin fournit en même temps un répertoire iconographique nouveau aux artistes attachés à la cour des princes hallstattiens, et finalement, à la suite d'un processus assez complexe, le vin étrusque se trouve aux sources d'un art original et particulièrement attachant qu'on appelle l'art celtique.

Oenochoé étrusque à décor celte
vue d'ensemble et détail
Seconde moitié du Ve-début du IVe siècle av. J.-C.
Besançon, Musée des Beaux-Arts
Cat. 324

Détail du décor: col, panse, fond

BIBLIOGRAPHIE:
B. Bouloumié, thèse de Doctorat d'Etat-Sorbonne, 1980; B. Bouloumié, dans Actes Dijon, 1983, p. 15-24; B. Bouloumié dans "Savaria" 16, 1983, p. 181-192; B. Bouloumié, dans Actes British Museum, 1986, p. 63-79; B. Bouloumié, dans Actes Tübingen, 1987, p. 20-43; B. Bouloumié, dans Actes Paris, 1988, p. 343-383.

L'art des situles

Giulia de Fogolari

Situle Benvenuti
Vers 600 av. J.-C.
Este, Museo Nazionale Atestino
Cat. 337

pages suivantes
Situle de la Certosa de Bologne
Début du Ve siècle av. J.-C.
Bologne, Museo Civico Archeologico

On désigne généralement par "art des situles" une production artisanale et/ou artistique de vases tronconiques en bronze, le plus souvent à anse et à décor figuré qui s'est épanouie entre la fin du VIIe siècle et le début du IVe siècle av. J.-C., dans une région où se côtoyaient diverses populations et qui englobe la Vénétie, la vallée du Pô, la haute vallée de l'Isonzo, la Slovénie et le Tyrol jusqu'à Kuffarn sur le Danube.
Les premières études sur le sujet apparaissent au début du siècle avec les travaux surtout de Ghirardini et de Ducati, peu après la découverte des situles les plus célèbres d'Este et de Bologne. Puis en 1961, l'exposition *L'arte delle situle dal Po al Danubio* à Padoue (à Ljubljana et à Vienne en 1962), qui réunit les principales pièces provenant d'Italie, de Slovénie et d'Autriche, donna un nouvel élan aux recherches.
Les plus anciennes situles de l'Europe du centre et de l'Est ne présentent qu'un décor géométrique et l'apparition du décor figuré sur ce type de vases est une question extrêmement intéressante. Ce sont d'abord des décorations animalières de style orientalisant. Il faut attendre la situle Benvenuti d'Este pour rencontrer une véritable scène narrative au développement continu, même si son déroulement est scandé par des animaux, des êtres fantastiques et des arbustes, librement insérés entre les figures pour séparer les épisodes; ceux-ci représentent des scènes de commerce, des jeux, des travaux des champs, des scènes de batailles. On peut supposer qu'il s'agit d'illustrations de la vie quotidienne, telles qu'en suscitait une civilisation fondée sur l'agriculture, articulée en classes sociales et ouverte au commerce, mais ces représentations pourraient avoir également en elles-mêmes une signification rituelle.
L'origine des différents apports culturels qui ont fusionné dans l' "art des situles" à l'époque archaïque a fait l'objet de nombreuses discussions. L'Etrurie villanovienne et orientalisante a certainement exercé une puissante influence mais la composante grecque apparaît aussi: elle s'exerce surtout à travers les motifs de la céramique protocorinthienne tardive et de la céramique rhodienne. Il faut aussi avoir présent à l'esprit le rôle médiateur important joué par l'Etrurie et l'Etrurie padane, sans oublier les colonies grecques de l'Adriatique. On ne peut non plus négliger l'éventuelle pénétration de motifs orientaux par voie de terre, à travers la péninsule Balkanique, et non seulement par mer. La situle Benvenuti est donc vraisemblablement un produit local, créé dans le contexte d'une riche production d'objets divers, situles et couvercles figurés (comme la situle Randi 34 à *kyma* décorée de palmettes phéniciennes semblables à celles qui apparaissent sur la situle en ivoire de la Pania exécutée en Etrurie à Chiusi). On y trouve des thèmes liés à la réalité indigène (par exemple des lutteurs qui réapparaissent sur de nombreuses situles plus tardives dans toute la région nord-est de l'Italie et au sud et au nord des Alpes, avec des particularités qui les distinguent des décors grecs) et l'on relève surtout le contraste entre l'élégance et la plénitude des motifs végétaux et animaux - empruntés aux modèles de l'orientalisant récent - et une certaine maladresse dans le rendu des figures humaines élaborées sur place.
La situle de la Certosa (Museo Civico de Bologne, début du Ve siècle), postérieure de plus d'un siècle à la situle Benvenuti, est le chef-d'œuvre de l' "art des

Situle de Vače (Slovénie)
Fin du VIe-début du Ve siècle av. J.-C.
Vue d'ensemble et détail
Ljubljana, Narodni Muzej Ljubljana
Cat. 340

situles". Son décor est d'une grande complexité: une file de guerriers sur le premier registre, une procession solennelle avec des animaux menés au sacrifice sur le deuxième, une scène divisée en plusieurs épisodes avec entre autres deux musiciens et des hommes qui conduisent des bêtes pour le banquet sur le troisième et, sur le quatrième, une file d'autres animaux. Ce décor évoque les idéaux des aristocraties urbaines et se réfère très probablement à des cérémonies sacrées ou funéraires. Cet objet est, parmi les pièces de l'"art des situles", le plus riche en motifs étrusques; il n'en appartient pas moins à la sphère bien particulière du Nord-Est de l'Italie. C'est une pièce qui reste isolée à Bologne mais qu'il est pourtant difficile d'attribuer à un autre centre de production. Une autre situle de Bologne qui provient de la nécropole Arnoaldi, pourrait lui être comparée, mais elle date seulement de la fin du Ve siècle: elle est ornée de courses de biges et de scènes de pugilat, de figures de cavaliers et de fantassins réduits à des pantins qui trahissent un langage beaucoup plus pauvre.

La situle la plus belle du groupe slovène est celle de Vače qui date du début du Ve siècle; son décor est réparti en trois registres superposés: processions solennelles de cavaliers et de chars sur le premier, scènes probablement de culte avec banquets sur le deuxième, file d'animaux sur le troisième. L'ensemble de pièces slovènes s'est dernièrement enrichi des situles découvertes à Novo Mesto. La frise d'une petite situle est particulièrement intéressante avec ses chevaux dont on suppose qu'ils transportent du vin pour un prince transalpin; cette scène atteste une fois de plus cette "économie du don" que certains spécialistes tiennent pour le fondement de la production des plus belles situles historiées, ce qui est cependant difficile à prouver.

Les objets qui relèvent de l'"art des situles" se raréfient au IVe siècle, sauf dans la région paléovénète où leur production ne connaît pas d'interruption de la fin du VIIe au IVe siècle et suit une évolution qui lui est propre et qui étend l'usage de la décoration à des objets très divers: ceinturons, fourreaux de poignards et surtout disques et tablettes votives. Les deux situles Boldù-Dolfin (Museo Atestino, Este, IVe siècle) témoignent d'un moindre intérêt pour la figure humaine; les animaux plus ou moins fantastiques, les arbustes et les fleurs y triomphent en revanche. Avec l'abandon du style naturaliste, les surfaces se couvrent d'entrelacements de courbes d'une exubérance baroque. Parmi les dernières manifestations de l'art des situles, on notera un très beau disque de Montebelluna (Museo Civico de Trévise, IVe-IIIe siècle) portant une représentation de la "maîtresse des animaux" tenant une grande clef, qui présente clairement des influences orientales et grecques anciennes et récentes, mais aussi celtiques.

Cet "art des situles" a rapproché pendant plus de deux siècles des peuples gravitant du nord au sud des Alpes autour du littoral septentrional de l'Adriatique et produisant des objets similaires - en dépit de caractéristiques distinctes - par la forme, l'iconographie et le style. C'est dans la région paléovénète qu'il plonge ses racines, et développe son principal centre de production et de rayonnement. Il nous importe cependant de souligner ici que cette production constitue la première manifestation d'art figuré de l'Europe continentale avant l'art celtique, et qu'elle apparaît très imprégnée d'influences étrusques.

BIBLIOGRAPHIE:
L. Calzavara Capuis, dans *Gli Etruschi a nord del Po*, Mantoue 1987, p. 90-102; G. Colonna, dans Actes Este-Padoue, 1980, p. 177-190; P. Coretti Irdi, Florence 1975, p. 58 sq.; E. Di Filippo, dans "Venetia" I, 1967, p. 99 sq.; G. Fogolari, dans *Popoli e Civiltà dell'Italia antica*, Rome 1975, p. 127 sq.; O.-H. Frey, Berlin 1969; *Mostra dell'arte delle situle dal Po al Danubio*, Florence 1961.

Art étrusque et art celtique

Venceslas Kruta

Anse plastique, œnochoé de Castel San Mariano près de Pérouse
vers 550 av. J.-C.
Munich, Staatliche Antikensammlungen
Cat. 341

L'art celtique est incontestablement l'expression figurative la plus originale et la plus élaborée des anciennes populations de l'Europe intérieure. L'éclosion rapide de cet art, dans la seconde moitié du Ve siècle av. J.-C., est d'autant plus surprenante qu'elle n'a pour point de départ qu'une imagerie symbolique très pauvre, répandue en Europe depuis l'âge du bronze du IIe millénaire et associée à un répertoire géométrique dont les motifs sont juxtaposés de manière répétitive suivant des schémas simples.

Le foisonnement d'êtres monstrueux et d'éléments végétaux qui vient l'enrichir subitement en fournissant aux artistes celtes une matière qu'ils traitent dès les débuts avec une remarquable maîtrise, ne peut évidemment être que le résultat d'emprunts d'origine extérieure. En effet, la nature des nouveaux motifs - griffons, sphinx, monstres au corps serpentiforme, palmettes, fleurs de lotus et autres - indique clairement leur ascendance orientale. Les pays celtiques découvrent ainsi, plus de deux siècles après la Grèce, la péninsule Ibérique et l'Italie, la fascination d'un imaginaire qui constitua un passage obligé de tous les grands arts de l'antiquité. La phase initiale, "orientalisante", de l'art celtique est donc foncièrement tributaire de modèles dont certains, peu nombreux, pourraient peut-être avoir été fournis directement par l'Asie mais dont la plupart semblent être passés par l'intermédiaire des pays méditerranéens, plus particulièrement de l'Italie. Une telle origine s'inscrit d'ailleurs parfaitement dans le contexte des rapports privilégiés qui s'établissent à partir du VIe siècle av. J.-C. entre les aristocraties princières des pays celtiques, les colonies grecques de la Méditerranée occidentale, notamment *Massalia*, et l'Italie padane, où Grecs et Etrusques installent des comptoirs communs dont l'activité était largement orientée vers les commerces transalpins. Le voisinage, dans la Lombardie et le Piémont actuels, des populations de souche celtique de la culture dite de Golasecca devait constituer un excellent stimulant pour le développement de ces trafics dont l'archéologie ne permet certainement d'apprécier qu'une faible partie.

Rien de surprenant donc à ce que les artisans celtes aient emprunté la plupart de leurs modèles au répertoire étrusco-italique. Ils n'auraient d'ailleurs même pas eu à se déplacer pour le faire, puisque des objets décorés tels que les vases en bronze du service à vin arrivaient jusqu'aux cours princières du cœur de l'Europe. L'analyse comparative des œuvres de la phase initiale de l'art celtique, de leurs prototypes et des objets importés révèle cependant une situation nettement plus complexe. On peut tout d'abord constater que la genèse de l'art celtique ne débute que plus d'un siècle après l'apparition des premières importations d'origine méditerranéenne dans les mobiliers des tombes princières du milieu transalpin. Leur introduction ne suscita apparemment pendant longtemps aucune réaction significative et seules quelques créations isolées, par exemple la statue de guerrier qui couronnait le tumulus de Hirschlanden, près de Stuttgart, semblent avoir été suscitées par des influences ponctuelles, attribuables principalement au monde grec.

Comparés au milieu est-alpin, où s'épanouit alors l'"art des situles", les territoires celtiques manifestent encore au début du Ve siècle av. J.-C. une singulière réticence vis-à-vis de la figuration: les quelques sujets représentés - oiseaux

Fibule à masques, Weisskirchen (Rhénanie)
Seconde moitié du Vᵉ siècle av. J.-C.
Trèves, Rheinisches Landesmuseum

Fibule à double masque, Pontecchio
province de Bologne
Première moitié du VIIᵉ siècle av. J.-C.
Marzabotto, Museo Nazionale Etrusco
Cat. 348

aquatiques, chevaux, personnages associés à des symboles solaires ou astraux – appartiennent au répertoire traditionnel hérité de l'âge du bronze et rien ne permet d'imaginer l'émergence toute proche d'un art aussi riche qu'original.

Les causes profondes qui provoquèrent cette éclosion d'un langage figuré qui apparaît dès ses débuts sous une forme structurée et cohérente nous échappent à peu près totalement mais les mécanismes sont suffisamment clairs: des emprunts massifs au répertoire étrusco-italique, effectués non pas au hasard mais à partir d'une sélection de thèmes qui pouvaient constituer l'expression visuelle d'un système de pensée religieuse propre aux Celtes historiques. Ce langage imagé, avec son vocabulaire et sa syntaxe très originale, continuera à être régulièrement alimenté pendant les siècles suivants par de nouveaux emprunts au répertoire méditerranéen. Les règles de sélection resteront cependant les mêmes et la transformation de modèles différents aboutira en définitive aux mêmes images.

La naissance et les développements ultérieurs de l'art celtique ne reposaient donc pas sur des imitations fortuites, des inspirations occasionnelles, mais sur les choix raisonnés d'une iconographie religieuse.

L'analyse du matériel indique clairement que les objets importés connus n'ont pu fournir qu'une contribution très partielle à la constitution, étonnamment rapide, de ce répertoire. Les modèles dont s'inspirèrent les artistes celtes de la seconde moitié du Vᵉ siècle av. J.-C. sont finalement nettement plus nombreux dans le matériel péninsulaire que dans les importations de même origine en milieu transalpin. Evidemment, l'image que permettent d'esquisser aujourd'hui les trouvailles archéologiques est très incomplète et on ne peut exclure *a priori* que les objets méditerranéens qui circulaient chez les Celtes étaient beaucoup plus variés qu'il n'apparaît d'après ces découvertes. Cependant, les liens que présente l'art celtique de la période initiale avec le répertoire étrusco-italique sont si nombreux et si étroits qu'ils paraissent difficilement concevables sans l'existence de contacts directs dans le milieu péninsulaire.

En effet, seule la connaissance approfondie des ressources de l'imagerie étrusco-italique peut expliquer des choix qui se portent sur des catégories d'objets relativement peu répandus et inconnus dans les régions transalpines, ou même la résurgence de formes qui sont attestées en Italie à une époque plus ancienne, connaissent souvent une diffusion géographique limitée et n'apparaissent plus dans le matériel du Vᵉ siècle av. J.-C.

Il en est ainsi pour les fibules orientalisantes de Vetulonia et de Bologne à double tête humaine qui préfigurent incontestablement les exemplaires les plus anciens de fibules celtiques dites "à masques" qui constituent une des catégories d'œuvres figurées les plus significatives de la phase initiale. On pourrait également

Bague en or, Vulci
début du Ve siècle av. J.-C.
New York, Metropolitan Museum of Art
Cat. 347

évoquer à ce propos les garnitures ajourées de chars et de harnais qu'illustre remarquablement le matériel de la tombe de Somme-Bionne: elles trouvent, elles aussi, des antécédents dans des tombes orientalisantes mais cette fois seulement en Etrurie maritime. Suffisamment nombreux et convaincants pour ne pouvoir être le résultat de convergences fortuites, les rapprochementes entre l'art celtique et des œuvres orientalisantes du VIIe siècle av. J.-C. restent difficiles à expliquer. Ils indiquent cependant la grande familiarité de certains artisans celtes avec les ressources, même anciennes, du répertoire étrusco-italique.

Les modèles les plus nombreux et les plus significatifs appartiennent naturellement au répertoire étrusque du Ve siècle av. J.-C. Certains sont relativement peu connus, comme la tête humaine coiffée d'une palmette que les Celtes adoptent pour représenter l'importante divinité masculine autour de laquelle gravite la majeure partie de l'iconographie de l'art celtique. Une tête de ce type apparaît sur des boucles d'oreilles d'or connues jusqu'ici exclusivement sur le site de Spina, un des comptoirs du littoral adriatique, à l'embouchure du Pô, que les Transalpins ont dû fréquenter avec assiduité. Une fois adopté, ce thème iconographique fut ensuite appliqué par les artisans celtes à d'autres modèles. Ainsi, une bague en or de Rodenbach, en Rhénanie, s'inspire d'un prototype étrusque connu par un exemplaire de Vulci, mais les têtes de Silène qui ornent ce dernier ont été modifiées par l'introduction de la coiffure en forme de palmette.

Ce type de petite retouche qui détourne l'image pour l'intégrer dans un système iconographique proprement celtique restera un des procédés d'assimilation les plus caractéristiques et les plus courants chez les Celtes. Cette intervention est souvent accompagnée d'une stylisation des différentes parties du visage, qui prennent l'aspect de motifs simples que l'on trouve également isolés ou dans d'autres figures: esses et volutes, "doubles feuilles de gui", triangles aux côtés incurvés et autres. Les formes naturelles deviennent ainsi des assemblages de signes à valeur probablement symbolique que l'on peut décomposer et recomposer pour obtenir d'autres figures. Cette conception spécifiquement celtique de l'image, dont le rôle est moins celui de représenter que celui de signifier, trouvera plus tard un champ d'application particulièrement fertile avec les monnaies.

L'élément essentiel du cérémonial, à caractère probablement rituel, de la consommation du vin, les vases métalliques du service à boisson, constitue probablement l'illustration la plus représentative des relations entre l'art étrusque et l'art celtique de la période initiale. Un des cas les plus simples est constitué par la cruche de facture celtique de la tombe princière de Kleinaspergle. Son attache à tête de Silène s'inspire probablement non seulement de l'attache du stamnos de cette même tombe mais aussi de certains types de cruches. Le détournement reste très discret et seul le traitement volumétrique du visage dénonce l'appartenance à l'art celtique.

Bien plus complexe, la somptueuse cruche en bronze d'une tombe à char de Dürrnberg près de Hallein du musée de Salzbourg s'inspire d'un type de cruche étrusque attesté notamment par un exemplaire de Castel San Mariano près de Pérouse, datable du milieu du VIe siècle av. J.-C. Il est caractérisé par une anse formée d'un lion rampant qui tient dans sa gueule ouverte une tête humaine. Les

bras latéraux de l'anse qui s'appuyaient sur le rebord portent chacun un sanglier. Ce thème de la bête dévorante, d'origine orientale mais solidement enraciné en Etrurie, devait avoir une signification également pour les Celtes, car on le trouvera encore sur des monnaies du Ier siècle av. J.-C. La cruche de Dürrnberg remplace cependant la simple palmette qui constitue l'extrémité inférieure de ce type d'anse zoomorphe par une composition plus complexe, empruntée également à des attaches de cruches étrusques: la palmette et des enchaînements d'esses y encadrent une tête humaine coiffée d'oreilles stylisées en forme de feuille. Le même type de représentation apparaît également sur des fibules. Il constitue certainement un des avatars de la divinité masculine, quelquefois moustachue ou barbue, que d'autres cruches associent dans le décor de l'attache inférieure de l'anse aussi bien à la palmette qu'aux gardiens monstrueux de l'Arbre de vie, à la coiffure en "double feuille de gui" ou à la tête de bélier. Les deux principaux motifs végétaux du répertoire celtique de la phase initiale - la palmette et la double feuille - ornent le corps de la cruche.

Ce sont d'ailleurs probablement ces deux motifs végétaux et leurs relations qui illustrent le mieux l'attitude des artistes celtes vis-à-vis de leurs modèles. En effet, la double feuille, d'une valeur symbolique apparemment considérable, n'est pas un emprunt direct au répertoire gréco-étrusque mais le résultat de manipulations de la palmette ou de la frise de palmettes alternées à des fleurs

Bague en or provenant de la tombe princière de Rodenbach (Rhénanie)
Ve siècle av. J.-C.
Spire, Historisches Museum der Pfalz

à gauche
Bracelet en or provenant de la tombe princière de Rodenbach (Rhénanie)
Ve siècle av. J.-C.
Spire, Historisches Museum der Pfalz

Œnochoé de type "Schnabelkanne"
provenant de la tombe princière de Kleinaspergle
Première moitié du Ve siècle av. J.-C.
Vue d'ensemble et détail
Stuttgart, Württembergisches Landesmuseum
Cat. 344

de lotus: il peut s'agir d'une palmette réduite à ses deux feuilles inférieures ou d'une suite de fleurs de lotus découpées par leur milieu de sorte que les deux moitiés soient réunies par leurs extrémités. On peut obtenir le même résultat à partir d'une seule fleur de lotus, mais il faut alors recomposer les deux moitiés selon un axe passant par leurs extrémités. Les œuvres qui nous sont parvenues indiquent que tous ces procédés furent employés, quelquefois même conjointement. Les garnitures en feuille d'or ajourée d'Eigenbilzen, où la transformation de la frise de palmettes et de fleurs de lotus est à peine ébauchée, et de Schwarzenbach, déjà nettement plus complexe, illustrent particulièrement bien cette

Œnochoé de type "Schnabelkanne"
Tombe 112 de Dürrnberg, près de Hallein
Seconde moitié du Ve siècle av. J.-C.
Salzbourg, Museum Carolino Augusteum
Cat. 342

Détails de l'anse et de l'attache
Cat. 342

Décor de corne à boire, feuille d'or travaillée à jour, tombe princière d'Eigenbilzen
Seconde moitié du Ve siècle av. J.-C.
Bruxelles, Musées Royaux d'Art et d'Histoire

démarche typiquement celtique. C'est grâce à des procédés de ce genre, simples et efficaces, que les emprunts au répertoire étrusco-italique, apparemment très variés et très nombreux, sont intégrés sans difficulté dans un ensemble dont la remarquable homogénéité masque pourtant la réalité complexe de foyers artistiques assez nombreux et certainement très éparpillés, depuis la Champagne jusqu'à la limite occidentale de la cuvette Carpatique.

L'ampleur et la rapidité de la genèse d'un art celtique en pleine possession de ses moyens suppose une symbiose culturelle celto-étrusco-italique assez poussée. Il ne faut probablement pas l'apprécier uniquement du point de vue des emprunts formels. Il est en effet probable que cette symbiose fut à l'origine de la mutation intellectuelle qui libéra les populations celtiques de leur réticence vis-à-vis de l'image. Il est évidemment très difficile d'en cerner les contours,

Appliques en bronze
à décor ajouré, Čizkovice (Bohême)
IVe siècle av. J.-C.
Litoměřice, Okresní Muzeum
Cat. 346

Cippe, Pfalzfeld (Rhénanie)
Ve siècle av. J.-C.
Bonn, Rheinisches Landesmuseum

mais il existe d'autres indices de l'influence qu'ont peut-être exercée les Etrusques dans le domaine religieux, non pas en imposant leurs croyances ou leurs dieux mais en fournissant des modèles de comportements rituels que les Celtes pouvaient adapter à leurs besoins.

On peut citer à ce propos les statues et cippes cultuels connus notamment en Rhénanie, où l'influence étrusque est particulièrement évidente sur le pilier de Pfalzfeld. Ce type de statue est attesté également par des fragments retrouvés en Bohême, sur le site de l'exceptionnel sanctuaire monumental du Ve siècle av. J.-C. de l'acropole de la forteresse de Závist près de Prague. La conception de ce sanctuaire, constitué de très hautes plates-formes de pierre sur lesquelles devaient s'élever des édifices en bois, n'a aucun antécédent local et ne trouve pas d'analogies pertinentes en dehors de l'Etrurie.

Comme on le voit, les éléments étrusco-italiques ne représentent pas seulement le fondement principal de l'art celtique de la période initiale, mais ils reflètent vraisemblablement par leur importance le rôle essentiel joué par la culture péninsulaire dans la mutation culturelle qui accompagne au VIe siècle av. J.-C. l'émergence historique des Celtes transalpins et qui constitue le prélude de leur installation en Italie.

Ils y vivront dorénavant pendant plus de deux siècles, au contact direct du monde étrusque qui ne semble plus exercer sur eux une influence artistique comparable à celle que l'on peut observer au Ve siècle av. J.-C. Cette impression n'est peut-être que la conséquence de la difficulté sinon de l'impossibilité de distinguer dans un art celtique arrivé désormais à maturité les emprunts nouvellement intégrés des emprunts anciens. La paire de garnitures ajourées de Čížkovice en Bohême est particulièrement significative à cet égard: l'une d'elles présente une composition inspirée d'une attache de cruche à vin étrusque du Ve siècle av. J.-C., l'autre un assemblage de palmettes - transformées en têtes humaines - et de rinceaux dont les analogies les plus convaincantes ornent les seaux tarentins ou campaniens de la seconde moitié du siècle suivant. Complètement assimilé, l'apport étrusque n'est plus identifiable qu'à partir de la disposition générale des motifs, fondée cependant sur le même schéma que la composition plus récente, intégrée avec la même aisance.

L'art celtique, libre désormais des liens qui l'unissaient à l'art étrusque si étroitement qu'il a pu en paraître aux yeux de certains savants du siècle dernier un simple avatar, dispose au IVe siècle av. J.-C. d'un langage figuratif totalement autonome: il s'alimente toujours d'emprunts au monde méditerranéen mais les intègre immédiatement, de manière si complète qu'il est presque impossible à en reconnaître l'origine.

BIBLIOGRAPHIE:
Les Celtes (Cat. Exp.), Milan 1991; P.M. Duval, Paris 1977; P.M. Duval-M. Kruta (sous la dir. de), Genève-Paris 1982 (voir aussi bibl. sur l'art celtique de 1944 à 1979), O.-H. Frey-F. Schwappach, dans "World Archeology" 4, 1973, p. 339-356; Ch. Hawkes-P.-M. Duval (sous la dir. de), Londres-New York-San Francisco 1976; P. Jacobsthal, Oxford 1944; V. Kruta, dans "Etudes Celtiques" 23, 1986, p. 26 sq.; V. Kruta, dans "Etudes Celtiques" 24, 1987, p. 20 sq.; V. Kruta, dans Actes Paris, 1988, p. 81-92; V. Kruta, dans *Italia omnium terrarum alumna [...]*, Milan 1988, p. 261-311; R. et V. Megaw, Londres 1989; F. Moosleitner, Florence-Salzbourg 1987; B. Raftery (sous la dir. de), Paris 1990.

Iconographie funéraire du fauve à la tête coupée

Bernard Bouloumié

A l'époque de La Tène récente, ou si l'on préfère se placer dans un contexte plus méditerranéen, pendant la période hellénistique, le Sud de la France paraît découvrir l'art de la sculpture en pierre, et on a souvent commenté cette innovation en des termes qui risquent de prêter à confusion. On se trouve, en effet, dans une région bien différente du reste de la Gaule: le Midi est avant tout un pays ligure, habité depuis toujours par des tribus dont la civilisation encore mal définie se rattache par nature à l'univers géographique du bassin occidental de la Méditerranée.

A partir de l'âge du bronze final, on constate dans cette région une fréquentation de plus en plus assidue des "commerçants" étrusques et grecs qui y déposent une première couche de ferments culturels dont les effets se font sentir rapidement dans plusieurs domaines: transformations dans l'habitat, dans les modes de vie, dans la hiérarchisation de la société, dans l'organisation des activités économiques, etc. L'occupation gauloise de ce territoire, qui survient par la suite, introduit d'autres changements, ethniques et également culturels, qui remodèlent à leur tour cette civilisation régionale et lui donnent son faciès définitif jusqu'à l'intervention romaine.

La Provence et le Languedoc oriental ont ainsi acquis, en quelques siècles, un profil très original, et il ne faut peut-être pas s'étonner de rencontrer dans ce vaste espace géographique des caractéristiques qui lui sont propres.

Il est vrai que dans le domaine celtique septentrional la statuaire en pierre constitue un fait rarissime, mais ce n'est pas le lieu ici d'en faire le court inventaire. Pour le Midi, il existait une tradition qui remonte à l'époque néolithique finale, bien attestée surtout au Chalcolithique, de représentations anthropomorphes sur des stèles funéraires (ou cultuelles) en pierre. Mais on s'intéressera plutôt à la multiplication des stèles anépigraphes et aniconiques au milieu du dernier millénaire avant notre ère, dont l'étude récente a montré combien elles étaient proches, du point de vue morphologique, de monuments semblables d'Italie centrale: il s'agit des stèles du groupe Glanum-Saint-Blaise qui se comptent par dizaines, voire par centaines, vestiges d'un culte indigène de tradition méditerranéenne – et non celtique – qu'on a pu comparer aux stèles de Marzabotto, Fiesole ou Vélia.

On a établi qu'elles faisaient partie d'ensembles cultuels, liés à des sanctuaires et/ou à des lieux publics, peut-être funéraires, plus vraisemblablement associés à des *hérôa*.

Or, c'est dans ces mêmes lieux sacrés qu'apparaissent à partir du IIIe siècle av. J.-C. de grandes statues en ronde-bosse interprétées aujourd'hui comme des figures de chefs de tribus, vêtus et équipés à la mode celtique, dans un décor de "têtes coupées", de récipients destinés au banquet (situles avec filtre à vin d'Entremont) et d'autres représentations animales ou humaines (ronde-bosse ou relief) qu'il est difficile de ne pas relier à l'idée d'un culte des ancêtres.

D'un point de vue strictement technique, ces monuments révèlent à la fois des caractéristiques indigènes (par exemple la pierre travaillée comme le bois) et des traits communs à l'art hellénistique en général (expressivité, réalisme, précision des proportions).

Lion et tête coupée
provenant des Baux-de-Provence
IIe siècle av. J.-C. (?)
Avignon, Musée Calvet

Lion et tête coupée
provenant de Osuña (Espagne)
IIe siècle av. J.-C. (?)
Madrid, Museo Arqueológico Nacional

"Tarasque" de Noves
Ier siècle av. J.-C. (?)
Avignon, Musée Calvet

On a là affaire à une production artistique très originale, où se mêlent influences et ferments culturels divers: on y retrouve, en particulier, la coutume étrusco-italique de la grande statuaire en pierre, la recherche du portrait, le besoin de fixer pour l'éternité, en les exhibant, les *imagines* des ancêtres.
A la même époque, et dans le même secteur géographique, on rencontre par ailleurs quelques rares exemplaires de groupes statuaires en pierre composés d'un fauve (en général, un lion) et de "têtes coupées".
Or, plus encore que pour le cas précédent des héros d'Entremont, de Roquepertuse ou de Glanum, le rapprochement avec l'Etrurie s'impose. Les lions de La Vayède ou de L'Arcoule (aux Baux-de-Provence), celui de Mornas, voire la Tarasque de Noves (si elle est bien antique, en tout cas préromaine) rappellent en effet étrangement les gardiens des tombes de Vulci, de Toscanella ou de Tarquinia, ou encore le groupe de Gênes, tant pour l'attitude générale que pour le traitement de certains détails.
Et la "tête coupée" qui les accompagne sera ici considérée plus comme le portrait du défunt que comme le trophée d'une victoire barbare. Les prototypes vulciens sont à peine antérieurs, la parenté est évidente, seule la fonction funéraire reste malaisée à établir avec certitude.

BIBLIOGRAPHIE:
F. Benoit, Aix-en-Provence 1955; J.-C. Bessac-B. Bouloumié, dans "Revue Archéologique de Narbonnaise" 18, 1985, p. 127-187.

L'écriture étrusque aux origines de l'écriture runique

Piergiuseppe Scardigli

Statuette de guerrier en bronze avec inscription runique
IIe-IIIe siècle ap. J.-C.
Oslo, Universitetet, Jakn Oldsaksamlingen

En dépit des nombreuses hypothèses formulées sur l'origines de l'écriture runique, un fait paraît solidement établi: dans leur ensemble, les populations germaniques auraient trouvé dans les écritures de l'Italie du Nord, dérivées de l'alphabet étrusque et pourvues de ramifications jusque dans le Norique, le modèle de leurs systèmes de notation graphique. Elles se seraient inspirées de ces écritures non seulement pour l'alphabet runique (le *futhark* ancien), mais aussi et surtout pour le graphisme des inscriptions et leur mode d'encadrement. Il existe en effet un lien, sous bien des aspects encore obscur et incompréhensible, mais incontestable, entre les écritures de l'Italie du Nord, que l'on qualifie conventionnellement de "nord-étrusques", et celles des régions germaniques.

Les sujets de perplexité, certes, ne manquent pas, comme l'existence d'un important écart chronologique entre les inscriptions en écritures prélatines d'Italie du Nord, qui datent au plus tard des derniers siècles du Ier millénaire av. J.-C., et les signes runiques, attestés au plus tôt aux IIe et IIIe siècles ap. J.-C., les inscriptions runiques les plus anciennes ayant en outre été découvertes dans des régions éloignées des Alpes, comme la Scandinavie ou la Roumanie. On tiendra compte cependant du fait qu'une grande partie des documents rédigés pendant plusieurs siècles en écriture runique ont sans doute disparu; il est probable, en effet, que les premières runes aient été tracées sur du bois, un matériau qui ne résiste généralement pas au temps. L'usage des runes était sans doute par ailleurs initialement limité à la sphère magico-religieuse et c'est un autre sujet de réflexion, de même que l'aspect fortement individualisé et recherché des caractères de l'alphabet runique, en particulier ceux du *futhark* ancien (appelé ainsi d'après ses six premières lettres: F, U, Þ = th, A, R, K), de même aussi que l'ordre des séries de signes et leur dénomination qui correspond selon un principe acrophonique à autant de mots germaniques. Toutes ces particularités dénotent une écriture dont l'élaboration et l'adaptation reposent sur des choix théoriques très rigoureux opérés par les "maîtres des runes".

A propos de chronologie, on se souviendra que l'écriture runique a pu être directement liée à l'histoire des populations germaniques, et qu'une "opération runes" a pu être menée par haine et mépris des Romains, dans un esprit de résistance, qui fut parfois efficace, des peuples germains à l'expansion romaine: il suffit de songer à la pénétration des Quades et des Marcomans en Italie au temps de Marc Aurèle. Mais il est évident que la distinction s'impose entre origine et diffusion.

Si l'on examine les lettres de l'alphabet, il apparaît aussitôt qu'elles n'ont rien de comparable, dans leur organisation d'ensemble comme dans leur répartition, avec celles des alphabets du monde classique, grec, étrusque ou latin. Certains caractères, considérés individuellement, présentent cependant avec les lettres de ces alphabets des analogies de forme et de valeur. Ces analogies relevées à plusieurs reprises ont poussé les spécialistes à chercher leur origine soit dans la région des Balkans sous influence grecque, soit à une époque plus reculée dans la zone italienne, soit encore le long de la ligne de contact entre populations germaniques et romaines. Dans une récente étude, Helmut Rix soutient l'origine italienne en s'appuyant sur certaines similitudes qu'il a notées et analysées entre le

Stèle avec inscription runique provenant de Martebo (Suède)
Ve siècle ap. J.-C.
Visby, Musée de Gotland
Cat. 358

futhark ancien et les alphabets de l'Italie septentrionale: identité générale pour les signes I et S; corrélation avec l'alphabet lépontique pour le A et le M; avec l'alphabet rétique du type de Magré pour le signe Þ = th, du type de Sondrio pour les N, P, Z, du type de Bolzano pour le T en pointe de flèche; avec l'alphabet vénète pour les U, K, G, W, H, J, L, D et O et avec l'alphabet latin pour le R et le B. La plupart de ces équivalences concernent donc la région vénète où, dans les sanctuaires comme ceux de la divinité Reitia (Fondo Baratela d'Este), l'écriture était certainement un objet de spéculation magique. On pourrait même supposer qu'il existait en Vénétie une école qui aurait enseigné l'écriture à des fins religieuses et assuré la formation des maîtres des runes. Mais ce ne sont là que pures conjectures, et le chaînon manquant continue de faire défaut.

C'est dans la région alpine évoquée comme lieu d'origine possible de l'alphabet runique, qu'est située Negau (Styrie), localité où furent découvertes, sur deux des casques d'un important dépôt votif, des inscriptions en caractères nord-étrusques, antérieures au IIe siècle av. J.-C., et par conséquent préruniques. Le casque de Negau, dit B, comporte un texte indéniablement germanique qui atteste que les populations de la région ont été très vite entraînées à utiliser ces

Inscription lépontique provenant de Prestino (Italie)
Première moitié du Vᵉ siècle av. J.-C.
Côme, Museo Civico Archeologico P. Giovio

alphabets. C'est un indice certes faible, mais qui touche le domaine du religieux et du sacré, et constitue un précédent significatif.

Il faut avouer qu'il est bien difficile de se repérer dans l'obscure forêt des alphabets que nous ont fait connaître les documents épigraphiques retrouvés en Europe, de l'Espagne à la mer Noire. On assiste sans cesse au cours de leur transmission à des modifications importantes: renversement, rotations à quatre-vingt-dix degrés, inversions de gauche à droite, et de droite à gauche, ne sont pas rares. Les possibilités de variations ne paraissent ni contrôlables ni prévisibles, et ce, d'autant moins que les chaînons intermédiaires manquent généralement. Chaque nouvelle alphabétisation implique en outre des ajustements et des créations de signes nouveaux pour transcrire les sons propres à chaque langue.

L'étude des différences entre alphabet étrusque et alphabet runique est exemplaire d'une méthode de recherche habituelle dans les sciences humaines. Il est normal qu'il existe un important décalage entre des opérations mentales, reposant sur des principes logiques et symétriques, et un fait réel donné, imparfait et approximatif. La démarche du spécialiste est proche du raisonnement par induction.

On affirme communément que la civilisation reconnue comme supérieure est celle qui donne, tandis que la civilisation qui se considère inférieure, reçoit: ceci n'est qu'en partie vrai. Comme dans bien d'autres cas, il est évident ici, que la civilisation "réceptrice", celle des Germains, bien que constituée d'une multitude d'ethnies non homogènes, opère des choix, des adaptations et des modifications avec une rigueur et une cohérence si impressionnantes qu'elles en paraissent presque inexplicables.

Notons aussi que la langue runique est délibérément archaïsante, que l'on y a affaire à un stade d'évolution linguistique, qui paraît souvent analogue à celui du protogermanique et doit être situé avant même l'émergence de la tradition runique. On entrevoit en ce sens une continuité, qui n'est pas simplement due au hasard, mais qui suppose une organisation très rigide dont on ne sait rien puisque aucun auteur ancien ne l'a évoquée.

Il est temps à présent d'aborder l'aspect le plus marquant, et dans une certaine mesure décisif, du problème. En dépit des incertitudes et des obscurités qui, nous l'avons vu, caractérisent les correspondances entre les lettres de l'alphabet runique et certains signes isolés des alphabets nord-étrusques et de l'alphabet

Couteau inscrit découvert dans la Tamise
VIIIe-IXe siècle ap. J.-C.
Londres, British Museum

vénète (qui dérive aussi de l'étrusque), un trait fondamental commun relie les inscriptions de la région germanique à celles de l'Italie du Nord et des Alpes: les mêmes usages épigraphiques y régissent la présentation formelle des inscriptions. C'est d'abord la conception "stylistique" des caractères, extrêmement allongés en hauteur, linéaires et totalement ou quasiment dépourvus d'éléments curvilignes; c'est ensuite le mode d'encadrement des inscriptions qui sont généralement tracées à l'intérieur d'un ruban long et étroit, qui peut jouer un rôle décoratif, s'incurver ou se replier en U; les lettres occupent toute la surface et touchent les lignes incisées qui marquent les bordures supérieure et inférieure de ce ruban. Elles peuvent aussi être simplement soulignées, ou tracées sans aucun encadrement, mais forment un ruban même dans ce cas.
Ces caractéristiques de style et d'encadrement paraissent typiques et assimilent sans conteste les inscriptions runiques aux inscriptions nord-étrusques, car on ne connaît rien de semblable dans aucune autre région. L'allongement rectiligne des lettres runiques a été expliqué par les contraintes de la technique originelle de l'incision sur bois, qui interdit le tracé de traits curvilignes. La comparaison avec l'Italie démontre qu'il s'agit en fait d'une caractéristique importée, qui n'exclut pas d'ailleurs qu'on ait utilisé d'abord le bois dans l'une et l'autre zones culturelles. Pour ce qui concerne le ruban incurvé, on pourrait comparer avec profit l'inscription de Busca (province de Cuneo) et l'inscription funéraire médiévale d'Ax en Suède.

BIBLIOGRAPHIE:
G. Colonna, dans "Studi Etruschi" LIV, 1986, p. 130-159; K. Duwel, Stuttgart 1968, 1983; K. Földes-Papp, Milan 1985; O. Haas, dans "Lingua Posnaniensis" 5, 1955, p. 41-58; W. Krause, Göttingen 1966; M. Meli, Vérone 1988; M. Pandolfini-A.L. Prosdocimi, Florence 1990; G.B. Pellegrini-A.L. Prosdocimi, Padoue-Florence 1967; A.L. Prosdocimi (sous la dir. de), Rome 1978; E. Risch, dans *Das Räterproblem in geschichtlicher sprachlicher und archäologischer Sicht*, Bâle 1971, p. 710-717; H. Rix, dans *Abhandlungen der Akademie der Wissenschaften in Wien* [en cours d'impression].

LES ETRUSQUES ET L'EUROPE
LA MEDIATION DE ROME

L'arc et la colonne toscane

Gabriele Morolli

page 222
Détail d'un couvercle de sarcophage romain
Ostie, début du IIe siècle ap. J.-C.
Copenhague, Ny Carlsberg Glyptotek
Cat. 228

L'architecture de Rome et de la Renaissance doit beaucoup, on le sait, à l'art de bâtir des Etrusques, qu'il s'agisse de la colonne toscane ou de l'arc entendu comme "passage monumental", et spécialement dans sa géniale *contaminatio* avec l'entrecolonnement surmonté d'un entablement.
L'arc, comme la voûte d'ailleurs, est déjà présent dans les plus anciennes réalisations architecturales de l'Orient (Egypte, Mésopotamie, Asie Mineure) et naturellement en Grèce. Mais si les Grecs en connaissaient la technique de construction, ils l'avaient résolument "banni" de leur architecture parce que l'arc comporte en lui-même un principe de déséquilibre (il exerce des poussées qu'il est nécessaire de contrebuter), qui s'oppose en profondeur à leur aspiration vers une parfaite "tranquillité" des formes et des structures, fondée elle-même, justement, sur un équilibre statique des mécanismes architectoniques.
En revanche, l'arc fut pleinement maîtrisé et largement employé par l'architecture étrusque archaïque dans les accès aux tombes, où il est tantôt un motif purement formel (parfois taillé dans la paroi rocheuse), tantôt une structure réelle. Mais l'arc atteindra son plein épanouissement à partir du IVe siècle sans doute, lorsqu'il sera transposé à l'échelle monumentale dans les portes des villes. Cette transposition pourrait ne pas être exclusivement étrusque, comme le prouve la Porta Rosa de Velia. Quoi qu'il en soit, on la trouve un peu partout dans l'Italie tyrrhénienne: à Volterra, mais aussi à Falerii Novi et à Pérouse. Ce qui caractérise plus particulièrement l'Etrurie, c'est la présence de têtes et de demi-figures de divinités disposées autour de l'arcade. A Pérouse, sur la Porta Marzia, elles s'insèrent directement dans un schéma architectural de pilastres et d'architraves décorées de frises à figures.
L'avantage d'un tel enchaînement des ordres – qui fait qu'un système principal de colonnes ou de demi-colonnes avec entablement englobe, dans chaque intervalle entre deux colonnes, un sous-système d'arcades soutenues par des pilastres (on pourrait citer ici les façades du Tabularium et du théâtre de Marcellus et, mieux encore, celle de l'extérieur du Colisée) – est le mécanisme formel et structural qui conjugue génialement les deux modes de construction en usage dans l'antiquité: celui du trilithe, typiquement grec, et celui de l'arc (et de la voûte, qui est l'extension de l'arc dans l'espace), plus typiquement étrusque. Et cette conjugaison s'opère dans une composition unique des éléments structurels ou morphologiques, où les deux modes cités ne se distinguent ni ne s'opposent, mais s'intègrent d'une manière féconde.
Cette combinaison "victorieuse" permettra à l'architecture romaine, et notamment dans les monuments de la splendeur impériale, d'adopter les structures les plus hardies, aptes à couvrir des espaces toujours plus vastes, tout en conservant le vocabulaire des ordres architecturaux traditionnellement dotés d'un entablement. L'architecture de la Renaissance en héritera et fera de cet enchaînement d'arcades et de piédroits avec entablement un usage aussi savant que varié, encore en vigueur à la fin du XIXe siècle et même dans les premières décennies du XXe siècle.
Quant à la colonne toscane, la question se pose avant tout de savoir dans quelle mesure on peut parler d'un "ordre toscan" distinct de l'ordre (*genus*) dorique.

Volterra, "Porta all'Arco"
IVe-IIIe siècle av. J.-C.

A propos de la colonne des *tuscanicae dispositiones* (Vitruve, *De Architectura* IV, VII, 2-3), il faut noter que le théoricien latin n'emploie pour la définir ni le terme *genus*, ni aucun autre synonyme du mot "ordre" tels que *mos*, *ordo* ou le grec *rythmes*; il désigne séparément la colonne et l'architrave (*trabes*) qui la surmonte, ainsi que la saillie de l'avant-toit reposant sur des poutres (*traiecturae mutulorum*). Et il est vrai que ni cet entablement tronqué (il manque l'élément central de la frise et la corniche se réduit au minimum) ni la colonne elle-même ne peuvent être conceptuellement unis dans le syntagme théoriquement "supérieur" d'un ordre: éléments isolés d'une parataxe, ils apparaissent comme autant de simples "pièces" se suffisant pour ainsi dire à elles-mêmes, mais qui, dûment assemblées, créent une manière (una mode, une mode: on pourrait ainsi traduire le terme de *dispositiones*), une manière "à l'étrusque" justement, qui resterait en quelque sorte en-deçà du seuil de "dignité esthétique" d'un véritable ordre architectural.
La question qui se pose maintenant est celle du point de départ: que savons-nous de la colonne toscane d'origine, telle qu'elle fut sur les sites étrusques? On suppose que dans les édifices qui étaient construits en bois (ou du moins en matériaux légers tels que la brique crue), les colonnes étaient généralement aussi en bois: ce matériau étant périssable, on n'a pas retrouvé de vestiges archéologiques de colonnes et on ne peut espérer en retrouver. On possède cependant des indices de l'existence de colonnes en pierre, par exemple dans le temple A de Pyrgi

Arc étrusque de la Porte Jupiter à Faléries, près de Viterbe

(première moitié du Ve siècle av. J.-C.) ou dans l'une de ses reconstructions, mais ils ne suffisent pas à nous donner une idée de la typologie de ces colonnes. Le seul exemple construit et entier que nous connaissions est la fameuse "colonne étrusque" insérée dans un bâtiment de l'îlot 5 de la Zone VI de Pompéi, qui pourrait remonter à la période étrusque de cette ville de Campanie, entre la fin du VIe siècle et la première moitié du Ve siècle (si l'on se fonde sur certaines données stratigraphiques). Pour le reste, il est donc nécessaire de recourir aux témoignages des "imitations" et des reproductions. Par "imitations", nous entendons principalement les colonnes sculptées dans la pierre des nécropoles; il en existe plusieurs exemples dans celles de Cerveteri et de Norchia. Ce sont inévitablement des modèles grossiers et lourds, dont les proportions sont tributaires de la hauteur limitée des tombes et du caractère particulier de leur construction, mais on y découvre bien les traits essentiels d'une typologie. Il convient enfin de tenir compte des colonnes figurées dans la peinture, dans la Tombe des Lionnes à Tarquinia en particulier, manifestement en bois et peintes de couleurs variées. Ces multiples données permettent de définir les

"Porta Marzia" à Pérouse
IIIe-IIe siècle av. J.-C.

éléments qui distinguent la colonne toscane d'origine: base annelée, fût lisse, chapiteau simple à échine renflée; les profils incurvés et l'*entasis* du fût (particulièrement accentuée à Pompéi) sont aussi caractéristiques.

Chez Vitruve, la colonne étrusque a pourtant des proportions fondées sur le rapport de 1/7 qui correspond à la "maturité" de l'ordre dorique, même si elle est dotée d'une base (formée d'une simple plinthe circulaire surmontée d'un tore), dont est dépourvue, on le sait, la colonne dorique grecque. Cette parité dimensionnelle et l'étroite analogie morphologique qui existe entre les chapiteaux toscan et dorique (aux trois parties du chapiteau toscan - *abacus, echinus* et *hypotrachelion cum apophysi* - répondent exactement le *plinthus cum cymatio*, l'*echinus cum anulis* et l'*hypotrachelion* du chapiteau dorique) révèlent un échange fécond, fait d'attraction et de superposition, entre les deux ordres.

C'est d'autant plus vrai que, très vite, à côté de la colonne dorique grecque, canoniquement dépourvue de base, l'architecture romaine va créer une colonne dorique pour ainsi dire latine, elle aussi dotée d'une base (attique généralement) et d'un fût lisse (privé des vingt cannelures à arêtes vives de la colonne dorique

Décor peint, colonne
Tombe des Lionnes à Tarquinia

grecque), ce qui accentue plus "dangereusement" encore la proximité des deux ordres.
C'est ainsi qu'il convient d'interpréter, semble-t-il, la modification apportée par les Romains (une modification toute formelle et grossière d'effet) au profil de l'échine du chapiteau dorique: dans le sens d'une toscanisation systématique du dorique grec, qui serait une sorte de revanche de la *consuetudo italica* de Vitruve face aux modes de construction de la *Graecia capta*. Dans le dorique grec, cette partie essentielle que constitue la "tête" de la colonne avait évolué, depuis la période archaïque (VIIe et VIe siècles av. J.-C.) jusqu'à la période hellénistique (à partir du IVe siècle), dans le sens d'une abstraction géométrique croissante – les souples contours des échines "en forme d'écuelles" de Sélinonte se transformant en profils linéaires, en troncs de cône renversé, dans les échines attiques et/ou asiatiques d'Ionie – qui tendait à éliminer la ligne courbe, trop "organique" évidemment pour être appréciée. Dans le dorique romain réapparaît la version curviligne de cette modénature (ce qui contredit tout à fait l'évolution qu'elle avait suivie en Grèce), sous l'influence ponctuelle mais significative de l'échine du chapiteau étrusque.
Il ne peut en effet échapper que les rares exemples de toscan romain ont tendance à ressembler "dangereusement" au dorique: que l'on pense, par exemple, au rez-de-chaussée de la façade extérieure du Colisée, où le caractère toscan de l'ordre, attesté par la présence d'un entablement à frise lisse (sans l'alternance des triglyphes et des métopes de l'ordre dorique), est en quelque sorte contredit par la base attique du fût.
Si bien que l'on serait tenté de faire l'hypothèse que ce n'est pas l'ordre toscan qui s'est "doricisé" mais bien plutôt l'ordre dorique qui s'est "toscanisé"; si le chapiteau dorique romain reprend les formes de l'échine en quart-de-rond typique du chapiteau toscan, et que le fût dorique romain tend à perdre ses cannelures pour devenir lisse comme le fût toscan, et qu'enfin la colonne dorique romaine se dote d'une base (dont est toujours dépourvue la colonne dorique grecque) à l'instar de la colonne toscane, il faut certainement en conclure que dans l'architecture romaine, tout au moins pour ce qui est de la colonne, l'ordre dorique grec disparaît et est presque entièrement remplacé par l'ordre toscan, le dorique se "maintenant" encore à l'entablement, dans la scansion des triglyphes et des métopes.
Il est significatif que l'esprit systématique de la Renaissance ait approfondi ensuite la substance même de ce mélange révélateur de toscan et de dorique, s'engageant dans un travail de définition (ou de refondation) théorique du toscan en tant qu'ordre vraiment autonome et "antérieur" ou "sous-jacent" à l'ordre dorique. Et c'est d'ailleurs un peu ce qui arrivait à l'autre bout de la "série ascendante" des ordres architecturaux, où l'on était en train de formaliser, "au-delà" du corinthien, un cinquième ordre: l'ordre composite, d'origine romaine lui aussi, et ce n'est pas un hasard (avec son habituelle intelligence, Leon Battista Alberti proposait de le désigner sous le nom d' "italique", qui n'est pas fortuit non plus).
C'est Sebastiano Serlio qui, avec clarté, définit explicitement (au point de vue des mesures et des proportions) le "parcours ascendant" des cinq "nouveaux"

à gauche
Colonne toscane à Pompéi, Regio VI, insula 5

à droite
Colonne toscane selon l'interprétation de Vignole (traité de 1562)

ordres de la Renaissance, et qui, conférant au toscan le rapport proportionnel le plus solide, celui de 1/6 entre la hauteur de la colonne et le diamètre du fût (qui est le module), en fait un ordre absolument distinct, en termes de morphologie et de proportions, de l'ordre dorique qui lui est "voisin".
L'illustre élève de Baldassarre Peruzzi va jusqu'à "contester", avec un inégalable courage de théoricien, l'enseignement du *De Architectura* de Vitruve. De cela Serlio tenait d'ailleurs à se justifier, du moins en apparence: "Bien que j'aie dit plus haut, écrit-il, que la colonne toscane dût être, selon le texte de Vitruve, de sept parties avec sa base et son chapiteau (cette proportion et cette forme sont certes bonnes et approuvées), même si les premières colonnes furent faites de six parties [Serlio se réfère ici au dorique 'des origines' selon Vitruve...], et que les colonnes doriques en eurent sept parce que les Anciens leur en ajoutèrent une pour leur donner plus de hauteur, il me semble que, pour suivre l'autorité de leur exemple et donner une allure plus robuste à la colonne toscane, il convient de la faire plus basse que la dorique et donc, à mon sens, de six parties avec sa base et son chapiteau".
En dépit de ce traitement "réducteur", le toscan, toujours défini par Serlio comme "l'ordre le plus solide et le moins orné, c'est-à-dire [...] le plus rustique et le plus fort, le moins délicat et le moins gracile", le toscan se voit doté de tous les attributs morphologiques qui font de lui un ordre "véritable". Et c'est encore le théoricien bolonais qui, pour la première fois, "institue", d'une part, un piédestal sous l'ensemble entablement-colonne, à l'instar de ce qui était déjà arrivé aux autres ordres canoniques, et qui, d'autre part, pour la première fois aussi, introduit délibérément sur l'entablement, entre l'architrave et la corniche, une frise qui ne figure pas, on l'a vu, parmi les *tuscanicae dispositiones* codifiées par Vitruve.
Le plus important était ainsi accompli et un quart de siècle plus tard, Vignole n'avait plus qu'à restituer à l'ordre toscan sa hauteur, en rétablissant, pour la colonne, la proportion dorique et vitruvienne de 1/7. Mais c'est avec une exemplaire probité théorique qu'il dénonce lui-même le caractère artificiel d'une telle opération: "N'ayant pu, parmi les antiquités de Rome, trouver aucun ornement [le mot est employé ici pour 'ordre'] toscan qui aurait pu me servir de règle, comme j'en ai trouvé pour les quatre autres ordres dorique, ionique, corinthien et composite, je m'en suis remis à l'autorité de Vitruve qui, dans le septième chapitre du quatrième livre [du *De Architectura*], dit que la colonne toscane, avec sa base et son chapiteau, doit avoir une hauteur égale à sept fois sa grosseur. Pour le reste de l'ornement, c'est-à-dire l'architrave, la frise et la corniche, il me paraît convenable de respecter la règle que j'ai trouvée dans les autres ordres".
Pareillement, c'est toujours au bas de la "pyramide sociale" des ordres qu'Andrea Palladio place le toscan, qu'il considère comme "le plus naturel et le plus simple de tous les ordres de l'architecture, parce qu'il garde en lui quelque chose de la première Antiquité et qu'il est dépourvu de tous ces ornements [le

Le Colisée, élévation, détail
Relevé de Louis-Joseph Duc, 1831
Paris, Ecole Nationale des Beaux-Arts

mot est employé ici pour 'éléments de décoration'] qui rendent les autres remarquables et beaux". Ce qui n'empêche pas Palladio de proposer ensuite dans son traité, avec une méticulosité philologique assez révélatrice, deux représentations graphiques, c'est-à-dire deux versions du toscan: celle de Vitruve, avec la plinthe circulaire à la base de la colonne, l'architrave en bois, la forte saillie des mutules de la corniche, et sans la frise; et la version "moderne" avec l'ajout du piédestal, la plinthe carrée à la base de la colonne (alors que Serlio, le véritable "père" de la consécration du toscan en tant qu'ordre, avait conservé la plinthe circulaire de Vitruve), une frise au-dessus de l'architrave (agrémentée d'un tore) et une corniche très peu saillante.

Dans la véritable somme qu'il donna des connaissances de la fin de la Renaissance, Vincenzo Scamozzi rappelait que "les Toscans avaient coutume, dans leur manière de bâtir, d'introduire quelque chose de grave, mais qui reste empreint de simplicité et de naturel tout en conservant une grande robustesse"; une sévérité et un dépouillement qui n'empêchent pas le théoricien d'augmenter sensiblement la hauteur des colonnes, qui "doivent être hautes de sept modules et demi et ne perdront rien à être de huit modules".

Archaïsme, robustesse, sévérité: tels sont les attributs sémantiques selon lesquels la Renaissance italienne remodèle, avec une vigoureuse et nette détermination, le visage rugueux de cet ordre toscan que l'on pourrait dire un "ordre de peine". Sur la voie qui la conduira au classicisme, l'Europe semble se complaire ainsi, au XVIe siècle, dans l'exaltation des aspects les plus rudes et vernaculaires de ce "paria" des ordres architecturaux.

C'est pourtant en raison même de son archaïsme et de sa rudesse que l'ordre toscan, étroitement associé aux habitants de l'antique *Etruria Regalis* chère à Dempster, connut aussi des moments d'extraordinaire faveur. Au début du XVIe siècle, il est lié tantôt à la figure de Janus-Noé (qui, après le Déluge, aurait repeuplé d'une multitude d'enfants élus d'Israël les parties occidentales de la Toscane, si l'on en croit le mythe rapporté par Annius de Viterbe), tantôt aux figures mythiques des rois-lucumons qui gouvernaient l'Etrurie (la lignée de ces rois, d'autant plus prestigieuse qu'elle était dépourvue de toute existence historique, était chère aux Médicis, pour d'évidentes raisons hagiographiques): l'ordre toscan devint la "devise" architecturale du Grand-Duché de Toscane, et fut élevé au rang d'un véritable ordre "national", précisément au moment où le Grand-Duché affirmait sa puissance politique, en particulier sous Côme Ier. Parce qu'il se situe en bas du système des ordres, le toscan connut ainsi une fortune durable, qui s'étendit jusqu'au XVIIIe siècle, et il permet de comprendre toute l'âpreté (mais aussi toute la richesse théorique) de la polémique qui opposa, parmi les "antiquaires", les "romanistes" aux "philhellènes".

BIBLIOGRAPHIE:
L.B. Alberti, Florence 1485; *L'Architettura di Leonbattista Alberti tradotta in lingua fiorentina da Cosimo Bartoli* [...], Florence 1550; *L'Architettura di M. Vitruvio Pollione* [...], Naples 1758; J. Barozzi da Vignola, Rome 1562; *I dieci libri dell'architettura di M. Vitruvio* [...], Venise 1567; *Los diez libros de Architettura de M. Vitrubio Pollion* [...], Madrid 1787; *La fortuna degli Etruschi* (Cat. Exp.), Milan 1985; R. Krautheimer, dans "Münchner Jahrbuch der Bildenden Kunst" 12, 1961, p. 65-72; *Leon Battista Alberti. L'Architettura*, Milan 1966; G. Morolli, Florence 1985; G. Morolli, dans *La fortuna degli Etruschi* (Cat. Exp.), Milan 1985; G. Morolli, Florence 1986; G. Morolli, Florence 1988; G. Morolli, dans Actes Florence 1989; A. Palladio, Venise 1570; G. Piranesi, Rome 1761; G. Piranesi, Rome 1765; G. Piranesi, Rome 1769; *Santuari d'Etruria* (Cat. Exp.), Florence-Milan 1985; V. Scamozzi, Venise 1615; J. Shute, Londres 1563; Vitruvio, Darmstadt 1981; *M. Vitruvius per Jocundum solito castigatior factus* [...], Venise 1511.

AMPHITHEATRE FLAVIEN

Les sarcophages à figure à demi étendue

Bernard Andreae

Couvercle d'urne en bronze, Pérouse
Vue de face et détail du dos
Vers 400 av. J.-C.
Saint-Pétersbourg, Musée de l'Ermitage
Cat. 533

La représentation des défunts étendus ou à demi-étendus sur des monuments funéraires en forme de lit (E. Panofsky, *Grabplastik*, Cologne, 1964, p. 30-33) constitue l'un des principaux apports de l'art étrusque à la sculpture funéraire de l'époque impériale romaine et de la Renaissance. Dans les tombes étrusques, on trouve essentiellement trois types de sépultures: les cendres peuvent être, en effet, enfermées dans de petites urnes de formes diverses, dont le couvercle, pour les plus intéressantes, sert de couche à l'effigie du défunt. La dépouille peut être également déposée dans un sarcophage de grande taille, mais de forme analogue à celle des urnes. Vêtu et paré de ses bijoux, le défunt peut être enfin installé à demi allongé sur un lit de repos comme s'il était encore vivant dans son tombeau. Cette coutume singulière semble être à l'origine de l'immortalisation du défunt sur le couvercle sculpté des urnes et des sarcophages étrusques. Il est vrai que le motif du banqueteur allongé et à demi redressé a aussi existé dans l'art profane, sacré et funéraire grec (J.M. Dentzer, Paris, 1982). Dans l'art étrusque, ce type de représentation revêt cependant une forme particulière, constamment attestée et en perpétuelle évolution, dont on recherchera l'explication dans

Sarcophage des Epoux, Cerveteri
Fin du VIe siècle av. J.-C.
Face et détail
Rome, Museo di Villa Giulia

l'analyse chronologique et typologique d'une série de monuments.
Parmi les œuvres les plus connues de l'art étrusque, et parmi les plus anciennes du genre auquel nous nous intéressons ici, figurent le monument funéraire en terre cuite des époux de Cerveteri, conservé au musée de la Villa Giulia, ainsi que son pendant conservé au Louvre. Le monument, qui mesure 1,91 m de long, est de la taille d'un sarcophage; il a, pour cette raison, été exécuté en quatre morceaux. Certains chercheurs (H. Jucker, Berlin, 1967, p. 322, fig. 407) prétendent qu'il n'a jamais contenu les cendres des défunts et qu'il a simplement été érigé en souvenir des époux. Mais ceci est fort peu probable, car il existe des urnes cinéraires plus anciennes (E.G. Proietti, Rome, 1980, fig. 167 et 168), et beaucoup plus petites, qui pourraient avoir servi de modèles aux sarcophages monumentaux de la Villa Giulia et du Louvre. Ces exemplaires comportent tous une cavité, et il est très vraisemblable qu'ils ont été utilisés tout à la fois comme urnes et comme monuments funéraires. On ignore dans quel contexte le sarcophage de la Villa Giulia, connu depuis 1898, a été découvert, mais l'exemplaire du Louvre, sur lequel subsistent encore des traces de la polychromie d'origine, provient d'un des plus grands tumulus de Caere; ce sera probablement aussi le

cas du monument de la Villa Giulia. Il est en tout cas certain que ce dernier vient de Caere, puisque les quatre cents fragments qui ont permis de le reconstituer ont été achetés aux Ruspoli de Cerveteri.

Ces monuments funéraires ont été autrefois considérés comme l'œuvre d'un artiste ionien. Mais si l'influence ionienne est indéniable, ces œuvres, considérées du point de vue de l'intention artistique, sont purement étrusques: leur comparaison avec des scènes de banquet offertes par la peinture grecque l'atteste; on les comparera par exemple aux peintures de la Tombe du Plongeur conservées au musée national de Paestum (M. Napoli, Bari, 1970), aux peintures funéraires de Kizilbel près d'Elmali, dans le Sud-Ouest de l'Anatolie (E. Paschinger, 1986, p. 48; M.-F. Briguet, Paris, 1988, p. 58-60) et à des exemples empruntés aux arts mineurs. La subordination du schéma corporel au mouvement et aux lignes qui mettent en évidence l'intimité de la relation conjugale, n'a rien de grec: à partir du bassin, les deux corps se fondent l'un dans l'autre pour ne former qu'une longue arabesque, qui va en s'aplatissant. Les contours, l'agencement des plis, le modelé des pieds de la femme, chaussés de bottines souples, les pieds nus de l'homme, sont seuls reconnaissables. Le torse et la tête, qui concentre toute l'expression, sont plus importants et mieux proportionnés que le bas du corps, qui semble atrophié: il s'agit là d'un trait qui laisse aux artistes la possibilité de créer des attitudes expressives, et caractérise ce type de monuments funéraires tout au long du développement de l'art étrusque.

Sur l'urne cérétaine de la Villa Giulia, l'un des monuments les plus anciens connus à ce jour, la femme est figurée de face, le buste droit. L'homme, qui la dépasse d'une bonne tête, la regarde amoureusement, le buste légèrement incliné, il passe le bras droit autour de son cou; sa main droite est posée sur son épaule, et sa main gauche tendue. Le couvercle d'une urne donne la signification de ce geste: il représente une femme seule versant dans la paume de sa main l'huile de nard contenue dans un vase à parfum en forme d'alabastre. Tout l'art réside ici dans l'attitude des corps, dans ce geste qui unit le couple et non dans le rendu des proportions anatomiques. Un tel souci aurait interdit les distorsions si expressives qui font précisément le charme des œuvres étrusques. Sur l'urne du couple de la Villa Giulia, la femme dont l'avant-bras droit est brisé, tenait vraisemblablement un vase à parfum à la main, et son époux devait l'inviter par son geste, à verser quelques gouttes d'huile parfumée dans la paume de sa main.

Il est rare de trouver des couples sur ces monuments à *klinè*. On a le plus souvent affaire à des figures isolées. La mort étant un événement solitaire, les cendres et les corps étaient tout naturellement placés dans des sépultures distinctes. Les attributs des figures sculptées diffèrent assez nettement en fonction du sexe du défunt (S. De Marinis, Rome, 1961; H. Wrede, 1977, p. 395-431). Les femmes tiennent volontiers de la main droite un accessoire de toilette qui peut être par exemple, outre le vase à parfum déjà mentionné, un éventail ou un miroir. On en voit aussi avec des fleurs ou des grenades. Les hommes tiennent souvent dans la main droite un vase à boire: un *skyphos*, une patère, un *rhyton*, ou une coupe par exemple. Ce sont des objets que ne tiennent jamais les femmes. A partir du IIe siècle av. J.-C., tablettes et rouleaux viennent s'ajouter au nombre des attri-

Couvercle d'un sarcophage romain, Ostie
Début du IIᵉ siècle ap. J.-C.
Copenhague, Ny Carlsberg Glyptotek
Cat. 228

buts masculins. Les hommes sont généralement torse nu, tandis que les femmes sont toujours vêtues.

Dans la sculpture étrusque du VIᵉ au Iᵉʳ siècle av. J.-C., la représentation du défunt sous la forme d'un éternel banqueteur, immortalisé dans son apparence physique, fut un phénomène général, unique en son genre. Il n'y avait pas de passage à un état transcendant. En cinq siècles, l'attitude des défunts s'est modifiée: la raideur archaïque a peu à peu cédé la place à un certain relâchement et à une certaine mollesse. De toute façon, "les défunts sont représentés comme s'ils n'avaient jamais cessé et ne devaient jamais cesser de vivre" (E. Panofsky). La sculpture étrusque illustre la félicité censée attendre les défunts dans l'au-delà, tout comme l'art funéraire grec ou égyptien. Mais elle immortalise aussi l'apparence qu'avaient les morts de leur vivant. Cette pratique est à rapprocher de la coutume consistant à installer les défunts, vêtus et parés de leurs bijoux, sur la *klinè* funéraire comme s'ils participaient à un banquet spirituel. L'immortalisation du défunt est une caractéristique de l'art étrusque, qui a été reprise à l'époque impériale romaine, puis à la Renaissance. Cet usage, adopté par les Romains pour d'innombrables monuments funéraires, n'a pas été transmis à ces derniers par les Grecs. Mais comment prouver qu'il existe un lien avec les modèles étrusques?

Des documents attestent l'existence de monuments funéraires à *klinè* dans l'art romain de l'époque d'Auguste (G. Koch, Munich, 1982, p. 58 sq.). Etant donné que les derniers monuments étrusques remontent à l'an 80 av. J.-C. environ, il se peut qu'il y ait eu solution de continuité. On aurait alors affaire (comme dans le cas de la Renaissance) à une nouvelle invention ou à une redécouverte. Des raisons jouent en faveur de la seconde hypothèse.

Sur les dernières urnes étrusques en effet, les artistes avaient pris l'habitude de placer le vase dans la main gauche des défunts, coutume qu'on retrouve à l'époque impériale romaine. Sur ces mêmes urnes, les défunts tiennent souvent une guirlande dans la main droite, ce qui est également fréquent sur les monuments romains à *klinè*. C'est par exemple le cas sur le couvercle le plus ancien qui nous soit parvenu de l'époque impériale romaine et qui est actuellement conservé à

Monument funéraire
de Don Martin Vasquez de Arce
Vers 1488
Cathédrale de Sigüenza

Copenhague. La coiffure du défunt nous permet de le dater du règne de Trajan (98-117 ap. J.-C.).

Ces monuments devaient être connus des artistes de la Renaissance, car soudain, vers la fin du Quattrocento, après un Moyen Age totalement dépourvu de sculptures de ce genre, on assiste en Espagne, au Portugal, en France, en Italie, dans l'Empire germanique, en Angleterre et en Scandinavie, à l'apparition de monuments comparables, qui se font de plus en plus nombreux: le défunt est représenté allongé, en appui sur un coude, sur un tombeau en forme de lit. L'un des plus anciens tombeaux de ce type - si ce n'est le tout premier - a été celui de Martin Vasquez de Arce dans la cathédrale de Sigüenza. Sur ce tombeau, daté vers 1488, le chevalier est représenté en cuirasse et cotte de mailles. En appui sur un bras, sur un amas de feuilles de laurier, il lit son livre d'heures. A la fois détendu et concentré, ce défunt à l'air doux et mélancolique se rapproche des modèles antiques. Mais on ne sait pas exactement par quels détours ce type de représentation est arrivé en Castille. Les artistes de la Renaissance se sont certainement mutuellement influencés. On sait par exemple que Sansovino s'est inspiré du tombeau de la cathédrale de Sigüenza, qu'il avait vu lors d'un séjour en Espagne, pour réaliser en 1505 ceux de Girolamo Rosso et d'Ascanio Sforza en l'église Santa Maria del Popolo à Rome (*Roma, Santa Maria del Popolo*, p. 22-23). En ce qui concerne le tombeau de l'amiral Philippe Chabot, érigé en l'église des Célestins à Paris, mais actuellement conservé au Louvre, l'influence du modèle antique s'est exercée par l'intermédiaire du maniérisme italien. Le tombeau d'Angelo Marzi-Médicis en l'église de l'Annunziata de Florence, qui date de 1546 et a souvent été comparé au tombeau de Bontemps du Louvre, a été exécuté par Francesco da Sangallo. Cet artiste, qui commença à étudier l'antiquité avec assiduité après avoir assisté, enfant, à la découverte du Laocoon, a réussi de manière saisissante à reproduire le style étrusque. Son vieil homme aux traits tirés et à la tête haute, la main pendante, l'index et le majeur pointés, drapé d'un vêtement aux plis mouvementés, fait tout de suite penser aux modèles étrusques dont il s'inspire. Seul son habit d'évêque et sa mitre permettent de saisir qu'il ne s'agit pas d'un vieil Etrusque, mais d'un Toscan de la Renaissance. Le terme "Renaissance" est à prendre ici au sens littéral. Il s'agit bel et bien de la renaissance d'un important motif étrusque, dans un style - qui plus est - très étrusque.

Francesco da Sangallo
Monument funéraire d'Angelo Marzi Médicis
1546
Florence, Santissima Annunziata

BIBLIOGRAPHIE:
S. De Marinis, Rome 1961; J.M. Dentzer, Paris 1982; H. Jucker, dans *Propyläen Kunstgeschichte* 1, Berlin, 1967, p. 322; G. Koch, dans *Handbuch der Archäologie*, Munich, 1982, p. 58 sq.; M. Napoli, Bari 1970; E. Panofsky, Cologne 1964, p. 30-33; E. Paschinger, dans "Österreichische Jahreshefte" 56, Beiblatt, 1986, p. 1-48; E.G. Proietti (sous la dir. de), Rome, fig. 167 et 168; E. Wrede, dans "Archäologischer Anzeiger", 1977, p. 395-431.

Démons étrusques et démons médiévaux

Horst Blanck

Hadès et Perséphone assistent au banquet
Orvieto, Tombe Golini 1

Vers la fin du Ve siècle av. J.-C., des modifications sont intervenues dans le répertoire de l'art sépulcral étrusque. Le caractère funéraire des nouvelles images (qu'elles soient empruntées à la mythologie grecque, qu'elles représentent un magistrat et son cortège ou une simple scène de salutation et d'adieu) est souligné, comme G. Camporeale l'a déjà rappelé dans ce catalogue, par la présence de divinités de l'au-delà et de démons de la mort figurés aux côtés des protagonistes. C'est alors que se fixe l'iconographie propre à ces êtres infernaux. Dans le couple des souverains de l'outre-tombe, Hadès est coiffé d'une dépouille de loup et armé d'une lance qu'entoure un serpent; Perséphone tient un sceptre surmonté d'un oiseau (Tombe Golini I). Charun, le démon le plus souvent représenté parmi les divinités mineures, se reconnaît à son teint bleuâtre, à son nez crochu, et à son attribut caractéristique, un grand maillet aux extrémités aplaties; il peut être vêtu d'un long chiton sans manches et d'un couvre-chef conique (Tombe François), mais il apparaît le plus souvent avec une tunique courte et des bottes basses. Il brandit parfois des serpents. Tuchulcha, autre démon masculin, est pourvu d'ailes et d'un bec de vautour en guise de nez; il agite des serpents (Tombe de l'Ogre). Vanth, le génie féminin ailé de la mort, souvent représentée elle aussi, peut offrir une noble apparence lorsqu'elle revêt une longue tunique (Tombe François), mais elle est plus volontiers figurée, surtout à l'époque hellénistique, chaussée de bottes et vêtue d'une tunique courte maintenue par des bretelles croisées sur la poitrine; elle apparaît aussi le buste nu. Elle brandit un serpent, souvent un flambeau ou une épée. Nous n'avons mentionné que

Charun et Vanth assistent au sacrifice des prisonniers Troyens
Tombe François, Vulci

Charun et Vanth
Tombe des Anina, Tarquinia

Tuchulcha
Tombe de l'Ogre II, Tarquinia

les démons anthropomorphes les plus fréquents, mais l'art funéraire étrusque est également riche en monstres de toutes sortes: griffons, hippocampes, Scylla, typhons... Prototypes étrusques et influences grecques ont contribué à l'apparition de ces êtres monstrueux.

Dans l'art funéraire des Romains où abondent les représentations d'animaux fabuleux (griffons et surtout monstres marins), ces démons anthropomorphes étrusques n'ont pas leur place et il semble que les artistes en aient alors perdu le souvenir.

Il faudra attendre plusieurs siècles pour qu'une nouvelle démonologie s'introduise dans l'art chrétien médiéval. Les esprits de la Tentation, du Péché et du Mal, qui assaillent l'homme, y ont l'aspect du diable, de monstres ou d'animaux

Détail du Triomphe de la Mort
Pise, Camposanto

Scène de l'Apocalypse
Ms. Mm. 5/31 fol. 76 r°
Cambridge, University Library

Scène de l'Apocalypse
Ms. fr. 403 fol. 14 v°
Paris, Bibliothèque Nationale

Amphore du "groupe de Vanth"
détail
Orvieto, Museo Faina

terrifiants - dragons, serpents, basilics, griffons, et lions... Le diable (parfois accompagné d'acolytes) apparaît sous les traits les plus divers, ceux d'un animal ou d'un homme - tantôt petit, ailé, à la peau foncée (tel un *eidolon*), tantôt aux muscles saillants, aux traits hideux. Il peut apparaître encore sous la forme d'une belle femme, symbole de la tentation.

Démons et diables persécutent les vivants, harcèlent les âmes en chemin vers le paradis et tourmentent les morts en enfer. Ce n'est qu'à partir du XVe siècle que la Mort est également personnifiée sous les traits d'un satyre, d'un cadavre en décomposition ou d'un squelette. La démonologie médiévale atteint son expression la plus riche et la plus forte dans les scènes de la descente du Christ aux Enfers, de l'Apocalypse et du Jugement dernier.

L'iconographie des démons, dans sa première phase (VIe-VIIe siècles) est apparue principalement en Orient (Egypte, Syrie, Asie Mineure). L'Occident en a par la suite enrichi les formes (diables, animaux réels et fantastiques) et en a inventé de nouvelles (certaines représentations de la mort, par exemple) pour arriver au XIVe siècle à la production d'œuvres grandioses comme le *Triomphe de la Mort* du Camposanto de Pise.

Dans sa monographie *Etruskische Malerei* (1921), l'archéologue Fritz Weege soutient que l'iconographie des démons étrusques a directement influencé de nombreuses figurations du Moyen Age et de la Renaissance en Italie centrale, et particulièrement en Toscane, lesquelles ont à leur tour influencé jusqu'au *Faust* de Goethe. Selon Weege, les têtes de certains diables du *Triomphe de la Mort* de Pise sont pratiquement identiques à celle du Tuchulcha de la Tombe de l'Ogre, représenté avec un bec de rapace, tandis que le nez crochu de la Mort lui rappelle certaines images de Charun. Dans une autre représentation, le démon étrusque de la mort a le visage d'un singe et Weege retrouve ce *Meerkatzentyp* non seulement dans un démon de la peinture pisane, mais aussi dans la fresque de la *Descente du Christ aux limbes* de la chapelle des Espagnols de Santa Maria Novella à Florence. Enfin, pour nous limiter à quelques exemples proposés par le savant allemand, la tête entourée de serpents du Lucifer de la façade du Dôme d'Orvieto ressemblerait à celles des démons de la Tombe du Typhon à Tarquinia.

Cette argumentation reprise par de récents ouvrages d'archéologie doit être considérée avec une certaine prudence. Elle part du principe que les artistes toscans avaient une connaissance directe des monuments étrusques (vases, sarcophages, urnes et surtout tombes peintes). Nous n'excluerons pas cette hypothèse puisque nous possédons des témoignages de trouvailles de vases antiques dans les environs d'Arezzo au XIIIe siècle, et un rapport relatant la découverte à Volterra en 1466 d'une tombe contenant des urnes. Mais si nous prenons l'exemple des démons au bec de rapace qui figurent sur la fresque de Pise, le Tuchulcha de la Tombe de l'Ogre paraît la seule comparaison étrusque convaincante, et encore si l'on peut vraiment se fier au dessin exécuté en 1869: la tête n'est en effet pratiquement plus visible aujourd'hui. Il est peu vraisemblable que cette tombe de Tarquinia (ou une autre dont nous ignorerions l'existence) ait été connue du peintre Francesco Traini, qui travaillait à Pise au XIVe siècle. Si, au Moyen

Scène de l'Apocalypse
Ms. theol. lat. 2° 561, fol. 47 r°
Berlin, Staatsbibliothek

Age, de nombreuses représentations de démons offrent des similitudes avec des images étrusques, il s'agit d'œvres d'art réalisées dans une aire géographique trop éloignée de l'Etrurie pour qu'il puisse y avoir quelque rapport entre elles et les démons étrusques. Dans une illustration de l'Apocalypse de 1245-1255, exécutée en Angleterre, Abaddon, le Prince des Ténèbres, est personnifié sous la forme d'un cavalier ailé. Coiffé du couvre-chef typique des Hébreux, il a l'apparence du Charun de la Tombe François, découverte seulement en 1857. Le dragon ailé aux pattes d'oiseau représenté sur un manuscrit saxon du XIIIe siècle évoque les figures qui tirent le bige de Perséphone sur deux vases étrusques du Groupe de Vanth. Dans une autre scène de l'Apocalypse, dans un manuscrit lombard du XIIe siècle, l'aigle anthropomorphe est comparable au démon ailé qui figure sur un vase étrusque des musées du Vatican (inv. Z 74). On pouvait déjà voir l'un de ces nombreux diables pourvus d'un bec de rapace sur une fresque du IXe siècle de l'église Saint-Etienne, à Kastoria en Macédoine. Si les quelques exemples choisis ici laissent supposer que les artistes médiévaux ont donné aux diables et aux dragons une apparence semblable à celle des démons étrusques, sans pour autant les avoir pris pour modèles, il en va sans doute de même pour les peintres et les sculpteurs toscans. Au fond, les ressemblances ne concernent que certains détails d'une figure, jamais la figure entière. L'art médiéval et l'art de la Renaissance n'offrent jamais de véritables Charun, Tuchulcha ou Vanth, dotés de leurs attributs caractéristiques. Issus de concepts religieux différents, démons étrusques et démons chrétiens du Moyen Age n'en appartiennent pas moins les uns et les autres à la sphère du "négatif", et c'est pour cela qu'ils ont en commun un aspect monstrueux, horrible et épouvantable. Ces créations sont indépendantes les unes des autres en dépit de leurs expressions communes. La démonologie médiévale dépasse en originalité et en variété la démonologie étrusque, qui reste plus attachée à ses modèles. Même lorsqu'au XVe siècle, les antiquités romaines, voire préromaines, deviennent objet d'étude pour des artistes comme Pollaiolo, la démonologie continue de se référer à la tradition iconographique médiévale; puis avec le temps le thème perdra de sa popularité.

BIBLIOGRAPHIE:
B. Brenk, Vienne 1966; A. Chastel, Paris 1959; G. Cipriani, Florence 1980; H. Daniel, Londres-New York 1964; F. De Ruyt, Rome 1934; O.A. Erich, Berlin 1931, I. Krauskopf, dans LIMC, III, 1986, p. 225 sq.; I. Krauskopf, Florence 1987; A. Neppi Modona, dans "Arte Lombarda", 1965, p. 13 sq.; G. Schiller, Gutersloh 1981-1991; F.-R. Shapley, dans "The Art Bulletin" II, 1919, p. 78 sq.; N. Thomson de Grummond, dans *Etruscan Life and Afterlife*, Warminster 1986, p. 18 sq.; F. Weege, Halle 1921.

Héritages lexicaux

Massimo Pallottino

La survivance de mots étrusques dans le vocabulaire latin et la transmission de ces derniers aux langues européennes modernes par l'intermédiaire de la langue latine constituent un aspect étonnant du legs étrusque, qui mériterait plus d'attention qu'on ne lui en a accordé jusqu'ici. Il s'agit au vrai de termes largement répandus, que l'on rencontre non seulement dans les langues issues du latin, mais aussi, en raison de l'importance culturelle des réalités qu'ils désignent, dans le lexique européen commun, fût-ce seulement au travers de dérivés.
Plusieurs linguistes de l'école française, notamment A. Ernout, ont proposé de reconnaître une origine étrusque à bon nombre de mots latins, de termes techniques surtout; cette hypothèse a joui d'une grande faveur dans les traités d'histoire de la langue latine, comme ceux de A. Meillet, de G. Devoto, de L.R. Palmer. On doit pourtant, sauf dans le cas de termes dont l'origine étrusque est explicitement attestée par des sources littéraires antiques, comme par exemple *hister* (acteur, histrion), *idus* (Ides), *mantisa* (surplus de poids), *subulo* (flûtiste), considérer comme purement hypothétiques les dizaines d'exemples retenus par Ernout, souvent d'ailleurs non sans réserve: la dérivation possible de l'étrusque a été proposée essentiellement sur la base de critères formels, c'est-à-dire en fonction de la présence de terminaisons en *-(e)na*, *-mna*, *-sa*, *-it-*, que l'on considérait, sans que cela soit toujours justifié, comme des suffixes typiquement étrusques; l'hypothèse était en fait principalement fondée sur l'absence d'étymologie assurée de ces termes dans le groupe linguistique indo-européen.
Les termes que nous prenons ici en considération ont été choisis selon deux critères: la très grande probabilité de leur dérivation étrusque, de l'avis des spécialistes; le fait qu'ils expriment des concepts généraux et connaissent une ample diffusion dans les langues européennes modernes.
Ce dernier aspect revêt une valeur historique et culturelle particulièrement importante dans le cadre d'une exposition intitulée "Les Etrusques et l'Europe", mais il convient de rappeler que nous ne possédons pas ici de certitude scientifique absolue: le fait que des termes d'usage courant - "forme", "langue", "monde", "personne", "peuple" - puissent avoir de lointaines origines étrusques demeure une hypothèse, une proposition extrêmement probable, mais encore impossible à démontrer...
Le tableau des correspondances proposé ici à l'attention du public voudrait fournir une synthèse des éléments utiles pour appréhender les étapes les plus vraisemblables de la transmission de ces termes. Nous avons donc présenté dans la première colonne les éléments qui permettent de fonder l'hypothèse de leur dérivation de l'étrusque: nous avons indiqué le mot étrusque d'origine (que ce mot soit effectivement attesté ou qu'on soit amené à le restituer) et sa signification, fût-elle incertaine; nous avons également indiqué dans cette colonne parmi les témoignages à verser au dossier les termes voisins, en particulier les noms de personnes; enfin nous avons voulu donner encore d'autres éléments d'appréciation et signalé tel ou tel mot grec passé certainement dans le vocabulaire latin par l'intermédiaire de l'étrusque.

DE L'ETRUSQUE AU LATIN ET AUX LANGUES MODERNES

FORMES ETRUSQUES CONNUES OU RESTITUÉES ET NOMS PROPRES APPARENTES	FORME LATINE	FORMES MODERNES ET DERIVEES
noms de personnes *Autu*, *Autamene* (?)	*autumnus*	*autunno*, *automne*, *autumn*
ca*θnai*, *caθnal*, *caθnis*, *catneis*, *catnis* (Momie de Zagreb)?; nom de personne *Catni*	*catena*	*catena*, *chêne*, *chain*, *kette* etc.
du grec μορφή avec métathèse?	*forma*	*forma*, *forme*, *form*, *Form* etc.
du grec διφθέρα	*littera*	*lettera*, *lettre*, *letter*, *Literat*, *literarisch* etc.
terminaison en -it comme pour *satellit-*?	*milit-*	*milite*, *militaire*, *militer*, *military*, *Militär* etc.
munθ (*CIE* 5470), noms mythologiques *Munθu*, *Munθuχ*, *Munθχ*	*mundus*	*mondo*, *monde*, *mondial* etc.
Φersu (*CIE* 5328, 5455) du grec πρόσωπον	*persona*	*persona*, *personne*, *person*, *Person* etc.
*puple? noms de personnes *Pupli*, *Puplies*, *Puplina* etc.; nom de cité *Pupluna* (Populonia)	*populus*, *publicus*	*popolo*, *peuple*, *people*, *populaire*, *popular*, *populär*, *pubblico*, *public*, *publik* etc.
zatlaθ (*CIE* 5106)	*satellit-*	*satellite*, *Satellit* etc.

L'Italie et l'Europe centrale: les temps protohistoriques

241. Chariot cultuel

Bronze fondu
Haut. 29,5 cm, diam. du support 18 cm
Rome, Museo Nazionale di Villa Giulia, inv. 57022/2
Provenance: Bisenzio, Olmo Bello, tombe II à fosse

Un bassin est inséré dans un bandeau ajouré servant de support, monté sur un chariot. Sur les baguettes qui relient les montants sont fixées des figures humaines et animales qui représentent, avec beaucoup de spontanéité et de vivacité, divers aspects de la vie quotidienne d'une communauté villanovienne. La typologie et le réalisme de ces scènes suggèrent un rapprochement avec les chars de Lucera et de Strettweg.
Troisième quart du VIIIe siècle av. J.-C.

E. Woytowitsch, Munich, 1978, p. 58-60, n° 127, pl. 24 (*Prähistorische Bronzefunde*, XVII, 1); G. Camporeale, Rome, 1984, p. 17-19, 26-27; pl. Ia, IIIc.

242. Chariot cultuel

Copie du Römisch-Germanisches Zentralmuseum de Mayence (galvanoplastie, reconstitution récente). Original en bronze
Haut. 22,6 cm, long. 48 cm, larg. 32,5 cm
L'original se trouve à Graz, au Steiermärkisches Landesmuseum Joanneum, inv. 2000
Provenance: Strettweg (Haute Styrie)

Production locale, montrant des influences grecques et étrusques et provenant d'une tombe princière contenant du matériel importé des régions méditerranéennes. Le type est connu en Europe centrale, en Grèce et en Italie.
VIIe siècle av. J.-C.

L. Aigner Foresti, 1980, p. 19 sq., pl. 5-6; M. Egg, dans "Archäologie Österreichs" 2/2, 1991, p. 25 sq.; M. Egg, *Das Fürstengrab von Strettweg in der Obersteiermark* (sous presse).

243. Guerrier de Lozzo

Bronze, fonte pleine
Haut. 6,7 cm
Este, Museo Nazionale Atestino
Inv. 42745
Provenance: Este, Scolo di Lozzo

Statuette masculine nue, debout, dont les armes sont mises en valeur; ce sont celles du monde villanovien: épée, grand bouclier elliptique, casque à calotte surmonté d'une haute crête pointue. Cette statuette appartenait probablement à une "applique" d'objet en bronze, peut-être parvenu à Este depuis l'Etrurie septentrionale comme cadeau destiné à un aristocrate local.
Seconde moitié du VIIIe siècle av. J.-C.

Ouvrage collectif, *Gli Etruschi a nord del Po* (Exposition), Mantoue, 1986, p. 91-93 (L. Calzavara Capuis).

244. Chariot thériomorphe

Bronze fondu
Haut. 21 cm, long. 25,5 cm
Tarquinia, Museo Nazionale, inv. RC 678
Provenance: Tarquinia, tombe à puits *a custodia*

Animal fantastique à corps de volatile et tête de quadrupède, creux, sur lequel est posé un couvercle de forme analogue. Cette pièce appartient à un groupe dont ou trouve aussi des exemplaires en *impasto* dans les régions de Salerne, Viterbe, Este et Canosa. Ses origines sont à chercher dans les chars cultuels de l'âge du bronze et du fer de la région danubienne (n° 245). Fin du IXe-premières décennies du VIIIe siècle av. J.-C.

E. Woytowitsch, Munich, 1978, p. 62, n° 135 (*Prähistorische Bronzefunde*, XVII, 1); Ouvrage collectif, *L'Etruria mineraria* (Exposition), Milan, 1985, p. 56-57, n° 89 (M.C. Bettini).

245. Chariot en forme d'oiseau

Bronze
Long. 18,5 cm
Vienne, Naturhistorisches Museum
Provenance: Sokolac, Glasinac (Bosnie)

Oiseau cornu, monté sur quatre roues, pourvu d'un couvercle lui-même en forme d'oiseau. C'est le meilleur exemple d'une catégorie d'objets originaires d'Europe centrale, qui a connu des prolongements en Italie. Ces vases ornithomorphes avaient presque certainement une fonction cultuelle.
VIIIe-VIIe siècle av. J.-C.

H. Hencken, Cambridge (Massachusetts) 1968, II, p. 526-527, fig. 483a, d; E. Lessing, Munich, 1980, p. 279.

246. Chariot cultuel

Bronze fondu
Haut. 10 cm
Vienne, Naturhistorisches Museum
Provenance: Orastie (Transylvanie)

Chariot brûle-parfum à destination probablement cultuelle. La répétition des doubles paires de protomes en forme de volatiles sur le couvercle, le récipient et le char, rappelle la barque solaire et peut faire allusion au voyage du défunt aux Enfers.
VIIIe siècle av. J.-C.

W. Angeli, dans E. Lessing, Munich, 1980, p. 268, n° 16, p. 16.

247. Fibule "a drago"

Argent revêtu d'une feuille d'or, fil d'or
Long. conservée 8,8 cm. Le pied et l'ardillon manquent
Berlin, Antikensammlung, inv. Misc. 6326
Provenance: Tarquinia, Tombe du Guerrier

Arc à protubérances transversales à extrémités en forme de bouton recouvertes d'or. Une bande à décor filigrané fixée avec un fil d'or orne l'élément *a drago*.
Vers 700 av. J.-C.

A. Greifenhagen, dans *Edelmetall*, I, 1970, p. 88 sq.; pl. 61,1; K. Kilian, dans "Jahrbuch des Deutschen Archäologischen Instituts", 1977, 37, n° 89.

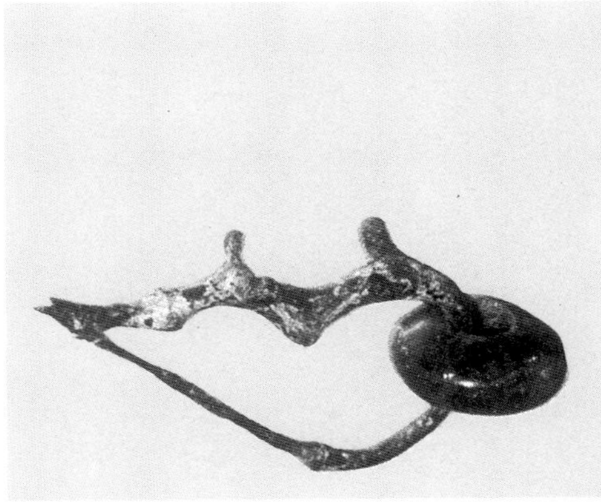

248. Fibule "a drago"

Bronze et ambre
Long.5,2 cm
Alfeld, Heimatmuseum
Provenance: dépôt de la source de l'Apenteiche, près de Winzenburg (Alfeld)

Type de fibule italique du premier âge du fer. Une perle d'ambre est enfilée sur l'arc. Fait partie d'un ensemble d'offrandes dediées à la source de l'Apenteiche dans le Nord de l'Allemagne.
Fin du VIIIe-VIIe siècle av. J.-C.

W. Barner, dans "Germania" 36, 1958, p. 177 sq., ill. 5; F.W. von Hase, dans *Atti del Secondo Congresso Internazionale Etrusco*, 1989, II, p. 1043, ill. 11,1.

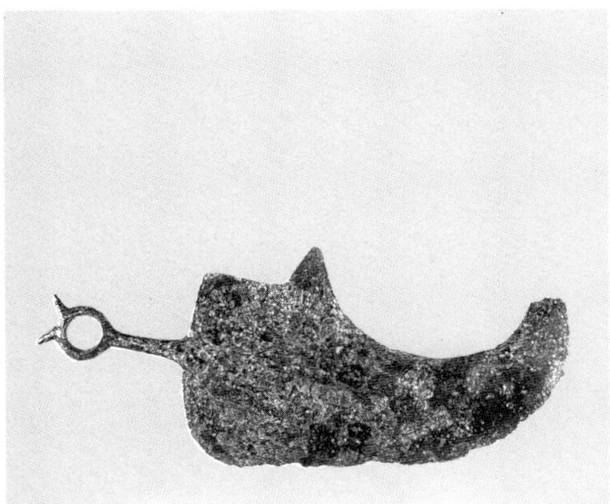

249. Rasoir

Bronze fondu et laminé
Long. 15 cm
Florence, Museo Archeologico, inv. 21069
Provenance: Tarquinia, Selciatello di Sopra, tombe 32 à puits, *a custodia* cylindrique en *nenfro*

Rasoir en demi-lune du type Tarquinia (selon la classification de Bianco Peroni).
IXe siècle av. J.-C.

V. Bianco Peroni, Munich, 1979, p. 73, n° 399, pl. 32 (*Prähistorische Bronzefunde*, VIII, 2).

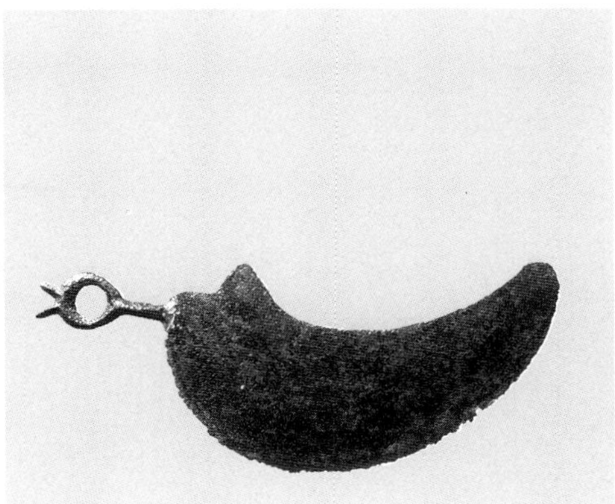

249 bis. Rasoir

Bronze
Long. 12,5 cm, larg. 5,3 cm
Eisenstadt, Burgenländisches Landesmuseum
Inv. 22998
Provenance: St. Georgen am Leithagebirge (Burgenland, Autriche)

Rasoir en demi-lune attribué au type Herrnbaumgarten: variante locale du type Tarquinia.
VIIIe siècle av. J.-C.

A. Jockenhövel, Munich, 1971, p. 209, n° 405, pl. 30 (*Prähistorische Bronzefunde*, VIII, 1).

250. Rasoir

Bronze
Long. 12,7 cm, larg. 5,5 cm
Zadar, Arheološki Muzej Zadar
Provenance: Nin (Dalmatie)

Type en demi-lune, à dos renflé, courbe interrompue, et petit manche lisse terminé par un anneau, doté d'appendices en forme de petites cornes. Variante locale du type Tarquinia.
IXe-milieu du VIIIe siècle av. J.-C.

F. Staré, dans "Arheološki Vestnik" 8, 1957, p. 219, n° 12, pl. 5,1.

251. Casque

Bronze laminé, décor au repoussé et gravé
Haut. 35 cm, diam. 22,8 cm
Tarquinia, Museo Nazionale, inv. RC 258
Provenance: Tarquinia, Monterozzi-Arcatelle, tombe à puits, *a custodia* (M3)

Variété de casque dont la calotte est surmontée d'une crête pointue. Décor de files de bossettes, de petits points et de triangles guillochés. Le type est diffusé en Etrurie méridionale, à Fermo, Sala Consilina, Santa Maria Capua Vetere, et dans les environs d'Asti. Cette pièce présente de nettes analogies avec les casques à crête de la culture des Champs d'Urnes d'Europe centrale et occidentale.
Fin du IXe siècle av. J.-C.

H. Hencken, Cambridge 1971, p. 85, fig. 58; P.F. Stary, Mayence, 1981, p. 421, n° 7; p. 22-23.

252. Casque à crête

Calotte et crête sont composées de deux feuilles de bronze martelées, décorées au repoussé et rivetées
Haut. 28 cm, diam. max. 24,5 cm
Nice, Musée Masséna, inv. MAH arm 233, ancienne Collection Joubert
Provenance: Zavadintsy (Ukraine)

Un fragment de casque similaire, découvert à Hallstatt, pourrait fournir un maillon précieux entre ce casque, qui se distingue du n° 251 par quelques détails, et ses prototypes italiens.
Hallstatt C, VIIIe siècle av. J.-C.

H. Hencken, Cambridge (Mass.) 1971, p. 122-123, fig. 93; M. Egg, dans "Archäologischer Korrispondenzblatt" 8, 1978, p. 37-40, pl. 7.

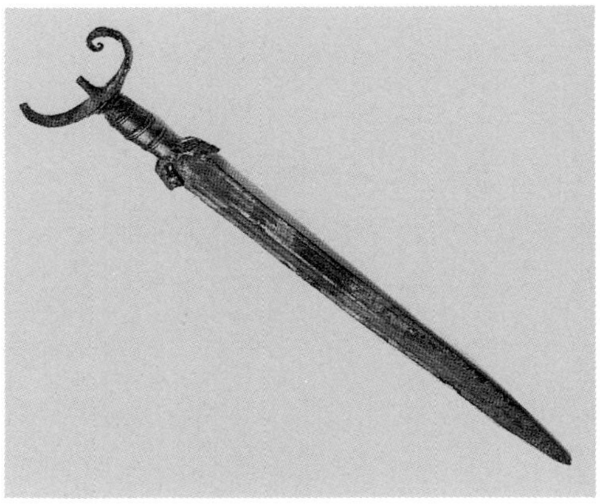

253. Epée

Bronze fondu; fourreau en bois
Long. 64 cm
Tarquinia, Museo Nazionale
Inv. RC 266
Provenance: Tarquinia, Monterozzi-Arcatelle, tombe à puits, *a custodia* (M3)

Poignée à larges antennes; fourreau en bois revêtu de fil de bronze. "Type Tarquinia" attesté dans les tombes de personnages de rang élevé non seulement en Etrurie, mais aussi en Ombrie et dans le Picenum. C'est une forme commune, sous diverses variantes, dans toute l'Europe centrale.
Fin du IXe siècle av. J.-C.

V. Bianco Peroni, Munich, 1970, p. 112-113, pl. 45, n° 301; P.F. Stary, Mayence, 1981, p. 36-37, 438.

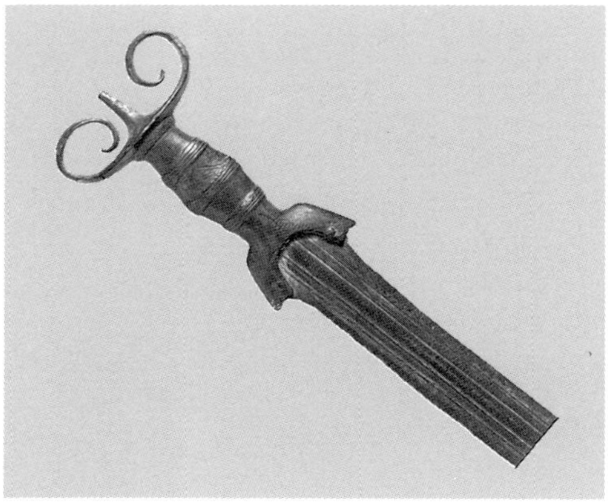

254. Epée à antennes

Bronze
Vienne, Naturhistorisches Museum
Provenance: Steyr (Autriche)

Du type Tarquinia, variante Fermo. Objet de prestige, que l'on trouve dans les tombes de guerriers de très haut rang, tant en Etrurie que dans les régions alpines et transalpines.
IXe-VIIIe siècle av. J.-C.

H. Müller-Karpe, *Die Vollgriffschwerter der Urnenfelderzeit aus Bayern. Münchner Beiträge zur Vor- und Frühgeschichte* 6, Munich, 1961, p. 63 sq., fig. 54,1.

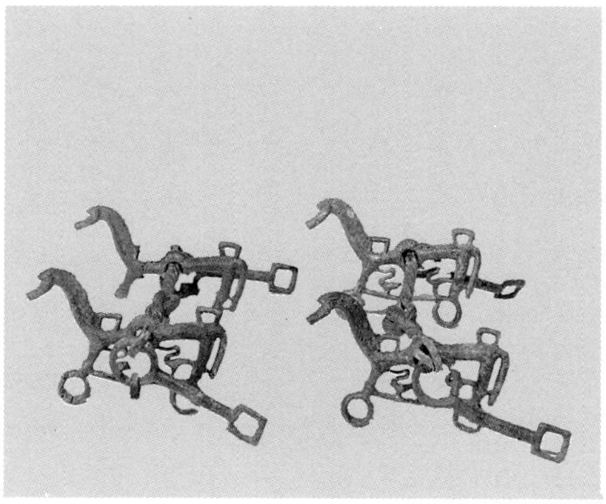

255. Paire de mors de cheval

Bronze fondu
Long. 18,3 cm
Bologne, Museo Civico Archeologico
Inv. 23213
Provenance: Bologne, Nécropole Benacci Caprara, tombe 34

Filet articulé, constitué de deux éléments torsadés; montants en forme de petit cheval stylisé avec, entre les pattes, deux canetons; tirants en barre munis d'un anneau de forme quadrangulaire. Type Bologne.
Seconde moitié du VIIIe siècle av. J.-C.

F.W. von Hase, Munich, 1969, p. 10-11, n° 24-25; S. Tovoli, Bologne, 1989, p. 107, n° 4-5, pl. 32.

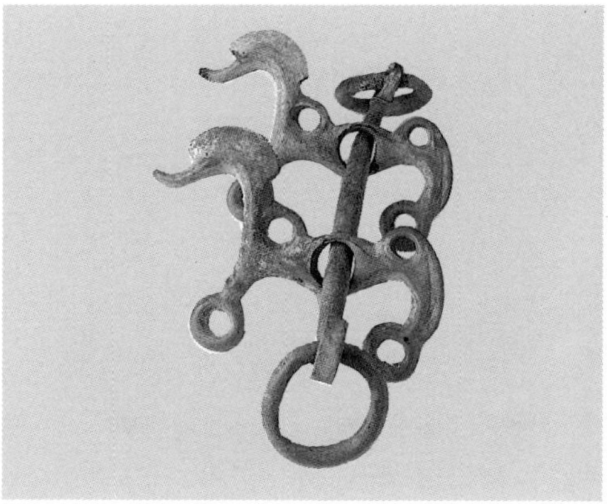

256. Mors de cheval

Bronze fondu
Haut. 10,2 cm, long. 16,5 cm, larg. 12,7 cm
Rome, Museo Nazionale di Villa Giulia
Inv. 33215
Provenance: Véies, Grotta Gramiccia, tombe à fosse 135

Filet lisse, montants en forme de petit cheval avec deux anneaux sur le dos pour passer les rênes; les pattes se terminent par deux autres anneaux d'où pendaient des breloques. "Type Véies" que l'on rencontre dans différents centres, en Etrurie même et plus sporadiquement à Bologne, dans le Picenum et le Trentin. En le désignant comme possesseur de chevaux, cet objet révèle aussi le statut social du défunt.
Seconde moitié du VIIIe siècle av. J.-C.

F.W. von Hase, Munich, 1969, p. 6, n° 1; pl. 1, 1a-1.

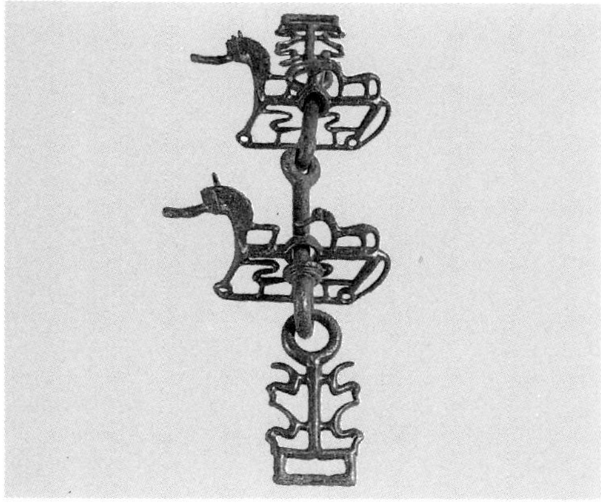

257. Mors de cheval

Bronze fondu, décor plastique
Long. totale 36 cm, long. des montants 12 cm, long. des tirants 9,2 cm
Florence, Museo Archeologico, inv. 7652
Provenance: Vetulonia, Poggio alla Guardia, Circolo di Bes

Filet articulé, montants en forme de petit cheval portant lui-même un petit cheval sur la croupe et un volatile entre les pattes. Cette pièce appartient au "type Volterra", répandu au nord et au sud des Alpes. Fin du VIIIe-début du VIIe siècle av. J.-C.

F.W. von Hase, Munich, 1969, p. 12, n° 39, 40; G. Camporeale, Florence, 1969, p. 45.

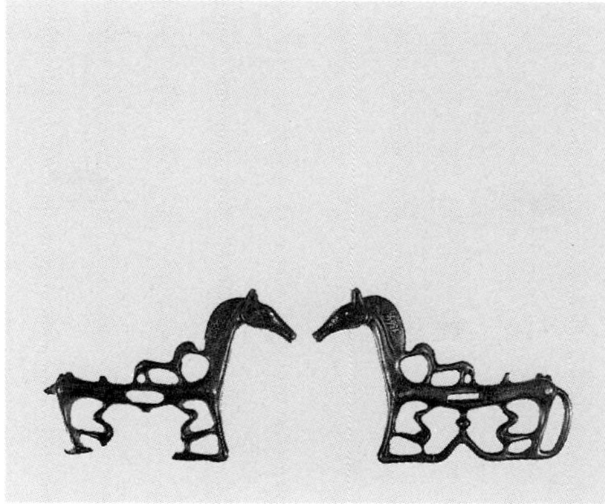

258. Mors de cheval

Bronze, fonte pleine
Cluj-Napoca (Roumanie), Museul de Istorie al Transilvaniei
Provenance: Zolyom

Montant en forme de petit cheval, portant lui-même sur son dos un autre petit cheval; entre ses pattes, deux volatiles stylisés. Version locale d'un exemplaire étrusque du type Volterra. Seconde moitié du VIIIe-VIIe siècle av. J.-C.

F.W. von Hase, dans Ouvrage collectif, *Atti del Secondo Congresso Internazionale Etrusco*, Rome, 1989, p. 1045-1046, note 36, fig. 13.4.

259. Mors de cheval

Bronze, fonte pleine
Zurich, Schweizerisches Landesmuseum
Provenance: Zurich, Alpenquai

Montant en forme de petit cheval stylisé, pourvu d'un élément annulaire au centre du dos, pour le passage des rênes. Variante locale du type Bologne dont on ne connaissait jusqu'ici que de rares exemplaires et seulement à Bologne.
Seconde moitié du VIIIe siècle av. J.-C.

F.W. von Hase, dans Ouvrage collectif, *Atti del Secondo Congresso Internazionale Etrusco*, Rome, 1989, p. 1045, fig. 13.3.

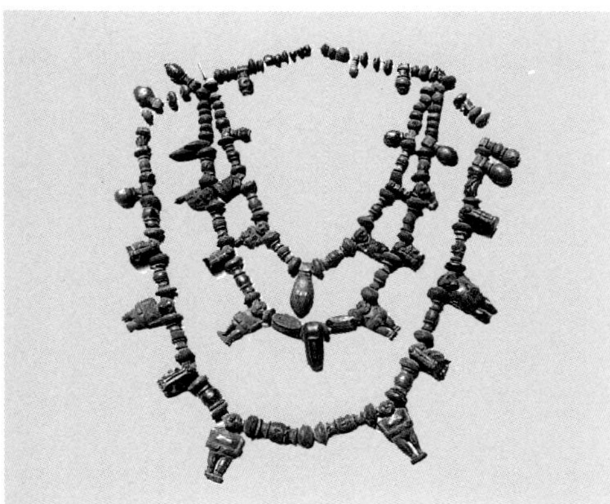

260. Collier

Ambre
Haut. 1-3,4 cm, long. 1,6-3 cm
Florence, Museo Archeologico, inv. 7815
Provenance: Vetulonia, Poggio alla Guardia, Circolo dei Monili

Les éléments sont en forme de singes accroupis ou assis, de poissons, de gouttes, de fuseaux, de petites sphères, de figures féminines nues, les mains sur la poitrine.
L'ambre, importé de la région de la Baltique, était travaillé dans différents centres italiques, à Vetulonia notamment.
Fin du VIIIe-début du VIIe siècle av. J.-C.

F.W. von Hase, dans "Jahrbuch des Römisch-Germanischen Zentralmuseums Mainz" 1984, p. 272, 274, fig. 15,2 (avec bibl.).

261. Bassin

Bronze laminé, anses en fonte pleine, décor
Haut. 16 cm, diam. 30,5 cm
Vienne, Naturhistorisches Museum
Inv. 25526
Provenance: Hallstatt, tombe 600

Vasque hémisphérique; paire d'anses mobiles à tige torsadée aux extrémités en forme de protome de cygne, insérées dans des attaches en forme de croix. Sous le bord, décor de méandre entre un rang de zigzags et un rang de triangles, finement incisés. Cette pièce entre dans le groupe C de Merhart, dont les exemplaires sont répandus dans les Alpes du Sud-Est.
VIIe siècle av. J.-C.

K. Kromer, Florence, 1959, p. 298-300, pl. 113,1; G. von Merhart, Mayence, 1969, pl. 30,1.

262. Bassin

Bronze. Vasque en bronze laminé, anses en fonte pleine, décor gravé, manque le pied
Diam. 35 cm, prof. 15 cm
Berlin, Antikenmuseum, inv. Misc. 8268
ancienne Collection Ancona
Provenance: "de l'Italie méridionale"

Le décor renvoie aux productions hallstattiennes; les anses trouvent des comparaisons dans les productions orientalisantes de Vetulonia. Ce bassin est probablement l'œuvre d'un bronzier établi à Vetulonia, mais originaire du monde hallstattien. Des exemplaires analogues ont été exportés de Vetulonia à Préneste, Populonia, Fabbrecce, Olympie. Première moitié du VIIe siècle av. J.-C.

G. Camporeale, dans "Studi Etruschi" LIV, 1986 [1988], p. 3-14.

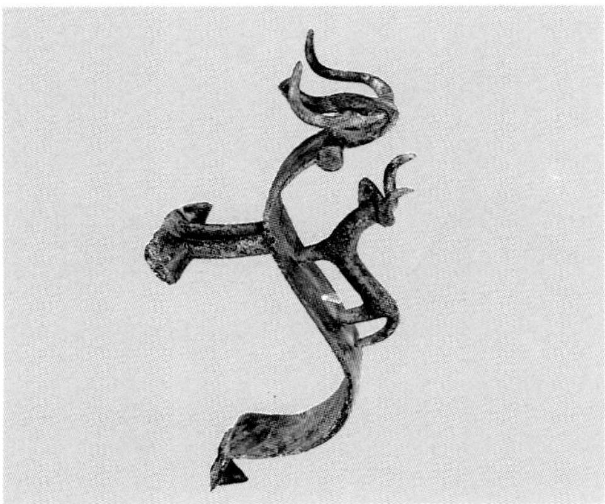

263. Anse à décor zoomorphe

Bronze fondu
Long. 13,6 cm, larg. 2,2 cm
Florence, Museo Archeologico
Inv. 6665/A
Provenance: Vetulonia, Poggio in Grugno, première tombe à inhumation de Cerrecchio (Circolo delle Sfingi)

Anse en ruban surmontée d'une figure de taureau en ronde bosse, avec une extrémité en forme de protome de taureau. Des anses semblables ont été produites à Vetulonia; on en trouve d'analogues à Bisenzio. Le type paraît dériver de modèles d'Europe centrale, de la période de Hallstatt C1-C2. Fin du VIIIe-première moitié du VIIe siècle av. J.-C.

G. von Merhart, Mayence, 1969, p. 317, pl. 39, 15; G. Camporeale, Florence, 1969, p. 31, pl. V.

264. Situle du type Kurd

Bronze laminé, pendeloques fondues
Haut. 51,3 cm, diam. 47,9 cm
Vienne, Naturhistorisches Museum, inv. 25245
Provenance: Hallstatt, tombe 504

Corps tronconique à épaule courte et col bas, composé de trois plaques assemblées. Pendeloques en forme de disque, avec chaînettes et palmettes terminales stylisées, insérées dans les anses verticales en ruban. Cet objet, de prestige, appartient à un type originaire de la culture des Champs d'Urnes, attesté dans plusieurs régions de l'Italie antique à l'époque orientalisante.
VIIe siècle av. J.-C.

K. Kromer, Florence, 1959, p. 116-117, pl. 95,2; G. von Merhart, Mayence, 1969, p. 321-327, pl. 41,1; G. Prüssing, Stuttgart, 1991, p. 88, n° 343, pl. 123.

265. Situle du type Kurd

Bronze laminé
Haut. 44 cm, haut. max. 48 cm, diam. du bord 36 cm, diam. du couvercle 38,4 cm
Rome, Museo Nazionale di Villa Giulia
Inv. 61627 et 61628
Provenance: Préneste, tombe Bernardini

Cette forme de situle, reçue en héritage par le monde hallstattien, a son origine en Europe centro-orientale, dans la culture des Champs d'Urnes. Des exemples, datés entre la fin du VIIIe et la fin du VIIe siècle av. J.-C., sont connus en Italie où Sesto Calende et Pontecagnano représentent les limites nord et sud de leur diffusion.

F. Canciani-F.W. von Hase, Rome, 1979, p. 50, pl. 35, 5-6; 36,1. L. Cerchiai, dans *Les Princes Celtes et la Méditerranée* (Exposition), Paris, 1988, p. 103-108.

266. Trépied

Bronze fondu et laminé
Haut. 19,8 cm, diam. 16,8 cm
Florence, Museo Archeologico
Inv. 7325
Provenance: Vetulonia, Circolo degli Acquastrini

Bassin hémisphérique. Pieds constitués par un mince ruban de bronze formant une boucle à mi-hauteur. Type fréquent à Vetulonia. On rencontre des exemplaires similaires dans la vallée du Pô et en Europe centrale. Ils témoignent des rapports culturels qui unissent Vetulonia à ces régions à l'époque orientalisante.
Premier et deuxième quarts du VIIe siècle av. J.-C.

Ouvrage collectif, *Etrusker in der Toskana* (Exposition), Hambourg, 1987, p. 200-201 (G. De Tommaso).

267. Trépied

Bronze laminé, pieds en bronze fondu, gravure
Haut. 41,5 cm, diam. 24,5 cm
Ljubljana, Narodni Muzej, inv. NM P11415
Provenance: Novo Mesto (Slovénie), Tombe du Trépied

Bassin décoré sous le bord de bandes horizontales et de dents de loup. Pieds cannelés formant une boucle à mi-hauteur. Le décor du bassin pourrait suggérer que l'objet a été assemblé sur place, à partir d'éléments d'origines diverses, ou bien fabriqué par un atelier de Vetulonia, où travaillait un maître d'origine hallstattienne. 675-650 av. J.-C.

G. Camporeale, Florence, 1967, p. 38-40, 135-136, pl. VI f, XXXII a; S. Gabrovec, dans "Arhéološki Vestnik" 19, 1968, p. 177-178, pl. 1.

268. Œnochoé

Argile fine, décor peint et incisé
Haut. 17,2 cm, diam. du pied 5,4 cm
Florence, Museo Archeologico
Inv. 125339
Provenance: Populonia, Poggio della Porcareccia, Tomba delle Oreficerie

Œnochoé étrusco-corinthienne à décor linéaire. Vernis noir sur le col et l'anse; sur l'épaule, cinq zones de languettes; sur la panse, une bande brune décorée d'arcs doubles entrecroisés, un motif fréquent en Etrurie du Sud.
Fin du VIIe-début du VIe siècle av. J.-C.

A. Minto, dans "Notizie degli Scavi" 1940, p. 385 sq., fig. 5, n° 27.

269. Œnochoé

Argile épurée, décor peint
Haut. 19 cm, diam. 15,4 cm
Ljubljana, Narodni Muzej Ljubljana
Provenance: Stična, Tombe de la Situle

Embouchure trilobée, col tronconique, corps globulaire aplati, anse surélevée en ruban. Décor de bandes horizontales. Produit étrusco-corinthien, s'inspirant de modèles de la période de transition ou du corinthien ancien, probablement importé par Bologne et la région vénète.
Fin du VIIe siècle av. J.-C.

O.H. Frey, 1969, p. 53-54, pl. A 1; J. Dular, *Halstatska Keramika V Sloveniji*, Dela SAZU 23, Ljubljana 1982, p. 155, fig. 28,1.

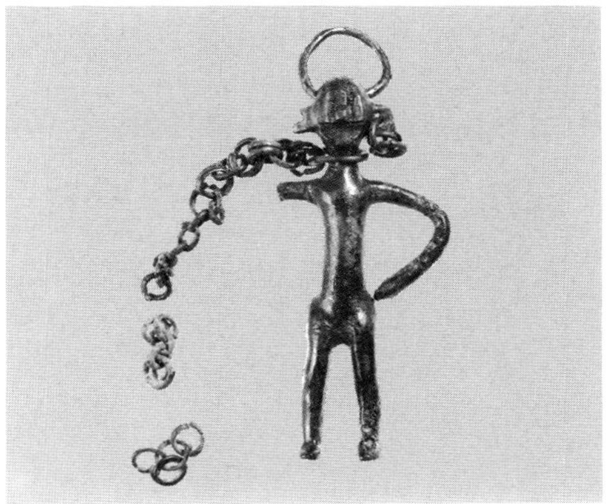

270. Pendentif

Bronze fondu
Haut. 5,9 cm
Florence, Museo Archeologico, inv. 21187
Provenance: Tarquinia, Poggio Gallinaro, tombe à fosse n° 9

Figure féminine aux traits à peine indiqués. Corps nu, le torse long et tubulaire, les bras filiformes, les jambes courtes et légèrement écartées. Un anneau est passé dans un trou qui traverse les tempes. Aux oreilles percées est accrochée une chaînette. Au cou un anneau muni d'une chaînette.
Fin du VIIIe-début du VIIe siècle av. J.-C.

E. Richardson, "Studi di antichità in onore di G. Maetzke", II, 1984, p. 451 sq., pl. II c.

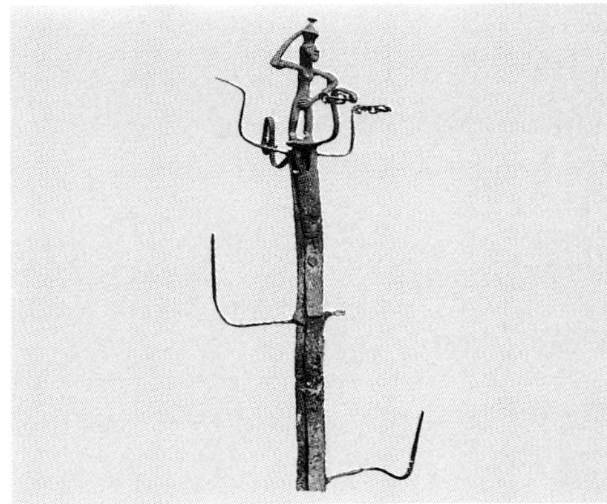

271. Support de vases

Bronze fondu
Haut. totale 75 cm, haut. de la statuette 12 cm
Florence, Museo Archeologico, inv. 6830
Provenance: Vetulonia, second Circolo delle Pellicce

Au sommet, figure féminine nue, schématisée, portant une amphore. Type de la "Vénus pudique", conçue suivant les canons géométriques. Il pourrait s'agir de la représentation symbolique de la défunte dans la "barque solaire" à protomes d'oiseaux, reconnaissable peut-être dans le rang supérieur de crochets.
Vers 650 av. J.-C.

F. Messerschmid, dans "Studi Etruschi" V, 1931, p. 71 n° 1; E. Hill Richardson, dans "Memoirs of the American Academy in Rome" XXVII, 1962, pl. VI, fig. 20; L. Aigner Foresti, Florence, 1980, p. 56-57, pl. XIII, 1.

272. Support de vases

Bronze fondu
Haut. restituée 73 cm, larg. base 7,5 cm
Florence, Museo Archeologico, inv. 6678
Provenance: Vetulonia, Poggio in Grugno, seconde tombe à inhumation de Cerrecchio (Circolo del Tritone)

Hampe munie de trois séries de crochets superposés; pieds en forme de jambe humaine, surmontée d'un oiseau; au sommet guerrier ithyphallique. Cette petite figure, inspirée de modèles de style géométrique, rappelle certains objets de la culture de Hallstatt, et témoigne de croyances magico-religieuses analogues.
Vers le milieu du VIIe siècle av. J.-C.

L. Aigner Foresti, Florence, 1980, p. 54, n° 14.

273. Guerrier

Bronze, fonte pleine; pieds et lance manquent
Haut. 24 cm
Ljubljana, Narodni Muzej, inv. NM P11413
Provenance: Vače (Slovénie), fouilles de 1927

Guerrier debout, ithyphallique, à la musculature nettement soulignée. Il porte un casque à calotte avec trois phalères, du type Ljubljana répandu en Slovénie durant la phase hallstattienne la plus ancienne. Dans l'aire transalpine, les figures ithyphalliques sont assez fréquentes, mais les statuettes de guerriers ithyphalliques le sont beaucoup moins. Celle-ci est apparentée aux statuettes de guerriers de l'Etrurie septentrionale du VIIe siècle av. J.-C.

F. Stare, dans "Arhéološki Vestnik" 13-14, 1962-1963, p. 383 sq.; L. Aigner Foresti, Florence, 1980, p. 27-28, pl. VII, 1-2.

274. Statuette

Bronze, fonte pleine; il ne subsiste que le buste
Haut. 2,9 cm
Vienne, Naturhistorisches Museum
Inv. 25482
Provenance: Hallstatt, tombe 585

Petite figure masculine aux traits à peine indiqués, au large cou de taureau; les bras et les avant-bras sont ornés de bracelets. Exemple de la petite sculpture de Hallstatt, peut-être destiné à perpétuer l'image du défunt lui-même et assez proche des exemplaires italiques.
VIIe-VIe siècle av. J.-C.

L. Aigner Foresti, Florence, 1980, p. 11-12, pl. I, 1; E. Lessing, Munich, 1980, p. 271, n° 46.

275-277
Castelletto Ticino, Novare
Tomba del Bacile

Turin, Museo di Antichità

Cette tombe, *a cassone* sous tumulus, fut découverte en 1884. La ciste à cordons en bronze à laquelle le bassin servait de couvercle, faisait office de vase cinéraire. Ce mobilier, qui comportait des bronzes de très haute qualité, comprenait également une grande épingle à quatre petits globes, typique des dépositions masculines de la culture de Golasecca. La tombe est, malgré la présence d'objets plus anciens, datée du dernier quart du VIIe siècle av. J.-C.

F.M. Gambari, dans Ouvrage collectif, *Gli Etruschi a nord del Po* (Exposition), Mantoue, 1986, p. 81-84.

275. Bassin

Bronze laminé, décor au repoussé
Haut. 17 cm, diam. max. 35,5 cm
Inv. St 1425

Formé de deux vasques insérées l'une dans l'autre. La vasque extérieure est décorée de figures alternées de sphinx et de lions.
C'est l'une des plus belles œuvres de la période orientalisante, importée du Nord de la Syrie par l'intermédiaire de quelque port étrusque, ou issue d'un atelier étrusque qui s'inspirait de modèles du Proche-Orient. Ou peut la comparer au disque du "Circolo delle Sfingi" de Vetulonia.
Second quart du VIIe siècle av. J.-C.

276. Ciste à cordons

Bronze laminé, décor au repoussé
Haut. 25 cm, diam. 28 cm
Inv. St 1410

Sur le corps, cordons alternant avec des bandes de petits points. Deux poignées mobiles se terminent en protomes de canard. La forme et le décor de cette pièce de production peut-être locale permettent de la situer dans la période 1C de la culture de Golasecca.
VIIe siècle av. J.-C.

277. Gobelet

Impasto brun-grisâtre
Haut. 6,2 cm, diam. max. 8 cm
Inv. St 52167

Bord évasé, corps globulaire décoré d'un motif de cordons torsadés, fond concave.
VIIe siècle av. J.-C.

Le commerce maritime dans le Sud de la France

278-285
L'épave d'Antibes

Antibes, Collection Pruvot

Le matériel récupéré, analogue à celui que l'on trouve à Saint-Blaise, est composé d'amphores étrusques et grecques, d'une lampe punique et de jas d'ancres. La cargaison, très homogène, peut être datée vers 540-530 av. J.-C.

F. et M. Py, dans "Mélanges d'Archéologie et d'Histoire de l'Ecole Française de Rome. Antiquité" 89, 1974, p. 191-254; Ouvrage collectif, *Voyage en Massalie* (Exposition), Marseille, 1990; M.A. Rizzo, Rome, 1990.

278. Amphore

Terre cuite
Haut. 59 cm, diam. 37 cm

Les amphores étrusques peuvent être réparties entre le type Py 3A, à la panse très renflée, et le type Py 3B, à la forme plus effilée. L'intérieur de la panse est encore tapissé d'une croûte de poix qui nous assure qu'il s'agit d'amphores vinaires.
Type Py 3A
VIe siècle av. J.-C.

Ouvrage collectif, *Voyage en Massalie* (Exposition), Marseille, 1990, p. 43, 45, n° 6 (B. Bouloumié).

279. Amphore

Terre cuite
Haut. 55 cm, diam. 34 cm

Type Py 3A
VIe siècle av. J.-C.

Ouvrage collectif, *Voyage en Massalie* (Exposition), Marseille, 1990, p. 43, 45, n° 5 (B. Bouloumié).

280. Amphore

Terre cuite
Haut. 51 cm, diam. 23,5 cm

Type Py 3B
VIe siècle av. J.-C.

Ouvrage collectif, *Voyage en Massalie* (Exposition), Marseille, 1990, p. 43, 45, n° 8 (B. Bouloumié); sur le type et sa diffusion cf. M.A. Rizzo, Rome, 1990, p. 150, n° 1.

281. Amphore

Terre cuite
Haut. 49 cm, diam. 24 cm

Type Py 3B
VIe siècle av. J.-C.

Ouvrage collectif, *Voyage en Massalie* (Exposition), Marseille, 1990, p. 43, 45, n° 7 (B. Bouloumié).

282. Amphore

Terre cuite
Haut. 51 cm, diam. 26,5 cm

Type Py 3B
VIe siècle av. J.-C.

Ouvrage collectif, *Voyage en Massalie* (Exposition), Marseille, 1990, p. 43, 45, n° 9 (B. Bouloumié).

283. Canthare

Bucchero noir
Haut. 15 cm, diam. 20 cm

Le canthare est une création étrusque. Imité par les potiers grecs, il deviendra un attribut fréquent de Dionysos.
VIe siècle av. J.-C.

Ouvrage collectif, *Voyage en Massalie* (Exposition), Marseille, 1990, p. 43, 45, n° 4 (B. Bouloumié).

286-290
Saint-Blaise (Bouches-du-Rhône)

Saint-Rémy de Provence, Hôtel de Sade

Les fouilles de l'*oppidum* de Saint-Blaise ont révélé plusieurs couches d'habitat successives. La première, "Saint-Blaise III" (650/625 - 475 av. J.-C.) a livré de la céramique étrusco-corinthienne et un grand nombre de canthares de bucchero et d'amphores vinaires étrusques qui témoignent d'une importante fréquentation étrusque pendant toute cette période.

284. Coupe

Argile
Dim. 13 cm x 5 cm

Céramique étrusco-corinthienne
VIe siècle av. J.-C.

Ouvrage collectif, *Voyage en Massalie* (Exposition), Marseille, 1990, p. 43, 45, n° 2 (B. Bouloumié).

285. Coupe

Argile
Dim. 12 cm x 5 cm

Céramique étrusco-corinthienne
VIe siècle av. J.-C.

Ouvrage collectif, *Voyage en Massalie* (Exposition), Marseille, 1990, p. 43, 45, n° 1 (B. Bouloumié).

286. Amphore

Terre cuite avec engobe beige, marques en creux sur la partie haute des anses
Haut. 50 cm, diam. max. 25 cm
Inv. 2998

Type Py 3B
VIe siècle av. J.-C.

Ouvrage collectif, *Voyage en Massalie* (Exposition), Marseille, 1990, p. 39, n° 23 (B. Bouloumié).

287. Œnochoé

Bucchero noir
Haut. 28 cm, diam. max. 18 cm
Inv. 2258

VIe siècle av. J.-C.

Ouvrage collectif, *Voyage en Massalie* (Exposition), Marseille, 1990, p. 37, n° 3 (B. Bouloumié).

288. Canthare

Bucchero noir
Diam. 13 cm
Inv. 2311

VIe siècle av. J.-C.

Ouvrage collectif, *Voyage en Massalie* (Exposition), Marseille, 1990, p. 37, n° 5 (B. Bouloumié).

289. Canthare

Bucchero gris
Haut. 10,5 cm, diam. 10 cm
Inv. 2255

VIe siècle av. J.-C.

Ouvrage collectif, *Voyage en Massalie* (Exposition), Marseille, 1990, p. 37, n° 6 (B. Bouloumié).

290. Coupe

Terre cuite
Inv. 2885

Rares hors d'Etrurie, les céramiques étrusco-corinthiennes sont relativement nombreuses à Saint-Blaise.
Groupe de Poggio Buco
Troisième quart du VIe siècle av. J.-C.

Ouvrage collectif, *Voyage en Massalie* (Exposition), Marseille, 1990, p. 38, n° 9 (B. Bouloumié).

291. Coupe

Bucchero noir. Sur le pied, inscription: *v cial*
Haut. 4,5 cm, diam. à l'embouchure 12,8 cm
Lattes, Musée archéologique, inv. 983.974.1
Provenance: Lattes (Hérault)

L'inscription *v cial*, tracée sur ce vase et sur le n° 292, a été interprétée par G. Colonna comme le génitif féminin du nom propre masculin *u(c)cie*, dont la forme latine, *uccius*, est bien attestée en Narbonnaise. Ce nom indigène étrusquisé témoigne de l'incidence du commerce étrusque et des processus d'acculturation qui l'accompagnent dans une région voisine de la florissante colonie phocéenne de Massalia-Marseille.
Dernier tiers du VIe siècle av. J.-C.

G. Colonna, dans "Studi Etruschi" XLVIII, 1980, p. 181-185; M. Bats, dans "Lattara", I, 1988, p. 157-158.

292. Coupe

Impasto buccheroïde. Sur le pied, inscription: *v cial*
Haut. 6,3 cm, diam. à l'embouchure 12,8 cm
Lattes, Musée archéologique, inv. 983.973.1
Provenance: Lattes (Hérault)

Dernier tiers du VIe siècle av. J.-C.

G. Colonna, dans "Studi Etruschi" XLVIII, 1980, p. 181-185; M. Bats, dans "Lattara", I, 1988, p. 157-158.

293. Plomb inscrit

Plomb. Face A: inscription étrusque (mutilée); face B: inscription grecque en dialecte ionien (mutilée)
Haut. 5,2 cm, larg. 11,5 cm
Sigean, Musée des Corbières, inv. 1805 HS
Provenance: en 1950, à Pech-Maho (Aude)

L'inscription grecque (deuxième tiers du Ve siècle av. J.-C.) relate l'achat d'une embarcation négocié à Emporion (Ampurias) entre deux commerçants ioniens. L'inscription étrusque, plus ancienne (première moitié du Ve siècle av. J.-C.), paraît mentionner Massalia.

M. Lejeune-J. Pouilloux-Y. Solier, dans "Revue archéologique de Narbonnaise" 21, 1988, p. 19-59; G. Colonna, dans "Scienze dell'antichità" 2, 1988, p. 547-555; M. Cristofani, dans "Studi Etruschi" (Revue d'Epigraphie Etrusque) 57, 1991, p. 285-287.

294-295 Aléria

Aléria, Musée Archéologique Départemental Jérôme Carcopino

La fondation d'Aléria, vers 565 av. J.-C. par les Phocéens contrarie le commerce étrusque en mer Tyrrhénienne. Le conflit éclate rapidement, mais en 535 av. J.-C., la colonie grecque subit une défaite décisive au large de ses côtes. Les Phocéens sont définitivement chassés de la Corse, qui passe sous la domination étrusque.
Les deux vases suivants appartiennent à l'une des plus anciennes sépultures étrusques mises au jour à Aléria. Son mobilier funéraire, analogue à celui que renferment les tombes de la classe moyenne à même date en Etrurie, était composé en outre d'un vase et d'une phiale de bronze appartenant tout comme la céramique figurée à la vaisselle du *symposion*, un brasero, trois dés en ivoire et quelques pièces d'armement: une pointe de lance et un casque d'un type répandu en Italie centrale.

294. Œnochoé

Argile; figures noires
Haut. 23 cm, diam. 13 cm
Inv. 67/458
Provenance: nécropole, tombe 91, banquette est

Œnochoé étrusque à figures noires. Ménade dansant entre deux satyres.
Début du Ve siècle av. J.-C.

J. et L. Jehasse, dans "Gallia", 1973, p. 468, n° 1892; N.J. Spivey, Oxford, 1987, p. 42 (Peintre de Kyknos?).

295. Coupe

Argile; figures rouges
Haut. 9,1 cm, diam. à l'embouchure 23,5 cm
diam. avec les anses 30,1 cm
Inv. 67/459
Provenance: nécropole, tombe 91, banquette est

Coupe attique. Dans le médaillon: conversation entre deux jeunes gens; vasque: scène de la vie quotidienne.
Peintre de Penthésilée
Deuxième quart du Ve siècle av. J.-C.

J. et L. Jehasse, dans "Gallia", 1973, p. 469, n° 1893.

Les Etrusques et la péninsule Ibérique

296. Œnochoé

Bucchero noir
Haut. 25,4 cm, diam. du bord 12,1 cm,
diam. du pied 11,4 cm
Empuries, Museu de Empuries, inv. 2162
Provenance: Ampurias, nécropole de Muralla NE, tombe 7 à incinération

Embouchure trilobée, col tronconique, corps globulaire, pied annulaire, paire de rouelles à l'attache supérieure de l'anse. Type Rasmussen 7a, commun durant les trois premières décennies du VIe siècle av. J.-C.

M. Almagro, Barcelone, 1955, II, p. 366, 385, fig. 351, 2; pl. XVI,2; T. Rasmussen, Cambridge, 1979, p. 84-85, pl. 16, n° 64.

297. Canthare

Bucchero noir
Haut. 10,5 cm, diam. du bord 11 cm,
diam. du pied 6 cm
Empuries, Museu de Empuries, inv. 2154
Provenance: Ampurias, nécropole de Muralla NE, tombe 13 à incinération

Pied bas évasé; grandes anses surélevées, en ruban. Proche du type Rasmussen 3i, mais avec une vasque plus basse et plus large. La plupart des exemplaires de ce type s'inscrivent dans un contexte appartenant à la seconde moitié du VIe siècle av. J.-C.

M. Almagro, Barcelone, 1955, II, p. 366, 392-393, fig. 358,7; pl. XVI, 8; T. Rasmussen, Cambridge, 1979, p. 108, pl. 33.

298. Canthare

Bucchero noir
Haut. 10,5 cm, diam. 9,2 cm
Empuries, Museu de Empuries, inv. 2153
Provenance: Ampurias, nécropole de Muralla NE, tombe 13 à incinération

Semblable au précédent (n° 297), mais de dimensions plus réduites. Proche du type Rasmussen 3e. Durant la période archaïque, le commerce étrusque du vin et de la vaisselle à vin en bucchero s'étend en Occident où il atteint la péninsule Ibérique, surtout la Catalogne et la zone de Gibraltar, entre Malaga et Huelva. Dernier quart du VIIe-troisième quart du VIe siècle av. J.-C.

M. Almagro, Barcelone, 1955, II, p. 366, 392-393, fig. 356,8; pl. XVI, 10; T. Rasmussen, Cambridge, 1979, p. 105.

299. Canthare

Bucchero noir
Haut. 15,5 cm, diam. du bord 13,6 cm,
diam. du pied 6,7 cm
Empuries, Museu de Empuries, inv. 2163
Provenance: Ampurias, nécropole de Muralla NE tombe 4 à incinération

Vasque carénée sur pied bas "en trompette"; anses en ruban surélevées; sur la saillie entre la lèvre et la vasque: encoches espacées. Type Rasmussen 3e, très commun en Etrurie du centre et du Sud, ainsi que dans le Latium; il fut exporté dans différents centres de la Méditerranée. Dernier quart du VIIe-troisième quart du VIe siècle av. J.-C.

M. Almagro, Barcelone, 1955, II, p. 366, 383-384, fig. 348,11; pl. XVI, 9; T. Rasmussen, Cambridge, 1979, p. 105, pl. 32.

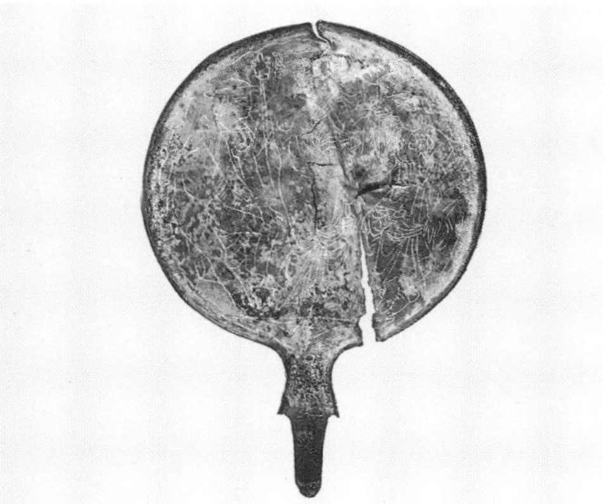

300. Miroir

Bronze, décor gravé
Diam. 17 cm, long. 25,5 cm, ép. 0,5 cm
Barcelone, Museu Arqueològic de Barcelona
Inv. 1247 MAB
Provenance: Ampurias

Miroir orné d'une représentation du jugement de Pâris: le jeune berger, fils de Priam, à gauche, les trois déesses, Aphrodite, Athéna et Héra, sur la droite. Sur l'autre face, palmette et volutes gravées à l'attache de l'anse. Production étrusque.
Vers 300 av. J.-C.

M. Almagro, (1951), fig. 99.

301-303
Service à vin

Ullastret, Museu
Provenance: Ullastret, habitat, pièce du quartier sud-ouest

Les numéros 301, 302, 303 - une amphore vinaire, un vase à puiser et un autre pour boire - constituent un service à vin. Leur association laisse penser qu'ils étaient utilisés ensemble. Ils sont, d'ailleurs, tous les trois de fabrication probablement cérétaine. Non seulement Ullastret aurait importé du vin d'Etrurie, mais aurait aussi emprunté à celle-ci le rite du *symposion*, lié à sa consommation. Le phénomène commercial prend ainsi aussi une signification sociale.
Vers le milieu du VIe siècle av. J.-C.

A. Arribas-G. Trias de Arribas, dans "Archivo Español de Arqueologia", 1961, p. 18-40; G. Camporeale, dans Ouvrage collectif, Barcelone, 1991, p. 67-68.

301. Amphore

Terre-cuite
Haut. 52 cm
s.n.i.

Type Py 3B = Gras EMC, fabriqué probablement à Caere.
VIe siècle av. J.-C.

M. Py, dans Ouvrage collectif, *Il commercio etrusco arcaico*, Rome, 1985, p. 73-94; M. Gras, Rome, 1985, p. 328-336.

302. Canthare

Bucchero
Haut. avec les anses 13 cm, diam. de l'embouchure 10,5 cm, diam. du pied 5,2 cm
Inv. 1096

Tasse évasée, pied "en trompette", anses en ruban. Type Rasmussen 3e, commun entre les dernières décennies du VIIe et le troisième quart du VIe siècle av. J.-C. Des exemplaires analogues ont été largement exportés dans diverses régions du bassin méditerranéen.

Ouvrage collectif, Bruxelles, 1979; M. Gras, dans Ouvrage collectif, *Mélanges offerts à Jacques Heurgon. L'Italie préromaine et la Rome républicaine*, Rome, 1976, p. 344-349; T. Rasmussen, Cambridge, 1979, p. 104-106; M. Gras, Rome, 1985, p. 490-498.

303. Vase à puiser le vin

Argile, figures noires
Haut. 9 cm, diam. de l'embouchure 9,5 cm
diam. du pied 4,5 cm
Inv. 1099

Bord évasé, corps globulaire, anse verticale. Sur le corps, palmipèdes et masque humain. Production étrusco-corinthienne, groupe *a maschera humana*. Fabriqué probablement dans un atelier de Caere. Troisième quart du VIIe siècle av. J.-C.

J.G. Szilágyi, dans "Revue Archéologique" 1972, p. 111-126.

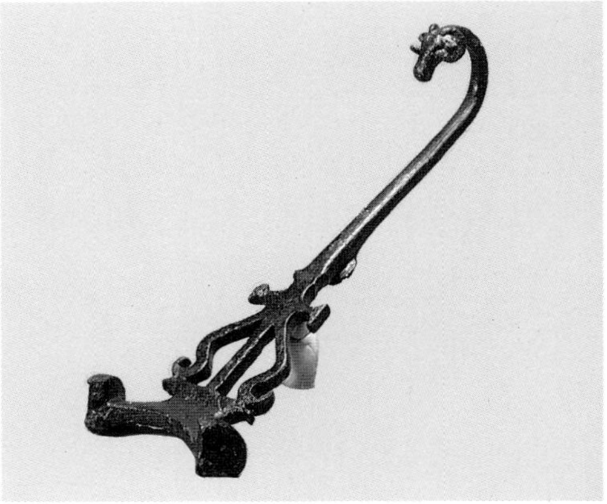

304. Infundibulum

Bronze, fonte pleine
Long. 25 cm
Badajoz, Museo Arqueológico Provincial
Inv. 10726
Provenance: Cancho Roano

Il ne subsiste de l'entonnoir que le manche "en lyre" qui se termine en tête de bélier. Production étrusque. Des exemples similaires ont été exportés dans différentes régions d'Italie (Emilie, Picenum, Campanie), ainsi qu'à Rhodes (Lindos) et à Olympie. Première moitié du VIe siècle av. J.-C.

M. Zuffa, dans "Studi Etruschi" XXVIII, 1960, p. 165-208; O. Terrosi Zanco, dans *Atti dell'VIII Convegno Nazionale di Studi Etruschi ed Italici*, Florence, 1974, p. 162-167; J. Maluquer de Motes (M.E. Aubet), Barcelone, 1981, p. 321-323.

Les relations transalpines

305. Fibule à arc serpentant

Bronze
Long. 14,3 cm
Paris, Musée du Louvre, Département des Antiquités grecques, étrusques et romaines
Inv. ED 3472 (n° usuel Br 1826)
Provenance inconnue

Fibule à arc serpentant et double ressort et à porte-ardillon à disque spiralé. Ces fibules, qui appartiennent à l'époque villanovienne, ont été retrouvées sur différents sites de l'Etrurie méridionale, de l'Ombrie et de l'Italie méridionale.
IXe-VIIIe siècle av. J-C.

A. de Ridder, *Bronzes antiques*, Paris, 1915, II, n° 1926, p. 68.

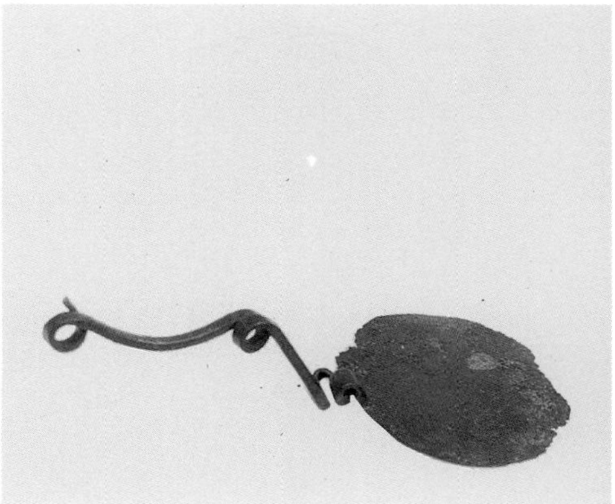

306. Fibule à arc serpentant

Bronze martelé
Long. 10,3 cm
Bourges, Musées de la Ville, inv. 907.47.20
Provenance: sépulture à inhumation double de Mazières (Bourges), en 1885

Exemplaire voisin du n° 305 mais à pied discoïde; type attesté en Italie au VIIIe siècle av. J.-C. La dimension de la fibule de Mazières et l'arc rubanné semblent la désigner toutefois comme une imitation locale. Hallstatt C, VIIIe siècle av. J.-C.

A. Duval-C. Eluère-J.P. Mohen, dans "Gallia" 32, 1974, fasc. 1, p. 31, 33-34; M. Willaume, dans "British Arch. Rep.", Int. Series, 247, 1985, n° 20, p. 28; J. Gran Aymerich, dans *Etrusker nördlich von Etrurien*, Actes du Symposion de Vienne (sous la dir. de L. Aigner Foresti), 1992.

307. Rasoir

Bronze
Long. 12 cm
Saint-Eloi-de-Gy, Collection Pantin de la Guère
Provenance: Bourges

Type villanovien. Anneau de suspension brisé, lame en demi-lune.
VIIIe siècle av. J.-C.

M. Willaume, dans "British Archaeological Reports", International Series, 247, 1985, p. 238; J. Gran Aymerich, dans *Etrusker nördlich von Etrurien*, Actes du Symposion de Vienne (sous la dir. de L. Aigner Foresti), Vienne, 1992.

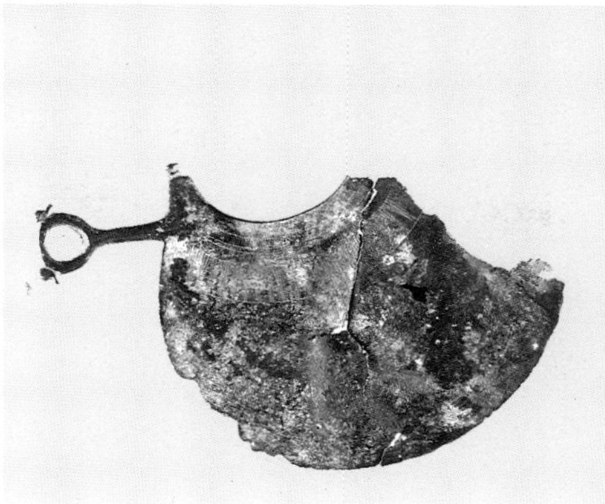

308. Rasoir

Bronze
Long. 7 cm
Aix-les-Bains, Musée Lapidaire, s.n.i.
Provenance: Pralognan

Type villanovien. Anneau pourvu de deux petits appendices, lame en demi-lune. Décor incisé en bordure du dos, composé de lignes courbes parallèles et de dents de loup.
VIIIe siècle av. J.-C.

A. Bocquet, dans *Congrès national des Sociétés Savantes*, Grenoble, 1983, p. 75.

309. Coupe à godrons

Bronze laminé et travaillé au repoussé
Haut. 4,8 cm, diam. 14,6 cm
Florence, Museo Archeologico, inv. 7096/10
Provenance: Vetulonia, Poggio al Bello, Tomba del Duce (IIe groupe)

Vasque carénée et godronnée; fond plat, à ombilic, orné de trois nervures concentriques. Le type est oriental et très répandu en milieu étrusque et italique à partir de la fin du VIIIe siècle av. J.-C. On suppose que certaines de ces coupes furent produites à Vetulonia. Des exemplaires étrusques ont été retrouvés en Europe centrale.
Milieu du VIIe siècle av. J.-C.

G. Camporeale, Florence 1967, p. 44 sq., n° 17; P.H.G. Howes Smith, dans "Bulletin Antieke Beschaving" 59/2, p. 73 sq.

310. Coupe

Bronze martelé
Haut. 4,9 cm, diam. 16,8 cm
Châtillon-sur-Seine, Musée archéologique
Inv. 88.3595.1
Provenance: Poiseul-la-Ville (Côte d'Or), Tumulus III. La coupe se trouvait à l'intérieur d'une situle de type Kurd

Coupe à godrons du même type que la précédente. D'autres exemplaires ont été découverts en Europe continentale à Appenwihr, Francfort-sur-le-Main, Lyon et Hallstatt, ainsi que dans la plaine du Pô, à Bologne, Este et Ca' Morta. VIIe siècle av. J.-C.

B. Chaume, dans *Rencontres de l'Ecole du Louvre*, Paris, 1988, p. 246-247; Ouvrage collectif, *Les Celtes dans le Jura* (Exposition), Yverdon-les-Bains, 1991, p. 72 (S. Plouin).

311. Coupe

Bronze martelé
Haut. 4,8 cm, diam. 14,8 cm
Colmar, Musée d'Unterlinden, inv. 61229
Provenance: tombe à fosse, Tumulus I d'Appenwihr près de Colmar (Haut-Rhin)

VIIe siècle av. J.-C.

Voir les n° 309-310.

F.W. von Hase, dans *Secondo Congresso internazionale etrusco*, 1985, Rome, 1989, p. 1050-1051, fig. 18,2 et pl. IIa; Ouvrage collectif, *Les Celtes dans le Jura* (Exposition), Yverdon-les-Bains, 1991, p. 71-72 (S. Plouin); F.W. von Hase, dans *Etrusker nördlich von Etrurien*, Actes du Symposion de Vienne (sous la dir. de L. Aigner-Foresti), 1992, p. 257-258, fig. 21-22.

312. Pyxide

Bronze. Des plaques de bois doublent encore le couvercle et le fond. La bobine et l'anneau ont été fixes dans un deuxième temps.
Haut. estimée 30,5 cm, diam. du fond 17,7 cm
diam. du couvercle 15,7 cm
Colmar, Musée d'Unterlinden, inv. 61226
Provenance: tombe à fosse, Tumulus I d'Appenwihr

La frise qui décore le couvercle, la distingue des modèles etrusques et conduit à la considérer comme une imitation exécutée au nord des Alpes.
VIIe siècle av. J.-C.

C. Rolley, dans *Rencontres de l'Ecole du Louvre*, Paris, 1988, p. 97-98.
Voir aussi bibl. n° 311.

313. Brûle-parfum

Bronze laminé et fondu
Haut. 30 cm, long. de la chaîne 28 cm
Florence, Museo Archeologico, inv. 148172
Provenance: Marsiliana d'Albegna, Banditella, tombe XLI (dite "della Fibula")

Corps cylindrique, évasé à ses deux extrémités et fermé par une plaque circulaire. Une longue chaîne, se terminant par un appendice en forme de fleur à une extrémité et par un anneau à l'autre, est soudée sur le disque supérieur. Le corps est orné d'un motif en dents de loup ajourées. Œuvre caractéristique de l'art du bronze à Vetulonia à l'époque orientalisante.
Milieu du VIIe siècle av. J.-C.

A. Minto, Florence, 1921, p. 276, pl. XLI.

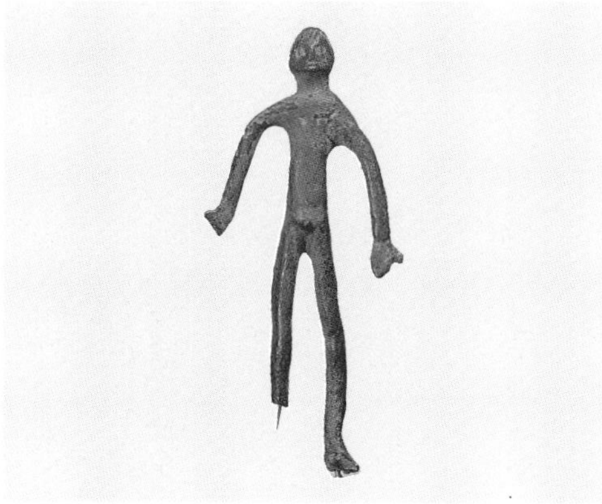

314. Statuette

Bronze, fonte pleine. Patine verte
Haut. 8 cm
Genève, Musée d'Art et d'Histoire, inv. M 697/1
Provenance: Menthon (Haute-Savoie)

Homme nu, bras et jambes écartés. Proportions allongées, membres asymétriques, modelé rudimentaire. Tête ronde, nez peu saillant, bouche droite et courte. Des striures représentent les cheveux. Œuvre attribuée à un atelier étrusque, peut-être importée par quelque marchand italien arrivé par le col du Grand Saint-Bernard. VIe-Ve siècle av. J.-C.

W. Deonna, dans "Indicateur d'Antiquités Suisses", 1915-1916, p. 28, n° 63; J. Balty, dans "Bulletin de l'Institut Historique Belge de Rome" XXXIII, 1961, p. 54-55, groupe E; S. Boucher, dans "Gallia" XXVIII, 1970, p. 194.

315. Statuette d'éphèbe

Bronze. Manque l'attribut dans la main droite
Haut. 10,1 cm
Saint-Germain-en-Laye, Musée des Antiquités Nationales, inv. 29723
Provenance: trouvée dans la Seine

Cette statuette peut être rapprochée d'un groupe de petits bronzes étrusco-italiques (groupe "Amelia") probablement fabriqués dans la région de Todi, dont la diffusion en Gaule est bien attestée. Ve siècle av. J.-C.

Pour le groupe "Amelia" cf. G. Colonna, Florence, 1970, p. 90-95, pl. 66-67; S. Boucher, dans "Bibliothèques des Ecoles Françaises d'Athènes et de Rome" vol. 228, Paris-Rome, 1976, p. 22, fig. 21; A.M. Adam, Paris, 1984, p. 177, note 4.

316. Boucle d'oreille

Or. Diam. 2,5 cm
Berne, Bernisches Historisches Museum
Inv. BHM 25175
Provenance: Jegenstorf (canton de Berne), tumulus VI

Perle décorée de granules assez gros, réalisée avec un alliage d'or à haute teneur en argent. La granulation, caractéristique du monde méditerranéen, et en particulier étrusque, est peu répandue dans les régions situées au nord des Alpes et pourrait dénoter une influence étrusque sur ce bijou d'un caractère exceptionnel. Fin du VIe siècle av. J.-C.

Ouvrage collectif, *Trésors des Princes Celtes* (Exposition), Paris, 1987, p. 41, fig. 33; Ouvrage collectif, *L'or des Helvètes. Trésors celtiques en Suisse* (Exposition), Zurich, 1991, n° 35.

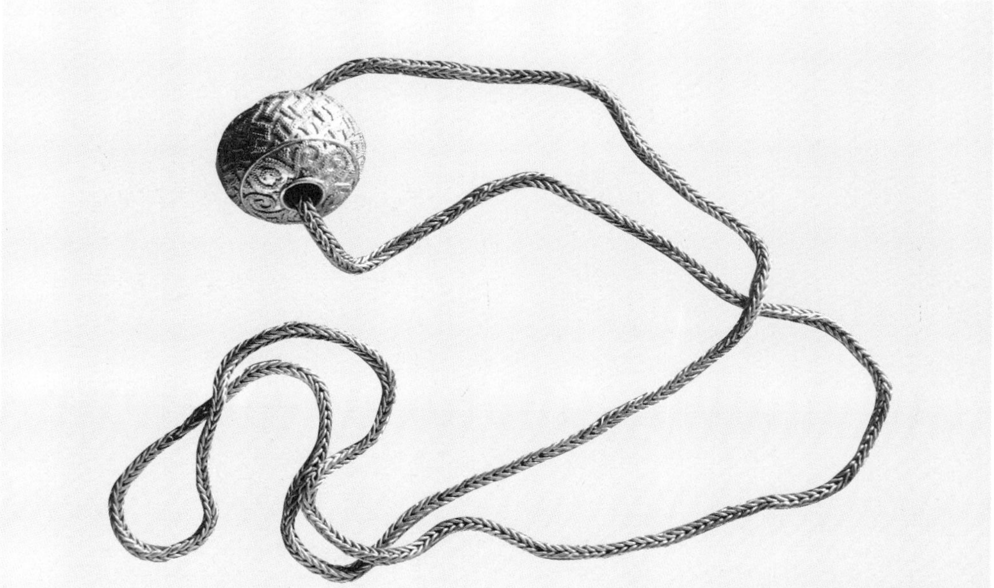

317. Chaîne et pendentif

Or. Long. de la chaînette 38,8 cm
diam. du pendentif 1,4 cm
Berne, Bernisches Historisches Museum
Inv. BHM 11265 (pend.) et BHM 11278 (chaîne)
Provenance: Anet (canton de Berne), tumulus VI

Ce pendentif en forme de perle est richement orné de motifs réalisés en granulation. Malgré une exécution assez grossière comparée à celles des exemplaires étrusques, le décor fait de ce bijou un cas presque unique dans l'orfèvrerie helvétique et dénote très certainement l'influence des productions étrusques contemporaines.
VIe siècle av. J.-C.

Ouvrage collectif, *L'or des Helvètes. Trésors celtiques en Suisse* (Exposition), Zurich, 1991, p. 114, n° 26-27.

318-319
Pertuis (Vaucluse)

Marseille, Musée d'Archéologie Méditerranéenne

Une dizaine de tumulus ont été fouillés à Pertuis. Deux d'entre eux ont livré des vases étrusques liés au service du vin.

318. Œnochoé

Bronze
Haut. 29,6 cm, diam. max. 18 cm
Inv. 3671
Provenance: Tumulus 1 de l'Agnel. Le vase était logé dans une petite fosse au centre du tumulus

Cette œnochoé étrusque de type "rhodien" a servi d'urne cinéraire pour un enfant de haut rang, à en juger par la qualité de certaines pièces du mobilier (trousse de toilette typique de la civilisation hallstattienne, armes, bassin étrusque à rebord perlé). Les œnochoés étrusques de type "rhodien" sont rares hors d'Italie: on en a découvert deux autres en Rhénanie (à Kappel et Vilsingen).
Dernier quart du VIIe siècle av. J.-C.

Ouvrage collectif, *Voyage en Massalie* (Exposition), Marseille, 1990, p. 131-133, n° 2 (B. Bouloumié).

319. Coupe

Argile
Haut. 5,2 cm, diam. 11,6 cm
Inv. 7515
Provenance: Tumulus 1 du Renard (ou Tumulus des Trois-Quartiers). La sépulture utilisait une fosse naturelle recouverte de lauzes

La présence près de la tête du défunt de cette coupe étrusque imitant la céramique protocorinthienne semble indiquer qu'elle était considérée comme un objet de grande valeur.
Dernier quart du VIIe siècle av. J.-C.

Ouvrage collectif, *Voyage en Massalie* (Exposition), Marseille, 1990, p. 131-133, n° 1 (B. Bouloumié).

320. Fibule "a sanguisuga"

Feuille d'or travaillée au repoussé, granulation
Haut. 12,34 cm, long. 2,78 cm, larg. 0,93 cm
Nantes, Musée Dobrée, inv. 882.1.443
Provenance: découverte en 1852 à Saint-Aignan-de-Grandlieu (Loire-Atlantique), "avec deux bracelets... et trente deniers consulaires... dans un vase rouge gallo-romain".

Decorée de rosettes à quatre pétales au cœur marqué par une sphère d'or soudée par l'intermédiaire d'un anneau, elle trouve des comparaisons dans la production de Vulci. Elle provient peut-être d'une sépulture hallstattienne pillée à l'époque romaine. Classe CI. Deuxième moitié du VIe siècle av. J.-C.

P.G. Guzzo, Florence, 1972, p. 27-30; M. Scarpignato, Rome, 1985, p. 297, n° 43; J.R. Jannot, dans "Caesarodunum", suppl. 59, 1990, p. 85-88.

321. Stamnos

Bronze
Haut. 39 cm, diam. à l'ouverture 22 cm
Saint-Germain-en-Laye, Musée des Antiquités Nationales, inv. 71435
Provenance: en 1880, dans la fosse centrale du Tumulus I de La Motte-Saint-Valentin à Courcelle-en-Montagne (Haute-Marne)

Au moment de sa découverte, ce stamnos de fabrication étrusque contenait encore des traces de la résine et de la poix avec lesquelles on mélangeait le vin. Il était associé entre autres au canthare attique qui a donné le nom de Saint-Valentin à une série de canthares attiques à figures rouges, peut-être réservés à l'exportation. Début du Ve siècle av. J.-C.

Ouvrage collectif, *Trésors des Princes Celtes* (Exposition), Paris, 1987, n° 213, p. 248 (A. Duval).

322. Œnochoé

Bronze
Haut. 22,7 cm
Strasbourg, Musée Archéologique
Inv. Colmar AO 122, Dépôt D.11.980.1.3
Provenance: Hatten (Bas-Rhin), d'une tombe à char sous tumulus

Œnochoé du type *Plumpekanne* d'importation étrusque. Contemporaines, semble-t-il, des *Schnabelkannen*, les *Plumpekannen* sont beaucoup moins exportées que ces dernières. On n'en connaît qu'une dizaine hors d'Italie, dont trois en Gaule. Début du Ve siècle av. J.-C.

B. Bouloumié, dans "Gallia" 31, 1973, appendice, p. 16; fig. 51-63; S. Plouin-M.-P. Koenig, dans "Les Cahiers alsaciens d'Archéologie, d'Art et d'Histoire", 34, 1991, p. 38, fig. 1, p. 41.

323. Œnochoé

Bronze laminé, anse fondue
Haut. 26,5 cm
Bruxelles, Musées Royaux d'Art et d'Histoire
Inv. 2522b
Provenance: Eigenbilzen

Du type *Schnabelkanne* à volutes, le plus répandu dans le monde celtique, imité également en Rhénanie et dans la vallée du Tessin. Le décor - deux griffons placés en position héraldique au départ du bec, perles et oves sur le bord, frise de fleurs de lotus incisée sur le col - place ce vase dans un groupe assez restreint et particulièrement prestigieux, principalement destiné à l'exportation.
Seconde moitié du Ve siècle av. J.-C.

B. Bouloumié, dans "Gallia" n° 31, 1973, p. 6, n° 18, fig. 37-38.

324. Œnochoé

Bronze
Haut. 25,3 cm
Besançon, Musée des Beaux-Arts et d'Archéologie, inv. A 182.899.1.465
Provenance inconnue

Œnochoé d'importation étrusque, du type *Schnabelkanne* à volutes. C'est un artisan celte qui a enrichi au début du IVe siècle av. J.-C. toute la surface du vase d'un décor de spirales et de lignes pointillées qui, stylisées, connaissent une grande fortune dans l'art celte.
Seconde moitié du Ve siècle - début du IVe siècle av. J.-C.

B. Bouloumié, dans "Gallia" 31, 1973, n° 4, p. 2-3; Ouvrage collectif, *I Celti* (Exposition), Milan, 1991, p. 128, 143, 174, et n° 98 p. 711.

325. Amphore

Bronze. Le col de l'amphore est formé de deux parties emboîtées l'une dans l'autre
Haut. 31,5 cm
Lons-le-Saunier, Musée Archéologique, inv. 3617
Provenance: Conliège, La-Croix-des-Monceaux, tumulus 6

L'amphore est comme le *simpulum* n° 326 de fabrication étrusque. Elle peut être rapprochée de deux autres exemplaires découverts l'un en Toscane, à Vulci ou Bomarzo, l'autre en Rhénanie, à Schwarzenbach.
Début du Ve siècle av. J.-C.

C. Rolley, Naples, 1982, p. 27-28; Ouvrage collectif, *Trésors des Princes Celtes* (Exposition), Paris, 1987, p. 203-207, n° 132-133 (M.J. Roulière-Lambert); Ouvrage collectif, *Les Celtes dans le Jura* (Exposition), Yverdon-les-Bains, 1991, p. 52-53 (M.J. Roulière-Lambert).

326. *Simpulum* (louche)

Bronze. Manque le manche
Haut. 4,1 cm, diam. à l'embouchure 5,7 cm
Lons-le-Saunier, Musée Archéologique
Inv. 3616
Provenance: Conliège, La-Croix-des-Monceaux, tumulus 6

Simpulum d'importation étrusque. Décor de lignes et de dents de loup en bordure de la lèvre.
Début du Ve siècle av. J.-C.

327. Œnochoé

Bronze
Haut. 26,8 cm
Bourges, Musée de la Ville, inv. 894.37.1
Provenance: environs de Bourges très vraisemblablement

Attache supérieure de l'anse: un félin (dont un brisé) à l'extrémité de chaque bras; attache inférieure: paire de double volutes en S et palmette inversée. *Schnabelkanne* à volutes. Au décor plastique habituel, l'artisan étrusque a ajouté un motif gravé, et tracé sur le col une frise de boutons de lotus et de palmettes. Deuxième moitié du Ve siècle av. J.-C.

B. Bouloumié, dans "Gallia" 31, 1973, p. 3, n° 6, p. 11-12; J. Gran Aymerich, dans *Etrusker nördlich von Etrurien*, Actes du Symposion (sous la dir. de L. Aigner Foresti), Vienne, 1992.

328. Œnochoé

Bronze
Haut. 28,4 cm
Bonn, Rheinisches Landesmuseum
Inv. 38.139
Provenance: Urmitz, près de Coblence (Rhénanie)

Œnochoé étrusque du type *Schnabelkanne*; catégorie produite essentiellement dans les ateliers de Vulci et exportée tant en Italie qu'au nord des Alpes. Le type présentant une attache d'anse ornée d'un masque humain n'a jusqu'à présent été trouvé, au nord des Alpes, qu'en Rhénanie.
Ve siècle av. J.-C.

H.E. Joachim, dans "Das Rheinische Landesmuseum Bonn, Berichte", 1, 1979, p. 4 sq.

329-334
Tombe princière de Chlum

(Sud-Ouest de la Bohême)
Prague, Národní Muzeum

Tombe d'un prince celte du début de la période de La Tène.
Outre les piecès exposeés, la tombe (à tumulus) comprenait également: deux bassins en bronze avec poignées, un talon de lance, deux pointes de lance, un fragment de couteau et un autre récipient en céramique.
Seconde moitié du Ve siècle av. J.-C.

P. Jacobsthal-A. Langsdorff, 1929, p. 31 sq.; P.M. Duval, 1978 (éd. all.), p. 47 sq., ill. 24, p. 76 sq., ill. 266; Ouvrage collectif, *I Celti* (Exposition), Milan, 1991, p. 186 sq. (J. Michálek).

329. Vase

Argile
Haut. 32 cm
Inv. 111254

Production locale.

330. Œnochoé

Bronze repoussé
Haut. 30 cm. Anse perdue
Inv. 111245

Œnochoé de type *Schnabelkanne*. Décor de palmettes grossièrement gravées sur le col. Travail étrusque.

331. Pyxide

Bronze repoussé
Haut. 5,5 cm
Inv. 111250

Décor d'arcs et de feuilles gravés au compas.

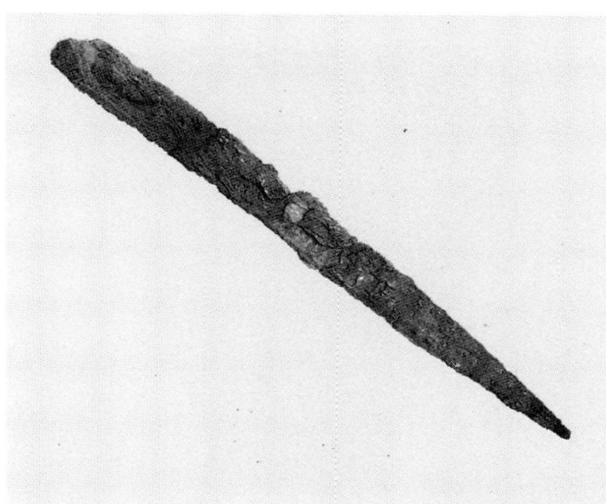

332. Epée

Fer
Long. 87 cm
Inv. 111248

Fourreau partiellement conservée.

333. Hache

Fer
Long. 22 cm
Inv. 111252

L'art des situles

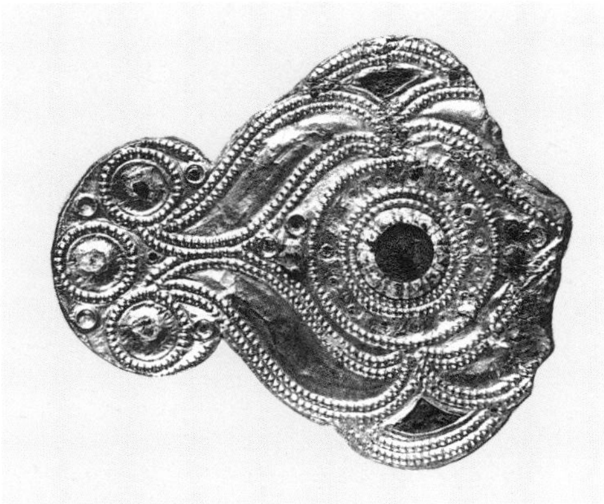

334. Plaque décorative

Bronze, feuille d'or et d'argent
Dim. 6 cm × 5,2 cm, fragment
Inv. 111249

Plaque de bronze ornée sur sa face antérieure d'une feuille d'or repoussée et d'incrustations de corail désormais perdues. Sur la face postérieure: feuille d'argent gravée.
Bijou présentant un décor typique de la période de La Tène I; importation probable des régions occidentales où l'on a retrouvé des plaques décoratives analogues (Weiskirchen, Reinheim, Kleinaspergle).

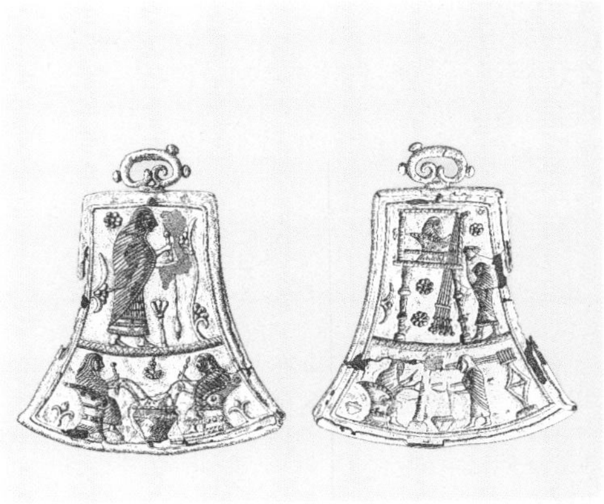

335. Tintinnabulum

Bronze laminé, décor au repoussé
Haut. 11,5 cm, larg. max. 9,2 cm
Bologne, Museo Civico Archeologico
Inv. 25676
Provenance: Bologne, nécropole de l'Arsenale Militare, tombe 5

Ce pendentif de forme trapézoïdale, est typique de la culture villanovienne à Bologne. La représentation renvoie à l'art des situles le plus ancien, fortement imprégné de la culture orientalisante de l'Etrurie septentrionale. Le décor, disposé sur deux registres, représente une scène de filage (face A) et de tissage (face B). Dernier quart du VIIe siècle av. J.-C.

C. Morigi Govi, dans AC XXIII, 1971, p. 211-235; G. Colonna, dans *Atti dell'XI Convegno di Studi etruschi e italici* (Este-Padoue, 1976), Florence, 1980, p. 177-190.

336. Couvercle de situle

Bronze laminé, décor au repoussé et incisé
Diam. 22,2 cm
Este, Museo Nazionale Atestino
Inv. 4850
Provenance: Este, via Caldevigo, tombe 187

Couvercle avec bouton en corolle; entre deux rangées concentriques de bossages, une file d'animaux: un bélier, un lapin, un bovidé, une chèvre et un félin qui mord la patte d'un autre animal. Le type de dessin et les motifs du décor, enrichi d'éléments végétaux, rattachent cet objet à l'art des situles de la période orientalisante.
Fin du VIIe siècle av. J.-C.

Ouvrage collectif, *Arte delle situle dal Po al Danubio* (Exposition), Florence, 1961, p. 84, pl. 7.

337. Situle Benvenuti

Bronze laminé, décor au repoussé et gravé; manque le fond, quelques lacunes sur le corps
Situle: haut. partielle 31,5 cm, diam. au niveau du bord 25,4 cm
Couvercle: diam. 25,5 cm
Este, Museo Nazionale Atestino, inv. 4667 (situle) et 4668 (couvercle)
Provenance: Este, via Santo Stefano, tombe 126

Situle à corps tronconique constituée de deux plaques réunies par des clous rabattus; couvercle en forme de calotte aplatie et lisse. Le col et l'épaule sont ornés de séries de rosettes, le corps de trois registres superposés, dans lesquels alternent des scènes de la vie quotidienne (libation, lutte, travaux agricoles, retour de la guerre), des motifs végétaux et des animaux réels et fantastiques de type orientalisant. Sa finesse d'exécution fait considérer encore aujourd'hui cet objet comme la plus belle des situles paléo-vénètes.
600 av. J.-C. environ

A. Prosdocimi, dans "Bullettino di Paletnologia italiana", 1980, p. 91 sq., pl. VI, fig. 1,10; A.M. Chieco Bianchi, dans Ouvrage collectif, *Italia omnium terrarum alumna*, Milan, 1988, p. 44 (avec bibl. préc.).

338. Couvercle de situle
Bronze laminé, décor au repoussé
Haut. 7 cm, diam. 24 cm
Vienne, Naturhistorisches Museum, inv. 25816
Provenance: Hallstatt, tombe 696

Sur la calotte, entre deux zones de bossettes, file d'animaux passant de tradition orientalisante: un félin tenant une patte dans la gueule, un cerf broutant un rameau de palme, un sphinx et une chèvre, une palmette entre les dents. Exécuté dans un atelier vénète et déposé dans une tombe très riche, qui a livré aussi une épée à antennes recouverte d'une feuille d'or.
VIe siècle av. J.-C.

K. Kromer, Florence, 1959, p. 146, pl. 126, 1; R. Peroni, Rome, 1973, p. 43; A. Guidi, Marburg, 1983, p. 51; G. Prüssing, Stuttgart, 1991, p. 50, n° 100, pl. 16.

339. Situle
Bronze laminé, poignée en fonte pleine, décor au repoussé et incisé. Haut. 27,1 cm
Providence, Museum of Art, Rhode Island School of Design, inv. 32245
Provenance: Bologne

Corps en tronc de cône renversé, poignée mobile aux extrémités en tête de canard. Décor sur trois registres: scènes de la vie quotidienne, défilé de guerriers, file d'animaux. Probablement du même maître que la situle de la Certosa. Sur le bord, inscription en caractères étrusques septentrionaux indiquant qu'il s'agit d'un don. Dernières décennies du VIe siècle av. J.-C.

W. Lucke-O.H. Frey, Berlin, 1962; G. Bermond Montanari, dans Ouvrage collectif, *La formazione della città in Emilia-Romagna* (Exposition), Bologne, 1987, p. 69-70.

340. Situle
Bronze laminé, décor au repoussé. Haut. 23,8 cm
Ljubljana, Narodni Muzej Ljubljana, inv. NM P591
Provenance: Vače (Slovénie)

Décor figuré, disposé en plusieurs registres. En haut, défilé de cavaliers et de chars, avec une figure masculine portant une grande hache au manche décoré; au centre, scènes de banquet, de culte, d'offrande à des dignitaires assis sur des trônes, et de pugilat; en bas, file d'animaux. Divers aspects de ce répertoire figuré évoquent celui de l'art étrusque des époques orientalisante et archaïque. Fin du VIe-début du Ve siècle av. J.-C.

J. Kastelic, Belgrade, 1956; Ouvrage collectif, *Arte delle situle dal Po al Danubio* (Exposition), Florence, 1961, p. 103-104, pl. 30-31; W. Lucke-O.H. Frey, Berlin 1962, p. 78, n° 33, pl. XLVII-LI.

Art étrusque et art celtique

341. Anse d'œnochoé
Bronze, fonte pleine
Haut. 20,3 cm (lion), long. 6 cm (sanglier)
Munich, Staatliche Antikensammlung
Inv. 9 (lion) et 293 (sanglier)
Provenance: Castel San Mariano (Pérouse), tombe princière

Anse en forme de lion dressé: pattes postérieures posées sur l'attache en forme de palmette et pattes antérieures sur les bras de l'attache supérieure; l'animal tient une tête dans sa gueule. De part et d'autre des pattes antérieures, un sanglier couché (le sanglier de gauche est un moulage de l'original conservé à Copenhague). Vers 550 av. J.-C.

U. Höckmann, Staatliche Antikensammlungen Munich, *Katalog der Bronzen I*, 1982, p. 92 sq., n° 52, pl. 53.

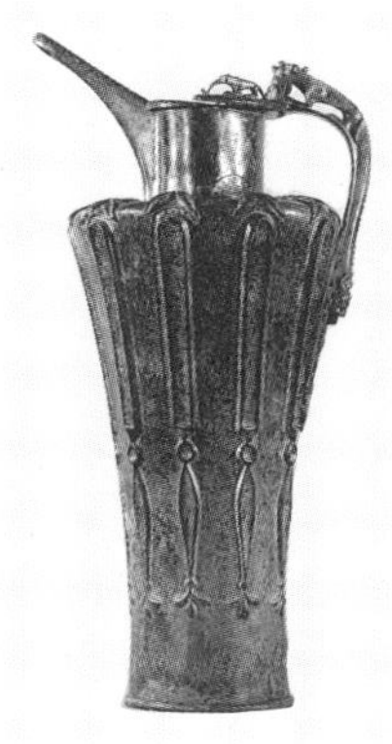

342. Œnochoé
Bronze laminé, anse en fonte pleine
Haut. 45,8 cm, diam. 17,7 cm
Salzbourg, Museum Carolino Augusteum, inv. 6629
Provenance: Dürrnberg (Hallein), tombe 112

Sur l'anse félin tenant dans sa gueule une tête humaine. Sur les côtés, bêtes sauvages qui dévorent un animal. Chef-d'œuvre de la toreutique celtique s'inspirant de la *Schnabelkanne* étrusque, mais en en réinterprétant la forme, ici plus élancée, et la décoration qui témoigne aussi de l'influence de l'art des steppes, de l'art scythe en particulier, et de l'art des situles. "Premier style celtique": peu après 450 av. J.-C.

F. Moosleitner (Florence 1987), Salzbourg, 1987, p. 35-63, fig. 24-37, 40, 42, 47, 48, 51; Ouvrage collectif, *I Celti* (Exposition), Milan, 1991, p. 170 (F. Moosleitner).

343. Stamnos

Bronze, décoré au repoussé; anse en fonte pleine; attaches décorées au repoussé et gravées. Fragmentaire. Reconstitution récente
Haut. (reconstitueé) 34,1 cm, diam. épaule 31,3 cm
Stuttgart, Württembergisches Landesmuseum
Inv. 8723
Provenance: Kleinaspergle, près de Hohenasperg (Ludwigsburg), tombe princière

Ce récipient fait partie d'un groupe de *stamnoi* étrusques en bronze, qui, d'après les recherches récentes, auraient été produits à Vulci ou dans les environs. Les attaches des anses sont ornées de têtes de satyres. 480-450 av. J.-C.

Ouvrage collectif, *Trésor des Princes Celtes* (Exposition), Paris, 1988, p. 257 n° 232; B.B. Shefton dans W. Kimming, 1988, p. 104 sq., pl. 10-16.

344. Œnochoé

Bronze; décor repoussé, anse en fonte pleine.
Reconstituée à partir de plusieurs éléments
Haut. (reconstituée) 45,3 cm, diam. épaule 19,8 cm
Stuttgart, Württembergisches Landesmuseum
Inv. 8723
Provenance: Kleinaspergle, près de Hohenasperg (Ludwigsburg), tombe princière

Imitation celtique d'une œnochoé étrusque du type *Schnabelkanne*. L'anse s'achève au niveau de l'embouchure par un protome zoomorphe; les attaches présentent des masques d'homme à oreilles d'animaux. 480-450 av. J.-C.

Ouvrage collectif, *Trésor des Princes Celtes* (Exposition), Paris, 1988, p. 258, n° 233; W. Kimming, 1988, p. 87 sq., pl. 1-9.

345. Œnochoé

Bronze
Haut. 31 cm, diam. max. 15,5 cm
Paris, Musée du Louvre, Département des Antiquités grecques, étrusques et romaines
Inv. ED 2796 (n° usuel Br 2774)
Provenance inconnue

Bec relevé à embouchure trilobée. Bel exemple d'œnochoé du type *Schnabelkanne* à volutes, une catégorie de vases caractéristique des exportations étrusco-italiques dans le monde celte. Une œnochoé au décor analogue a pu inspirer le motif reproduit par l'attache n° 346.
Seconde moitié du Ve siècle av. J.-C.

B. Bouloumié, dans "Gallia" 31, 1973, n° 23, p. 7, p. 15, fig. 41, p. 31.

346. Garniture travaillée à jour

Bronze fondu
Haut. 6,2 cm, larg. 3,8 cm
Litoměřice, Okresní Vlastivědné Muzeum
Inv. 2630 Archéologie
Provenance: Cizkovice, Litoměřice (Bohême)

Décor de masques humains entre des spirales. Les déplacements de populations celtes du début du IVe siècle av. J.-C. créent de nouveaux équilibres en Italie et dans les régions transalpines et suscitent des réalisations artistiques souvent liées aux mondes grec et étrusque. En Bohême se développe une industrie du bronze très originale, qui renouvelle le répertoire décoratif et atteint souvent un haut niveau de qualité. Seconde moitié du IVe siècle av. J.-C.

Ouvrage collectif, *I Celti* (Exposition), Milan, 1991, p. 205, n° 153, p. 714 (V. Kruta).

347. Bague

Or massif
Diam. 2,7 cm
New York, The Metropolitan Museum of Art
Inv. 40.11.16
Provenance: Vulci

Vers 1940, le Metropolitan Museum acquit un lot de bijoux découverts à Vulci au siècle dernier, parmi lesquels cette bague portant une cornaline incrustée ornée d'une colombe aux ailes déployées. Le chaton est entouré d'un cercle de petites perles et de deux petites têtes de silène, alternant avec deux palmettes: un motif repris et stylisé ensuite par l'art celte. Premières décennies du Ve siècle av. J.-C.

M. Cristofani-M. Martelli, Novare, 1983, p. 290, n° 130 (M. Cristofani); G. Becatti, Rome, 1955, p. 184, n° 304; M. Cristofani, 1983, p. 290, n° 130.

348. Fibule

Bronze fondu
Long. (dans l'état actuel) 3,8 cm
Marzabotto, Museo Nazionale Etrusco, inv. 67109
Provenance: San Biagio di Pontecchio Marconi (province de Bologne), tombe violée

Type *a sanguisuga*, dont l'arc est décoré de deux petites têtes humaines opposées. Cette fibule, fabriquée à Vetulonia et datant de l'orientalisant moyen, prouve l'utilisation de la vallée du Reno comme itinéraire commercial entre l'Etrurie septentrionale et le territoire de Felsina dans la première moitié du VIIe siècle.
Première moitié du VIIe siècle av. J.-C.

Ouvrage collectif, *La formazione della città in Emilia-Romagna* (Exposition), Bologne, 1987, p. 112, n° 59 (P. von Eles).

L'écriture étrusque aux origines de l'écriture runique

349. Fibule à masque humain

Bronze fondu
Long. 3,1 cm. Ardillon et ressort manquent
Karlsruhe, Badisches Landesmuseum
Inv. C. 2668a
Provenance: Rappenau (Baden-Württemberg)

Arc serpentant s'achevant par un masque humain au-dessus du ressort aujourd'hui disparu. L'autre extrémité est recourbée vers l'arrière au-dessus de l'étrier et terminée également par un masque d'homme. Production celtique.
450-400 av. J.-C.

P. Jacobsthal 1944, p. 194, n° 309, pl. 157.

350. Stèle funéraire

Pierre
Haut. max. 90 cm, larg. max. 47 cm
Turin, Museo Archeologico, inv. 367
Provenance: Busca (province de Cuneo)

Sur la stèle est gravée une inscription étrusque (haut. des lettres: 7,5-8 cm), insérée dans un ruban en forme de "fer à cheval": *mi suϑi larϑial muϑikuś* (je suis [la tombe] de Larth Muthiku). Les caractères de l'inscription renvoient à l'Etrurie septentrionale. C'est l'un des exemples les plus anciens d'écriture inscrite dans un ruban, selon une mode qui s'affirmera dans les inscriptions vénètes, lépontiques et runiques.
V^e^-IVe siècle av. J.-C. (?)

TLE 721; M. Gambari-G. Colonna, dans "Studi Etruschi" LIV, 1986 [1988], p. 119-164.

351. Canthare

Bronze laminé
Haut. 6,3 cm, diam. 10,2 cm
Este, Museo Nazionale Atestino, inv. 31349
Provenance: Este, Scolo di Lozzo

Produit local imitant les canthares en bucchero d'Etrurie et portant la plus ancienne inscription vénète. C'est un exemple de la première phase de cette écriture inspirée d'un modèle étrusco-septentrional lorsqu'elle est encore dépourvue de ponctuation: *alkomno metlon śikos enogenes vilkenis horvionte donasan*. Dédicace de plusieurs personnes (*donasan* = donnèrent) aux *alkomno*, des divinités peut-être identifiables aux Dioscures.
Fin du VIIe-début du VIe siècle av. J.-C.

A.L. Prosdocimi, dans *Atti Istituto Veneto Scienze, Lettere, Arti* CXXVII, 1968-69, p. 123-181.

352. Tablette alphabétique

Bronze laminé
Haut. 16,5 cm, long. 20 cm
Este, Museo Nazionale Atestino, inv. 16000
Provenance: Este, fonds Baratela, dépôt votif de Reitia

Cet ex-voto comporte, comme les autres tablettes (voir n° 353) deux sections orthographiques, d'une part le syllabaire qui réunit la liste des consonnes et les voyelles *a, i, u, e, o*, d'autre part la liste des liaisons consonantiques non sujettes à ponctuation, l'inscription votive et l'alphabet complet.
IVe-IIIe siècle av. J.-C.

G.B. Pellegrini-A.L. Prosdocimi, Padoue-Florence, 1967, Es 23, p. 105-107; A.L. Prosdocimi, dans "AION. Sez. linguistica" 5, 1983, p. 75-126; A. Marinetti dans M. Pandolfini-A.L. Prosdocimi, Florence, 1990, p. 97-103.

353. Tablette alphabétique

Bronze laminé
Haut. 12,4 cm, long. 20,7 cm
Este, Museo Nazionale Atestino, inv. 16004
Provenance: Este, fonds Baratela, dépôt votif de Reitia

Les tablettes alphabétiques étaient destinées à l'enseignement de l'écriture. Elles correspondent à l'alphabet vénète de la seconde phase, dérivé de celui de l'Etrurie méridionale de la fin du VIe siècle av. J.-C. et caractérisé par l'apparition de la ponctuation syllabique et des variantes locales.
IVe-IIIe siècle av. J.-C.

G.B. Pellegrini-A.L. Prosdocimi, Padoue-Florence, 1967, Es 25, p. 109-111; A.L. Prosdocimi, dans "AION. Sez. linguistica" 5, 1983, p. 75-126; A. Marinetti, dans M. Pandolfini-A.L. Prosdocimi, Florence, 1990, p. 107-109.

354. Stèle funéraire

Pierre des Colli Berici. Décor gravé
Haut. 65 cm, larg. 48,5 cm, ép. 8 cm
Padoue, Museo Archeologico, s.n.i.
Provenance: Camin (province de Padoue)

Scène d'adieux entre deux époux en costume vénète. La femme offre à l'homme un oiseau, symbolisant peut-être l'âme du défunt; en haut, inscription écrite de droite à gauche et placée dans un ruban: *pupone.i.e.χorako/.i.e.kupeϑari/s/* (je suis l'ekupetaris pour Puponis Rakos). La stèle s'exprime à la première personne: *ekupetaris* est un mot obscur, mais il sert certainement à désigner ou à qualifier la sépulture.
Vers le milieu du VIe siècle av. J.-C.

Pellegrini-Prosdočimi 1967, I, p. 324; Fogolari 1975, p. 132-133; Ouvrage collectif, *Padova preromana* 1976, p. 299, n° 63.

355. Stèle funéraire

Trachyte euganéen, décor en bas-relief
Haut. 86 cm, larg. 63 cm, ép. 35 cm
Vérone, Museo di Castelvecchio, inv. 610
Provenance: Padoue, anciennes Collections Scipione Maffei, puis Bassani

Stèle paléovénète. Voyage du défunt vers l'au-delà, sur un char de type celtique, tiré par deux chevaux cabrés. Sur trois côtés, dans une sorte de ruban, inscription vénète écrite de droite à gauche: *pletei veignoi karanmnioi ekupetaris ego* (formule onomastique à trois membres au datif). Cette stèle réunit des éléments empruntés au monde grec (la forme), au monde étrusque (la fonction, analogue à celle des stèles de Bologne) et au monde celtique (le décor: char et bouclier). IVe-IIIe siècle av. J.-C.

D. Modonesi, Bergame, 1990, n° 37, p. 63.

356. Casque

Bronze. Haut. 18,4 cm, diam. 28-26,7 cm
Vienne, Kunsthistorisches Museum
Inv. VI 1659-1670
Provenance: Negau (Slovénie), dépôt votif

Casque de type Egg slovène "a", portant l'inscription rétique: *tutnitanuati? - sirakutuprpl. tarpteisfu ? - purak*. Bon exemple du rôle médiateur qu'ont joué les cultures de l'Italie du Nord entre le monde étrusque et le monde germanique.
Avant le IIe siècle av. J.-C.

M. Egg, Mayence, 1986, p. 227, n° 324, pl. 243, fig. 183.

357. Casque

Bronze. Haut. 20,6 cm, diam. 23,5-25,4 cm
Vienne, Kunsthistorisches Museum, inv. VI 1660
Provenance: Negau (Slovénie), dépôt votif

Casque de type Egg italico-slovène, portant une inscription en langue germanique écrite en alphabet étrusco-septentrional: *harigasti teiva hil.*
Avant le IIe siècle av. J.-C.

M. Egg, Mayence, 1986, p. 218, n° 297, pl. 209b, p. 210, fig. 175; K. Gschwantler, dans Ouvrage collectif, *Antike Helme. Austellungskatalog des Stadtmuseums Linz-Nordico* (Exposition), 1988, n° 48.

358. Stèle

Pierre à décor peint
Haut. 98 cm, long. 94 cm, ép. 14 cm
Visby, Musée de Gotland.
Inv. 11696
Provenance: Martebo, pavement de l'église

En haut: cercle décoré d'un motif de girandole. En bas: deux cercles autour desquels s'enroule un serpent. De chaque côté de la tête du serpent: un guerrier à cheval. Sur les bordures latérales: inscription runique apparemment dépourvue de sens.
Ve siècle ap. J.-C.

W. Krause, Gottingen, 1966, note 99, p. 255; S. Lindqvist, Gotlands Bildsteine II, 100 sq.

La médiation de Rome

I
La colonne toscane

A. Colonne de Pompéi. Découverte en 1901, cette colonne était insérée dans les murs d'une habitation (*Regio* VI, *insula* V, 17-18). Des fouilles récentes en ont révélé le caractère probablement votif; elle appartient à la phase étrusco-indigène de l'habitat (525-450 av. J.-C.). Fortement amincie dans la partie supérieure, cette colonne, en tuf gris de Nocera, présente un chapiteau formé d'un haut abaque et d'une échine large. Haut. totale 284 cm (fût 232 cm); diam. au sommet 39,2 cm; diam. à la base 50,8 cm.
B. Colonne de l'ordre inférieur du Colisée (70-80 ap. J.-C.); reconstitution graphique d'après les relevés de L.-J. Duc (1830-1831).
C. La colonne "toscane" selon Vignole (1562).

A: Ouvrage collectif, *Ricerche a Pompei. L'insula 5 della Regio VI dalle origini al 79 d.C.* (sous la dir. de M. Bonghi Jovino).
B: Ouvrage collectif, *Roma Antiqua. "Envois" degli architetti francesi (1788-1924). L'area archeologica centrale* (Exposition), Rome, 1985, p. 258-291 (M.L. Conforto et S. Panella).
C: G. Morolli, Florence, 1985, p. 306, pl. CXII (M. Barresi).

II
Les sarcophages à figure à demi étendue

Le motif, typiquement étrusque, mais attesté également à l'époque romaine, a été repris en Europe à la Renaissance. Deux exemples, choisis parmi les plus anciens, illustrent cet aspect particulier de la survivance d'un thème iconographique étrusque.
I. Monument funéraire de don Martin Vasquez de Arce. Siguenza, Cathédrale (1488).
II. Monument funéraire d'Angelo Marzi Médicis. Florence, Eglise de la Santissima Annunziata (1546).

S. Bialostocki, dans "Propyläen Kunstgeschichte" 7, 1972, p. 260 fig. 206, p. 278 fig. 210.

III
Héritages lexicaux

Suivant une hypothèse scientifique, non dénuée de vraisemblance, certains mots étrusques demeurés dans le vocabulaire latin, auraient perduré dans les langues européennes actuelles. Sur le tableau reproduit à la p. 247 les termes étrusques placés à côté de leurs dérivés en latin et en langue vulgaire illustrent cet héritage possible.

Carlo Ruspi
Relevé de la Tombe du Triclinium
détail

Deuxième partie

LA DECOUVERTE DES ETRUSQUES ET LA CULTURE EUROPEENNE

DE LA RENAISSANCE AU XVIIIe SIECLE

Le mythe étrusque en Europe entre le XVIe et le XVIIIe siecle

Mauro Cristofani

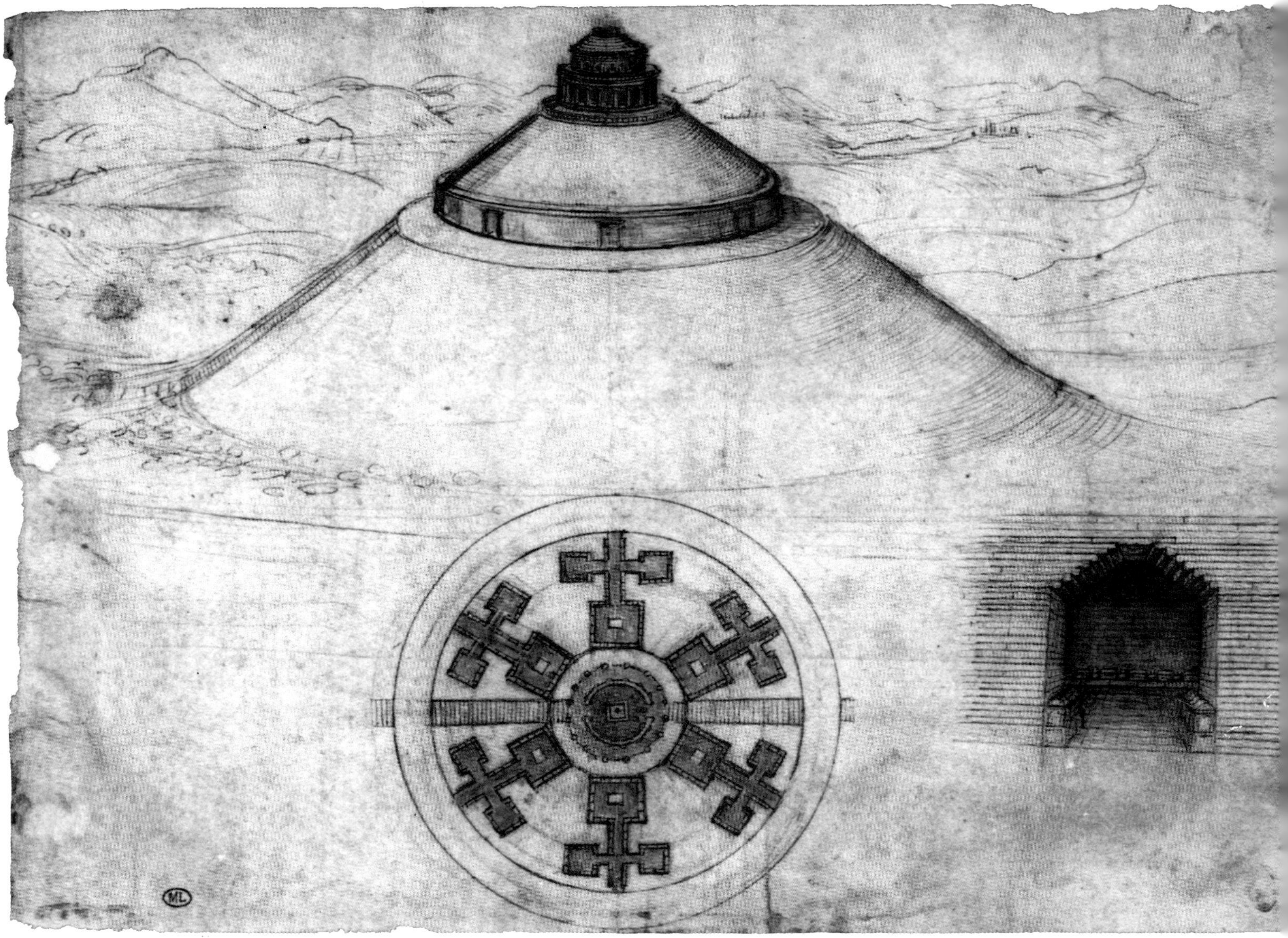

Léonard de Vinci
Projet pour un mausolée à plan central
Paris, Musée du Louvre, Cabinet des Dessins

page 274
Chimère d'Arezzo, détail
Fin du Ve-début du IVe siècle av. J.-C.
Florence, Museo Archeologico

Du Moyen Age aux temps modernes, la recherche d'une "mémoire" de l'antiquité au travers des témoignages archéologiques a marqué d'une sorte de fil rouge la culture européenne. Ce phénomène, qui se greffe sur l'histoire de la tradition classique, implique la reconnaissance de l'importance de civilisations autres que la civilisation gréco-romaine, de civilisations que l'on assignait aux époques primitives et que l'on situait immédiatement après le Déluge de la Bible. Il existe de ce fait en Europe, entre le XVIe et le XVIIIe siècle, un intérêt pour les cultures "alternatives" par rapport à la culture romaine classique.

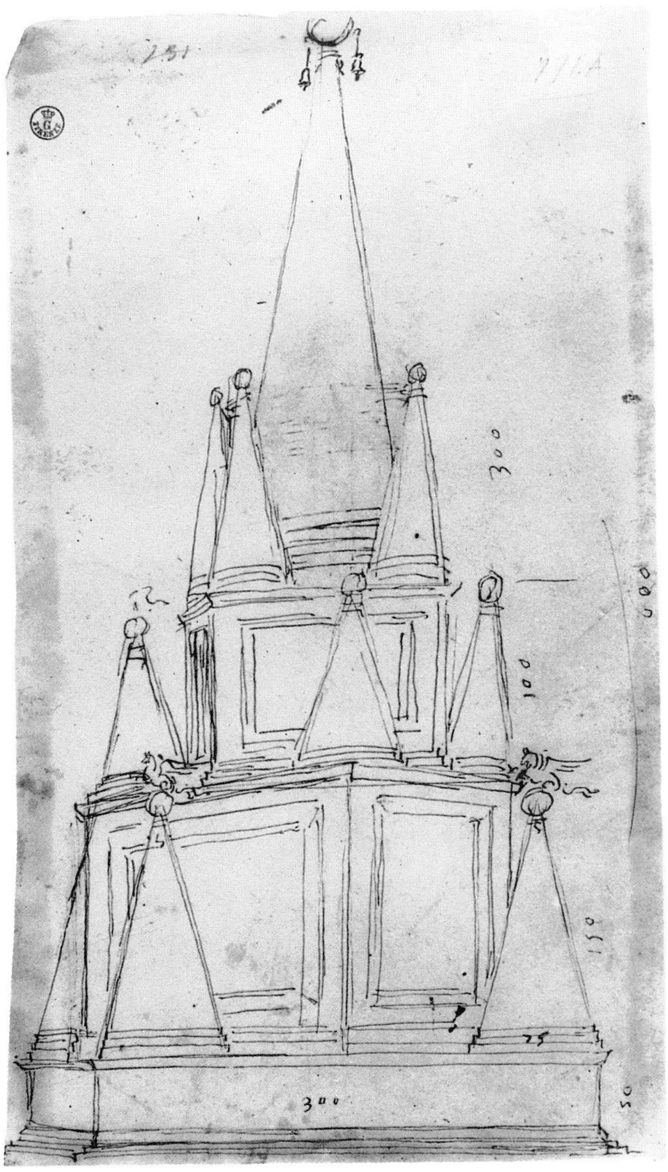

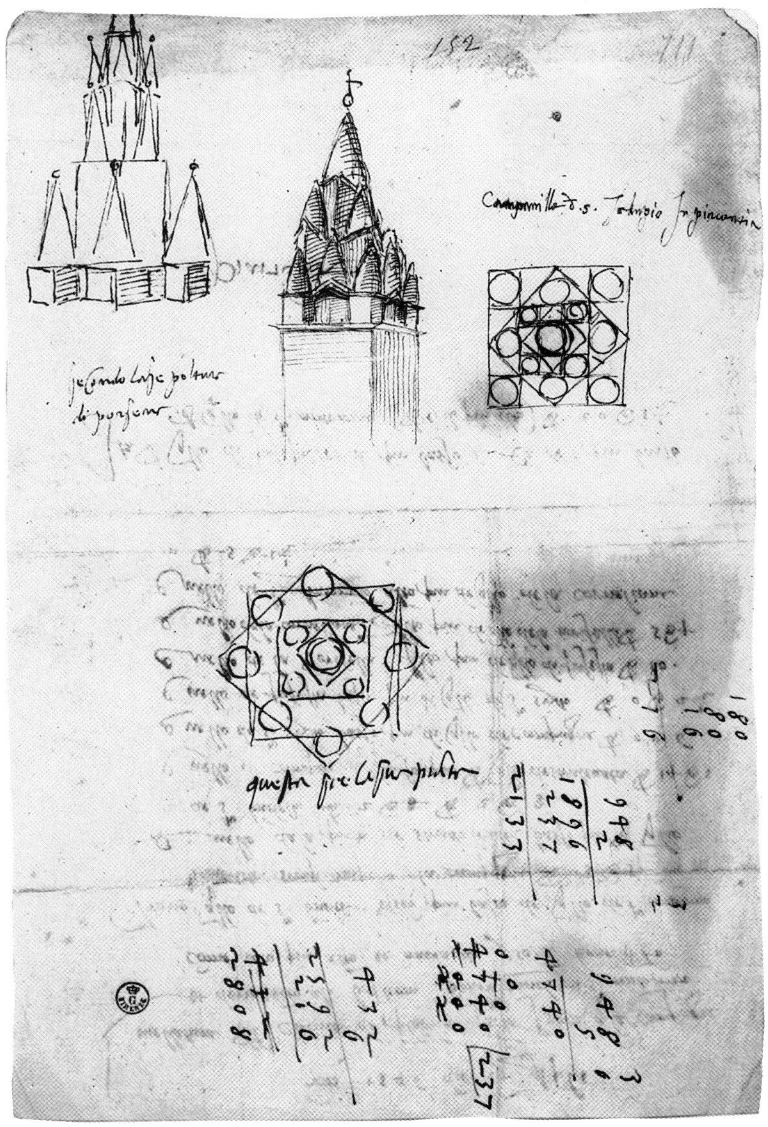

Antonio da Sangallo le Jeune
Mausolée de Porsenna à Chiusi
Vers 1520-1525
Florence, Galleria degli Uffizi
Gabinetto Disegni e Stampe
Cat. 361

Giovan Battista da Sangallo dit "le Bossu"
Esquisses pour le Mausolée de Porsenna à Chiusi
Vers 1526
Florence, Galleria degli Uffizi
Gabinetto Disegni e Stampe
Cat. 362

pages suivantes
Chimère d'Arezzo
Détail et vue de trois-quarts
Fin du Ve-début du IVe siècle av. J.-C.
Florence, Museo Archeologico
Cat. 366

En effet leurs ruines et leurs vestiges constituent des documents de premier ordre, face à la pauvreté des informations apportées par les sources écrites. De plus, la découverte de ces mondes fut favorisée par le support qu'ils fournirent à des idéologies autonomistes en quête des nouvelles identités culturelles, qui se reconnaissaient dans les signes et les écrits d'un passé n'appartenant pas à la civilisation classique.
Cette démarche, tout comme celle des Français à la recherche de la culture celte, contient les germes d'une polémique, s'exprimant parfois de façon explicite, qui met en cause l'héritage historique de Rome représenté par le Saint Empire Romain, en cette période où s'ébauchent projets dynastiques et idéologies nationalistes.

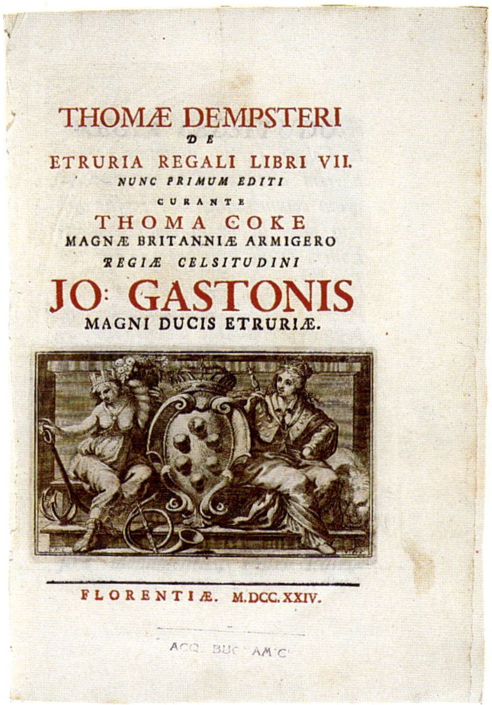

Frontispice du De Etruria Regali libri VII *de Thomas Dempster*
edition de 1723-26
Florence, Istituto Nazionale di Studi Etruschi ed Italici
Cat. 380

Dans ce contexte, la "découverte des Etrusques", comme on l'appela désormais, fut déterminante pour la culture moderne. Perçu comme une "révélation", ce phénomène fut favorisé par la place des Etrusques dans l'historiographie classique, surtout pour l'époque romaine, mais aussi par les découvertes archéologiques spectaculaires effectuées dès le XVIe siècle dans des régions comme la Toscane et le haut Latium où, plus encore que dans les autres Etats italiens, on s'intéressait aux antiquités. La fascination exercée par la civilisation étrusque offrit aux amateurs d'art antique l'occasion de s'adonner à l'étude d'une autre culture: ce fut une sorte de "maladie" (selon l'expression de Momigliano) de la culture italienne, opposée à l'étude de l'antiquité classique et qui empêcha, jusqu'au début du XIXe siècle, de mener parallèlement des recherches sur les autres populations de l'Italie préromaine.
Les dernières années du XVe siècle voient la naissance du "mythe étrusque" chez certains esprits marqués par la tendance à l'irrationnel, qui vient alors contrebalancer l'équilibre parfait atteint par la Renaissance. Annius de Viterbe (1432-1502), un frère dominicain cabaliste et orientaliste, mélangeant l'Ancien Testament et l'histoire gréco-romaine, fit remonter les ascendances étrusques aux origines du monde: si l'historiographie officielle – s'appuyant sur quelques lieux communs empruntés aux sources anciennes – soutenait que les Romains avaient une dette envers les Etrusques, Annius prétendait réussir à cerner, au travers de la tradition selon lui "mensongère" des auteurs anciens et des témoignages archéologiques retrouvés au cours de fouilles qu'il avait lui-même organisées, une civilisation très ancienne qu'il tentait de rattacher à la descendance de Noé et de celui qu'il considérait comme son équivalent italique, le dieu Janus. Les sources écrites et les monuments, certains authentiques, d'autres habilement contrefaits, servaient à étayer une vérité historique qui bouleversait le cadre rationnel et positif de l'antiquité classique telle que les humanistes la voyaient. Annius fut l'auteur des *Antiquitates* publiées à Rome en 1498, puis rééditées à Paris en 1512 et en 1515. Dans cet ouvrage contenant des textes apocryphes qu'il attribuait tantôt à des historiens anciens ayant réellement existé, tantôt à d'autres, inventés pour l'occasion, comme Berose le Chaldéen, l'idée dominante est que la culture européenne tire sa vitalité de la "primauté" des Etrusques.
Les sarcophages étrusques qu'Annius avait découverts "par hasard" dans la campagne autour de Viterbe, en présence du pape Alexandre VI Borgia, le monument funéraire de Porsenna à Chiusi, le "Labyrinthe" décrit par Pline (*N.H.*, XXXVI, 91), que l'on prétendait retrouver périodiquement dans les soubassements des maisons modernes de la petite ville toscane, servent de références aux amateurs d'antiquités et aux artistes. Le tombeau de Porsenna, en particulier, qui avait déjà inspiré Leon Battista Alberti et Filarete, devient prétexte à des reconstructions fantastiques, comme nous le montrent les dessins réalisés dans l'entourage des Sangallo, architectes actifs à Pérouse au début du XVIe siècle et "découvreurs" par hasard d'inscriptions étrusques. La découverte de monuments dans la Toscane de la première moitié du XVIe siècle favorisa certainement un phénomène d'engouement pour les Etrusques. Parmi les découvertes les plus retentissantes, signalons celle d'un tumulus à Castellina in Chianti –

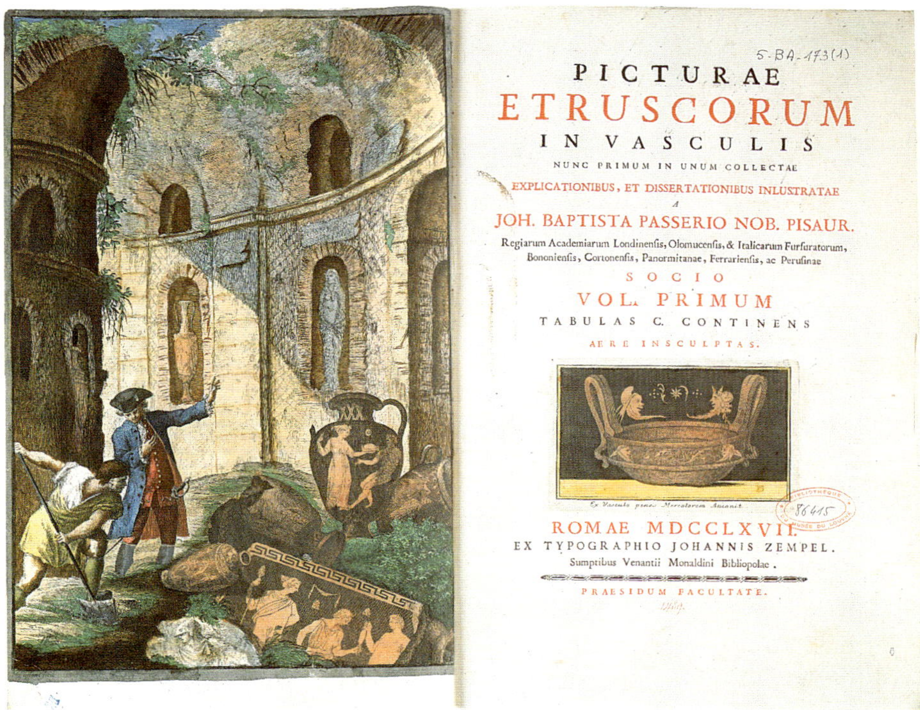

Frontispice et faux-titre du Volume I des Picturae Etruscorum in vasculis *de Giovan Battista Passeri*
Florence 1767
Paris, Bibliothèque Centrale des Musées de France
Cat. 415

elle fut illustrée par un dessin attribué à Léonard de Vinci – et surtout celle de la "Chimère", retrouvée pendant la construction des remparts d'Arezzo en 1553, et que Côme de Médicis, déjà en possession d'une grande quantité de pièces étrusques, s'empressa d'acquérir. Plus qu'un objet de curiosité, cette "merveille", exposée au Palazzo Pitti, illustrait les théories de Vasari sur la "supériorité" etrusque en matière de sculpture, théories qui sont exposées dans la première édition des *Vies* (1550) et reprises dans la littérature artistique de l'époque.

L'écriture des inscriptions, dont on avait tout du moins compris qu'elles se lisaient dans le même sens que l'écriture hébraïque, parut, aux yeux des savants de l'Académie florentine fondée par Côme de Médicis en 1541, apporter la preuve du "mythe" d'Annius: le toscan et l'hébreu seraient dérivés d'une même langue "araméenne", celle que parlaient Noé et ses descendants. Ces conjonctures sont en grande partie à l'origine d'une œuvre célèbre de Guillaume Postel, un philosophe français, lecteur d'Annius fréquentant le milieu florentin. Le *De Etruriae regionis originibus, institutis, religione et moribus* publié en 1551 à Florence et dédié au grand-duc Côme, cherche à intégrer les préoccupations dynastiques des Médicis dans une histoire mythique. Leur appartenance commune à la descendance de Noé unirait dans une même lignée Rome, l'Etrurie et la France: la Toscane, descendante de l'Etrurie, et la France, apparentées au début de leur histoire, pouvaient dès lors se trouver des racines communes dans la

Femme assise
Début du IVe siècle av. J.-C.
Florence, Museo Archeologico
Cat. 376

Médaille de Filippo Buonarroti
effigie sur l'avers
epigraphe dédicatoire sur le revers
1731
Cortone, Museo dell'Accademia Etrusca
Cat. 419

période préclassique, alors que le Saint Empire Romain avait les siennes dans la période classique. Ces phantasmes qui reposaient sur des arguments contestables s'estompèrent rapidement, car ils se heurtaient à l'interprétation laïque de l'histoire ancienne, dégagée des Saintes Ecritures, telle que la proposait l'humanisme. Les variantes apportées par Vasari à l'introduction de la seconde édition des *Vies* (1568) attestent ce changement de perspective, tout comme les collections de Côme Ier qui, à partir des années soixante, s'enrichissent de statues et monuments romains acquis par l'intermédiaire de conseillers et de marchands. On reconnut même Scipion dans la représentation en bronze d'un personnage étrusque dont le nom était pourtant gravé sur le pli de sa toge: il s'agissait de la statue de l'*Arringatore*, retrouvée près de Pérouse en 1566, que Côme eut la chance de pouvoir acquérir et qu'il fit placer au Palazzo Pitti.
Le mythe étrusque eut dès lors une valeur érudite et se manifesta aussi dans la littérature de genre panégyrique et dans les décors d'apparat prévus pour les cérémonies et les fêtes organisées par les Médicis. Cette érudition mise au service de l'éloge se retrouve également dans une œuvre célèbre, écrite à la hâte entre 1616 et 1618 par un professeur de l'Université de Pise, l'Ecossais Thomas Dempster (1579-1625): le *De Etruria Regali* que Côme II lui avait commandé sur la demande de son secrétaire, Camillo Guidi, originaire de Volterra. S'écartant du ton hagiographique de la littérature officielle et avec une parfaite maîtrise du matériel à sa disposition (auteurs classiques, textes épigraphiques, mais aussi textes apocryphes du XVIe siècle retrouvés dans la bibliothèque d'un érudit pisan), Dempster avait l'ambition de réaliser une sorte de monographie sur les Etrusques, divisée en sections concernant les coutumes, l'histoire, les inventions et les villes disparues. En cherchant une continuité historique entre les Etrusques et la famille régnante, il faisait se rejoindre l'antique et le moderne. Pendant plus d'un siècle le manuscrit demeura inédit pour des raisons que l'auteur – envoyé ensuite à l'Université de Bologne – ne connut jamais: pour le commanditaire, comme pour la culture officielle, l'Etrurie antique avait perdu toute signification "politique" pour n'intéresser plus désormais que les milieux cultivés de province, Volterra et Pérouse, par exemple, et dans une perspective strictement locale.
Les Etrusques ne réapparurent que bien plus tard dans la culture officielle, avec la publication dans les années 1720 – par un groupe d'intellectuels florentins – de l'ouvrage de Dempster, retrouvé par un noble anglais, Sir Thomas Coke, au cours de son "grand tour" en Italie. En raison de la pauvreté des sources littéraires, de véritables fouilles s'imposaient, ainsi que la recherche des vestiges de cette culture dans les collections qui s'étaient enrichies au cours du siècle précédent. L'accumulation des objets précieux dans les élégantes *Kunstkammern*, le caractère hétéroclite des musées conçus à l'image des *Wunderkammern* allemandes, la dispersion des antiquités en pierre à travers les maisons et les jardins rendaient les recherches difficiles.
Si les collections du XVIIe siècle furent constituées selon des critères esthétiques ou encyclopédiques, le florentin Filippo Buonarroti, un descendant de Michel-Ange, et le plus grand savant italien de la première moitié du XVIIIe

siècle, Scipione Maffei, entreprirent le regroupement et la classification des antiquités, tâches jusqu'alors négligées. Filippo Buonarroti et Giovanni Gaetano Bottari, associés dans le projet d'édition du *De Etruria Regali*, travaillèrent aussi bien à Rome qu'à Florence: c'est à Rome que Buonarroti avait terminé sa formation; c'est de Rome que Bottari suggérait les adjonctions au texte pendant les trois années que dura son édition à Florence, entre 1723 et 1726. Présentés sous forme d'*Explicationes*, les compléments de Buonarroti au texte de Dempster constituent la première tentative de monographie moderne sur les Etrusques. Dans le contexte d'alors, le recueil et les documents venant le compléter représentent un travail remarquable. Ce travail a subi l'influence de *L'Antiquité expliquée et représentée en figures* de Bernard de Montfaucon, dont les volumes qui venaient d'être publiés (1719-1724) constituaient un véritable ouvrage encyclopédique et un modèle exemplaire: dans ce cas encore, la *monumentorum auctoritas* proposait une base de documentation autonome. En dépit des critiques, venant parfois de source autorisée, la démarche eut un succès retentissant, à en juger par la fascination exercée par les Etrusques au cours de ce siècle, y compris hors de l'Italie. Le grand-duché de Toscane et les régions étrusques de l'Etat Pontifical, en particulier Pérouse, deviennent des terrains fertiles de recherches ou de redécouverte d'objets antiques dans les collections des notables locaux.

Les récits de voyages et la correspondance de Scipione Maffei ou de son rival à l'Académie, Anton Francesco Gori, puis ceux de Jean-Jacques Barthélémy, nous laissent deviner une intense activité de fouilles et le développement du marché des antiquités. Le "collectionnisme", qui s'était d'abord développé un peu au hasard, devenait une activité consciente. Le milieu des érudits y contribua, mais aussi les nombreuses académies et sociétés qui se multipliaient dans l'Italie du XVIIIe siècle et dont certaines avaient acquis une renommée internationale: ainsi l'Académie étrusque de Cortone, sorte d'organe promotionnel pour ce genre de recherches, qui réussit à s'associer les chercheurs et les savants européens les plus célèbres entre les années trente et soixante-dix, et qui eut l'honneur d'être citée dans l'édition livournaise de l'*Encyclopédie*.

Les tentatives de classification des documents matériels, figurés et inscrits, datent de cette époque. Elles furent faites selon des critères déductifs et avec, parfois, un amateurisme qui aboutirent à de violentes querelles. Les écrits nés des inimitiés personnelles entre les savants les plus en vue de la première moitié du siècle, comme Scipione Maffei et Anton Francesco Gori, les actes des séances académiques, ou encore cette masse de papiers inexploités que constituent les correspondances, laissent deviner une propension presque pathologique (que l'on retrouve d'ailleurs dans des domaines autres que celui des Etrusques) aux interprétations les plus alambiquées, aux idées préconçues, au goût de la polémique.

Les débats portèrent essentiellement d'une part sur l'interprétation des monuments figurés et d'autre part sur le déchiffrement de l'écriture étrusque, et donc sur la définition "généalogique" de la langue. L'interprétation des monuments figurés se faisait généralement à partir des sources littéraires, mais les exégèses de Gori contenues dans *Museum Etruscum* (1737-1743) ou celles de Passeri dans

Dionisio Nogari
Portrait de Scipione Maffei
Vers 1740
Vérone, Museo Lapidario Maffeiano
Cat. 422

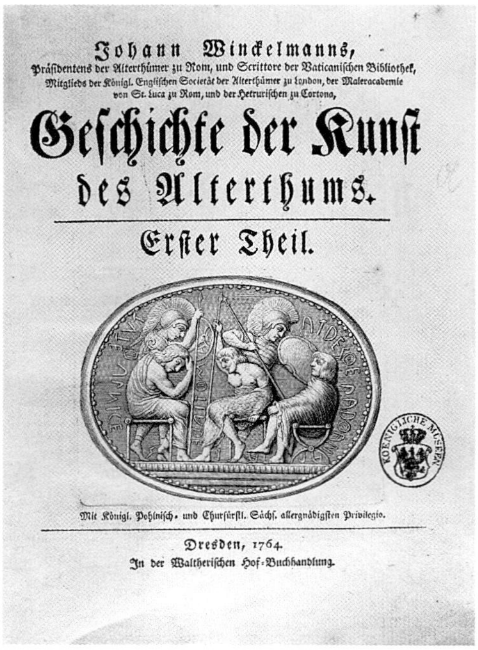

Johann Winckelmanns,
Präsidentens der Alterthümer zu Rom, und Scrittore der Vaticanischen Bibliothek,
Mitglieds der Königl. Englischen Societät der Alterthümer zu London, der Maleracademie
von St. Luca zu Rom, und der Hetrurischen zu Cortona,

Geschichte der Kunst
des Alterthums.

Erster Theil.

Mit Königl. Pohlnisch. und Churfürstl. Sächs. allergnädigsten Privilegio.

Dresden, 1764.
In der Waltherischen Hof-Buchhandlung.

Johann Joachim Winckelmann
Geschichte der Kunst des Alterthums
Dresde, 1764
Berlin, Staatliche Museen Antikensammlung
Cat. 401

Gemme, figures de héros empruntées à la legende des Sept contre Thèbes
Pérouse, 500-480 a.C.
Berlin, Staatliche Museen Antikensammlung
ancienne Collection Stosch
Cat. 400

les *Picturae Etruscorum in vasculis* 1767-1775) montrent que s'y mêlait aussi une bonne dose d'imagination. Quant au déchiffrement de l'écriture au cours de ces années, l'étude scrupuleuse des nombreuses inscriptions que les chercheurs faisaient circuler entre eux semble, en dépit des passions, avoir été globalement positive. Les Tables eugubines, découvertes au XVe siècle et que l'on pensait écrites en partie avec des caractères latins, en partie avec des caractères étrusques, furent à l'origine de nombreuses controverses. C'est au savant suisse Louis Bourguet que revint le mérite de leur déchiffrement. Les trois essais qu'il publia dans la *Bibliothèque italique* de Genève entre 1728 et 1734, permirent de résoudre en partie les problèmes de lecture.
Les tentatives d'historiographie générale de Mario Guarnacci furent, de l'aveu même des contemporains, bien moins fructueuses: il publia, entre 1767 et 1772, les trois volumes des *Origini italiche*, un ouvrage en grande partie rédigé à Volterra après son retour de Rome dans sa ville natale. L'hypothèse de liens entre les Saintes Ecritures et l'histoire locale faisait ressurgir le problème, qui s'était posé au XVIe siècle, de l'identification de Janus avec Noé; la manipulation des sources antiques fit attribuer aux anciens Toscans des inventions capitales dans l'histoire de la civilisation. Cet esprit de clocher qui affirmait le "primat" étrusque sur les populations de l'Italie antique, fut contesté, à Rome, par les théories de Piranèse. Dans un ouvrage trilingue destiné aux artistes plus qu'aux cher-

page de droite
Giovan Battista Piranesi
Diverse maniere d'adornare i cammini
Planche I, p. 31
Rome 1769
Paris, Bibliothèque Centrale des Musées de France
Cat. 439

Tavola I. pag. 31.

cheurs, le *Ragionamento apologetico in difesa dell'architettura egizia e toscana*, inclus dans les projets des *Cammini* (1769), il proposait une planche entière d'illustrations sur les "traditions sacrées, publiques, privées et belliqueuses de la nation toscane". Si la passion de Guarnacci pour les Etrusques s'explique par son isolement culturel, elle relevait chez Piranèse de tendances résolument anti-classiques qui l'incitaient à revaloriser les expressions figuratives égyptiennes et étrusques: il intégrait, par le biais de certaines idées exprimées par Caylus dans son fameux *Recueil d'antiquités égyptiennes, étrusques, grecques et romaines* publié en plusieurs volumes à Paris entre 1752 et 1767 à l'usage des antiquaires, mais aussi des artistes, la conception chère à Montesquieu de l' "esprit des nations" qui pouvait justifier la validité des modèles non classiques. Le *Saggio sopra la filosofia degli antichi etruschi* (1756) et *Del governo civile degli antichi Toscani e delle cause della loro decadenza* (1760), deux petits ouvrages écrits à Florence par Giovanni Maria Lampredi, qui devait bientôt einseigner au Centre d'études pisan, se réclament également de Montesquieu. A *l'Etruria Regalis* de Dempster, Lampredi oppose l'ancienne autonomie des villes "toscanes" et le "fédéralisme" des douze peuples d'Etrurie évoqués par Tite-Live que l'on pouvait rapprocher, comme exemple de bon gouvernement, des institutions suisses et hollandaises contemporaines. L'étude des formes fédératives de la société étrusque eut sa place dans les ouvrages d'histoire politique écrits par les premiers réformateurs italiens: dans le premier volume des *Rivoluzioni d'Italia* (1769) du réformiste piémontais Carlo Denina, le "mythe" selon lequel l'Italie primitive aurait été organisée en fédérations de petits royaumes ou de républiques qui auraient été écrasés par Rome, annonce un type de patriotisme qui se retrouvera dans l'historiographie romantique. La littérature d'art affiche les mêmes tendances et la *Geschichte der Kunst des Alterthums*, publiée par J.-J. Winckelmann en 1764, propose une historiographie de haut niveau. Dans le troisième chapitre consacré aux Etrusques, tout en sous-estimant leur activité artistique par rapport à celle des Grecs, l'auteur prétend que le côté passionnel de cette "nation" (que l'on retrouve dans l'art de Michel-Ange), favorisé par le climat de liberté qui régnait dans leurs républiques, l'avait peut-être empêchée d'atteindre ce "bon goût" qui, en Grèce (tout comme dans l'art de Raphaël), avait abouti à la "grâce et la beauté".

Des phénomènes parallèles, non moins importants, qui devraient permettre une plus large connaissance de l'antiquité étrusque, aboutissent à des travaux d'édition et à la constitution de collections publiques. A Florence, Anton Francesco Gori organise l'édition en dix volumes du *Museum Florentinum* (1731-1752) consacré aux collections antiques du grand-duc et des aristocrates florentins, et celle du *Museum Etruscum*, déjà cité, un ouvrage qui reproduisait en deux cents planches environ, une sélection d'antiquités appartenant aux collections particulières de Toscane (d'Arezzo, Cortone, Chiusi, Montepulciano, Sienne et Pérouse). Ces œuvres avaient pour la plupart été authentifiées par Gori, à l'occasion d'un voyage organisé dans ce but et dont il nous reste un journal. La publication de ces volumes, qui constituaient une sorte de sélection idéale de monuments, devait encourager la création des musées publics qui s'ouvrirent peu après à Vol-

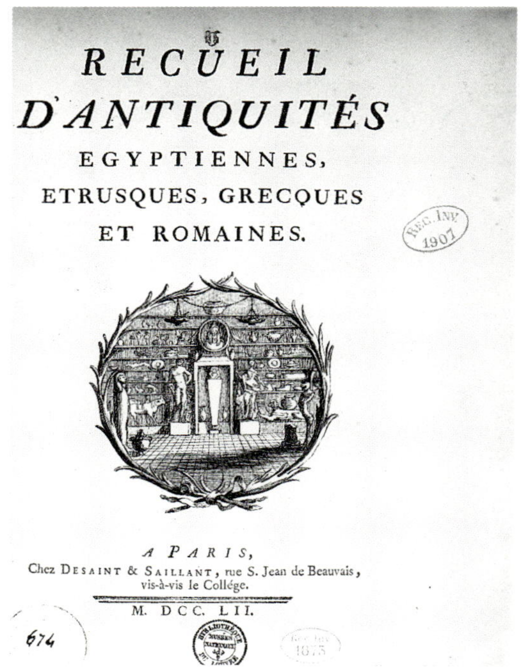

RECUEIL
D'ANTIQUITÉS
EGYPTIENNES,
ETRUSQUES, GRECQUES
ET ROMAINES.

A PARIS,
Chez DESAINT & SAILLANT, rue S. Jean de Beauvais, vis-à-vis le Collége.
M. DCC. LII.

A.C. Philippe de Caylus
Recueil d'antiquités
Paris 1752
Paris, Bibliothèque Centrale des Musées de France
Cat. 404

Candélabre, divinité (Laran)
jeune garçon portant une oie,
griffon, offrant, figure feminine
datables entre le seconde moitié du VIe siècle
et le milieu du IIe siècle av. J.-C.
Ancienne Collection Corazzi
Leyde, Rijksmuseum van Oudheden
Cat. 174 et 394-399

terra, à Cortone et à Sienne. Les collections archéologiques de Volterra, qui ont attiré maint personnage célèbre (de Maffei à Carlo Goldoni et jusqu'au grand-duc Pierre-Léopold qui se rendit dans la ville en 1773), étaient réparties jusqu'en 1789 entre le palais de la famille Guarnacci et le Palais des Prieurs qui, depuis 1732, abritait une collection publique. Malgré la renommée internationale de son Académie étrusque, Cortone, où abondaient pourtant les collections du petit patriciat local, dut attendre 1750 pour ouvrir son *Museum Cortonense*. En plus de vingt ans d'existence l'Académie n'avait pu réunir autant d'oeuvres que Maffei à Vérone, où un an plus tôt était paru le *Museum Veronense*: l'institut présentait des monuments inscrits en divers alphabets inconnus - grec, étrusque et latin - offrant ainsi un échantillonnage d'exemples épigraphiques.
Si les Italiens s'orientaient vers la spécialisation des collections, en France les choix restaient beaucoup plus diversifiés en matière d'antiquités, comme en témoigne la collection Caylus. On peut lire sur le frontispice de son célèbre *Recueil* (1756): "Le fleuron au titre donne une idée de la disposition de mon petit cabinet". La composition du *Recueil* est pourtant soigneusement agencée: les œuvres y étaient classées par "nations", les antiquités celtiques apparaissant dès le troisième volume.
Dès cette époque on cherche à cerner, sur un plan formel, une spécificité étrusque accentuée par la facture de certaines gravures.
Les *Picturae Etruscorum in vasculis*, publiées en trois volumes entre 1767 et 1775 par Giovanni Battista Passeri, qui, en Italie, faisait autorité en matière d'antiquités étrusques depuis la mort de Gori en 1756, offre un parfait exemple d'ouvrage spécialisé. Si les faux-titres des deux premiers volumes évoquent une reconstitution de fouille en tous points fantaisiste, il offrait une série d'illustrations d'œuvres des collections de toute l'Italie, de Milan à Catane. Indépendamment de ses interprétations - qui représentent le point d'aboutissement des tendances des "antiquaires" à l'ancienne mode -, il ouvrait un nouveau domaine qui

allait être privilégié par les recherches et les tendances du goût dans les décennies suivantes. La parution des quatre volumes consacrés à la collection de céramique figurée, constituée en peu de temps à Naples par l'ambassadeur d'Angleterre auprès du Royaume des Deux Siciles, Sir William Hamilton (P.-F. d'Hancarville, *Antiquités étrusques, grecques, et romaines tirées du cabinet de M. Hamilton à Naples*, 1766-1767) date en effet de la même époque. Les images des vases peints étaient comme étalées sur une surface plane, encadrées de motifs seulement en partie empruntés aux originaux et colorées par un procédé qui rendait les volumes assez coûteux.

De tels ouvrages continuaient à répandre auprès du public l'idée de l'origine étrusque de ces vases, alors même que les fouilles effectuées dans une zone située entre Capoue et Nola commençaient à faire deviner leur véritable origine. Ainsi devait naître en Angleterre cet *Etruscan taste*, qui allait s'imposer dans la décoration des murs comme dans celle de la vaisselle, et se traduire aussi par les projets des *Cammini* de Piranèse: on le retrouve dans les *Etruscan Rooms* de Robert Adam mais surtout dans cette industrie d'art lancée par Josiah Wedgwood sous le nom *Etruria* et dont l'influence devait se faire sentir un peu partout, de Sèvres à Capodimonte. Sous l'influence d'Hamilton, le goût des collections de céramiques anciennes, né au sein de la riche aristocratie napolitaine, allait se répandre dans toute l'Europe. A partir de cette époque les céramiques eurent leur place dans les grands musées d'Europe: le British Museum acheta la collection Hamilton en 1772, le musée de Vienne acquit en 1815 celle du comte Lamberg, ambassadeur d'Autriche à Naples, qui avait lui-même organisé des fouilles à Nola en 1783-1784.

Dans la préface de sa *Storia della litteratura italiana*, Girolamo Tiraboschi (1782) rend compte de cette vogue grandissante: "Les nations étrangères furent saisies d'admiration devant les merveilles étrusques. Genève, Paris, Leipzig, et même Londres et Oxford furent submergés d'ouvrages sur l'antiquité étrusque qui ont porté la gloire des anciens Etrusques beaucoup plus loin qu'aucun Italien n'aurait pu le faire".

On peut dès lors s'étonner qu'à Florence, berceau de l'étruscomanie à la Renaissance, la Galerie des Offices n'ait pas cherché à enrichir son patrimoine étrusque. Son directeur écrivait en 1768: "Les pays cultivés montrent leurs antiquités aux étrangers et ne se les laissent pas montrer par eux".

Grâce aux démarches et aux recherches de son assistant Luigi Lanzi, un ancien jésuite formé à Rome, un vaste projet allait donner lieu, sous Pierre-Léopold, au profond remaniement des Offices. De nombreuses acquisitions, provenant pour la plupart de Volterra et de Montepulciano, vinrent compléter les lacunes des collections. Le petit "musée étrusque" des Offices, logé dans le portique dominant la Loggia des Lanzi, avec ses niches contenant des vases et des urnes inscrites et son décor mural fait de tuiles funéraires portant des formules onomastiques, offrait un vague reflet des sépultures hellénistiques. Son empirisme aidant, Lanzi, qui étudiait l'histoire de la peinture italienne, s'était improvisé spécialiste de la langue étrusque: avec sa connaissance des monuments et une vision sans préjugés des problèmes, il déchiffrait l'écriture des inscriptions grecques et lati-

Portrait de Luigi Lanzi
Début du XIXe siècle
Florence, Galleria degli Uffizi

nes et, grâce à la comparaison, proposait les premières exégèses exactes de textes étrusques. L'année 1789, célèbre par d'autres événements qui contribuèrent à la naissance du monde européen moderne, voit la parution de son *Saggio di lingua etrusca e di altre nazioni d'Italia*. Cette œuvre d'ensemble, qui ne se limitait pas aux seuls aspects linguistiques, intègre l'étruscologie dans la science moderne, l'affranchissant de cet amateurisme qui, dans le passé, l'avait marquée dans un sens négatif.

BIBLIOGRAPHIE:
Ouvrage collectif, Actes Florence, 1983; *L'Accademia etrusca* (Cat. Exp.), Milan 1985; G.F. Borsi, dans *La Fortuna degli Etruschi* (Cat. Exp.), Milan 1985, p. 59-73; G. Cipriani, Florence 1980; M. Cristofani, Rome 1983; M. Cristofani, dans "Prospettiva", 33-34, 1983-84, p. 367 sq.; M. Cristofani, Rome 1991, p. 3-139; F. Haskell, New York-Londres 1987, p. 32 sq.; G.R. Ligota, dans "Journal of the Warburg and Courtauld Institute" 50, 1987, p. 43 sq.; M. Martelli-M. Cristofani, dans *Le arti del principato mediceo*, Florence 1980, p. 3 sq.; G. Postel, Rome 1986; N.H. Ramage, dans "American Journal of Archaeology" 94, 1990, p. 469 sq.

Le temple toscan dans les traités d'architecture

Gabriele Morolli

De toutes les analyses typologiques que l'on a pu faire du temple antique, aucune n'a connu autant de vicissitudes que celle de l'*aedes* de Vitruve, élaborée conformément aux préceptes des *Tuscanicae dispositiones*: avant même et après le *templum* qu'Alberti conçut *veterum Etruscorum more*, les modèles protohistoriques des "maisons" de la divinité ont été soumis à de multiples interprétations théoriques et métamorphoses structurales au cours du millénaire de succès qu'ont connu les formes classiques et classicisantes.
En effet, les modes de construction inventés par de nombreuses générations de savants architectes issus du génie de la "magique Etrurie" - un génie à la fois de charpentier et de maçon - paraissaient appartenir à un "lieu" architectural profondément "autre" et en cela différer des modes de construction utilisés dans les principaux "théâtres" architecturaux du bassin méditerranéen. La "machine" de bois craquant aux vents humides des bords occidentaux de l'antique civilisation méditerranéenne, cette création des architectes étrusques était effectivement bien différente des complexes théorèmes de pierre, auxquels l'esprit classique des Grecs, dès sa période la plus archaïque, autour du VIIe siècle avant J.-C., donnait naissance.
Ainsi ce qui était en Grèce (ou allait bientôt être) le temple dorique ou ionique dans sa forme canonique absolue, et résultait d'un parfait assemblage d'éléments modulaires normalisés et unis par de rigoureux rapports formels et de non moins rigoureux rapports de proportions, se présentait en Etrurie comme un laborieux montage de parties spatialement basé sur le jeu entre le milieu clos des *cellae* (ou de la *cella* et des *alae*) et la zone d'ombre d'un vaste *pronaos*.
Le temple étrusque apparaissait comme un hasardeux assemblage d'éléments caractérisé par l'opposition entre le système du trilithe, auquel obéissait surtout la partie de l'édifice dotée de colonnes, et un libre mécanisme "expérimental" de tensions en suspens et d'audacieuses saillies, qui gouvernait surtout la couverture du temple (une couverture "barycéphale" selon Vitruve), depuis les avancées en auvent des bords du toit jusqu'au fronton suspendu en avant de la ligne des colonnes.
Résultant en somme, et pour ainsi dire, de l'amour des équilibres instables et de la hardiesse des charpentiers, le temple des Etrusques semblait un édifice en perpétuelle évolution "technologique" et donc morphologique. Un édifice qui fascinait par son revêtement de terre cuite, aussi gai par sa polychromie qu'éphémère par la nature du matériau utilisé. Un édifice qui apparaissait un peu comme l'autre face, changeante et "expérimentale", du temple grec, lequel tendait au contraire vers un modèle de perfection formelle et structurelle absolue, comme pour réaliser l'immuable épiphanie d'une "idée" architecturale transcendante.
Une architecture aussi peu "systématique" était presque fatalement prédestinée à être à la fois rappelée et trahie par tous les théoriciens de l'architecture classique et classicisante, et à être repensée et remodelée dans des formes nécessairement différentes de ses formes originales.
En effet, au cours du presque double millénaire de succès que connut le temple des anciens Toscans, on peut dire que celui-ci a "subi" au moins trois avatars: celui de Vitruve, celui de la Renaissance et celui du XVIIIe siècle.

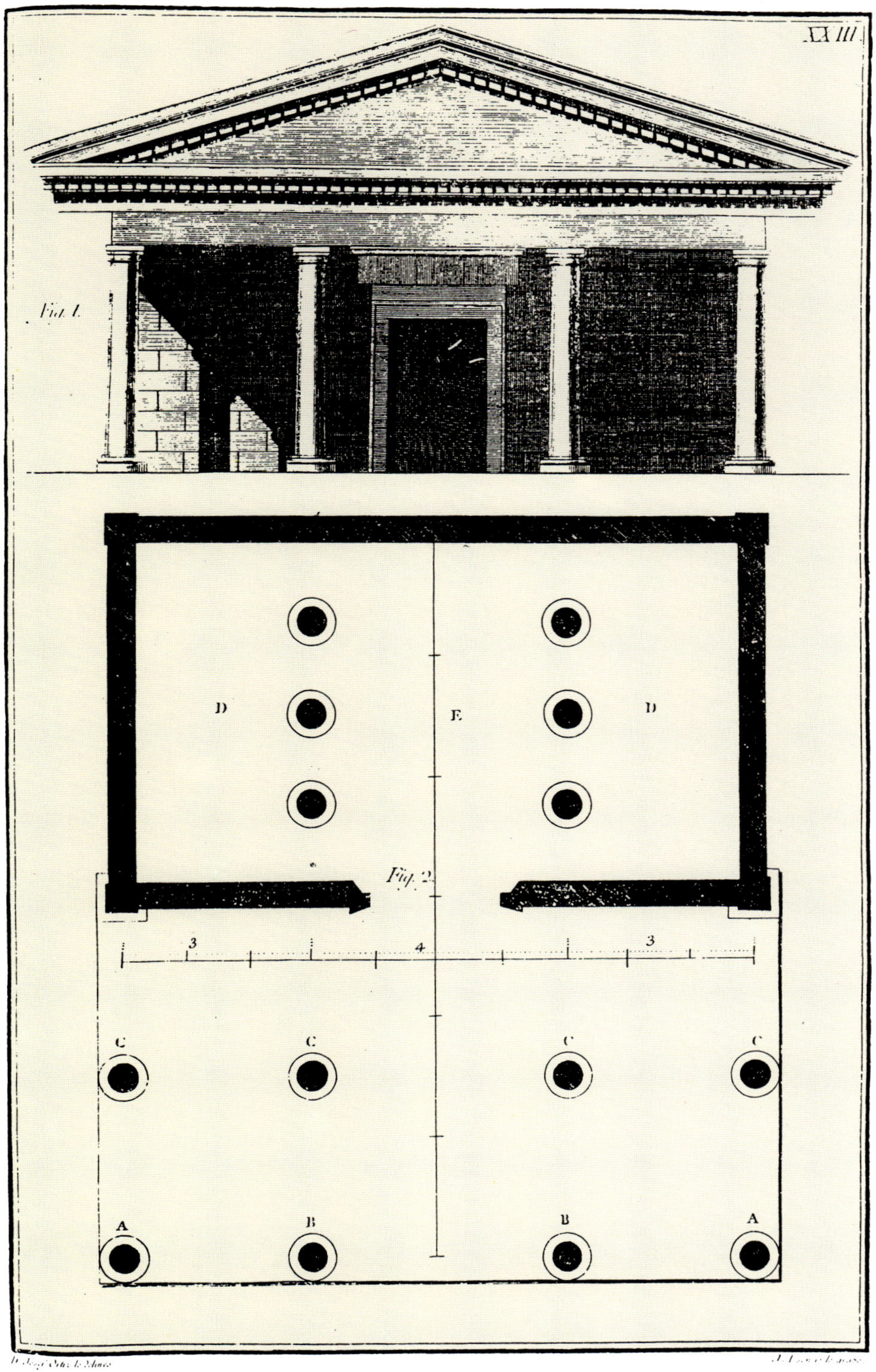

Gravure, élévation et plan du temple vitruvien selon J.F. Ortiz y Sanz XVIIIe siècle

Car c'est d'abord le théoricien romain de l'époque d'Auguste qui, une première fois et non sans paradoxe, exaltant délibérément la *consuetudo Italica* contre le *Graecus mos*, "trahit" l'antique et "organique" structure que les maçons et charpentiers étrusques avaient su élaborer, en lui imposant la logique d'une grille modulaire d'origine hellénistique: le temple "néo-étrusque" proposé par Vitruve pour augmenter la gloire des *capitolia* des nouveaux *municipia* de l'Empire naissant s'inscrit en effet, même si sa typologie diffère assez de celle des temples grecs, dans un rectangle dont la largeur (façade et arrière du temple) et la longueur (côtés du temple) sont rigoureusement proportionnées dans un rapport de 5 à 6.

Aussi bien l'ordre architectural, ou tout au moins l'ensemble colonne-entablement de ce temple, obéit-il à une logique des proportions entièrement empruntée à la Grèce: une logique qui calcule la hauteur de la colonne elle-même, ou de l'entrecolonnement, ou encore la saillie des mutules de la corniche, en fonction du "module" représenté par le diamètre du cercle où s'inscrit le fût de la colonne à sa base. Une logique qui fut dès lors considérée comme nécessaire à toute construction architecturale digne de ce nom.

Et parce qu'au temps d'Auguste la conscience esthétique avait besoin de se trouver historiquement (ou de s'"inventer" théoriquement) un noble et vieil "antécédent" qui légitimât la typologie du temple italique et/ou romain par excellence: pour cette raison même, la forme "moderne" de ce temple pseudo-périptère qui représentait en effet alors, entre la fin de la République et le premier Empire, l'orgueilleuse réponse, italique et/ou romaine une fois encore, à l'hégémonie et au rayonnement des temples périptères grecs, ne pouvait pas se passer de la rigueur d'une grille modulaire qui n'avait en fait jamais exercé une très grande contrainte sur les structures "historiques" des temples de l'antique Toscane.

Cette première et féconde "trahison" du temple étrusque faite au nom de la proportionnalité grecque, sera suivie par une seconde, presque un millénaire et demi plus tard, peut-être plus radicale encore et certes tout aussi fervente, mais faite cette fois au nom de la spatialité intérieure: il s'agit du temple étrusque, déjà évoqué plus haut, que Leon Battista Alberti décrivit d'abord dans son *De Re Aedificatoria* avant d'en développer la conception dans sa pratique architecturale, ce qui fut tout aussi fondamental. En octobre 1470, Alberti écrivait ainsi au marquis Ludovic Gonzague à propos de son projet pour l'église Sant'Andrea de Mantoue: "J'ai réfléchi et j'ai imaginé celui-ci, que je vous envoie. Ce sera plus spacieux, plus éternel, plus digne, plus heureux. (...) Ce type de temple se nomme *Etruscum sacrum* chez les Anciens".

L'édifice théorisé et projeté par Alberti représente une sorte de libre paraphrase du temple vitruvien des *Tuscanicae dispositiones*, une espèce de vulgarisation "modernisante", rédigée avec l'habituelle désinvolture des humanistes, d'un texte classique. Ce qui passionnait en fait les architectes du milieu du Quattrocento était l'harmonieuse "écriture" de l'espace intérieur des bâtiments, qu'ils scandaient selon une savante distribution des volumes; c'est pourquoi l'ancienne typologie, celle des Etrusques et du *De Architectura* de Vitruve, fut radicalement transformée dans son concept.

Ainsi le *pronaos* originel (dont la surface, très étendue comparée à celle du *pronaos* des temples grecs, équivalait à celle de la partie fermée des *cellae*), qui ne se justifiait plus dans l'architecture "moderne" de la Renaissance, se contracte jusqu'à devenir un modeste portique, un petit vestibule d'accès à l'église, tandis que les trois *cellae* originelles se dédoublent et, pivotant de quatre-vingt-dix degrés, viennent se ranger sur les côtés d'une nouvelle nef centrale et deviennent les petites chapelles du culte chrétien (l'édifice est aussi doté, pour finir, d'une abside qui "couronne" la dite nef centrale).

Telle fut la force de persuasion de cette interprétation (ou de cette erreur d'interprétation) des préceptes du livre de Vitruve par Alberti, qu'en son temps les autres exégètes du *De Architectura*, de Fra Giocondo à Raphaël et à Palladio, tendirent surtout à en effacer l'antique disposition parallèle des trois *cellae*. Ils furent suivis en cela par les exégètes des siècles suivants, Claude Perrault, Berardo Galiani et Joseph Francisco Ortiz y Sanz notamment, qui avaient pour-

Leon Battista Alberti
Eglise de Sant'Andrea
1470
Mantoue (Italie)

tant une meilleure pratique de la philologie latine. Et il faut attendre le début du XIXe siècle et l'avènement de la toute nouvelle science archéologique pour retrouver les premiers et timides signes d'une reconstitution "correcte" de la disposition des trois *cellae* placées côte à côte chacune sur un axe longitudinal parallèle à celui, également longitudinal, du temple, et ouvrant toutes trois sur le *pronaos*.

D'un côté, il y a donc ce temple étrusque "modernisé" qui apparaît non seulement dans les édifices "imaginés" par Alberti (et en même temps que l'église Sant'Andrea, qui fut d'ailleurs profondément transformée par ses continuateurs, il faut rappeler l'église San Sebastiano, à Mantoue également, très proche de la description du *templum veterum Etruscorum more* du *De Re Aedificatoria*), mais aussi dans les reconstitutions dessinées par les exégètes de Vitruve (auxquels il faut ajouter Cosimo Bartoli qui, en illustrant le traité d'Alberti, produisit une intéressante version du "temple étrusque".

D'un autre côté, ce "temple étrusque" s'incarne dans des constructions "réelles" comme le Tempietto du jardin de Bomarzo (qui nous semble toujours plus révélateur du côté lunaire et dyonisiaque de la personnalité d'un Vignole soucieux d'exorciser les inquiétudes de la fin de la Renaissance en pétrifiant, avec cette façon captieuse bien caractéristique du maniérisme, les songes et les fantaisies que l'humanisme avait sagement confiés à l'art plus éphémère, plus "écologiquement" fugace, de la taille des arbres et des bosquets). Mais il faut aussi citer ici l'église Saint-Paul d'Inigo Jones, à Londres, à Covent Garden, car elle nous donne peut-être la plus fidèle traduction d'une façade de temple "toscan" conçue tout à la fois à la manière de Vitruve et de Palladio.

Colonne toscane, colonne toscane anthropomorphe et colonne toscane à bossages, d'après l'Architettura *de Wendel Dietterlin (édition 1598)*
Pl. VI
Paris, École Nationale Supérieure des Beaux-Arts
Cat. 432

Giorgio Vasari
Loges des Offices
Florence

Dernière "trahison" du temple étrusque, celle d'un homme qui était en réalité un grand zélateur de l'art étrusque: Piranèse, qui consacra en effet quelques-unes de ses œuvres les plus significatives au "salut" et à la défense de l'architecture des très anciens habitants de l'Italie, suivant en cela d'ailleurs la vogue de l'*etruscheria* qui eut cours au XVIIIe siècle.
Le fait est que de toutes les interprétations du temple étrusque proposées par les exégètes de Vitruve à l'époque classique, celle du grand graveur vénitien est sans doute celle qui se rapproche le plus de ce que dit le *De Architectura*, non tant pour l'organisation de l'espace intérieur (l'orientation des *cellae* reste incertaine) que pour l'impeccable restitution de l'ordre architectural caractérisé, entre autres choses, par la forte saillie des mutules et par l'absence de frise dans l'entablement. Mais c'est sur le plan de la théorie que Piranèse force le propos de Vitruve (au détriment de la "vérité" archéologique et historique) en soutenant que l'architecture grecque serait redevable de ses principaux éléments formels (l'ordre, le temple et même la décoration) à l'architecture étrusque.
Un renversement de perspective si radical résultait sans aucun doute de l'action d'usure et de censure que les meilleurs "antiquaires" français et anglais, en particulier, avaient exercée contre le primat jusque là incontesté de l'art romain, en faveur de l'art grec que l'on venait juste de redécouvrir. Face à ce *Greek revival* qui, de toute façon, allait ensuite triompher dans toute l'Europe, au cours de la seconde moitié du XVIIIe siècle, et affirmer que l'architecture grecque (comme tout l'art grec) représentait un stade plus "pur" et plus "idéal" par rap-

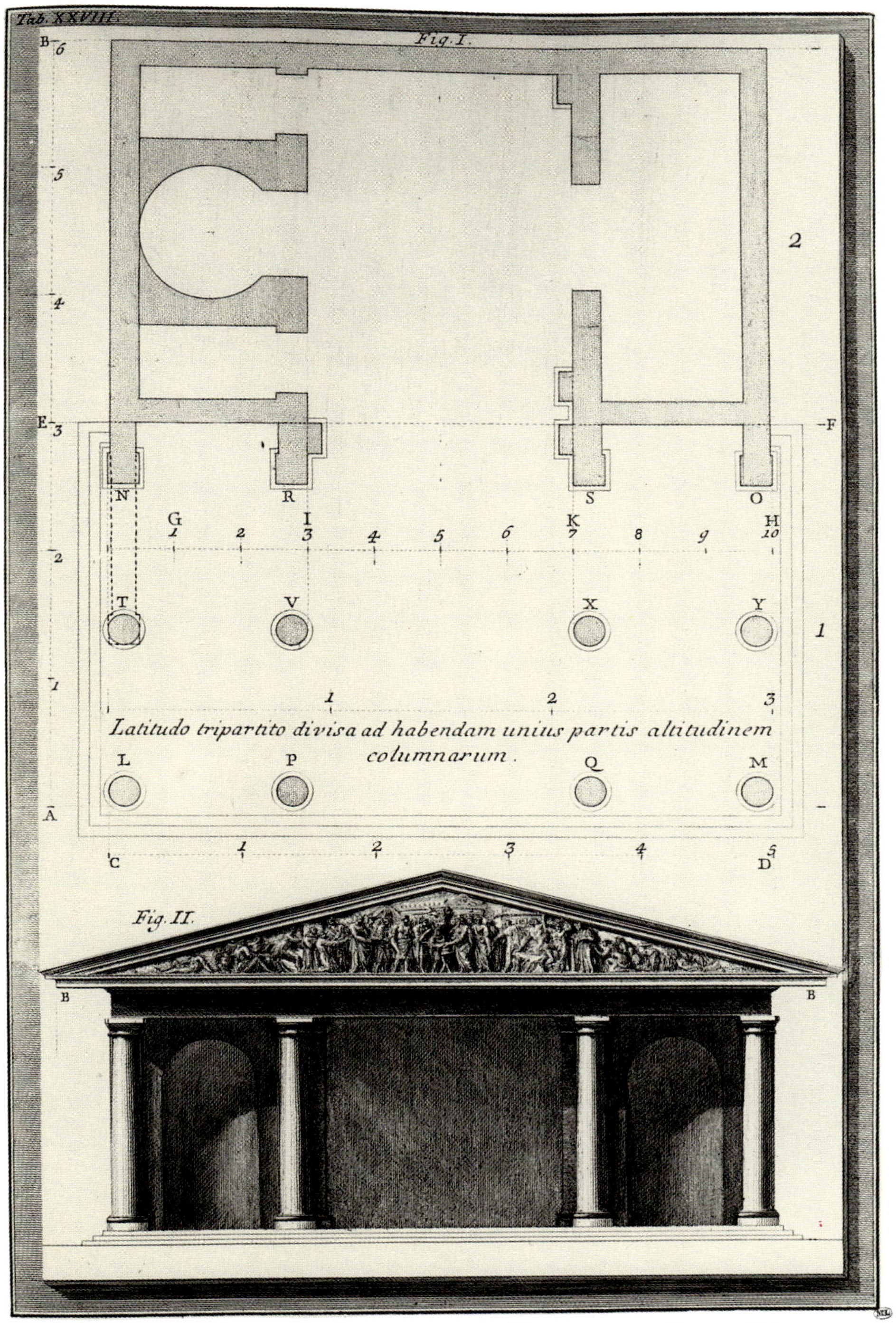

Ichnographia et ortographia sacrae aedis Tuscanicae ex Vitruv. lib. 4. cap. 7.
Piranesi F.

Inigo Jones
Eglise Saint Paul à Covent Garden
Londres

Le temple toscan de tradition vitruvienne:
l'interprétation de G.B. Piranesi.
D'après Della Magnificenza ed Architettura de' Romani
Pl. XVIII
Paris, Bibliothèque Centrale des Musées de France

port aux formes "corrompues" de Rome (et donc de la Renaissance), voici donc que Piranèse, se faisant le porte-parole d'un vaste mouvement de résistance italien, va jusqu'à soutenir cette intériorité et cette prééminence de l'architecture étrusque par rapport au magistère des formes helléniques, ce qui est, qu'on se réfère au classicisme ou au néo-classicisme, un véritable paradoxe.

BIBLIOGRAPHIE:
Voir bibliographie du texte introductif, *Motifs architecturaux: l'arc et la colonne toscane* et en particulier, G. Morolli, Florence 1985 (avec bibl.).

LA MODE "ETRUSQUE" EN EUROPE AUX XVIIIe ET XIXe SIECLES

Le "style étrusque"

Cristiana Morigi Govi

Pelagio Palagi
Dessin de chaise à l'étrusque
pour le Cabinet du Château de Racconigi
Bologne, Biblioteca Comunale dell'Archiginnasio
Cat. 443

Robert Adam
Salle étrusque de Osterley Park
1775-1777

page 298
Œnochoé en forme de tête de jeune homme
Gabies, près de Rome
425-400 av. J.-C.
Paris, Musée du Louvre
Cat. 449

"Rien n'est plus difficile à éliminer qu'une erreur enracinée dans une nomenclature erronée. Un nom mal donné à un livre ou à une antiquaille est comme une monnaie fausse qui dès le début circule librement dans le commerce et dont on ne reconnaît qu'elle est fausse qu'au bout de quelque temps; dénoncée et interdite dans un pays, elle continue d'avoir cours dans un autre... Qui a quelque teinture d'antiquité étrusque n'a nul besoin de chercher ailleurs des exemples de ce que je dis... Une fausse nomenclature se moque non seulement du vulgaire, mais aussi des personnes cultivées."

Ainsi s'exprimait Luigi Lanzi dans un essai intitulé *De' vasi antichi dipinti volgarmente chiamati etruschi*. Paru à Florence en 1806, cet essai dénonçait explicitement l'erreur largement répandue qui faisait considérer comme étrusques et non comme grecs les vases décorés de figures rouges ou noires retrouvés en quantité extraordinaire en Italie. Lanzi appuyait ses idées sur une riche documentation et une rigoureuse argumentation, même s'il savait bien qu'une "nomenclature erronée" pouvait avoir la vie dure.

On sait en effet que l'un des préjugés les plus enracinés au XVIIIe siècle fut celui de la "primauté des Etrusques" sur les autres cultures et civilisations, soutenue avec un aveuglement tenace par des érudits comme F. Buonarroti, G.B. Passeri, A.F. Gori et M. Guarnacci, qui "se laissèrent trop guider par l'amour de la patrie", selon l'expression de Winckelmann qui attribuait en revanche les vases peints aux Grecs, niant qu'on en ait jamais trouvé en Toscane.

Lanzi ne cite pas Piranèse parmi les partisans de la thèse étrusque. C'est à lui que revient pourtant, plus qu'à aucun autre, le mérite (ou le démérite, du point de vue de l'exactitude des termes) du succès de la "mode étrusque", qui fut une composante importante du premier néo-classicisme.

A l'encontre du *Greek revival* de son temps, Piranèse "tenta de réaffirmer, précisément par l'intermédiaire des Etrusques, l'antériorité et la suprématie de l'architecture romaine sur l'architecture grecque" (Cristofani, 1983, p. 112). Il développa cette thèse, qui suscita une polémique enflammée, dans *Magnificenza ed Architettura dei Romani* (1761) et dans *Ragionamento apologetico in difesa dell'architettura egizia e toscana* (1769). Ces ouvrages furent publiés en même temps que *Diverse maniere d'adornare i cammini*, qui connut une grande diffusion en Europe et exerça une très vaste influence, en particulier dans le milieu des artistes et des décorateurs. C'est à eux, en effet, qu'étaient plus spécialement destinées les planches, où l'on trouvait des applications pratiques de cet éclectisme ornemental qui n'étaient pas des copies serviles de l'antique mais, sur les traces des maîtres de l'antiquité, des réinventions et des compositions nouvelles. Une fois établi que l'art romain dérivait de l'art étrusque, peu lui importait de savoir exactement ce que l'on entendait par là: il laissait aux connaisseurs la responsabilité de leur jugement.

Piranèse n'avait en revanche aucun doute sur l'origine étrusque des vases retrouvés en Campanie. A Naples, de grandes collections se constituaient alors, dont celle très célèbre de Lord Hamilton, qui donna lieu en 1766-1767 à la publication par P.-F.H. d'Hancarville de quatre volumes de planches réunis sous le titre *Antiquités étrusques, grecques et romaines tirées du cabinet de M. Hamilton,*

Vue du "Cabinet étrusque" du Château de Racconigi et détail de la décoration du plafond Cat. 445

envoyé extraordinaire de S.M. Britannique en Cour de Naples. D'Hancarville, dans son introduction, "après avoir attribué aux Grecs les vases des Pouilles et de Campanie, dont l'abondance dépasse l'imagination, ajouta ne pas douter que ce seraient encore les Etrusques qui bénéficieraient de cette découverte" (Lanzi, 1806, p. 20-21). Les magnifiques planches aquarellées en rouge et noir, avec des rehauts de blanc et de bleu, qui reproduisent le déroulement des scènes peintes ainsi que les profils des vases, circulèrent aussi séparément, sans introduction explicative. Architectes et décorateurs puisèrent à pleines mains dans les représentations et les ornements de ces céramiques qui continuèrent d'être qualifiées d'étrusques.

C'est sur ces bases erronées que se forgea la notion de "décoration à l'étrusque", qui n'avait rien d'étrusque et qui finit par englober et mêler toutes les découvertes antiques, qu'il s'agît des représentations figurées sur les vases grecs ("étrusques"), ou des peintures et des antiquités d'Herculanum et de Pompei. Il suffit de relire les pages de Mario Praz pour comprendre l'énorme influence qu'eut la publication des *Antichità di Ercolano*: les reproductions "des œuvres antiques auréolées de vénusté dix-huitième siècle" étaient aisément comprises et se répandirent tout naturellement chez les décorateurs. Ce goût nouveau conquit d'abord l'Angleterre et la France, puis s'étendit à toute l'Europe. Comme Sybille Haynes le rappelle dans ce catalogue, l'*Etruscan taste* connut deux grands protagonistes dans les personnes de Robert Adam et de Josiah Wedgwood.

Adam fut fortement influencé par Piranèse lors de son séjour à Rome. De retour dans son pays, il s'appropria, tout en l'affinant, l'éclectisme qui fut la marque de son style. Il lui donna dans ses décors d'intérieurs, dans le mobilier, l'argenterie et les porcelaines une extraordinaire unité. Ses *Etruscan Rooms* – celles de Osterley Park (1775-1779) ou de la Derby House de Londres (1773-1774) – illustrent ce nouveau style avec une suprême élégance: des motifs empruntés à la céramique grecque, aux peintures et aux objets de Pompei et d'Herculanum, encadrés et supportés par de délicats candélabres et des rinceaux d'inspiration Renaissance, scandent les murs et les plafonds. Ces salles "étrusques" auront un grand succès dans les demeures aristocratiques et princières de toute l'Europe, depuis la salle à coupole décorée "à l'étrusque" de Heaton Hall (1777), œuvre de James Wyatt, jusqu'aux manifestations plus tardives comme le Cabinet étrusque de Berlin, qui date de 1830, et le Cabinet étrusque de Racconigi, de 1834, dont nous reparlerons plus loin.

En 1769, Wedgwood fonda une manufacture de porcelaine qu'il appela *Etruria*. Il y produisit des vases à l'antique, directement inspirés des planches de la collection Hamilton. Sa devise *Artes Etruriae renascuntur*, inscrite sur six vases *First Day's* créés pour l'ouverture de la fabrique, acquit une valeur symbolique: elle exprimait bien l'importance que la poétique néo-classique attribuait à l'antiquité pour la renaissance des arts, le progrès social et le développement des manufactures. On retrouve un écho significatif de cette conception dans le cycle de peintures exécuté par Benjamin West dans la *Queen's Lodge* du château de Windsor entre 1789 et 1791 à la gloire du progrès et de l'industrie de la Grande-Bretagne. Dans une des scènes allégoriques intitulée *Etruria* ou *Manufactory giving support*

to Industry, les céramiques de Wedgwood figurent au premier plan, symbole du rôle de l'antique dans le renouvellement de la production moderne.

En France, J.D. Dugourc (1749-1825), peintre, graveur, sculpteur et dessinateur de meubles à Paris, déclara dans son autobiographie qu'"il donna", le premier, l'exemple d'employer les genres "Arabesque et Etrusque". Il connut un grand succès en Suède, en Angleterre, en Russie et en Espagne, où il travailla longtemps comme architecte de cour.

Les décorations et le mobilier "à l'antique" ou "à l'étrusque" se répandirent dans le monde des cours et de la haute aristocratie, de Bagatelle (1777), propriété du comte d'Artois, dans le Bois de Boulogne, à la Laiterie de Marie-Antoinette à Rambouillet (1787), et aux célèbres intérieurs de Percier et Fontaine, inventeurs du style Empire, que leur grand amour de l'antiquité fit surnommer les "Etrusques" dans leur jeunesse.

Les meubles de Georges Jacob, qui imitaient les meubles grecs peints sur les vases "étrusques", furent alors très en vogue. Les dessins en étaient de Jacques-Louis David, et le peintre les a reproduits dans ses tableaux d'histoire, dans lesquels l'antiquité, vénérée pour sa haute valeur morale, devait être fidèlement reconstituée. Le *klismos*, le siège de Brutus dans le célèbre tableau de l'artiste, devint le modèle à succès des fauteuils du style Directoire et fut reproduit par Jacob en de nombreuses variantes. Cette mode s'étendit aussi à une production plus courante dans laquelle les précieuses ciselures qui copiaient les peintures de vases et les stucs pompéiens étaient remplacées par des applications sur papier beaucoup plus économiques.

Les pièces "à l'étrusque" de la Manufacture de Sèvres furent en revanche réservées à la cour et à la haute aristocratie. Devenue manufacture royale en 1759, elle périclita à la Révolution pour refleurir sous le Consulat et l'Empire grâce à l'intervention personnelle de Napoléon qui stimula la production par de grandes commandes destinées à ses cadeaux diplomatiques et au décor de ses résidences. Elle avait acquit en 1785 – avec l'intention manifeste d'y puiser son inspiration – la collection de vases antiques, riches de formes insolites, de Dominique Vivant Denon. Les céramiques antiques, que ce dernier avait déjà jugées grecques, mais qu'à Sèvres on continuera d'appeler étrusques au-delà même du XIXe siècle, servirent de modèles pour de précieuses porcelaines, des "vases Leriche" aux "vases étrusques à rouleaux" et au vase d'Austerlitz, créé pour commémorer la bataille: Napoléon y est représenté en empereur antique sur le char triomphal conduit par la Victoire.

Une autre manufacture royale célèbre, celle de Berlin, produisit des porcelaines à l'antique, dans lesquelles la structure du vase est très soignée: on retiendra plus particulièrement le vase qui a été présenté à l'exposition de l'Académie de Berlin en 1789 comme "ciste mystique" et qui imite avec sa forme cylindrique, ses pieds en griffes de lion, son couronnement figuré et ses anneaux, la typologie des cistes prénestines.

Paradoxalement, cette nouvelle mode atteignit plus tardivement l'Italie et avec moins de succès. A. Ottani Cavina rappelle que les découvertes d'Herculanum et de Pompei, qui avaient fait de Naples la ville-phare des intellectuels d'Europe

Service à l'étrusque de la Laiterie de Marie-Antoinette (1788) et vases de la Collection Vivant-Denon
IVe siècle av. J.-C.
Sèvres, Musée National de Céramique
Cat. 452 - Cat. 455

Vase en forme de ciste
Berlin, Manufacture royale
Vers 1790
Berlin, Schloss Charlottenburg
Cat. 460

Déjeuner "à l'étrusque",
Manufacture royale de Naples
Fin du XVIIIe siècle
Naples, Museo e Gallerie Nazionali di Capodimonte
Cat. 447

et suscité l'enthousiasme des artistes, eurent bien peu d'influence sur le milieu artistique napolitain, où, à l'exception du Studiolo du palais royal de Caserte (1778) et de la grande salle de bains du Casino de San Leucio (1793), la décoration néo-classique n'apparaîtra qu'à l'arrivée de la cour de Joachim Murat.
Ce n'est que dans le domaine de la porcelaine que les grandes découvertes suscitèrent un écho à la fois sensible et érudit, grâce à la personnalité de Domenico Venuti, directeur, de 1779 à 1800, de la *Real Fabbrica Ferdinandea*. Homme d'initiative et de culture, originaire de Toscane, issu d'une famille de savants et d'archéologues, tous membres actifs de l'Académie étrusque de Cortone, il orienta la production vers une reprise modernisée des motifs classiques en créant des services de table prestigieux, dont le roi Ferdinand IV faisait présent aux monarques d'Europe. Le service étrusque offert à George III d'Angleterre en 1787, composé de trois cent quarante-huit pièces, fut sans doute l'entreprise la plus importante de la manufacture napolitaine; il reproduisait fidèlement les vases "étrusques" conservés dans la collection du roi au musée de Capodimonte, où se rendaient habituellement les artistes pour en recopier les peintures. On reproduisit sur les assiettes plates un vase antique de la collection des Bourbons, accompagné d'une description détaillée de la scène représentée. Un imposant centre de table était composé de personnages en biscuit représentant le roi étrus-

Tasse et soucoupe
Manufacture royale de Berlin
Début du XIXe siècle
Berlin, Schloss Charlottenburg
Cat. 457

que Tarchon – et du moins cette référence à l'Etrurie était-elle exacte! – combattant les centaures. L'ensemble fit l'objet d'une description savante et précise rédigée par Venuti lui-même, dans un ouvrage agrémenté de cent cinquante-sept gravures superbes, tiré à cent exemplaires par l'imprimerie royale. Le précieux décor à l'étrusque fut également utilisé sur d'autres formes mais demeura, du moins au début, l'apanage des commandes royales.
A Florence, la nouvelle mode se manifesta dans quelques précieuses incrustations de pierres dures, réalisées pour la résidence royale du Palais Pitti par l'"Opificio" des pierres dures d'après des dessins d'Antonio Cioci, l'artiste le plus représentatif de ces compositions "à l'étrusque", elles aussi tirées des planches de la collection Hamilton.
Un exemple tardif, mais significatif, du "style étrusque" en Italie est celui du Cabinet étrusque de Racconigi, dans le Piémont, commandé en 1843 par Charles-Albert de Savoie à Pelagio Palagi.
Palagi, un des plus grands artistes italiens de son temps, fut appelé à Turin pour les travaux de réaménagement, de décoration et d'ameublement du château de Racconigi. Il réalisa pour le cabinet privé du roi un programme décoratif "à l'étrusque" qui se fondait sur les précédentes expériences néo-classiques d'Italie et d'Europe, mais aussi sur les fortes implications idéologiques que l'évocation

Antonio Cioci
Vases à l'étrusque et fleurs
détail
Vers 1785
Florence, Opificio delle Pietre Dure
Cat. 446

des Etrusques, "le plus ancien peuple italien", ne pouvait manquer d'éveiller chez ce souverain qui aspirait à l'unité nationale.

Palagi, formé dès sa jeunesse à l'étude de l'antique, nourrissait un profond intérêt pour l'archéologie. Au cours de sa longue vie, il réunit une très importante collection et une vaste bibliothèque, qu'il enrichissait régulièrement (toutes deux sont aujourd'hui conservées par les organismes culturels de Bologne, sa ville natale). Quand il cédait au "goût étrusque", il avait donc parfaitement conscience de réaliser "un faux" et ce fut peut-être pour montrer combien il suivait de près l'actualité des arts, qu'il voulut intégrer dans son décor un thème véritablement étrusque, la frise de la Tombe du Baron, découverte en 1827 à Tarquinia et publiée en 1832.

Le Cabinet étrusque est le sommet de la citation érudite appliquée aux arts décoratifs et l'un des exemples les plus heureux d'habile harmonisation du mobilier avec le décor mural.

Palagi conçut le projet avec une minutieuse précision. Après avoir exécuté des dessins à grande échelle pour le décor des murs, du sol, des panneaux de portes, des baies vitrées, de la cheminée et du mobilier, il en confia l'exécution à des

collaborateurs qualifiés: Airaghi pour les peintures, Moncalvo pour l'ameublement, qui fut primé à l'Exposition de Londres en 1851.
Les espaces sont rigoureusement répartis en bandes concentriques sur le plafond, en panneaux sur les murs: la polychromie omniprésente, fondée essentiellement sur l'emploi du rouge, du noir et de l'ocre, réapparaît dans la marqueterie des portes, les jambages de la cheminée, le sol et le mobilier; la palmette domine dans cette très riche ornementation. C'est au plafond, parmi les motifs inspirés de la peinture sur vases de Grèce et de Grande-Grèce, que Palagi connaissait surtout par les grands répertoires de sujets, qu'apparaît la frise de la tombe tarquinienne du Baron, l'élément nouveau qui, bien que tardivement, justifie enfin la "nomenclature erronée", née d'une équivoque très tenace.

Antonio Cioci
Vases à l'étrusque et fleurs
Vers 1785
Florence, Opificio delle Pietre Dure
Cat. 446

BIBLIOGRAPHIE:
L'Accademia etrusca (Cat. Exp.), Milan 1985; *The Age of Neoclassicism* (Cat. Exp.), Londres 1972; *Bibliotheca etrusca [...]* (Cat. Exp.), Rome 1985; A. Carola Perrotti, Naples 1978; M. Cristofani, Rome 1983; N. Gabrielli, Turin 1972; G. Gualandi, dans "Ricerche di Storia dell'Arte" 8, 1978-1979; *La Fortuna degli Etruschi* (Cat. Exp.), Milan 1985; *L'immagine dell'antico fra Settecento e Ottocento [...]* (Cat. Exp.), Bologne 1983; L. Lanzi, Florence 1806; *L'ombra di Core [...]* (Cat. Exp.), Bologne 1989; A. Ottani Cavina, dans *Storia dell'arte italiana*, Turin 1982, II, 2^e partie, p. 599-655; *The Paintings of Benjamin West*, Londres 1986; M. Pallottino, dans "Studi Etruschi" XXIX, 1961, p. XXVIII-XXXVII; *Pelagio Palagi artista e collezionista* (Cat. Exp.), Bologne 1976; M. Praz, Milan 1974; G. Pucci, dans *Memoria dell'antico nell'arte italiana*, Turin, III, 1986, p. 253-292.

La Grande-Bretagne et les Etrusques

Sybille Haynes

L'intérêt, la passion même, des Britanniques pour l'Etrurie ne se déclara véritablement que dans le premier quart du XVIIe siècle, à la suite des travaux de l'Ecossais Thomas Dempster. Il y eut bien, auparavant, William of Malmesbury et sa *Chronicle of the Kings of England* (traduite par A.J. Giles, 1847), dont certains passages paraissent faire référence à des sites, des tombes et des trésors étrusques, mais les textes sont trop vagues et relèvent trop de la légende pour prouver que les Etrusques suscitaient une veritable curiosité dans l'Angleterre médiévale.

Esprit universel, poète, ferrailleur à ses heures, Dempster s'installa en Italie après un début de carrière agité en Ecosse et en France. Il enseigna le droit civil à l'Université de Pise et plus tard les humanités à Bologne. Entre 1616 et 1619, Côme II de Médicis, grand-duc de Toscane, lui commanda un ouvrage sur les Etrusques. Le manuscrit de Dempster, *De Etruria Regali libri septem*, est l'une des premières synthèses opérées à partir de références à l'Etrurie issues de sources classiques ou plus récentes. Ce vaste matériel est divisé par sujets en sept chapitres, qui traitent aussi de la langue étrusque. Considéré comme une compilation trop érudite et peu faite pour être publiée, le manuscrit resta en attente après la mort de Dempster en 1625 à Bologne et sommeilla au Palais Pitti à Florence jusqu'à ce que le bibliophile Thomas Coke, le futur comte de Leicester, qui fera construire Holkham Hall par William Kent, en fasse l'acquisition lors de son "grand tour" (1713-1718). A ses frais, le texte de Dempster fut révisé et annoté par Filippo Buonarroti et enrichi de quatre-vingt-treize planches et d'une carte de l'Etrurie. Les deux volumes du *De Etruria Regali*, bien que datés de 1723-1724, ne parurent qu'en 1726 à Florence; leur publication suscita dans l'Italie du XVIIIe siècle, où l'engouement pour les Etrusques atteignit des sommets, une avalanche de livres et de commentaires.

Alors que dans les siècles précédents les études sur le sujet se fondaient presque exclusivement sur les textes, les chercheurs commencèrent à prendre en considération les données archéologiques. Le premier Anglais à visiter une cité étrusque avec le propos bien défini d'explorer ses tombeaux fut Thomas Jenkins, artiste, négociant et banquier vivant à Rome; celui-ci devint en 1757 membre de la Société des antiquaires de Londres, et fit jusqu'en 1772 à cette Société des comptes rendus sur les fouilles menées à l'époque en Italie. En 1761, à la requête de Joseph Wilcox (qui finançait ses recherches), Jenkins séjourna quelque temps à Tarquinia pour fouiller trois tombes appartenant à la nécropole de Monterozzi, parmi lesquelles se trouvait la Tombe du Cardinal, découverte pour la première fois en 1699 et redécouverte en 1760. Aucun objet ne fut trouvé, mais Jenkins fit copier les fresques et les inscriptions. Dans son premier rapport, daté du 8 août 1761, il décrivit brièvement ses activités à Tarquinia à l'occasion de la séance de la Société des antiquaires du 12 novembre 1761. Une description plus détaillée du site et des fouilles entreprises par Jenkins, illustrée de gravures d'après des dessins faits dans la Tombe du Cardinal, figure dans une lettre datée du 17 mars 1761 publiée dans les *Philosophical Transactions of the Royal Society*, LIII, Londres, 1763, p. 127-129.

Jenkins eut un rival et successeur à Tarquinia en la personne de l'Ecossais James

Franciszek Smuglewicz
James Byres et sa famille, *1779*
Edimbourg, Scottish National Portrait Gallery

Byres, qui s'installa à Rome en 1758. L'artiste, le marchand, l'accompagnateur érudit des voyageurs britanniques est bien connu, mais la publication récente de manuscrits de Byres conservés à Edimbourg jette une lumière nouvelle sur ses préoccupations archéologiques et historiques. Byres se proposait d'écrire *The History of the Etrurians*, qui aurait été illustré de dessins de tombes et de copies de fresques, commandés au Polonais F. Smuglewicz qui devait les exécuter à Tarquinia de 1764 à 1766. La première partie du livre devait s'intituler *The Ancient State of Italy*. A la lecture de ses notes manuscrites, on voit que Byres, à côté d'une enquête menée à la manière traditionnelle à partir des textes, allait sur le terrain, collectait les données stratigraphiques et les fossiles, prenait en compte les conditions géographiques.

Quelques-unes de ses conclusions supposent pour l'apparition de l'homme et la datation des premiers objets qu'il avait fabriqués une chronologie beaucoup plus haute que celle qu'on avait définie en se fondant sur la Bible. Son analyse des sources anciennes est marquée d'un grand sens critique. Il met sans équivoque la destruction des écrits étrusques au compte des conquérants romains moins civilisés et, comme Dempster avant lui, donne la priorité aux lettres, aux arts et aux sciences des Etrusques. Mais on voit aussi, aux nombreuses corrections et reprises du manuscrit d'Edimbourg, que l'ouvrage n'a jamais atteint le stade de la publication. Seules parurent en 1842, longtemps après la mort de Byres, sous le titre *Hypogaei or Sepulchral Caverns of Tarquinia, The Capital of Antient Etruria by the late James Byres Esq.*, les planches éditées par le peintre Frank Howard et gravées par Ch. Norton. En dépit de sérieuses infidélités au style des fresques d'origine et de contresens évidents de la part de l'artiste et du graveur, ces planches sont extrêmement précieuses car elles illustrent des tombes et des

John Flaxman
Vase représentant l'apothéose d'Homère
Manufacture Etruria de Wedgwood
Fin du XVIIIe *siècle*
Barlaston (Staffordshire), Wedgwood Museum

Eliza Meteyard
Intérieur de la Manufacture Etruria
D'après The Life of Josiah Wedgwood
Londres 1865-1866
Londres, British Library
Cat. 448

peintures dont un grand nombre ont aujourd'hui disparu. A Rome Byres avait été l'ami de Piranèse et il est même possible qu'il se soit rendu à Tarquinia en sa compagnie en 1764. Les liens d'amitié qui unirent Piranèse et un autre Ecossais, l'architecte Robert Adam, qui séjourna quelque temps à Rome à la fin des années 1750, devaient avoir une influence profonde sur le goût néo-classique en Angleterre durant la seconde partie du XVIIIe siècle. Il faut noter toutefois que le répertoire figuré à la fois fantaisiste et éclectique d'*invenzioni etrusche* que Piranèse publia en 1769 dans son ouvrage *Diverse maniere d'adornare i cammini ed ogni altra parte degli edifici desunte dell' architettura Egizia, Etrusca e Greca con un ragionamento apologetico in difesa dell' architettura Egizia e Toscana*, qui comprend une bonne centaine de figures, n'en compte guère qu'une demi-douzaine qui corresponde à des objets de facture étrusque. Piranèse accorde en outre une origine étrusque aux "vases étrusques" (qui étaient en fait fabriqués soit en Grèce, soit dans des ateliers grecs du Sud de l'Italie et déposés dans des tombes d'Etrurie ou de Campanie), mais ne tente aucunement de définir quelles œuvres d'art peuvent être à juste titre qualifiées d'étrusques.

Les idées de Piranèse sur l'art étrusque, avec ce qu'elles ont à la fois de flou et de stimulant, se reflètent dans la création par l'architecte Robert Adam d'une série de salles "étrusques" dans des demeures anglaises; la seule d'entre elles à avoir survécu avec tout son décor et son mobilier est l'*Etruscan dressing-room* dessinée en 1775-1777 pour Osterley Park, Middlesex. Aucun motif intervenant dans l'ensemble décoratif conçu par Adam n'est, en fait, inspiré d'un modèle étrusque, même si les frères Adam affirment dans la préface du second volume de leur *Works in Architecture* que "le style de l'ornementation ainsi que les couleurs [...] viennent évidemment tous deux des vases et urnes des Etrusques". Tiré pour beaucoup du répertoire de Piranèse, le décor des salles "étrusques" d'Adam s'inspire aussi des fresques antiques de Pompei et de Rome ou de celles de la Renaissance, ainsi que de l'iconographie et des couleurs des vases grecs présentés dans des ouvrages comme *Antiquités étrusques, grecques et romaines, Tirées du Cabinet de M. Hamilton envoyé extraordinaire de S.M. Britannique en Cour de Naples* (d'Hancarville, 1766-1767) et *Recueil d'antiquités égyptiennes, étrusques, grecques, romaines et gauloises* de Ph. de Caylus (1752-1767). Les salles décorées par Robert Adam n'ont en définitive d'étrusque que le nom.

On peut dire la même chose des vases décoratifs créés par Josiah Wedgwood et vendus dans toute l'Europe avec un immense et durable succès. Le style néo-classique de cette période en Angleterre s'exprime là comme chez Robert Adam avec une force et un talent exceptionnels. En association avec Thomas Bentley, qui lui fournit des ouvrages comme celui de d'Hancarville sur la collection de Sir William Hamilton, les volumes de *L'antiquité expliquée et représentée en figures*

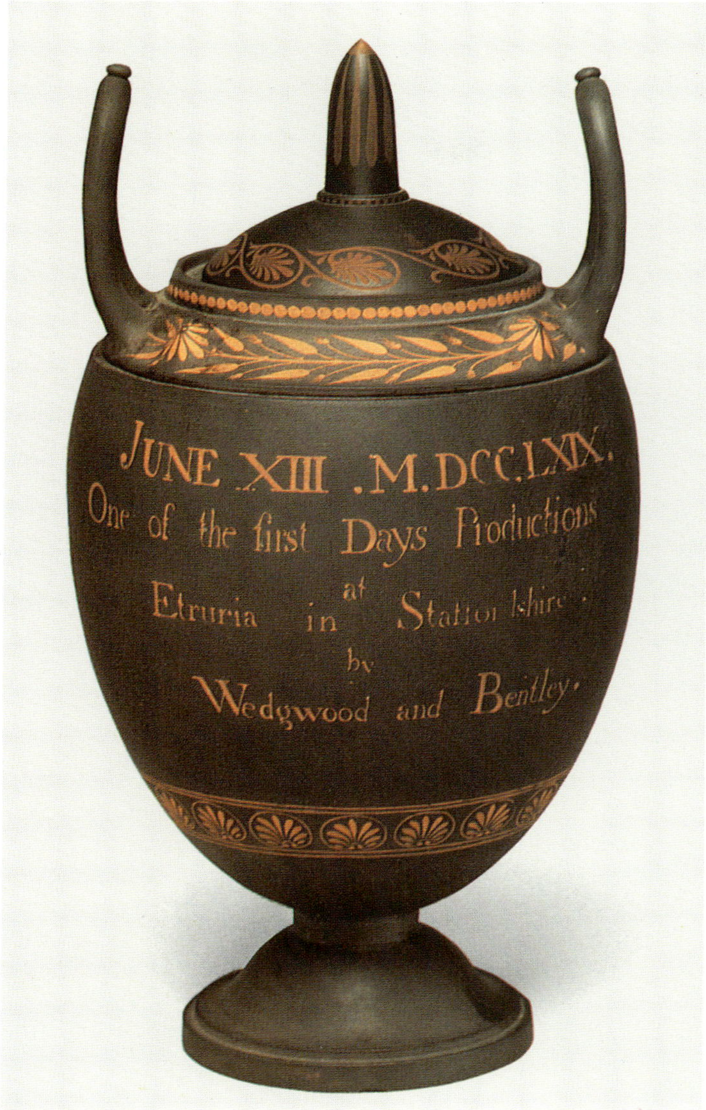

de Bernard de Montfaucon (1719), ou encore *The Antiquities of Herculanum* (1757-1796), Wedgwood créa en 1769 sa nouvelle manufacture à Burslem dans le Staffordshire, lui donna un nom qui était en lui-même tout un programme, *Etruria*, et appela *Etruria Hall* sa propre demeure, construite tout près. Un peu avant 1768, Wedgwood avait mis au point un grès noir à grain fin, qu'il qualifiait d' "étrusque"; avec ce matériau, qu'il appelait *black basalt,* il façonna lui-même les six "vases du Premier Jour", à l'occasion de l'inauguration de l'atelier *Etruria*, le 13 juin 1769.

Ces vases de forme grecque, décorés de figures rouges librement inspirées de modèles attiques appartenant à la collection de Sir W. Hamilton (d'Hancarville, vol. I, pl. 129), portent l'inscription *Artes Etruriae renascuntur* et illustrent parfaitement l'ambiguïté qui régnait alors en matière de terminologie. On sait moins que Wedgwood fit aussi une copie en *black basalt* d'une authentique pièce étrusque en bronze. Cette œuvre étonnante conservée au British Museum (BM Reg. n° 1909, 12-1, 106; une autre copie se trouve au Metropolitan Museum de New York), s'inspire en effet directement d'une cruche étrusque en bronze en forme de tête de jeune homme, qui fut découverte à Gabies et se trouve maintenant au Louvre (voir n° Cat. 449). On peut douter que Wedgwood ait eu conscience de l'origine étrusque de son modèle; en tout cas, cette création ne donna jamais lieu à une production en série, alors que ses vases composites dits "étrusques" restèrent parmi les modèles les plus populaires et les plus répandus de sa fabrique.

Le XIXe siècle allait introduire les véritables Etrusques dans ce monde britannique tout occupé jusque-là par un art étrusque de fantaisie créé par les frères Adam et par Wedgwood. En 1836-1837, les Campanari, marchands d'art de

Planche 129 des Antiquités étrusques grecques et romaines
de P.-F. Hugues d'Hancarville
1766-1767
Paris, Bibliothèque Centrale des Musées de France
Cat. 416

Vase dit "First Day"
Manufacture Etruria de Josiah Wedgwood
1769
Barlaston (Staffordshire), Wedgwood Museum

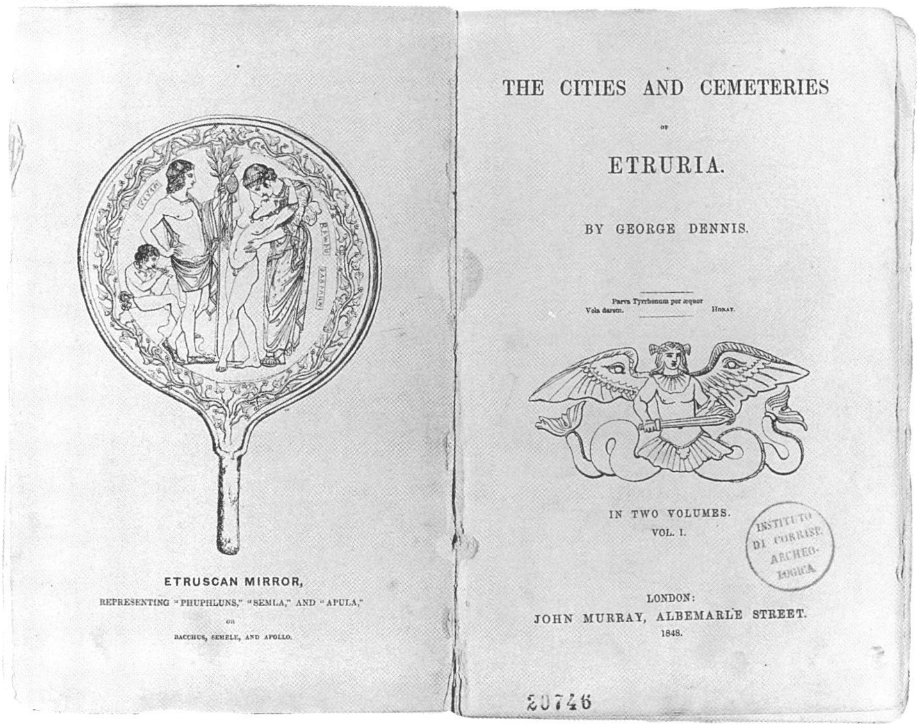

George Dennis

George Dennis, Cities and Cemeteries of Etruria, *frontispice*
Londres 1848
Cat. 491 - 492

Tuscania qui avaient mené des fouilles fructueuses sur de nombreux sites étrusques, ouvrirent dans Pall Mall à Londres une exposition comprenant des objets étrusques et grecs et des reconstitutions de tombes étrusques. Avec un remarquable sens de la présentation et un indéniable souci didactique, les frères Campanari firent connaître au public britannique les objets étrusques et leur environnement d'origine. L'exposition enthousiasma le grand public, les érudits et les collectionneurs, et une partie des pièces exposées furent par la suite acquises par le British Museum.

Au nombre des visiteurs fascinés par les merveilles de l'exposition étrusque de Pall Mall se trouvait Mrs Hamilton Gray, épouse d'un clergyman du Derbyshire. La ferveur dont elle fut saisie la conduisit, lors d'un séjour à Rome, à assister à des conférences de la Société archéologique et à visiter des sites étrusques. Dans son *Tour to the Sepulchres of Etruria in 1839* (3e éd. 1840-1843), elle livra ce qu'elle avait glané d'une exploration qui était loin d'être complète. Cette relation vivante mais naïve eut deux effets: d'une part, elle recueillit les suffrages d'un large public; d'autre part, elle incita George Dennis à écrire (en guise de correctif aux effusions peu scientifiques de Mrs Gray) son propre livre sur la civilisation étrusque. Cet ouvrage allait être la plus importante étude sur le sujet publiée en anglais au XIXe siècle.

Après avoir sillonné le Latium et la Toscane de 1842 à 1847, Dennis publia en 1848 deux volumes illustrés, *The Cities and Cemeteries of Etruria* (2e éd. revue 1878; 3e éd. 1883). C'était l'aboutissement d'années de recherches menées dans des conditions difficiles: Dennis était fonctionnaire à la Régie de Londres (il ne fut nommé vice-consul à Syracuse qu'en 1863 et ne fut jamais consul de Grande-Bretagne à Rome); il consacrait les congés que lui laissait ce travail triste et mal payé à d'exténuantes tournées sur les sites étrusques ainsi qu'à des recherches dans les musées et les bibliothèques de Rome et de Florence, occasion pour lui d'entretenir des échanges fructueux avec des érudits de divers pays. Le regard aigu qu'il portait sur les sites et les monuments visités - dont tant n'existent plus - fait de son ouvrage un document inestimable pour les études étrusques, tandis que les descriptions souvent lyriques des paysages sauvages et romantiques qu'il traversait, des hommes et des femmes qu'il rencontrait, exercent toujours le même charme sur le simple lecteur. Et pourtant, cette vision de la civilisation étrusque, pour impressionnante qu'elle soit, ne fut pour ainsi dire pas reconnue de la communauté scientifique britannique, dont l'intérêt pour le sujet reste encore de nos jours étonnamment marginal.

Dans ses premières expéditions étrusques, Dennis eut un excellent compagnon

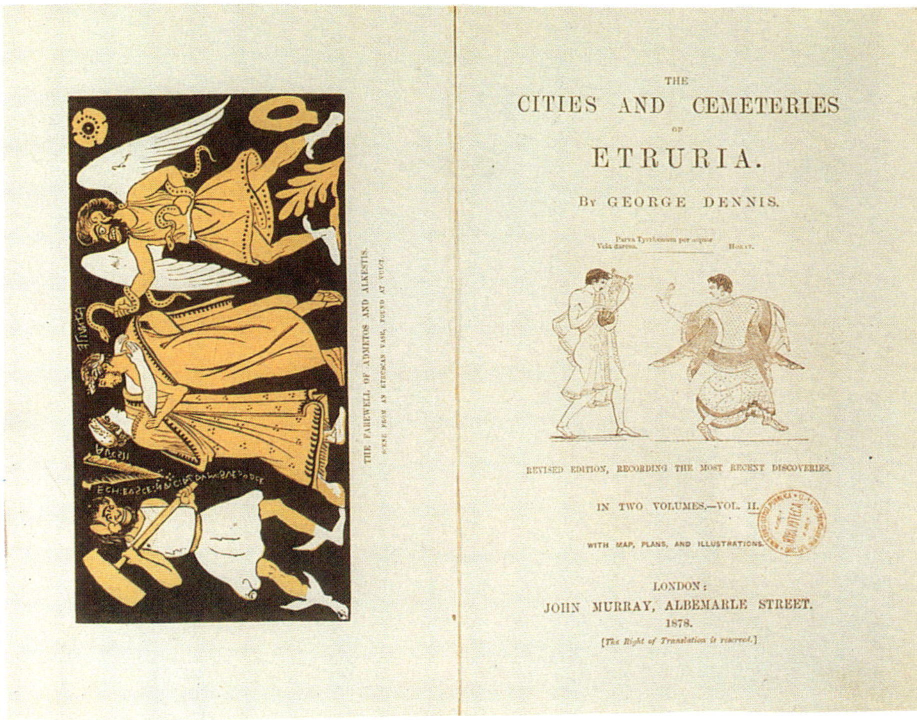

George Dennis, Cities and Cemeteries of Etruria, *faux-titre et frontispice Londres 1878*

de voyage et collaborateur en la personne du peintre et dessinateur Samuel James Ainsley (1806-1874), qui fit de longs séjours en Italie et en Sicile entre 1842 et 1857 et légua une grande partie de ses travaux au British Museum. Gentleman érudit comme Dennis, Ainsley fut le premier à découvrir, en juin 1843, la nécropole de la cité antique de Sovana. Ses vues des ruines étrusques brûlées de soleil et envahies par la végétation, ses paysages toscans ordonnés et lumineux ont la même valeur documentaire que les descriptions de Dennis, mais ce sont surtout de superbes œuvres d'art, accessibles seulement depuis peu à un plus large public.

En 1872, Richard F. Burton - militaire, explorateur, orientaliste, auteur prolifique et brillant traducteur - fut nommé consul de Grande-Bretagne à Trieste. Durant la période où il exerça cette fonction, il continua à voyager dans le monde entier, au détriment de ses devoirs consulaires, et publia une grande quantité de livres sur toutes sortes de sujets. Son élégant ouvrage, *Etruscan Bologna. A Study* (1876), est typique de son style à l'esbroufe, avec ses commentaires et ses notes souvent inutiles en bas de page. Ayant séjourné à Bologne, il décrit les musées locaux et les fouilles de la Certosa, de Casalecchio et de Marzabotto, en soutenant et en illustrant ses observations personnelles de copieuses citations de G. Conestabile, A. Zannoni, G. Gozzadini, A. Fabretti entre autres. A côté de chapitres traitant de l'archéologie, l'ouvrage comprend des sections consacrées à la Bologne moderne et aux Bolonais, à la race, à l'anatomie et à l'origine des Etrusques, à leur langue et à leurs inscriptions. Livre d'opinion, hâtivement écrit, *Etruscan Bologna* n'a pas laissé d'empreinte sur les études étrusques; George Dennis, auquel Burton se référait comme à son "collègue et ami" (bien qu'ils ne se soient rencontrés qu'une fois, et encore brièvement), ne lui accorda que peu de mérite.

Parmi les touristes qui, dans les premières décennies de ce siècle, affluèrent en nombre croissant vers la Toscane, les écrivains anglais, romanciers et poètes, tinrent une place importante; leurs diverses manières d'appréhender le monde étrusque, reflets de leurs préoccupations et de leurs passions, contribuèrent à forger les idées et les préjugés du grand public britannique.

Le premier d'entre eux fut E. M. Forster. Lors d'un séjour à Rome en 1901, son regard fut attiré par la ciste Ficoroni au musée Kircheriano où elle fut exposée jusqu'à son transfert à la Villa Giulia en 1914. Découvert à Palestrina, dans une tombe du IVe siècle av. J.-C., ce coffret de toilette en bronze lui inspira une œuvre auquel il donna le titre de *Macolnia Shops* (publié en 1936 dans *Abinger Harvest*, choix d'articles anciens opéré par lui-même en 1935). Dans ce petit

Œnochoé en forme de tête de jeune homme
Gabies (Rome)
425-400 av. J.-C.
Paris, Musée du Louvre
Cat. 449

texte charmant et bien dans sa manière, Forster imagine que Dindia Macolnia (qui, selon une inscription gravée sur la ciste, avait offert l'objet à sa fille), ayant déniché en courant les boutiques ce coffret de toilette à l'ancienne, finement gravé, avait demandé au bronzier Novios Plautios de lui ajouter une poignée et des pieds. Sensible à la différence de style entre la scène gravée sur le corps de la ciste et les figures sculptées sur les pièces rapportées, Forster suit le cours de son inspiration naturelle en voyant dans la scène gravée, qui montre de jeunes et athlétiques Argonautes auprès d'une source, un travail grec célébrant l'eau et les amitiés viriles; il imagine que ni Dindia Macolnia, ni sa fille, ne peuvent concevoir une chose semblable. "Célébration de l'eau! Célébration de l'amitié!", s'écrie l'ombre irritée de Dindia Macolnia en se hissant sur un coude hors d'un bizarre enfer étrusque, "J'ai acheté ça parce que c'était joli et que ça faisait bien sur la commode!". Ici apparaît dans sa quintessence la matrone des faubourgs telle qu'on la retrouve dans tant de romans de Forster.

Après avoir tenté en vain de découvrir loin de l'Angleterre, en Amérique ou ailleurs, une communauté idéale au sein de laquelle vivre une existence nouvelle, plus remplie, le poète et romancier D.H. Lawrence arriva en Italie plein de désillusion en 1926. Le rêve qu'il nourrissait de "retrouver une âme naïve et innocente" s'était évanoui, mais il était toujours pénétré de la conviction que les sociétés anciennes ou primitives possédaient le secret "de mettre la vie en contact direct avec les forces élémentaires du cosmos"; aussi, dès qu'il fut confronté à la civilisation étrusque, sa réaction fut-elle passionnée. Dans le dessein d'écrire un récit de voyage sur l'Etrurie, il visita les grands sites étrusques et les musées en 1926 et 1927. Les tombes peintes de Tarquinia l'impressionnèrent profondément. "Derrière toutes ces danses, il y avait une vision, une science même, de la vie, une conception de l'univers, et de la place de l'homme dans l'univers, qui faisaient vivre les hommes au plein de leurs capacités", écrit-il au sujet des fresques de Tarquinia dans *Etruscan Places*, ouvrage publié après sa mort en 1932. Pour étayer ses recherches sur le sujet, Lawrence avait lu Dennis (*The Cities and Cemeteries of Etruria*), D. Randall Maciver (*Villanovans and Early Etruscans*), L.A. Milani, P. Ducati et Th. Mommsen, mais sa perception intuitive, viscérale pourrait-on dire, des Etrusques, diffère fondamentalement de leur approche d'érudits. Caractéristique est le mépris amusé de Lawrence pour un jeune archéologue allemand rencontré à Tarquinia qui refusait toute signification profonde aux scènes et symboles peints dans les tombes. Pour Lawrence, ils rayonnaient de sens exactement comme les visages des modernes habitants des cités de l'Etrurie étaient "animés d'une vitalité étrusque, mûrs d'un savoir phallique". Comment s'étonner qu'il se soit spontanément senti en communion avec une civilisation qui, pour une large part, était le produit d'une interprétation personnelle. Les vestiges étrusques lui apportaient la preuve que le rêve qui l'avait habité si longtemps correspondait à une réalité.

Dans *Point counter Point*, roman publié en 1928, Aldous Huxley crée le personnage de Mark Rampion, très nettement inspiré de D.H. Lawrence et partageant les vues de celui-ci sur les Etrusques: "Ils étaient civilisés, dit-il, ils savaient mener une vie harmonieuse et pleine mettant en jeu leur être tout entier." Bien

Œnochoé en forme de tête de jeune homme
Manufacture de Wedgwood
Vers 1770
New York, The Metropolitan Museum of Art
Cat. 450

Œnochoé en forme de tête de jeune homme
XVIIIe siècle, copie d'un original antique
Londres, British Museum
Cat. 451

qu'il présente Rampion, qui est peintre et écrivain, sous un jour sympathique, Huxley rejette en réalité la vision qu'a Lawrence des Etrusques, qui exalte la part physique de l'homme au détriment de la composante intellectuelle ("Lawrence in Etruria", *The Spectator*, 4 novembre 1932). C'est à celle-ci qu'Huxley donne la primauté et la civilisation étrusque lui offre matière à un brillant divertissement de l'esprit. Dans son roman *Those Barren Leaves* (1925), Tom Cardan lit à ses compagnons de voyage une inscription sur le mur d'une tombe étrusque (imaginaire) à Tarquinia; c'est là le prétexte à un feu d'artifice d'hypothèses aussi subtiles qu'amusantes sur la langue et la littérature étrusques. En revanche,

Samuel James Ainsley
Les tombes en forme de temple de Norchia
novembre 1842
Londres, British Museum
Department of Prints and Drawings
Cat. 481

Samuel James Ainsley
La grotta de' Volumnii
mai 1843
Londres, British Museum
Department of Prints and Drawings
Cat. 488

page de droite
Samuel James Ainsley
La grotta de l'Alcova, Caere
Londres, British Museum
Department of Prints and Drawings
Cat. 475

Samuel James Ainsley
Intérieur de la Grotta del Tifone, à Corneto
juin 1842
Londres, British Museum
Department of Prints and Drawings
Cat. 476

à propos des fresques représentant des jeux athlétiques, des banquets et des danses, Cardan se borne à remarquer: "Ils paraissent avoir eu des goûts simples [...] des gens gentils, un peu enfantins [...] pas tout à fait assez civilisés pour se montrer exigeants quant à leurs plaisirs [...]".

Abstraction faite de leur incontestable valeur littéraire, ces livres nous en disent plus sur le tempérament et sur la philosophie de Lawrence et de Huxley que sur les Etrusques. Malgré l'importance des collections étrusques du British Museum (ouvertes à nouveau en 1976 et réaménagées en 1990), le public britannique n'a eu que peu d'occasions d'acquérir une bonne connaissance de la civilisation étrusque. Aucune des grandes expositions qui lui furent consacrées sur le continent depuis les années 1950 n'a passé la Manche et aucune université britannique n'est dotée d'une chaire d'études étrusques. Il y a eu, il est vrai, des chercheurs britanniques qui ont publié des travaux importants sur l'art et l'archéologie étrusques, mais il s'agit d'ouvrages scientifiques n'ayant d'autres lecteurs que les quelques spécialistes concernés par le sujet.

Pour que les Etrusques et ce que l'on connaît de leur mode de vie soient plus accessibles au grand public, sans compromettre pour autant les exigences de l'érudition, j'ai publié en 1987 un roman, *The Augur's Daughter* (édition allemande: *Die Tochter des Augurs*, 1981). Sans prétendre atteindre à l'œuvre littéraire, ce roman entend restituer fidèlement la civilisation étrusque durant une période cruciale de son histoire.

Entre le XVIIe et le XXe siècle, on a donc vu les Britanniques se passionner pour les Etrusques, s'inspirer d'eux pour produire des œuvres d'art et d'architecture, des textes littéraires, des ouvrages d'érudition, mais cette ferveur a été intermittente et fantasque; il est significatif que les principaux champions de la civilisation étrusque aient été des amateurs et des artistes éclairés plutôt que des universitaires.

BIBLIOGRAPHIE:

Thomas Dempster:
T. Dempster, dans *Dictionary of National Biography*, Londres 1888; A. Momigliano, dans *Studies of Historiography*, Londres 1966, p. 18-19; M. Cristofani, dans "Mélanges de l'Ecole Française à Rome" 90, 1978, p. 577-616; M. Cristofani, Rome 1983; N. Thomson de Grummond, dans *Etrurian Life and Afterlife*, Detroit 1986, p. 36-37.
Thomas Jenkins:
A. Michaelis, Cambridge 1882, p. 80; T. Ashby, dans "Papers of the British School at Rome" 6, 1913, p. 8, 487-511; S.R. Pierce, dans "Antiquaries Journal" 45, 1965, p. 200-229; B. Ford, dans "Apollo" juin 1974, p. 416-425.
James Byres:
E.P. Loeffler, dans *Essays in memory of Karl Lehmann*, New York 1964, p. 198-208; H. Mobius, dans "Mitteilungen des Deutschen Archäologischen Instituts, Römische Abteilung" 73-74, 1966-1967, p. 53-71; B. Ford, dans "Apollo" juin 1974, p. 446-461; W. Dobrowolski, dans "Bulletin du Musée National de Varsovie" 19, 1978, p. 97-119; A. Morandi, Rome 1983; D. Ridgway, dans Ouvrage collectif, Actes Florence, 1989, p. 213-229.
Giovan Battista Piranesi:
J. Wilton-Ely, London 1978; G.F. Borsi, dans *La Fortuna degli Etruschi* (Cat. Exp.), Milan 1985, p. 59-73 et 74-79.
Robert Adam:
R. et J. Adam, Londres 1773-1822; P. Ward-Jackson, Londres 1959; J. Fleming, Londres 1962; D. Stillman, Londres 1966; D. Stillman, dans *Essays in the History of Architecture presented to Rudolf Wittkower*, Londres 1967, p. 197-206; G. Beard, Edimbourg 1978.
Josiah Wedgwood:
B. Fothergill, Londres 1969; *Wedgwood Museum Barlaston* (Cat. Exp.), Newcastle-upon-Tyne 1969; K. Alison, Londres 1975; A. Dawson, Londres 1984.
Mrs Hamilton Gray:
G. Colonna, dans "Studi Etruschi" XLVI, 1978, p. 81-117.
George Dennis:
D.E. Rhodes, Londres 1973.
Samuel James Ainsley:
B.Origo Crea (sous la dir. de), Rome 1984.
Richard F. Burton:
M. Hastings, Londres 1978.
E.M. Forster:
P.N. Furbank, Londres 1977-1978.
D.H. Lawrence:
K. Sagar, Cambridge 1966; K. Sagar, Londres 1980; K. Sagar, Londres 1985.
A. Huxley:
S. Bedford, Londres 1973-1974; S. Haynes, Londres 1987.

LE XIXe SIECLE
LE TEMPS DES VOYAGEURS
ET DES SAVANTS

L'aventure romantique

Giovanni Colonna

Portrait de Francesco Orioli
Bologne, Museo Civico del Risorgimento

D'un point de vue historique, la période qui couvre les années 1810-1860, constitue un moment clé dans l'étude de la civilisation étrusque: les fondements de nos connaissances actuelles reposent en effet sur les progrès décisifs accomplis pendant ces années.
Plus encore que sur les innombrables et extraordinaires découvertes archéologiques, il convient d'insister sur les moyens, d'avant-garde parfois, mis en œuvre pour leur assurer une diffusion rapide et efficace: expositions temporaires, musées on salles de musées entièrement consacrés aux Etrusques, reproductions grandeur nature d'œuvres d'art, ventes aux enchères. La fièvre de la collection atteint désormais la classe bourgeoise triomphante. La multiplication des publications et le développement important du marché des objets antiques ne sont toutefois que l'aspect le plus superficiel, et parfois le plus insignifiant, d'un intérêt dont les racines sont profondément ancrées dans la culture italienne et européenne: manifeste depuis le XVe siècle, l'époque d'Annius de Viterbe, cet intérêt s'accroît dans le climat idéologique et intellectuel de l' "Europe des Nations", mûri dans les soubresauts de l'ère napoléonienne.
En allant à la rencontre des Etrusques et des autres peuples de l'Italie préromaine, les Italiens expriment un désir intense, confus et parfois contradictoire, d'affirmer leur identité nationale au-delà de contingences politiques souvent dramatiques (qui, parmi d'autres, mettent en cause Orioli dont nous aurons l'occasion de parler plus loin).
L'Italia avanti il dominio dei Romani de Giuseppe Micali devança l'opinion générale et fut pendant longtemps le livre de référence. Publié en 1810, "il fut très apprécié par tous les Italiens puisqu'il embrasse cette histoire, que nous voulions connaître, et qui doit être lue avant l'histoire romaine, que nous ont transmise les écrivains latins" (introduction à la 3e édition, Milan, 1826, p. LII). Traduit en français en 1824, ce livre diffusait, en les exaltant, les idées professées, dans un contexte encore empreint de l'influence des Lumières, par Lampredi ou Denina: les valeurs d'une Italie qui fut opprimée par les Romains après leur avoir servi de modèle de civilisation.
Cette passion, qui avait enflammé l'Europe entière, allait de pair avec les généreux élans d'enthousiasme suscités par la Grèce antique et moderne, qui renaissait d'un souffle nouveau, et avec l'attrait ressenti pour l'Egypte, que l'on commençait à découvrir. Les années 1810-1828 constituent en quelque sorte le prologue de l'aventure "romantique". Micali enseignait à Pise, mais il voyait déjà une Etrurie plus grande et plus complète que celle qui était comprise dans les limites traditionnelles, géographiques et culturelles, de la Toscane (dans son livre, les références les plus à jour concernent les monuments archaïques visités à peine une année plus tôt à Tarquinia: I, p. 186 et 189). En effet la nouvelle archéologie n'est qu'incidemment representée en Toscane, à Volterra et surtout à Chiusi.
Elle s'épanouit plutôt dans l'Etat pontifical, d'abord à Pérouse, puis à Viterbe et à Rome. C'est à Pérouse qu'enseignait le plus grand étruscologue de l'époque, Giovan Battista Vermiglioli, dont on peut dire qu'il est le véritable "continuateur" de Luigi Lanzi (mort précisément en 1810).

page 320
Détail de la statuette de Fufluns (Dionysos)
Vers 480 av. J.-C.
Modène, Galleria Estense
Cat. 172

Jean-Baptiste Corot
Vue de Volterra
1834
Paris, Musée du Louvre
Cat. 494

Il rendit compte avec talent de la mise au jour d'un important groupe de bronzes archaïques à Castel San Mariano (*Saggio di bronzi etruschi trovati nell'agro perugino*, Pérouse, 1813), ainsi que des découvertes de la Tombe du Grand-Duc à Chiusi (*Sepolcro etrusco chiusino*, Pérouse, 1819) et du Cippe de Pérouse, dont le texte demeura jusqu'à la fin du siècle la plus remarquable des inscriptions étrusques (*Saggio di congetture sulla grande iscrizione etrusca...*, Pérouse, 1824). Francesco Orioli, qui, de Bologne où il enseignait, leur consacra plusieurs essais et une monographie, attira l'attention sur les tombeaux des nécropoles rupestres de Castel d'Asso et de Norchia, situées dans la région de Viterbe et curieusement demeurées inconnues jusqu'alors (*Dei sepolcrali edifizi dell'Etruria media e in generale dell'architettura tuscanica*, Fiesole, 1826).
Dans la ville toute proche de Toscanella (c'est à dire dans la ville de Tuscania), Vincenzo Campanari, en bon "gonfalonier" (maire), commença à porter son attention sur les monuments de sa cité, reprenant en quelque sorte l'attitude éclairée du cardinal Consalvi, et en mit particulièrement en valeur les sarcophages étrusques (*Dell'urna di Arunte...*, Rome, 1825); dès 1825, il étudia de près le site encore presque vierge de Vulci.
Il racontera plus tard avec des accents à la Ugo Foscolo sa première inspection des lieux: "Cette campagne était charmante, hautes et majestueuses les berges du fleuve, désert et silencieux le lieu; moi seul, moi qui n'avais d'autre souci que celui de la découverte des choses antiques, je ne connus jamais heures plus heureuses dans ma vie qu'en ce jour et ceux qui suivirent, quand je me reprenais à y penser" (*Notizie di Vulcia antica città etrusca*, Macerata, 1829, p. 6 sq.).
Pendant ce temps, un autre "gonfalonier", Carlo Avvolta, inaugurait à Corneto (Tarquinia), en 1823, la reprise officielle des fouilles en mettant au jour une tombe intacte, la Tombe du Guerrier: le récit de cette aventure fera frémir des générations de passionnés et d'érudits (dans *Ann. Inst.* I, 1829, p. 96 sq.). Les premières tombes peintes de style archaïque (tombes de la Mer, des Lions et

Guerrier
Dépôt votif de Falterona
420-400 av. J.-C.
Londres, British Museum
Cat. 513

Labrouste) sont ouvertes en 1825 et rendues accessibles, tout comme l'année suivante à Chiusi la tombe peinte de Poggio al Moro et la tombe connue sous le nom de Deposito delle Monache, qui contenait un riche ensemble d'urnes sculptées et pourvues d'inscriptions.

Comme nous l'avons vu, l'activité archéologique s'était déplacée de plus en plus vers Rome. Dans la capitale du néo-classicisme européen, grâce aussi à l'activité des spécialistes de l'Europe transalpine, et sous leur influence, s'ouvraient de nouveaux horizons. L'abbé Petit-Radel, exilé à Rome pendant la Révolution, illustre bien l'attitude de nostalgie qui s'affirme alors à l'égard d'une Italie pélasgique, comme à l'égard d'un continent perdu, dont la civilisation serait plus ancienne que celle de la Grèce. L'abbé racontera plus tard comment lui vint, sur le mont Circé, l'idée fulgurante que les Pélasges pourraient faire l'objet de recherches archéologiques (*Recherches sur les murs cyclopéens...*, Paris, 1841, p. 19 sq.). De retour à Paris, et après avoir obtenu un important poste académique, il consacre sa vie à la "théorie pélasgique", constitue une collection de dessins

Jeune homme nu
Dépôt votif de Falterona
Fin du IVe siècle av. J.-C.
Paris, Musée du Louvre
Cat. 516

Figure féminine
Dépôt votif de Falterona
Vers 480 av. J.-C.
Londres, British Museum
Cat. 510

Offrant
Dépôt votif de Falterona
Début du IVe siècle av. J.-C.
Londres, British Museum
Cat. 514

Tête masculine
Dépôt votif de Falterona
V^e^-IVe siècle av. J.-C.
Londres, British Museum
Cat. 517

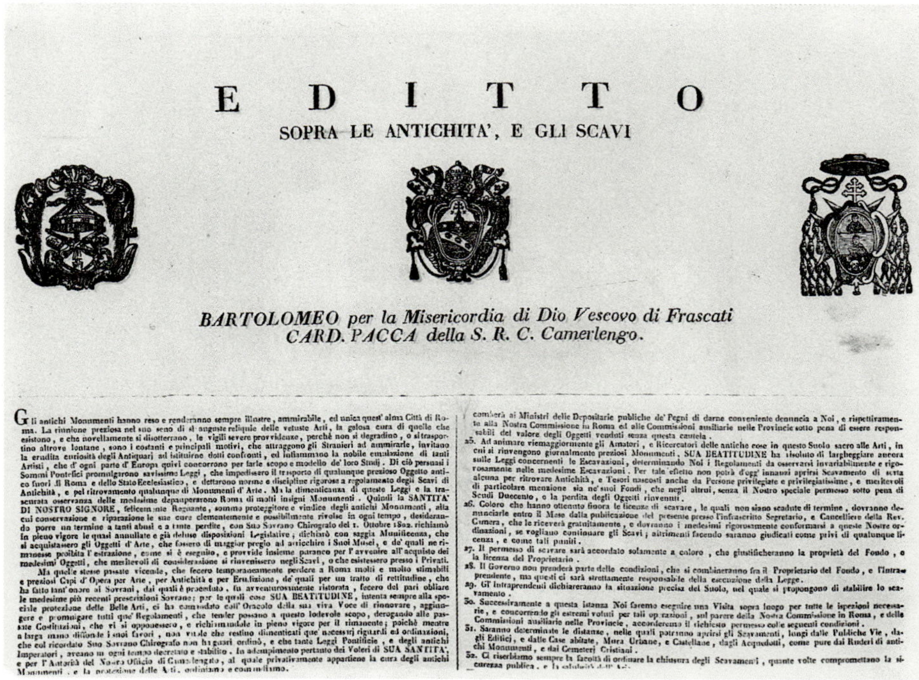

E D I T T O
SOPRA LE ANTICHITA', E GLI SCAVI

BARTOLOMEO per la Misericordia di Dio Vescovo di Frascati
CARD. PACCA della S. R. C. Camerlengo.

Gli antichi Monumenti hanno reso e renderanno sempre illostre, ammirabile, ed unica quest' alma Città di Roma. La riunione preziosa nel suo seno di sì auguste reliquie delle vetuste Arti, la gelosa cura di quelle che esistono, e che novellamente si disotterrano, le vigili severe provvidenze, perchè non si degradino, o si trasportino altrove lontane, sono i costanti e principali motivi, che attraggono gli Stranieri ad ammirarle, invitano la erudita curiosità degli Antiquarj ad istituirne dotti confronti, ed infiammano la nobile emulazione di tanti Artisti, che d' ogni parte d' Europa quivi concorrono per farle scopo e modello de' loro Studj. Di ciò persuasi i Sommi Pontefici promulgarono savissime Leggi, che impedissero il trasporto di qualunque prezioso Oggetto antico fuori di Roma e dello Stato Ecclesiastico, e dettarono norme e discipline rigorose a regolamento degli Scavi di Antichità, e pel ritrovamento qualunque di Monumenti d' Arte. Ma la dimenticanza di queste Leggi e la trascurata osservanza delle medesime depauperarono Roma di molti insigni Monumenti. Quindi la SANTITA' DI NOSTRO SIGNORE, felicemente Regnante, sommo proteggitore e vindice degli antichi Monumenti, alla cui conservazione e riparazione le sue cure clementemente e possibilmente rivolse in ogni tempo, desiderando porre un termine a tanti abusi e a tante perdite, con Suo Sovrano Chirografo del 1. Ottobre 1802. richiamò in pieno vigore le quasi annullate e già deluse disposizioni Legislative; dichiarò con saggia Munificenza, che si acquistassero gli Oggetti d' Arte, che fossero di maggior pregio ad arricchire i Suoi Musei, e de' quali ne rimanesse proibita l' estrazione, come si è eseguito, e provvide insieme parimenti per l' avvenire all' acquisto dei medesimi Oggetti, che meritevoli di considerazione si rinvenissero negli Scavi, o che esistessero presso i Privati.

Ma quelle stesse passate vicende, che fecero temporaneamente perdere a Roma molti e molto stimabili e preziosi Capi d' Opera per Arte, per Antichità e per Erudizione, de' quali per un tratto di rettitudine, che ha fatto tant' onore ai Sovrani, dai quali è proceduto, fu avventurosamente ristorata, fecero del pari obliare le medesime più recenti prescrizioni Sovrane; per le quali cose SUA BEATITUDINE, intenta sempre alla speciale protezione delle Belle Arti, ci ha commendato coll' Oracolo della sua viva Voce di rinnovare, aggiungere e promulgare tutti que' Regolamenti, che tender possano a questo lodevole scopo, derogando alle passate Costituzioni, che vi si opponessero, e richiamandole in pieno vigore per il rimanente; poichè mentre a larga mano diffonde i suoi favori, non vuole che restino dimenticati que' necessarj riguardi ed ordinazioni, che col ricordato Suo Sovrano Chirografo non ha guari ordinò, e che tante Leggi Pontificie, e degli antichi Imperatori, aveano in ogni tempo decretato e stabilito. In adempimento pertanto dei Voleri di SUA SANTITA', e per l' Autorità del Nostro Ufficio di Camerlengato, al quale privativamente appartiene la cura degli antichi Monumenti, e la protezione delle Arti, ordiniamo e commettiamo.

...combera ai Ministri delle Depositarie publiche de' Pegni di darne conveniente denuncia a Noi, e rispettivamente alla Nostra Commissione in Roma ed alle Commissioni ausiliarie nelle Provincie sotto pena di essere responsabili del valore degli Oggetti venduti senza questa cautela.

25. Ad animare viemaggiormente gli Amatori, e Ricercatori delle antiche cose in questo Suolo sacro alle Arti, in cui si rinvengono giornalmente preziosi Monumenti, SUA BEATITUDINE ha risoluto di largheggiare ancora sulle Leggi concernenti le Escavazioni, determinando Noi i Regolamenti da osservarsi invariabilmente e rigorosamente nelle medesime Escavazioni. Per tale effetto non potrà d'ogg' innanzi aprirsi Scavamento di sorta alcuna per ritrovare Antichità, e Tesori nascosti anche da Persone privilegiate e privilegiatissime, e meritevoli di particolare menzione sia ne' suoi Fondi, che negli altrui, senza il Nostro speciale permesso sotto pena di Scudi Duecento, o la perdita degli Oggetti rinvenuti.

26. Coloro che hanno ottenuto finora le licenze di scavare, le quali non siano scadute di termine, dovranno denunciarle entro il Mese dalla publicazione del presente presso l'infrascritto Segretario, e Cancelliere della Rev. Camera, che le riceverà gratuitamente, e dovranno i medesimi rigorosamente conformarsi a queste Nostre ordinazioni, se vogliano continuare gli Scavi; altrimenti facendo saranno giudicati come privi di qualunque licenza, e come tali puniti.

27. Il permesso di scavare sarà accordato solamente a coloro, che giustificheranno la proprietà del Fondo, o la licenza del Proprietario.

28. Il Governo non prenderà parte delle condizioni, che si combineranno fra il Proprietario del Fondo, e l'Intraprendente, ma questi ci sarà strettamente responsabile della esecuzione della Legge.

29. Gl' Intraprendenti dichiareranno la situazione precisa del Suolo, nel quale si propongono di stabilire lo scavamento.

30. Successivamente a questa istanza Noi faremo eseguire una Visita sopra luogo per tutte le ispezioni necessarie, e concorrendo gli estremi voluti per tali operazioni, sul parere della Nostra Commissione in Roma, e delle Commissioni ausiliarie nelle Provincie, accorderemo il richiesto permesso colle seguenti condizioni.

31. Saranno determinate le distanze, nelle quali potranno aprirsi gli Scavamenti, lungi dalle Publiche Vie, dagli Edificj, e dalle Case abitate, Mura Urbane, e Castellane, dagli Acquedotti, come pure dai Ruderi di antichi Monumenti, e dai Cemeterj Cristiani.

32. Ci riserbiamo sempre la facoltà di ordinare la chiusura degli Scavamenti, quante volte compromettano la sicurezza publica...

Signature peut-être tracée
par Lucien Bonaparte
dans une tombe à chambre
de la nécropole de Vulci

François-Xavier Fabre
Portrait de Lucien Bonaparte
1808
Rome, Museo Napoleonico
Cat. 462

Frontispice de l'Edit Pacca
promulgué le 7 avril 1820
Bologne, Collection particulière
Cat. 461

et de maquettes et en décore à la bibliothèque Mazarine, dont il est le responsable, une "Galerie pélasgique". Ses recherches sont poursuivies par une Romaine, Marianna Dionigi (*Viaggio in alcune città del Lazio che diconsi fondate dal re Saturno*, Rome, 1809-1812), par le dessinateur Giuseppe Simelli, natif de Rieti (1810-1815), par l'infatigable voyageur et collectionneur Edward Dodwell, ainsi que par l'architecte Virginio Vespignani (1830).

L'important dossier, encore inédit, qui fut alors constitué, peut être considéré comme une tentative de recensement territorial, comme un embryon de carte archéologique thématique sans équivalent pour chacune des régions concernées (Ciociaria, Reatino, Cicolano).

A Rome, et bien en avance sur l'époque, la découverte de tombes protohistoriques éclairait d'un jour nouveau l'âge du fer, encore inconnu dans la région du Latium (A. Visconti, *Lettera... sopra alcuni vasi sepolcrali rinvenuti nelle vicinanze dell'antica Alba Longa*, Rome, 1817). Face aux exigences nouvelles, l'administration pontificale avait su se doter, par l'Edit Pacca (1820), d'une réglementation plus ferme que celles qui étaient déjà en vigueur dans les autres Etats italiens et européens. Les rapports publiés par la Commission consultative des Antiquités et Beaux-Arts, surtout dans les premières années de sa création, font état d'un véritable pouvoir de contrôle scientifique des découvertes. Mais il faudra attendre le cénacle des Hyperboréens romains (1823-1828), qui réunit de grands amateurs comme le baron von Stackelberg ou le diplomate Kestner, et des spécialistes de la notoriété d'Eduard Gerhard ou de Thomas Panofka, pour que l'Etrurie, malgré la vision déformée qu'en ont les philhellènes, fasse enfin la conquête de Rome. Gerhard constitue une précieuse collection de reproductions de miroirs, urnes, vases et bronzes étrusques avec le soutien financier du musée de Berlin et la collaboration de Carlo Ruspi, un talentueux dessinateur romain qui aura un rôle de premier plan dans les décennies suivantes. Lorsqu'en 1827 on apprend la découverte des tombes des Biges et des Inscriptions à Tarquinia, Stackelberg et Kestner, accourus sur les lieux, procèdent eux-mêmes à l'ouverture de la tombe dite depuis Tombe du Baron, reproduisent les peintures des trois tombes et envisagent d'en faire une somptueuse publication (restée à l'état d'épreuves). La présence sur les lieux d'un collectionneur célèbre, W. Dorow, et d'un académicien parisien, Raoul-Rochette, montre bien que Rome avait projeté l'Etrurie sur la scène internationale (des polémiques s'ensuivirent, dont les échos atteindront, à Weimar, les oreilles de Goethe).

Nous voici parvenus en 1828, une année mémorable. Tandis que paraît en Allemagne un livre qui devait devenir un classique, *Die Etrusker*, de Karl Otfried Müller, véritable "somme" du savoir étruscologique de l'époque, on procède activement à Vulci à la fouille de nécropoles encore intactes. Après les fouilles

clandestines, qui enrichirent la collection Dorow, le projet de fouilles élaboré par Campanari, auquel s'étaient associés M. Fossati et les propriétaires terriens Candelori et Feoli, est mis en œuvre (S. Campanari dans *Diss. Pont. Acc.*, VII, 1836, p. 81-83). A l'automne, grâce à l'intervention de Lucien Bonaparte, prince de Canino, et de son épouse, Alexandrine de Bleschamp, l'entreprise bénéficie d'aides financières et de soutiens jamais engagés jusqu'alors dans une opération de ce genre. Dès le début des fouilles, les résultats sont enthousiasmants. Rome est inondée de milliers de vases "étrusques", pour la plupart des vases attiques à figures noires et rouges, ces mêmes vases qui, peu auparavant, étaient considérés comme très rares en Etrurie (L. Lanzi, *Dissertazione de' vasi antichi dipinti volgarmente chiamati etruschi*, Rome, 1806, p. 21-25). Lucien Bonaparte, désormais totalement converti à l'archéologie, fait imprimer des catalogues avec l'intention affichée de promouvoir les ventes. Les inscriptions étrusques et les statues de lions et de sphinx couronnant la mystérieuse Cucumella et évoquant les monuments asiatiques et égyptiens, donnent encore plus d'attrait aux découvertes. C'est principalement sur l'initiative de Gerhard que, dans ce climat d'exaltation, mais aussi de confusion, l'idée de créer une association internatio-

Karoly Markò
Vue du Pont Sodo à Véies
Vers 1838
Florence, Istituto Nazionale di Studi Etruschi e Italici
Cat. 495

pages suivantes
Amphore attique d'Exékias
Vers 540 av. J.-C.
Cité du Vatican, Museo Gregoriano Etrusco

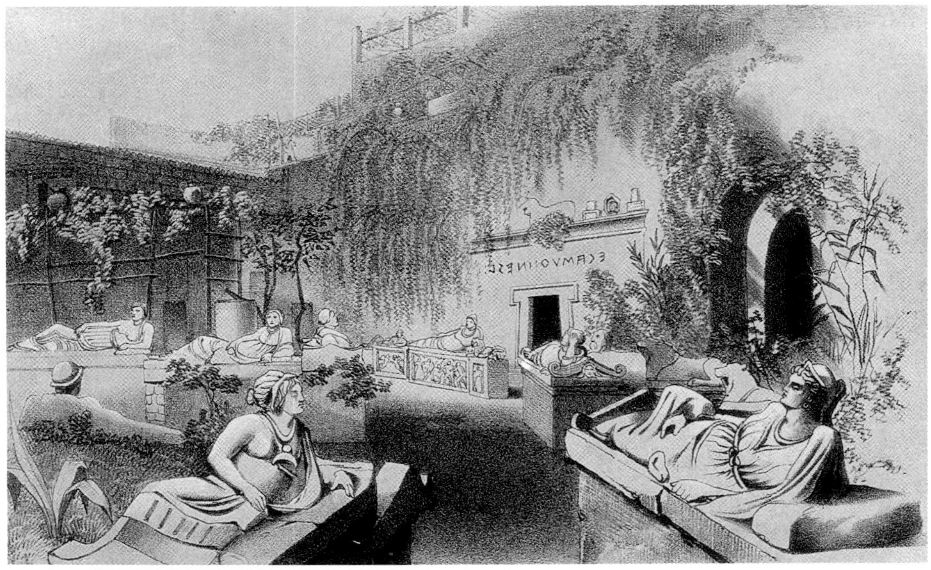

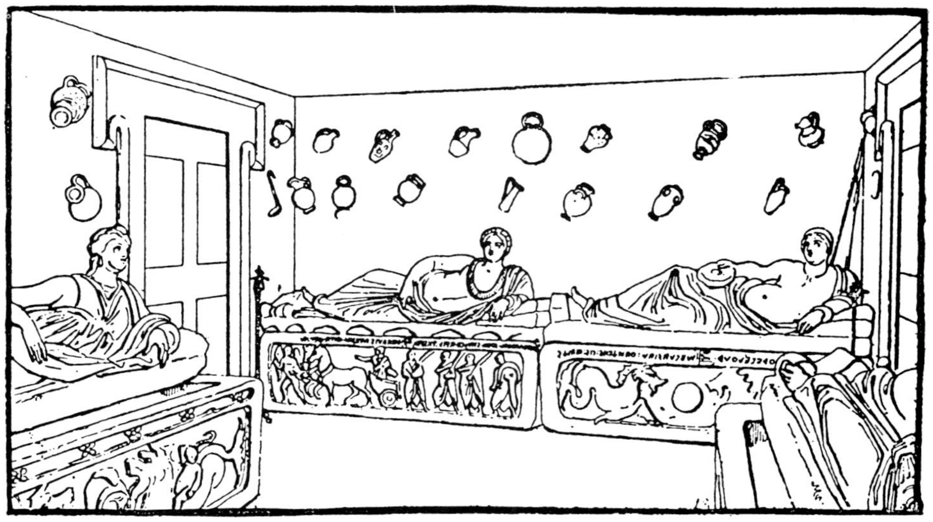

Vue du Jardin Campanari
à Toscanella
d'après Dennis, The Cities and Cemeteries of Etruria
Londres, 1848, volume I
Cat. 492

Intérieur d'une tombe de Tuscania
reconstitué par les Campanari pour l'exposition de Londres (1837)

Luigi Canina
Descrizione de Cere antica, *planche V*
Rome 1838
Paris, Bibliothèque Centrale des Musées de France
Cat. 469

nale fait son chemin. A la différence des autres académies, cette institution devait se porter garante de l'authenticité des informations et veiller, quel que soit le lieu des découvertes, à l'exactitude scientifique des publications qui les feraient connaître. Sous le patronage de la Maison de Prusse, et avec le soutien de mécènes comme le duc de Luynes, l'Institut de correspondance archéologique est ainsi créé; il adopta naturellement l'italien comme langue officielle, puisqu'un rôle de premier plan avait été reconnu à Rome dans le domaine des recherches archéologiques. L'Institut, animé pendant près de dix ans par Gerhard, se fit l'écho, au niveau européen, de toutes les découvertes étrusques et favorisa le développement et la qualité des recherches.

Les vingt années qui suivent (1829-1848) coïncident avec l'apogée de l'archéologie romantique en Etrurie et quelques pages ne suffisent pas à rendre compte de tout ce qui est alors réalisé. Les principaux acteurs des recherches sur le terrain restent jusqu'en 1840 le prince de Canino et les Campanari. C'est à ces derniers que revient le mérite d'avoir, à Vulci, tenté la difficile exploration de la zone urbaine en optant pour une formule inédite de société avec le gouvernement pontifical (1835-1837). Après 1840, c'est le cavalier, plus tard marquis Campana, banquier de profession, connu pour sa passion des terres cuites romaines, qui entreprend des fouilles à Véies et surtout à Caere (Cerveteri), où il découvre, entre autres, la tombe peinte dite aujourd'hui Tombe Campana, la tombe dite des Reliefs ainsi que le sarcophage en terre cuite des "Epoux", qui parviendra plus tard au Louvre.

Campana constitue grâce à ses fouilles et au gré de ses acquisitions une immense collection, qui sera cause de sa ruine et lui vaudra d'être accusé d'appropriation illégale (1857). A Pérouse, Vermiglioli, déjà âgé, entreprend la fouille de l'Hypogée des Volumnii (1840) et de la nécropole voisine, tandis qu'à Chiusi où

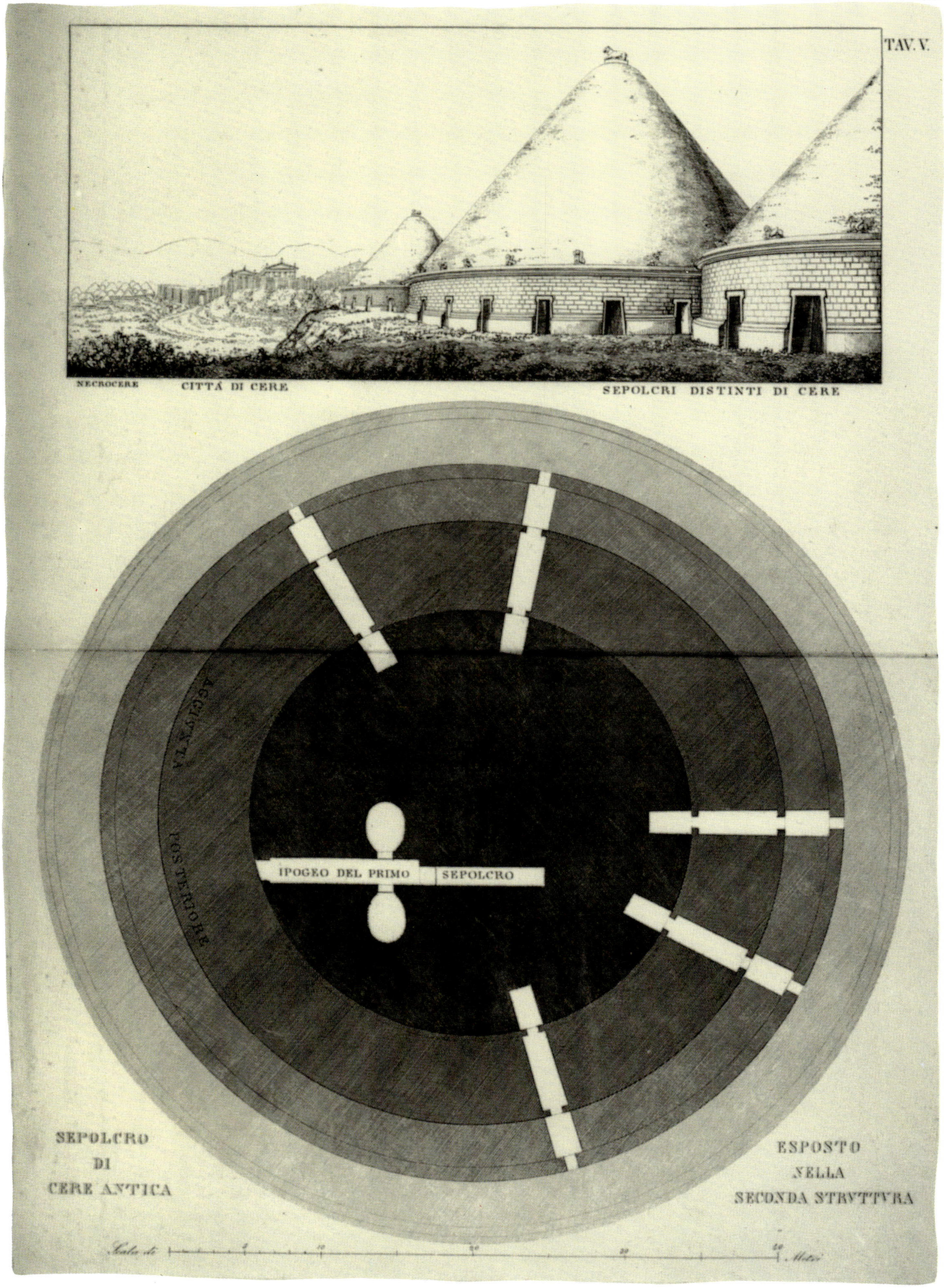
TAV. V.
NECROCERE
CITTÁ DI CERE
SEPOLCRI DISTINTI DI CERE
AGGIVNTA
POSTERIORE
IPOGEO DEL PRIMO
SEPOLCRO
SEPOLCRO
DI
CERE ANTICA
ESPOSTO
NELLA
SECONDA STRVTTVRA

Coupe, argent doré
Tombe Regolini-Galassi
675-650 av. J.-C.
Cité du Vatican, Museo Gregoriano Etrusco
Cat. 471

la découverte de Poggio Gaiella semble faire revivre le mausolée de Porsenna, le Toscan Alessandro François met au jour le cratère attique qui porte maintenant son nom et la Tombe du Singe (1846).
De nombreux personnages mineurs sont à l'origine de découvertes extraordinaires, comme celle de la Tombe Regolini-Galassi à Caere, qui révéla la civilisation orientalisante d'Etrurie (1836) ou comme celle des tombes du Triclinium et du Typhon à Tarquinia.
Pour rendre compte du climat qui règne alors, il suffit de dire que même Stendhal, alors consul à Civitavecchia, fut touché par la fiève "étruscologique" et devint membre d'une société de fouilleurs, celle-là-même qui découvrit, en 1833 à Tarquinia, le sarcophage du Poète, acquis par les musées du Vatican (*Correspondance* II, 1967, p. 713 sq.). La publication et l'étude des découvertes connaissent le même développement que les fouilles. Les membres de l'Institut de correspondance archéologique mentionné plus haut, constituent un réseau très vaste, source d'informations de première main, auxquelles s'ajoutent les rap-

Patère, argent doré
Tombe Regolini-Galassi
675-650 av. J.-C.
Cité du Vatican, Museo Gregoriano Etrusco
Cat. 470

ports des "envoyés spéciaux" de l'Institut. Le matériel recueilli est rapidement publié dans le *Bullettino* tandis que les *Annali*, le plus souvent grâce à l'intervention directe de l'Institut, se consacrent à la publication d'essais largement illustrés par les planches des *Monumenti*. Des corpus thématiques de grande envergure sont mis en chantier, recensant les miroirs (E. Gerhard, *Etruskische Spiegel*, I, Berlin, 1839) aussi bien que les décors de vases (*Id.*, *Auserlesene Vasenbilder*, Berlin, 1840) et les urnes (corpus qui ne fut publié qu'à partir de 1870 par H. Brunn). La topographie historique de l'Etrurie méridionale est systématiquement réétudiée par Luigi Canina (*Antica Etruria marittima*, I, 1846; II, 1851). Francesco Inghirami, puis Micali, publient d'importants recueils figurés des monuments de l'Etrurie entière.
Dans le domaine épigraphique, on envisage un projet de "corpus" pour remplacer l'ouvrage dépassé de Lanzi. Vermiglioli et Orioli, entre autres, se chargent de ce travail, mais c'est seulement avec Ariodante Fabretti, et après la création de l'Etat italien, que l'initiative prendra forme (*Corpus Inscriptionum Italicarum*, Turin, 1867).

Fibule à disque, or
Tombe Regolini-Galassi
VIIe siècle av. J.-C.
Cité du Vatican, Museo Gregoriano Etrusco

Pectoral, or
Tombe Regolini-Galassi
VIIe siècle av. J.-C.
Cité du Vatican, Museo Gregoriano Etrusco

C'est au cours de cette même période de vingt ans (1829-1848) que fut créé à Rome le premier musée entièrement consacré aux antiquités "étrusques", le Musée grégorien étrusque (1837), rapidement doté d'un catalogue richement illustré. Des salles "étrusques", mais contenant exclusivement, ou presque, des vases grecs, furent créées dans l'Alte Pinakothek de Munich (1840) et dans l'Altes Museum de Berlin (1844), tandis que du matériel étrusque était introduit dans les principaux musées européens. Mais l'événement le plus remarquable d'un point de vue muséologique, et déjà perçu comme tel par les contemporains, fut l'exposition que les Campanari ouvrirent à Londres à la veille de l'inauguration du Musée grégorien, en janvier 1837.

L'exposition, qui resta longtemps ouverte au public, offrait une image exemplaire de l'Etrurie, que les fouilles continuaient de révéler: on avait reconstitué d'après nature l'intérieur de onze tombes à chambre, auxquelles le visiteur avait directement accès, quatre tombes peintes de Tarquinia, cinq tombes à sarcophages de Tuscania, une tombe peinte de Bomarzo contenant aussi un sarcophage, une tombe peinte de Vulci, la tombe dite Campanari avec sa colonne à chapiteau sculpté. L'intérieur d'une tombe de Tuscania était particulièrement évocateur: en plus de quatre sarcophages sculptés, elle abritait une cinquantaine de vases et d'objets divers, pour la plupart fixés au mur; l'effet était celui de la vie quotidienne, l'impression, celle que peut nous donner aujourd'hui la Tombe des Reliefs, alors inconnue. La reproduction de peintures, en fac-similé sur toile, comprenant aussi les plafonds, avait été réalisée par Carlo Ruspi, déjà mentionné plus haut. Certaines reproductions (Bomarzo, Vulci) avaient été faites tout exprès; celle des peintures de Tarquinia avaient été exécutées à partir des propres calques de Ruspi, commandés au préalable par le gouvernement pontifical (Tombe du Triclinium) ou par le roi Louis de Bavière qui, au cours de sa visite sur le site en 1834, avait été fasciné par ces peintures (tombes des Biges, des Inscriptions et du Mort). Le succès de l'exposition, la plus remarquable dans les annales de l'étruscologie jusqu'à la grande exposition de 1955-1956, fut tel que le Musée grégorien étrusque s'empressa de commander à Ruspi la quasi-totalité de la série des fac-similés disponibles. Ceux-ci furent malheureusement exposés, comme devait le faire aussi von Klenze à Munich, en haut des murs, comme s'il s'agissait de simples tableaux dans une galerie. La reconstitution d'une tombe avec tout son mobilier, réalisée à la demande du musée, et sur les indications de Campanari, ne fut pas mieux réussie.

Le contenu des tombes exposé à Londres, y compris les vingt-quatre fac-similés des peintures, fut acheté en juin 1838 par le British Museum, qui entretint dès lors des relations privilégiées avec les Campanari. Ces derniers devinrent les plus grands marchands italiens dans le commerce international des antiquités, ouvrant une voie qui sera suivie plus tard par les Castellani. En 1839, dans la cour-jardin de leur maison de Toscanella, ils créèrent sans doute le plus étonnant des musées étrusques de tous les temps. Cippes, sculptures et vases, disséminés dans la verdure, servaient de décor à une grande tombe "en dé", découverte dans les environs de la ville et qui y avait été reconstruite; on avait replacé à l'intérieur la plus grande partie des sarcophages et des objets funéraires que l'on y avait retrouvés. L'idée d'un musée archéologique en plein air sera reprise seulement au début de notre siècle avec le jardin du musée de Florence.

Le "musée" Campanari rencontra un grand succès auprès des contemporains, comme en témoignent les mémoires de voyage de Mrs Hamilton Gray (*Tour to the Sepulchres of Etruria in 1839*[2], Londres 1841) et l'ouvrage de George Dennis (*The Cities and Cemeteries of Etruria*, Londres, 1848; plusieurs fois réédité et traduit), que l'on peut considérer comme la meilleure expression du regard romantique porté sur l'Etrurie: grâce à son érudition et à sa parfaite connaissance des lieux, des choses et des personnes, l'auteur, en véritable Pausanias, dépasse souvent son rôle de guide et son œuvre demeure essentielle dans l'étude des sites mineurs. Au cours de ces années, voyageurs et artistes furent par ailleurs nombreux à contempler les monuments et paysages d'Etrurie dans le même esprit que Samuel J. Ainsley à qui nous devons la documentation la plus réussie (sans parler de la découverte de Sovana!) ainsi qu'une excellente illustration du livre de Dennis.

En 1848, le goût de la collection est illustré de manière éclatante par la frise décorative qui court sur les murs du nouveau musée Thorvaldsen au Danemark et représente le transport triomphal de la collection de l'artiste de Rome à Copenhague.

Hélas, l'enthousiasme grandissant pour les Etrusques devait entraîner des excès, comme on avait pu le constater déjà au XVIIIe siècle (et comme on le constate encore aujourd'hui). L'habitude de présenter les tombes "meublées", pour satisfaire les visiteurs, comme cela se fit à Chiusi dès les années 1820 (tombes du Grand-Duc et "delle Monache"), à Volterra (Tombe des Marmini), et à Pérouse (Hypogée des Volumnii), sans parler des reconstitutions des Campanari, fut à

Bracelet, or
Tombe Regolini-Galassi
VIIe siècle av. J.-C.
Cité du Vatican, Museo Gregoriano Etrusco

Coupe du potier Sosias
et détail du décor intérieur
Vers 500 av. J.-C.
Berlin, Antikenmuseum
Cat. 468

pages suivantes
Cratère attique en calice
Peintre de la Phiale de Boston
440-430 av. J.-C.
Cité du Vatican, Museo Gregoriano Etrusco
Cat. 466

Hydrie attique du Peintre de Berlin
500-480 av. J.-C.
Cité du Vatican, Museo Gregoriano Etrusco
Cat. 467

l'origine des fausses séries de vases peints utilisées par Campana pour faire connaître les tombes orientalisantes de Véies et de Caere qui portent son nom. A Chiusi, la Tombe "delle Monache" devint une sorte de boutique où s'entassaient les urnes offertes au touriste avec l'indication de leur prix (Hamilton Gray, *op. cit.*, p. 437 sq.), jusqu'au jour où les urnes les plus précieuses de la série originale furent elles-mêmes vendues et la tombe refermée. L'industrie des faux et des pastiches était florissante, en particulier à Chiusi et à Rome, dans le cercle des restaurateurs de Campana, auxquels on doit aussi le sarcophage des Epoux acquis par le British Museum en 1873, dont on fit pendant longtemps grand cas. On se mit à fouiller partout, quasiment sans contrôle et à des fins de plus en plus bassement spéculatives.
Les années 1849-1860 se fondent dans une grisaille confuse. Les épisodes brillants ne manquent pourtant pas, comme la découverte, suivie d'une publication rapide, de la nécropole de Villanova, qui montre l'existence en Emilie d'un intérêt croissant pour la protohistoire (G. Gozzadini, *Di un sepolcreto etrusco scoperto presso Bologna*, Bologne, 1854) ou comme encore, alors qu'il n'y avait plus

de grands projets de fouilles sur le territoire de l'Etrurie pontificale, la découverte, en 1857, par Alessandro François, de la tombe peinte qui porte aujourd'hui son nom et en fait le dernier des "pionniers". Les résultats des fouilles entreprises par des personnalités de moindre envergure, comme G. Bazzichelli, D. Golini, ou par des institutions mineures comme la Colombaria de Florence, sur des sites peu connus, de Norchia à Musarna, de Bolsena à Sovana, sont le plus souvent passés sous silence, en partie à cause des interruptions et des retards que subissent alors les publications de l'Institut de correspondance archéologique. L'ouvrage luxueux, au titre vainement prometteur, *L'Etrurie et les Etrusques ou dix ans de fouilles dans les maremmes toscanes*, Paris, 1862-1864, de A.-Noël Des Vergers, financier des fouilles François, est également une occasion manquée.

La période s'achève avec le procès Campana, le démembrement du musée, constitué de façon chaotique par le banquier, et sa vente à l'étranger (1861), qui va à l'encontre de la politique de tutelle menée jusqu'alors par le gouvernement pontifical. Peu de temps après, le plus important musée de Chiusi, le musée Casuccini, acheté par l'Etat italien et transféré à Palerme au nom des idées chères à Micali et au Risorgimento, qui faisaient des Etrusques le ciment unificateur de la nation, connaîtra le même déracinement. Les collections étrusques du Louvre, des musées de province français et de l'Ermitage, issues du musée Campana, donnent lieu cependant à de nouvelles rencontres entre les Etrusques et l'Europe. L'exposition temporaire des antiquités Campana s'ouvre à Paris en 1862; ultime manifestation de l'archéologie romantique, elle connaît un succès mémorable, auquel n'est pas étrangère son installation dans le cadre ultramoderne du Palais de l'Industrie aux Champs-Elysées, aujourd'hui démoli. Le sarcophage des Epoux, le sarcophage "lydien" comme on l'appelle alors, est évidemment le point fort de l'exposition: on a recréé pour lui avec un goût un peu "kitsch" "la chambre funéraire telle qu'elle a été trouvée: arrangement d'ensemble, vases bleus et rouges ornementés d'animaux fantastiques, sépultures cinéraires, accessoires, antéfixes, etc." (E. Desjardins, *Notice sur le Musée Napoléon III*, Paris, 1862, p. 31). On a reconstitué également la tombe cérétaine des Reliefs, dont la décoration murale en stuc est reproduite par des fac-similés. Mais on ne retrouve rien de tout cela dans la présentation du Louvre, où les antiques de la collection Campana sont transférées l'année suivante...

BIBLIOGRAPHIE:

Bibl. générale:
J. Heurgon, dans "Comptes-Rendus de l'Académie des Inscriptions et Belles-Lettres" 1973, p. 3-12; A. Hus, Paris 1980, p. 320-333; *Bibliotheca Etrusca* [...] (Cat. Exp.), Milan 1985; E. Barni-G. Paulucci, Milan 1985, p. 12-75; M. Kunze, dans *Die Welt der Etrusker* [...] (Cat. Exp.), Berlin 1988, p. 397-406.

1810-1820:
F. Eckstein, dans *Enciclopedia dell'Arte Antica Classica e Orientale*, s.v. *Iperborei*, IV, 1961, p. 176-178; P. Treves, dans *Lo studio dell'antichità classica nell'Ottocento* I, Milan-Naples 1962, p. 293-311; E. Colonna Di Paolo-G. Colonna, Rome 1970, p. 19-23; S. Donadoni, dans "Parola del Passato" 147, 1972, p. 397-406; M. Pallottino, dans *Mélanges J. Heurgon*, Rome 1975, p. 771-777; E. Colonna Di Paolo-G. Colonna, Rome 1978, p. 40-46, p. 413 sq.; G. Colonna, dans *Italia omnium terrarum alumna* [...], Milan 1988, p. 422 sq.

1829-1848:
M. Pallottino, dans *Grandi scoperte archeologiche*, Turin 1954, p. 22-33; M. Pallottino, dans *Saggi di Antichità* III, Rome 1979, p. 835-842; A. Hus, dans *Mélanges J. Heurgon*, Rome 1975, p. 437-469; G. Colonna, dans "Studi Etruschi" XLVI, 1978, p. 81-117 (suivi d'un appendice sur "Le scoperte Campana a Cerveteri); F. Roncalli, dans *Studi in onore di F. Magi*, Pérouse 1979, p. 157-167; M. Bonamici, dans "Prospettiva" 21, 1980, p. 6-24; M. Cristofani, dans "Bollettino d'Arte" s. sp. I, 1981, p. 11-23; F. Delpino, Rome 1985; G. Colonna (sous la dir. de), Sienne 1986; C. Weber-Lehmann-H. Lehmann, dans *Malerei der Etrusker* [...] (Cat. Exp.), Mayence 1987, p. 16-41; F. Buranelli, *ibid.*, p. 42-47; M. Cristofani, dans *Un artista etrusco e il suo mondo: il pittore di Micali*, Rome 1988, p. 44-47; H. Lehmann, dans "Zeitschriften für bayer. Landesgeschichte" 52, 1989, p. 617-622; M.-F. Briguet, Florence 1989; G. Colonna, dans Actes Chianciano Terme [en cours d'impression].

1849-1860:
La tomba François di Vulci (Cat. Exp.), Rome 1987; G. Colonna, dans *La collezione Casuccini* I, Rome 1992 [en cours d'impression].

L'âge du positivisme

Filippo Delpino

A partir du milieu du XIXe siècle, une série de découvertes archéologiques et les progrès de la linguistique historique d'une part, les transformations culturelles et politiques qui affectaient alors l'Europe, et l'intérêt croissant que l'on portait à la préhistoire et à la protohistoire d'autre part, changèrent progressivement le cours des recherches dans le domaine de l'archéologie étrusco-italique. Depuis les pays nordiques où, grâce à Thomsen, Worsaae et d'autres, il avait déjà suscité d'excellents travaux dans la première moitié du siècle, cet intérêt s'étendit rapidement à toute l'Europe et contribua fortement, entre autres, à la diffusion des doctrines évolutionnistes et positivistes dans le domaine archéologique. En 1859 parut la première édition de l'ouvrage de Charles Darwin, *On the Origin of Species*, dont l'influence dépassa largement le champ des sciences naturelles; à partir de 1864, le palethnologue français Gabriel de Mortillet entreprit la publication d'un périodique dont le titre indiquait le programme: *Matériaux pour servir à l'histoire positive et philosophique de l'homme.*

C'est dans ce contexte qu'on prit l'initiative des Congrès internationaux d'anthropologie et d'archéologie préhistoriques: ceux-ci se derouleront à un rythme annuel dans diverses villes d'Europe à partir de 1866; lors du Ve Congrès, qui se tint à Bologne en 1871, on prêta une attention particulière aux thèmes qui intéressaient l'archéologie étrusco-italique, et les savants de l'Europe entière prirent directement connaissance du matériel déjà retrouvé et des fouilles en cours; Marzabotto fut le but d'une excursion des congressistes et une tombe de la nécropole bolonaise de la Certosa fut mise au jour pour l'occasion.

Les tombes à crémation de Villanova près de Bologne étaient au cœur des débats de ce temps; elles le demeureront pendant les décennies suivantes.

Caractérisé par la présence de cinéraires, de formes et de décors standardisés – vite adoptés comme "fossile directeur" ("type de Villanova"), au point de vue ethnico-culturel et chronologique –, ce petit cimetière avait été attribué aux Etrusques et à une phase primitive de leur civilisation (G. Gozzadini, *Di un sepolcreto etrusco scoperto presso Bologna*, Bologne, 1854).

L'exploration de nécropoles analogues (avec des ossuaires du type de Villanova), au cours des années suivantes, à Bologne et en diverses localités de l'Etrurie proprement dite, amènera les savants à élargir leurs perspectives et leurs débats, jusqu'alors restreints à la protohistoire émilienne, et à aborder plus largement le problème de l'origine des Etrusques: partisans de leur provenance nordique et partisans de leur origine orientale s'opposèrent vivement au sujet de ce faux problème, que les savants de l'époque considéraient comme fondamental et qui ne fut dépassé que bien plus tard. On en chercha la solution – et c'est un trait typique de ce temps-là – dans les données archéologiques, épigraphiques, linguistiques et anthropologiques plutôt que dans les traditions de l'historiographie, comme l'avaient fait Niebhur et Müller. On jeta ainsi les bases d'une utilisation critique des données fournies par les différentes disciplines et on entreprit un travail profitable qui fit accomplir à l'analyse des réalités archéologiques des progrès décisifs.

Mais on ne sut pas éviter – et c'est aussi un trait de cette période – de substituer aux vieux "mythes" de l'érudition historiographique les mythes "scientifiques"

La "Casa Tarpeia" érigée sur le Capitole en 1835, premier siège autonome de l'Instituto di Corrispondenza Archeologica
Cat. 504

MONUMENTI INEDITI
PUBBLICATI
DALL'INSTITUTO DI CORRISPONDENZA ARCHEOLOGICA.
VOL. II.
MONUMENTS INÉDITS
PUBLIÉS
PAR L'INSTITUT DE CORRESPONDANCE ARCHÉOLOGIQUE.
TOME SECOND.
ROMA E PARIGI.
A SPESE DELL'INSTITUTO DI CORRISPONDENZA ARCHEOLOGICA.

Monumenti Inediti dell'Instituto di Corrispondenza Archeologica, *volume II, 1834-1838, frontispice: "Casa Tarpeia"*
Cat. 497

du positivisme hypercritique et de céder de plus en plus à la tentation, imprudente, de figer les efforts d'interprétation en des formules abstraites et dogmatiques.

La théorie qui prévalut longtemps sur l'origine des Etrusques fut celle qui prit le nom de Pigorini-Helbig, présentée de manière organique par W. Helbig dans sa monographie, *Die Italiker in der Poebene* (Leipzig, 1879) et dans son ample essai "Sur la provenance des Etrusques", paru dans les *Annali dell'Instituto di Corrispondenza Archeologica* (1884, p. 108-188): "Etrusques" et "Italiques" seraient à identifier aux peuples de provenance transalpine qui se sont installés dans la plaine du Pô à l'âge du bronze et ont ensuite émigré, à l'âge du fer, au-delà des Apennins où ils ont progressivement occupé, du Nord vers le Sud, les régions qui sont les leurs à l'époque historique. L'identification de nécropoles de "type de Villanova" dans l'Etrurie proprement dite parut confirmer la validité de cette thèse; les analogies que l'on décelait entre les cimetières les plus archaïques de l'Etrurie et du Latium (par exemple la présence d'urnes cinéraires en forme de cabane dans les uns et les autres) semblèrent de même prouver de lointaines origines communes.

L'importance que l'on a donnée aux découvertes des cimetières du "type de Villanova" dans la région bolonaise et en Etrurie, ainsi qu'aux discussions sur l'"origine" des Etrusques, ne doit pas faire négliger d'autres aspects - non moins importants - du développement de l'étruscologie dans la seconde moitié du XIXe siècle. On insistera ici sur les traits saillants de la recherche étruscologique de cette époque, sans chercher à énumérer par le menu découvertes et publications.

On peut peut-être considérer *L'Etrurie et les Etrusques*, ouvrage d'Adolphe-Noël Des Vergers publié à Paris par A. Firmin-Didot en 1862-1864 dans une somptueuse édition, comme le trait d'union entre le phase "romantique" et la phase "scientifique" de l'étruscologie.

L'auteur fasciné par les âpres paysages de l'Etrurie s'enthousiasme pour les découvertes mirobolantes effectuées au cours d'une longue saison de fouilles en Toscane par Alessandro François dont il était, avec son beau-père Firmin Didot, l'associé et le financier, mais montre aussi un souci de méthode et une exigence de composition organisée qui, sans pour autant dépasser le niveau de l'érudition historique et "antiquaire", expriment, d'une certaine manière, des préoccupations culturelles nouvelles et plus modernes.

La nature systématique des entreprises des trois dernières decennies du XIXe siècle est sans doute l'un des traits qui caractérisent le mieux la direction prise à cette époque par la recherche archéologique. On pourrait, à juste titre, la définir comme celle des grands "corpus" et des manuels, qui fournissent de nouvelles bases - tant au point de vue des connaissances que de la méthode - à l'étruscologie, qui tendait alors à acquérir son autonomie à côté des autres secteurs de la recherche archéologique. Cette tendance à la systématisation, qui s'était affirmée en France et surtout en Allemagne, reprit vigueur en Italie grâce à l'influence prédominante des savants allemands, liés plus ou moins directement au plus grand centre d'études archéologiques du temps, l'Institut Archéologique Allemand, héritier et continuateur en son siège romain du vieil et glorieux Instituto di Corrispondenza Archeologica. Eduard Gerhard avait entrepris dans les années 1830-1840 la réalisation de grands corpus (opportunément rappelés dans ce catalogue par G. Colonna), qui répondaient déjà à l'exigence d'exhaustivité et d'organicité qui devait se développer surtout dans les années 1850-1860 et dans d'autres secteurs des études classiques, dans celui de l'épigraphie latine en particulier (*Recueils* de Th. Mommsen, 1852; de F. Ritschl, 1862; début de la publication du *Corpus Inscriptionum Latinarum*, 1863): ces ouvrages s'imposèrent comme une sorte de référence idéale pour d'autres initiatives du même genre.

Les *Etruskische Spiegel* de Gerhard et le *Corpus Inscriptionum Latinarum* constituent, en effet, les modèles auxquels H. Brunn se référa expressément dans le grand catalogue où il réunit et publia les urnes étrusques à décor figuré (*I rilievi delle urne etrusche*, I, Rome 1870, complété par G. Körte dans les volumes suivants, édités à Rome et Berlin en 1890, 1896 et 1916).

L'activité de l'Instituto di Corrispondenza Archeologica, puis de l'Institut Archéologique Allemand fut donc longtemps centrée sur l'édition de répertoires monumentaux (les volumes III, IV et V des *Etruskische Spiegel*, dont le dernier fut rédigé par A. Klügmann et G. Körte, datent de 1863, 1865, 1884-1897) qui apportèrent une contribution notable à la recherche étruscologique moderne.

En outre, le *Corpus* des inscriptions latines servit explicitement de modèle à d'autres grandes initiatives de savants italiens et étrangers, au *Corpus Inscriptionum Italicarum* et au *Glossarium Italicum*, de A. Fabretti (Turin, 1867), aux trois *Supplementi* (1872-1878) du même auteur et à l'*Appendice* (1880) de G.F. Gamurrini comme au *Corpus Inscriptionum Etruscarum*, dont le premier volume fut publié entre 1893 et 1902 par les soins de C. Pauli, A. Danielsson, G. Herbig et B. Nogara.

La Civilisation primitive en Italie depuis l'introduction des métaux (Stockholm, 1895-1910), du Suédois Oscar Montelius, clôt la saison des Corpus monumentaux au tournant du XIXe et du XXe siècle: l'œuvre est demeurée pendant de nombreuses décennies la source de documentation la plus vaste sur les cultures qui se sont succédées en Italie de l'âge du cuivre à l'époque étrusque.

L'apport des savants de toute l'Europe - surtout français, allemands, danois et suédois - fut également important: nombre d'entre eux rédigèrent manuels et monographies, surtout dans le domaine de l'épigraphie et de la linguistique. Le besoin de systématisation typique de cette époque et la tendance de l'étruscologie à s'affirmer comme discipline autonome, réclamaient des monographies mises à jour, tenant compte des grands progrès que réalisaient les recherches étruscologiques. L'unique manuel qui existait alors, celui de K.O. Müller (*Die Etrusker*, Göttingen, 1828) nécessitait ainsi une large révision: le nombre des

Message de voeux adressé par L'Association des Architectes de Berlin pour le cinquantième anniversaire de l'Institut Archéologique Allemand
1879
Rome, Istituto Archeologico Germanico
Cat. 505

pages fut doublé dans la nouvelle édition, en deux volumes, de l'imposant ouvrage, réalisée par W. Deecke (*Die Etrusker*, Stuttgart, 1877). Le Müller-Deecke satisfaisait ainsi aux exigences des savants et de l'enseignement universitaire. Un autre ouvrage d'ensemble s'adressait, en revanche, à un public plus vaste de personnes cultivées "qui voudraient avoir quelque idée de l'archéologie étrusque et romaine": le *Manuel d'archéologie étrusque et romaine* de Jules Martha, édité à Paris en 1884, qui est, dans son genre, la première œuvre sérieuse de vulgarisation dans le domaine étruscologique.

On doit au même auteur une vaste monographie (J. Martha, *L'Art étrusque*, Paris, 1889), qui analyse tous les aspects de l'art étrusque: architecture, sculpture, peinture, céramique, métallurgie, bijouterie, glyptique. C'est, bien qu'elle soit fortement marquée par le préjugé de la suprématie classique ("nous sommes obligés d'avouer que l'art étrusque n'est pas un grand art"), une *somme* des connaissances du temps, qui pose bien le thème de l'héritage artistique que Rome reçut de l'Etrurie.

C'est seulement quelques décennies plus tard que la découverte de la grande sculpture d'acrotères de Véies dissipera ce préjugé.

La monographie de J. Martha avait une origine académique: elle est née, en effet, d'un essai qui avait été primé dans un concours sur l'art étrusque ouvert par l'Académie des inscriptions et belles-lettres, concours qui témoigne de l'intérêt croissant que portait la haute culture française à la civilisation des Etrusques et qui poussait au même moment l'Ecole française de Rome à promouvoir en Etrurie des fouilles dont les résultats furent illustrés de manière exemplaire par Stéphane Gsell dans une monographie d'une grande rigueur scientifique (*Fouilles dans la nécropole de Vulci*, Paris-Rome, 1891).

Citons encore deux autres manuels: celui de Josef Durm sur l'architecture étrus-

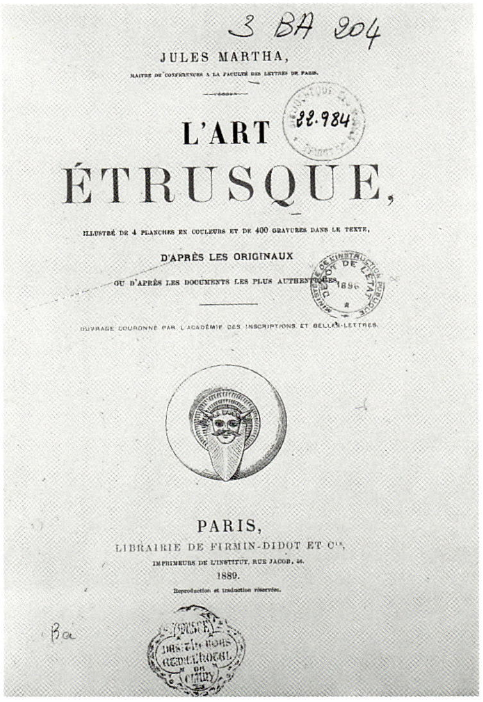
3 BA 204

JULES MARTHA,

MAITRE DE CONFÉRENCES A LA FACULTÉ DES LETTRES DE PARIS.

L'ART

ÉTRUSQUE,

ILLUSTRÉ DE 4 PLANCHES EN COULEURS ET DE 400 GRAVURES DANS LE TEXTE,

D'APRÈS LES ORIGINAUX

OU D'APRÈS LES DOCUMENTS LES PLUS AUTHENTIQUES.

OUVRAGE COURONNÉ PAR L'ACADÉMIE DES INSCRIPTIONS ET BELLES-LETTRES.

PARIS,

LIBRAIRIE DE FIRMIN-DIDOT ET Cie,

IMPRIMEURS DE L'INSTITUT, RUE JACOB, 56.

1889.

Reproduction et traduction réservées.

Jules Martha, L'Art étrusque, *Paris 1889*
Paris, Bibliothèque Centrale des Musées de France
Cat. 528

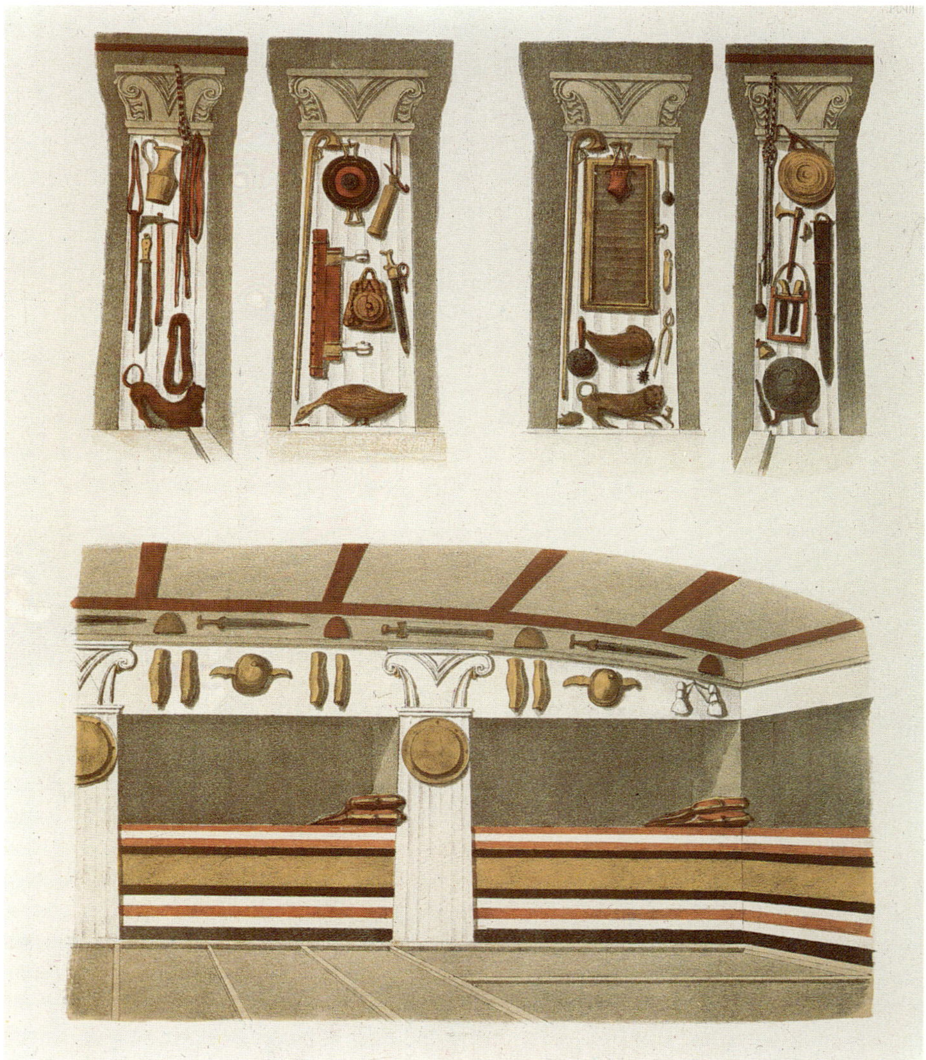

La Tombe des Reliefs à Cerveteri, d'après Adolphe-Noël Des Vergers dans L'Etrurie et les Etrusques, *planche III, Paris 1862-1864*
Paris, Bibliothèque Centrale des Musées de France
Cat. 518

que et romaine (*Die Baukunst der Etrusker. Die Baukunst der Römer*, Darmstadt, 1885) et celui de Hermann Genthe sur les exportations étrusques en Italie du Nord et dans l'Europe centro-septentrionale (*Über den etruskischen Tauschhandel nach dem Norden*, Francfort, 1874), qui s'insérait dans un filon de recherches exploité de manière féconde, à cette époque et par la suite encore, surtout par des savants allemands et nordiques.
Le manuel de George Dennis (*The Cities and Cemeteries of Etruria*, Londres, 1848, avec éditions successives augmentées en 1878 et 1883) mis à part, les contributions anglo-saxonnes furent très modestes pendant cette période. A titre d'exemple, on rappellera le petit livre de l'architecte George L. Taylor (*The Sto-*

Jules Martha, L'Art étrusque, *Paris 1889*
Faux-titre: reproductions de bijoux étrusques
Paris, Bibliothèque Centrale des Musées de France
Cat. 528

nes of Etruria and Marbles of Ancient Rome, Londres, 1859), qui, dans la tradition du "grand tour", offre une série de vues et de relevés de paysages et de monuments étrusques et romains, et les *Etruscan Researches* (Londres, 1874) d'Isaac Taylor, œuvre à prétention d'érudition incertaine et affectée; l'*Etruscan Bologna* (Londres, 1876) de Richard Burton est une œuvre de pure dilettantisme, mais qui témoigne de l'intérêt que l'on portait aux discussions passionnées que provoquaient alors les fouilles en cours à Bologne.
La contribution des savants de l'Europe entière aux recherches d'épigraphie et de linguistique fut en revanche particulièrement remarquable. On a dejà parlé de ces instruments indispensables à l'approfondissement des études que sont les grands corpus épigraphiques. Les dernières années du siècle virent en outre la découverte et la publication des textes majeurs en langue étrusque (Momie de Zagreb: J. Krall, *Die etruskische Mumienbinden des Agramer Nationalmuseums*, Vienne, 1882; Tuile de Capoue: F. Bücheler, dans *Rheinisches Museum für Philologie*, LV, 1900, p. 1 sq.). Celles-ci furent naturellement suivies d'études criti-

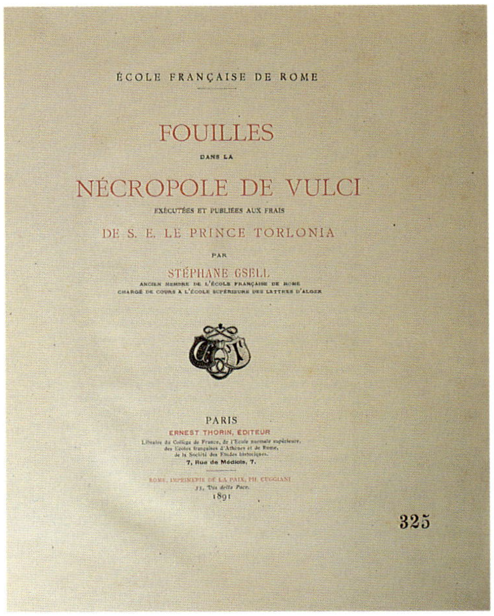
ÉCOLE FRANÇAISE DE ROME

FOUILLES

DANS LA

NÉCROPOLE DE VULCI

EXÉCUTÉES ET PUBLIÉES AUX FRAIS

DE S. E. LE PRINCE TORLONIA

PAR

STÉPHANE GSELL

ANCIEN MEMBRE DE L'ÉCOLE FRANÇAISE DE ROME
CHARGÉ DE COURS À L'ÉCOLE SUPÉRIEURE DES LETTRES D'ALGER

PARIS

ERNEST THORIN, ÉDITEUR

Libraire du Collège de France, de l'École normale supérieure,
des Écoles françaises d'Athènes et de Rome,
de la Société des Études historiques.
7, Rue de Médicis, 7.

ROME, IMPRIMERIE DE LA PAIX, PH. CUGGIANI
35, Via della Pace.
1891

325

Stéphane Gsell, Fouilles dans la nécropole de Vulci, *Paris-Rome 1891, frontispice*
Rome, Istituto CNR per l'Archeologia etrusco-italica
Cat. 523

ques. Intense également fut le travail des linguistes pendant toute cette période, tant sur le plan de l'analyse morphologique et grammaticale que sur celui de l'herméneutique. Pendant longtemps, selon une tradition qui remontait à l'*etruscheria* de la Renaissance, mais avec d'autres méthodes et d'autres connaissances naturellement, on tenta d'analyser et d'interpréter l'étrusque à partir d'idiomes connus, surtout indo-européens, selon une méthode dite "étymologique" ou déductive, en prenant appui sur une théorie alors répandue qui s'imposait aussi à la plus grande partie des archéologues et affirmait une parenté des langues étrusque et italiques.

Dans l'œuvre la plus rigoureuse fondée sur cette idée, *Über die Sprache der Etrusker* (Leipzig, 1874-1875), W. Corssen fonde ses analyses morphologico-grammaticales et ses propositions herméneutiques sur des comparaisons avec le latin, l'ombrien et l'osque. Des rapprochements avec les systèmes linguistiques les plus divers ne manquèrent pas non plus: avec l'arménien (S. Bugge, *Etruskische und Armenische*, Christiania, 1890), le caucasien (V. Thomsen, *Remarques sur la parenté de la langue étrusque*, Copenhague, 1899) ou le finno-ougrien (J. Martha, *La langue étrusque*, Paris, 1913). La critique sévère adressée par W. Deecke à l'œuvre de Corssen (*Corssen und die Sprache der Etrusker. Eine Kritik*, Stuttgart, 1875) fit abandonner la méthode des comparaisons systématiques avec les autres systèmes linguistiques au profit d'une nouvelle approche de l'étude de l'étrusque, centrée sur l'analyse des textes étrusques eux-mêmes (méthode dite "combinatoire" ou inductive) et sur leurs rapports internes et réciproques. Parmi les œuvres les plus importantes qui appliquèrent cette méthode, citons celle de Deecke lui-même (*Etruskische Forschungen*, Stuttgart, 1875), et celle de A. Torp (*Etruskische Beiträge*, Leipzig, 1902-1903); grâce à ces savants et à d'autres encore, grâce à un travail patient qui s'est prolongé longtemps encore au XXe siècle, les connaissances grammaticales et les conquêtes herméneutiques firent des progrès considérables, surtout pour les textes étrusques les plus courts.

En conclusion de cette revue des études étruscologiques dans la seconde moitié du XIXe siècle, on ne peut omettre de citer les musées, qui, dans toute l'Europe (mais aussi en Amérique), étaient alors en train de constituer ou d'accroître leurs collections d'objets étrusques. La dispersion du musée Campana (traitée par F. Gaultier) au début des années 1860 donna une impulsion décisive de manière plus ou moins directe à la formation des collections publiques et provoqua une émulation entre plusieurs grands musées. En Italie, où l'unité nationale était enfin réalisée, on ressentit l'impérieuse nécessité de créer des musées pour les antiquités étrusques. C'est ainsi qu'aux collections des musées de Berlin, Bruxelles, Londres, Munich, Paris, Saint-Pétersbourg et du Vatican (pour ne citer que les plus importants) s'ajoutèrent celles des musées archéologiques de Florence (1870) et de Bologne (1881), et, plus tard, du musée de la Villa Giulia à Rome (1889).

Faute d'une législation (jusqu'au début du XXe siècle) qui pût empêcher la dispersion des collections privées et endiguer efficacement l'avidité du commerce des antiquités, les nécropoles d'Etrurie continuèrent tout au long du XIXe siècle (et au-delà) à alimenter les collections publiques et privées, étrangères et ita-

Céramiques corinthiennes et étrusco-corinthiennes de Vulci, d'après Fouilles dans la nécropole de Vulci, *Paris-Rome, 1891, pl. II*
Rome, Istituto CNR per l'Archeologia etrusco-italica

liennes. La situation s'améliora peu à peu grâce à la création d'un organisme public chargé des fouilles et des musées (1875): la documentation relative aux nouvelles découvertes était réunie et publiée dès 1876 dans les *Notizie degli Scavi* éditées par l'Accademia dei Lincei; des méthodes plus sûres étaient appliquées aux fouilles, notamment à celles qu'exécutaient les particuliers. Tous les musées tirèrent profit de ces progrès accomplis grâce à une laborieuse prise de conscience des archéologues de plus en plus soucieux de refuser les fouilles "de rapine": les musées italiens d'antiquités étrusques commencèrent, à partir des années 1880, à classer et à présenter le matériel selon des critères topographiques et chronologiques; ils obéissaient eux aussi aux exigences les plus strictes qui à la même époque s'exprimaient dans les meilleures publications scientifiques; les musées étrangers, pour leur part, purent alors acquérir sur le marché de l'art des objets étrusques de provenance connue et parfois même d'entiers mobiliers funéraires.

BIBLIOGRAPHIE:

Pour une vue d'ensemble de la période, considérée du point de vue de l'histoire culturelle, de l'histoire des recherches archéologiques, épigraphiques, linguistiques et historiographiques: M. Pallottino, *Etruscologia*, Milan 1984, en particulier p. 13 sq., p. 35 sq., p. 85 sq., p. 405 sq.
Pour ce qui concerne l'historiographie, ou retiendre la riche documentation fournie par l'ouvrage de P. Treves: *Lo studio dell'antichità classica nell'Ottocento*, Milan-Naples, 1962, même si celui-ci se réfère pour l'essentiel à la philologie et à l'antiquité classique.
On trouvera d'utiles indications pour la compréhension des rapports entre évolutionisme et positivisme, palethnologie er archéologie dans G. Guidi, *Storia della paletnologia*, Rome-Bari 1988, en particulier chap. I et II, p. 3 sq., 38 sq.
Sur les recherches protohistoriques en Emilie et sur le congrès d'anthropologie et d'archéologie préhistorique de Bologne (1871) on trouvera de nombreuses informations et réflexions dans le catalogue d'exposition *Dalla stanza delle Antichità al Museo Civico [...]* (Cat. Exp.) rédigé sous la direction de C. Morigi Govi et G. Sassatelli, Bologne, 1984; ou verra en outre M. Desiterre *Paletnologi e studi preistorici nell'Emilia Romagna dell'Ottocento*, Reggio Emilia, 1988. Sur les activités archéologiques au XIXe siècle et plus particulièrement sur l'activité des savants allemands et de l'Institut archéologique allemand: *Ein Jahrhundert kunstarchäologischer Entdeckungen*, Leipzig, 1908 (2e édit.)
Sur la politique de tutelle des antiquités de l'administration publique italienne, ses rapports avec les Instituts étrangers, les collectionneurs et les musées dans les dernières décennies du XIXe siècle: *Le "Memorie di un Archeologo" di Felice Barnabei*, éditées et commentées par M. Barnabei et F. Delpino, Rome, 1991.

LES COLLECTIONS ETRUSQUES
LA FORMATION
DES GRANDS MUSEES EUROPEENS

La collection Campana
et la collection étrusque du Musée du Louvre

Françoise Gaultier

Portrait de Gian Pietro Campana
Paris, Bibliothèque Nationale
Cabinet des Estampes
Cat. 532

Avant 1789, les collections royales étaient pour la plupart, et exception faite des grands marbres, conservées au Cabinet du Roi: elles constituent aujourd'hui le principal fonds du Cabinet des Médailles de la Bibliothèque nationale. L'ancien fonds du Louvre ne comprend pour sa part que les pièces déposées alors au Garde-Meuble.

Parmi celles-ci, brièvement décrites dans l'Inventaire des diamants de la Couronne, rédigé et imprimé en 1791, on peut reconnaître quelques pièces attribuables aux ateliers d'Etrurie. Mais la collection étrusque du Louvre s'est pour l'essentiel constituée dans le courant du XIXe siècle.

Le règne de Charles X est particulièrement faste pour le département des Antiques et 1825, qui voit l'achat de la première collection d'Edme-Antoine Durand (1768-1835), une date essentielle dans l'histoire de ses collections.

Le Département doit en effet à cet amateur au goût éclectique, pris d'une véritable passion pour l'antiquité, quelques bijoux, de nombreux bronzes et des céramiques de grande qualité, qu'il avait acquis au cours de ses voyages en Italie, mais aussi en France, où il acheta quelques-unes des plus belles pièces d'archéologie rassemblées par Joséphine et vendues aux enchères par le prince Eugène.

La collection étrusque profita elle aussi de cette acquisition et s'enrichit, entre autres, de la célèbre œnochoé en bronze en forme de tête (voir n° Cat. 449) qui ornait autrefois la Grande Galerie de la Malmaison.

Le Louvre n'achètera en revanche que très peu de choses lors de la dispersion de la seconde collection Durand en 1836, qui enrichit surtout les collections du Cabinet des Médailles, du musée de Sèvres et de quelques musées de province.

Entretemps cependant, en 1827, Jean-François Champollion, depuis deux ans conservateur au département des Antiquités égyptiennes du Louvre, avait recommandé dans une lettre qu'il adressait au Directeur du Musée, le comte de Forbin, l'achat de cinq urnes de Volterra, décorées de représentations mythologiques, et d'une scène de voyage vers l'au-delà, qu'il avait vues à Florence chez Micali, l'auteur de *L'Italia avanti il dominio dei Romani*, et qu'il considérait "comme une excellente acquisition pour le Musée Royal", qui n'avait alors "rien de beau à montrer dans ce genre". Le prix demandé était modique et les pièces étaient entrées au musée l'année suivante: elles comptent encore parmi les plus belles de la série volterrane.

Peu d'acquisitions sont faites sous le règne de Louis-Philippe: pour la collection étrusque, seule une petite statuette d'Héraclès (Br 283) mérite d'être signalée.

Les années cinquante sont ponctuées par l'acquisition d'une urne et de quelques canopes (1851), par quelques dons, ceux de Frédéric Reiset (1850), conservateur du Cabinet des Dessins, du baron Gustave d'Eichtal (1854), saint-simonien fervent et fondateur de la Société d'ethnologie et de l'Association Guillaume Budé pour l'encouragement des Etudes Grecques, mais c'est là bien peu de chose encore: un *kyathos* de bucchero et une coupe pontique, attribuable aujourd'hui au Peintre de Pâris.

On retiendra plutôt une occasion manquée et la proposition faite au gouvernement français par l'archéologue italien Alessandro François.

Associé au français Noël Des Vergers, soutenu par l'éditeur et savant Ambroise

page 348
Détail du sarcophage des Epoux
faux executé au XIXe siècle
Londres, British Museum

Edgar Degas
Mary Cassatt au Musée du Louvre: La Galerie étrusque
1879-1880
Paris, Musée du Louvre
Département des Arts Graphiques
Cat. 538

Firmin Didot, Alessandro François qui fouillait avec succès sur le territoire de Vulci, souhaitait créer à Paris, à défaut de pouvoir le faire à Florence, un musée ouvert au public, doté d'un catalogue, dont la gestion serait assurée par une société par actions et dont l'Etat n'aurait qu'à fournir les locaux. L'idée était neuve et d'avant-garde mais pas plus qu'à Florence elle ne retint l'attention de l'*intelligentsia* déjà vivement sollicitée sans doute par l'Egypte, où Mariette entreprenait alors les fouilles de Saqqarah.

En 1861 les marchands Rollin et Feuardent proposent la collection de l'éditeur Panckoucke au Muséum de Boulogne-sur-mer. Sollicité par le secrétaire de la commission du Muséum, Longpérier, conservateur des Antiques du Louvre, est enthousiaste et prêt à acquérir quelques vases si le musée de Boulogne devait renoncer à l'acquisition: la collection, importante et variée, comportait un certain nombre de vases étrusques, une douzaine de vases de bucchero... et pouvait dans ce domaine comme dans d'autres réduire les lacunes de la collection parisienne.

Mais celles-ci seront bientôt comblées par l'achat en 1861 de la collection du marquis Campana. Cette collection est célèbre dans toute l'Europe depuis qu'en 1835 le pape Grégoire XVI l'a lui-même honorée de sa visite. Elle n'a fait que s'accroître depuis cette date et ses richesses sont dispersées dans tout Rome, dans toutes les demeures du marquis, chez des marchands de confiance, au Mont de Piété, dont il était depuis 1833 le directeur et dont il avait fini par immobiliser tous les avoirs en gageant en échange de sommes importantes la plus grande partie des objets qu'il avait rassemblés... Confisqué par le gouvernement pontifical, convoité par la Russie et par l'Angleterre, le musée Campana est à vendre, et depuis 1859 on vante à Napoléon III, que des liens anciens unissent par ailleurs à la famille Campana, "l'heureuse influence qu'auraient sur les arts et même sur l'industrie la vue et l'étude de si beaux modèles" (lettre de Victor Schnetz, directeur de l'Académie de France).

Sarcophage des Epoux
vue d'ensemble et, pages suivantes, détails
525-500 av. J.-C.
Paris, Musée du Louvre
Cat. 539

Comme le musée de South-Kensington, créé à Londres en 1851, et un peu à la manière dont la collection Vivant-Denon avait renouvelé la production de la manufacture royale de Sèvres, où le comte d'Angiviller, directeur des Bâtiments du Roi, l'avait fait déposer à la fin du XVIIIe siècle, le musée Campana pourrait ainsi donner un nouveau souffle aux arts industriels.

Léon Renier et Sébastien Cornu, un professeur d'épigraphie latine et un peintre de modeste envergure, mais qui avaient toute la confiance de l'empereur Napoléon III, négocient l'acquisition et obtiennent même les pièces que se réservait la commission pontificale. Parmi celles-ci, il y avait le fameux "sarcophage lydien", qui constitue aujourd'hui encore, sous le nom de sarcophage des Epoux, le fleuron de la collection parisienne.

La France n'achète pas cependant la totalité des séries antiques: des vases et des fragments entreposés au Mont de Piété n'ont pas été pris en compte par le contrat de vente et, dispersés plus tard, parvinrent en particulier à Bruxelles et à Florence; mais surtout des prélèvements ont été opérés en mars 1861 par la Russie, qui acquit ainsi, dans le domaine qui nous intéresse, un très beau bronze des environs de Pérouse, une statue cinéraire figurant un jeune homme dans l'attitude du banqueteur (voir n° Cat. 533). La dispersion de la collection et la perte pour le patrimoine national de pièces fameuses seront vivement déplorées par la presse française, mais le Louvre, pour lequel Adrien de Longpérier et le comte de Nieuwerkerke, surintendant aux Beaux-Arts, étaient au printemps 1861 venus examiner les pièces archéologiques, est malgré tout en passe de devenir ainsi le plus grand musée de céramique antique et le propriétaire d'une des plus importantes collections d'antiquités étrusques hors d'Italie. Mais les salles du musée ne sont pas prêtes à accueillir une telle quantité d'objets et les caisses, à peine arrivées à Paris, prennent rapidement le chemin du Palais de l'Industrie qui avait été construit sur les Champs-Elysées pour l'exposition de 1853. C'est là que l'on inaugurera le 1er mai 1862 le musée Napoléon III.

La collection Campana constitue, avec les antiquités recueillies au cours des missions archéologiques dirigées par Renan en Phénicie, par Perrot en Asie Mineure, par Heuzey et Daumet enfin en Macédoine et Thessalie, l'essentiel de ce musée.

Mais son noyau proprement étrusque a été entretemps augmenté et accru d'abord par l'achat des bijoux de la Tombe François: le riche mobilier sorti de cette sépulture fouillée en 1857 par l'archéologue livournais et son associé Adolphe Noël Des Vergers, avait été réparti à la mort de son inventeur entre ses héritiers et Des Vergers lui-même, à l'exception des ors qui furent rapidement vendus au musée Napoléon III par l'intermédiaire de Brunn, le secrétaire de l'Instituto di Corrispondenza Archeologica, qui avait veillé à leur restauration comme à celle du reste du matériel. A la vente Des Vergers le lot qui était allé à celui-ci ne rejoignit pas le Louvre, mais fut ultérieurement dispersé entre diverses collections privées, dont les collections Castellani, Piot et Ravestein, par l'intermédiaire desquelles quelques-uns des plus beaux objets de la Tombe François de Vulci gagnèrent les musées de Londres et de Bruxelles.

D'autres objets ont été acquis à Rome dans le même temps que la collection

Campana, sans pour autant jamais lui avoir appartenu: c'est le cas par exemple des cistes achetées au marchand Martinetti ou par l'intermédiaire de Brunn. Dans un article de la *Revue des Deux Mondes* (1er septembre 1862) Louis Vitet, inspecteur des Monuments historiques, qui avait pu, quelques années auparavant, étudier à Rome et tout à loisir la collection, s'étonne à juste titre de les voir figurer au Palais de l'Industrie parmi le matériel du musée Campana, tandis que l'écrivain Desjardins note de son côté à propos des bijoux: "Les commissaires français ont, pour cette série, beaucoup ajouté, par des acquisitions ultérieures, aux richesses de la collection Campana".
D'aucuns pensaient qu'on avait ainsi étoffé discrètement le musée Campana pour justifier la somme très élevée, excessive, dont on l'avait payé.
Malgré ces quelques critiques, l'exposition est un triomphe et le musée Napoléon III, provisoirement administré par Sébastien Cornu, Charles Clément et Edmond Saglio, attire des foules immenses. On distribue des cartes d'étude aux savants, aux artistes, aux ouvriers recommandés par leurs patrons; en juillet le nombre des visiteurs du dimanche atteint le seuil des 6 000, les revues d'art et d'actualité de l'époque, "L'Illustration", "La Gazette des Beaux-Arts", "Le Moniteur"... multiplient les articles, les présentations, les catalogues succincts...
Pourtant l'existence même du musée Napoléon III est déjà menacée, la polémique s'enflamme, deux thèses s'affrontent et se nourrissent de rivalités politiques et personnelles. Le musée Napoléon III fait-il double emploi avec le Louvre, doit-il, comme le prévoit le projet d'acquisition présenté au Sénat, enrichir les collections de ce musée de chefs-d'œuvre, compléter les collections de province, ou présenter, face aux musées des Beaux-Arts, les documents qui racontent l'histoire de l'art industriel et que réclament les ouvriers d'art?
Les partisans du musée Napoléon III sont forts des déclarations du marquis Campana qui dans la préface des *Cataloghi* de 1859 décrit son intention de créer un "musée modèle" représentatif de tous les temps et de tous les pays, son souci de constituer des séries complètes sur des critères non seulement esthétiques mais aussi historiques. La table des matières de ce catalogue, avec ses douze classes d'objets, reflète bien l'ambition encyclopédique qui présida pendant vingt-cinq ans au rassemblement d'une des plus importantes collections du XIXe siècle.
Les tenants du transfert au Louvre et de la dispersion en province, dont les conservateurs du Louvre ne sont pas les moindres défenseurs, ne voient là en revanche qu'un assemblage hétérogène où retenir les chefs-d'œuvre et les pièces de meilleure qualité pour le musée parisien et où puiser, parmi les répliques, les documents dignes d'enrichir les musées de province et nécessaires à l'enseignement de l'histoire des beaux-arts sur l'ensemble du territoire.
Un décret signé par l'empereur en juillet 1862 tranche en faveur de cette dernière solution; le musée Napoléon III est confié aux administrateurs du Louvre et les objets doubles, ou reconnus inutiles au musée, pourront être concédés à des établissements d'Etat ou des musées départementaux.
En France Ingres et Delacroix protestent contre le démembrement du musée Campana. A Rome on réagit aussi: Henzen, secrétaire de l'Instituto di Corri-

Plaques de revêtement, dites "Plaques Campana"
550-525 av. J.-C.
Paris, Musée du Louvre
Cat. 540 - Cat. 541

spondenza Archeologica, déplore l'éparpillement de la collection et conseille de retirer des musées parisiens tout ce qui concerne l'art étrusque et italique pour créer un musée de l'art de la Péninsule.

Mais le musée Napoléon III ferme ses portes à la fin du mois d'octobre 1862. Ses trésors comme ses séries "ennuyeuses et monotones" gagnent le Louvre, sous l'œil attentif d'Enrico Pennelli. Restaurateur et homme de confiance du marquis Campana, celui-ci avait en effet suivi la collection à Paris et la connaissait mieux que personne pour lui avoir souvent rendu l'éclat du neuf et l'avoir parfois même complétée de quelque œuvre de sa main. Reinach raconte à ce propos qu'il se serait même vanté d'avoir fabriqué le lit de bronze, qui fut reproduit par *L'Illustration* comme le lit d'un guerrier étrusque, et exposé au Palais de l'Industrie sous une tente, à grand renfort de mise en scène. De là naquit sans doute, pour longtemps, la mauvaise réputation de la collection Campana dans le monde des savants: une réputation imméritée, qu'une campagne de restauration menée selon des critères modernes a désormais dissipée.

Avant même le transfert du musée Campana et son inauguration au Louvre le 15 août 1863, une commission interministérielle avait cependant déjà décidé d'un premier prélèvement et d'une première distribution de tableaux et d'antiques au profit de quelques musées de province, sans qu'il en soit malheureuse-

Plaque de revêtement, dite
"Plaque Campana"
550-525 av. J.-C.
Paris, Musée du Louvre
Cat. 542

Statue cinéraire, détail
Pérouse
Vers 400 av. J.-C.
Saint Pétersbourg, Musée de l'Ermitage
Cat. 533

ment tenu aucune liste. Un deuxième envoi eut lieu en 1874, un troisième fut organisé par Edmond Pottier, conservateur des Antiques, entre 1893 et 1895. Les premiers lots étaient constitués pour l'essentiel et pour les œuvres étrusques, de vases non figurés, de beaucoup de bucchero sans doute, et de terres cuites, urnes et *pithoi*. Les derniers avaient été sélectionnés avec plus de soin et les céramiques choisies "parmi les plus typiques par leur forme et la qualité de leur terre" pour la formation pratique des étudiants: c'était l'époque où dans les Universités se constituaient en effet les laboratoires d'archéologie.
Le Louvre ne perd rien à ces envois: le très beau trépied d'Auxerre, reconnu aujourd'hui comme un dépôt Campana et non plus comme une trouvaille locale, ne témoigne en rien d'une générosité particulière: il était alors en fragments et dans un piteux état.
Le musée du Louvre fait encore de nombreuses acquisitions dans les années soixante auprès des marchands, Castellani, Rollin, à la vente Pourtalès, d'où proviennent les plaques de Bomarzo et l'"Apollon" de Falterona Br 218. Mais l'on pourrait citer encore bien d'autres acquisitions, celles de la tête de jeune

homme de Fiesole (n° 239) et de la Minerve de Pérouse (voir n° Cat. 171) ou celle des miroirs de La Tolfa, qui enrichissent surtout la collection de bronzes et multiplient les lieux de provenance. Pennelli lui-même cède une belle terre cuite architecturale provenant de Caere et figurant Héraclès et Minerve.

Si les trente dernières années du XIXe siècle sont moins favorables pour la collection étrusque comme d'ailleurs pour l'ensemble du département, le début du XXe bénéficie d'une généreuse politique des musées italiens et en particulier du musée Pigorini, auquel le Louvre doit en 1925 et 1927 le dépôt de quelques pièces villanoviennes, dont il était jusque là dépourvu.

Mais il est redevable aussi aux musées français. La collection étrusque s'enrichit en effet en 1909 d'un certain nombre de céramiques grâce à un dépôt du musée Guimet et en 1950, grâce à un dépôt du Cabinet des Médailles de la Bibliothèque nationale, de deux façades d'urnes d'albâtre qui ne sont pas sans intérêt pour l'histoire du collectionnisme. Achetées à la fin des années 1820 pour le Cabinet des Antiques, elles proviennent en effet toutes deux de la collection Gaddi (voir n° Cat. 370-371), qui comptait au XVIe siècle parmi les plus fameuses collections florentines.

Entretemps quelques statuettes de bronze étrusques étaient entrées en 1943 avec une partie de la collection de Nanteuil.

La collection étrusque s'est ensuite accrue régulièrement au gré des acquisitions et des dons; des lacunes ont été comblées grâce à l'achat d'un important ensemble de bronzes villanoviens et orientalisants, de bijoux orientalisants et de sculptures funéraires archaïques en ronde bosse, et la civilisation étrusque a depuis quelques années trouvé plein droit de cité auprès des deux grandes autres civilisations de l'antiquité classique dans l'intitulé du département des Antiquités grecques, étrusques et romaines...

Diadème en or
500-450 av. J.-C.
Paris, Musée du Louvre
Cat. 534

BIBLIOGRAPHIE:
Q.Q. Giglioli, dans "Studi Romani" III, 1955, p. 292-300 et p. 413-434; J. et E. Gran-Aymerich, dans Actes Berlin, 1990, p. 326-339; P. Nadalini, dans Actes Montpellier [en cours d'impression]; N. Parise, dans *Dizionario Biografico degli Italiani*, s.v. Campana, XVII, 1974, p. 349-355; S. Reinach, dans "Revue Archéologique" 4, 1904, p. 180-199 et p. 363-384; S. Reinach, dans "Revue Archéologique" 5, 1905, p. 57-92, p. 208-240 et p. 343-364.

Eduard Gerhard et le cabinet étrusque de l'Altes Museum de Berlin

Gertrud Platz-Horster

August Kestner
Portrait d'Eduard Gerhard
1843
Berlin, Deutsches Archäologisches Institut

C'est le 3 août 1830 que fut inauguré, par le roi Frédéric-Guillaume III de Prusse, le Musée Royal situé dans le Lustgarten en face du château de Berlin. L'étage principal de cet édifice néo-classique construit par Karl Friedrich Schinkel abritait les sculptures, l'étage supérieur étant réservé aux peintures. Parmi les quelque quatre cents sculptures antiques, seules quatre urnes en pierre d'époque hellénistique représentaient l'art étrusque. L'une d'elles était entrée à Berlin en 1827 avec la collection Bartholdy; les trois autres furent achetées en 1828 à Pérouse par C.C.J. von Bunsen.
A partir de février 1829 Eduard Gerhard (1795-1867) avait été chargé par le ministre de l'Instruction et des Cultes K. von Altenstein d'acquérir des œuvres en Italie pour enrichir les collections du nouveau musée. Les longs voyages qu'il avait entrepris dès 1820, ainsi que ses visites approfondies des musées italiens l'avaient doté d'une solide connaissance des monuments antiques. En juin 1825 il s'était rendu à Pérouse, Chiusi, Sienne et Volterra, puis en mai 1826 dans les cités étrusques de Cerveteri, Tarquinia et Toscanella qui n'avaient pas encore été fouillées. Il découvrit là un immense champ qu'il pensait pouvoir explorer à l'aide d'un recueil, si possible exhaustif, de dessins. Il conçut le plan d'un corpus des urnes étrusques dont il confia la réalisation au fameux dessinateur italien Carlo Ruspi. Ce dernier se mit aussitôt au travail dans les villes de Volterra, Florence, Arezzo et Cortone. En 1827 Gerhard proposa au ministre de l'Instruction et des Cultes de constituer, à des fins "artistiques et didactiques", un *Apparat*, un "dossier" rassemblant dessins et moulages, qui permettrait en l'espace de quelques années de compléter les collections du musée de Berlin par des reproductions d'œuvres d'art provenant de tous les musées d'Europe. Le ministère prolongea le financement de la campagne de recherches en Italie. Gerhard put donc employer à Naples quatre dessinateurs; il chargea par ailleurs Carlo Ruspi de relever les fresques des tombes nouvellement découvertes en Etrurie. Son intention était de faire reproduire, sous forme de dessins, les principaux vestiges étrusques, si "négligés en dépit de leur importance pour l'ensemble de l'archéologie", afin de "constituer un corpus complet" de ces richesses inestimables.
Ayant la possibilité de poursuivre librement ses activités de recherche et d'acquisition pour le musée de Berlin, Gerhard intensifia ses contacts avec fouilleurs, archéologues, collectionneurs et marchands d'art. En novembre 1828 il eut l'occasion, durant deux semaines, de guider à travers Rome et Naples le prince royal de Prusse, le futur roi Frédéric-Guillaume IV. Sur le marché de Pouzzoles, il réussit à gagner le soutien du Kronprinz pour le projet qui lui tenait le plus à cœur: la création, à Rome, de l'Institut de correspondance archéologique. L'Institut, financé par les contributions de ses membres, fut inauguré le 21 avril 1829. Nommé "vice-secrétaire", Gerhard en resta longtemps le principal animateur.
Pourtant, au cours de toutes ces années, son premier objectif fut d'obtenir un poste au musée de Berlin: par ses connaissances approfondies des monuments antiques, il se sentait plus que tout autre appelé à occuper un poste de responsabilité au sein de cette institution naissante. Malgré ses démarches, tant auprès du roi et du prince royal qu'auprès du ministre de l'Instruction et des Cultes von

Peinture murale réalisée par B.W. Rosendahl dans le cabinet étrusque de l'Altes Museum de Berlin (aujourd'hui détruit)

Carlo Ruspi, Urne de Volterra
Museo Guarnacci n° 119
Gerhardischer Apparat vol. III fol. 187
Berlin, Antikensammlung

Peinture murale réalisée par B.W. Rosendahl dans le cabinet étrusque de l'Altes Museum de Berlin (aujourd'hui détruit)

Urne de Volterra
Museo Guarnacci n° 121
Gerhardischer Apparat vol. III fol. 191
Berlin, Antikensammlung

Altenstein et du premier intendant général du musée le comte Brühl, sa demande resta vaine. Son projet de compléter les collections du musée au moyen de moulages et de dessins, afin de restituer de manière à peu près continue la succession des différentes civilisations antiques, se situait aux antipodes des intentions des fondateurs du musée. Président de la commission d'organisation du musée, le grand humaniste Wilhelm von Humboldt avait défendu avec succès, contre l'idée de présenter des moulages, celle d'exposer des pièces originales peu nombreuses mais de qualité, susceptibles d'éveiller le sens de l'art chez le public, et d'offrir aux artistes un support pour leurs études. L'intérêt des savants ne venait qu'ensuite. Cette thèse était également défendue par les membres de la commission d'organisation, qu'il s'agît de l'architecte K.F. Schinkel, de l'historien d'art G. Waagen, des sculpteurs C.D. Rauch et F. Tieck, ou encore des peintres Schlesinger, Wach et Dähling. C'est ainsi que les sculptures antiques furent sélectionnées et exposées suivant des critères exclusivement esthétiques, sans véritable considération chronologique, stylistique ou thématique.
La ténacité de Gerhard et ses bons rapports avec la maison royale de Prusse finirent par lui valoir une position particulière. Voyant que la commission refusait de confier à Gerhard le poste d'agent en Italie pour l'acquisition d'œuvres d'art, le ministre von Altenstein trouva une solution originale: il proposa que le célèbre savant fut nommé "archéologue auprès du musée", fonction officiellement confirmée par le roi le 2 mars 1833. Gerhard avait désormais pour tâche d'accroître les collections d'antiquités du musée de manière systématique, de rassembler à des fins scientifiques des moulages, des reproductions et des dessins de monuments inédits, et enfin de promouvoir le musée, tant en Prusse qu'à l'étranger, au moyen de publications. Le savant put ainsi acquérir des pièces importantes au cours des nombreux voyages qu'il entreprit en Italie dans les années qui suivirent. La collection de sculptures étrusques connut une telle progression en dix ans que l'on décida de la dissocier des ensembles de sculptures grecques et romaines, et de la présenter comme un tout - avec des urnes cinéraires romaines et des fragments architectoniques - dans un cabinet séparé.
Pour la décoration de cette "Petite salle des urnes cinéraires et des fragments d'architecture", accessible au nord par la "Salle des dieux", on fit appel au peintre Bernhard Wilhelm Rosendahl (1804-1846) qui s'était illustré comme peintre d'histoire dans différents édifices de Potsdam et Berlin (peintures exécutées

d'après des esquisses de K.F. Schinkel). En 1843, il entreprit la peinture *a fresco* de la petite pièce - qui mesurait environ 5 × 16,5 m - l'ornant dans sa partie supérieure d'une frise qui "reproduisait fidèlement des scènes de la vie étrusque tirées des tombes de Tarquinia et d'autres sites". A l'occasion de l'inauguration, en 1844, parut une courte description des fresques et des sculptures exposées, due à la plume de Theodor Panofka (1800-1858), qui fut assistant au musée à partir de 1836. Ces textes, mais plus particulièrement les photos en couleurs prises peu avant la fin de la seconde guerre mondiale - avant la destruction complète des fresques - et redécouvertes en 1988 par Max Kunze à l'Institut central d'Histoire de l'art de Munich, donnent aujourd'hui une idée de l'aspect du décor mural et des intentions qui présidèrent à son exécution.

Au-dessus des objets étrusques exposés dans la partie gauche de la salle se déroulaient des scènes prises à la Tombe des Biges. Au-dessus des pièces romaines, présentées à droite, était figuré une scène de "voyage vers l'au-delà" qui s'inspirait pour l'essentiel des peintures des tombes du Mort et du Cardinal. Situés au centre de la pièce, les fragments architectoniques pouvaient être admirés, quant à eux, dans la perspective d'un ensemble de scènes, peintes au-dessus de la porte d'entrée, et empruntées aux tombes Querciola, du Baron et des Inscriptions. Des "scènes de chasse" extraites de la Tombe Querciola décoraient le mur opposé, entre les fenêtres ouvrant sur la cour intérieure. Les pilastres saillants situés de part et d'autre des fenêtres étaient ornés de démons, pour lesquels la Tombe du Typhon avait fourni des modèles. Panofka cita comme modèles les reproductions des tombes de Tarquinia publiées dans la *Storia degli antichi popoli italiani* de G. Micali (1832, pl. 5, 65, 67-69), dans les *Monumenti Etruschi* de F. Inghirami (1821-1826, vol. IV, pl. 23, 25, 26) et dans les deux premiers volumes des *Monumenti dell' Instituto* (vol. I, pl. 32, 33g; vol. II, pl. 2A, 3), série créée à Rome sur l'initiative de Gerhard. Le peintre tendit à uniformiser le style d'originaux distants parfois de plus de deux siècles, mais comme il avait à sa disposition des reproductions en couleurs, il resta relativement fidèle à ses modèles. Certaines scènes de cette frise murale présentent cependant un caractère plus romain qu'étrusque, notamment dans leurs couleurs et le traitement des drapés. Elles trouvent leur source d'inspiration dans le *Gerhardischer Apparat* du musée de Berlin: il s'agit de dessins de Carlo Ruspi, exécutés en 1828 pour le corpus des urnes étrusques projeté par Gerhard. Ce dernier avait visiblement choisi les thèmes que B. Rosendahl devait représenter sur les fresques du "Cabinet étrusque" parmi les dessins et les gravures en couleurs constituant son *Apparat*, ainsi que dans certains livres comme la *Storia* de Micali. Confronté aux dessins d'urnes étrusques réalisés par Ruspi, le peintre se vit contraint de transposer en peinture une réalité tridimensionnelle. Il s'inspira, dans cette tâche, de la peinture pompéienne qu'il connaissait bien pour l'avoir déjà imitée à Potsdam d'après des projets de Schinkel. La disparité frappante dont témoignent les frises de l'*Etruskisches Cabinet* s'explique donc à la fois par la variété des tombes ayant servi de source d'inspiration, et par la transcription dans la technique de la fresque de dessins au crayon exécutés d'après des urnes funéraires. On comprendra mieux dès lors la critique sévère formulée par Emil Braun, élève de Gerhard et

Francesco Inghirami, Urne n° 29
Gerhardischer Apparat vol. III fol. 248
Berlin, Antikensammlung

Peinture murale réalisée par B.W. Rosendahl dans le cabinet étrusque de l'Altes Museum de Berlin (aujourd'hui détruit)

assistant auprès de la section romaine du musée, qui déclarait: "Les fresques murales de votre cabinet étrusque sont horribles, elles ont trois cents ans de retard sur Ruspi [*300 Jahre hinter Ruspi zurück!*]"
C'est seulement dans cet échange de lettres que Gerhard s'est exprimé au sujet du cabinet étrusque du musée de Berlin. Même en décembre 1854, lorsqu'il devint enfin - à près de soixante ans - directeur du département des Sculptures, il ne jugea pas nécessaire d'apporter un complément ou une modification au commentaire des frises rédigé en 1844 par T. Panofka, et sans cesse réédité depuis. En 1856 un cabinet grec fut aménagé sur le modèle du cabinet étrusque. Une grande partie des urnes cinéraires romaines fut transportée dans la salle des sculptures romaines, permettant ainsi la présentation d'urnes archaïques et de sarcophages de taille plus importante. Pourtant, seules les terres cuites de Cerveteri achetées par Helbig en 1874 pourront encore trouver place dans la petite salle, alors que les trouvailles faites dans la Tombe du Guerrier de Tarquinia, dans la tombe de la famille Calisna Sepu à Monteriggioni et dans la tombe 16 de la nécropole de Poggio Buco en resteront absentes. Il faudra attendre 1904 et le départ des sculptures médiévales et italiennes pour le nouveau Kaiser-Friedrich-Museum, construit à la pointe de l'île des Musées, pour que la collection de sculptures étrusques - désormais considérablement enrichie - soit accueillie dans une salle appropriée, dans la partie sud-ouest de l'Altes Museum. Après soixante années d'existence, le cabinet étrusque fut reconverti en bureau pour le personnel responsable des collections.
Au cours des quarante ans qu'il consacra aux musées de Berlin, Gerhard a posé les fondements de l'une des plus grandes collections d'art étrusque. Son *Apparat*, souvent critiqué, est pourtant d'une aide précieuse pour l'étruscologie moderne qui l'utilise pour la reconstitution et l'identification de nombreuses œuvres d'art perdues ou irrémédiablement mutilées. Beaucoup des urnes et des peintures funéraires dessinées par Carlo Ruspi, à la demande de Gerhard, sont aujourd'hui mal conservées, lorsqu'elles n'ont pas disparu. Les fresques du cabinet étrusque, conçues pour rendre accessible au visiteur "le mystérieux peuple étrusque", sont, elles, détruites à jamais.

BIBLIOGRAPHIE:
A propos du cabinet étrusque:
M. Kunze, dans *Die Welt der Etrusker [...]* (Cat. Exp.), Berlin 1988, p. 397 sq., fig. 410 sq.; C. Weber-Lehmann, dans *Malerei der Etrusker [...]* (Cat. Exp.), Mayence 1987, p. 26, note 100 (correspondance Braun-Gerhard).
Sur l'histoire de l'Altes Museum:
S. Moyano, dans "The Art Bulletin" 72, 4, 1990, p. 585 sq.

Emile de Meester de Ravestein et la collection étrusque des Musées Royaux d'Art et d'Histoire

Jean-Charles Balty

Si l'on ne sait malheureusement rien de l'activité de collectionneur de Gustave Hagemans (1830-1908) qui céda, en 1861, au musée de Bruxelles un important "Cabinet d'amateur" où figuraient nombre de pièces étrusques, on est en revanche mieux informé du milieu dans lequel évolua Emile de Meester dont le riche "Musée de Ravestein" fut donné à l'Etat belge en 1874. En poste à Rome, de 1846 à 1859, comme chargé d'affaires puis ministre résident de Belgique auprès du Saint-Siège, E. de Meester avait fini par se lier d'amitié avec Heinrich Brunn et Wilhelm Henzen, secrétaires de l'Instituto di Corrispondenza Archeologica, le futur Institut archéologique allemand, alors installé au Capitole. Admis aux séances hebdomadaires de cette savante compagnie au cours des deux dernières années de son séjour romain, il y présente personnellement à plusieurs reprises, ou y fait présenter par ses deux amis archéologues, l'une ou l'autre de ses acquisitions les plus récentes; et ces brèves communications se succèdent, de semaine en semaine, à un rythme qui laisse aujourd'hui rêveur. Parfois même, un commentaire plus approfondi, pour une pièce exceptionnelle ou d'interprétation discutée par d'autres chercheurs, trouve place dans les *Annali dell'Instituto*, une illustration est reproduite dans les planches annexes ou mieux dans les *Monumenti inediti*. Ce fut le cas de quelques miroirs de bronze: celui qui figure Cadmos pourfendant le dragon (R 1279), qu'édita P. Pervanoglu dans les *Annali* de 1859 (p. 147-148: *Monumenti inediti*, VI-VII, 1857-1863, pl. XXIX. 2); celui orné
du rapt d'Ariane par Artémis (R 1260), que L. Schmidt n'avait pas manqué de rapprocher, à la suite de Brunn, d'un exemplaire de Bologne, déjà publié par E. Gerhard (*Etruskische Spiegel*, pl. LXXXVII), qui offre, mais inversé, le même thème et avait suffi à accréditer l'idée d'une falsification (*Arch. Anz.*, XVIII, 1859, p. 51*), opinion reprise encore, de nos jours, par G. Pfister-Roesgen; celui encore, très suspecté aussi, représentant peut-être Orion et les Pléiades, que Brunn à nouveau édita (*Annali* de 1858, p. 388-391, *Monumenti inediti*, VI-VII, 1857-1863, pl. XXIV. 5), notant qu'il "appartenait à la collection toujours croissante du baron de Meester de Ravestein".

Soixante-six des soixante-et-onze miroirs étrusques et prénestins des musées royaux d'Art et d'Histoire proviennent de l'ancienne collection de Ravestein; c'est assez dire, déjà, son exceptionnelle importance dans ce domaine. La qualité artistique, l'excellent état de conservation, la grande taille parfois et l'intérêt iconographique de plusieurs de ces œuvres leur ont valu de longue date l'attention des spécialistes; regroupées aujourd'hui dans le catalogue magnifiquement documenté que leur a consacré R. Lambrechts en 1976, elles constituent, à n'en pas douter, un des ensembles les plus significatifs de cette production abondante et variée.

Mais à côté de ces miroirs, de nombreux autres bronzes - figurines et objets divers - furent acquis par Emile de Meester et c'est bien là, outre quelques vases et de rares terres cuites (R 563-R 564), un des apports majeurs de sa collection aux séries du musée de Bruxelles. Dans la préface de l'édition abrégée de son *Catalogue descriptif*, publiée à Bruxelles sous le titre *Musée de Ravestein, Notice* (2e édition) en 1884, dix ans après la donation, Emile de Meester précisait: "Nous avons toujours noté, quand nous avons pu les connaître avec certitude,

Portrait d'Emile de Meester de Ravestein

les localités où les objets avaient été trouvés ou les collections dont ils avaient fait partie". Et, de fait, les indications de ce genre ne manquent pas tout au long du volume, qui revêtent aujourd'hui le plus grand intérêt. Les "huit statuettes en bronze de différentes grandeurs" - des figurines de "Mars" étrusco-ombriennes - qu'il répertorie sous le n° 859 (l'actuel R 859) "ont été trouvées, en 1858, près de Foligno, lors de la construction du chemin de fer"; la Minerve archaïsante R 836, achetée par Brunn pour E. de Meester et publiée par lui dans le *Bullettino* de 1864, p. 79, "provient du Musée Venuti à Cortone" (*Notice*[2], p. 247), le brasero R 1206 "du Musée du capitaine F. Sozzi, de Chiusi" (*ibid.*, p. 346; l'attise-feu R 1207 et la pelle à feu R 1208 étant inventoriés à sa suite parce qu'exhumés avec le brasier, "d'après les notes que M. Sozzi a bien voulu nous communiquer", s'empresse-t-il d'ajouter); l'Hercule R 874, à la tête trop grosse, ressoudée, "aurait été trouvé, *tel que nous le voyons*, dans une fouille faite en 1856 aux environs de Bolsena" (*ibid.*, p. 258; c'est moi qui souligne); l'offrante R 898 bis est "attachée encore à son piédouche en pierre ainsi qu'on l'a déterrée dans un tombeau près de Viterbe" (*ibid.*, p. 267); la ciste de bronze R 1037 a été mise au jour "dans les propriétés de l'Hospice du Saint-Esprit près de Viterbe, par M. Vincenzo Bazzichelli" (*ibid.*, p. 308), qui lui procura d'autres objets encore (R 834, 1002 et 1061 notamment). Ce souci de l'origine exacte, si rare à son époque, suffit à distinguer Emile de Meester de la plupart des collectionneurs contemporains. Y verra-t-on l'influence déterminante de ses amis de l'Instituto di Corrispondenza Archeologica? Je serais enclin à le croire.

Mis en disponibilité pour cause de maladie, E. de Meester se retira à Hever, près de Malines, dans la propriété familiale qu'il agrandit d'une aile pour y installer

ses collections, mais les contacts noués autour des objets avec les archéologues romains se prolongèrent au-delà du départ et du retour en Belgique et de brèves mentions de son *Catalogue descriptif* et de sa *Notice* permettent de repérer encore, de-ci de-là, quelques œuvres que ces amis lui procurèrent, tel ce "casque avec ses jugulaires" – à vrai dire ses couvre-joues – "envoyé de Rome par le chevalier Brunn qui l'avait acquis pour nous, dans un de ses voyages en Etrurie" (R 968; *Notice*, p. 285). Il achètera beaucoup aussi dans les principales ventes qui suivront son retour au pays, en Italie comme à Paris: c'est ainsi qu'en 1869 il eut l'occasion d'acquérir un des trois miroirs trouvés au cours d'une fouille faite l'année précédente dans les environs de Palestrina (cf. *Notice*, p. 369), celui qui représente l'enlèvement de Céphale par Éôs (R 1271) et compte à coup sûr au nombre des fleurons de sa collection.
Emile de Meester retourna d'ailleurs une fois au moins à Rome. Le 5 février 1875, il assiste en effet à une séance de l'Instituto et y présente, comme il l'avait fait si souvent lorsqu'il était en poste, divers objets de bronze récemment acquis à Florence et à Rome, dont un strigile de Volterra au nom de *castor* (R 1005) et un petit vase (R 1155) inscrit à la légende *śuθina*; d'autres encore "furent réservés à la séance suivante parce que munis de légendes qu'il n'était pas possible de lire immédiatement" (*Bullettino*, p. 65).
Ces discussions entre savants permettaient aussi d'éliminer quelques faux, comme cette étrange main décrite à la séance du 5 février et reconnue fausse le 12 du même mois (*ibid.*, p. 68). La présence de l'ancien diplomate était-elle nécessitée par ces seuls achats? On ne le sait, comme on ne peut préciser non plus combien de temps E. de Meester resta à Rome; il ne semble plus y être en tout cas le 12 février. Toujours est-il qu'à côté des bronzes présentés à l'Instituto où il s'était empressé de retourner comme au bon vieux temps, la *Notice* de 1884 enregistre encore, sous le numéro 872, une statuette d'Hercule "déterrée en 1875, dans une vigne hors la porte Saint-Paul, pendant notre séjour à Rome" (p. 258). La précision de l'information est ici recoupée par la présence du collectionneur à la séance de l'Instituto du 5 février.
Or, à cette date, la cession du Musée de Ravestein à l'Etat belge est déjà scellée par un acte juridique; mais Emile de Meester ne cesse d'apporter à ses séries des compléments importants. Et depuis 1869, H. Brunn lui aussi avait pris le chemin de la patrie, ayant accepté la chaire d'archéologie classique nouvellement créée à l'Université de Munich. Une correspondance suivie entre les deux hommes, dépouillée au début du siècle par Jean de Mot mais semble-t-il inédite, révèle ici encore le rôle déterminant joué par l'archéologue allemand. Ulcéré de n'avoir pas rencontré auprès des autorités de son pays, lors de ses premières négociations, tout l'intérêt qu'il en avait attendu pour un ensemble qui constitue aujourd'hui encore le noyau de base des séries gréco-romaines et étrusques de Bruxelles, E. de Meester avait un moment songé laisser ses collections au musée de Munich et s'en était ouvert à Brunn. C'est ce dernier qui l'en dissuada, lui conseillant, si un accord ne pouvait vraiment intervenir avec l'État sur les quelques stipulations du contrat qui faisaient difficulté, de s'adresser alors à une université belge. Il ne fallut pas en arriver là; mais c'est bien, semble-t-il, à

La galerie du Château de Ravestein

l'extraordinaire probité scientifique de Heinrich Brunn que l'on doit d'admirer aujourd'hui ce prestigieux ensemble à Bruxelles et non à Munich. En ramenant la lumière sur Emile de Meester de Ravestein, il n'était que juste de redire aussi la part essentielle prise par son ami et conseiller, tant à la constitution de ce riche patrimoine qu'à sa conservation à la patrie du donateur.

BIBLIOGRAPHIE:

E. de Meester de Ravestein, Liège 1871-1882; Id., Bruxelles 1880; B. van De Walle, dans *Liber Memorialis 1835-1985*, Bruxelles 1985, p. 149-155 (avec bibl.).

L'intérêt des Polonais pour l'Etrurie antique

Witold Dobrowolski

En Pologne, l'intérêt pour la civilisation étrusque s'éveille avec les spéculations développées sur les premiers temps de l'histoire de la péninsule. Dans le manuscrit des *Dii gentium*, rédigé en 1627, l'éminent poète latin, le jésuite Maciej Kazimierz Sarbiewski, évoque brièvement les opinions que l'on tient couramment sur ce sujet, remontant jusqu'à l'époque d'Annius de Viterbe. Pour Sarbiewski, les Tyrrhéniens sont les plus anciens habitants de l'Italie, et la péninsule leur doit ses croyances, ses cérémonies religieuses, la création des villes et le développement de la science. C'est après le Déluge, selon lui, qu'ils se seraient installés dans cette région, quand Noé lui-même arriva en Italie pour y fonder avec ses descendants les villes les plus anciennes; Noé, que ses mérites et sa sagesse firent identifier au dieu Janus et qu'on honora comme tel. Comme preuve de la véracité de ces faits, Sarbiewski citait les textes élaborés par Annius, de même que certains objets comme les monnaies républicaines à l'effigie de Janus. Le texte des *Dii gentium* ne fut jamais publié, mais les copies et l'usage qu'on en fit dans les écoles jusqu'au début du XVIIIe siècle attestent de sa popularité.

La croyance en un lien rattachant l'histoire des Etrusques à la tradition biblique et au mythe de l'âge d'or n'eut pas pour seul effet d'accroître le prestige de la culture étrusque; elle facilita aussi l'introduction de certains de ses éléments dans des projets artistiques au contenu idéologique bien défini: l'ordre toscan par exemple se prêtait parfaitement à un tel processus, et l'importance de son rôle dans l'architecture baroque ancienne du temps des Vasa (première moitié du XVIIe siècle) n'est plus à démontrer.

Dans la seconde moitié du XVIIIe siècle, le passage à une esthétique néo-classique fondée sur les formes de l'art grec conduisit à une diminution de l'engouement pour l'Etrurie. James Byres en fit l'expérience. Son profond intérêt pour la période la plus ancienne de l'Italie l'avait poussé à entreprendre la publication d'un ouvrage où le problème fascinant du Déluge et de l'expansion de la civilisation dans la péninsule devait être étudié selon une méthode empirique autant que rationnelle, démarche bien conforme à l'esprit du Siècle des lumières. D'après lui, les données géologiques et surtout les témoignages de l'art devaient apporter des informations que ne pouvaient plus fournir les sources écrites, qui avaient été volontairement détruites par les Romains après la conquête. Malheureusement Byres ne put assumer les ambitions de son entreprise, qui ne fut jamais réalisée. Toutefois, la documentation qui a été rassemblée selon son souhait sur l'architecture et les peintures de cinq tombes de la région de Corneto, reste une précieuse source d'information sur ces ensembles funéraires entièrement disparus, ou à tout le moins fortement endommagés. Les dessins des tombes de Corneto furent réalisés, à la demande de Byres, par un peintre polonais, Franciszek Smuglewicz, qui résidait à Rome depuis 1763.

Il faut mettre en valeur le travail effectué par cet artiste, dont le nom a sans doute parfois été volontairement passé sous silence et dont on a oublié la participation à un ouvrage parvenu à l'état d'ébauche.

Dans une histoire de l'intérêt porté à l'art antique par les Polonais, Stanislas Kostka Potocki, collectionneur, architecte, homme de lettres et homme d'Etat,

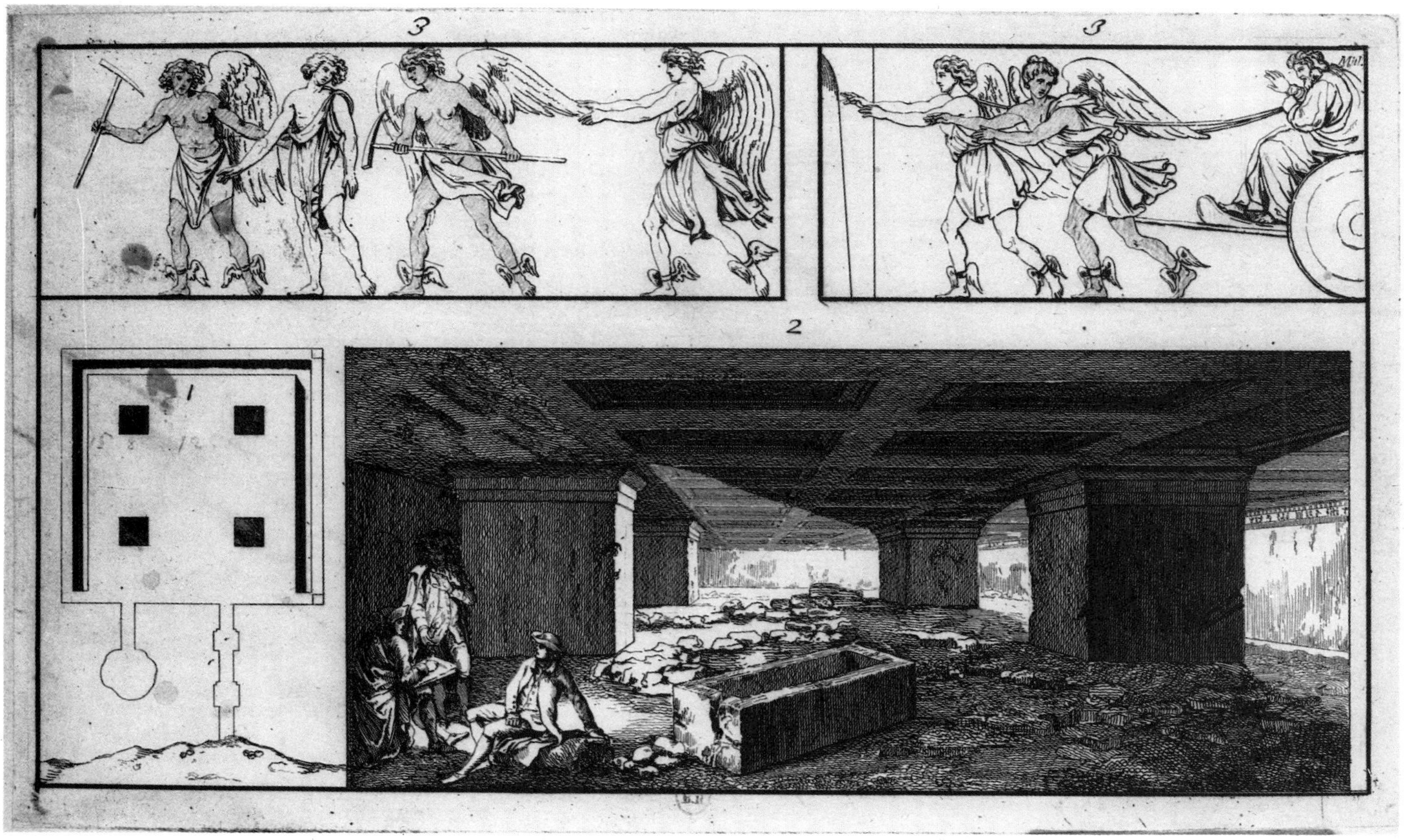

La Tombe du Cardinal
Gravure d'après des dessins
de Franciszek Smuglewicz
Paris, Bibliothèque Nationale,
Cabinet des Estampes
Cat. 543

doit occuper une place d'exception. C'est lui qui, en 1786-1787, entreprit des fouilles dans la nécropole archaïque de Nola, et dégagea des tombes datant de la domination étrusque sur la Campanie. Les vases d'*impasto* et de bucchero qu'il y exhuma, mêlés à de la céramique grecque, formèrent le noyau de sa collection conservée au palais de Wilanow, et accessible au public depuis 1805. Parmi les collections créées en Pologne dans la seconde moitié du XVIIIe siècle, elle est l'une des rares, avec celles de Lancut et de Nieborow, qui survécurent à l'insurrection de Kosciuszko et aux guerres napoléoniennes. Elle est d'autant plus précieuse qu'elle réunit un matériel étrusque de Campanie dont nous sommes à même de déterminer approximativement la provenance.

En 1815, Potocki publia un ouvrage intitulé *Sur l'art des Anciens ou le Winckelmann polonais*. C'est une traduction libre de la *Geschichte der Kunst*, traduction faite quelques années plus tôt, qu'il avait enrichie de quelques chapitres ainsi que de quelques réflexions personnelles. Le chapitre consacré aux Etrusques dans le *Winckelmann polonais* fut la première histoire de l'art étrusque rédigée en langue polonaise, même si le texte, de seconde main, est bien pauvre en éléments nouveaux. Dans le chapitre consacré à l'art des "nations voisines des Etrusques", Potocki montra plus d'indépendance, notamment en ce qui concerne l'art de la Campanie. C'est là qu'il inséra des informations sur les collections de vases peints en Pologne, et qu'il évoqua ses propres recherches à Nola, en précisant la classification qui avait été mise en œuvre dans le traitement des objets sur place: celle-ci prenait en compte l'attribution des vases aux artisans de la Campanie, dont la création était présentée comme empruntant ses modèles à la Grèce.

Une telle opinion n'était pas partagée par tous les savants, en Pologne comme ailleurs: c'est ce que prouvent les "Cabinets étrusques" de plusieurs palais, décorés à la fin du XVIIIe et dans la première moitié du XIXe siècle, comme celui du Temple de Diane dans le jardin des Radziwill à Arkadia près de Lowicz, ou ceux des palais de Natolin et de Wilanow. Leur décor reprend des motifs et des scènes inspirés principalement des images rencontrées sur les vases peints: sur les vases italiotes surtout, mais aussi parfois sur les vases attiques. Les gemmes, par ailleurs, ont pu fournir certains thèmes d'ornementation. Les modèles étaient pris sur des gravures, en particulier celles qui illustraient les planches de la magnifique publication de la collection Hamilton. Les meubles de "style

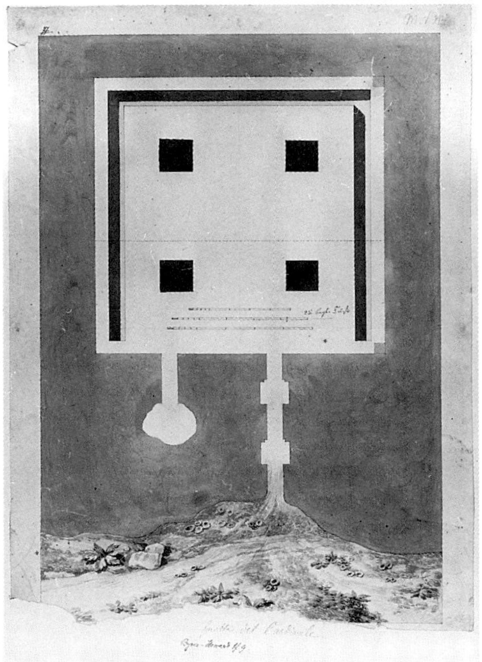

Franciszek Smuglewicz
Relevés de la Tombe du Cardinal
et, à droite, de la Tombe de la Tapisserie
1763-1766
Wurtzbourg, Martin von Wagner-Museum
der Universität

étrusque", mentionnés parfois sous ce vocable dans les inventaires des palais de cette période, étaient également décorés de motifs empruntés aux vases peints, sans rapport aucun avec l'art étrusque.

Le partage de la Pologne à la fin du XVIIIe siècle et la politique menée par les occupants ne favorisèrent ni les collections privées d'œuvres d'art antique, ni l'action de l'Etat dans l'organisation des collections déjà constituées, comme dans celle de l'enseignement supérieur. Pis encore, certaines des collections polonaises les plus riches (celles de Stanislas Poniatowski et de Michel Tyszkiewicz) furent dispersées à l'étranger au cours du XIXe siècle. Par ailleurs l'intérêt porté aux Etrusques, durant la même période, connaît un net affaiblissement: c'est ce que montrent en particulier les deux principales collections polonaises d'art antique constituées au XIXe siècle, surtout à Paris et en Italie, celle de Wladyslaw Czartoryski (abritée d'abord à l'Hôtel Lambert à Paris, puis transférée au musée Czartoryski fondé en 1876 à Cracovie) et celle de sa sœur Izabelle Dzialynska, au château de Goluchow.

Dans l'ensemble éclectique de ces deux collections d'art les vases attiques étaient nombreux, qu'ils soient à figures noires ou à figures rouges. Certains d'entre eux, et en particulier les plus beaux, provenaient de tombes étrusques; mais peu d'œuvres purement étrusques étaient conservées dans ces collections. A Goluchow, on pouvait voir une urne en bronze de Capoue, dont le couvercle était orné de figures d'athlètes et de cavaliers scythes, deux miroirs gravés, un candélabre, des vases en bucchero de Chiusi, une urne de Volterra représentant Ulysse et les sirènes, des vases à vernis noir du type de Volterra. Les destructions

Franciszek Smuglewicz
Dessin de la "Tomba dei Ceisinie"
1763-1766
Wurtzbourg, Martin von Wagner-Museum der Universität

de la seconde guerre mondiale amoindrirent cet ensemble déjà bien modeste. L'art étrusque était beaucoup mieux représenté dans la collection de Wladyslaw Czartoryski. En dehors d'objets acquis aux enchères à Paris, Rome, Florence, Londres et Istanbul, on y trouvait des pièces achetées au marchand Mancini d'Orvieto. Elles provenaient, pour une part au moins, de fouilles que celui-ci avait menées personnellement dans les nécropoles d'Orvieto, particulièrement dans celle de La Cannicella. Le musée de Cracovie offre aux visiteurs des bracelets en or de la période orientalisante, un couvercle de vase-canope de Chiusi, un cippe en basalte d'Orvieto, quelques miroirs en bronze, parmi lesquels se distingue un exemplaire de Vulci, unique en son genre, avec un décor en relief illustrant la délivrance de Prométhée; citons encore quelques vases en bucchero provenant d'Orvieto ou de Chiusi, et trois sarcophages en terre cuite de Tuscania. Wladyslaw Czartoryski fit don par ailleurs de quelques objets étrusques de sa collection au Cabinet archéologique de l'université Jagellon, constitué de dons privés adressés à la première chaire d'archéologie de Pologne, dont la fondation remonte à 1866. La création de cette chaire favorisa, au sein des milieux scientifiques de Cracovie, les recherches sur l'art et l'artisanat de l'antiquité. On y entreprit la publication de divers objets conservés dans les collections polonaises. On y manifesta également un intérêt souvent renouvelé pour l'artisanat, l'iconographie et l'histoire étrusques.
Le retour à l'indépendance après la première guerre mondiale changea d'une manière radicale la situation de l'archéologie polonaise. Bien que le projet de créer à Rome un institut particulier rattaché à l'Académie polonaise des sciences, n'ait pas abouti, des chaires d'archéologie classique furent créées, après Cra-

Franciszek Smuglewicz
Relevé de la "Tomba dei Ceisinie"
1763-1766
Wurtzbourg, Martin von Wagner-Museum der Universität

covie, à Varsovie, Lwow, Poznan et Wilno. Les archéologues polonais eurent la possibilité d'entreprendre leurs propres fouilles dans les pays méditerranéens. Dans le large éventail des disciplines étudiées à cette époque, la civilisation étrusque trouva sa place. Edmund Bulanda, parmi d'autres savants qui en firent aussi leur domaine de recherche, publia à Lwow le premier ouvrage polonais livrant une large synthèse sur l'origine, la langue, l'histoire, les usages, la religion et l'art des Etrusques. Partisan de l'origine orientale du peuple étrusque, il voyait le foyer de leur culture en Asie Mineure, dans la ville de Tyrsa, dont viendrait le nom de *Tyrsenoi*, et prétendait qu'ils avaient colonisé Lesbos, Imbros et Lemnos, avant de fonder au Xe siècle des colonies marchandes en Italie et d'y exploiter les ressources locales.

Après la seconde guerre mondiale, la situation du pays changea à nouveau du tout au tout. Les autorités communistes décrétèrent la nationalisation des collections appartenant aux familles d'aristocrates (elles sont aujourd'hui partiellement reprivatisées). Le musée Czartoryski devint une section du musée national de Cracovie, et le musée national de Varsovie récupéra peu à peu les objets des collections Potocki de Lancut, Radziwill de Nieborow, Branicki de Wilanow et Czartoryski de Goluchow. Le même musée hérita également des collections d'art antique formées avant-guerre à Wroclaw et Szczecin (parmi lesquelles des vases étrusques à figures noires appartenant à l'ancienne collection Vogell). C'est ainsi qu'il fut possible de créer pour la première fois en Pologne une exposition homogène illustrant l'évolution de l'art et de l'artisanat en Egypte, en Grèce, à Rome et en Etrurie. La collection étrusque, enrichie ultérieurement des vases en bucchero provenant de la collection Kierbedz, d'un dépôt consenti par le musée du Louvre (un couvercle de sarcophage en terre cuite du type de Tuscania, des urnes de Chiusi, des têtes votives en terre cuite d'Italie, centrale) et d'un autre dépôt des héritiers du sculpteur Madeyski (des miroirs, des fragments de braseros de Chiusi ornés de figures d'hippocampes, des vases en bucchero) est devenue la plus abondante des collections d'art étrusque en Pologne.

Dans les nouveaux programmes de l'enseignement supérieur, les cycles sur l'histoire et l'art de la Rome antique s'enrichirent de cours d'histoire et d'archéologie étrusques. L'intérêt des chercheurs prit alors deux directions: certains d'entre eux – en particulier les préhistoriens – se penchèrent sur l'importante question des contacts qui unissaient les terres polonaises à l'Italie, centrale ou septentrionale, à l'âge du bronze et à l'âge du fer, et les étudièrent en liaison avec l'activité de ce qu'on appelle la "route de l'ambre". Cette dernière pourrait expliquer la présence d'objets étrusques parsemés le long de la Vistule jusqu'à la Baltique, ainsi que les correspondances relevées sur les urnes à visage de la Poméranie: celles-ci sont parfois décorées d'images gravées d'un type narratif,

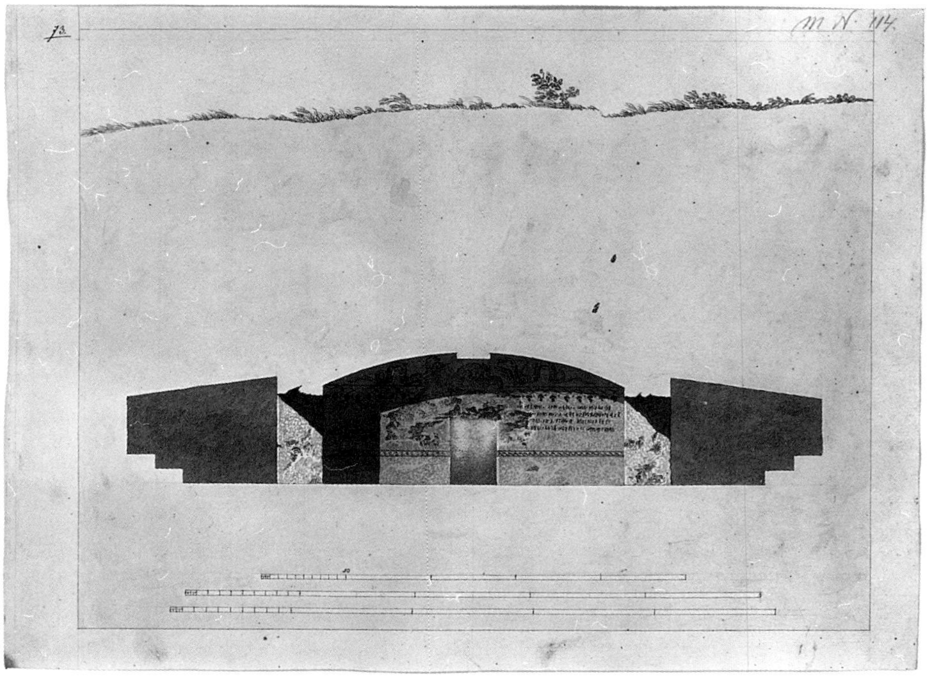

Franciszek Smuglewicz
Relevé de la "Tomba dei Ceisinie"
1763-1766
Wurtzbourg, Martin von Wagner-Museum der Universität

et exceptionnellement surmontées d'un couvercle en forme de casque (dans un des cas observés, l'urne était placée sur un support bas et circulaire, qui peut rappeler un trône étrusque).

La seconde direction que prit la recherche fut d'entreprendre la publication systématique des objets étrusques conservés en Pologne, à Varsovie, Cracovie et Poznan. Le développement des études étrusques et l'intérêt grandissant pour l'étruscologie ont abouti par ailleurs à la publication d'ouvrages plus approfondis sur l'art, la culture ou la peinture funéraire du peuple toscan. Les résultats obtenus par les recherches étruscologiques du XXe siècle furent largement répandus dans le public par la traduction du livre de Massimo Pallottino *Etruscologia*, de même que par celle d'ouvrages signés par Jacques Heurgon et Raimond Bloch. L'organisation de la grande exposition *Le Monde des Etrusques*, au musée national de Varsovie, fut aussi un événement marquant de cette activité scientifique: on y présenta, avec les œuvres du fonds du musée, un large choix des objets les plus précieux des collections étrusques conservées dans la République Démocratique Allemande, à Budapest, Léningrad, Moscou et Prague.

Pour clore cette brève histoire de la fortune des Etrusques en Pologne, on signalera enfin la présence depuis 1991-1992 d'un cours d'histoire de l'art étrusque parmi les programmes d'étude de l'Institut d'archéologie de l'université de Varsovie.

BIBLIOGRAPHIE:

Antichità dall'Umbria a Budapest e Cracovia (Cat. Exp.), Milan 1989; M.L. Bernhard, dans "Meander" VI, 8-9, 1951, p. 430-449; R. Bloch, Varsovie 1967; Ed. Bulanda, Lwów 1934; W. Dobrowolski, dans "Bulletin du Musée National de Varsovie" 19, 1978, p. 97 sq.; Id., dans "Biuletyn Historii Sztuki" 50, 1-2, 1988, p. 71-80; W. Froehner, Paris 1899 (à propos des bronzes étrusques, voir en particulier p. 179-182); *Galeria Sztuki Starozytnej Muzeum Narodowego w Warszawie*, Varsovie 1975; K. Hadaczek, Vienne 1903; Id., dans "Mitteilungen des Deutschen Archäologischen Instituts, Römische Abteilung" 21, 1906, p. 387-393; J. Heurgon, Varsovie 1966; I. Malinowska, dans "Studia Wilanowskie" VI, 1980, p. 83-101; A. Milobedzki, Varsovie 1980; M. Pallottino, Varsovie 1968; St. K. Potocki, Varsovie 1815 (en particulier t. II, p. 42 sq.); D. Ridgway, dans Actes Florence, 1989, p. 215-221; M.K. Sarbiewski, dans *Dii gentium*, 1972, p. 345; *Swiat Etrusków [...]*, Varsovie 1989; I. Szeligowska, Cracovie 1938; *Zabytki archeologiczne Zakladu [...]*, Cracovie 1976; Z. Zygulski jr., Varsovie 1978 (en particulier p. 23 sq., p. 187-198 avec bibl.).

La collection étrusque de l'Ermitage

Oleg Neverov

Amphore étrusque à figures noires
540-530 av. J.-C.
Saint-Pétersbourg, Musée de l'Ermitage
Cat. 537

Jusqu'au début de la seconde moitié du XIXe siècle, l'Ermitage impérial de Saint-Pétersbourg ne possédait guère que des scarabées étrusques ayant appartenu, à l'origine, à la collection privée de Catherine II. Entre 1780 et 1790, quelques collections de gemmes célèbres en Europe avaient rejoint l'"ermitage" privé de l'impératrice: de Venise celle de A. Capello, de Paris celle du duc d'Orléans, de Dresde celle de Casanova, de Londres celle de Lord Beverley. Dans le catalogue manuscrit des collections de l'Ermitage préparé par le bibliothécaire de Catherine II, A. Luzkov, le matériel était déjà inventorié selon des critères "modernes" de classification et l'impératrice manifesta son approbation en demandant à l'Académie des sciences de coopter Luzkov parmi ses membres. Il avait identifié les scarabées étrusques comme formant un groupe particulier, alors que vers 1700 on continuait de les cataloguer comme les prétendues "amulettes gnostiques" dans la catégorie des "talismans". C'est J.J. Winckelmann qui, dans le courant du XVIIIe siècle définit, en se fondant sur leurs décors et sur leurs inscriptions, l'origine italienne et la signification historique de ces scarabées; origine et signification, qui furent ensuite confirmées par les études de l'abbé Luigi Lanzi.
Une étude scientifique des gemmes de l'Ermitage fut entreprise par le bibliothécaire de Catherine II, P.G. Köhler, mais la publication scientifique qui en résulta, intitulée *Des gemmes scarabées et de l'art étrusque*, ne vit le jour que quinze ans après la mort de son auteur, en 1852. A. Furtwängler dans son fameux ouvrage *Die antike Gemmen* a signalé l'importance du jugement critique, supérieur à celui de Winckelmann, que Köhler portait sur ces produits étrusques. Au début du XIXe siècle, un certain nombre de scarabées étrusques parvint à l'Ermitage avec la collection du diplomate viennois G.B. Mallis (1813); on fit par ailleurs l'acquisition de gemmes provenant de la collection d'Elisa Bonaparte Baciocchi (1833), d'une gemme ayant appartenu à Lucien Bonaparte, prince de Canino, et de quelques autres pièces encore.
Une importante collection de dessins provenant du palais de Pavlovsk fut acquise à la fin du XVIIIe siècle: il s'agit d'une série de reproductions de peintures de tombes étrusques de Tarquinia exécutées par F. Smuglewicz. Les somptueuses fresques de la salle étrusque de la résidence des comtes Seremetev à Saint-Pétersbourg témoignent d'un certain goût pour les décors "étrusques" conçus dans le même esprit que ceux de Piranèse et, quand dans les années quarante du XIXe siècle, le tsar Nicolas Ier confie la construction du premier musée public de Russie, le Nouvel Ermitage, à l'architecte bavarois L. von Klenze, celui-ci, comme à l'Alte Pinakothek de Munich, y fait grand usage de motifs décoratifs empruntés aux tombes étrusques.
Nicolas Ier lui-même acheta les premiers vases "étrusques": ils faisaient partie de la collection romaine des Pizzati. Mais ce n'est qu'à l'époque d'Alexandre II que l'acquisition d'une partie de la grande et multiforme collection Campana vint compléter celle de l'Ermitage. Des chefs-d'œuvre de la plastique étrusque en bronze prirent alors place au musée: la statue de la Tombe du Lucumon à Pérouse, un trépied archaïque de Vulci, un casque de Canino et des armes diverses; les collections s'accrurent aussi de pièces de céramique: de vases de bucchero

imitant le métal et de vases étrusco-corinthiens; l'ensemble égalait en importance celle des riches collections de vases peints, prétendus étrusques, mais grecs en réalité pour la plupart.

Au début du XXe siècle, à la suite de la nationalisation des collections privées de Saint-Pétersbourg, divers objets étrusques arrivèrent à l'Ermitage: ils provenaient des collections de l'aristocratie russe, des Suvalov, des Strogonov, des Polovcov. Plus tard s'y ajoutèrent certaines pièces léguées par testament: c'est ainsi que les gemmes de la collection du minéralogiste G.C. Lambein rejoignirent le fonds du musée.

Furtwängler qui jugeait "les scarabées étrusques ce que l'esprit artistique des Etrusques pouvait créer de mieux" et qui considérait qu'ils étaient "absolument parfaits dans le genre" avait été le premier à remarquer la présence de gemmes étrusques parmi les découvertes archéologiques des côtes septentrionales de la mer Noire. Des indices de plus en plus nombreux ont, récemment, confirmé cette observation. Ils ont été mis en évidence en 1975 par O. Neverov, conservateur au musée de l'Ermitage, l'auteur de ces lignes, auquel on doit aussi l'étude d'un premier portrait de terre cuite (1966). Les vases étrusques archaïques ont été à plusieurs reprises publiés par S.P. Boriskovskaja (1967-1969) et l'urne anthropomorphe en bronze découverte à Pérouse étudiée de manière extrêmement circonstanciée par A.I. Vostchinina (1962-1965). Dans les années qui ont immédiatement suivi l'après-guerre, celle-ci, dans son essai sur l'histoire de l'art romain (1947), avait consacré une large place aux monuments étrusques de l'Ermitage et en 1972, sous sa direction, les collaborateurs du musée étaient parvenus à organiser, pour la première fois en Russie, une exposition spécialement consacrée à la culture et à l'art de l'Etrurie. En 1988, après la mort de A.I. Vostchinina, ses élèves et ses collègues participèrent à la grande exposition internationale "Le monde des Etrusques" (présentée à Berlin, Varsovie, Budapest et Viterbe). La conférence internationale de Berlin fut suivie d'un colloque international lui aussi, intitulé "Les Etrusques et leurs rapports avec les peuples de la Méditerranée", qui se tint à Moscou, au musée Pouchkine, au printemps 1990, alors que l'exposition était elle-même présentée en Russie. Les archéologues, philologues et historiens de Léningrad, Moscou et Voronej y prirent part aux côtés, entre autres, d'E. Simon (Wurtzbourg), F. Roncalli (Pérouse), U. Kastner (Berlin), Y. Bouzek (Prague), W. Dobrowolski (Varsovie). Les chercheurs du musée de l'Ermitage firent les communications suivantes: *Pour une contribution au portrait de la civilisation étrusque* (E.V. Mavleev); *La politique et la peinture grecque* (O. Neverov); *La peinture de l'Etrurie et le Bosphore* (L.I. Davydov); *Sur le thème du cratère falisque de la collection de l'Ermitage* (S.P. Boriskovskaja).

Mais l'intérêt des chercheurs du musée, loin de se limiter aux Etrusques, s'est aussi étendu aux autres peuples de l'Italie préromaine (Ombriens, Messapiens, Sicules et autres).

Amphore étrusque à figures noires
540-530 av. J.-C.
Paris, Musée du Louvre
Département des Antiquités grecques, étrusques et romaines
Cat. 536

Le palais de l'Ermitage au XIXe siècle

Le mythe étrusque en Europe entre le XVIe et le XVIIIe siècle

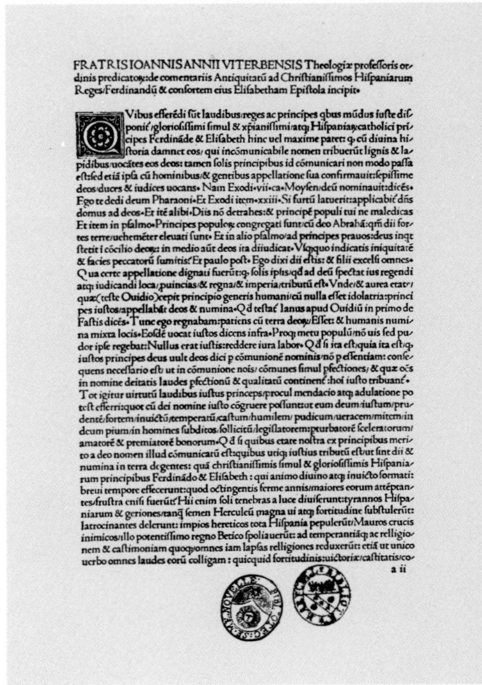
FRATRIS IOANNIS ANNII VITERBENSIS Theologiæ profeſſoris ordinis predicato℞:de comentariis Antiquitatū ad Chriſtianiſſimos Hiſpaniarum Reges/Ferdinandū & conſortem eius Eliſabetham Epiſtola incipit•

QVibus efferēdi ſūt laudibus/reges ac principes qbus mūdus iuſte diſponit/glorioſiſſimi ſimul & xpianiſſimi/atq; Hiſpania℞catholici pricipes Ferdināde & Eliſabeth hinc uel maxime patet: q̄ cū diuina hiſtoria damnet eos/ qui incōmunicabile nomen tribuerūt lignis & lapidibus/uocātes eos deos: tamen ſolis principibus id cōmunicari non modo paſſa eſt:ſed etiā ipſa cū hominibus/& gentibus appellatione ſua confirmauit:ſepiſſime deos/duces & iudices uocans• Nam Exodi•vii•ca•Moyſen/deū nominauit:dicēs• Ego te dedi deum Pharaoni•Et Exodi item•xxiii•Si furtū latuerit:applicabit dn̄s domus ad deos•Et itē alibi•Diis nō detrahes:& principē populi tui ne maledicas Et item in pſalmo•Principes populo℞ congregati ſunt/cū deo Abrahā:qm̄ dii fortes terre/uehemēter eleuati ſunt• Et in alio pſalmo/ad principes prauos:deus inqt ſtetit i cōcilio deo℞: in medio aūt deos ita diiudicat•Vſq;quo iudicatis iniquitatē & facies peccatorū ſumitis? Et paulo poſt• Ego dixi dii eſtis: & filii excelſi omnes• Qua certe appellatione dignati fuerūt:q̄ ſolis ipſis/qd̄ ad deū ſpectat ius regendi atq; iudicandi loca/puincias/& regna/& imperia/tributū eſt• Vnde/& aurea etate/ quæ(teſte Ouidio)cepit principio generis humani/cū nulla eſſet idolatria:principes iuſtos/appellabāt deos & numina•Qđ teſtat̄ Ianus apud Ouidiū in primo de Faſtis dicēs• Tunc ego regnabam:patiens cū terra deo℞/Eſſet: & humanis numina mixta locis•Eoſdē uocat iuſtos dicens infra•Proq; metu populū/nō uis ſed pudor ipſe regebat:Nullus erat iuſtis:reddere iura labor• Qđ ſi ita eſt/quia ita eſt/q̄ iuſtos principes deus uult deos dici p cōmunionē nominis/nō p eſſentiam: conſequens neceſſario eſt/ ut in cōmunione nois/ cōmunes ſimul pfectiones/ & quæ oēs in nomine deitatis laudes pfectionū & qualitatū continent̄:hoī iuſto tribuant̄• Tot igitur uirtutū laudibus iuſtus princeps/procul mendacio atq; adulatione poteſt efferri:quot cū dei nomine iuſto cōgruere poſſunt:ut eum deum/iuſtum/prudentē/fortem/inuictū/temperatū/caſtum/humilem/ pudicum/ueracem/mitem/in deum pium/in homines ſubditos/ſollicitū/legiſlatorem:pturbatorē ſceleratorum/ amatorē & premiatorē bonorum•Qđ ſi quibus etate noſtra ex principibus merito a deo nomen illud cōmunicatū eſt:quibus utiq; iuſtius tributū eſt/ut ſint dii & numina in terra degentes: quā chriſtianiſſimis ſimul & glorioſiſſimis Hiſpaniarum principibus Ferdinādo & Eliſabeth : qui animo diuino atq; inuicto formati: breui tempore effecerunt:quod octingentis ferme annis/maiores eorum attēptantes/fruſtra coniſi fuerūt? Hii enim ſoli tenebras a luce diuiſerunt:tyrannos Hiſpaniarum & geriones/tanq̄ ſemen Herculeū magna ui atq; fortitudine ſubſtulerūt: latrocinantes deleruntt: impios hereticos tota Hiſpania pepulerūt/Mauros crucis inimicos/illo potentiſſimo regno Betico ſpoliauerūt: ad temperantiāq; ac relligionem & caſtimoniam quoq;/omnes iam lapſas relligiones reduxerūt: etiā ut unico uerbo omnes laudes eorū colligam : quicquid fortitudinis:uictoriæ/caſtitatis/co-

a ii

359. Annius de Viterbe

Commentaria fratris Ioannis Annii Viterbensis, Ordinis Praedicatorum, theologiae professoris super opera diversorum auctorum de antiquitatibus loquentium, Romae, in Campo Florae, anno Domini MCCCCXCVIII.
Florence, Biblioteca Marucelliana

Première édition des *Antiquitates* de Giovanni Nanni, plus connu sous le nom d'Annius de Viterbe. Les textes, faussement attribués à des auteurs antiques, Bérose le Chaldéen, Métasthène le Perse, Myrsile de Lesbos, Manéthon l'Egyptien, furent composés par Annius afin de prouver l'identité de Janus et de Noé, fondateurs de la civilisation étrusque, et d'établir un lien étroit entre les traditions de l'Ancien et du Nouveau Testament, faisant ainsi disparaître la médiation culturelle de la Grèce et de Rome.

G. Cipriani, Florence, 1980.

360-363
Florence, Galleria degli Uffizi Gabinetto dei Disegni e Stampe

Les Etrusques suscitent l'intérêt depuis la Renaissance, depuis la grande période de l'Humanisme. Artistes, lettrés, savants, nobles et princes se passionnaient alors pour les monuments étrusques - architecturaux surtout - qui venaient d'être découverts ou qu'évoquaient les auteurs anciens. Ils s'intéressaient par exemple au temple toscan défini par Vitruve (*De Arch.*, IV, 6-7) et au mausolée de Porsenna, à Chiusi, dont la description de Varron nous a été transmise par Pline l'Ancien (*N.H.*, XXXVIII, 91-93). Antonio da Sangallo est l'une des figures les plus représentatives de cet engouement. A Pérouse, où il dirigeait la construction de la forteresse commandée par le pape Paul III, il sut non seulement éviter la destruction de monuments anciens comme la Porta Marzia, mais sauver aussi des œuvres antiques diverses parmi lesquelles un certain nombre d'inscriptions étrusques. Les dessins exposés témoignent de ce climat culturel.

360. Baldassarre Peruzzi

Mausolée de Porsenna à Chiusi
Papier blanc, plume
Haut. 43 cm, larg. 28,9 cm
Inv. Arch. 634/A

Peruzzi (1481-1536), le seul peintre du cercle de Raphaël qui se soit occupé d'antiquités étrusques, a représenté ici, sur le même feuillet que plusieurs croquis de monuments antiques de Spello, Spolète et Assise, une reconstitution du tombeau de Porsenna, dont il nous présente deux versions en plan et en élévation, d'après les indications fournies par Varron et Pline l'Ancien.
Vers 1520-1525

Ouvrage collectif, *Fortuna degli Etruschi* (Exposition), Florence, 1985, p. 38, n° 2 (S. Bietoletti).

361. Antonio da Sangallo le Jeune

Mausolée de Porsenna à Chiusi
Papier blanc, plume
Haut. 29,3 cm, larg. 17 cm
Inv. Arch. 1038/A

Esquisse du monument, fondée sur les indications du texte de Varron et Pline l'Ancien. On connait une version ultérieure, plus soignée, de cette esquisse (Uffizi 1209/A) par le même Antonio da Sangallo (1483-1546).

O. Vasori, dans "Studi Etruschi", XLVII, 1979, p. 125 sq., p. 132, n° 5, fig. 4; Ouvrage collectif, *Fortuna degli Etruschi* (Exposition), Florence 1985, p. 38, n° 4 (S. Bietoletti).

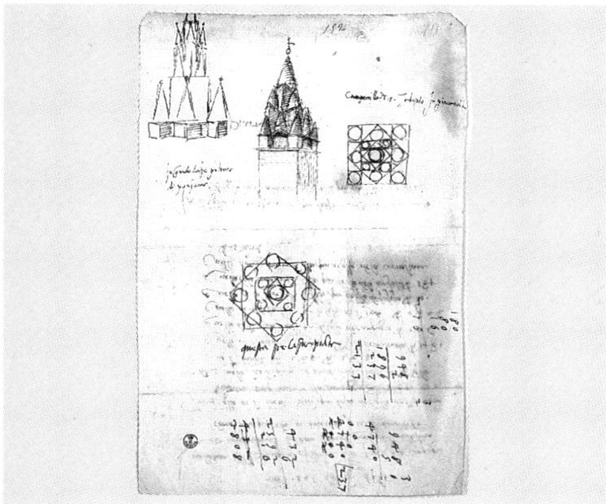

362. Giovan Battista da Sangallo dit Il Gobbo

Mausolée de Porsenna à Chiusi
Papier blanc, plume
Haut. 29,6 cm, larg. 19,7 cm
Inv. Arch. 979/A

Reconstituion du monument de Porsenna, sur la base du texte de Varron cité par Pline l'Ancien, en vue de la construction du Campanile à plusieurs flèches de San Giovanni à Plaisance, executé par Giovan Battista da Sangallo, dit il Gobbo (1496-1546). Vers 1526

O. Vasori, dans "Studi Etruschi", XLVII, 1979, p. 125 sq., n° 13, p. 144, fig. 7 b; Ouvrage collectif, *Fortuna degli Etruschi* (Exposition), Florence, 1985, p. 42, n° 12 (S. Bietoletti).

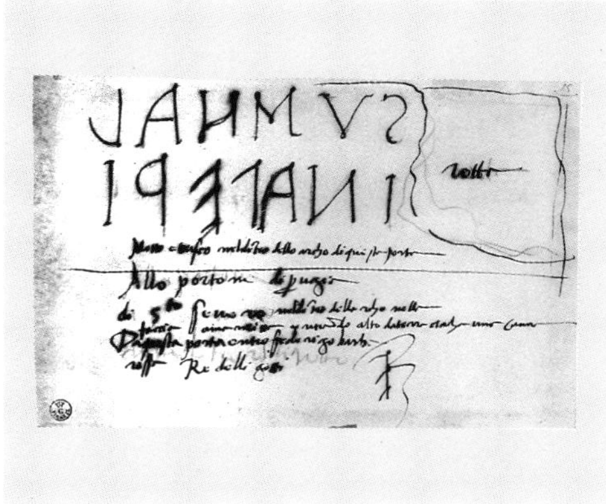

363. Antonio da Sangallo le Jeune

Inscription étrusque de Pérouse
Papier blanc, plume et sanguine
Haut. 14,5 cm, larg. 21,4 cm
Inv. Arch. 2081/A

Il est probable que l'inscription (*CIE*, 3324) se trouvait, avant la construction de la forteresse de la Rocca Paolina, dans la muraille, à proximité de la porte dite de San Severo, mais celle-ci n'a jamais été identifiée avec certitude.

O. Vasori dans "Studi Etruschi", XLVII, 1979, p. 125 sq., p. 142, n° 12, fig. 10 b; Ouvrage collectif, *Fortuna degli Etruschi* (Exposition), Florence, 1985, p. 40, n° 9 (S. Bietoletti).

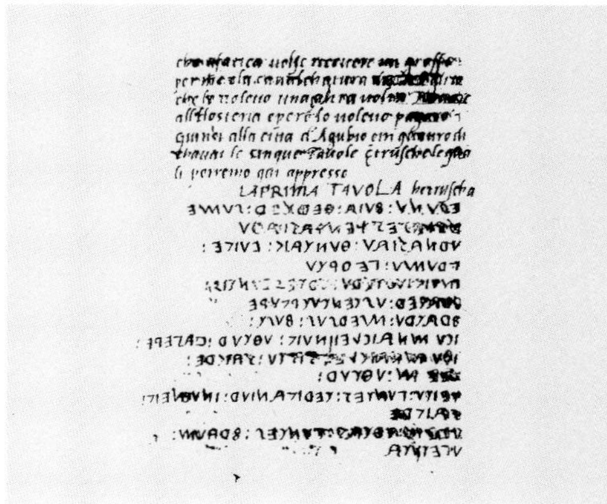

364. Sante Marmocchini

Dialogo in defensione della lingua toschana
Florence, Biblioteca Nazionale Centrale, fonds Magliabechiano

Les discussions enflammées que suscitait alors la langue étrusque fournissent à l'auteur de ce dialogue composé entre 1541 et 1545 et dédié à Côme Ier de Médicis, l'occasion de réaffirmer, à la suite d'Annius de Viterbe, les liens qui unissent l'hébreu et l'étrusque.

G. Cipriani, Florence, 1980.

365. Guillaume Postel

De Etruriae regionis [...]
Florentiae, Torrentino, 1551

Florence, Biblioteca Marucelliana

Composé en 1549-1550, cet ouvrage défendait l'authenticité des thèses des *Antiquitates* d'Annius de Viterbe et reconnaissait dans l'ancienne Etrurie le relais entre la culture hebraïque et l'Occident. L'Etrurie et les Etrusques constituaient le premier foyer de cette civilisation européenne qui trouverait plus tard à Rome et à Paris son centre sacré et celui de l'empire universel.

G. Postel (sous la dir. de G. Cipriani), Rome, 1986.

366. Chimère

Bronze, fonte à la cire perdue, inscription gravée sur la matrice avant la fonte. Queue restaurée par Benvenuto Cellini
Haut. 78,5 cm, long. max. 129 cm
Florence, Museo Archeologico, inv. 1
Provenance: Arezzo, acquisition de Côme Ier de Médicis (1553)

L'inscription *tinścvil* gravée sur la patte antérieure de cet animal mythique, représenté semble-t-il à l'instant où il attaque Bellérophon, indique qu'il s'agit d'un ex-voto. Les notations naturalistes du corps, sec et tendu, cohabitent avec le traitement archaïque du museau et du pelage. On pensait autrefois que la chimère avait été fabriquée en Grèce ou en Grande-Grèce; on croit aujourd'hui qu'elle a été realisée avec le concours d'artistes d'Etrurie méridionale dans un atelier de Chiusi, d'Arezzo, ou du Val di Chiana.
Fin du Ve-début du IVe siècle av. J.-C.

M. Pallottino, dans "Prospettiva" 8, 1977, p. 4-6; Ouvrage collectif, *La Chimera e il suo mito* (Exposition), Florence, 1990, p. 53-63 (A. Maggiani); M. Cristofani, dans "Prospettiva" 61, 1991, p. 2-5.

367. Centaure

Bronze fondu
Haut. 9 cm
Florence, Museo Archeologico, inv. 30
Provenance inconnue; autrefois dans les collections des grands-ducs de Toscane

L'avant-corps du centaure est celui d'un homme. Ses avant-bras sont tendus et les mains légèrement soulevées.
Des pièces similaires sont conservées dans les musées de Berlin et de Boston.
Milieu du VIe siècle av. J.-C.

Ouvrage collectif, *Palazzo Vecchio: committenza e collezionismo medicei 1537-1610* (Exposition), Florence, 1980, p. 30, n° 37 (M. Martelli).

368. Poignée à décor plastique

Bronze, fonte pleine, détails gravés
Haut. 11 cm
Florence, Museo Archeologico, inv. 681
Provenance inconnue; autrefois dans les collections des grands-ducs de Toscane

Deux guerriers transportent le corps, légèrement cambré, d'un troisième. Les pieds des guerriers et la base ont été restaurés à la Renaissance. Il s'agit peut-être d'une poignée de ciste.
Second quart du Ve siècle av. J.-C.

Ouvrage collectif, *Palazzo Vecchio: committenza e collezionismo medicei 1537-1610* (Exposition), Florence, 1980, p. 31, n° 39 (M. Martelli).

369. Manche figuré de patère

Bronze fondu
Haut. 22 cm
Florence, Museo Archeologico, inv. 1378
Provenance inconnue; autrefois dans les collections des grand-ducs de Toscane

Figure féminine, debout, la jambe gauche légèrement pliée. Elle porte un collier. Un manteau enveloppe ses jambes, retombe de l'avant-bras gauche le long de sa hanche, laissant à découvert le côté droit, presque jusqu'au genou. Sur la tête de la figure subsiste encore la plaque, en forme de feuille, qui faisait fonction de raccord avec la patère.
IIIe siècle av. J.-C.

Ouvrage collectif, *Palazzo Vecchio: committenza e collezionismo medicei 1537-1610* (Exposition), Florence, 1980, p. 31, n° 40 (M. Martelli).

370. Urne cinéraire

Albâtre (face antérieure de la cuve)
Haut. 40 cm, long. 58 cm, ép. 7,5 cm
Paris, Musée du Louvre, Département des Antiquités grecques, étrusques et romaines
Inv. MND 1568 (n° usuel MA 3606)
Provenance: Pagni (Val d'Elsa), Toscane

Cette urne figurant le meurtre d'Agamemnon et la suivante, n° 371, furent illustrées dès 1724 dans le commentaire de l'ouvrage de Dempster par F. Buonarroti. Elles appartenaient à la collection Gaddi, fameuse à cette époque à Florence et dispersée ensuite en 1778. Elles entrèrent avant 1883 dans le "Cabinet du Roi" à Paris.
Seconde moitié du IIe siècle av. J.-C.

F.-H. Pairault, Rome, 1972, p. 147-149, pl. 111b; M. Martelli, dans "Prospettiva" 15, 1978, p. 13-15, fig. 2; *LIMC* I, 1, s.v. Agamemnon, n° 97, p. 271, I, 2, pl. 202.

371. Urne cinéraire

Albâtre (face antérieure de la cuve)
Haut. 46 cm, long. 73 cm, ép. 7 cm
Paris, Musée du Louvre, Département des Antiquités grecques, étrusques et romaines
Inv. MND 1567 (n° usuel MA 3605); ancienne Collection Gaddi; dépôt du Cabinet des Médailles de la Bibliothèque Nationale
Provenance: Pagni (Val d'Elsa), Toscane

Reconnaissance de Pâris par ses frères et ses parents en présence de Vénus.
Seconde moitié du IIe siècle av. J.-C.

F.-H. Pairault, dans "Mélanges d'Archéologie et d'Histoire de l'Ecole Française de Rome. Antiquité" 87, 1975, p. 213 sq.; M. Martelli, dans "Prospettiva" 15, 1978, p. 13-15, fig. 4.

372. Statuette féminine

Bronze fondu
Haut. 35,3 cm
Florence, Museo Archeologico, inv. 553
Provenance inconnue; autrefois dans les collections de François Ier de Médicis

Figure féminine en marche vers la gauche. Elle est vêtue d'un chiton et d'un manteau, chaussée de *calcei* et parée d'un collier à trois bulles et de boucles d'oreilles à disque. Elle porte une couronne de feuilles et de baies de laurier. La cavité des yeux était destinée à recevoir des pupilles faites d'une autre matière. Elle tient une grenade de la main gauche. Dans son dos est gravée une inscription votive en écriture étrusco-septentrionale.
Début du IVe siècle av. J.-C.

M. Cristofani, Novare, 1985, p. 271, n° 56.

373. Satyre et enfant ailé

Bronze fondu
Haut. 34 cm, haut. de la base 6,3 cm
Florence, Museo Archeologico, inv. 547
Provenance inconnue

Un jeune homme nu porte sur ses épaules un jeune garçon nu, aux ailes déployées, au couvre-chef en forme de tête de cygne, qui verse le contenu d'une œnochoé. La présence du jeune garçon, mal identifié (Ganymède, Amour-Cygne, Génie de Bacchus) rend difficile l'interprétation de la scène, apparemment bachique. Bien que considérée comme une production étrusque du IIIe siècle av. J.-C., cette pièce échappe encore à une classification stylistique et chronologique précise.

Ouvrage collectif, *Palazzo Vecchio: committenza e collezionismo medicei 1537-1610* (Exposition), Florence, 1980, p. 35, n° 44 (M. Martelli).

DESCRIZIONE DEL
REGALE APPARATO PER
LE NOZZE
Della Serenissima Madama
Cristina di Loreno Moglie
del Serenissimo
Don Ferdinando Medici
III Gran Duca di
Toscana
Descritte da Raffael Gualterotti
Gentil'huomo
Fiorentino.

IN FIRENZE Appresso Antonio Padouani.
M. D. LXXXIX.
Con licenza, & Priuilegio.

374. Raffaello Gualterotti

Della descrizione del regale apparato [...]
Florence, Padovani, 1589
Florence, Biblioteca Moreniana

Description des décors aménagés à Florence pour les noces du grand-duc Ferdinand Ier avec Christine de Lorraine. Un panneau du peintre Iacopo Ligozzi représentait à l'entrée du Palazzo Vecchio, à une place privilégiée, une allégorie de la Toscane dans laquelle figuraient Porsenna et Côme Ier. Quelques mots éclairaient l'idéale continuité qui reliait le pouvoir monarchique étrusque à celui des Médicis: DIADEMA PORSENAE REGIS NEGLIGENTIA / AMISSUM COSMI MEDICIS VIRTUTE AC / VIGILANTIA RECUPERATUM.

G. Cipriani, Florence, 1980.

375. Sommet de candélabre

Bronze fondu
Haut. 16,5 cm
Florence, Museo Archeologico, inv. 25
Provenance inconnue; ancienne collection de Christine de Lorraine

Un jeune homme, une chlamyde serrée autour des reins et qui lui retombe entre les jambes, tente de retenir un cheval cabré. Ce groupe pourrait représenter un Dioscure ou pourrait être une réplique du groupe d'Alexandre et Bucéphale sculpté par Lysippe.
Second quart du IVe siècle av. J.-C.

M. Cristofani, Novare, 1985, p. 272, n° 59.

376. Figure féminine assise

Bronze fondu
Haut. 19 cm
Florence, Museo Archeologico, inv. 2292
Provenance inconnue; ancienne collection de Christine de Lorraine

Femme assise sur un socle en bronze de style Renaissance en forme de rocher. Un fin chiton et un manteau noué à la taille laissent entrevoir les belles formes du corps. Un serpent est enroulé autour de son bras gauche. De nombreuses identifications ont été proposées: Ménade, Erynnie, Thétis, Cléopâtre ou la Gorgone. Début du IVe siècle av. J.-C.

E. Paribeni, dans "Bollettino d'Arte", XLII, 1957, p. 218-221; Ouvrage collectif, *Palazzo Vecchio: committenza e collezionismo medicei 1537-1610* (Exposition), Florence, 1980, p. 39, n° 57 (M. Martelli).

377. Sommet de candélabre

Bronze en fonte pleine, retouches au burin
Haut. 12,8 cm
Florence, Museo Archeologico, inv. 440
Provenance inconnue; ancienne collection de Christine de Lorraine

Jeune homme nu ailé, debout, tenant dans les bras une jeune fille parée d'un diadème, les bras levés et vêtue d'une longue tunique et d'une chlamyde jetée sur les épaules. A l'interprétation funéraire (Thanatos ou un démon des Enfers portant une défunte) il faut peut-être préférer l'interprétation mythologique (Borée et Latone?). 400-350 av. J.-C.

Ouvrage collectif, *Palazzo Vecchio: committenza e collezionismo medicei 1537-1610* (Exposition), Florence, 1980, p. 40, n° 58, avec bibl. (M. Martelli); voir aussi A. Bottini, dans "Bollettino d'Arte", 59, 1990, p. 1 sq.

378. Applique

Bronze fondu
Haut. 12 cm
Florence, Museo Archeologico, inv. 682
Provenance inconnue; ancienne collection de Christine de Lorraine

Deux figures féminines ailées transportent le corps d'un guerrier mort, vêtu d'une chlamyde qui retombe derrière ses épaules, et portant un casque de type attique et des cnémides. Dans ce groupe, qui a subi des restaurations à l'époque moderne (deux ailes ont été remplacées), on peut reconnaître deux démons infernaux qui emportent un héros.
Troisième quart du Ve siècle av. J.-C.

Ouvrage collectif, *Palazzo Vecchio: committenza e collezionismo medicei 1537-1610* (Exposition), Florence, 1980, p. 40, n° 59 (M. Martelli).

379. Chimère

Bronze fondu
Haut. 7,7 cm
Florence, Museo Archeologico, inv. 23
Provenance inconnue; ancienne collection de Christine de Lorraine

Monstre passant et tournant sa tête de lion à l'épaisse crinière vers le spectateur. Pelage rendu par de fines incisions très serrées.
IIIe siècle av. J.-C.

Ouvrage collectif, *La Chimera e il suo mito* (Exposition), Florence, 1990, p. 31, n° 14, fig. 15 (P. Zamarchi Grassi).

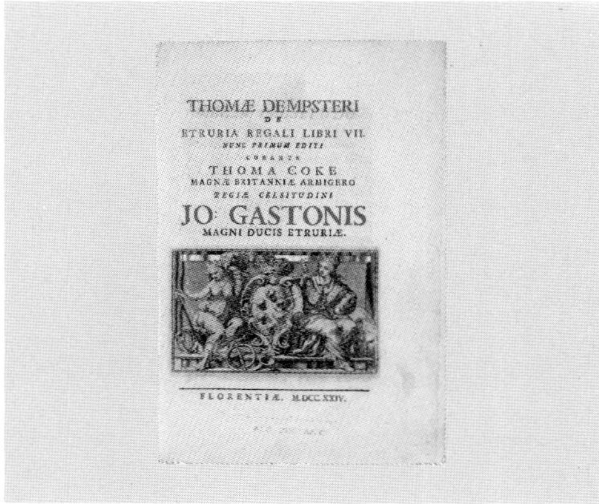

380. Thomas Dempster

De Etruria Regali libri VII [...] Regiae Celsitudini Cosimi III Magni Ducis Etruriae, Florentiae 1723-1726, tomes I-II
Florence, Istituto Nazionale di Studi Etruschi ed Italici

Cet ouvrage, rédigé entre 1616 et 1619 pour Côme II de Médicis, fut publié un siècle plus tard par Filippo Buonarroti, qui y ajouta une suite d'*Explicationes et Conjecturae*, ainsi que 93 planches gravées reproduisant des monuments étrusques ou de provenance étrusque. L'appendice et les illustrations ajoutés par l'éditeur marquent le début d'une nouvelle époque des études étrusques.

M. Cristofani, dans "Mélanges d'Archéologie et d'Histoire de l'Ecole Française de Rome. Antiquité" XC, 1978, p. 577-625.

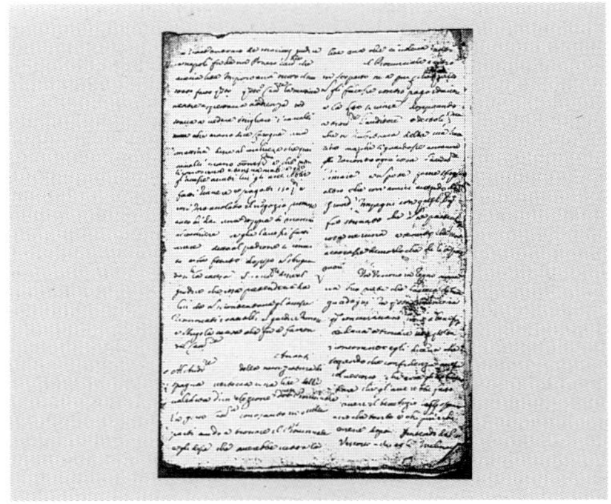

381. Filippo Buonarroti

Journal autographe
Florence, Biblioteca Medicea-Laurenziana
dépôt Casa Buonarroti

Ce journal révèle des aspects de la vie quotidienne et de la psychologie de l'un des plus grands érudits florentins du XVIIIe siècle, amateur d'études étrusques, éditeur de l'ouvrage de Thomas Dempster, *De Etruria Regali*, et collectionneur d'objets archéologiques.

M. Cristofani, Rome, 1983.

382. Stèle

Grès, décor en bas-relief
Haut. 138 cm
Florence, Casa Buonarroti, inv. 1981-1982, n° 54
Provenance: environs de Fiesole

Stèle rectangulaire allongée, arrondie dans la partie supérieure. Le défunt est figuré sous les traits d'un jeune guerrier, armé d'une lance et d'une petite hache, un pagne court autour des reins. Le nom du défunt est gravé sur la droite: *Larth Ninie*. Le monument appartient au groupe des stèles de Fiesole.
520-510 av. J.-C.

F. Magi, dans "Studi Etruschi" VI, 1932, p. 12-13, n° 1, pl. I, 1; F. Nicosia, dans "Studi Etruschi" XXXIV, 1966, p. 159-161.

383. Urne à couvercle

Terre cuite polychrome, décor estampé et à l'ébauchoir
Couvercle: haut. 40 cm, long. 62, larg. 31 cm
Cuve: haut. 39 cm, long. 58 cm, larg. 27 cm
Florence, Casa Buonarroti, inv. 1981-1982, n° 11
Provenance: Chiusi, Poggio al Moro

Sur le couvercle, figure masculine à demi couchée, tenant une patère dans la main droite. Sur la cuve une scène de combat. Sur la corniche, une inscription peinte indique le nom du défunt: Larth Causlini. C'est un bon exemple de la pratique de l'estampage et de la production standardisée des urnes à Chiusi. Milieu du IIe siècle av. J.-C.

E. Brunn-G. Körte, Rome-Berlin, 1870-1916, III, 1916, p. 178 sq., fig. 37; M. Bonamici, dans Ouvrage collectif (sous la dir. de D. Gallo), Florence, 1986, p. 72, n° 17.

384. Vase à parfum en forme de tête féminine

Bronze fondu, patine vert-noirâtre, le couvercle manque
Haut. 9,5 cm
Florence, Casa Buonarroti, inv. 1981-1982, n° 24
Provenance inconnue

La tête de femme, les cheveux divisés et réunis en chignon, est parée d'un diadème, d'un collier et de boucles d'oreilles. Cet objet appartient à une catégorie de vases répandus aux IIIe et IIe siècles av. J.-C., et exécutés dans plusieurs ateliers d'Etrurie, notamment dans ceux de la région de Chiusi-Orvieto, auxquels cet exemplaire est attribué.
IIIe siècle av. J.-C.

M. Bonamici, dans Ouvrage collectif (sous la dir. de D. Gallo), Florence, 1986, p. 79, n° 31, pl. 31a/b.

MVSEI ETRVSCI
DISSERTATIO I.
DE TYRRHENORVM ORIGINE
EORVMQVE IN ITALIAM ADVENTV
ET IDOLOLATRIA.

385. Antonio Francesco Gori

Museum Etruscum exhibens insignia veterum Etruscorum monumenta [...], Florentiae, Caietanus Albizinius typographus, 1737-1743
3 volumes in folio. En exposition: vol. I, frontispice; vol. II, *Musei Etrusci, Dissertatio I, De Tyrrhenorum origine eorumque in Italiam adventu* [...]

Gori poursuit dans le *Museum Etruscum* le catalogue des monuments étrusques entrepris par Filippo Buonarroti. Publié en deux volumes en 1737, l'ouvrage est mis à jour par un troisième volume en 1843. Gori est aussi l'auteur d'un *Museum Florentinum* (1731-1762) et d'un *Museum Cortonense* (1750).

Ouvrage collectif, *Bibliotheca Etrusca* (Exposition), Rome, 1985, p. 38, n° 11.

386. Urne

Albâtre, décor en relief
Couvercle: haut. 37 cm, long. 54 cm
larg. 21 cm
Cuve: haut. 35 cm, long. 48 cm, larg. 21 cm
Volterra, Museo Guarnacci, inv. 401 (couvercle), 342 (cuve)
Provenance: Volterra, tombe des Luvisu

Sur le couvercle, figure masculine à demi couchée, voilée et couronnée, tenant dans la main droite un *krateriskos* à bord godronné. Inscription étrusque sur la plinthe (*CIE*, 83): *(...)[l]uvisu.v.*
Sur la cuve, rencontre entre mère et fils.
Fin du IIe siècle av. J.-C.

Ouvrage collectif, *Civiltà degli Etruschi* (Exposition), Florence-Milan, 1985, p. 360 (P.H. Massa Pairault).

387. Couvercle d'urne

Albâtre
Haut. 36 cm, long. 53 cm, larg. 22,5 cm
Volterra, Museo Guarnacci, inv. 422
Provenance: Volterra, tombe des Luvisu

Figure masculine à demi couchée, couronnée, qui tenait peut-être de la main droite un rouleau (aujourd'hui disparu). Inscription étrusque sur la plinthe (*CIE*, 82): *v. luvisu. v.*

Datation et bibliographie: cf. n° 386.

388. Couvercle d'*olla*

Albâtre
Haut. 18,5 cm, diam. 41 cm
Volterra, Museo Guarnacci, s.n.i.
Provenance: Volterra, tombe des Luvisu

Forme tronconique aux parois à peine concaves. Au sommet, une rosace. A mi-hauteur, inscription étrusque (*CIE*, 84): *n. luvisui.l. rapalial.*
A l'origine, la surface était recouverte de feuilles d'or, aujourd'hui disparues.

Datation et bibliographie: cf. n° 386.

389. Amphore

Bucchero gris, décor estampé au rouleau
Haut. 38 cm, diam. 23,5 cm
Cortone, Museo dell'Accademia Etrusca
Inv. 1940, don von Stosch
Provenance: Chiusi

Produite à Chiusi dans la première moitié du VIe siècle av. J.-C. Le donateur, Filippo von Stosch, qui participait assidûment aux activités de l'Académie étrusque, approcha quelques-unes des personnalités les plus en vue du milieu culturel et politique florentin, des dignitaires étrangers et des ecclésiastiques de la curie romaine.

P. Bruschetti-M. Gori Sassoli-M.C. Guidotti, Cortone, 1988, p. 32 sq., fig. 47.

390. Discobole

Bronze, fonte pleine
Haut. 10,9 cm
Cortone, Museo dell'Accademia Etrusca
Inv. 1697
Provenance inconnue

Athlète au repos. L'attitude et la pondération du corps évoquent les œuvres de la petite sculpture en bronze inspirée du canon de Polyclète et répandue en particulier dans la plaine du Pô. Œuvre attribuée à un atelier de l'Etrurie septentrionale interne. Dernier quart du Ve siècle av. J.-C.

P. Bocci Pacini-P. Zamarchi Grassi, dans *Annuario XXI-1984 dell'Accademia Etrusca*, Cortone, 1985, p. 128, n° 7, pl. XIV

391. Base parallélépipédique

Bronze, fonte pleine
Haut. 2,3 cm, long. 4,2 cm, larg. 3,5 cm
Cortone, Museo dell'Accademia Etrusca
Inv. 1277
Provenance: Cortone

Socle de statuette. Sur deux des côtés est gravée une inscription votive: *tinścvil//mi: unia/l/curtun*. Le qualificatif géographique (*curtun*) accolé au nom de la divinité (*unial*), à qui le don est offert (*tinścvil*), atteste à l'évidence l'existence d'un culte d'Uni dans cette cité.

A. Neppi Modona, Florence, 1977[2], p. 135 sq.; P. Bocci Pacini-P. Zamarchi Grassi, dans *Annuario XXI-1984 dell'Accademia Etrusca*, Cortone, 1985, p. 128 sq., n° 8.

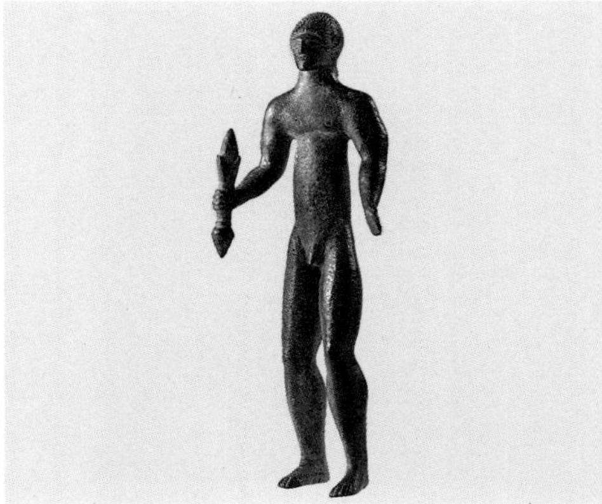

392. "Zeus de Firenzuola"

Bronze, fonte pleine
Haut. 21,8 cm
Cortone, Museo dell'Accademia Etrusca
Inv. 1570, don Venuti
Provenance: Firenzuola, Peglio, zone sacrée

Figure debout, nue, tenant le foudre de la main droite. Production d'un atelier localisé dans le Nord de l'Ombrie.
Fin du Ve siècle av. J.-C.

G. Colonna, Florence, 1970, I, p. 27 n° 3; E.H. Richardson, Mayence, 1983, p. 358 sq.; P. Bruschetti-M. Gori Sassoli-M.C. Guidotti, Cortone, 1988, p. 12.

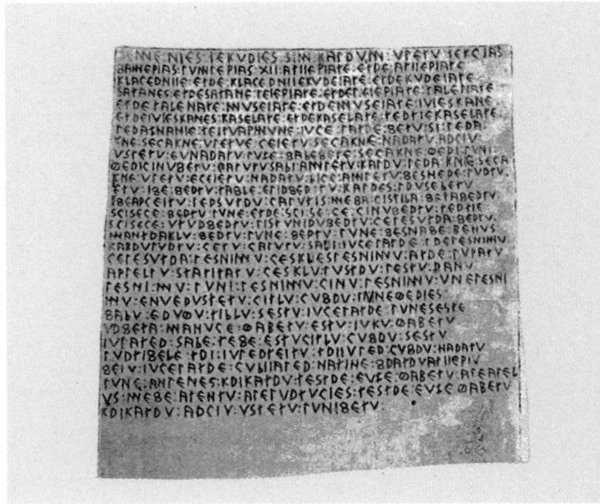

393. Atlas d'antiquités

In folio
Cortone, Accademia Etrusca, Biblioteca

Tome V, comportant les planches des *Tabulae Iguvinae*, exécutées d'après les originaux entre 1718 et 1721. L'ouvrage fut offert en 1728 à l'Académie par Giovanni Vincenzo Capponi. Les *Tabulae Iguvinae* étaient considérées comme un document en langue étrusque, et ces planches furent réutilisées par F. Buonarroti, dans son édition du *De Etruria Regali* de Dempster.

P. Bruschetti, Cortone, 1981 (*Accademia Etrusca-Note e Documenti*, 10); A.L. Prosdocimi, Florence, 1984, I, p. 41 sq.

394. Laran

Bronze, fonte pleine
Haut. 37 cm
Leyde, Rijksmuseum van Oudheden, inv. CO.1, ancienne Collection Corazzi
Provenance: Ravenne

Laran (Arès?), armé, porte un casque de type crétois et une cuirasse. La lance et le bouclier ont disparu. Inscription gravée sur la jambe droite, en écriture volsinienne tardo-archaïque: "Thucer Hermenas a dedié". Fabriquée par un atelier d'Etrurie centrale, probablement d'Orvieto, cette pièce trouvée dans une zone contrôlée par les Etrusques est peut-être l'offrande d'un chef militaire. 540-520 av. J.-C.

M. Martelli, dans "Xenia" VI, 1983, p. 25-36; M. Cristofani, Novare, 1985, p. 278, n° 85; Ouvrage collectif, *L'Accademia Etrusca* (Exposition), Milan-Florence, 1985, p. 203, n° 202 (M. Cristofani).

395. Statuette

Bronze, fonte pleine
Haut. 21 cm
Leyde, Rijksmuseum van Oudheden, inv. CO.6, ancienne Collection Corazzi
Provenance: près du lac Trasimène

Figure féminine au visage ovale, le corps et le cou particulièrement allongés; les nombreux détails du vêtement sont gravés. La main gauche soulève l'étoffe du vêtement. Cette statuette fait partie du groupe dit de Pérouse, qui compte plusieurs autres exemplaires présentant la même silhouette "géométrique" au profil extrêmement élégant.
Premières décennies du Ve siècle av. J.-C.

E. Richardson, Mayence, 1983, V 3, Series C, Group 3A, n° 5, p. 314, pl. 746; Ouvrage collectif, *L'Accademia Etrusca* (Exposition), Milan-Florence, 1985, p. 204, n° 203 (M. Cristofani).

396. Griffon

Bronze fondu, inscription gravée; il manque une aile et la partie inférieure des pattes antérieures
Haut. 8,5 cm
Leyde, Rijksmuseum van Oudheden, inv. CO.3, ancienne Collection Corazzi
Provenance: Cortone, localité de Campaccio

Griffon passant; une inscription analogue à celle qui figure sur la Chimère d'Arezzo indique qu'il s'agit d'une offrande (*tinścvil*).
Vers le milieu du IVe siècle av. J.-C.

A.F. Gori, 1750, p. 28, pl. 21; Ouvrage collectif, *L'Accademia Etrusca* (Exposition), Milan-Florence, 1985, p. 204, n° 204 (M. Cristofani); pour l'inscription: M. Pallottino, *TLE*, 643.

397. Offrante

Bronze en fonte pleine
Haut. 20 cm
Leyde, Rijksmuseum van Oudheden, inv. CO.30
ancienne Collection Corazzi
Provenance: Montecchio, près de Cortone

Figure féminine parée d'un diadème; corps mince et sinueux; tunique et manteau relevé sur le bras gauche. Découverte en même temps que la statuette de l'enfant à l'oie, dédiée à Thufltha (n° 398).
Première moitié du IIIe siècle av. J.-C.

M. Cristofani, Novare, 1985, p. 71, n° 71; Ouvrage collectif, *L'Accademia Etrusca* (Exposition), Milan-Florence, 1985, p. 205, n° 207 (M. Cristofani).

398. Enfant à l'oie

Bronze en fonte pleine
Haut. 32 cm
Leyde, Rijksmuseum van Oudheden, inv. CO.4
ancienne Collection Corazzi
Provenance: Montecchio, près de Cortone

Découvert en 1746, avec d'autres bronzes qui faisaient sans doute partie d'un dépôt votif à Thufltha. Une inscription, gravée verticalement sur la jambe droite, précise qu'il s'agit d'une offrande à la divinité de la part de Velia Fanacnei, en remerciement pour son fils. Œuvre stylistiquement isolée, qui reflète le goût baroque de certains courants hellénistiques. Milieu du IIe siècle av. J.-C.

M. Cristofani, Novare, 1985, p. 299, n° 128; Ouvrage collectif, *L'Accademia Etrusca* (Exposition), Milan-Florence, 1985, p. 206, n° 208 (M. Cristofani).

399. Candélabre

Bronze fondu; il manque la partie terminale
Haut. 53 cm
Leyde, Rijksmuseum van Oudheden, inv. CO.2, ancienne Collection Corazzi
Provenance: Montecchio, près de Cortone

Long fût cylindrique muni de trois disques ornés de feuilles en relief et reposant sur un trépied qui se termine en pattes de lion. Sur le fût, dédicace à Thufltha: *a. vels. cus.ϑuplϑaś.alpan.turce* (*TLE* 654).
IVe-IIIe siècle av. J.-C.

A. Neppi Modona, Florence, 1977 (2e ed.) p. 142-143; Ouvrage collectif, *L'Accademia Etrusca* (Exposition), Milan-Florence, 1985, p. 206, n° 209 (M. Cristofani).

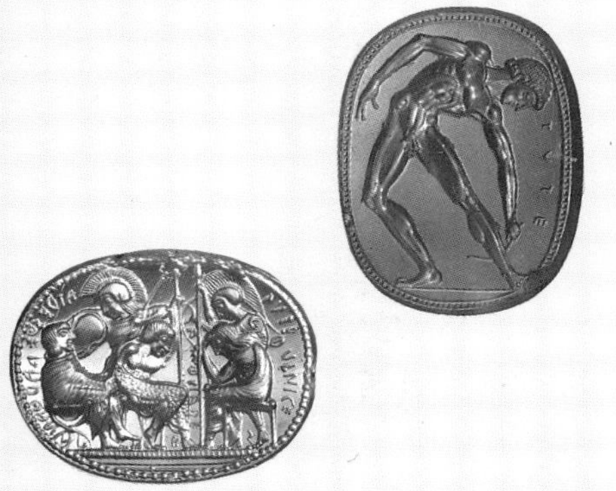

400. Deux scarabées

Cornaline. Intaille
Berlin, Antikensammlung, ancienne Collection von Stosch, inv. FG 194 et FG 195
A gauche, inv. FG 194
Haut. 1,62 cm, larg. 1,27 cm
Provenance: Pérouse
Travail étrusque représentant cinq héros de l'expédition des Sept contre Thèbes
A droite, inv. FG 195
Haut. 1,42 cm, larg. 1,10 cm
Travail étrusque représentant le héros Tydée (*Tute*), l'un des Sept contre Thèbes
500-480 av. J.-C. et 500-475 av. J.-C.

Inv. FG 194: AGD II, p. 103-106, n° 237, pl. 51; Ouvrage collectif, *Berlin und die Antike* (Exposition), 1979, p. 62, n° 87. Inv. FG 195: AGD II, p. 106, n° 238, pl. 51; P. Zazoff, AA 1974, p. 479 sq., fig. 8.

401. Johann Joachim Winckelmann

Geschichte der Kunst des Alterthums
Dresde, 1764
In 8°
Berlin, Antikensammlung

Le frontispice représente la "pierre de Stosch" (n° 400, à gauche) que Winckelmann considérait comme l'œuvre d'art la plus ancienne du monde. Cinq héros de l'expédition des Sept contre Thèbes y sont figurés: au premier plan, de gauche à droite: Parthenopaios (Parthapes), Amphiaraos (Amphiare), Polyneikes (Phulnice); au second plan: Adrastos (Atresthe) et Tydeus (Tute).

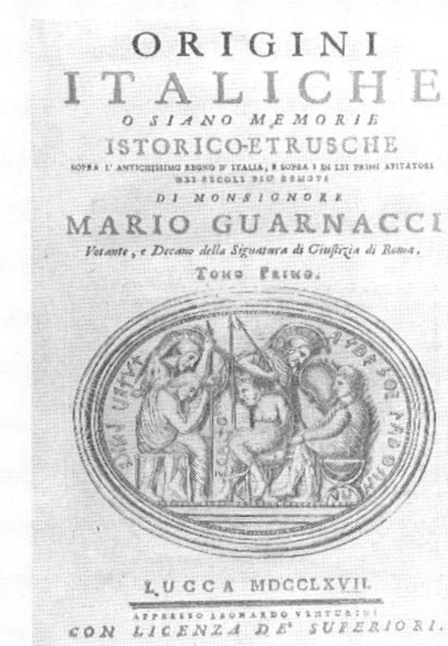

402. Mario Guarnacci

Origini italiche [...]
Lucca, Venturini, 1767 (tomes I-II); Lucca, Jacobo Giusti, 1771 (tome III)
Volterra, Biblioteca Guarnacci, ancien fonds Mario Guarnacci, inv. 5089

L'œuvre, véritable somme de l'*etruscheria* au XVIIIe siècle, traite des origines des peuples de l'Italie et en particulier des Etrusques. Guarnacci y exalte jusqu'à l'excès la primauté des Etrusques, thème déjà présent dans l'ouvrage de Dempster. Il fait descendre des Etrusques tous les peuples de la péninsule et attribue à l'Italie le mérite d'avoir été le premier foyer de civilisation. L'ouvrage ne fut bien accueilli que dans un cénacle restreint d'érudits liés à l'auteur.

L. Gasparetti, dans "Rassegna Volterrana", II, 3, 1925, p. 127-140.

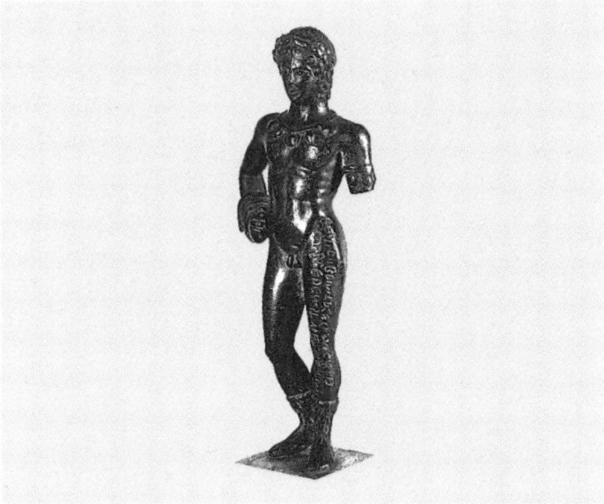

403. "Apollon de Ferrare"

Bronze
Haut. 27,2 cm
Paris, Bibliothèque Nationale, Cabinet des Médailles, inv. B.B. 101

Une inscription court le long de la jambe gauche: *mi: flereś: spulare: aritimi/fasti: ruifriś:t[u]rce:clen:ce a*: (Fasti, épouse de Ruifri, m'a donné à la divinité Spulare Aritimi (?) en considération de [en remerciement pour] son fils). Cet objet signalé depuis le XVIe siècle dans diverses collections, fut acquis, vers 1750, pour le Cabinet du Roi de France. Cet Apollon figure déjà dans les publications des grands antiquaires du XVIIIe siècle.
Seconde moitié du IVe siècle av. J.-C.

E. Babelon-A. Blanchet, Paris, 1895, p. 46-48; A.-M. Adam, Paris, 1984, p. 166-167; Ouvrage collectif, *Rasenna*, Milan, 1986, p. 202, n° 124.

404-412
Le comte de Caylus

"Je voudrais qu'on cherchât moins à éblouir qu'à instruire, et qu'on joignît plus souvent aux témoignages des Anciens la voie de comparaison, qui est pour l'Antiquaire ce que les observations et les expériences sont pour le Physicien" (tome I, page 111). La méthode est ainsi définie, lorsqu'en 1752, le comte de Caylus (1692-1765) entreprend la rédaction du *Recueil d'Antiquités*. Les sept tomes rassemblent les descriptions, commentaires et illustrations de tous les antiques que Caylus avait pu examiner, ainsi que des pièces qui constituaient sa propre collection. Les deux premiers volumes de l'ouvrage, traitent des antiquités égyptiennes, étrusques, grecques et romaines; à partir du troisième tome, une partie supplémentaire est consacrée aux objets gaulois. Le comte de Caylus fit don au Cabinet du Roi d'un grand nombre d'antiques, au fur et à mesure qu'il les publiait dans son *Recueil*; le reste de sa collection y entra en 1765, date de sa mort. L'ensemble constitue la partie la plus importante du fonds de bronzes étrusques conservé au Cabinet des Médailles et Antiques. Dans ses commentaires d'œuvres étrusques, Caylus note toujours les différentes influences qu'il croit reconnaître dans le style ou la forme de l'objet, mais il insiste également sur le génie propre d'un peuple qui introduit "des détails originaux, fondés sur les usages particuliers de la Nation" (vol. V, p. 92). "Imitateurs, et non copistes, ils ont profité des lumières des Grecs, sans s'asservir à leur goût" (vol. II, p. 56).

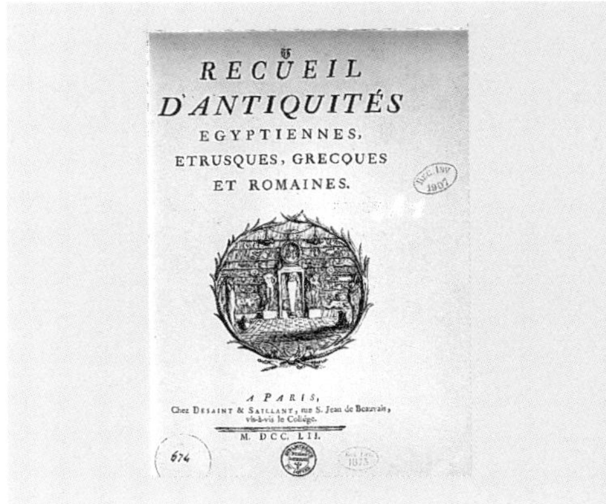

404. A.C. Philippe de Caylus

Recueil d'Antiquités égyptiennes, étrusques, grecques, romaines et gauloises, Paris, Desaint et Saillant, 1752-1767
7 volumes in 4°
En exposition: vol. I, frontispice
Paris, Bibliothèque Centrale des Musées de France

405. Plaque pectorale

Bronze
Haut. 10,5 cm, larg. 10,5 cm
Paris, Cabinet des Médailles de la Bibliothèque Nationale, inv. B.B. 1835

Cet objet apparaissait comme très archaïque et primitif aux yeux du comte de Caylus. Il identifiait tous les personnages à des divinités, principales ou subalternes et infernales, selon leurs places. Il se disait, d'autre part, persuadé que la fabrication de ce bronze avait "précédé la communication des Etrusques avec les Egyptiens".
Fin du VIIe-début du VIe siècle av. J.-C.

A.C. Ph. de Caylus, Paris, 1756-1767, V, p. 93-95, pl. XXXIII; E. Babelon-A. Blanchet, Paris, 1895, p. 634; A.-M. Adam, Paris, 1984, p. 136.

406. Anse d'œnochoé

Bronze
Haut. 20,3 cm
Paris, Cabinet des Médailles de la Bibliothèque Nationale, inv. B.B. 1449
Provenance: environs de Naples

Le comte de Caylus consacre une planche entière à cet objet, qu'il fait graver sous cinq aspects. Il le décrit avec emphase en portant autant d'intérêt à "la partie" qu'au "tout" car "ces parties détachées fournissent tous les jours quelques bagatelles dont on peut profiter".
Première moitié du Ve siècle av. J.-C.

A.C. Ph. de Caylus, Paris, 1756-1767, V, p. 120, pl. XLVII; E. Babelon-A. Blanchet, Paris, 1895, p. 584; A.-M. Adam, Paris, 1984, p. 10.

407. Anse d'œnochoé

Bronze
Haut. 16,1 cm
Paris, Cabinet des Médailles de la Bibliothèque Nationale, inv. B.B. 1447

Ce type d'anse est fortement inspiré des modèles grecs.
Caylus note son admiration pour la grande variété des ornements d'anses de vases. Mais, dans ce cas précis, il trouve le travail assez lourd et grossier. Il indique, cependant, que l'état de conservation est parfait.
Début du Ve siècle av. J.-C.

A.C. Ph. de Caylus, Paris, 1756-1767, VII, p. 222, pl. LXI; E. Babelon-A. Blanchet, Paris, 1895, p. 583; A.-M. Adam, Paris, 1984, p. 7-8.

408. Pied de ciste

Bronze
Haut. 7,8 cm, larg. 6,9 cm
Paris, Cabinet des Médailles
de la Bibliothèque Nationale, inv. B.B. 810
Provenance: Chiusi

Un aurige vêtu d'une tunique et d'un manteau, coiffé du bonnet conique, conduit un char tiré par quatre chevaux. Le groupe, vu de profil, repose sur une base rectangulaire, qui elle-même repose sur une patte de lion. Caylus indique que cet objet a été trouvé à Chiusi.
Fin du Ve siècle av. J.-C.

A.C. Ph. de Caylus, Paris, 1756-1767, V, p. 108, pl. XL; E. Babelon-A. Blanchet, Paris, 1895, p. 349-350; A.-M. Adam, Paris, 1984, p. 29-30.

409. Sommet de candélabre

Bronze
Haut. 9,6 cm
Paris, Cabinet des Médailles
de la Bibliothèque Nationale, inv. B.B. 908

Guerrier et figure masculine. Caylus affirme avec fermeté l'origine étrusque de l'objet, et s'inscrit en faux contre l'idée d'identification du personnage barbu avec un druide; il déclare à son propos que "le coup d'œil qui parle à l'esprit de l'Antiquaire ne peut se transmettre par la lecture; il exige la confiance".
Début du IVe siècle av. J.-C.

A.C. Ph. de Caylus, Paris, 1756-1767, VI, p. 82-83, pl. XXVI; E. Babelon-A. Blanchet, Paris, 1895, p. 397-398; A.-M. Adam, Paris, 1984, p. 57-58.

410. Sommet de candélabre
Héraclès et le lion de Némée

Bronze
Haut. 11,6 cm
Paris, Cabinet des Médailles
de la Bibliothèque Nationale, inv. B.B. 583

Le comte de Caylus, fondant son raisonnement sur des critères stylistiques, décrit l'objet comme archaïque, lourd, sec et sans expression; il exclut toute possibilité d'influence grecque. Mieux, il affirme que l'objet est antérieur à tout contact avec les Grecs.
Deuxième quart du Ve siècle av. J.-C.

A.C. Ph. de Caylus, Paris, 1756-1767, IV, p. 84, pl. XXVII; E. Babelon-A. Blanchet, Paris, 1895, p. 242-243; A.-M. Adam, Paris, 1984, p. 52-53.

411. Coré

Bronze
Haut. 12,8 cm
Paris, Cabinet des Médailles
de la Bibliothèque Nationale, inv. B.B. 204

Gori avait identifié une statuette, analogue à celle dont il est ici question, à une déesse. Caylus démontre que la typologie ne permet pas cette assimilation et conclut qu'il faut "abandonner la première explication et ranger cette figure parmi celles qui sont inconnues".
Fin du VIe - début du Ve siècle av. J.-C.

A.C. Ph. de Caylus, Paris, 1756-1767, I, p. 89, pl. XXIX; E. Babelon-A. Blanchet, Paris, 1895, p. 92; A.-M. Adam, Paris, 1984, p. 151.

412. Vase plastique

Bronze
Haut. 9,9 cm, larg. 5,8 cm
Paris, Cabinet des Médailles
de la Bibliothèque Nationale, inv. B.B. 254

Caylus a classé ce petit monument dans la section des "Antiquités romaines". Le style de la coiffure lui paraît "avoir rapport à celui des Etrusques", mais il conteste cependant l'attribution étrusque que fait Gori d'un buste comparable.
Deuxième moitié du IIIe siècle - milieu du IIe siècle av. J.-C.

A.C. Ph. de Caylus, Paris, 1756-1767, I, p. 211, pl. LXXXV; E. Babelon-A. Blanchet, Paris, 1895, p. 111; A.-M. Adam, Paris, 1984, p. 38; Ouvrage collectif, *Vrai ou faux?* (Exposition), Paris, 1989, p. 18 (1e éd.).

413. Piranèse

Parere su l'architettura, con una prefazione ed un nuovo trattato della introduzione e del progresso delle belle arti in Europa ne' tempi antichi, Roma 1761
In folio. En exposition: pl. I
Paris, Bibliothèque Nationale, Cabinet des Estampes

Cette planche, qui devrait représenter "différentes frises ou peintures qui se trouvent à Corneto" ou "à Chiusi", reproduit en réalité des motifs décoratifs issus de l'imagination de l'auteur. Les inscriptions elles-mêmes sont très redevables des publications de la première moitié du XVIIIe siècle.

M. Cristofani, Rome, 1983, p. 113; Ouvrage collectif, *Fortuna degli Etruschi* (Exposition), Milan, 1985, p. 64.

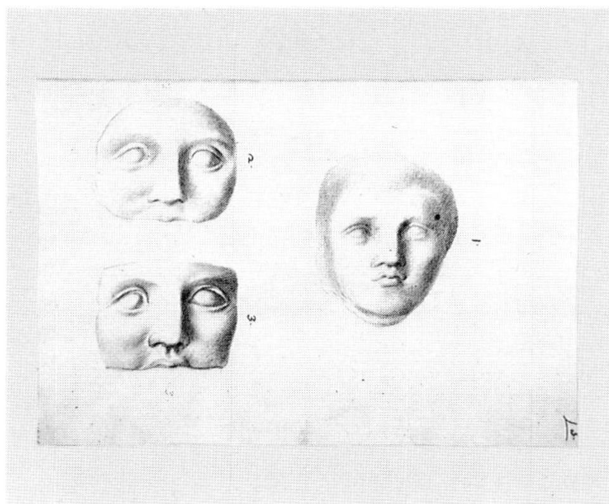

414. Dessins d'objets étrusques

Florence, Galleria degli Uffizi, Gabinetto Disegni e Stampe, inv. 111930-111931

Dessins exécutés par Francesco Marchissi pour illustrer l'inventaire de la Galerie des Offices, rédigé en 1784 par G. Pelli Bencivenni et L. Lanzi. Les dessins portant les cotes MS 233, pl. 4-5, représentent quelques ex-voto en terre cuite découverts près de Véies en 1669 et envoyés en présents au cardinal Léopold de Médicis. Ces objets entrèrent ensuite au Musée archéologique de Florence, avec toute la collection étrusque des Médicis et des Lorraine.

F. Delpino, Rome, 1985, I, p. 19-21, avec bibl.

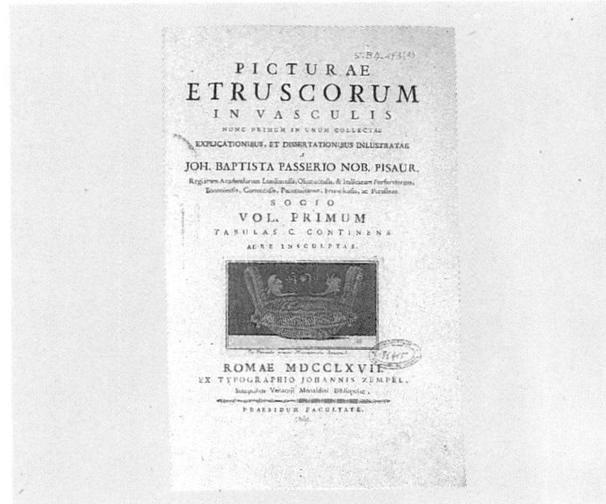

415. Giovan Battista Passeri

Picturae Etruscorum in vasculis [...], Romae, ex typographia Johannis Zempel, 1767-1775
3 volumes in folio
En exposition: vol. I, frontispice
Paris, Bibliothèque Centrale des Musées de France

Passeri, en fervent défenseur de l'origine étrusque de tous les vases peints trouvés en Etrurie et en Italie méridionale, illustre ici les collections Bargagli de Chiusi et La Valletta (aujourd'hui au Museo Gregoriano Etrusco), et en tire argument pour justifier en de multiples domaines la supériorité des Etrusques.

Ouvrage collectif, *Bibliotheca Etrusca*, Rome, 1985, p. 106, n° 14.

416. P.F. Hugues d'Hancarville

Antiquités étrusques, grecques et romaines tirées du Cabinet de M. Hamilton [...]
A Naples, par Francesco Morelli, 1766-1767
4 volumes in folio. En exposition: vol. I, pl. 129
Paris, Bibliothèque Centrale des Musées de France

L'ouvrage, qui reproduit les vases de la première collection Hamilton aujourd'hui au British Museum, offrait un magnifique répertoire d'images pour les "décors à l'étrusque". La planche 129, dont le sujet est emprunté à la légende des Argonautes, a servi elle-même de modèle à Wedgwood pour les six vases "First Day's" (13 juin 1769) en "basalte" noir de sa fabrique *Etruria*.

Ouvrage collectif, *Bibliotheca Etrusca* (Exposition), Rome, 1985, p. 100, n° 9 (M. Marchesi).

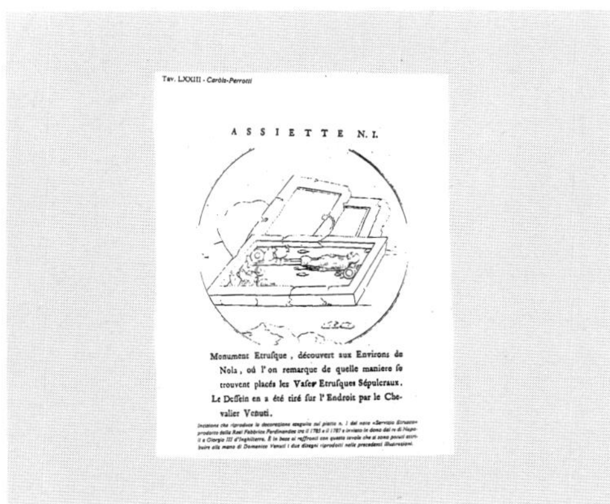

417. Codex 556

Cortone, Accademia Etrusca, Biblioteca

Dans ce codex est inséré un dossier renfermant les *Disegni e iscrizioni di sepolcri trovati nel napoletano dal cav. Domenico Venuti*, fils de Marcello Venuti, l'un des fondateurs de l'Académie étrusque, directeur en 1779 de la *Real Fabbrica Ferdinandea* de Capodimonte e surintendant général des fouilles du Royaume de Naples, de 1785 à 1787. Ces dessins représentent les sépultures découvertes à Sant'Agata dei Goti et les mobiliers qu'elles renfermaient. Ces objets ont inspiré certaines des porcelaines réalisées dans la manufacture du roi Ferdinand IV.

A. Carola Perrotti, dans *Annuario XXI-1984 dell'Accademia Etrusca*, Cortone, 1985, p. 279 sq.

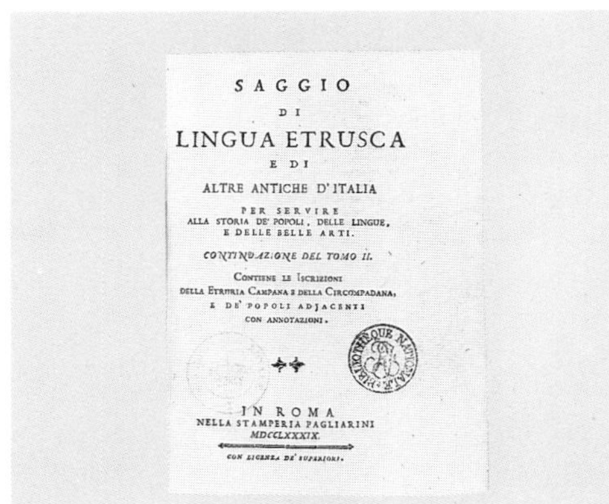

418. Luigi Lanzi

Saggio di Lingua etrusca e di altre antiche per servire alla storia de' popoli, delle lingue e delle belle arti [...], Roma, Pagliarini, 1783
3 volumes in 8°. En exposition: vol. III, frontispice et pl. XV: *Imagines Tuscanici operis literatae Dempster Addendae Tomi II tab. XI*
Paris, Bibliothèque Nationale

Luigi Lanzi (1732-1810), en rupture totale avec le dilettantisme de l'*etruscheria*, s'impose comme le fondateur de l'étruscologie et pose dans tous les domaines les bases de cette discipline.

M. Pallottino, dans "Studi Etruschi" XXIX, 1961, p. XXI-XXXVII; M. Cristofani, Rome, 1983, p. 176-181.

419. Médaille de Filippo Buonarroti
Bronze
Diam. 6,26 cm
Cortone, Museo dell'Accademia Etrusca
Inv. 278

Au revers: effigie du sénateur florentin, premier président de l'Académie étrusque depuis la création de celle-ci, en 1727, jusqu'à sa mort en 1733. Sur l'avers: épigraphe dédicatoire. Médaille réalisée en 1731 par Antonio Montauti, sur commande de Francesco Vettori et avec l'assentiment de Filippo Venuti, l'un des fondateurs de l'Académie étrusque.

D. Gallo (sous la dir. de), *Filippo Buonarroti e la cultura antiquaria sotto gli ultimi Medici* (Exposition), Florence, 1986, p. 48, n° 8.

420. Médaille de Giovanni Lami
Bronze
Diam. 8,5 cm
Volterra, Pinacoteca Civica, autrefois au Museo Guarnacci, s.n.i.

Sur le droit: buste de profil à droite et nom de Giovanni Lami en caractères grecs.
Au revers: la déesse Athéna écrit sur un *volumen*. Giovanni Lami (1697-1770), élève d'A.M. Salvini, fut un grand érudit, spécialiste de l'histoire de l'Eglise. Il contribua de manière notable à faire progresser l'étude de la langue étrusque.

M. Cristofani, Rome, 1983, p. 123 sq.

421. Médaille de Mario Guarnacci
Bronze
Diam. 7,5 cm
Volterra, Pinacoteca Civica, autrefois au Museo Guarnacci, s.n.i.

Au droit: MARIUS. GUARNACCIUS. VOLATER
Buste de profil à droite.
Au revers: ADLATRANT. SED. FRUSTRA. AGITUR. VOX. IRRITA. VENTIS. ET. PERAGIT. CURSUS. SURDA. DIANA. SUOS.
Quatre chiens, les pattes antérieures posées sur une pierre, aboient à un croissant de lune resplendissant dans le ciel. Cette médaille fut exécutée du vivant de Guarnacci (1701-1785).

R. Maffei, Rome, 1983, p. 94 sq.

422. Dionisio Nogari
Portrait de Scipione Maffei, vers 1740
Huile sur toile
Haut. 191 cm, larg. 130 cm
Vérone, Museo Lapidario Maffeiano, inv. 3750

Scipione Maffei (1675-1755), précurseur de l'esprit des Lumières, fut l'un des premiers à s'intéresser aux Etrusques et aux anciens habitants de l'Italie préromaine. Dans ce portrait peint par Dionisio Nogari, la vigueur du réalisme contraste avec la pose, encore baroque.

Ouvrage collectif, *La pittura a Verona tra Sei e Settecento* (Exposition), Vérone, 1978, p. 227-229, fig. 187 (S. Marinelli); S. Marinelli, dans *Il Museo Maffeiano riaperto al pubblico*, Vérone, 1982, p. 92, fig. 64; G.P. Marchi, dans *Nuovi Studi Maffeiani*, Vérone, 1985, p. 233-256.

Le temple toscan dans les traités d'architecture

423. Deux colonnettes
Argile jaunâtre
A: haut. 15 cm, diam. 5,2 cm
B: haut. 7,5 cm, diam. 5 cm
Rome, Museo Nazionale di Villa Giulia
Inv. sc. VPV 2538, VPV 2518
Provenance: Véies, sanctuaire de Portonaccio

Colonnettes toscanes ayant appartenu à un modèle de temple votif. Posées sur une base haute à double tore et gorgerin, elles s'amincissent vers le haut et portent un chapiteau constitué d'un cavet et d'une échine. Le temple était sans doute prostyle. Datation incertaine.

R.A. Staccioli, Florence, 1968, p. 20, n° 8; G. Morolli, Florence, 1985, p. 42, pl. VIII.

425-438
Vitruve et l'ordre toscan: l'interprétation des architectes modernes

Le *De Architecture* de Marcus Vitruvius Pollio est l'une des rares œuvres de la littérature en prose de l'époque d'Auguste, qui nous soient parvenues. Son auteur, qui recueille tout ce que les Grecs avaient écrit sur le sujet, est le premier romain à s'intéresser à l'architecture. Cette œuvre, souvent de caractère encyclopédique, est pour nous une source exceptionnelle d'informations techniques et historiques.

424. Modèle de portique

Argile rose clair
Haut. 10,5-10,2 cm, long. 39,5 cm, larg. 15 cm
Rome, Museo Nazionale di Villa Giulia
Inv. 59756
Provenance: Vulci, dépôt votif de la Porte Nord

Portique à plan rectangulaire, composé de sept colonnes cannelées dans leur partie supérieure. Toit à double pente (manquant). Ce modèle, découvert dans la zone sacrée, est sans doute la réplique d'un bâtiment destiné à abriter les pèlerins.
Première moitié du Ier siècle av. J.-C.

R.A Staccioli, Florence, 1968, p. 26-27, n° 16, pl. XVI; G. Proietti, Rome, 1980, p. 66, fig. 72.

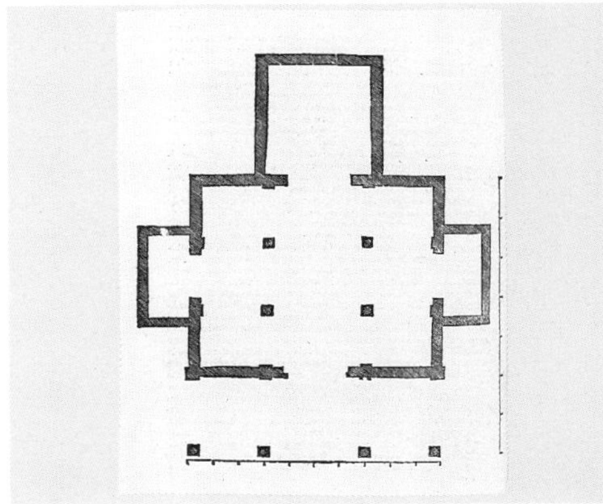

425. Leon Battista Alberti

L'architettura [...] *tradotta da Cosimo Bartoli*
Florence, Lorenzo Torrentino, 1550
In folio. En exposition: p. 210, plan du temple étrusque
Paris, Ecole Nationale Supérieure des Beaux-Arts

Dans le *De re Aedificatoria* (1485) Alberti (1404-1472) exalte la place de l'architecture étrusque dans le développement de l'architecture en général, oppose le toscan au dorique, à l'ionien et au corinthien, donne son interprétation des *Tuscanicae dispositiones* de Vitruve et du temple étrusque, dont il revendique ailleurs l'influence sur ses propres œuvres.

G. Morolli, Florence, 1985, p. 295, n° 1 (M. Barresi), pl. XXXVI.

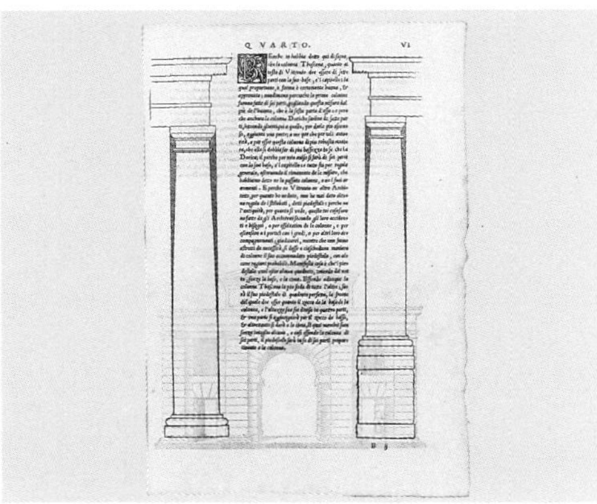

426. Sebastiano Serlio

Regole generali di architettura di Sebastiano Serlio [...] *sopra le cinque maniere de gli edifici*, Venetia, F. Marcolini da Forlì, 1540
In folio. En exposition: livre IV, p. VI
Paris, Bibliothèque Nationale

Sebastiano Serlio dans ce livre IV, paru pour la première fois en 1537, sous le titre *Dell'ornamento rustico* élabore en fait les règles de l'ordre toscan, promu au rang d'ordre véritable: les colonnes pourront reposer directement sur le sol ou prendre appui sur un stylobate; la partie haute sera caractérisée comme celle des autres ordres par une frise. La page VI figure les deux types de colonnes toscanes.

G. Morolli, Florence, 1985, p. 301 (M. Barresi), pl. CXI.

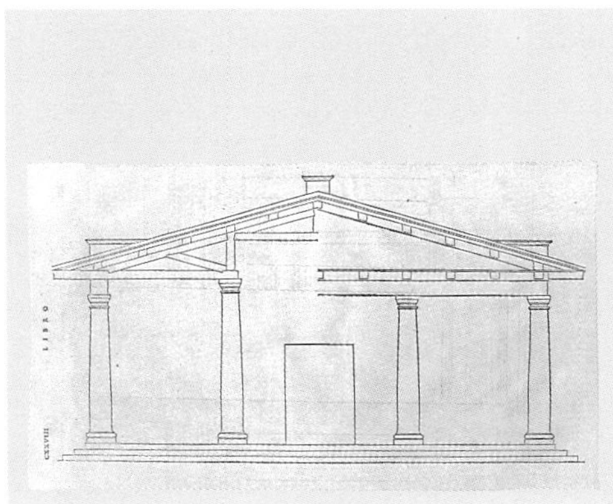

427. Daniele Barbaro (et Andrea Palladio)

I dieci libri dell'Architettura di Vitruvio, Venise 1556
In folio. En exposition: chap. VII du IVe livre, plan, élévation et section du *pronaos* du temple étrusque selon Vitruve
Paris, Ecole Nationale Supérieure des Beaux-Arts

Cette planche offre une restitution du temple étrusque qui compte parmi les plus fidèles à la description de Vitruve: on notera en particulier l'absence de frise au-dessus de l'architrave.

Ouvrage collectif, *Fortuna degli Etruschi* (Exposition), Milan, 1985, p. 86, fig. 102, p. 89, fig. 112; G. Morolli, Florence, 1985, p. 103.

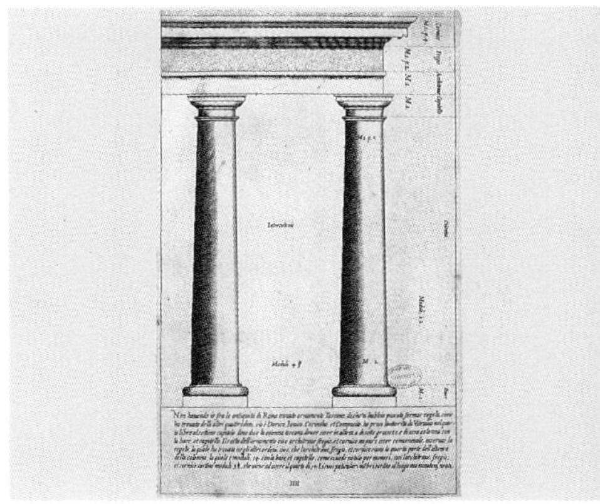

428. Jacopo Barozzi da Vignola

La Regola delli cinque Ordini di Architettura
Bernardino Oppi For. in Siena, s.d. (mais 1635)
In folio. En exposition: pl. IV, l'ordre toscan
Paris, Bibliothèque de l'Ecole Nationale Supérieure des Beaux-Arts

La tentative de retour au texte de Vitruve, opérée par quelques-uns, tels Barbaro et Palladio, n'empêcha pas le succès du traité et des théories de Serlio: Vignole accepte ici la définition serlienne de l'ordre toscan, non sans toutefois préconiser la proportion vitruvienne (1:7), plus élancée que celle de la colonne serlienne (1:6).

Ouvrage collectif, *Fortuna degli Etruschi* (Exposition), Milan, 1985, p. 89, fig. 113; G. Morolli, Florence, 1985, p. 87.

429. Giorgio Vasari

Etudes de chapiteaux pour le portique des Offices, 1560
Papier blanc, plume
Florence, Galleria degli Uffizi, Gabinetto dei Disegni e Stampe
Inv. 2925/A

Dans son ouvrage, *Delle Vite de' più eccellenti Pittori Scultori ed Architettori* (Florence 1568), Vasari (1511-1574) fait souvent référence, dans la section consacrée à l'architecture, à l'ordre toscan. Ce dessin présente une série d'études de chapiteaux destinés au Palais de la Magistrature, dit des Offices, projeté pour Côme de Médicis, et dont l'ordre architectural est rigoureusement toscan.

G. Morolli, Florence, 1985, pl. LXXVI.

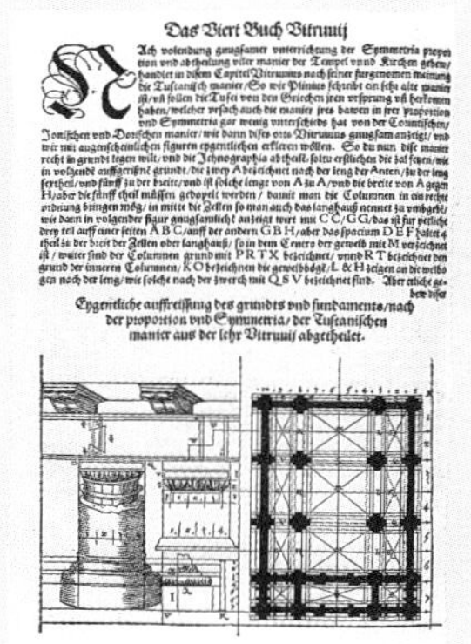

Das Viert Buch Vitruuij

Nach volendung gnugsamer vnterrichtung der Symmetria proportion vnd abtheilung viler manier der Tempel vnnd Kirchen gehandlet in disem Capitel Vitruuius nach seiner furgenomen meinung die Tuscanisch manier/So wie Plinius schreibt ein sehr alte manier ist/vnd sollen die Tusci von den Griechen iren vrsprung vnd herkomen haben/welcher vrsach auch die manier ires bawen in irer proportion vnd Symmetria gar wenig vnterschieds hat von der Corintischen/Ionischen vnd Dorischen manier/wie dann dises orts Vitruuius gnugsam anzeigt/vnd wir mit augenscheinlichen figuren eygentlichen erkleren wöllen. So du nun dise manier recht in grundt legen wilt/vnd die Ichnographia abtheilt/soltu erstlichen die zal setzen/wie in volgendē auffgerissnē grundt/die zwey A bezeichnet nach der leng der Anten/zu der leng sechs theil/vnd fünff zu der breite/vnd ist solche lenge von A zu A/vnd die breite von A gegen H/aber die fünff theil müssen gedopelt werden/ damit man die Columnen in ein rechte ordnung bringen mög/ in mitte die Zellen so man auch das langhauß nennet zu vmbgeben/ wie dann in volgender figur gnugsamlich anzeigt wirt mit C C/G G/das ist fur yetliche drey teil auff einer seiten A B C/auff der andern G B H/aber das spacium D E F haltet 4 theil zu der breit der Zellen oder langhauß/ so in dem Centro der gewelb mit M verzeichnet ist / weiter sind der Columnen grund mit P R T X bezeichnet/ vnnd R T bezeichnet den grund der inneren Columnen/ K O bezeichnen die gewelbbögē/ L & H zeigen an die welbogen nach der leng/ wie solche nach der zwerch mit Q S V bezeichnet sind. Aber etliche gebew diser

Eygentliche auffreissung des grundts vnd fundaments/nach der proportion vnd Symmetria/ der Tuscanischen manier aus der lehr Vitruuij abgetheilet.

430. Walter Riff (Rivius)

Vitruvius teutsch... [...], Nuremberg 1548
In folio.
En exposition: pl. CLVIII, verso: temple étrusque
Londres, British Library

L'activité de Walter Riff, dit Rivius, s'inscrit dans le débat de la Renaissance sur le toscan et sa définition comme ordre architectural, dont le point de départ avait été la diffusion du *De Architectura* de Vitruve. Rivius publia en 1548 la première traduction en allemand du *De Architectura*, qui avait été toutefois précédée par la publication en 1547 d'un traité qui résumait déjà en allemand le texte original latin.

G. Morolli, Florence, 1985, p. 102.

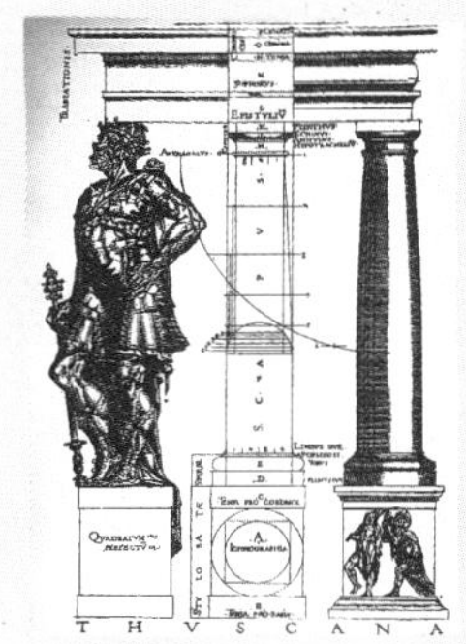

431. John Shute

The first and Chief Groundes of Architecture used in all the ancient and famous monuments [...]
London, Thomas Marshe, 1563
(édition anastatique en fac-similé, Londres 1912)
In folio
Rome, British School

Shute fut le premier à développer dans le monde anglo-saxon la théorie des ordres architecturaux. Dans cet ouvrage, il présente l'ordre toscan comme "le plus fort et le plus apte à supporter les poids les plus grands" et pour illustrer cette idée, transforme sur l'une des planches la colonne toscane en une figure d'Atlante, roi de Maurétanie, qui selon un mythe répandu à la Renaissance, aurait, avec Héraclès, fondé quelques cités étrusques.

G. Morolli, *Vetus Etruria*, Florence, 1985, p. 307, pl. LXX (M. Barresi).

432. Wendel Dietterlin

Architectura von Aussteilung Symmetria und Proportion der fünf Seulen [...]
Nürnberg, Balthasar Caymoz, 1598
In folio. En exposition: pl. 6, l'ordre toscan et sa transcription anthropomorphique
Paris, Ecole Nationale Supérieure des Beaux-Arts

Dietterlin (1550-1599) donne ici une transcription anthropomorphique de la version serlienne de l'ordre toscan, identifié à Janus-Noé, figure mythique qui aurait gagné la Toscane après le Déluge, y aurait fondé le peuple étrusque et diffusé entre autres l'art de cultiver la vigne.

Ouvrage collectif, *Fortuna degli Etruschi* (Exposition), Milan, 1985, p. 94, fig. 125; G. Morolli, Florence, 1985, p. 317, n° 17 (M. Barresi), pl. LXXI.

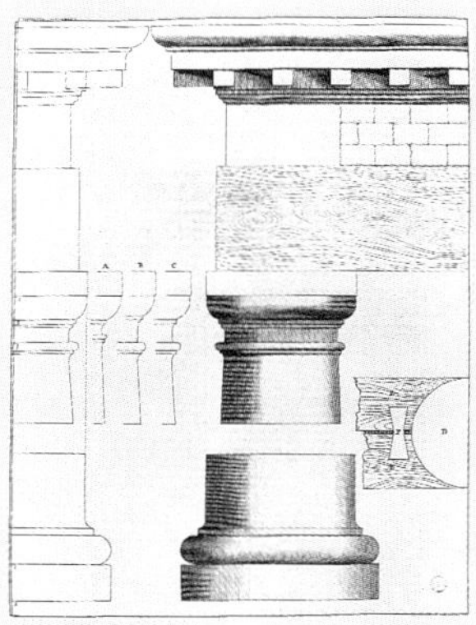

433. Claude Perrault

Les dix livres d'architecture de Vitruve corrigez et traduitz nouvellement en Français [...]
Paris 1684
In folio. En exposition: pl. XXXIII, l'ordre toscan
Paris, Ecole Nationale Supérieure des Beaux-Arts

Dans son interprétation du texte de Vitruve, Perrault reprend fondamentalement le plan de la version palladienne, mais introduit la possibilité de remplacer les colonnes de la *cella* par des murs de refend, parallèles au mur du fond, qui dessinent deux petites chapelles latérales. L'élévation présente l'architrave de bois prévue par Vitruve, mais y ajoute une frise et diminue la saillie de la corniche.

G. Morolli, Florence, 1985, p. 103-104, pl. LIV.

434. Marc-Antoine Laugier

Essai sur l'architecture [...]
Paris, Duschesne, 1755
In 8°. En exposition: faux-titre, allégorie de l'origine naturelle de l'architecture
Paris, Bibliothèque Nationale, Département des Imprimés

Cette allégorie ouvre l'essai du Père Laugier (1713-1769), chantre de l'"évolutionnisme" en architecture, pour lequel tout dériverait d'une "petite cabane": dans cette évolution qui devrait beaucoup à la Grèce et bien peu à Rome, l'ordre toscan ne serait qu'une forme plus grossière du dorique.

Ouvrage collectif, *Fortuna degli Etruschi* (Exposition), Milan, 1985, p. 83, fig. 98; G. Morolli, Florence, 1985, p. 337 (M. Barresi).

435. William Chambers

A treatise on Civil Architecture [...]
Londres, A. Millar, 1759
In folio. En exposition: planche illustrant le passage de la cabane primitive à l'ordre dorique
Paris, Bibliothèque Nationale

Ouvrage collectif, *Fortuna degli Etruschi* (Exposition), Milan, 1985, p. 85, fig. 98; G. Morolli, Florence, 1985, p. 386 (M. Barresi), pl. LXII.

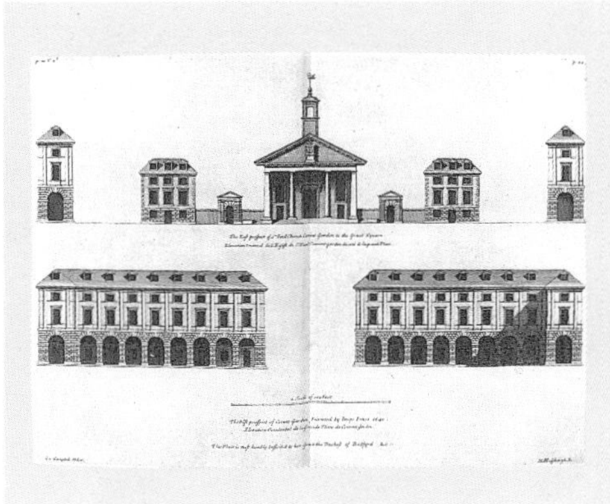

436. Colin Campbell

Vitruvius Britannicus or the British Architects [...]
s.l.n.d.
3 volumes, in folio. En exposition: vol. II, p. 21-22, *Elévation oriental du St Paul Covent Garden du côté de la Grand Place* [...]
Paris, Bibliothèque Nationale

Cette planche montre la façade de l'église londonienne de Saint-Paul de Covent Garden, élevée par Inigo Jones entre 1631 et 1638. Celle-ci reproduit la version palladienne du temple étrusque selon Vitruve et témoigne du succès de ce motif, ainsi que de l'ordre toscan, dans les grandes villes d'Europe dans la première moitié du XVIIIe siècle.

G. Morolli, dans *Secondo Congresso Internazionale Etrusco*, Rome, 1989, p. 156, pl. LXXXV.

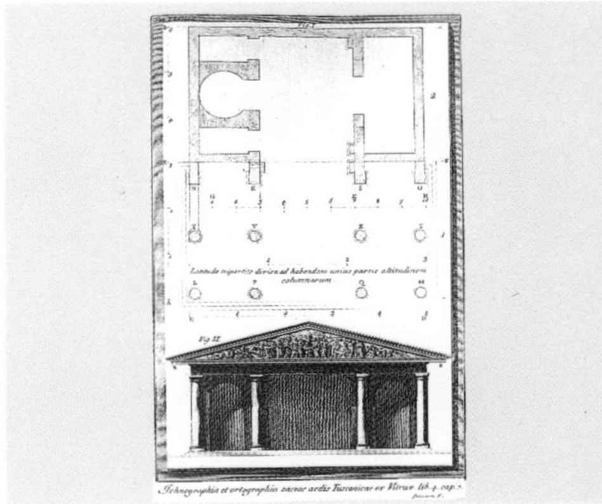

437. Piranèse

Della Magnificenza ed Architettura de' Romani [...], Rome 1761
In folio. En exposition: pl. XXVIII: *Ichnographia et ortographia sacrae aedis Tuscanicae ex Vitruv. lib. 4 cap. 7*
Paris, Bibliothèque Centrale des Musées de France

Ouvrage collectif, *Fortuna degli Etruschi* (Exposition), Milan, 1985, p. 60, n° 1a.

Le " style étrusque"

438. William Wilkins

Vitruvius: the Civil Architecture
Londres 1812-1817
In 4°
Florence, Biblioteca Nazionale Centrale, Fondo Palatino

La tradition classique, remise à l'honneur par la Renaissance, survécut pendant tout le XIXe siècle à travers les débats, les différentes versions et éditions de l'œuvre de Vitruve. Alors que le néoclassicisme s'intéresse à nouveau à l'ordre toscan, en Angleterre Wilkins propose une interprétation très simple du temple étrusque différente des temples grecs et qui reprend quelques caractéristiques canoniques du temple vitruvien telle que, par exemple, la *cella* tripartite.

G. Morolli, Florence, 1985, p. 104.

439. Piranèse

Diverse maniere d'adornare i cammini [...]
In Roma nella stamperia di Generoso Salomoni, 1769
In folio. En exposition: pl. 1, p. 31
Paris, Bibliothèque Centrale des Musées de France

Piranèse résume ici en quelque sorte ses théories sur l'antériorité et la suprématie de l'architecture étrusque sur l'architecture romaine, qui serait redevable à l'Etrurie non seulement de ses formes, mais aussi de ses décors. En réalité, seulement six des 114 motifs figurés sur cette planche peuvent être considérés comme d'origine étrusque.

Ouvrage collectif, *Bibliotheca Etrusca* (Exposition), Rome, 1985, n° 1, p. 159-160 (M.G. Rak); Ouvrage collectif, *Fortuna degli Etruschi* (Exposition), Milan, 1985, p. 67-68.

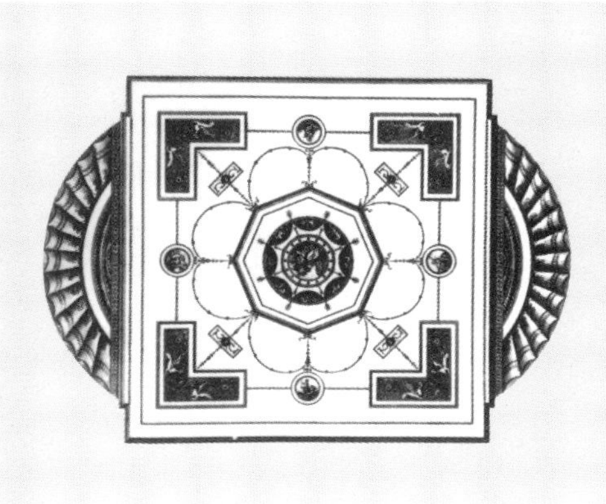

440. Robert et James Adam

Works in Architecture, Londres 1779 (réédition Dourdan, E. Thézard fils, 1901)
2 volumes in folio.
En exposition: vol. 2, pl. VII, *Dessein d'un plafond dans le goût étrusque exécuté dans la chambre à toilette de la Comtesse de Derby.*
Paris, Bibliothèque de l'Union Centrale des Arts Décoratifs

Ouvrage collectif, *Bibliotheca Etrusca* (Exposition), Rome, 1985, n° 12, p. 163.

441. Jean-Démosthène Dugourc

Projet de décoration à l'étrusque, vers 1790
Plume, encre noire, aquarelle et gouache. B.g.: *Dugourc inv. et del.*
Haut. 44,7 cm, larg. 38,5 cm
Paris, Union Centrale des Arts Décoratifs, Cabinet de Dessins, inv. CD 2718; anciennes Collections Richard Wallace et David David-Weill

La frise figurée au-dessus de la tenture s'inspire du décor de quelque vase grec à figures rouges. Le divan et les fauteuils, qui sont considérés comme les prototypes des premiers exemplaires de sièges "à l'étrusque" réalisés en France par l'ébéniste Jacob, empruntent en réalité leur jambes en sabre et leur décor figuré à la peinture pompéienne.

Ouvrage collectif, *De Dugourc à Pernon* (Exposition), Lyon, 1990, n° 20, p. 82-83 (P. Arizzoli-Clémentel).

442. Meunier

Projet de siège à l'étrusque, vers 1790
Plume, encre noire, aquarelle et gouache. B.g.: *Meunier inv. et fecit*
Haut. 25 cm, larg. 20 cm
Paris, Union Centrale des Arts Décoratifs, Cabinet des Dessins, inv. CD 2736; anciennes Collections Richard Wallace et David David-Weill

Ce dessin provient comme le n° 441 d'un album conservant divers dessins de mobiliers et de décors projetés pour les cours de France, d'Espagne et de Russie.

Ouvrage collectif, *Bibliotheca Etrusca* (Exposition), Rome, 1985, p. 172, n° 36b (M.G. Rak).

443. Pelagio Palagi

Projet de siège, vue de face, vers 1835
Plume, aquarelle. Signature et légende autographe
Haut. 58 cm, larg. 76 cm
Bologne, Biblioteca Comunale dell'Archiginnasio
Inv. 2202

Peintre, sculpteur et architecte, Pelagio Palagi (1775-1860) dirigea les travaux de rénovation du château de Racconigi où il réalisa pour le roi un "Cabinet étrusque" dont il élabora aussi le projet de mobilier "à l'étrusque".

Ouvrage collectif (sous la dir. de R. Grandi et C. Morigi Govi), *Pelagio Palagi artista e collezionista* (Exposition), Bologne, 1976, p. 177-202 (L. Bandera Gregori); Ouvrage collectif, *Dalla Stanza delle Antichità al Museo Civico* (Exposition), Bologne, 1984, p. 191 (S. Tovoli).

444. Pelagio Palagi

Projet de siège, vue latérale, vers 1835
Plume, aquarelle. Signature et légende autographe
Haut. 64 cm, larg. 77 cm
Bologne, Biblioteca Comunale dell'Archiginnasio
Inv. 2203

Les motifs obtenus par le relief et la marqueterie s'inspirent tous de l'antique: les décors à palmettes et fleurs de lotus renvoient, y compris dans leurs contrastes chromatiques très raffinés, à la céramique antique dont Palagi était amateur et collectionneur.

Ouvrage collectif (sous la dir. de R. Grandi et C. Morigi Govi), *Pelagio Palagi artista e collezionista* (Exposition), Bologne, 1976, p. 190, n° 162-163 (L. Bandera Gregori).

445. Pelagio Palagi

Projet de marqueterie
Plume, aquarelle. Signature et légende autographe
Haut. 94 cm, larg. 66 cm
Bologne, Biblioteca Comunale dell'Archiginnasio
Inv. 2226

La correspondance entre décor mural et ameublement souligne l'unité de conception qui présida à l'aménagement du "Cabinet étrusque" de Racconigi. Le motif de marqueterie polychrome, dérivé de la peinture de vases, qui décorait les portes du "Cabinet étrusque" fut aussi utilisé pour le décor des murs et du plafond.

Ouvrage collectif (sous la dir. de R. Grandi et C. Morigi Govi), *Pelagio Palagi artista e collezionista* (Exposition), Bologne, 1976, p. 190, n° 161 (L. Bandera Gregori).

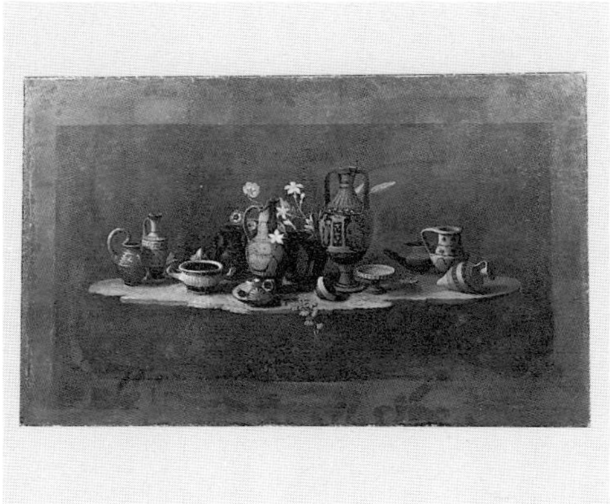

446. Antonio Cioci

Vases étrusques et fleurs
Huile sur toile
Haut. 77 cm, larg. 120 cm
Florence, Museo dell'Opificio delle Pietre Dure
Inv. 5212

Tableau exécuté comme pendant d'une autre toile de sujet analogue, par Antonio Cioci (mort en 1792), peintre de *vedute* et de natures mortes. Les deux œuvres servirent de modèles pour le dessus de deux consoles en mosaïque de pierres dures, sur fond de jaspe de Corse, achevées dans la manufacture grand-ducale de Florence vers 1791 et destinées au palais Pitti où elles se trouvent encore aujourd'hui.

A.M. Giusti, dans *Il Museo dell'Opificio delle Pietre Dure a Firenze*, Milan, 1978, p. 328.

447. Déjeuner "à l'étrusque"

Porcelaine peinte et dorée, de la Real Fabbrica delle Porcellane de Naples
Plateau: long. 32,5 cm, larg. 22,5 cm;
cafetière: haut. 14,5 cm; pot à lait: haut. 9,5 cm;
sucrier: haut. 9 cm; tasse: haut. 6 cm;
soucoupe: diam. 13 cm
Naples, Museo e Gallerie Nazionali
di Capodimonte, inv. 5065

Service de six pièces dont une seule marquée (*N* couronné en bleu). Ce service est un bon exemple d'emprunt aux céramiques que l'on croyait "étrusques", dans la décoration figurée des porcelaines de Naples et d'autres manufactures européennes vers la fin du XVIIIe siècle.
Un autre déjeuner, provenant de la même manufacture et conservé au Musée National de Stockholm, fournit l'explication de la scène représentée sur le plateau: "Homère couronné de lauriers chante au son de la lyre les Poèmes que lui inspire la Muse ailée; la jeune fille portant un javelot représente l'Iliade, le vieillard assis, l'Odyssée".

A. González-Palacios, dans *El arte de la Corte de Nápoles en el siglo XVIII* (Exposition), Madrid, 1990, p. 197 n° 40.

448. Eliza Meteyard

The life of Josiah Wedgwood [...], London, Hurst and Blackett, 1865-1866
In 8°
Londres, British Library

Josiah Wedgwood créa en 1769 une manufacture de céramique dont le nom "Etruria" était en lui-même tout un programme; diverses illustrations de la biographie en deux volumes que lui a consacré Eliza Meteyard renvoient à cette manufacture, parmi lesquelles *Modelling Room Etruria* (vol. II, fig. 46).

Ouvrage collectif, *Bibliotheca Etrusca* (Exposition), Rome, 1985, p. 168 n° 22 (M.G. Rak).

449. Œnochoé en forme de tête de jeune homme

Bronze. Fonte à cire perdue
Haut. 32 cm
Paris, Musée du Louvre, Département
des Antiquités grecques, étrusques
et romaines, inv. ED 603 (n° usuel Br 2955),
ancienne Collection Durand
Provenance: Gabies

Ce beau type de vase plastique à tête humaine est probablement dérivé de modèles attiques en terre cuite du troisième quart du Ve siècle av. J.-C. Trouvé dans les fouilles du prince Aldobrandini à Gabies. Ancienne collection de la Malmaison.
425-400 av. J.-C.

M. Cristofani, Novare, 1985, n° 115, p. 291-292, fig. p. 220.

450. Vase en forme de tête de jeune homme

Argile ("Black Basalt Ware")
Marque: WEDGWOOD K
Haut. 29 cm
New York, The Metropolitan Museum of Art,
Department of European Sculpture and
Decorative Arts, inv. 32. 95.14

Ou connaît de ce vase en forme de tête deux exemplaires, l'un conservé à New York, l'autre au British Museum de Londres. Quelques détails différencient la version Wedgwood de l'original en bronze (n° 449).

D. Buten, New York, 1980; S. Haynes, *The Bronze Head-Vase from Gabii in the Louvre; its History and its Echoes* (sous presse).

451. Œnochoé en forme de tête de jeune homme

Bronze
Haut. 29 cm
Londres, British Museum, Department of Greek and Roman Antiquities, inv. 1824.4-89.87
Legs Richard Payne Knight

L'œnochoé en bronze du British Museum (Reg. n° 1824. 4-89.87) est une copie de l'œnochoé étrusque du Louvre (n° 449). Elle a sans doute été fondue dans un moule executé sur l'original ou d'après une copie en plâtre. Quelques traces de raccords sur le corps indiquent que ce moule a été réalisé en cinq pièces. Mais la copie ne reproduit pas les détails les plus fins de l'original tels que les perles sur l'anse et les oves du bord. Ce vase en bronze fut légué au British Museum en 1824 par l'antiquaire Richard Payne Knight, qui le considérait incontestablement comme un objet antique car il l'avait probablement acquis en Italie, où il voyagea en 1772-1773, puis de nouveau en 1776-1777.
Il est probable que c'est la cruche de Knight, ou bien un moulage en plâtre de celle-ci, qui servit de modèle à Josiah Wedgwood pour la version "bronzée" (dorée), réalisée dans sa manufacture "Etruria", à partir du célèbre "Black Basalt Ware". Un moule pour la fabrication de ce vase en forme de tête, qui s'est révélé dater du XVIIIe siècle, est conservé au Wedgwood Museum de Barlaston, à Stoke-on-Trent. Il se peut que Wedgwood ait connu Knight par l'intermédiaire de Sir William Hamilton, qui rencontra Knight à Naples et plus tard en Angleterre, où tous deux étaient membres de la *Society of Dilettanti*.

452. Coupe

Argile, figures rouges
Haut. 6,5 cm, diam. à l'embouchure 9,5 cm
Sèvres, Musée National de la Céramique
Inv. Sèvres 234, ancienne Collection Vivant-Denon
Provenance: Basilicate

Face A et B: tête féminine de profil entre des volutes; palmette sous les anses. Ce vase et le suivant (n° 453), font partie de l'ancienne collection que le baron Dominique Vivant-Denon (1757-1825) avait rassemblée. Achetée pour le futur Muséum du Louvre, la collection fut déposée à la manufacture de Sèvres afin de donner à ceux qui y travaillaient de "charmantes idées de décoration".
Apulie, seconde moitié du IVe siècle av. J.-C.

CVA France, *Sèvres*, fasc. 13, Paris, 1934, pl. 43, 2 et 4.

453. Skyphos

Argile, figures rouges
Haut. 9,5 cm, diam. à l'embouchure 7,5 cm
Sèvres, Musée National de la Céramique
Inv. Sèvres 230, ancienne Collection Vivant-Denon
Provenance inconnue

Face A et B: tête féminine de profil entre des volutes; palmette sous les anses.
Apulie, seconde moitié du IVe siècle av. J.-C.

CVA France, *Sèvres*, fasc. 13, Paris, 1934, pl. 43, 6 et 7; F. Citera, dans "L'Objet d'Art" 213, décembre 1991, p. 52-67.

454-455. Service "à l'étrusque" de la Laiterie de Marie-Antoinette à Rambouillet

Manufacture royale, 1788
Sèvres, Musée National de la Céramique

Ces pièces du service de la Laiterie de Marie-Antoinette, réalisées et décorées d'après les dessins de Jean-Jacques Lagrenée (1739-1821) de motifs pastoraux parfaitement adaptés à leur destination: vache allaitant son veau, brebis, fleurs et pampres..., ne s'inspirent en fait en rien de modèles étrusques, et peu de la céramique antique du fonds Denon: seul le gobelet "à anses étrusques" imite la forme du skyphos grec et les anses d'autres coupes grecques (cf. n° 455).

H.P. Fourest, Paris, 1953, p. 344, pl. 288.

454. Gobelet et soucoupe

Porcelaine
Tasse: haut. 11 cm, diam. 10 cm
soucoupe: diam. 18 cm
Sèvres, Musée National de la Céramique
Inv. 6795

Ouvrage collectif, *Bibliotheca Etrusca* (Exposition), Rome, 1985, p. 179, n° 53; F. Citera, dans "L'Objet d'Art" 213, décembre 1991, p. 52-67.

455. Gobelet à anses étrusques

Porcelaine
Tasse: haut. 7,5 cm, diam. 8,1 cm;
soucoupe: diam. 16,5 cm
Sevrès, Musée National de la Céramique
Inv. 6796

Tasse.

H.P. Fourest, Paris, 1953, p. 344, pl. 288; F. Citera, dans "L'Objet d'Art" 213, décembre 1991, p. 52-67.

456. Tasse et soucoupe
Meissen, Manufacture royale

Porcelaine. Décor sur couverte, ornements en or, argent et platine
Tasse: haut. 7,2 cm, diam. 8,2 cm;
soucoupe: diam. 13,6 cm
Sèvres, Musée National de la Céramique
Inv. MNC 469
Décor "néo-renaissance" sur fond bleu vif: grotesques, lions, serpents, arabesques

La vasque carénée de la tasse, le dessin de l'anse s'inspirent visiblement de la céramique antique, et peut-être plus particulièrement des *kyathoi* étrusques de bucchero. Vers 1806.

Faĵ-Hallé, Mundt, 1983, p. 74-75, fig. 103.

457. Tasse
Berlin, Manufacture royale

Porcelaine, décor peint et doré; marque de fabrique bleue sous la couverte, marque du peintre bleue sur la couverte
Tasse: haut. 7,4 cm; soucoupe: diam. 14,3 cm
Berlin, Staatliche Schlösser und Gärten, Schloss Charlottenburg

Tasse et soucoupe recouvertes en majeure partie d'une peinture imitant le lapis-lazuli, avec bordures d'ondes et de feuilles sur fond blanc. Bord extérieur orné d'une frise de palmettes, anse à décor d'écailles. Pied cerné d'un serpent. La forme de la tasse, à l'anse en ruban, s'inspire du *kyathos* étrusque. 1805-1815.

Ouvrage collectif, *Berlin und die Antike* (Exposition), Berlin, 1979, p. 260, n° 493.

458. Ciste

Bronze, décor gravé
Haut. totale 42,3 cm, diam. 24 cm
Londres, British Museum, inv.
GR 1884.6-14.32, ancienne Collection Castellani
Provenance inconnue

Sur le couvercle figurent deux animaux affrontés, vus de côté; sur le corps est représentée une scène que certains spécialistes ont interprétée comme étant une version comique du jugement de Pâris. L'authenticité de cette ciste a été récemment contestée; la contrefaçon expliquerait les incongruités formelles et iconographiques signalées depuis longtemps.

H.B. Walters, Londres, 1899, n° 745; G. Bordenache Battaglia, Florence, 1979, p. 122 sq., n° 34, pl. CLII-CLIII.

459. Ciste "Pasinati"

Bronze
Haut. 21,7 cm, long. 44,7 cm, larg. 21,2 cm
Londres, British Museum, inv.
GR 1884.6-14.34, ancienne Collection Castellani
Provenance inconnue

Apparue en 1864 avec l'ensemble du mobilier ("de Palestrina" disait-on), elle fut longtemps jugée authentique. Le couvercle montre une représentation complexe, en rapport avec Enée et avec les origines de Rome; elle coïncide étrangement avec la description de la bataille et de la victoire d'Enée sur Turnus dans l'Enéide de Virgile.
Considérée aujourd'hui comme un faux.

H.B. Walters, Londres, 1899, p. 129-130, n° 741; G. Bordenache Battaglia, Florence, 1979, p. 126 sq., n° 36, pl. CLVI-CLVIII.

460. Vase en forme de ciste
Berlin, Manufacture royale

Porcelaine, décor peint et doré; marque de fabrique bleue sous la couverte
Haut. avec socle 35 cm
Berlin, Staatliche Schlösser und Gärten, Schloss Charlottenburg

Ce récipient s'inspire pour la forme d'une ciste prénestine.
Vers 1790.

Ouvrage collectif, *Berlin und die Antike* (Exposition), Berlin, 1979, p. 256 sq., n° 486.

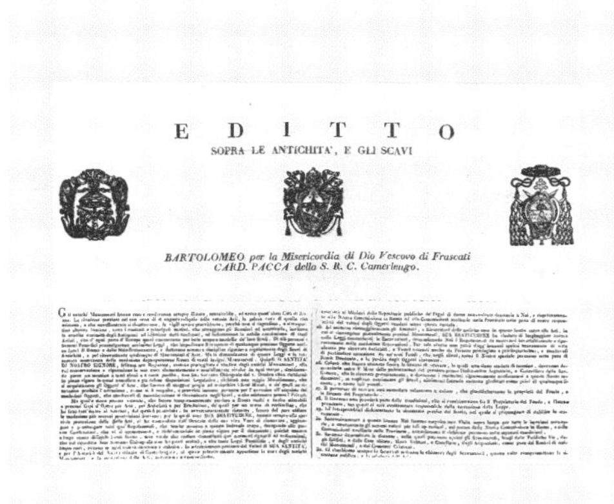
EDITTO
SOPRA LE ANTICHITA', E GLI SCAVI

BARTOLOMEO per la Misericordia di Dio Vescovo di Frascati
CARD. PACCA dello S. R. C. Camerlengo.

461. Editto sopra le antichità e gli scavi (Edit Pacca)

Long. 58 cm, haut. 22,45 cm (trois feuillets)
Bologne, Collection privée

Cet édit, du 7 avril 1820, qui émane du cardinal Bartolomeo Pacca, est le texte législatif pontifical le plus avancé en matière de "tutelle des monuments antiques" et de "protection des arts". Il institue des commissions d'Antiquités et Beaux-Arts dans les provinces du domaine pontifical et ses soixante-et-un articles énumèrent minutieusement les objets soumis à tutelle.

A.M. Brizzolara, Bologne, 1984, p. 186, n° 14.

462. François-Xavier Fabre

Portrait de Lucien Bonaparte
Huile sur toile; signé et daté en bas à gauche:
F.X. Fabre, faciebat florentiae, 1808
Haut. 95 cm, larg. 72 cm
(haut. 113 cm, larg. 93 cm avec le cadre)
Rome, Museo Napoleonico, ancienne Collection Gabrielli et Primoli, inv. 17

Lucien Bonaparte est représenté en buste, un livre dans les mains (*La Gerusalemme Liberata*) sur fond de paysage de la Ruffinella, sa villa des environs de Frascati.

Ouvrage collectif, *The Age of Neoclassicism* (Exposition), Londres, 1972, p. 899, n° 83 (J.F. Méjanès); Ouvrage collectif, *François-Xavier Fabre* (Exposition), Rome, 1988, p. 50, n° 29 (M.V. Cresti).

463. François-Xavier Fabre

Portrait de Lucien Bonaparte
Huile sur toile; signé et daté en bas à droite:
F.X. Fabre
Haut. 71 cm, larg. 53,5 cm
(haut. 85 cm, larg. 72 cm avec le cadre)
Rome, Museo Napoleonico, anciennes Collections Elisa Baciocchi, Napoléon III, Giuseppe Primoli
Inv. 528

Ce portrait en buste a pour pendant un portrait de l'épouse de Lucien Bonaparte: Alexandrine de Bleschamp. Ces deux portraits ont été executés à Florence en 1808 comme le portrait n° 462 et sont conservés comme lui au Museo Napoleonico.

Ouvrage collectif, *François-Xavier Fabre* (Exposition), Rome, 1988, p. 51 (M.V. Cresti).

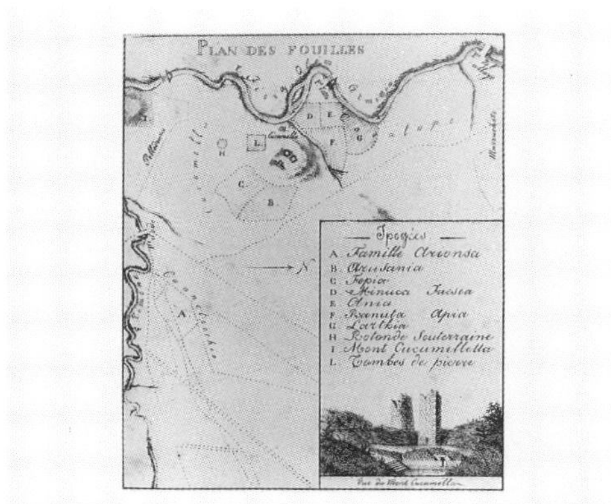

464. Lucien Bonaparte

Muséum étrusque de Lucien Bonaparte, Prince de Canino. Fouilles de 1828 à 1829. Vases peints avec inscriptions, Viterbe 1829
In 4°
Haut. 27 cm
Paris, Bibliothèque de l'Institut de France

L'ouvrage (publié en italien sous une forme réduite et sous le titre *Catalogo di scelte antichità etrusche*, Viterbe 1829) dresse le catalogue exhaustif des vases inscrits restitués par les fouilles de Lucien Bonaparte à Vulci. Une notice à la rédaction de laquelle aura probablement participé le père Maurizio da Brescia, chapelain de Bonaparte, décrit chaque pièce; les inscriptions sont reproduites sur des tables hors-texte réalisées par Luigi Valadier.

Ouvrage collectif, *Bibliotheca Etrusca* (Exposition), Rome, 1985, p. 48, n° 38 (E. Pannozzo).

465. Diario di Roma

Roma, nella stamperia Cracas, 1834
Reliure d'époque
In 24°
Rome, Biblioteca Universitaria Alessandrina

Le numéro 81 du 11 octobre 1834 signale "le très beau vase découvert à Vulci", et offert au pape Grégoire XVI par les frères Candelori: il s'agit de la célèbre amphore attique à figures noires d'Exékias figurant Achille et Ajax jouant aux dés. Le numéro 81 contient aussi un rapport de Carlo Campanari sur les circonstances de la découverte de l'amphore dans la chambre principale d'une tombe déjà violée.

F. Buranelli, Rome, 1991, p. 12-14.

466. Cratère en calice

Argile rougeâtre épurée, décor polychrome sur fond blanc
Haut. 32,8 cm
Cité du Vatican, Museo Gregoriano Etrusco
Inv. 16586
Provenance: Vulci, fouilles de la société Vincenzo Campanari - Governo Pontificio (1835-1837)

Face A: Silène confie Dionysos nouveau-né à Hermès; face B: trois Muses. Attribué au Peintre de la Phiale de Boston, céramographe attique, actif dans le troisième quart du Ve siècle av. J.-C. 440-430 av. J-C.

J.D. Beazley, Oxford 1963, p. 1017, n° 54; D. von Bothmer, dans *The Vatican Collections*, 1982, p. 190, n° 107; F. Buranelli, Rome, 1992, p. 70 et 88.

467. Hydrie

Argile rougeâtre épurée, figures rouges
Haut. max 58,2 cm
Cité du Vatican, Museo Gregoriano Etrusco
Inv. 16568
Provenance: Vulci, ancienne Collection Feoli

Sur la face antérieure, Apollon, sur un trépied ailé, survole une mer peuplée de dauphins. Ce vase est un des chefs-d'œuvre du Peintre de Berlin, un céramographe attique du début du Ve siècle av. J.-C. qui privilégie les figures isolées sur fond noir.
500-480 av. J.-C.

J.D. Beazley, Oxford, 1963, p. 209, n° 166; *Idem*, Mayence, 1974, p. 12, n° 129; J. Boardman, Londres, 1975, p. 91-111, fig. 157; M. Scarpignato, 1984, p. 20-21.

468. Coupe

Argile, figures rouges
Haut. 10 cm, diam. 32,1 cm
Berlin, Antikensammlung, inv. F 2278
Provenance: Vulci, Camposcala

Médaillon: Achille panse son ami Patrocle blessé au bras. Extérieur: Assemblée des dieux, et accueil d'Héraclès dans l'Olympe. Cette coupe signée par Sosias est l'une des plus belles créations attiques de la fin de l'époque archaïque. Trouvée à Vulci dès 1828, elle parvint à Berlin en 1831 avec la collection Dorow.
Vers 500 av. J.-C.

ARV² 21,1 Beazley Addenda² 154; Ouvrage collectif, *Euphronios der Maler* (Exposition), Berlin, 1991, p. 224 sq., n° 59.

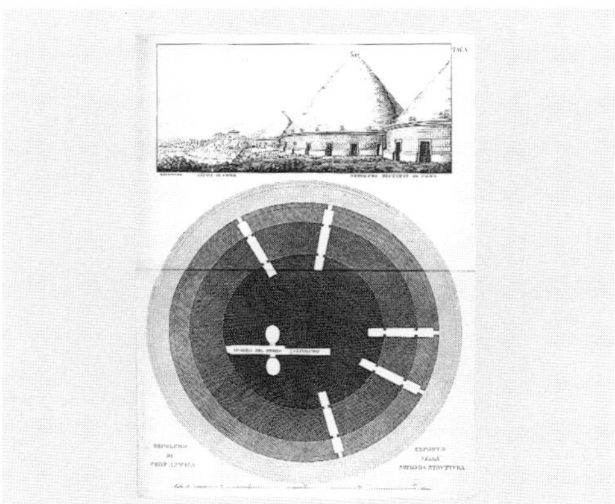

469. Luigi Canina

Descrizione di Cere antica [...], Rome 1838
In folio
Paris, Bibliothèque Centrale des Musées de France

Luigi Canina visita la Tombe Regolini-Galassi peu de temps après sa découverte et publia deux ans plus tard la *Descrizione di Cere antica*, qui constitue, comme l'explique le long sous-titre, l'étude préliminaire du monument. Canina y met à profit sa formation d'architecte et s'étend sur l'analyse de la structure du tumulus pour en préciser les différentes phases de construction.

Ouvrage collectif, *Bibliotheca Etrusca* (Exposition), Rome, 1985, p. 50-51, n° 43 (E. Pannozzo).

470. Coupe

Feuille d'argent dorée, décor au repoussé
Haut. 3,7 cm, diam. 19,4 cm
Cité du Vatican, Museo Gregoriano Etrusco
Inv. 20368
Provenance: Cerveteri, Tombe Regolini-Galassi

Dans le médaillon central deux lions assaillent un taureau; dans le bandeau entourant le médaillon intérieur, différents épisodes d'une chasse au lion; dans le bandeau extérieur, défilé de soldats à pied ou à cheval, précédés d'un chef monté sur un bige.
675-650 av. J.-C.

I. Strøm, Odense 1971, p. 124-127; W. Culican, 1982, p. 23; M. Cristofani, Novare, 1983, p. 264, n° 40-41; Ouvrage collectif, *Civiltà degli Etruschi* (Exposition), Florence-Milan, 1985, p. 85, n° 3.1 (F. Buranelli).

471. Coupe

Feuille d'argent dorée, décor au repoussé
Haut. 7,6 cm, diam. 11,1 cm
Cité du Vatican, Museo Gregoriano Etrusco
Inv. 20365
Provenance: Cerveteri, Tombe Regolini-Galassi

A l'intérieur, au centre, quadrupède; à l'extérieur, lion debout devant un homme. Dans les bandes concentriques, défilé de soldats précédés d'un chef monté sur un bige et scènes de la vie quotidienne. Les coupes n° 470 et 471 appartiennent à une catégorie de vases précieux découverts dans les principales tombes princières d'époque orientalisante en Etrurie et dans le Latium. Leur production a été attribuée à un unique atelier phénico-chypriote, mais ils pourraient aussi avoir été fabriqués par un atelier de maîtres phéniciens travaillant à Cerveteri. 675-650 av. J.-C.

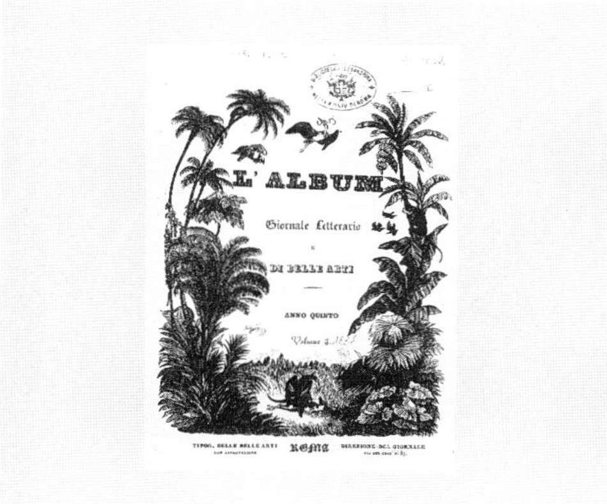

472. L'Album. Giornale Letterario e di Belle Arti

Rome 1838
In 4°
Rome, Biblioteca Universitaria Alessandrina

Le périodique publia dans les fascicules 3 et 13 du 24 mars et du 2 juin 1838 deux notes sur le Musée grégorien étrusque qui avait été inauguré en février 1837. Les articles anonymes, mais attribués à P.E. Visconti, décrivent la présentation originelle du musée et les modifications qui y furent apportées en 1838. Deux belles gravures nous restituent l'aspect des salles.

G. Colonna, dans "Studi Etruschi", XLVI, 1978, p. 81-117.

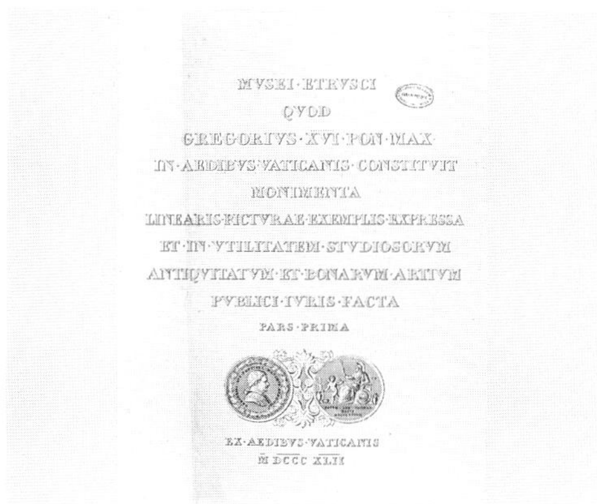
MVSEI·ETRVSCI
QVOD
GREGORIVS·XVI·PON·MAX
IN·AEDIBVS·VATICANIS·CONSTITVIT
MONIMENTA
LINEARIS·PICTVRAE·EXEMPLIS·EXPRESSA
ET·IN·VTILITATEM·STVDIOSORVM
ANTIQVITATVM·ET·BONARVM·ARTIVM
PVBLICI·IVRIS·FACTA
PARS·PRIMA
EX·AEDIBVS·VATICANIS
MDCCCXLII

473.

Musei Etrusci quod Gregorius XVI Pont. Max. in aedibus Vaticanis constituit [...]
Ex Aedibus Vaticanis 1842
2 volumes in folio. En exposition: vol. I, frontispice
Paris, Ecole Nationale Supérieure des Beaux-Arts

Cet ouvrage constitue le premier catalogue du Museo Gregoriano Etrusco. De brèves notices accompagnent la liste des planches et donnent une courte description des objets, la date et le lieu de leur découverte. Un grande partie du premier volume est consacrée à la Tombe Regolini-Galassi mise au jour en 1836.

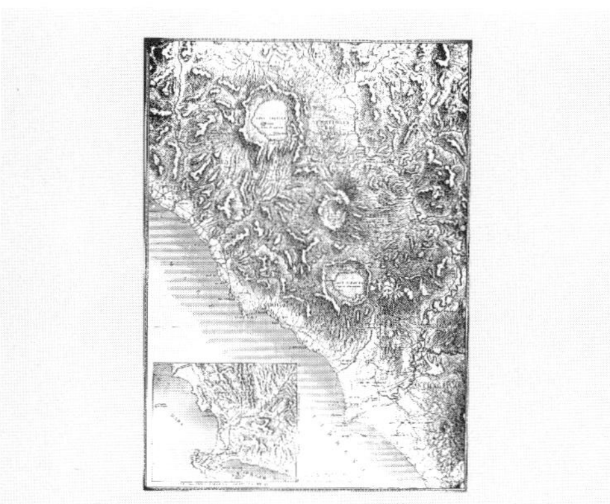

474. Luigi Canina

Pianta topografica dell'antica Etruria marittima compresa nella dizione pontificia. Planche I de *L'antica Etruria marittima*, Rome 1846-1851, (édition anastatique, Bologne, 1978)
Rome, Istituto CNR per l'archeologia etrusco-italica

Les travaux de topographie et de cartographie de Luigi Canina (1795-1856) couvrirent les années quarante du XIXe siècle et se traduisirent par une série de publications sur le Latium antique et l'Etrurie. Le soin apporté à rendre l'horographie et l'hydrographie, et l'usage abondant qu'il faisait de l'encre noire à cet effet, caractérise toute sa production cartographique.

A.P. Frutaz, Rome, 1972 (3 vol.), I p. 130, III pl. 261.

475-488
Dessins de Samuel J. Ainsley

Londres, British Museum, Department of Prints and Drawings

Dans la première moitié du XIXe siècle, voyageurs et artistes furent très nombreux à parcourir l'Etrurie. Ils rédigeaient leurs souvenirs de voyage, comme G. Dennis, ou reproduisaient les localités qu'ils visitaient, comme S.J. Ainsley. Leurs œuvres sont d'un très grand intérêt car elles nous renseignent sur des endroits ou des paysages qui ont aujourd'hui plus ou moins changé, voire disparu. On doit notamment à Ainsley la découverte des tombes de Sovana et un ensemble important de dessins et d'aquarelles exécutés entre 1842 et 1857 et publiés récemment par B. Origo Crea. Une partie d'entre eux illustraient l'ouvrage de G. Dennis, compagnon de voyage d'Ainsley entre juin-juillet et octobre-novembre 1842 (*Cities and Cemeteries of Etruria*).

475.

Grotta dell'Alcova, Cerveteri
Dessin, Cat. LB 97 (IV)

476.

Intérieur de la Grotta del Tifone à Corneto (Tarquinia) juin 1842
Dessin, Cat. LB 1 (VII)

477.
Pont de la Badia vu du côté sud (Vulci), juin 1842
Aquarelle, Cat. LB 4 (XII)

478.
Paysage étrusque (probablement les monts de la Tolfa et la vallée du Mignon)
Aquarelle, Cat. LB 16 (XIV)

479.
Porta di Bove, Falleri (S. Maria di Falleri), avril 1843
Dessin, Cat. LB 57 (XVII)

480.
Nécropole de Castel d'Asso, inscriptions étrusques, novembre 1842
Dessin, Cat. LB 40 (XXIII)

481.
Les tombes "a tempio" de Norchia, novembre 1842
Dessin, Cat. LB 47 (XXVIII)

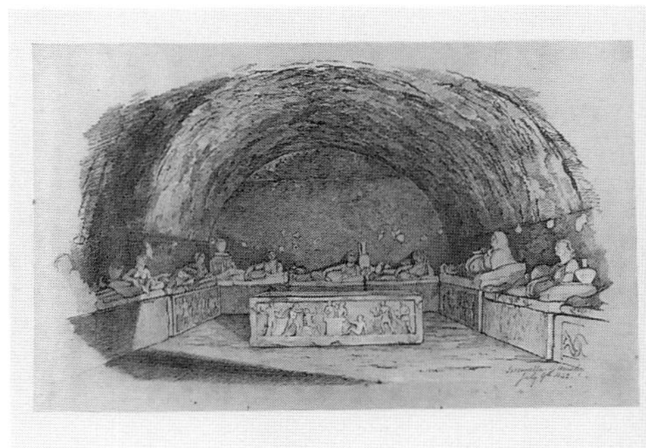

482.
Sarcophages étrusques à Toscanella (Tuscania), juillet 1842. Dessin, Cat. LB 20 (XXXI)

483.
Tombe de Poggio Stanziale, Sovana (Tombe du Typhon), juillet 1842
Dessin, Cat. LB 85 (XXXIV)

484.
Orvieto vue de la route de Viterbe, juillet 1842
Dessin, Cat. LB 29 (XXXVI)

485.
Porte antique à Saturnia vue de l'extérieur des murailles (Porta Clodia), juin 1843
Dessin, Cat. LB 80 (XLIV)

486.
Vue de Populonia, mai 1843
Dessin, Cat. LB 71 (XLIX)

487.
"Porta all'Arco", Volterra, mai 1843
Dessin, Cat. LB 64 (LI)

488.
"La Grotta de' Volumni", Pérouse (Hypogée des Volumni), mai 1843. Dessin, Cat. LB 62 (LVI)

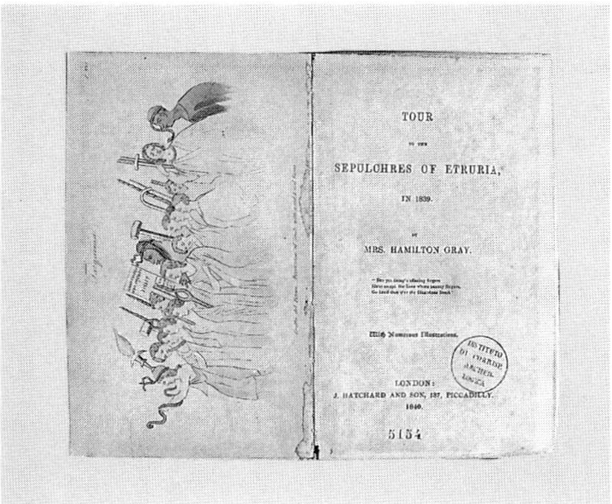

489. Elizabeth Caroline Hamilton Gray

A Tour to the Sepulchres of Etruria in 1839
London, J. Hatchard and Son, 1840
In 8°
Rome, Istituto Archeologico Germanico

Miss Hamilton Gray, qui s'était prise de passion pour les Etrusques après sa visite de l'exposition Campanari à Londres en 1837, fait dans cet ouvrage la chronique du voyage qu'elle accomplit à Rome et en Etrurie en 1839. C'est au delà de sa valeur documentaire un bon témoignage de l'intérêt que les Etrusques suscitent soudain en Angleterre.

Ouvrage collectif, *Bibliotheca Etrusca* (Exposition), Rome, 1985, p. 137-139 (F. Prinzi).

490. Notes manuscrites de George Dennis

Notes pour un compte-rendu du *Tour to the Sepulchres of Etruria in 1839*, 1840, de Mrs Hamilton Gray, publié sur le "Dublin University Magazine" de novembre 1844
Haut. 19 cm, larg. 11 cm
Propriété de Denys et Sybille Haynes, Oxford

"L'étude de l'antiquité est aride, sévère, et demande la prudence; l'âme féminine est vive, fantaisiste, fermée au doute, pressée de parvenir à des conclusions. Ce ne sont pas là les qualités requises par la cohérence et l'excellence. La recherche attentive et approfondie n'est pas tout à fait à la portée de la femme...". Voici ce qu'écrit Dennis en marge du texte d'un de ses exemplaires des *Cities and Cemeteries*.

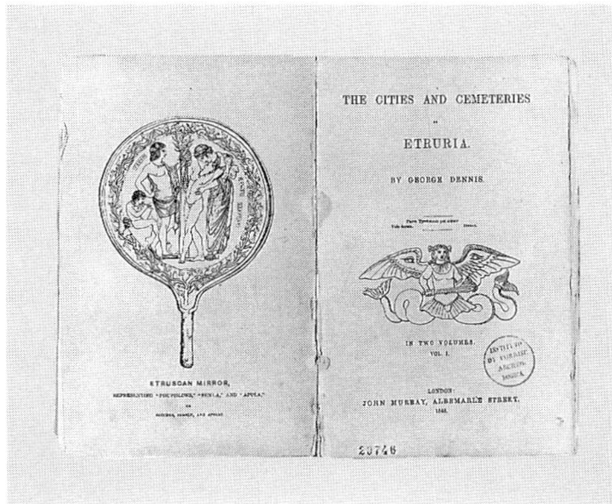

491. George Dennis

The Cities and Cemeteries of Etruria
London, John Murray, 1848
2 volumes in 8°
Propriété de Denys et Sybille Haynes, Oxford

Acquis en 1948 dans une librairie de Bournemouth, Hanths, où George Ravenscroft mourut en 1940. Ces deux volumes ont appartenu à l'auteur dont la signature "Geo Dennis" apparaît sur la page de faux-titre du vol. I, l'ex-libris de son neveu, George Ravenscroft Dennis apparaissant pour sa part sur les pages de faux-titre des deux volumes.

492. George Dennis

The Cities and Cemeteries of Etruria
London, John Murray, 1848
2 volumes in 8°
Rome, Istituto Archeologico Germanico

L'œuvre des Dennis fut un guide très apprécié des cités de l'Etrurie et des collections d'antiquités étrusques, et fut plusieurs fois rééditée. Elle demeure par certains aspects irremplaçable et reste d'actualité. Une table hors-texte illustre le "jardin Campanari" à Tuscania. Amenagé par les frères Campanari, qui comptent parmi les protagonistes les plus actifs et les plus intelligents de la redécouverte des Etrusques à l'époque romantique, celui-ci constituait un exemple précoce de musée en plein air.

G. Colonna, dans "Studi Etruschi", XLVI, 1978, p. 81-117.

493. Sir William Gell

Carnet de notes ("Note-book II")
Haut. 19 cm, larg. 13 cm
Rome, British School

Ce carnet conserve les notes et les dessins tracés par William Gell durant ses excursions dans la campagne romaine. Une série d'annotations et de relevés se réfèrent à une promenade faite à Véies le 8 mai 1830. Le carnet est ouvert à une page portant un dessin exécuté à la plume et aquarellé, figurant une section de la muraille étrusque près du Ponte Sodo.

E. Clay-M. Frederiksen, Londres, 1976; F. Delpino, *Cronache veientane*, I, Rome, 1985, p. 65-68, pl. 2.

494. Camille Corot

Volterra, la Citadelle, juin-juillet 1834
Huile sur toile. S.b.g.: *Corot*. B.d.: cachet vente Corot
Haut. 45 cm, larg. 82 cm
Paris, Musée du Louvre, Département des Peintures, inv. RF. 1610, ancienne Collection Moreau-Nélaton

Les découvertes faites en Toscane dans les années 1820-1830 et les récits de voyages de W. Dorow, de E.C. Hamilton Gray et de G. Dennis, font apprécier la campagne étrusque et les petites villes comme Cortone, Pérouse ou Volterra.
En 1834, Corot peint à Volterra deux de ses plus belles toiles: le Municipe et la Citadelle.

L. Gabellieri Campani, dans "Rassegna Volterrana" XLII, 1977, p. 5-29; Ouvrage collectif, *De Corot aux Impressionnistes* (Exposition), Paris, 1991.

495. Karoly Markò

Vue du Ponte Sodo à Véies
Huile sur toile
Diam. 44 cm (avec le cadre 70 × 70 cm)
Florence, Istituto Nazionale di Studi Etruschi ed Italici

Actif à Rome de 1832 à 1838, le peintre hongrois Karoly Markò s'installa ensuite en Toscane où il mourut en 1860.
Cette œuvre, qui appartient vraisemblablement à la période romaine de l'artiste, peut sans doute être mise en relation avec le regain d'intérêt pour Véies, que suscita, en 1838, la reprise, sur une vaste échelle, des recherches archéologiques dans la cité antique et ses nécropoles.

F. Delpino, *Cronache veientane*, I, Rome, 1985, p. 124, pl. 3.

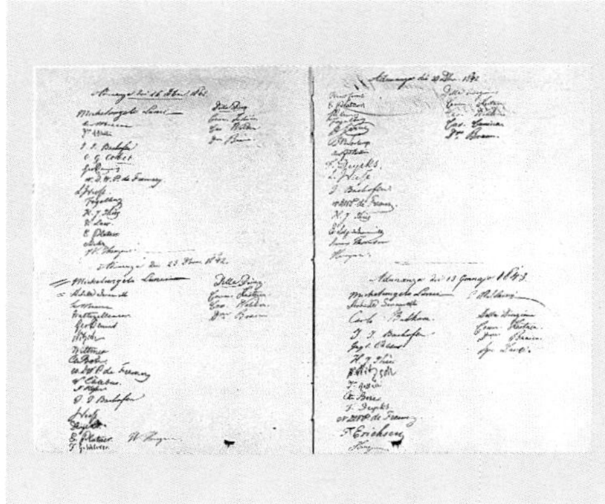

496. Registre des participants aux assemblées de l'Instituto di Corrispondenza Archeologica (1833-1843)

Reliure en peau
Rome, Istituto Archeologico Germanico, archives, section I

Parmi les activités de l'Instituto di Corrispondenza Archeologica, il convient de mentionner les assemblées, qui avaient lieu habituellement une fois par semaine, et au cours desquelles on présentait et commentait des monuments inédits. Les participants étaient tenus d'apposer leur signature sur un registre. Ces volumes, conservés à partir de 1833, reflètent la vie de l'Institut.

MONUMENTI INEDITI
PUBBLICATI
DALL'INSTITUTO DI CORRISPONDENZA ARCHEOLOGICA.
VOL. II.
MONUMENTS INÉDITS
PUBLIÉS
PAR L'INSTITUT DE CORRESPONDANCE ARCHÉOLOGIQUE.
TOME SECOND.
ROMA E PARIGI.
A SPESE DELL'INSTITUTO DI CORRISPONDENZA ARCHEOLOGICA.

497. Monumenti Inediti

Monumenti Inediti pubblicati dall'Instituto di Corrispondenza Archeologica, vol. II
1834-1838
Grand in folio
Rome, Istituto Archeologico Germanico

La série des *Monumenti Inediti* était destinée à illustrer par des planches de grand format les articles publiés dans les *Annali dell'Instituto di Corrispondenza Archeologica*. Le frontispice représente la "Casa Tarpeia" sur le Capitole, premier siège de l'Institut. L'édifice qui, bien qu'en mauvais état, est encore visible aujourd'hui, fut erigé en 1835, grâce aux 8 000 francs recueillis par Christian K.J. Bunsen, dans un style néo-classique qui était déjà tout un programme.

G.F. Carettoni, H.-G. Kolbe, M. Pavan, Rome, 1980.

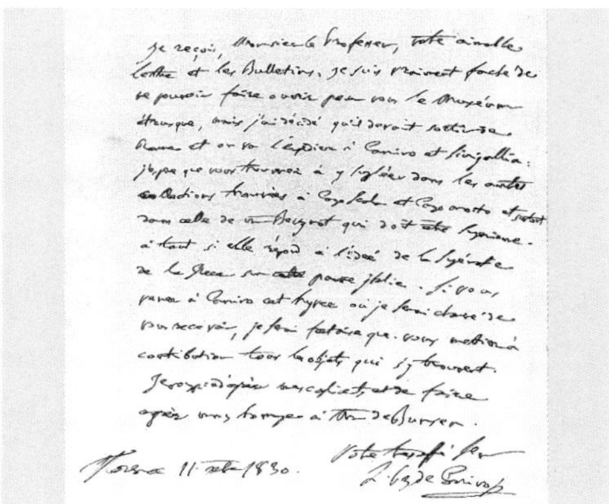

498. Lettre de Lucien Bonaparte à Eduard Gerhard

Rome, Istituto Archeologico Germanico archives, section II

Le vif intérêt que porta l'Instituto di Corrispondenza Archeologica aux fouilles de Vulci a donné lieu à une correspondance entre Eduard Gerhard, secrétaire de l'Institut, et Lucien Bonaparte. Dans la lettre exposée ici (datée du 11 septembre 1830), le prince de Canino invite Gerhard à venir visiter ses collections.

Inédite

499. Deux lions couchés

Pierre (*nenfro*)
A: long. 91 cm, haut. 54 cm
B: long. 92,5 cm, haut. 53 cm
Rome, Istituto Archeologico Germanico
Provenance: probablement Vulci

Ces deux lions d'époque archaïque, que l'on peut attribuer à des ateliers de Vulci, sont illustrés pour la première fois par la gravure placée en frontispice du deuxième volume des *Monumenti Inediti* de l'Instituto di Corrispondenza Archeologica. Cette gravure, due à Virginio Vespignani, représente le premier siège de l'Institut situé sur le Capitole.
Vers le milieu du VIe siècle av. J.-C.

W.L. Brown, Oxford, 1960, p. 66, sq.; A. Hus, Paris, 1961, p. 46, n° 20 et 21.

500-503
Carlo Ruspi
Dessins de miroirs étrusques à décor gravé

Dessins à la plume sur papier
Berlin, Antikensammlung

Peintre et dessinateur attitré de l'Instituto di Corrispondenza Archeologica, Carlo Ruspi collabora à la réalisation du corpus des miroirs étrusques, entrepris par Eduard Gerhard.

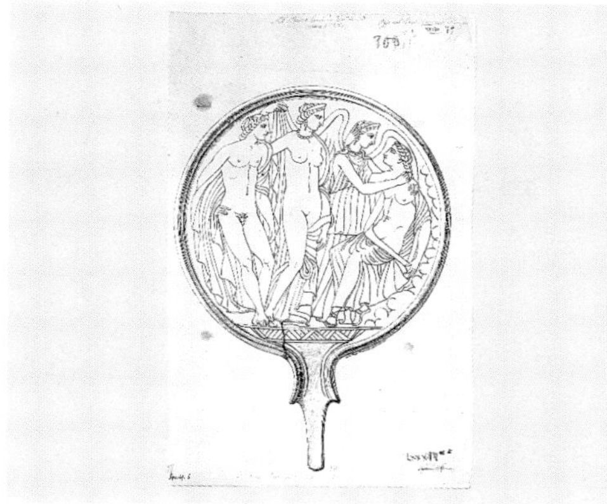

500.
Miroir représentant les Dioscures
Haut. 32,1 cm, diam. 21,5 cm
Gerhardischer Apparat, Carton XXVIII, f. 79

Autrefois dans la collection Cinci à Volterra, ce miroir se trouve aujourd'hui à Florence (Museo Archeologico, inv. 616).
Les Dioscures, Hélène et une divinité ailée de la fortune y sont représentés.
Dessin exécuté en 1828.

E. Gerhard, 1867, pl. 300, 1; A. Maggiani (sous la dir. de), Florence-Milan, 1985, p. 167 sq., n° 223 (E. Mangani).

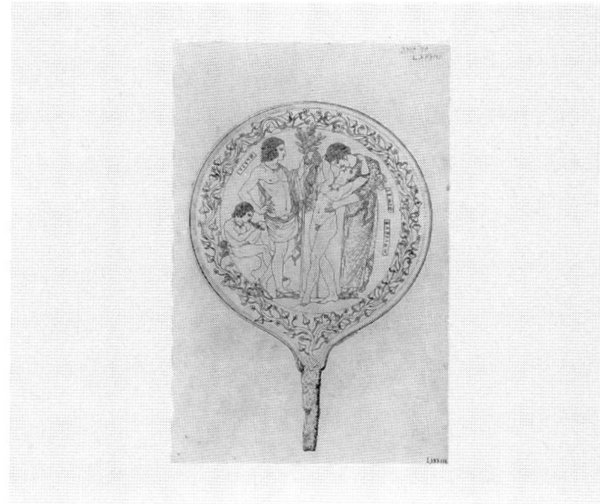

501.
Miroir représentant Dionysos enfant et sa mère Sémélé
Gerhardischer Apparat, Carton XXVII, f. 71

Retrouvé à Vulci, autrefois dans la collection Gerhard, le miroir passa en 1859 à l'Antikensammlung (Fr. 36). Datable au milieu du IVe siècle av. J.-C., le miroir représente Apollon et Dionysos enfant qui entoure de ses bras le cou de sa mère Sémélé; à droite d'Apollon un satyre joue de la flûte. Sur le bord du miroir sont indiqués les noms des personnages.
Dessin exécuté en 1831.

E. Gerhard, 1834, pl. 83, 3; Ouvrage collectif, *Die Welt der Etrusker* (Exposition), Berlin, 1988, p. 361, fig. F 8, p. 422, fig. L 17.

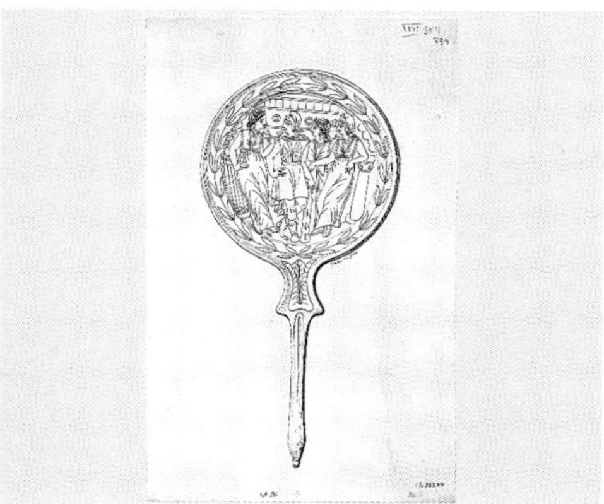

502.
Miroir représentant le jugement de Pâris
Haut. 33,7 cm, diam. 21,2 cm
Gerhardischer Apparat, Carton XXVI, f. 254

Le miroir, qui provient du marché antiquaire romain, est aujourd'hui conservé à l'Antikensammlung sous le n° Fr. 126.
Dessin exécuté en 1833.

E. Gerhard, 1845, pl. 187.

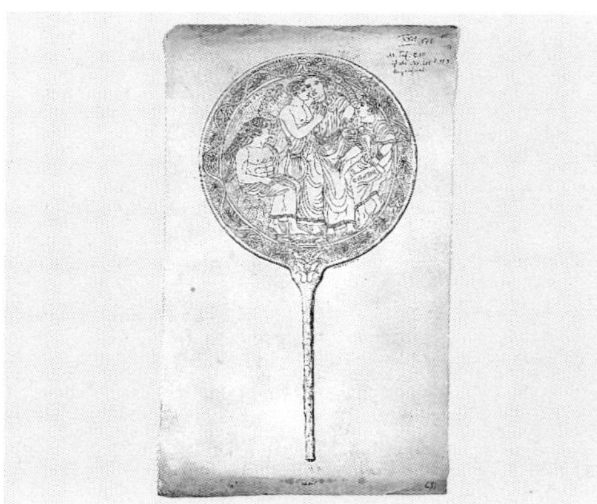

503.
Miroir représentant Turan et Atunis
Haut. 37,2 cm, diam. 22,5 cm
Gerhardischer Apparat, Carton XXVI, f. 176

Les amants Turan (Aphrodite) et Atunis (Adonis) sont accompagnés d'un jeune homme portant une lyre (Pulthisph) et d'une jeune femme tenant un flacon à onguent et un bâton de fard (Snenath).
Le miroir, autrefois dans la collection Gerhard, est aujourd'hui conservé à l'Antikensammlung.
Dessin exécuté en 1834.

E. Gerhard, 1834, pl. 111; I. Klauskopf, dans LIMC IV, 1, n° 4, s.v. *Eros*, en Etruria.

504.
L'Instituto di Corrispondenza Archeologica
e l'Istituto Archeologico Germanico
Reproductions photographiques
Rome, Istituto Archeologico Germanico

1. La "Casa Tarpeia" érigée sur le Capitole en 1835, dans un style néo-classique: premier siège de l'Instituto di Corrispondenza Archeologica (cf. n° 497).
2. La "Casa Tarpeia" aujourd'hui.
3. La "Casa Tarpeia", détail de la décoration en stuc du fronton.
4. Le siège de l'Instituto sur le Capitole (jusqu'en 1878).
5. Le siège de l'Istituto Archeologico Germanico sur le Capitole (après 1878).
6. Istituto Archeologico Germanico (vue d'un salon décoré de vases antiques).

506-508
Esquisses pour les décors de l'exposition Campanari (Londres 1837)

Londres, British Museum, Department of Prints and Drawings
Inédits

505. Message de félicitations, adressé par l'Association des Architectes de Berlin
à l'Istituto Archeologico Germanico de Rome, à l'occasion de son cinquantième anniversaire (21 avril 1879)
Aquarelle sur parchemin, reliure en peau doublée soie richement décorée
Rome, Istituto Archeologico Germanico, archives, section IV

Devant un arrière-plan architectural représentant le Capitole et le siège de l'Institut archéologique allemand, l'Allemagne se rapproche de Rome. On reconnaît le sarcophage des Epoux (Paris, Louvre) et le vase François (Florence, Musée archéologique).

"Bollettino d'Arte", série spéciale 1981, pl. I.

506.
Tombe des Biges
Mine de plomb et aquarelle
Haut. 14,3 cm, long. 26,4 cm

Vue en perspective de la moitié gauche de la chambre funéraire reconstituée au moyen de fac-similés grandeur nature. Ces fac-similés sont les copies fidèles de ceux que Ruspi réalisa pour le Vatican: on y retrouve tous les détails rajoutés par Ruspi, tant dans la petite frise (les trois coureurs à l'extrémité gauche et la statue de jongleuse à la place de la figure de guerrier), que dans la grande (danseur à l'extrémité gauche). La tombe est éclairée par une lampe de bronze suspendue à la poutre centrale et contient un sarcophage de pierre.

507.
Tombe des Biges et mobilier
mine de plomb et aquarelle, s.n.i.
Haut. 27,3 cm, long. 39,6 cm

Vue de la chambre, en perspective éclatée; les peintures figurées du mur de droite, et de la moitié droite du mur du fond, ne sont pas reproduites ici. Le mur d'entrée, pour lequel il n'existait pas de facsimilé de Ruspi, a été peint sur le modèle d'une autre tombe (panthères de la Tombe du Mort). Sur la partie gauche de la feuille, vue du sarcophage contenant les armes d'un guerrier et plusieurs petits objets. Sur la partie droite: vue des quatre côtés du sarcophage orné de reliefs (acquis ultérieurement par le British Museum, BM n° D 21); en dessous, reproduction de différentes armes.

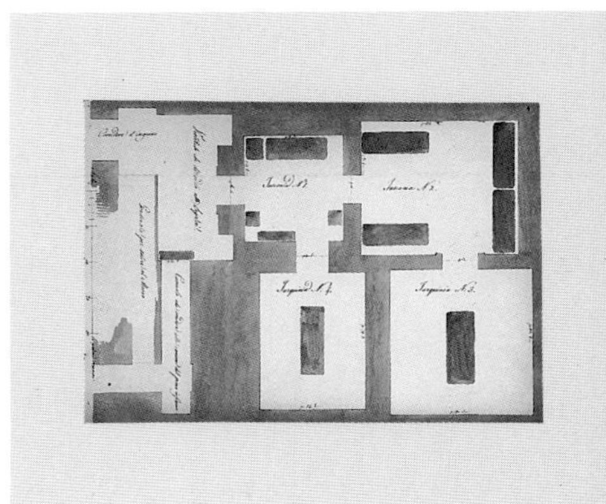

508.
Plan de quatre tombes peintes
mine de plomb et aquarelle, s.n.i.
Haut. 27,2 cm, long. 37,7 cm

Cette feuille reproduit le plan de la première partie de l'exposition (bâtiment Pall Mall n° 121) qui abritait deux tombes de Tuscania, ainsi que deux tombes de Tarquinia: celles des Biges et du Triclinium.

509-517
Dépôt votif de Falterona

Plus de cinq cents bronzes figurés et un millier de morceaux d'*aes rude* furent découverts en 1838, près d'un petit lac en bordure d'une route reliant l'Etrurie du Nord à la Romagne. De cet ensemble, vendu puis dispersé sur les marchés antiquaires, il ne subsiste aujourd'hui que quelques objets, peu nombreux mais significatifs. Ce sont pour la plupart de petits bronzes représentant des figures humaines et des parties du corps.
Chronologiquement, ce dépôt s'étend de la fin du VIe siècle av. J.-C. à l'époque hellénistique.
Le culte rendu en ce lieu était certainement adressé à des divinités guérisseuses, parmi lesquelles figurait Héraclès.

509. Couros

Bronze, fonte pleine
Haut. 22 cm
Paris, Musée du Louvre, Département des Antiquités grecques, étrusques et romaines
Inv. N 2510 (n° usuel: Br 218)

500-480 av. J.-C.

Ouvrage collectif, *Civiltà degli Etruschi* (Exposition), Florence-Milan, 1985, n° 10.30.1, p. 284 (M. Cristofani).

510. Figure féminine

Bronze, fonte pleine
Haut. 14 cm
Londres, British Museum
Inv. GR 1847 11-1.2

Figure féminine qui s'avance avec majesté, les bras tendus. La main gauche manque, la main droite tenait peut-être une fleur.
Les traits du visage et les particularités du vêtement richement orné, sont caractéristiques d'un atelier d'Etrurie du Nord (auquel il faut peut-être attribuer aussi le Fufluns de Modène, n° 172).
Vers 480 av. J.-C.

H.B. Walters, Londres, 1899, n° 450; M. Cristofani, Novare, 1985, p. 254, n° 4.2.

511. Figure masculine

Bronze, fonte pleine
Haut. 18 cm
Paris, Musée du Louvre, Département
des Antiquités grecques, étrusques et romaines
Inv. N 5363 (n° usuel: Br 220)

Bras étendus en un geste d'adoration.
500-480 av. J.-C.

Ouvrage collectif, *Civiltà degli Etruschi* (Exposition), Florence-Milan, 1985, n° 10.30.3, p. 285 (M. Cristofani).

512. Figure féminine

Bronze, fonte pleine
Haut. 14 cm
Paris, Musée du Louvre, Département
des Antiquités grecques, étrusques et romaines
Inv. MN 349 (n° usuel: Br 230)

La figure féminine porte un diadème et un chiton décoré de petites croix qui enserre étroitement son corps; ses bras (en partie disparus) étaient écartés, peut-être en un geste d'adoration.
Première moitié du Ve siècle av. J.-C.

Ouvrage collectif, *Civiltà degli Etruschi* (Exposition), Florence-Milan, 1985, n° 10.30.4, p. 285 (M. Cristofani).

513. Guerrier

Bronze, fonte pleine
Haut. 30,5
Londres, British Museum
Inv. GR 1847 11-1.5

Guerrier portant un casque de type attique, une cuirasse à plaques et un bouclier; la lance qu'il tenait de la main droite a disparu. Son armure et les détails iconographiques font penser à une production étrusque, probablement d'Orvieto.
Vers 420-400 av. J.-C.

H.B. Walters, Londres, 1899, n° 459; M. Cristofani, Novare, 1985, p. 255, n° 4.6.

514. Offrant

Bronze, fonte pleine
Haut. 50 cm
Londres, British Museum
Inv. GR 1847 11-1.6

Jeune homme debout, nu, les flancs ceints d'une chlamyde. Bras droit plié, la main gauche devait tenir un objet. Œuvre étrusque, peut-être créée dans un atelier de Chiusi, à en juger par les traits sévères du visage qui rappellent les productions locales.
Début du IVe siècle av. J.-C.

H.B. Walters, Londres, 1899, n° 679; M. Cristofani, Novare, 1985, p. 256, n° 4.7.

515. Jeune homme mettant un baudrier

Bronze, fonte pleine
Haut. 12,5 cm
Paris, Musée du Louvre, Département des Antiquités grecques, étrusques et romaines
Inv. N 391 (n° usuel: Br 292)

Peut-être un décor de candélabre.
400-370 av. J.-C.

Ouvrage collectif, *Civiltà degli Etruschi* (Exposition), Florence-Milan, 1985, n° 10.30.6, p. 285 (M. Cristofani).

516. Jeune homme nu

Bronze, fonte pleine
Haut. 16,3 cm
Paris, Musée du Louvre, Département des Antiquités grecques, étrusques et romaines
Inv. MN 351 (n° usuel: Br 291)

Le jeune homme devait tenir des offrandes (disparues).
Troisième quart du IVe siècle av. J.-C.

Ouvrage collectif, *Civiltà degli Etruschi* (Exposition), Florence-Milan, 1985, n° 10.30.7, p. 286 (M. Cristofani).

517. Tête masculine

Bronze, fonte pleine
Haut. 7,5 cm
Londres, British Museum
Inv. GR 1847 11-1.3

Tête barbue aux cheveux ondulés. Ce type d'ex-voto est attesté dans d'autres dépôts, notamment dans celui de la Fonte Veneziana d'Arezzo. Le traitement de la chevelure et les traits du visage supposent que les modèles de l'art classique étaient déjà connus.
Peut-être exécuté à Chiusi.
Entre la fin du Ve et le début du IVe siècle av. J.-C.

H.B. Walters, Londres, 1899, n° 614; M. Cristofani, Novare, 1985, p. 256, n° 4.10.

L'âge du positivisme

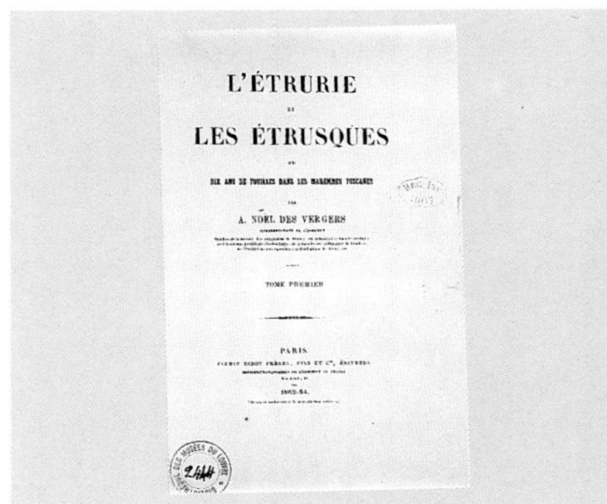
L'ÉTRURIE
LES ÉTRUSQUES
A. NOËL DES VERGERS
TOME PREMIER
PARIS

518. Adolphe-Noël Des Vergers

L'Etrurie et les Etrusques
Paris, Ambroise Firmin Didot, 1862-1864
2 volumes in 8° et un atlas composé de planches format in folio
Paris, Bibliothèque Centrale des Musées de France

La monographie de Des Vergers (1805-1867) témoigne de l'intérêt porté par la culture française à la redécouverte de l'Etrurie, et de la contribution qu'elle y apporte alors que s'achève la période "romantique" des grandes explorations archéologiques. L'ouvrage ne dépasse pas le stade de l'érudition, mais retient l'attention pour la richesse et la qualité de sa documentation iconographique et pour la beauté de sa présentation.

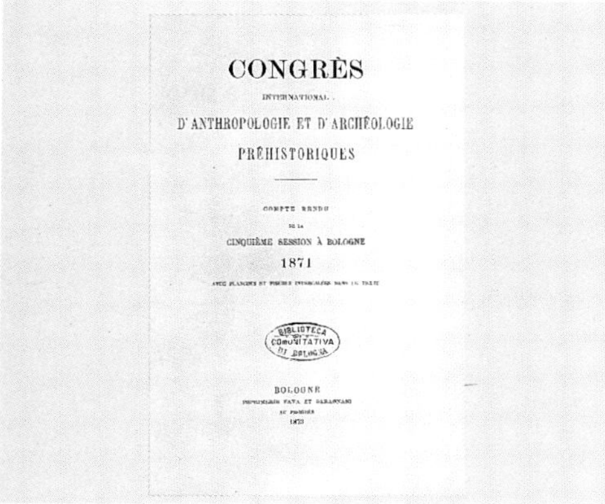
CONGRÈS
INTERNATIONAL
D'ANTHROPOLOGIE ET D'ARCHÉOLOGIE
PRÉHISTORIQUES
COMPTE RENDU
DE LA
CINQUIÈME SESSION À BOLOGNE
1871
BOLOGNE

519.

Congrès international d'Anthropologie et d'Archéologie Préhistoriques. Compte-Rendu de la cinquième session à Bologne 1871, Bologne 1873
Reliure d'époque pleine peau, tranches dorées
In 8°
Bologne, Biblioteca Comunale dell'Archiginnasio

L'ouvrage est ouvert à la première page du compte-rendu de Giancarlo Conestabile della Staffa, le plus grand spécialiste italien d'étruscologie de son temps, sur les fouilles alors en cours à Marzabotto et dans les nécropoles bolonaises de la Certosa.

D. Vitali, dans C. Morigi Govi-G. Sassatelli (sous la dir. de), *Dalla Stanza delle Antichità al Museo Civico. Storia della formazione del Museo Civico Archeologico di Bologna* (Exposition), Bologne 1984, p. 277-297.

520. Alexandre Bertrand

Sépultures à incinération de Poggio Renzo près de Chiusi, dans "Revue Archéologique" n°.s. XV, XXVII, 1874, p. 209-222, pl. VI-VII
In 8
Paris, Bibliothèque Centrale des Musées de France

Directeur du Musée des Antiquités Nationales de Saint-Germain-en-Laye, de 1862 à sa mort, Alexandre Bertrand (1820-1902) s'intéressait aux problèmes de la protohistoire étrusco-italique, et il effectua notamment les fouilles de Golasecca. Il refusait d'ailleurs fermement d'attribuer aux Etrusques les nécropoles villanoviennes d'Etrurie proprement dite et de la plaine du Pô. L'ouvrage est ici ouvert à la première page de l'article. Sur la planche à gauche, sont représentées deux tombes à puits de la nécropole de Poggio Renzo.

521. Wolfang Helbig

"Sopra la provenienza degli Etruschi",
dans *Annali dell'Instituto di Corrispondenza Archeologica*, 1884, p. 108-188
In 8°
Paris, Bibliothèque Centrale des Musées de France

Cet essai montre les réussites et les limites de la recherche étruscologique à l'époque du positivisme. Des préjugés qui, développés à partir d'une prétendue migration des Etrusques depuis le Nord, leur attribuent une volonté d'expansion, enlèvent de la valeur à l'interprétation. Ils rendent vaine la rigueur avec laquelle l'auteur mène l'analyse des matériels archéologiques et par laquelle il parvient pourtant à des conclusions aujourd'hui encore en partie valables.

M. Zuffa, dans *Popoli e Civiltà dell'Italia Antica*, V, Rome, 1976, p. 197-363, en particulier p. 217-219.

522. Ingvald Undset

"L'Antichissima necropoli Tarquiniese",
dans *Annali dell'Instituto di Corrispondenza Archeologica*, 1885, p. 5-104. In 8°
Paris, Bibliothèque Centrale des Musées de France

L'essai de Undset a pour mérite principal d'examiner dans le détail la composition des différents types de mobiliers funéraires de Tarquinia et de définir, autant que possible, leur chronologie relative et leur chronologie absolue dans l'ensemble des nécropoles et des découvertes. L'analyse, pour une part encore valable, suit ainsi une méthode largement adoptée par les spécialistes de la protohistoire.

M. Zuffa, dans *Popoli e Civiltà dell'Italia Antica*, IV, Rome, 1976, p. 197-363, en particulier p. 219-224.

523. Stéphane Gsell

Fouilles dans la nécropole de Vulci, Paris-Rome 1891; in 4°
Rome, Istituto CNR per l'archeologia etrusco-italica

L'Ecole Française de Rome, sous la direction de Matthieu-Auguste Geffroy, avait projeté l'ouverture de chantiers de fouille en Etrurie; mais le programme suscita quelques objections de la part des autorités italiennes. On parvint finalement à un compromis et c'est à Stéphane Gsell, élève de l'Ecole Française, que fut confiée la direction d'une campagne de fouilles dans les nécropoles de Vulci. La monographie de Gsell décrit de façon exemplaire les très nombreux mobiliers mis alors au jour.

Le "Memorie di un Archeologo" di Felice Barnabei, publiées par M. Barnabei et F. Delpino, Rome, 1991, p. 158-159, 172.

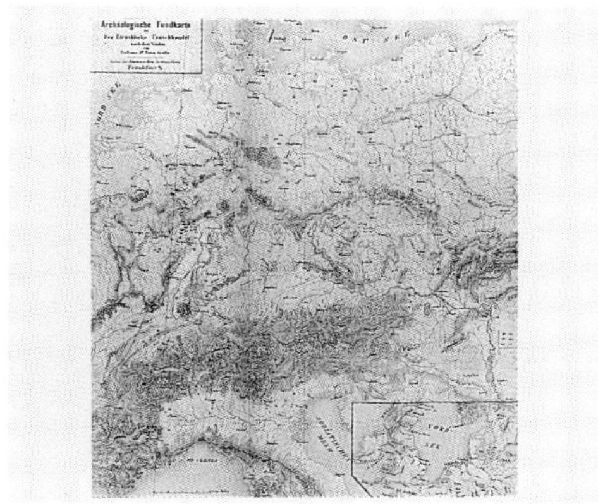

524. Hermann Genthe

Über den etruskischen Tauschhandel nach dem Norden, Francfort-sur-le-Main, 1874
In 8°
Rome, Istituto Archeologico Germanico

Ce livre constitue une des toutes premières études consacrées à la diffusion des produits étrusques en Italie du Nord et en Europe centrale du Nord. Sur la planche hors-texte presentée en exposition sont indiqués les différents lieux cités dans l'ouvrage.

F.-W. von Hase, dans *Atti Secondo Congresso Internazionale Etrusco* (Florence 1985), Rome, 1989, vol. II, p. 1031-1061, en particulier p. 1031 sq.

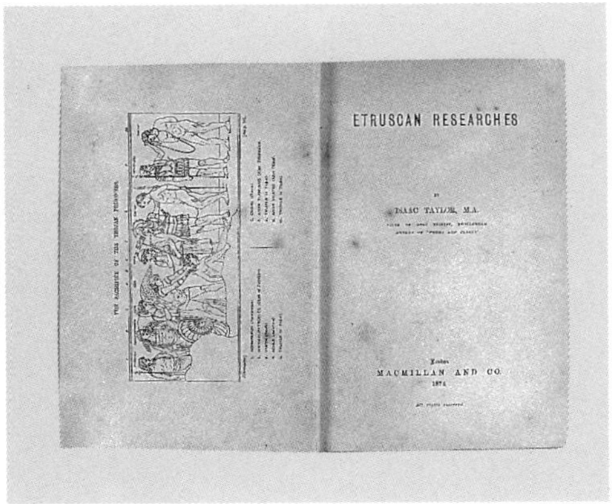

525. Isaac Taylor

Etruscan Researches, Londres, Macmillan and C., 1874
In 8°
Rome, Istituto Archeologico Germanico

En Grande-Bretagne, les œuvres suscitées par l'intérêt qu'on portait aux Etrusques, n'atteignirent pas, mis à part *Cities and Cemeteries* de Dennis (cf. n° 492), le niveau de celles que publiaient les savants français et surtout allemands. Il s'agissait de publications d'envergure bien plus modestes, voire de travaux d'amateurs. C'est à cette dernière catégorie qu'appartiennent les *Etruscan Researches* de Taylor, présentées ici à titre d'exemple.

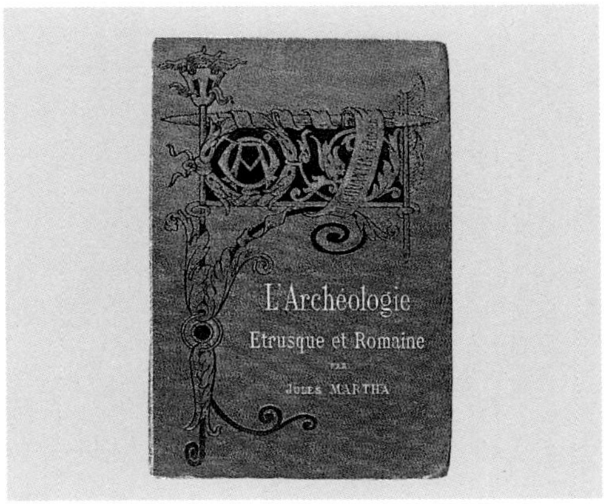

526. Jules Martha

Manuel d'archéologie étrusque et romaine, Paris 1884
In 8°
Rome, Istituto Archeologico Germanico

Un tiers seulement de ce petit ouvrage, qui se veut destiné à la vulgarisation, traite des Etrusques, mais le profil qu'il en donne, est dans l'ensemble complet et exact. Cet ouvrage, ainsi que l'importante monographie sur l'art étrusque publiée quelques années plus tard par le même Martha (cf. n° 528), se ressent lourdement du préjugé de l'auteur en faveur du classicisme.

527. Josef Durm

Die Baukunst der Etrusker. Die Baukunst der Römer, Darmstadt 1885
In 4°
Rome, Istituto Archeologico Germanico

La littérature spécialisée consacrée aux Etrusques s'est enrichie, au cours des deux dernières décennies du siècle dernier, de manuels traitant de thèmes précis. L'œuvre de Durm, qui connaîtra deux rééditions considérablement augmentées, étudie de manière systématique l'architecture étrusque (puis celle de Rome). Elle s'organise en cinq chapitres consacrés aux murailles, portes et arcs, aux habitations, routes, ports et ouvrages hydrauliques, enfin au temple et à l'architecture des tombes.

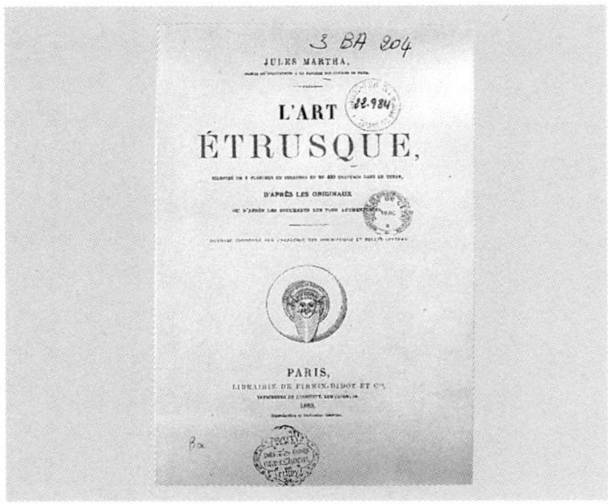

528. Jules Martha

L'art étrusque, Paris 1889
In 4°
Paris, Bibliothèque Centrale des Musées de France

Cet ouvrage est en réalité beaucoup plus riche que ne le laisse présumer son titre. S'il traite essentiellement des manifestations artistiques, il retrace également l'histoire des Etrusques, depuis les prémisses jusqu'à la conquête romaine. Mais le parti pris de l'auteur, favorable à l'art classique, engendre une dévalorisation systématique de l'art étrusque par rapport à l'art grec, dont celui-là ne serait qu'une simple et pâle imitation. La spontaneité, le réalisme et le "sens inné du portrait" sont les seules qualités originales reconnues à l'art étrusque, le goût du portrait et une certaine familiarité avec l'hellénisme, le seul héritage positif que l'Etrurie ait transmis à Rome.

529. Heinrich Brunn

I rilievi delle urne etrusche, vol. I, Rome 1870
In 4°
Paris, Bibliothèque Centrale des Musées de France

Cette œuvre, à laquelle G. Körte ajouta trois volumes supplémentaires (Rome-Berlin 1890, 1896, 1916) est un catalogue systématique des petites urnes étrusques à décor figuré. Ce répertoire, qui trouve sa place aux côtés des grands corpus de monuments et d'inscriptions, est de tous les travaux entrepris par l'Instituto di Corrispondenza Archeologica (puis Istituto Archeologico Germanico) l'un des plus réussis. Ce premier volume est consacré aux urnes décorées de scènes liées au cycle troyen et la planche présentée montre des monuments se rapportant au mythe d'Ulysse et des Sirènes.

530. Carl Pauli

Corpus Inscriptionum Etruscarum, vol. I, Leipzig 1893-1902
In folio
Paris, Bibliothèque Centrale des Musées de France

C'est au cours de la seconde moitié du XIXe siècle que furent établis et que parurent les grands corpus épigraphiques. Après les premières tentatives de Fabretti et Gamurrini (en 1867 et 1880), il fallut attendre la fin du siècle pour que l'on songeât à entreprendre, avec le soutien des Académies de Prusse et de Saxe, le catalogue systématique des inscriptions étrusques et pour qu'une collaboration internationale, coordonnée par C. Pauli et A. Danielsson, voit le jour. Outre ces deux spécialistes, G. Herbig et B. Nogara collaborèrent au premier volume, qui regroupe les inscriptions d'Etrurie interne (de Fiesole et Volterra jusqu'à Chiusi et Pérouse).

531. Oscar Montelius
La civilisation primitive en Italie depuis l'introduction des métaux, Stockholm 1895-1910
Deux volumes de textes et un volume de planches in 4°; deux recueils de planches
Rome, Biblioteca Museo preistorico-etnografico L. Pigorini

Dans cet ouvrage, le Suédois Oscar Montelius (1843-1921) recourt à l'analyse de l'évolution et des associations typologiques, affine et étend cette méthode de recherche et trace un vaste tableau des civilisations et des cultures de l'Italie antique de la fin de la préhistoire jusqu'à l'époque étrusque. On présente ici la pl. 230, qui représente des vases de bucchero conservés dans les musées de Florence et de Chiusi.

A. Guidi, Bari 1988, p. 38 sq.

IV
Portraits de savants

Quelques portraits de savants qui, durant la seconde moitié du siècle dernier, ont contribué à des degrés divers au progrès des recherches dans le domaine étrusco-italique, complètent la présentation des ouvrages imprimés.

1. Alexandre Bertrand (1820-1902), conservateur du musée de St. Germain-en-Laye de 1867 à sa mort.
2. Heinrich von Brunn (1822-1894), secrétaire de l'Instituto di Corrispondenza Archeologica de 1856 à 1865, puis professeur d'archéologie à Munich.
3. Wilhelm Deecke (1831-1897), directeur d'établissements d'enseignement, philologue, principal représentant de la méthode "combinatoire" dans l'interprétation de l'étrusque.
4. Gabriel De Mortillet (1821-1898), conservateur du Musée de St. Germain-en-Laye de 1868 à 1885.
5. George Dennis (1814-1898), auteur de *The Cities and Cemeteries of Etrurie* (1848), parmi les guides des antiquités de l'Etrurie celui qui connut la plus grande faveur.
6. Gian Francesco Gamurrini (1835-1923) fut appelé, en tant qu'étruscologue, à occuper plusieurs charges publiques à Florence, Arezzo et Rome. Il prit part ainsi à la tutelle des antiquités et à l'organisation des recherches effectuées en Etrurie.
7. Eduard Gerhard (1795-1867), fondateur et directeur de l'Instituto di Corrispondenza Archeologica à Rome, et professeur d'archéologie à Berlin à partir de 1843.
8. Wolfang Helbig (1839-1915), secrétaire de l'Instituto di Corrispondenza Archeologica (puis de l'Istituto Archeologico Germanico) de 1865 à 1887.
9. Oscar Montelius (1843-1921), qui élabora, dans le domaine de l'archéologie pré- et protohistorique une méthode de recherche fondée sur l'étude de l'évolution typologique.
10. Luigi Pigorini (1842-1925), fondateur et directeur (à partir de 1876) du Musée préhistorique et ethnographique de Rome.

La collection Campana et la collection étrusque du musée du Louvre

532. Portrait de Gian Pietro Campana
Gravure
Haut. 22,5 cm, larg. 15,5 cm
Paris, Bibliothèque Nationale, Cabinet des Estampes, inv. N2

533. Statue-cinéraire
Bronze
Haut. 42 cm, long. 69,5 cm, larg. 23,5 cm
Saint-Pétersbourg, Musée de l'Ermitage, inv. 485
ancienne Collection Campana
Provenance: Pérouse, découverte en 1843

Jeune homme à demi couché, le torse nu, le ventre et les jambes couverts d'un manteau. La statue, creuse, contenait un collier et une bulle en or. Considérée comme le produit d'un atelier de Chiusi, elle était destinée à un membre fortuné de l'aristocratie pérugine.
400 av. J.-C. environ.

M. Cristofani, Novare, 1985, p. 293, n° 117; Ouvrage collectif, *Antichità dell'Umbria a Leningrado* (Exposition), Pérouse 1990, p. 391-396 (S. Fatti).

535. Deux disques à décor incisé

Or. Diam. 2,5 cm
Paris, Musée du Louvre, Département des Antiquités grecques, étrusques et romaines
Inv. C 386 (n° usuel: Bj 25-26), ancienne Collection Campana. Provenance: environs de Pérouse

Les deux disques et le diadème en or (n° 534), ainsi que l'urne en bronze de l'Ermitage (n° 533), qui appartenaient tous trois au même mobilier funéraire, sont, à la suite de la dispersion de la collection Campana, dont ils faisaient partie, parvenus dans des musées différents. Fin du Ve - début du IVe siècle av. J.-C.

C. Clément, Paris, 1862; G. Micali, Florence, 1844, pl. 21,3; pour la redécouverte des dessins cf. S. Fatti, 1985-1986, p. 141 sq.; Ouvrage collectif, *Antichità dell'Umbria a Leningrado* (Exposition), Pérouse, 1990, n° 8.3, p. 402 (F. Gaultier).

534. Diadème

Or. Décor rapporté et estampé
Long. 32 cm, larg. 9 cm
Paris, Musée du Louvre, Département des Antiquités grecques, étrusques et romaines
Inv. C 10 (n° usuel: Bj 114), ancienne Collection Campana
Provenance: environs de Pérouse

Extrémités arrondies décorées d'une scène mythologique estampée representant la lutte d'Héraclès et d'Achéloüs. La fragilité de ces diadèmes et leur rapidité d'exécution plaident pour un usage essentiellement funéraire ou du moins cérémoniel. Première moitié du IVe siècle av. J.-C.

G. Micali, Florence, 1844, pl. 21,2; pour la redécouverte des dessins, cf. S. Fatti, 1985-1986, p. 141 sq.; Ouvrage collectif, *Antichità dell'Umbria a Leningrado* (Exposition), Pérouse, 1990, n° 8.2, p. 402 (F. Gaultier).

536. Amphore

Argile, figures noires
Haut. 33,5 cm
Paris, Musée du Louvre, Département des Antiquités grecques, étrusques et romaines
Inv. Cp 85 (n° usuel: E 721), ancienne Collection Campana
Provenance inconnue

Cette amphore et la suivante (n° 537), de forme et de décor identiques, forment l'une des paires fréquentes dans le Groupe de la Tolfa et proviennent très vraisemblablement du même mobilier funéraire. Cerveteri, Groupe de la Tolfa, Peintre des visages anguleux.
540-530 av. J.-C.

F. Gaultier, dans *La Lombardia per gli Etruschi* [...], Actes du Colloque, Milan, 1987, p. 209-218, n° 2.

537. Amphore

Argile, figures noires
Haut. 33,1 cm
Saint-Pétersbourg, Musée de l'Ermitage
Inv. B 1315, 569, ancienne Collection Campana
Provenance inconnue

Cerveteri, Groupe de la Tolfa, Peintre des visages anguleux.
540-530 av. J.-C.

J.M. Hemelrijk, Mayence, 1981, p. 190, note 1000, pl. 198 a-c; F. Gaultier, dans *La Lombardia per gli Etruschi* [...], Actes du Colloque, Milan, 1986, p. 209-218, n° 3; Ouvrage collectif, *Die Welt der Etrusker* (Exposition), Berlin, 1988, p. 143-144. n° B.14.

538. Edgar Degas

Mary Cassatt au Musée du Louvre: la Galerie étrusque, 1879-1880
Eau-forte, aquatinte et pointe sèche sur feuillet de papier japon (dernier état)
Feuillet: haut. 27 cm, larg. 23,5 cm; cuivre: haut. 27 cm, larg. 26,8 cm
Paris, Musée du Louvre, Département des Arts Graphiques, inv. RF 4046 D, legs Isaac de Camondo

L'artiste américaine (la femme au parapluie) est figurée en contemplation devant le sarcophage des Epoux, présenté avec les antiquités étrusques de la collection Campana dans la salle Henri II.

J. Adhémar-F. Cachin, Paris, 1973, p. 53; Ouvrage collectif, *The Painter as Printmaker* (Exposition), Boston, 1984, p. 168-174; *D'après les maîtres*, (Exposition), Paris, 1992 (sous presse).

539. Sarcophage des Epoux

Terre cuite
Haut. 111 cm, long. 194 cm, larg. 69,5 cm
Paris, Musée du Louvre, Département des Antiquités grecques, étrusques et romaines, inv. Cp 5194, ancienne Collection Campana
Provenance: Cerveteri, peut-être dans une tombe de la "zona del Comune" à l'extrémité occidentale de la nécropole de La Banditaccia

Retrouvé dans les fouilles Campana de Cerveteri, peut-être à la fin de 1845 ou au début de 1846, le "sarcophage lydien", dès son arrivée à Paris avec le gros de la collection Campana, fut considéré comme l'une des pièces majeures du musée Napoléon III.
Dernier quart du VIe siècle av. J.-C.

M.-F. Briguet, Florence, 1989, *passim*.

542.

Haut. max. 123 cm, larg. max. 58,5 cm
Inv. S 4033

Un génie ailé courant vers la gauche et portant dans ses bras une femme. Il est précédé d'une figure masculine courant dans la même direction et tenant un arc et une flèche.

540-542 "Plaques Campana"

Terre cuite peinte
Paris, Musée du Louvre, Département des Antiquités grecques, étrusques et romaines, ancienne collection Campana
Provenance: Cerveteri, nécropole de la Banditaccia

Ces trois plaques ont été découvertes avec d'autres dans les fouilles du marquis Campana à Cerveteri à la même époque que le sarcophage des Epoux (n° 539), mais l'on ignore l'emplacement de la tombe d'où elles proviennent. Sur chaque plaque, la scène figurée est surmontée d'une corniche à godrons noirs et rouges alternant avec des godrons blancs. Sous les figures, plinthe élevée (qui occupe le tiers de la hauteur totale de la plaque) et peinte, formée d'un bandeau horizontal au-dessus de larges bandes verticales alternativement rouges et blanches. L'interprétation des sujets représentés est incertaine.
Troisième quart du VIe siècle av. J.-C.

F. Roncalli, Florence, 1965, p. 84 sq., pl. I, II, IV; M.-F. Briguet, Paris, 1988, p. 73, fig. 73-74, p. 74.

540.-541.

A: Haut. max. 131 cm, larg. max. 33 cm
B: Haut. max. 125 cm, larg. max. 59 cm
Inv. S 4031 et S 4035

A: un homme et une femme en marche vers la droite.
B: femme tenant un rameau entre deux hommes tenant l'un une lance, l'autre un arc et une flèche. Tous trois se dirigent vers la droite.

non và tena
Color di Roza

LE MONDE MODERNE FACE A L'ART ETRUSQUE

Les reproductions des peintures étrusques

Cornelia Weber-Lehmann

Portrait de Carlo Ruspi
par son fils Ercole Ruspi
1862
Rome, Congregazione dei Virtuosi
al Pantheon
Cat. 554

page 412
Carlo Ruspi
Relevé de la Tombe du Triclinium
détail de la paroi gauche
1832
Rome, Istituto Archeologico Germanico
Cat. 558

L'histoire de la documentation graphique des peintures étrusques est presque aussi intéressante que l'étude des peintures originales elles-mêmes. Ces documents revêtent en effet des formes aussi nombreuses que variées: dessins au crayon rapidement esquissés, aquarelles à échelle réduite reproduisant minutieusement la réalité, ambitieux fac-similés de la taille des originaux, calques directement exécutés sur la paroi des tombes, ou libres adaptations destinées à orner salles d'expositions et musées lointains. Ces œuvres sont aussi bien le fait de dessinateurs spécialisés dans les relevés archéologiques que d'amateurs passionnés, artistes, architectes ou voyageurs curieux. Ainsi nos archives conservent-elles, parallèlement aux résultats scientifiques de longues et parfois difficiles campagnes d'exploration des tombes étrusques, des témoignages spontanés, rassemblés au cours d'excursions et de voyages d'agrément.

Dans certains cas, ces dessins remplacent des originaux désormais perdus ou irrémédiablement abîmés, dans d'autres ils révèlent des détails précieux qu'il est difficile de reconnaître sur les parois aujourd'hui partiellement effacées. Ils demeurent en même temps et en tout état de cause les témoins de leur temps, la prospection archéologique étant inévitablement liée à un contexte scientifique, artistique, culturel et politique déterminé.

Nous serions tentés de commencer notre étude, à l'instar de Fritz Weege, par le génial Michel-Ange. L'une de ses esquisses montre le profil barbu d'un homme dont la tête est surmontée par la gueule béante d'une dépouille de sanglier ou de loup. Mais rien ne permet de déterminer si le peintre s'inspira réellement d'une représentation étrusque du personnage d'Hadès (Tombe de l'Ogre II à Tarquinia, Tombe Golini I à Orvieto) ou s'il fit appel à d'autres vestiges de l'antiquité (aux urnes étrusques ou à la colonne Trajane par exemple).

Il faut attendre environ deux siècles pour trouver des données plus précises. C'est en effet en 1723-1724 que les éditeurs florentins publièrent le texte de l'Ecossais Thomas Dempster *De Etruria Regali*, pourtant rédigé dès 1616-1617, en adjoignant un ensemble de dessins provenant de toute l'Etrurie, dont un dessin de la Tombe Tartaglia découverte à Tarquinia en 1699. Tributaire de l'état des connaissances et de la réalité scientifique de son temps, le dessinateur anonyme a restitué certaines figures et leurs attributs d'une manière qui porte à confusion. Ainsi naquit l'idée d'un châtiment des âmes dans l'au-delà - préfiguration du Purgatoire chrétien - qui s'imposa jusqu'au XXe siècle.

En 1743 Gori réédita cette gravure, contribuant à diffuser et à renforcer encore cette idée. Il publia parallèlement trois nouvelles découvertes: les tombes de Montollo (Chiusi), de la Mercareccia et des *Sacerdoti Danzanti* (Tarquinia) dont il avait eu connaissance par les esquisses et descriptions du moine augustin Giannicola Forlivesi établi à Tarquinia. Le manuscrit complet de Forlivesi, dans lequel étaient décrites et relevées quatre autres chambres, existait encore à Tarquinia au milieu du XIXe siècle. Malheureusement, il ne subsiste plus aujourd'hui de ce travail qu'un extrait du texte, privé de ses dessins, datant d'une édition ultérieure. En ce qui concerne les tombes de Tarquinia publiées pour la première fois par Gori (tombes de la Mercareccia et des *Sacerdoti Danzanti*), nous disposons toutefois d'un autre document: les dessins préparatoires

Franciszek Smuglewicz
Dessin de la Tombe du Cardinal
1763-1766
Wurtzbourg, Martin von Wagner-Museum der Universität

réalisés en 1734, avant l'exécution des gravures, par le peintre et restaurateur romain Mattia Gherardini (inédits, Biblioteca Marucelliana à Florence).

Les premiers dessins qui, dépassant la simple restitution thématique, fournissent une idée approximative du style des peintures étrusques, sont deux esquisses commandées en 1763 par le célèbre "antiquaire" Thomas Jenkins. Elles représentent des scènes extraites de la Tombe du Cardinal redécouverte en 1760, à l'instar des dessins réalisés quelques années plus tard par le peintre polonais Franciszek Smuglewicz. W. Dobrowolski a pu récemment établir que ces derniers (conservés aujourd'hui à la bibliothèque de l'université de Varsovie) correspondaient aux esquisses préparatoires pour les gravures exécutées par Christopher Norton pour le compte de James Byres. On ignorait jusqu'alors cette corrélation, car les gravures en question ne furent publiées qu'en 1842.

Jusqu'à présent, aucun texte d'accompagnement susceptible de nous renseigner sur les objectifs de cette publication n'a été retrouvé. Il est donc difficile de savoir si Byres comptait réellement publier un ouvrage scientifique ou s'il projetait une sorte de catalogue de vente destiné à sa clientèle établie en Angleterre. Quoi qu'il en soit, les fragments de paroi de la Tombe du Biclinium (aujourd'hui disparue) reproduits par les gravures, apparaissent comme des panneaux découpés qui auraient été préparés - avant leur reproduction - pour le transport et la vente. Par ailleurs, le style de ces gravures (contrairement aux dessins de Smuglewicz) semble davantage obéir au goût des éventuels acheteurs de l'époque que refléter la réalité des modèles étrusques.

En cette fin du XVIIIe siècle, qui ne s'embarrassait pas de scrupules et n'hésitait pas à s'approprier "physiquement" les monuments du passé, la tentation était grande de prélever des fragments de paroi pour les emporter ou les vendre. C'est ainsi que l'on peut lire dans l'une des premières descriptions des tombes de Tarquinia que le père Paciaudi adressa le 28 février 1760 à Caylus à Paris: "Je vous vois lisant cette lettre, et me reprochant de n'avoir pas détaché quelques morceaux de ces peintures pour vous les envoyer. J'ai essayé d'en enlever, mais l'opération est impossible; il faudroit, pour y parvenir, avoir des ouvriers fort intelligens, et faire une très grande dépense. Ces peintures sont exécutées sur le rocher, et sans aucune sorte de préparation; il faudroit donc scier ces parties du rocher pour les emporter, ce qu'on ne pourroit faire qu'avec un appareil et des frais que des peintures presque évanouies ne méritent assurément pas."

Les difficultés d'une exploitation commerciale, mais surtout les réserves exprimées quant à la valeur historique et artistique des peintures découvertes, retardèrent jusqu'à la première moitié du XIXe siècle l'exploration systématique de la peinture des tombes. L'intérêt continuait à se porter essentiellement sur le mobilier funéraire, sur les objets d'or et de bronze ou les vases qui venaient enrichir des collections en spectaculaire progression.

L'un des rares archéologues qui prêta attention aux peintures découvertes au printemps 1825 par Lord Kinnaird (tombes Labrouste, de la Mer, et des Lions), fut Eduard Gerhard qui les considéra même dignes d'une mention écrite. Avec quelques amis allemands, il avait créé à Rome la "Société romano-hyperboréenne" qui, fondée sur le travail commun et les échanges réciproques, s'était donné pour objectif l'exploration et l'acquisition de vestiges antiques. Cette "Société" allait bientôt devenir le noyau de l'Institut de correspondance archéologique, fondé en 1829.

C'est également aux "Hyperboréens" que l'on doit le projet qui marqua le véritable point de départ de la documentation scientifique des peintures étrusques. En effet, lorsque Vittorio Masi, camérier de l'archevêque de Montefiascone et Corneto, découvrit en 1827 les tombes des Biges et des Inscriptions, les Hyperboréens en furent les premiers informés et se rendirent aussitôt à Tarquinia. Pendant dix-sept jours Otto Magnus, baron de Stackelberg, le diplomate August Kestner et l'architecte dresdois Joseph Thürmer dessinèrent et mesurèrent les tombes de la Mer, des Lions, des Biges et des Inscriptions, ainsi que celle du Baron qu'ils avaient eux-mêmes découverte lors d'une fouille de contrôle.

Malheureusement, leurs travaux ne furent jamais publiés. Il subsiste simplement (à l'Institut archéologique allemand de Rome et à l'Institut archéologique de Strasbourg) deux exemplaires des épreuves des planches qui donnent une idée de l'ampleur du travail accompli. Pour la première fois on avait trouvé des tombes datant de l'âge d'or de la peinture funéraire étrusque qui, par leur style, s'apparentaient aux céramiques grecques. Bien que cette analogie n'ait été que partiellement saisie à l'époque, les dessins révèlent que leurs auteurs étaient conscients de l'importance de leurs découvertes.

Le jeune architecte Friedrich Ziebland, à qui Louis Ier de Bavière avait accordé une bourse pour séjourner à Rome, semble avoir été tout aussi impressionné par les copies exécutées par Stackelberg et Kestner que par les originaux qu'il put voir en 1827 lors de son voyage à pied dans le Nord du Latium et à Tarquinia. Il réalisa des copies en couleurs minutieuses des dessins de Stackelberg, dont il respecta même les dimensions. Ce travail présenté à Louis Ier fut-il à l'origine de l'intérêt du monarque amateur d'art pour Tarquinia? Servit-il à Cotta, l'éditeur munichois, pour faire connaître le projet de publication de l'œuvre de Stackelberg? Il est difficile de répondre à ces questions, mais quoi qu'il en soit les copies de Ziebland (aujourd'hui dans la collection d'architecture de l'Université Technique de Munich) apparaissent comme de précieux substituts des dessins disparus.

La notoriété de ces trois dessinateurs, Stackelberg, Kestner et Thürmer, fit que pour la première fois le grand public de l'Europe entière se prit d'intérêt pour ces découvertes. Un extraordinaire privilège accordé par l'administration pontificale, qui interdisait à toute autre personne de reproduire les fresques des tombes, allait même transformer cet intérêt en véritable polémique. Plus la publication annoncée se faisait attendre, plus les discussions soulevées par ce "privilège absurde" – comme le qualifiait Désiré Raoul Rochette – se faisaient âpres. Les regrets du Français s'expriment une nouvelle fois dans ses *Peintures antiques inédites*, parues en 1836: "Je visitai... les tombeaux récemment découverts à Corneto,

Georg G. Friedrich Ziebland
Dessins de la Tombe des Inscriptions
1827
Munich, Architektursammlung
Technische Universität
Cat. 553 et Cat. 552

pour en examiner les peintures; et il ne tint pas à moi, comme on le sait, de les publier, quand elles offraient encore tout le mérite de leur conservation, ou, pour mieux dire, toute la fraîcheur de leur nouveauté, qu'elles ont presque entièrement perdues depuis." Pourtant dès 1829 Henri Labrouste, accompagné d'autres membres de l'Ecole française, réussit à faire des relevés de tous les sites accessibles de Tarquinia: ils visitèrent non seulement les tombes du Cardinal et de la Mercareccia, connues depuis longtemps, et la tombe Labrouste que les Hyperboréens n'avaient pas dessinée, mais aussi les tombes "interdites" des Inscriptions, des Biges, du Baron et de la Mer. Seule la Tombe des Lions était, semble-t-il, à nouveau comblée; elle manque en tout cas dans l'ensemble conservé aujourd'hui à la Bibliothèque nationale de Paris. L'architecte Labrouste s'intéressait davantage aux coloris des peintures, témoins de la polychromie des monuments antiques (alors au centre de vifs débats), et à l'organisation architectonique des tombes, qu'aux représentations figurées proprement dites qu'il restitua dans des dessins moins précis, pour ne pas dire sommaires. Certains dessins de Labrouste, qui enseigna plus tard à l'Ecole Polytechnique à Paris, furent recopiés par ses élèves; c'est ainsi qu'on les retrouve dans la *Restitution du temple d'Empédocle à Sélinonte ou l'architecture polychrome chez les Grecs*, ouvrage de Hittorff publié en 1851. D'autres furent transmis à Giuseppe Micali qui les intégra à partir de 1832 dans ses *Monumenti per servire alla storia degli antichi popoli italiani*. L'ouvrage de Micali, qui fit l'objet d'un tirage important, mais aussi, chose curieuse, l'exemplaire unique des planches de Stackelberg conservé à l'Institut de correspondance archéologique à Rome, travail bien connu des spécialistes, restèrent durant de longues années la principale référence en matière de peinture étrusque.

Carlo Ruspi
Relevés de la Tombe du Triclinium
1832
en haut, la paroi de l'entrée
en bas, la paroi de gauche
Rome, Istituto Archeologico Germanico
Cat. 555 et Cat. 558

Ils ne perdirent ce privilège qu'avec la publication des travaux du dessinateur d'antiques Carlo Ruspi, travaux qui furent maintes fois reproduits avec les objectifs les plus divers, connaissant par là même une large diffusion dans toute l'Europe. On en retrouve aujourd'hui encore des extraits à Munich, Saint-Pétersbourg, Berlin, Copenhague et Londres, les exemplaires les plus complets étant conservés dans les musées du Vatican et à l'Institut allemand d'archéologie à Rome.
Appointé par l'Académie prussienne, Ruspi travaillait déjà depuis plusieurs années en Etrurie pour le compte d'Eduard Gerhard, procédant soit à des relevés systématiques de certains types de monuments, soit à des dessins de trouvailles fortuites, lorsque furent mises au jour à Tarquinia – respectivement en décembre 1830 et en avril 1831 – les tombes du Triclinium et de la Querciola. L'Institut de correspondance archéologique, ainsi que ses publications, étaient nés de la volonté d'offrir au public scientifique un compte rendu aussi fidèle que rapide des dernières découvertes importantes faites sur le sol italien. C'est ainsi que parurent ici en 1833 les aquarelles de Ruspi reproduisant les tombes du Triclinium et de la Querciola, accompagnées de notes concernant leur découverte et d'une première tentative d'appréciation archéologique et critique.
Ce principe fut repris par la suite pour toutes les nouvelles tombes dont la publi-

Tombe du Triclinium, paroi de gauche
470-460 av. J.-C.
Tarquinia, Museo Nazionale

cation était confiée à l'Institut. Plusieurs dessinateurs se succédèrent au fil des années: Gregorio Mariani, Ludwig Gruner, Giuseppe Angelelli, Nicola Ortis, Louis Schulz, Gottfried Semper. Gerhard fut remplacé dans sa tâche d'archéologue par Braun, puis par Brunn, Wolfgang Helbig, Körte et enfin Messerschmidt. Les travaux préparatoires pour les gravures - le plus souvent des aquarelles en couleurs, mais aussi quelques calques grandeur nature - conservés dans leur presque totalité dans les archives de l'Institut, constituent aujourd'hui un document inestimable sur les relevés des vestiges archéologiques avant l'invention et l'emploi de la photographie.

La diffusion des peintures funéraires étrusques connut également des formes beaucoup plus spectaculaires. C'est encore Carlo Ruspi, qui se qualifiait lui-même d'*artista-archeologo*, qui en fut l'initiateur. Au cours de ses travaux accomplis pour l'Institut, il eut en effet l'idée de décalquer les peintures directement sur la paroi des tombes à l'aide d'un papier transparent (*carta oleata*) et de réaliser en atelier, à partir de ces calques, des fac-similés en couleurs. Ces derniers servirent de décor aux nouvelles collections d'antiques, tandis que les calques soigneusement exécutés et partiellement coloriés ne furent donnés que beaucoup plus tard par les fils de Carlo Ruspi aux archives de l'Institut allemand d'archéologie.

Un ensemble complet des fac-similés des tombes du Triclinium, de la Querciola,

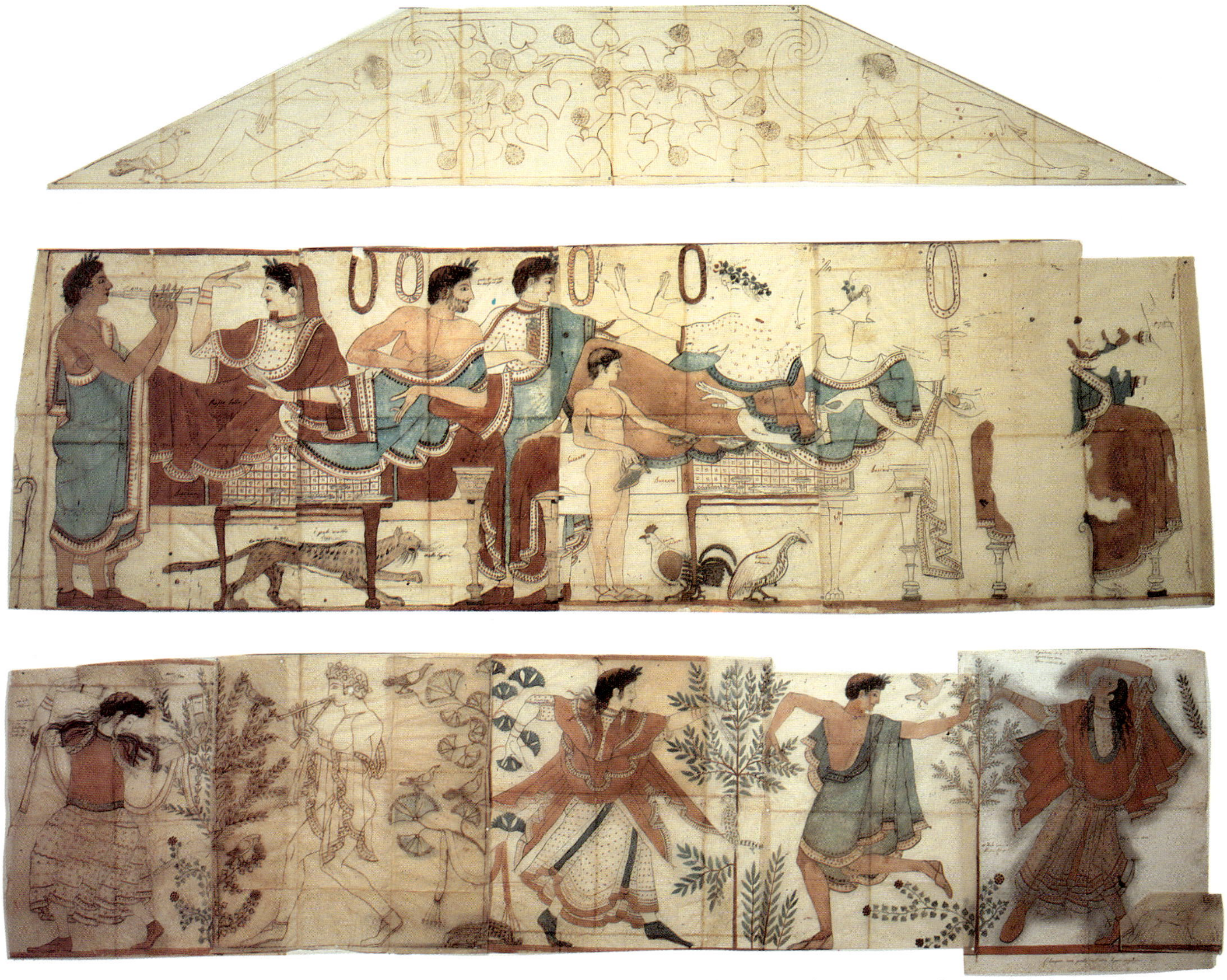

Carlo Ruspi
Relevés de la Tombe du Triclinium
1832
en haut, la paroi du fond
en bas, la paroi de droite
Rome, Istituto Archeologico Germanico
Cat. 556 et Cat. 557

des Biges, des Inscriptions, du Mort, du Baron et plus tard de la Tombe François entra dans les collections du Musée étrusque du Vatican. Visible dans les salles d'exposition du musée dès 1837-1838, cet ensemble existe encore de nos jours. En revanche, les fac-similés que Louis Ier de Bavière commanda à Ruspi après son voyage spectaculaire à Tarquinia en 1834, fac-similés qui furent utilisés par l'architecte Leo von Klenze pour la décoration de la salle des Vases de l'ancienne Pinacothèque de Munich, ont été détruits pendant la seconde guerre mondiale. Deux photographies d'époque, ainsi que les esquisses de Leo von Klenze conservées dans les Staatliche Graphische Sammlungen de Munich, sont désormais les seuls témoins de ce décor prestigieux.
Londres acquit par l'intermédiaire des frères Campanari un troisième ensemble qui entra par la suite au British Museum. Hormis quelques éléments secondaires, cet ensemble a également disparu. Les Campanari se servirent des fac-similés pour leur exposition-vente de l'année 1837: reprenant l'idée initiale de Ruspi, ils les utilisèrent pour reconstituer les chambres funéraires sous leur forme originale. Le public londonien avait déjà découvert l'effet spectaculaire de ce type de reconstitution en 1821, lorsque Belzoni avait présenté ses trésors égyptiens dans une réplique de la chambre funéraire du pharaon Séthi Ier. Jusqu'à pré-

sent, l'exposition des Campanari n'était connue que par des descriptions. Ce n'est que récemment que l'on découvrit au British Museum un petit dessin aquarellé représentant la mise en scène de la Tombe des Biges. Cette aquarelle révèle que les reproductions utilisées par les Campanari s'inspirent non pas des calques de Ruspi, mais directement des fac-similés du Vatican: en effet, ils présentent certains détails que Ruspi ajouta dans les fac-similés du Vatican, détails parfois purement inventés qui sont absents de ses calques plus fidèles et précis.

Si les fac-similés en grand format du Vatican, de Munich ou de Londres revêtaient une telle importance, c'est sans aucun doute parce qu'ils étaient les seuls à offrir une image véritablement représentative de la peinture étrusque. En effet, rares étaient ceux qui avaient eu la chance de la découvrir de leurs propres yeux. L'enthousiasme et la surprise du public furent d'autant plus grands que cet art n'était illustré jusqu'à présent que par des gravures, dont le format réduit permettait difficilement de faire la distinction entre peintures de vases et fresques murales. Henri Beyle-Stendhal, qui avait vu non seulement le travail de Ruspi à Tarquinia, mais aussi la salle des Vases de Munich, ressentit une telle admiration devant l'œuvre accomplie qu'il s'employa dès lors à défendre un projet analogue pour Paris. C'est le même enthousiasme que l'on retrouve chez

Tombe du Triclinium, paroi du fond et, en bas, paroi de droite
470-460 av. J.-C.
Tarquinia, Museo Nazionale

Carlo Ruspi
Dessin aquarellé des quatre parois
de la Tombe de la Querciola
1831
Rome, Archivio dell'Istituto
Archeologico Germanico
Cat. 560

Lady Hamilton Gray qui accomplira son “grand tour” d'Etrurie avec le souvenir sans cesse ravivé des premières impressions laissées par la fameuse exposition des Campanari.

Pourtant aucun autre fac-similé ne fut réalisé jusque vers la fin du siècle. Il est vrai que la période de découvertes spectaculaires qui marqua le premier tiers du XIXe siècle était révolue. Il fallut attendre le Danois Carl Jacobsen pour que naisse à Copenhague le projet ambitieux d'une collection complète de fac-similés des peintures funéraires étrusques qui, allant au-delà du modèle munichois, engloberait aussi les tombes de Chiusi, Vulci, Véies et Orvieto. Jacobsen confia la direction scientifique de cette entreprise à son ami et correspondant artistique à Rome Wolfgang Helbig, sans conteste le meilleur connaisseur des peintures étrusques de son temps. Après une première tentative avec le dessinateur de l'Institut Gregorio Mariani et le Suisse Enrico Wüscher-Becchi, élève d'Arnold Böcklin, Helbig se tourna vers son gendre, le peintre romain Alessandro Morani, qui assuma désormais l'ensemble des travaux. Professeur de dessin ornemental

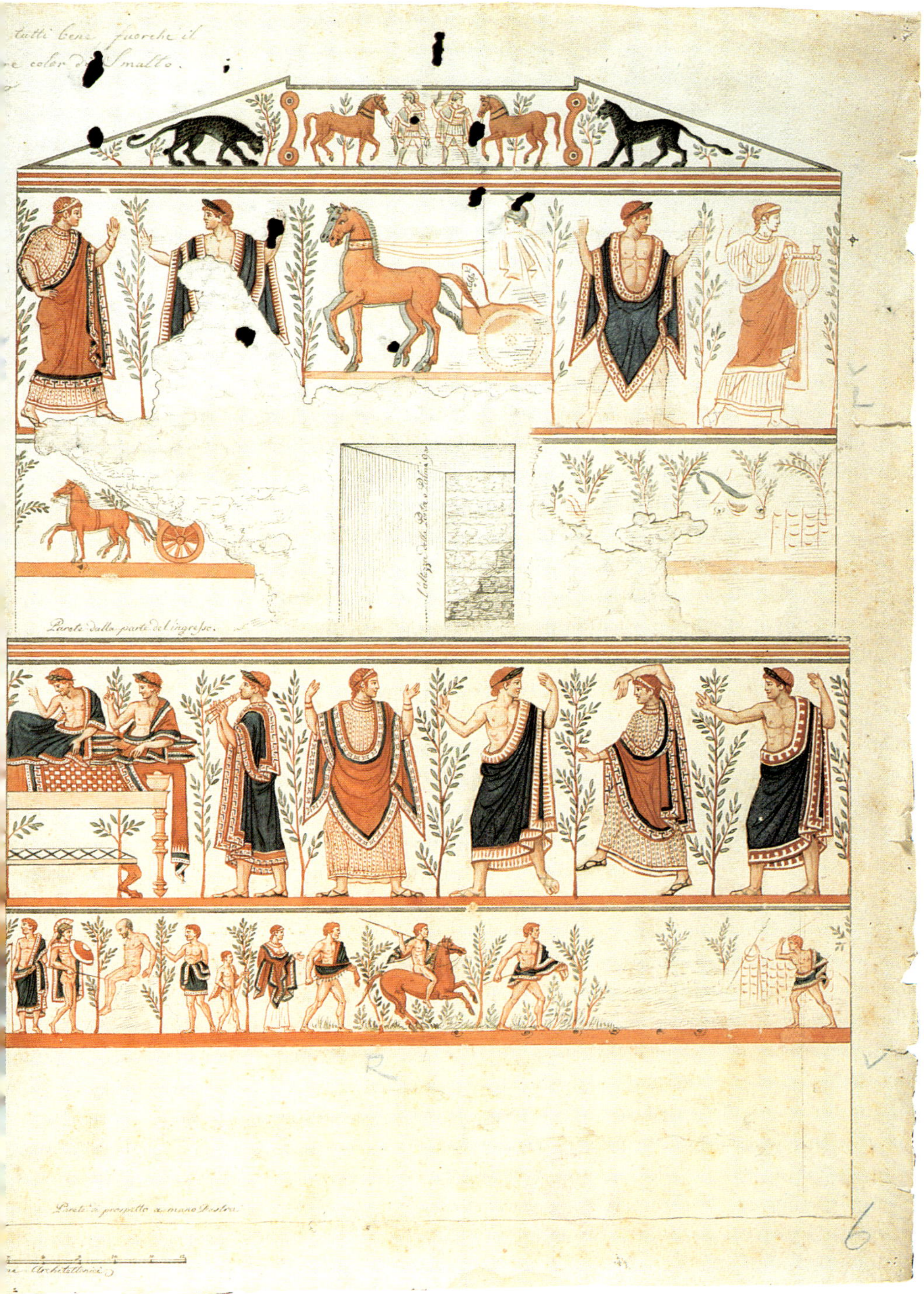

au Musée artistique industriel de Rome, Morani connaissait parfaitement tant les techniques du dessin que la peinture décorative et les problèmes de restauration. Il put de surcroît recruter parmi ses élèves des collaborateurs compétents. Jacobsen, Helbig, Morani: en citant ces trois noms, nous ne pouvons que donner un aperçu de cet exceptionnel travail d'équipe qui allait permettre la réussite du projet de relevé des tombes sans doute le plus ambitieux qui ait jamais été conçu. Entre 1895 et 1913 furent reproduites, à l'exception des tombes de la Mer et de la Porte de Bronze, toutes les peintures des chambres funéraires accessibles à l'époque (vingt-huit au total). Huit tombes étaient alors entièrement inédites (Taureaux, Pucelle, Lionnes, Bacchantes, *Pulcinella*, Mourant, Lit funèbre, Léopards). Quatre-vingt-treize fac-similés grandeur nature virent le jour, ainsi que trente "dessins purs" représentant plans, élévations, vues en perspective et vues d'ensemble des chambres funéraires (dessins conservés aujourd'hui à la Glyptothèque de Copenhague). L'Institut suédois de Rome possède de nos jours encore une grande partie des travaux préparatoires (cent

Plan de quatre tombes reconstituées
à l'Exposition Campanari à Londres en 1837
Londres, British Museum
Department of Prints and Drawings
Cat. 508

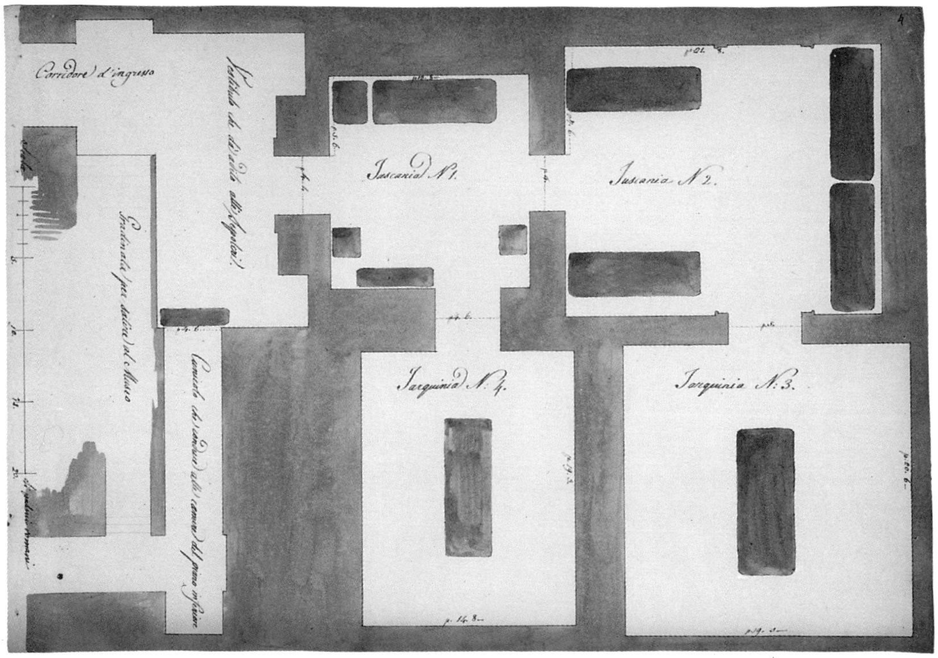

soixante-six aquarelles et calques provenant de vingt et une tombes).
La salle des Vases de l'Alte Pinakothek de Munich, pour laquelle Leo von Klenze associa en une "œuvre d'art totale" (*Gesamtkunstwerk*) les peintures funéraires et les vases découverts dans les tombes, révèle qu'à l'époque, la documentation archéologique, loin de constituer une fin en soi, était seulement un moyen d'appréhender plus intensément et plus largement les vestiges du passé. Dans l'esprit de Klenze, le musée de l'Ermitage à Saint-Pétersbourg devait se doter d'un ensemble analogue. Malheureusement, ce projet resta sans lendemain. Gottfried Semper, qui avait dessiné en 1833 les tombes du Typhon et du Mort pour le compte de l'Institut de correspondance archéologique, tira ultérieurement profit de cette expérience dans un tout autre contexte. C'est ainsi que l'on retrouve dans la décoration du Palais japonais de Dresde des éléments décoratifs et des motifs inspirés des tombes étrusques. L'étonnante "fraîcheur des couleurs", qui l'avait frappé dans les peintures funéraires, influença sans doute d'une manière déterminante sa position dans la discussion soulevée par la polychromie de l'architecture antique et contemporaine. Comme nous l'avons brièvement évoqué plus haut, la peinture étrusque fut également citée dans cette polémique par Henri Labrouste et Ignace Hittorff. Les travaux de Labrouste (dans la version publiée par Micali, voir *supra*) avaient déjà été utilisés comme modèle par Pelagio Palagi pour la décoration du Cabinet étrusque aménagé dans le château de Racconigi près de Turin. Les scènes extraites de la Tombe du Baron couronnent ici un riche programme iconographique pour lequel les manifestations de l'art grec et romain n'ont servi que de source d'inspiration secondaire.

Tombe des Biges
Relevé de la chambre mortuaire
et, en bas, reconstitution de la paroi gauche
exécutés pour l'Exposition Campanari
à Londres en 1837
Londres, British Museum.
Department of Prints and Drawings
Cat. 507 et Cat. 506

à droite
Gottfried Semper
Relevés de la décoration de la Tombe du Typhon
En bas, plan, sections et plafond
1833
Berlin, Pergamonmuseum Gerhardischer Apparat
Cat. 567 et Cat. 566

pages 428-429
Leo von Klenze
Esquisses pour la décoration de la salle des Vases de l'Alte Pinakothek de Munich reproduisant des peintures des tombes du Triclinium, du Mort, de la Querciola
Vers 1838
Munich, Graphische Sammlungen
Cat. 563

La décoration du "Cabinet étrusque" de l'Altes Museum de Berlin, construit par Schinkel, a été realisée à l'initiative d'Eduard Gerhard et se situe en dehors de toutes les considérations artistiques, théoriques, politiques ou idéologiques que nous avons pu évoquer jusqu'à présent. Parmi les innombrables dessins que Gerhard avait rapportés de Rome à Berlin - dessins exécutés en grande partie par Carlo Ruspi - on choisit des scènes considérées comme des illustrations typiques de la vie quotidienne et du culte des morts chez les Etrusques. Une scène de chasse et un banquet se trouvaient ainsi rassemblés face à la représentation d'un voyage dans l'au-delà et d'un hommage rendu au défunt. Cette décoration murale, qui reprenait en l'élargissant la thématique des objets exposés, ne fut pas sans soulever des contestations en raison notamment de son manque de fidélité stylistique. Pourtant, cette première tentative "didactique" de la part d'un musée apparaît de nos jours étonnamment moderne.
Les dessins qui nous ont intéressés jusqu'à présent nous ont essentiellement conduits hors d'Italie. Par sa nature même, la peinture funéraire - contrairement aux vestiges antiques aisément transportables - requiert en effet pour l'amateur étranger tout un travail de relevés élaborés selon des procédés plus ou moins conventionnels. Il n'est donc guère surprenant qu'une grande partie des projets de reproduction des tombes étrusques soit née à l'étranger.
Pourtant on assista très tôt, en Italie aussi, à des efforts notables visant à la reproduction des peintures découvertes dans les tombes. Nous avons déjà mentionné l'ensemble de fac-similés concernant Tarquinia conservé au Musée étrusque du Vatican. D'autres sites furent également répertoriés dans divers ouvrages, qu'il s'agisse du *Museum Chiusinum* d'Inghirami (1833: Tombe de *Poggio al Moro*, Tombe *del Colle*, toutes deux à Chiusi), de l'*Etruria Marittima* de Canina (1846-1851: Grotte du Triclinium, Cerveteri; Tombe Campana, Véies) ou encore des *Pitture murali... presso Orvieto* de Conestabile (1865: tombes Golini I et II, Orvieto). Malheureusement les travaux préparatoires exécutés en vue de ces publications ont pour la plupart disparu, ou du moins n'ont pas été retrouvés à ce jour.
Il nous reste en revanche les nombreuses aquarelles du dessinateur Guido Gatti, qui rassembla progressivement à partir de 1912 les modèles devant servir à la création d'une *Galleria della Pittura Etrusca in facsimile*, galerie inspirée du projet de Copenhague qui sera inaugurée en 1932 au Musée archéologique de Florence. Le Museo Civico de Bologne posséda quant à lui sa *Galleria Etrusca* dès 1881. Réalisées en cinq ou six mois par le peintre Luigi Busi d'après des reproductions, ces peintures n'avaient aucune prétention d'exactitude scientifique. Nous citerons enfin une série de cinquante et une aquarelles, peu connues de nos jours même dans les milieux spécialisés, qui furent peintes vers 1905 par Elio D'Alessandris d'après des tombes de Tarquinia (Museo di Etruscologia e Antichità Italiche de l'université de Rome).
Parmi les dessins présentés rapidement dans les pages précédentes, nombreux sont ceux qui méritent une analyse approfondie de la part des archéologues. Cette analyse consisterait en premier lieu à comparer soigneusement les facsimilés aux originaux et, le cas échéant, à d'autres peintures récemment decou-

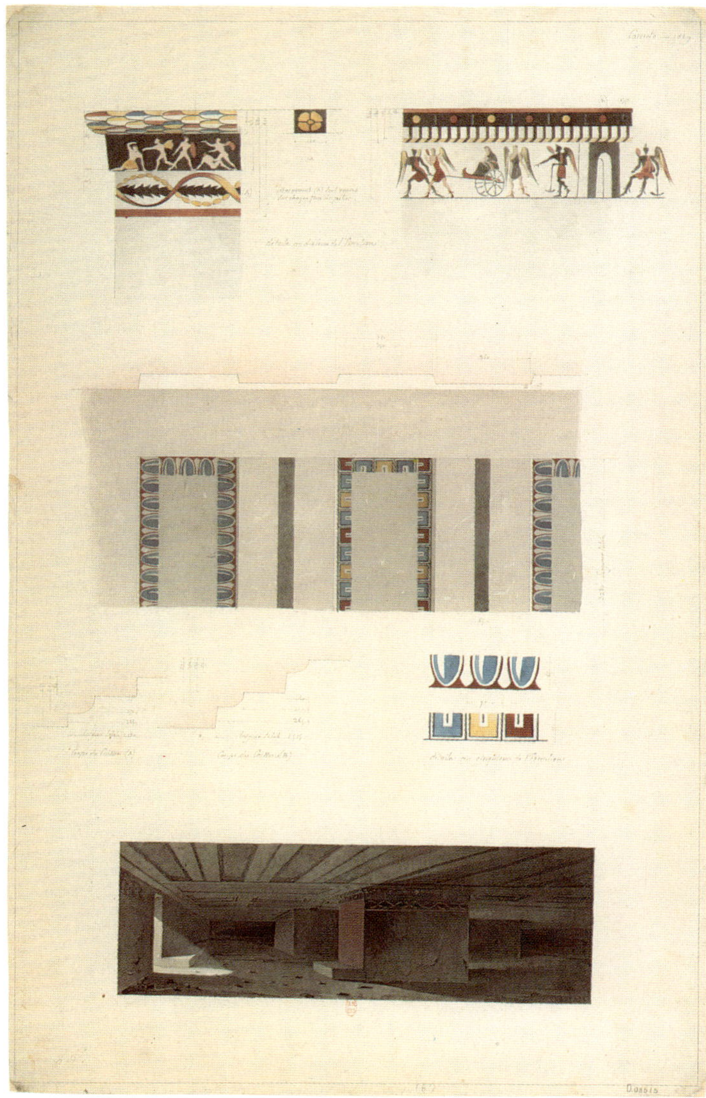

vertes et disponibles aujourd'hui. Mais il s'agirait aussi de définir exactement le contexte dans lequel fut exécuté chaque dessin. Ainsi l'Europe, dont les musées ont largement profité au cours des siècles des trésors de l'Etrurie, pourra-t-elle contribuer aujourd'hui, par ses archives, à redonner vie à des monuments depuis longtemps disparus. Les premiers jalons ont été posés par des générations de passionnés pour qui le mot d'ordre de Jacobsen – "sauvons ce qui peut encore l'être!" – correspondait non pas à une simple formule mais à un véritable devoir. Devant l'inexorable dégradation des précieuses peintures étrusques, nous devrions donc nous aussi considérer l'histoire des relevés exécutés par nos prédécesseurs comme un signal d'alarme, et peut-être même comme une pressante accusation.

BIBLIOGRAPHIE:

G. Avakian, dans "Ephemeris Dacoromana', VI, 1935; L. Banti, dans "Studi Etruschi" XXXV, 1967; L. Canina, Rome 1846-1851; Id., Rome 1847; G. Colonna, dans *Dalla Stanza [...]* (Cat. Exp.), 1984; Id., dans "Studi Etruschi" XLVI, 1978; Id., dans *Roma Capitale 1870-1911* (Cat. Exp.), 1984; G.C. Conestabile, Florence 1865; M. Cristofani, Rome 1983; T. Dempster, Florence 1723-1724; W. Dobrowolski, dans "Bulletin du Musée National de Varsovie" 19, 1978; Id., dans Ouvrage collectif, Actes Florence, 1989; Id., dans Actes Berlin, 1990; A.F. Gori, Florence 1737-1743; M.-C. Hellmann, dans *Paris-Rome-Athens [...]* (Cat. Exp.), 1982; J.I. Hittorff, 1851; F. Inghirami, [Fiesole] 1821-1826; G. Körte, Berlin 1899-1901; M. Kunze, dans *Die Welt der Etrusker [...]* (Cat. Exp.), 1988; E.P. Loeffler, dans *Essays in memory of K. Lehmann*, New York 1964; *Malerei der Etrusker [...]* (Cat. Exp.), 1987; G. Micali, Florence 1832; H. Möbius, dans "Mitteilungen des Deutschen Archäologischen Instituts, Römische Abteilung" 73-74, 1966-1967; M. Moltesen-C. Weber-Lehmann, Copenhague 1991; A. Morandi, Rome 1983; C. Morigi Govi, dans *Pelagio Palagi [...]* (Cat. Exp.), 1976; A. Nöel Des Vergers, Paris 1862-1864; *Pittura Etrusca a Orvieto* (Cat. Exp.), 1982; F. Roncalli, dans *Etruskische Wandmalerei*, Stuttgart-Zurich 1985; G. Sassatelli, dans *Dalla Stanza [...]* (Cat. Exp.), 1984; G. Semper, Francfort 1860; *Sethos [...]* (Cat. Exp.), 1991; *La Tomba François di Vulci* (Cat. Exp.), 1987; C. Weber-Lehmann, dans "Mitteilungen des Deutschen Archäologischen Instituts, Römische Abteilung" 95, 1988; Ead., dans Atti Berlino, 1990; Ead., dans "Opuscola Romana" 18, 1990; F. Weege, Halle 1921.

Henri Labrouste
Relevé de la décoration
de la Tombe du Baron, 1829
Paris, Bibliothèque Nationale
Cabinet des Estampes
Cat. 577

Henri Labrouste
Relevé de la décoration
de la Tombe du Cardinal, 1829
Paris, Bibliothèque Nationale
Cabinet des Estampes
Cat. 578

à droite
Henri Labrouste
Elévation, section, plan et détails
d'un tumulus et vue de la nécropole
de Tarquinia, 1829
Paris, Bibliothèque Nationale
Cabinet des Estampes
Cat. 573

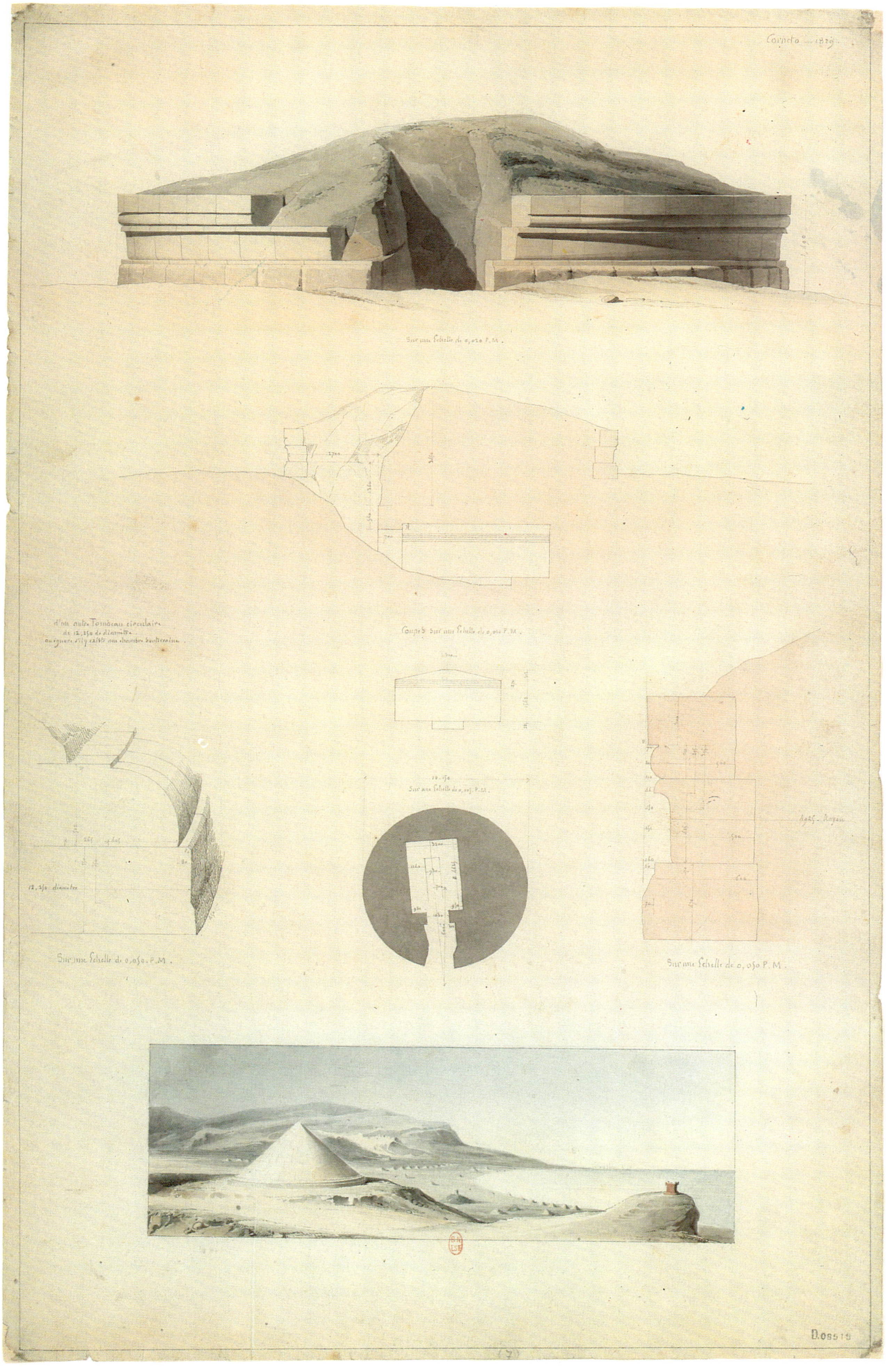
Corneto ... 1829
d'un autre Tombeau circulaire
de 12,250 de diamètre
Coupe sur une échelle de 0,010 P.M.
Sur une échelle de 0,050 P.M.
Sur une échelle de 0,050 P.M.
D.08515

Faux, pastiches, imitations

Licia Vlad Borrelli

Boucle d'oreilles: copie exécutée au XIXe siècle à partir de modèles étrusques et tarentins du IIIe et du IIe siècle av. J.-C. ancienne Collection Castellani Rome, Museo Nazionale di Villa Giulia Cat. 607

Des falsifications mentionnées par Pline aux pratiques alchimiques médiévales, qui confèrent à la matière une préciosité illusoire, jusqu'aux *Faux-Monnayeurs* d'André Gide, le thème du faux n'a cessé de fasciner artistes et écrivains.

Double maléfique, face négative de la création, fil oblique parcourant la trame de la production artistique, le faux appartient lui aussi à sa manière à l'histoire de la culture et du goût. Profanes et spécialistes s'y sont trompés, abusés par l'ambiguïté qui le caractérise. Le faux trouve sa place au-delà des certitudes, là où vacille le jugement faute de points d'appui fiables. André Malraux disait bien que le faux provoque un profond malaise. Celui-ci donne en fait la mesure de notre ignorance.

Il est très rare que la contrefaçon ne soit qu'un jeu pervers sans autre finalité qu'elle-même. Elle a presque toujours une fonction pratique précise, celle de lancer sur le marché de l'art un objet répondant, par une opération dolosive et sous les apparences du vrai, à une demande qui resterait, sinon, insatisfaite. Régie par une loi économique, elle suit les fluctuations du goût. Les faux les plus notoires imitent d'ailleurs les objets mis au jour lors des grandes découvertes archéologiques et coïncident dans le temps avec ces dernières. Le phénomène est analogue à celui qui se produit quand, à l'occasion d'expositions ou d'études spécifiques, un artiste jouit d'un regain d'intérêt et que des œuvres contrefaisant son style apparaissent sur le marché.

L'histoire de l'art étrusque ne fait pas exception à la règle. Et sans doute parce que son développement et ses modes d'expression sont moins bien connus, les anomalies qui auraient immédiatement alerté s'il s'était agi d'art grec, ont pu passer inaperçues au grand dam des spécialistes, mais pour le bonheur des faussaires.

Les premiers faux étrusques apparaissent au XVIIIe siècle, grande époque de collectionnisme et d'*etruscheria*. Au milieu du siècle la députation de Volterra avait notamment pour tâche "de veiller à ce qu'aucune fraude ne soit commise, qui fût préjudiciable au renom que les études portant sur les caractères de l'art étrusque avaient acquis en Toscane et ailleurs". Mais il faudra attendre la seconde moitié du XIXe siècle pour rencontrer, à la faveur de la croissance des musées, des progrès de la recherche et du succès de certaines découvertes, les plus beaux exemples de faux. Ceux-ci donneront lieu à des polémiques scientifiques et à des scandales internationaux. Nous en évoquerons quelques-uns à titre d'exemple.

On se souvient de l'histoire du sarcophage "étrusque" en terre cuite, dont le couvercle figure un couple de défunts à demi étendus, que le British Museum acquit par fragments, reconstitua et présenta avec la collection Castellani de 1871 à 1935. Il avait été acheté à un certain Pietro Pennelli, lequel affirmait que ce monument provenait des fouilles de Cerveteri, de ce lieu même où furent découverts deux autres sarcophages célèbres, l'un conservé au musée du Louvre, l'autre à la Villa Giulia à Rome. Le faussaire, propre frère de Pietro Pennelli, s'était manifestement inspiré du sarcophage du Louvre qui avait été mis au jour avant 1850, l'autre n'ayant été découvert que bien après l'apparition du sarcophage londonien. Pour mieux dissimuler l'imposture, Pennelli avait ajouté des

Collier d'or et de cornaline
réalisé en 1859 par les orfèvres Castellani
avec des élements antiques
Paris, Musée du Louvre
Cat. 595

motifs empruntés à d'autres objets: cistes, urnes, vases peints mais d'époque plus ancienne que celle à laquelle il souhaitait se référer. Sur le bord du couvercle, une inscription recopiait fidèlement le texte figuré sur une fibule en or conservée au Louvre. Les aberrations typologiques et stylistiques furent aussitôt relevées par quelques spécialistes et elles sont si évidentes aujourd'hui que le visiteur le moins averti ne s'y laisserait plus abuser, mais au moment de son achat le sarcophage correspondait à l'image que l'on se faisait de l'art étrusque, du moins parmi le grand public. Les faux reflètent, en effet, toujours, non seulement le goût de l'époque à laquelle ils ont été exécutés, mais aussi la perception que l'opinion générale possède alors de la période artistique, dont leur auteur s'est inspiré. C'est pourquoi les faux sont souvent acceptés avec une tranquille désinvolture par les contemporains de leur création, et parfois mieux qu'un original, davantage susceptible d'ébranler les idées acquises.
Une forte demande d'œuvres d'art étrusques a ainsi donné lieu à la réalisation de deux guerriers colossaux et d'une tête - de guerrier elle aussi - aux propor-

Fibule en or executée dans la deuxième moitié du XIXᵉ siècle par les orfèvres Castellani à partir de prototypes étrusques du VIIᵉ siècle av. J.-C.
Rome, Museo Nazionale di Villa Giulia
Cat. 583

Fibule inscrite, en or, executée dans la deuxième moitié du XIXᵉ siècle par les orfèvres Castellani à partir de prototypes étrusques du VIIᵉ siècle av. J.-C.
Rome, Museo Nazionale di Villa Giulia
Cat. 584

tions démesurées pour le matériau employé, la terre cuite. A la suite de longues négociations alimentées par de nébuleux récits de légendes locales et de fouilles clandestines, ces pièces échouèrent par fragments au Metropolitan Museum de New York, en trois lots successifs, en 1915, 1916 et 1921. Une fois reconstituées, elles furent exposées en 1933. Très irrévérencieusement, des archéologues italiens les baptisèrent sur-le-champ *pupazzi* (bonshommes) et *mamozzi* (mot forgé à partir du précédent et signifiant bonnes femmes), en raison de leur facture manifestement grossière, qui avait pourtant mystifié des spécialistes d'élite, mais plus rarement qu'aujourd'hui en contact avec des originaux. L'auteur de la falsification, Adolfo Fioravanti, dut même, pour dissiper leurs illusions, dévoiler sa technique et exhiber un fragment de doigt, qu'il avait taillé après cuisson pour mieux simuler la découverte archéologique. Une série d'examens, réalisés dans les laboratoires mêmes du Metropolitan Museum, confirmèrent par la suite le faux.
Le démenti le plus éclatant à l'authenticité des guerriers new-yorkais fut néanmoins fourni par la découverte des statues spectaculaires trouvées à partir de 1916 à Véies, dans le sanctuaire de Portonaccio. Le retentissement que connut cet événement suscita une nouvelle vague de contrefaçons, d'une tout autre nature toutefois que les précédentes et de facture plus raffinée. Elles sont associées cette fois au nom d'Alceo Dossena, sculpteur éclectique, qui savait imiter tous les styles. Ses œuvres, de qualité incomparablement supérieure à celle des

faux précédemment mentionnés, furent probablement réalisées, à l'origine, sans volonté de tromper. Elles ne devinrent de véritables faux que lorsqu'elles furent mises en circulation comme des pièces authentiques. La distinction entre l'imitation et le faux n'est qu'une affaire d'intention. La Coré acquise en 1930 par la Glyptothèque Ny Carlsberg de Copenhague, tout comme la Diane accompagnée d'un jeune veau, qui, après avoir longtemps circulé chez les marchands d'antiquités, échoua en 1950 au musée de Saint Louis, s'inspirent toutes deux de l'Apollon, de la courotrophe et de diverses statues de Véies. Le talent protéiforme de Dossena lui permit d'imiter aussi l'art grec archaïque et l'art de la Renaissance.

Le pastiche occupe une place plus ambiguë que le faux. Genre très prisé au XVIIIe siècle, qui a aussi ses lettres de noblesse parmi les arts figuratifs, il est souvent le résultat de restaurations fantaisistes et peu scrupuleuses. C'est ainsi qu'un habile artisan du nom de Pio Riccardi reconstitua *ex novo*, et peut-être à partir de quelques éléments anciens, un char étrusque que le British Museum acheta en 1911. Un autre bronzier demeuré inconnu (ou bien était-ce le même?) a aussi "créé", en réunissant des morceaux hétérogènes sur un support moderne, le bige Sbrigoli. Quelques uns des vénérables vestiges de nos musées paraissent malheureusement, à la lumière d'un examen attentif, comme falsifiés par la présence d'éléments étrangers. Des puristes vont même, non certes sans raisons, jusqu'à juger certaines formes de restauration comme relevant de la falsification. C'est à la catégorie des pastiches qu'appartiennent aussi un certain nombre d'œuvres fabriquées à partir d'objets authentiques, mais enrichis, pour en augmenter la valeur et donc le prix sur le marché de l'art, de décors en relief, gravures au burin ou même à l'eau-forte, qui font de ces petits bronzes, miroirs, et cistes, des œuvres hybrides mi-antiques, mi-modernes. La ciste Pasinati, acquise par le British Museum en 1884, est la plus célèbre des cistes ainsi maquil-

Bague en or avec scarabée executée dans la deuxième moitié du XIXe siècle par les orfèvres Castellani Rome, Museo Nazionale di Villa Giulia Cat. 594

Bracelet (or et cornaline) executée dans la deuxième moitié du XIXe siècle par les orfèvres Castellani Rome, Museo Nazionale di Villa Giulia Cat. 598

Pendentif de collier
en forme de tête d'Achéloos
ancienne Collection Campana
Vers 480 av. J.-C.
Paris, Musée du Louvre
Cat. 599

Collier en or avec pendentif
en forme de tête d'Achéloos
réalisé dans la deuxième moitié
du XIXe siècle par les orfèvres Castellani
à partir d'un prototype étrusque
Rome, Museo Nazionale di Villa Giulia
Cat. 602

Pendentif de collier
en forme de tête d'Achéloos
executé dans la deuxième moitié
du XIXe siècle par les orfèvres Castellani
à partir de prototypes étrusques
Rome, Museo Nazionale di Villa Giulia
Cat. 601

Pendentif de collier en os,
en forme de tête d'Achéloos,
executé dans la deuxième moitié
du XIXe siècle par les orfèvres Castellani
à partir de prototypes étrusques
Rome, Museo Nazionale di Villa Giulia
Cat. 600

lées, aujourd'hui dispersées dans plusieurs musées du monde. Son décor, emprunté à l'histoire des origines de Rome, semble de la même main que celui d'autres cistes, pareillement "embellies", issues d'un atelier actif à Rome durant la seconde moitié du siècle dernier. La nouvelle capitale de l'Italie unifiée connaissait à cette époque une intense activité archéologique. Francesco Martinetti, antiquaire, restaurateur, "marchand d'antiquités habile et cultivé", comme le définissent les documents de l'époque, était alors l'un des grands pourvoyeurs, en originaux comme en faux, des grands musées et collectionneurs tant italiens qu'étrangers. Autour de lui gravitaient de nombreux sculpteurs, bronziers, orfèvres, restaurateurs, artisans talentueux au nombre desquels figurait aussi Pio

Collier (or et cornaline) realisé dans la deuxième moitié du XIXe siècle par les orfèvres Castellani à partir de modèles étrusques Rome, Museo Nazionale di Villa Giulia Cat. 608

Riccardi, que nous avons déjà mentionné et qui ne fut pas étranger à la fabrication des guerriers "étrusques" du Metropolitan. Ce serait dans ce milieu cultivé, dans lequel s'échangeaient connaissances et techniques, qu'aurait été élaborée la fausse fibule de Préneste, tenue autrefois pour un incunable de la langue latine, pour un splendide objet d'art orientalisant provenant d'une tombe princière de Palestrina, mais souvent considérée aujourd'hui comme un faux, son authenticité ayant été mise en doute par quelques spécialistes, et en dernier lieu, avec grande insistance, par Margherita Guarducci.

Les Castellani débutèrent eux aussi leur activité d'orfèvres sous le signe du *revival* de l'Antique. Vers 1820, Fortunato Pio Castellani avait déjà un atelier à Rome; il assurait avoir réussi à reproduire la technique étrusque de la granulation (décor realisé à l'aide de minuscules grains d'or soudés sur une plaque de même métal). En 1840, il ouvrit une école pour les jeunes orfèvres. Ses fils, Augusto et Alessandro, lui succédèrent et poursuivirent les recherches de leur père sur les procédés d'imitation des techniques antiques, tout en accroissant sa collection de bijoux originaux. Ils ouvrirent des ateliers à Paris et à Naples, et leurs parures ornèrent les décolletés des souveraines et des femmes de la haute société durant toute la seconde moitié du XIXe siècle et les premières décennies du XXe siècle. Ils surent créer un style, celui du bijou à l'antique, qui correspondait bien aux rites mondains d'une société opulente, animée d'une passion romantique pour l'évocation du passé.

Leurs bijoux n'étaient pas des faux, mais des imitations très réussies, souvent réalisées à partir de gemmes, de scarabées ou de monnaies antiques. Dans la collection léguée à l'Etat italien par Alfredo, le fils d'Augusto, aujourd'hui conservée au musée de la Villa Giulia, les bijoux ne souffrent pas de la comparaison avec les modèles provenant des nécropoles étrusques. Ils n'ont place dans l'histoire de la falsification que dans la mesure où certains d'entre eux, considérés comme authentiques, ont été commercialisés comme tels.

Eliminer les faux du domaine de l'histoire de l'art pour les intégrer à l'histoire du goût a toujours été considéré par les spécialistes comme une exigence morale plus encore qu'historique. Mais c'est une tâche visiblement ardue et même, dans quelques cas limites, une entreprise contestable. Les méthodes utilisées pour déceler un faux sont de natures diverses et font appel à de multiples disciplines. C'est d'abord l'observation critique, qui tente de déceler les modèles du faussaire. Celui-ci puise, en effet, au gré de l'actualité, à des sources hétérogènes et la confusion des styles qui en résulte, trahit l'artifice; c'est le cas pour quelques-uns des exemples cités plus haut. Mais cet examen critique peut être sujet à caution, subjectif, parfois incertain, et doit compter avec la culture et le savoir-faire du faussaire. D'autres investigations s'imposent, qui font appel à la physique et à la chimie, à l'étude des matériaux et des techniques de fabrication. Le faussaire le plus expert tombe dans le piège de ces analyses qui se complètent l'une l'autre. Les sciences appliquées à l'archéologie ont ces dernières années effectué de tels progrès qu'il est possible aujourd'hui d'observer et de "disséquer" le "corps du délit" dans ses moindres détails sans en altérer l'aspect. Les analyses sont non destructives ou demandent tout au plus d'infimes prélèvements. Les objets sont étudiés au microscope, soumis aux rayons ultraviolets, aux rayons infrarouges, au spectrographe de masse, et se prêtent à des investigations fines et diversifiées. On pourra ainsi déceler à la surface des bronzes une patine artificielle, obtenue parfois à l'aide de vernis appliqués sur le métal vierge, des corrosions provoquées par des acides ou par la flamme d'un chalumeau oxhydrique, des cassures du marbre fraîches sous des dépôts laissés par des mastics de fabrication récente. Les examens pétrographique et minéralogique peuvent révéler une provenance suspecte. L'analyse des couleurs conduira parfois à des découvertes inattendues, telles que l'emploi d'aniline, inconnue des anciens ou bien, comme dans le sarcophage du British Museum, l'existence de traces de plomb, élément absent dans les terres cuites étrusques du VIe siècle av. J.-C., ou bien encore de dioxyde de manganèse. Décelé par l'analyse spectrographique des guerriers de New York, ce dernier a permis d'identifier l'espèce de faux "bucchero", dans lequel ils étaient réalisés. L'alliage d'un bronze peut présenter aussi des anomalies qui trahissent une facture moderne, comme la présence de zinc qui le transforme en laiton, ou une proportion des composantes – étain, cuivre, plomb – ne correspondant pas à celle qu'on observe dans les objets antiques. Il convient aussi de mentionner les méthodes de datation des matériaux organiques et de la céramique. Parmi les plus utilisées, celle qui mesure la baisse de radioactivité du carbone 14 fournit la date d'exécution d'un objet. L'âge d'un bois est déterminé par la dendrochronologie, méthode de lecture de la croissance des arbres, et la date d'une céramique, par la thermoluminescence.

Sarcophage des Epoux
faux réalisé au XIXe siècle
par Pietro Pennelli
Londres, British Museum

La forme des pièces, des chevilles et des encastrements, les procédés d'exécution et d'assemblage des éléments, le mode et la température de fusion pour les métaux et de cuisson pour les céramiques, sont propres à certaines époques, à certaines écoles, et constituent par conséquent un indice révélateur (à propos de l'orfèvrerie, qui est un domaine très particulier, on verra plus loin le texte de E. Formigli).

L'un ou l'autre de ces examens, et dans le meilleur des cas leur somme, dénoncent le faux. Mais il arrive que le doute subsiste. Les analyses ne sont pas toujours exploitables; en utilisant les matériaux et les techniques en usage à l'époque à laquelle il veut situer son œuvre, en employant des matériaux anciens, le faussaire peut en falsifier les résultats et rendre vaines les enquêtes chronologiques. On en a eu l'exemple récemment avec un important ensemble de pièces pseudo-étrusques, des faux évidents, que les analyses physiques et chimiques exécutées jusqu'ici indiqueraient cependant comme authentiques. Un pareil cas devrait enjoindre les archéologues à ne jamais abdiquer leur propre jugement critique. Le grand historien d'art M.J. Friedländer disait, avec un optimisme peut-être un peu excessif, que l'espérance de vie d'une contrefaçon ne dépassait pas trente ans, car les caractéristiques de son époque de fabrication sautaient, à quelques exceptions près, aux yeux de la génération suivante. Contrairement à l'œuvre d'art véritable, dont la valeur augmente avec les années, son double éphémère, le faux, trahirait ainsi très vite sa véritable nature en se couvrant des rides qu'on appelle par euphémisme "les marques du temps".

BIBLIOGRAPHIE:

M.J. Aitken, Londres-New York 1990; A. Andrèn, Partille 1986; F. Arnau, Düsseldorf 1959; G. Bordenache Battaglia-G. Monsagrato, dans *Dizionario Biografico degli Italiani*, s.v. *Castellani*, XXI, p. 590-605; G. Bordenache Battaglia-A. Emiliozzi, Florence 1979; G. Bordenache Battaglia, dans *Il Museo Nazionale Etrusco di Villa Giulia*, Rome 1980, p. 319-348; D.V. Bothmer-J.V. Noble, New York 1961; F. Carnelutti, Padoue 1935; P. Coco, Padoue 1988; M. Jones *et al.* (sous la dir. de), Londres 1990; D. Mustilli, dans *Enciclopedia dell'Arte Antica Classica e Orientale*, s.v. *Falsificazione*, III, 1960, p. 576-589; C. Brandi-L. Vlad Borrelli-G. Urbani, dans *Enciclopedia Universale dell'Arte*, s.v. *Falsificazione*, V, 1958, p. 312-321; M. Guarducci, dans "Memorie dell'Accademia nazionale dei Lincei" s. VIII, 24, 1980, p. 413-574; O. Kurz, Venise 1961; W. Lusetti, Rome 1955; G.C. Munn, Fribourg 1983: M. Pallottino, dans *Saggi di Antichità* III, Rome 1979, p. 1171-1192; K. Türr, Berlin 1984.

Les faux dans l'orfèvrerie étrusque

Edilberto Formigli

Si nous disposons de méthodes techniques relativement simples pour reconnaître les faux parmi les céramiques et les bronzes (thermoluminescence pour les uns et analyse de la structure des produits de corrosion pour les autres), il nous faut recourir à des investigations plus complexes dans le cas de l'or.
Les faux bijoux antiques ne pèchent pas tant en effet par la nature du matériau dont ils sont faits, par la patine ou les incrustations qui les recouvrent, que par les techniques et les instruments utilisés pour leur exécution. Il est presque impossible à un artisan d'aujourd'hui de reproduire la finesse et la complexité des détails de l'orfèvrerie étrusque, fruit de plusieurs siècles d'expérience, sans faire usage de l'outillage mécanique moderne. Le siècle dernier a fourni cependant quelques exemples de faux, qui avaient été obtenus après de longues recherches en atelier et qui respectaient rigoureusement les dimensions, les proportions et l'aspect des pièces qu'ils reproduisaient. Les artisans de cette époque, étant eux-mêmes restaurateurs et antiquaires, avaient l'avantage sur les faussaires actuels d'être en contact direct avec le matériel authentique.
Une pièce d'orfèvrerie étrusque, même de petites dimensions, est toujours composée d'un grand nombre d'éléments (fils, lamelles, petites sphères, figures estampées ou fondues...) assemblés mécaniquement ou par diverses techniques de soudure. La connaissance des méthodes et des instruments utilisés dans l'exécution de chaque objet nécessite donc de longues observations et souvent l'utilisation de la radiographie, du microscope électronique, de la microsonde et d'autres méthodes modernes d'investigation. On comprend dès lors les difficultés auxquelles se heurte un faussaire moderne qui veut créer un objet en or dont tous les détails techniques seraient fidèles à ceux de l'original.
Lorsqu'on connaît quelques caractéristiques techniques des originaux étrusques, une simple observation au microscope suffit souvent à révéler le faux. Les fils ronds utilisés dans les bijoux étrusques, qui n'ont parfois que quelques dixièmes de millimètre d'épaisseur, n'étaient pas tréfilés à partir d'un lingot initial, mais obtenus par torsion et pression à partir d'une longue et mince feuille d'or. Des traces longitudinales parallèles sont caractéristiques de l'étirage des fils modernes, tandis que les fils authentiques laissent apparaître des sillons hélicoïdaux. Pour découper les feuilles, toujours extrêmement fines dans l'orfèvrerie étrusque, on se servait de lames ou de petits ciseaux. Les traces de découpage à la scie avec leurs franges caractéristiques sont donc un indice de falsification. Les traces doubles laissées par les becs-de-corbeaux modernes utilisés pour couper les fils et les empreintes dentelées laissées par les pincettes sont également des indices de falsification.
La gravure de l'or qui fait apparaître des résidus de métal sous forme de copeaux est caractéristique des anneaux sigillaires antiques. Elle se pratiquait avec de petits burins spéciaux frappés au marteau, différents de nos burins modernes dont on dirige la pointe par pression de la paume de la main.
L'emploi de la lime reste très rare; dans l'antiquité, on évitait en effet les traitements de l'or susceptibles de provoquer la formation de déchets trop petits pour être récupérés.
Les orfèvres étrusques possédaient deux méthodes de soudure: la première con-

Boucles d'oreilles a bauletto, *à gauche un exemplaire authentique et à droite un faux du XIXe siècle Berlin, Antikenmuseum*

sistait à appliquer, au point de jonction, de petites paillettes d'or obtenues à partir d'un alliage dont la température de fusion était inférieure à celle de l'or pur, et à les chauffer jusqu'à liquéfaction; la seconde, dite méthode "colloïdale", employée dans les techniques du filigrane et de la granulation, utilisait de la poudre de sel de cuivre. Elle permettait de souder de façon pratiquement invisible les éléments microscopiques qui entraient dans la composition de la bijouterie étrusque, et en particulier dans celle des chefs-d'œuvre de l'orfèvrerie orientalisante.

Dans les falsifications modernes, il est fréquent de trouver entre les grains et les fils, sous forme de copeaux ou de mince feuille d'or, des résidus de l'alliage de soudure imparfaitement fondu.

Nous n'avons mentionné jusqu'ici que les caractéristiques qu'un simple microscope optique peut identifier. Pour aller plus en profondeur, la science moderne met à notre disposition d'autres outils. La radiographie permet d'étudier la structure interne des objets et de faire apparaître les éventuelles incohérences de fabrication. L'analyse à la microsonde, ou mieux encore, au PIXE (*Proton Induced X-ray Emission*) permet de mettre en évidence dans les soudures la présence de cadmium (que les experts considèrent maintenant comme une preuve de falsification) ou de repérer l'emploi de la dorure pour masquer les différences de couleur dues à la nature de l'alliage utilisé pour la soudure des faux. L'observation au microscope électronique s'est également révélée très efficace pour étudier la structure superficielle de l'or qui peut être traité avec des acides ou soumis à d'autres procédés de vieillissement artificiel.

BIBLIOGRAPHIE:
C. Eluère, Düdingen-Guin 1990; E. Formigli, Florence 1980; E. Formigli, dans Actes Pérouse, 1988; E. Formigli-W.D. Heilmeyer, dans *Berliner Winckelmannsprogramm*, 1990, p. 130-131; J. Ogoen, Londres 1982; P. Parrini *et. al.*, dans "American Journal of Archaeology" 86, 1982; J. Wolters, Munich 1983.

LES ETRUSQUES DANS LA LITTÉRATURE EUROPÉENNE

Introduction

Massimo Pallottino

Il est intéressant de rappeler que l'explosion de la mode "étrusque" dans l'art figuré et décoratif de l'Europe des XVIIIe et XIXe siècles, a son pendant dans la littérature. Celle-ci puise en effet une très large part de son inspiration dans la redécouverte du monde étrusque et en donne les interprétations les plus diverses et les plus fantaisistes.
La production littéraire comprend naturellement les travaux d'érudition comme les ouvrages de pure fiction: faire le partage entre ces deux tendances dans la littérature européenne classique et romantique n'est pas l'entreprise facile qu'elle serait pour les œuvres d'aujourd'hui. Il semble toutefois assez évident que bon nombre des écrits de ces époques, ceux du XVIIIe siècle en particulier, soient le fruit de l'activité scientifique de savants qui, même s'ils ont souvent abouti à des résultats fantaisistes, n'en étaient pas moins en quête de vérité historique. On trouve le reflet de cette mode "étrusque" dans la pléthore des productions, dans l'acharnement des partis pris, dans la véhémence des polémiques. Mais il est aussi possible de noter dès ce temps-là la diffusion de thèmes qui devaient trouver un large écho dans l'imagination des générations suivantes et que nous qualifierons ici, dans une certaine mesure, de romanesques: c'est, en tout premier lieu, le thème de la haine contre Rome (auquel fait contrepoids une exaltation excessive et chimérique de l'Etrurie).
A l'époque romantique, le genre qui domine est celui des récits de voyage, qui font pendant, en quelque sorte, à l'activité pratique de la recherche archéologique, à cette "aventure" à laquelle nous devons pour une très large part la mise au jour des nécropoles des grands centres étrusques et des objets qu'elles recelaient. Ces essais participent ainsi de l'intention érudite, de l'observation descriptive honnête, mais aussi de l' "impression" personnelle, qui débouche sur la fantaisie. Cette tendance est commune à de nombreux pays européens et se manifeste sous les formes les plus diverses, selon la personnalité des écrivains: depuis la vivacité de l'écriture et l'exaltation des thèses qui courent dans la prose anglaise de Mrs Hamilton Gray (*Tour of the Sepulchres of Etruria in 1839*, 1840) jusqu'aux réflexions plus larges sur la civilisation étrusque qu'on rencontre souvent dans l'œuvre de Stendhal. Ce courant littéraire atteint son sommet avec la grandiose et célèbre monographie de George Dennis, *The Cities and Cemeteries of Etruria* (première édition en 1848, réédition en 1878), qui d'ailleurs se place déjà à la frontière de l'essai et de l'ouvrage scientifique, mais contient aussi des pages d'une extrême tension expressive et créatrice.
Entre-temps, l'influence étrusque devait gagner aussi la littérature narrative et romancée. Elle s'y manifeste d'abord sous la forme d'un phénomène de mode, celui de la collection, de la passion surtout pour les "vases étrusques" (en réalité pour la plupart des vases grecs à décor peint, qu'une tradition préscientifique bien établie continuait d'appeler "étrusques"): il en va ainsi chez Mérimée, Balzac, Murger et autres auteurs français). Par la suite, les allusions au monde de l'Etrurie antique, au-delà du goût tout extérieur pour les découvertes archéologiques, tendront à devenir le fruit de l'imagination sollicitée par le désir de donner à chaque fois une signification personnelle à cette civilisation, que sa langue hermétique, le violent réalisme de ses représentations, la sombre fascination de ses

page 442
J.-L. Ducis
Portrait de Stendhal
Rome, Museo Napoleonico

tombeaux rendront toujours plus inquiétante et "mystérieuse". Ces tentatives d'interprétation affleurent surtout dans la production du roman européen du XXe siècle, et se concrétisent dans deux directions opposées. La première met en avant comme caractéristique de la civilisation étrusque son exaltation du sens païen et "solaire" de la vie; souligné avec insistance dans les œuvres du grand écrivain britannique Aldous Huxley, ce thème est présent dans la pensée de D.H. Lawrence (et proposé déjà par Stendhal lorsqu'il évoque "l'art d'être heureux" des Etrusques). La seconde insiste en revanche sur la tristesse et la fatalité inéluctable de la mort et des enfers: ce motif inspire le roman italien, de Gabriele D'Annunzio à Curzio Malaparte. Mais il ne faut pas oublier, à côté de cette manière profonde de percevoir et d'évoquer le monde étrusque, la discrète veine d'humour, voire de moquerie, qui paraît vouloir tempérer les rudesses d'une réalité déconcertante: nous la voyons parcourir avec élégance les pages d'Huxley (et de Lawrence) et réapparaître, non sans quelque note d'amertume, dans celles de Malaparte.

Le dialogue entre création littéraire et connaissance scientifique ne s'est jamais interrompu. La poésie d'inspiration étrusque de l'italien Giosuè Carducci en fournit un exemple significatif, qui trouve des motifs d'inspiration dans les travaux des archéologues bolonais. Il en va de même pour le romancier anglais Lawrence, qui a écrit ses impressions de voyage à la façon de Dennis, avec une pleine conscience des progrès de la science, mais en opposant avec excentricité sa propre vision du monde aux convictions des archéologues professionnels. Il est normal que ce refus des acquis de la science officielle au nom de la fantaisie ait donné libre cours à propos des Etrusques et de leur civilisation aux préjugés de dilettantes. Ces préjugés n'ont fait que croître au cours du siècle, tandis que de son côté le goût pour les fantaisies romanesques faisait, dans la littérature populaire, tomber le thème étrusque au niveau des produits de grande consommation, romans de science-fiction ou bandes dessinées.

Les Etrusques et la littérature française

Alain Hus

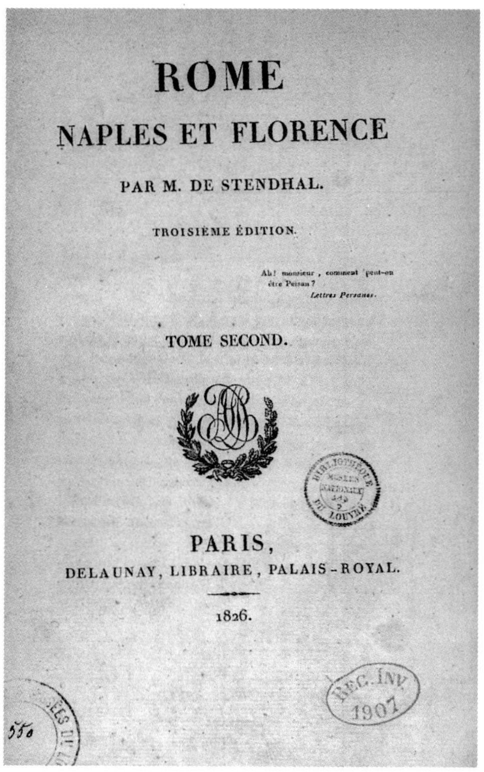

Stendhal, Rome, Naples et Florence
Frontispice, Paris, 1826
Paris, Bibliothèque Centrale
des Musées de France
Cat. 609

Bien qu'en Toscane les Etrusques aient fait une entrée littéraire et idéologique fracassante dès le Quattrocento, il faut attendre Stendhal pour voir un grand écrivain français s'y intéresser.

Montaigne et le Président des Brosses ne leur accordent guère d'attentrion. Nicolas Fréret (1688-1749) leur invente une provenance centre-européenne fantaisiste qui n'intéresse que les milieux érudits. Il fallait le plus Italien de nos écrivains pour les faire entrer dans nos Lettres.

On ne pouvait en effet parler des Etrusques au début de l'époque romantique sans se référer à la longue exploitation que les Toscans avaient fait, moins de l'histoire des Etrusques, que des mythes qu'ils en avaient tirés.

Trois œuvres importantes publiées entre 1810 et 1820, bien connues du public cultivé français, donnet une idée de la représentation que la communauté intellectuelle se faisait alors des Etrusques. Ce sont celles de Micali, de Pignotti et de Sismondi.

C'est à Pignotti que revient la définition des trois "âges" de l'Italie: la période étrusque, le siècle d'Auguste et celui de Léon X. Pour le reste, nos trois auteurs donnent des Etrusques l'image suivante: leur civilisation est la plus anciennement connue en Italie; une longue prospérité matérielle leur a permis de "cultiver leurs esprits par l'étude (Sismondi)"; cela explique qu'ils aient ou paraissent avoir devancé les Grecs dans les sciences et dans les arts, comme l'avaient fait les Égyptiens; tout particulièrement, ils ont eu "l'amour de la liberté, la haine de la tyrannie, la libéralité envers les vaincus". Ils avaient atteint cette "harmonie voulue de pensées, de besoin et d'industrie en quoi consiste la plus grande action d'un peuple vers le bonheur (Micali)". Pour Sismondi, "le gouvernement des Etrusques était celui du bonheur et de la liberté: c'était le gouvernement fédératif", dont le Genevois avait fait son *credo* politique. Même la religion, selon Micali, visait au bonheur et à la fermeté de l'Etat, encore que le clergé eût fini par devenir (à l'image du clergé romain) une caste accapareuse de la connaissance et dominatrice des esprits.

Ces idées ne reposaient sur aucune réalité historique prouvée, mais servaient des idéologies avec d'autant plus de facilité que l'on pouvait faire dire aux Etrusques ce qu'on voulait, puisqu'ils n'avaient pas laissé de littérature. On conçoit toutefois qu'elles aient séduit notre Stendhal, qui s'est intéressé à eux à deux périodes distinctes de sa vie et de deux points de vue différents.

La première période est celle des deux éditions de *Rome, Naples et Florence* (1817 et 1826) et des *Promenades dans Rome* (1829), fruits de voyages réels et d'une documentation livresque puisée chez Micali, Pignotti et surtout Sismondi, qui ne correspondaient que trop bien aux goûts et aux opinions d'Henri Beyle. Il leur emprunte la conviction que les Etrusques "cultivaient les arts et la sagesse" avant les Grecs et que leur civilisation constitua la première des trois grandes époques de l'Italie.

Il accueille avec empressement les reproches adressées aux prêtres et aristocrates étrusques: "(en Angleterre) sept à huit cents familles jouissent d'une opulence dont on n'a pas idée sur le continent. Semblables aux prêtres de l'ancienne Egypte et de l'Etrurie, elles sont même parvenues à se faire respecter et presque

aimer des pauvres diables qu'elles condamnent à un travail aussi opiniâtre". Toutefois, ces prêtres dominateurs, reconnaît Stendhal après ses sources, eurent une fonction civilisatrice: "Ils jouaient le rôle que les Jésuites voudraient se donner: ils désignaient les petits rois du pays qui ne pouvaient rien faire sans leur assentiment. Je ne puis m'empêcher de voir le premier pas de l'esprit humain dans ce triomphe remporté par l'esprit sur la force brutale."
Stendhal n'évite pas le parallèle entre Rome (la force brutale) et les Etrusques, dans une optique résolument bienveillante pour ceux-ci: "[...] je fais à mon lecteur cet aveu ridicule, je me sens indigné contre les Romains qui vinrent troubler, sans autre titre que le courage féroce, ces républiques d'Etrurie qui leur étaient si supérieures par les beaux-arts, par les richesses et par 'l'art d'être heureux' [...]". C'est comme si vingt régiments de cosaques venaient saccager le boulevard et détruire Paris; ce serait un malheur même pour les hommes qui naîtront dans deux siècles: le genre humain et l'art d'être heureux auraient fait un pas en arrière." D'ailleurs, "les Romains ont été un grand mal pour l'humanité, une maladie funeste qui a retardé la civilisation du monde: sans eux, en serions-nous peut-être au gouvernement des États-Unis d'Amérique. Ils ont détruit les aimables républiques d'Étrurie [...]". Dix ans plus tard, il se montrera plus équitable envers Rome et, sa haine du clergé l'emportant, il attribuera aux prêtres étrusques l'apparition de l'intolérance dans une "Rome [...] sage (qui) ne cherchait pas à choquer inutilement ses sujets", car "les Romains avaient l'esprit de n'avoir pas de prêtres".

Johan Olg Södermark
Portrait de Stendhal
1840
Versailles, Musée

Après 1830, Stendhal ne parle plus des Etrusques en idéologue mais en homme qui voit et qui sent. C'est l'époque où, en raison des grandes fouilles de Tarquinia et Vulci et des publications de voyageurs, les anciens Toscans sont devenus une affaire mondaine. Vases et bijoux étrusques (ou crus tels) envahissent le marché antiquaire et chacun veut en avoir sa part pour sa collection. Des sociétés de capitaux se créent pour l'acquisition sur place de ces objets. La *Correspondance* de Stendhal nous montre comment il se fait le pourvoyeur de ses amis parisiens, fréquente les antiquaires locaux, visite des tombeaux, etc... Nous ne pouvons nous étendre sur cet aspect de la question, qui relève plus de la petite histoire du goût que de la littérature.
La production romantique française n'illustre guère que cet aspect des choses. Chateaubriand en tire des images. Mérimée en 1830 écrit *Le Vase étrusque* (pièce "rare et inédite" que brise une femme en gage de fidélité à son amant). Balzac (*La Peau de chagrin*, *Le Cousin Pons*) constate la vogue et le prix élevé des vases et des bijoux. Les Etrusques apparaissent aussi, incidemment et comme pur objet de mode, chez Murger, Hugo, Flaubert (*Bouvard et Pécuchet*), pour aller mourir chez Proust et Anatole France.
Une renaissance - toute relative - se produisit après la seconde guerre mondiale, en relation avec le renouvellement des études étrusques par les chercheurs et de leur vulgarisation dans les milieux cultivés (exposition de 1955). A la vérité, *Les petits chevaux de Tarquinia* de Marguerite Duras (1953) n'occupent dans son roman que le rôle d'un mirage et *Lucienne et les Etrusques* de M. Boncompain est une œuvre sans prétention. Les Etrusques ont une place déterminante en

Jean-Baptiste Wicar
Portrait de Stendhal
1831-1834
Rome, Museo Napoleonico

revanche dans *Une tombe en Toscane* de Maurice Denuzière (1960). Ils y jouent le rôle d'un psychanalyste qui, en aidant un homme aliéné à accéder à son être propre, le libère de l'image paternelle oppressive pour accéder à la "beauté éternelle" et à l'amour.
Cet hommage rendu aux anciens Toscans aurait étonné les intéressés eux-mêmes. Il cède, entre autres, à la tentation d'une psychanalyse facile et à une étruscophilie d'aloi douteux qui fait des Etrusques un peuple entouré de mystère et donc de qualités spirituelles supérieures.
On reconnaît là le filon étruscophile qui n'a pas tari depuis le XVe siècle. Du moins s'exprime-t-il sans sa contrepartie négative: le dénigrement, voire la haine de la Rome antique. Depuis l'écrasement du nazisme et le triomphe des idéologies anti-impérialistes et anticolonialistes, cette haine est repartie sur de nouvel-

les bases, Rome se trouvant chargée symboliquement de tous les crimes du nazisme et de la colonisation. Du coup, les peuples vaincus, au premier rang desquels les Etrusques, deviennent les victimes pitoyables d'une conquête cruelle, voire d'un génocide; ils n'ont jamais pratiqué que les arts, les sciences, la non-violence et le pacifisme. Cette présentation falsifiée des faits n'avait guère touché la France. Pourquoi a-t-il fallu qu'un écrivain d'une grande spiritualité et d'un grand talent, Elie Wiesel (*Paroles d'étranger*, Le Seuil, 1982: *L'éternité étrusque*) reprenne à son compte cette propagande pour en tirer un parallèle avec l'Holocauste? Le romancier a des droits mais a-t-il celui de falsifier à ce point l'Histoire?

Telle est la place occupée par les Etrusques dans la littérature française. Même chez Stendhal, elle reste modeste. La plupart du temps, l'écrivain les utilise pour étayer une thèse idéologique et ne possède qu'une science de seconde, voire de troisième main, qui s'avère fallacieuse.

Anne-Louis Girodet
Portrait de Chateaubriand
1807
Saint-Malo, Musée

BIBLIOGRAPHIE:
A. Hus, dans *Mélanges offerts à Jacques Heurgon [...]*, Paris-Rome, 1976, p. 436-469; A. Hus, Paris 1980, p. 297-349.

La Grande Bretagne: l'Etrurie de Huxley et de Lawrence

Massimo Pallottino

Aldous Huxley, à gauche et David Herbert Lawrence

La littérature anglaise moderne, qui traite des Etrusques, a été étudiée dans le chapitre précédent, "La Grande-Bretagne et les Etrusques". On se contentera donc d'illustrer ici les aspects essentiels de l'image de l'Etrurie antique qui ressort des écrits de A.L. Huxley et de D.H. Lawrence. Un destin singulier associe ces deux éminentes figures d'écrivains de même nationalité et de milieu culturel voisin, qui travaillent plus ou moins à la même époque, dans les premières décennies de notre siècle: tous deux sont animés par le même amour de l'Italie et du monde étrusque et, surtout, par une même vision fantastique de ce dernier, mais ils diffèrent par leur tempérament, leur fortune et leur mode de vie. Il est frappant de constater que les milieux littéraires britanniques ont vu fleurir ensemble ces deux brillants talents créateurs et se refléter dans leurs œuvres cette exaltation suscitée par l'Etrurie, qui avait inspiré, en d'autres temps, sous un autre climat, et avec d'autres penchants, l'œuvre de Dennis.
A défaut de liens particuliers ou de buts communs, des échanges d'idées et des rapports amicaux unirent les deux hommes.
Un peu plus jeune que Lawrence (1885-1930), Aldous Huxley (1894-1963) lui survivra longtemps, et publiera entre autres sa correspondance. De ces romanciers particulièrement prolifiques, Lawrence a eu une vie inquiète, féconde, et consumée par les voyages, le travail, les rêves et les problèmes de santé; Huxley, avec une sagesse tranquille, répartit son activité sur plusieurs décennies, cherchant son inspiration non seulement dans un rationalisme moral et scientifique, mais aussi dans l'utopie.
L'évocation du monde étrusque était un thème qui convenait bien à l'un comme à l'autre: pour Lawrence, elle fut comme une ultime évasion au terme d'une quête inassouvie de réponses aux questions suprêmes que lui posait l'étude des civilisations les plus éloignées dans l'espace et dans le temps, de l'Orient à l'Amérique précolombienne, jusqu'aux Etrusques. Pour Huxley elle fut au contraire comme une divagation chargée d'avertissements. Leurs moyens d'expression furent assurément différents: le roman (*Those Barren Leaves*, 1925; *Point Counter Point*, 1928) pour Huxley; des chroniques de voyage (réunies et publiées à titre posthume sous le titre *Etruscan Places*, 1932; quelques allusions aussi dans ses romans) pour Lawrence. Cette diversité n'altère pourtant pas la ressemblance véritable qui caractérise leurs jugements, la désinvolture de leur imagination, et leur humour (courtois et fantaisiste chez Huxley, beaucoup plus âpre chez Lawrence).
Les deux romanciers anglais transfigurent l'Etrurie antique et la présentent comme un monde perdu, qui jouit d'une félicité naturelle, vit impétueusement d'une vie physique spontanée, sans intervention de la raison et de la morale, dans un monde que la raison et la morale avaient justement étouffé au cours des siècles pour le malheur du genre humain. Selon Mark Rampion dans *Point Counter Point* de Huxley, les Etrusques connaissaient le secret d'une vie harmonieuse et complète; pour Lawrence, ils respiraient librement et vivaient agréablement avec plénitude, comme s'ils pratiquaient une religion de la vie, alors que nous, "nous avons perdu l'art de vivre". Mais qu'est donc cette vitalité étrusque qui émane des images charnelles peintes dans les tombes de Tarquinia, sinon l'explo-

Aldous Huxley

sion sexuelle libérée du frein de mortifiantes inhibitions. L'auteur de *L'amant de Lady Chatterley* utilisa cette vision imaginaire comme thème symbolique et chargé de passions et comme sujet de polémique ardente contre le puritanisme de ses contemporains. Ces peintures étaient obscènes? Les Etrusques étaient vicieux? "Ainsi prétendaient leurs ennemis. Mais qui n'est pas vicieux pour ses ennemis? *A la bonne heure!* (en français dans le texte). Pour moi si les Etrusques étaient vicieux, cela me plaît...".
L'Etrurie des hommes de lettres court sur le fil de la pure fantaisie: interprétation, transfiguration, symbole et paradoxe la caractérisent successivement. Dans une scène inoubliable de *Those Barren Leaves* de Huxley, elle offre même matière aux arabesques, au jeu, au funambulisme intellectuel effréné et raffiné. Alors que les personnages sont à l'intérieur d'une tombe étrusque imaginaire qui résume, par goût délibéré de la magie, les caractéristiques et les images des principales tombes peintes de la nécropole de Tarquinia, le "héros", Cardan, prononce les "sons mystérieux" de la langue dans laquelle est écrite l'inscription tracée sur la paroi, et s'abandonne aux fantaisies les plus débridées sur la langue étrusque, sur son caractère hermétique et inutile, ainsi que sur la nécessité de l'enseigner. Ne servant à rien, elle se prête, en effet, particulièrement bien à l'éducation d'un gentleman.

David Herbert Lawrence

Il est significatif que les deux écrivains anglais aient connu la même flambée de zèle étrusquisant et, du moins en partie, au même moment, sans doute à la suite d'un brusque et fort renouveau d'intérêt pour l'Etrurie antique dans le domaine scientifique, surtout en Italie, mais aussi en Angleterre. On songera à ce propos à la publication du livre, de pionnier par certains aspects, de D. Randall Maciver, *Villanovans and Early Etruscans*, Oxford, 1924. Ce renouveau d'intérêt devait susciter, dans un laps de temps assez court, de véritables événements comme le premier Congrès international étrusque, la naissance de la revue annuelle des *Studi Etruschi* et la fondation de l'Institut des études étrusques à Florence. Ce lien avec les développements de la science officielle fut pourtant sans conséquence positive sur l'impétueuse percée que faisait l'Etrurie dans le domaine littéraire. L'imagination de Huxley et de Lawrence s'opposa au contraire à la science: on vit même Lawrence polémiquer âprement avec elle et ridiculiser les savants incapables de comprendre le sens des témoignages figurés laissés par les Etrusques dans leurs tombes. On doit pourtant reconnaître qu'il n'y a pas chez Lawrence que refus et sarcasme. Il eut des éclairs ou des moments d'intuition esthétique, pendant lesquels il saisissait une vérité que n'avaient jamais atteinte les critiques les plus réfléchies: ainsi, lorsqu'il compare les cités étrusques à des fleurs fanées et les tombes aux bulbes qui seuls demeurent sous terre; ou lorsqu'il voit dans les vases de bucchero autant de fleurs écloses, étranges et noires, dont la vie semble rebelle à toute convention; lorsqu'à propos des urnes de Volterra, il parle de sujets tout à la fois "classiques" et si peu classiques, d'un style issu du "bouillon de culture" gréco-romain, de la violente sauvagerie de l'ombre et de la lumière qui annonce le gothique à venir... Autant d'impressions valent d'être méditées...

Lawrence: un point de vue

Christopher Miles

C'est lors des repérages de mon film sur la vie de D.H. Lawrence, *Priest of Love* (Prêtre de l'amour) que j'ai pu enfin retrouver, avec ma femme et ma fille, la splendide villa Mirenda située près de Florence. C'était en 1980, juste avant le tournage. Si seulement j'avais alors jeté un coup d'œil sur la lettre de Lawrence à Enid Hilton (reproduite dans l'ouvrage du professeur Harry T. Moore: *D.H. Lawrence and his world*), nous aurions gagné une journée, car le grand cyprès se dresse toujours au même endroit, dans le tournant à gauche, et la villa n'a pas changé depuis qu'il y vécut avec Frieda.

Lawrence s'était déjà rendu en Italie avant la première guerre mondiale, lors de son escapade avec Frieda au lac Gargnano; c'était donc son second voyage dans un pays qu'il adorait. Ce fut Earl Brewster qui le persuada de visiter les tombes étrusques et, comme Frieda était alors à Baden, les deux amis quittèrent Rome en avril et passèrent par Cerveteri, Tarquinia, Vulci, Grosseto et Volterra; Lawrence trouva les tombes "beaucoup plus pimpantes et vivantes que les habitations des hommes".

Je crois que Lawrence était en mesure de projeter sur les Etrusques - nouveau Rananim - son rêve de civilisation idéale, comblant grâce à son imagination fertile et au gré de ses propres inclinations artistiques, les lacunes que présente la trame des faits historiques. Son livre *Etruscan Places* (Lieux étrusques) est vraiment éloquent: il exprime bien l'allégresse de l'Italie, exempte de la lourdeur de la Grèce classique. Il parlait souvent d'aller en Grèce avec Brewster mais cela ne se fit pas.

L'année suivante, les Huxley prirent une villa à Forte dei Marmi et Lawrence se proposa d'aller avec Frieda voir les autres tombes étrusques - Arezzo, Cortone, Chiusi, Orvieto et Pérouse. Malheureusement, après une baignade en mer à Forte il fut pris d'une terrible hémorragie; ce fut le début de la fin; jamais il n'entreprit ce second voyage.

En réalité, Lawrence aimait chez lez Etrusques la civilisation qu'il voyait décrite dans les peintures murales trés colorées où les hommes apparaissent libres de sauter, de danser, en pleine harmonie avece la nature, où virevoltent les dauphins; il aimait la dignité des rapports presque sensuels entre les êtres, dignité qu'il sentait menacée par l'ère de la machine, même en Italie.

C'est donc là, dans la fraîcheur des tombes, qu'il y avait les traces qu'il avait cherchées toute sa vie, d'une race d'hommes non assujettis au dogme de la religion moderne, libres d'exprimer la totalité de leur être, leur propre sensualité et le bonheur naturel d'être homme... Rananim en somme!

Les Etrusques et la littérature italienne

Massimo Pallottino

Les Etrusques font en quelque sorte partie de la famille de tout Italien. Il n'y a donc pas à s'étonner qu'ils apparaissent si fréquemment dans les écrits les plus divers, dans la littérature d'information ou de divertissement. Il est en revanche curieux qu'ils n'aient inspiré que tardivement, et de manière limitée, la grande littérature.

Nous nous bornerons à quelques exemples particulièrement significatifs et tout d'abord, pour la poésie, à Giosuè Carducci (1835-1907). Trois motifs l'amènent à évoquer les Etrusques: son amour pour les paysages de sa patrie toscane, son enthousiasme (souvent emphatique) pour l'Histoire, ses liens avec les savants du milieu bolonais dans lequel il vécut et enseigna. Le premier lui suggéra une brillante esquisse de cette Maremme étrusque dont George Dennis avait déjà donné des descriptions passionnées, elles aussi poétiques à leur manière: "*là ove la torre feudale da i colli arsicci e foschi / veglia de le rasennie cittadi in mezzo a' boschi / il sonno sepolcral*" ("là où la tour féodale depuis les collines roussies et sombres, veille sur le sommeil sépulcral, dont dorment au milieu des bois les cités du peuple *Rasenna*"), et où l'on voit les "grands blocs équarris" sur lesquels montaient les marchands étrusques guettant l'apparition des voiles rouges des vaisseaux phéniciens (*"Avanti!, Avanti!"* dans *Iambes et Epodes*). Le lien que le poète ressent avec son "premier peuple" le fait rêver à une rencontre au milieu du jour avec les lucumons et les augures. Pour le poète, l'Etrurie, c'est, à l'origine, celle qui s'ouvre largement sur la mer Tyrrhénienne, celle où il est né.

L'autre Etrurie, c'est celle qui s'étend au-delà de l'Apennin, autour de Bologne. L'histoire de la région padane et, plus généralement, celle de l'Italie, se résument à une succession rapide dans les vers qu'il consacre au cimetière de la Certosa, où vinrent s'étendre Ombriens, Etrusques, Gaulois, Romains, Lombards et, pour finir, "nos chers disparus". L'interprétation que Carducci donna des plus anciens témoignages archéologiques de Bologne révèle clairement l'influence qu'exercèrent sur lui les idées des savants locaux qu'il fréquentait, à commencer par celles d'Eduardo Brizio, qui soutint d'une manière très cohérente la théorie selon laquelle la culture villanovienne, largement attestée à Bologne, était celle de populations de race ombrienne, d'Italiques indo-européens, tandis que les Etrusques, d'origine orientale, seraient arrivés bien plus tard, à la fin du VIe siècle seulement: ils seraient venus de l'Etrurie tyrrhénienne en traversant la chaîne des Apennins. Cette reconstruction historique, que nous considérons aujourd'hui comme dépassée par les progrès de la recherche (les Etrusques sont déjà présents dans le villanovien bolonais), se reflète dans ces distiques: "Ils dorment ici au pied de la colline les ancêtres ombriens, qui rompirent les premiers du son de leurs haches ton silence sacré, Apennin; ils dorment ici les Etrusques, descendus avec le lituus, avec la lance, les yeux fixés vers le sommet des collines vertes et mystérieuses" (*"Fuori alla Certosa di Bologna"*, dans *Odes Barbares*).

Gabriele D'Annunzio, le "prophète" qui, à la jonction de deux siècles (1863-1938), personnifia l'Italie de l'éclectisme, fut lui aussi plusieurs fois piqué par l'aiguillon étrusque. L'ampleur de sa production littéraire et sa propre ouverture à toutes les sollicitations de l'Histoire rendent cet intérêt bien compréhensible, mais c'est surtout dans ce qui fut sans doute son meilleur roman, *Forse che si, forse*

Gabriele D'Annunzio

Vittorio Corcos
Portrait de Giosuè Carducci
Bologne, Casa Carducci

che no (1910), qu'il évoqua la civilisation de l'Etrurie et en donna comme une clé de lecture. Comme dans sa tragédie *La città morta*, où le cadre archéologique des fouilles de Mycènes ne constituait pas seulement une toile de fond mais aussi un moteur déterminant du jeu des passions qui animaient les personnages, dans le roman, paysage (Volterra) et vestiges archéologiques (les sculptures des urnes cinéraires du musée Guarnacci) rendent l'émotion du présent à cette autre réalité du lointain passé qu'est le monde étrusque. C'est surtout le thème du détachement et du départ qui rend sensible aux personnages du récit, eux-mêmes sur le point de se séparer, l'infinie tristesse des scènes sculptées sur les urnes et des images de défunts répétées jusqu'à l'obsession. La crainte de la mort, qui a toujours accompagné la rencontre des modernes avec les Etrusques, ne tient pas au seul fait que nous les connaissons surtout par leurs tombeaux: elle imprègne profondément la structure du drame et la psychologie de ses acteurs.

L'Etrurie, terre des sépulcres et des enfers: lieu de communication entre le monde de la lumière et celui des ténèbres. La même conception, mais exprimée d'une manière toute différente, tranchante et rapide, sans ombres ni nuances, réapparaîtra dans la prose de *Maledetti Toscani* de Curzio Malaparte (1898-1957), où l'écrivain identifie ses compatriotes à leurs ancêtres étrusques, dont il souligne la nature infernale. Un autre enfant de l'Etrurie, mais de Tarquinia - de l'Etrurie méridionale, romaine et non toscane - Vincenzo Cardarelli (1887-1959), avait laissé errer d'une autre manière sa sereine écriture dans un monde d'évocations multiples et fait appel aux paysages, aux images, à l'histoire des Etrusques, en particulier dans les petits chapitres "étrusques" de *Il cielo sulle città* (1939 et 1949, réédité en 1969) qui sont comme son Dennis et, comme Dennis, mêlent les impressions du présent à l'évocation du passé; nous pouvons y lire entre autres cette étrange sentence: "La vieille Etrurie sacerdotale, impolitique, magique, despotique, fait penser à Byzance. Mais Byzance est le spectre de Rome, alors que l'Etrurie en est la matrice spirituelle ".

EPILOGUE

L'étruscologie au XXᵉ siècle

Massimo Pallottino

C'est seulement au XXᵉ siècle que l'étruscologie devint une science historique au plein sens du terme. Auparavant les activités, riches et complexes, qui caractérisaient le domaine de la recherche et la vie des collections archéologiques, ou animaient encore les débats d'idées, conservaient en effet un caractère dispersé et continuaient de se rattacher de manières diverses aux différents secteurs des études anciennes. L'histoire grecque et l'histoire romaine, qu'on prenne en considération la méthode suivie ou les résultats atteints, étaient alors parvenues à leur *acmé*, c'était, dans le domaine historique, la grande époque du positivisme, surtout en Allemagne. Mais l'extrême pauvreté de nos sources sur l'histoire de l'Etrurie ancienne empêchait dans une certaine mesure de "penser historiquement" cette civilisation. Elle fut donc envisagée dès le début de sa redécouverte comme une réalité exclusivement archéologique, faite de lieux, de monuments, de trouvailles et d'images. Découverte avec étonnement et admiration, exhumée, décrite, analysée, récupérée, et ses vestiges éparpillés dans une quantité considérable de collections publiques ou privées, parfois contrefaits par des faussaires, telle était l'Etrurie antique pour les hommes du XIXᵉ siècle. Parallèlement, et comme s'ils observaient un filon mineur et profond, les épigraphistes examinaient avec curiosité les inscriptions, que l'on savait lire depuis longtemps mais qui demeuraient presque totalement incompréhensibles; de leur côté, des linguistes plus ou moins préparés, intrigués surtout par la grande question de l'origine de la langue étrusque, indo-européenne ou non, échafaudaient de multiples hypothèses.

C'est justement au début du XXᵉ siècle, dans la première et, surtout, dans la seconde décennie du siècle, qu'une suite d'événements imprévus vint bouleverser cette situation: les conséquences des fouilles organisées par l'Etat à Tarquinia, Cerveteri et Véies furent considérables. La découverte, à Véies, de la grande statue archaïque de terre cuite polychrome figurant le dieu Apollon, qui faisait partie de la décoration du toit d'un temple, déclencha un intérêt sans précédent pour l'art de l'Etrurie ancienne, que l'on considérait jusqu'alors généralement comme un reflet provincial de l'art grec. Au cours de ces années, sous la pression de certaines tendances des arts figuratifs, la critique avait ouvert les yeux sur les qualités de modes d'expression différents ou éloignés de la tradition classique occidentale: on redécouvrait l'art de l'antiquité tardive et de Byzance, les "primitifs" du Moyen Age, les expériences africaines et les productions de peuples qui relevaient jusque-là du domaine de l'ethnologie. Les expressions figurées de l'art étrusque furent peu à peu mieux comprises, et purent être jugées de manière positive dès lors qu'on ne les envisageait plus seulement selon les canons grecs classiques, mais en fonction de leurs propres critères de spontanéité et d'expressivité. Il fut alors possible de reconnaître à l'Etrurie d'authentiques chefs-d'œuvre, comme l'Apollon ou, plus tardif, le portrait en bronze du "Brutus" des Musées capitolins. Ce travail de réévaluation, de haute valeur critique, fut essentiellement, entre 1920 et 1930, l'œuvre de savants italiens – A. Della Seta, G.Q. Giglioli, C. Anti, R. Bianchi Bandinelli – mais aussi d'étrangers, comme G. Kaschnitz-Weinberg.

Le renouveau d'enthousiasme suscité par l'Etrurie s'étendit alors, bien au-delà

Page 456
Gustave-Adolphe de Suède photographié en train de fouiller une tombe étrusque à San Giovenale
Rome, Istituto Svedese di Studi Classici
Photo Börje Blomé

Les participants au premier Congrès national étrusque, 1928

du domaine artistique, aux problèmes posés par la religion, les coutumes, l'histoire ou la langue. Des secteurs spécialisés, qui étaient, comme on l'a vu, jusqu'alors séparés, convergèrent à nouveau, renouant ainsi avec un mouvement amorcé dès le XVIIIe siècle, à un niveau embryonnaire, et surtout grâce à Luigi Lanzi. On ressentit alors le besoin de créer des structures pour développer ce nouveau champ d'études. En 1925, un Comité permanent pour l'Etrurie, dont les objectifs scientifiques étaient clairs, vit le jour à Florence à l'initiative de A. Minto, surintendant pour les antiquités de Toscane (ou plutôt d'"Etrurie", comme on disait alors). La première initiative concrète fut la réunion d'un Congrès national (1926), mais l'intérêt manifesté par les savants des différents pays conduisit rapidement à l'organisation du premier Congrès international étrusque, qui se déroula, lui aussi, à Florence (et à Bologne) en 1928. Ces mêmes années virent les débuts de la revue annuelle des *Studi Etruschi* (qui compte aujourd'hui plusieurs dizaines de tomes), ainsi que la fondation de l'Istituto di Studi Etruschi (maintenant Istituto Nazionale di Studi Etruschi e Italici), qui bénéficient l'une et l'autre d'une très large participation internationale. Désormais la science européenne collabore en effet largement avec la science italienne à l'exploration de tous les aspects du monde étrusque.

A la suite de ces initiatives, l'étruscologie prit peu à peu le caractère d'une discipline historique autonome, dans la recherche comme dans l'enseignement universitaire, et s'engagea ainsi dans une direction que nous avions nous-mêmes suggérée: cette discipline se développa rapidement en Italie et dans les principaux centres européens de recherches sur l'antiquité, en particulier en France où elle connut un important développement, surtout après la seconde guerre mondiale (on peut citer les noms de savants tels que A. Grenier, J. Heurgon, R. Bloch), mais aussi en Belgique (M. Renard, F. de Ruyt) et en Suède (A. Akeström, A. Andrén). La seconde moitié du siècle fut marquée par de nouvelles recherches effectuées à l'initiative des surintendances archéologiques et des instituts italiens ou étrangers sur plusieurs sites de l'Etrurie proprement dite ou dans des régions occupées par les Etrusques. Les découvertes auxquelles elles ont conduit ont accru de manière aussi inattendue que spectaculaire nos connaissances sur la civilisation

étrusque. On pourra rappeler quelques-uns des faits les plus marquants: l'identification et la mise au jour d'un nombre important de nouvelles tombes peintes dans la nécropole de Tarquinia grâce aux méthodes de prospection du sous-sol conçues et appliquées par la fondation Lerici; la fouille du sanctuaire de Pyrgi, port de Caere, la découverte de ses temples et surtout de trois lamelles d'or inscrites l'une en phénicien, les deux autres en étrusque (certainement la plus importante découverte du siècle en matière d'épigraphie et de linguistique); la révélation d'un autre établissement portuaire à Gravisca, sur la côte de Tarquinia, qui a livré les vestiges d'un *emporion* grec; la découverte par une mission américaine d'un grand palais-sanctuaire archaïque décoré d'extraordinaires terres cuites figurées à Poggio Civitate de Murlo sur le territoire de Sienne; les recherches suédoises, menées en présence du roi Gustave VI Adolphe en Etrurie méridionale, et notamment l'exploration du petit centre urbain archaïque d'Acquarossa près de Viterbe; de l'autre côté des Apennins, la reprise des fouilles de Marzabotto et, surtout, les fabuleuses découvertes des nécropoles de Spina sur la côte adriatique, ainsi que celles de Verrucchio au cœur de la Romagne; en Italie méridionale, l'apparition d'une culture de type villanovien, qui témoigne certainement d'une très ancienne influence étrusque à Pontecagnano près de Salerne et à Sala Consilina dans la vallée du Tanagro; en Corse, enfin, les fructueuses recherches françaises d'Aléria, qui fut colonie grecque, puis étrusque à partir des dernières décennies du VIe siècle av. J.-C.
Ces activités, en constant développement, apparaissent étroitement liées à l'approfondissement de l'analyse linguistique et au progrès des idées dans le domaine de la reconstruction historique: il est évident que toutes les données, archéologiques et linguistiques, concourent autant qu'il est possible à cette reconstruction de l'histoire des Etrusques. De nouvelles générations d'étruscologues travaillent avec enthousiasme dans cette direction, non seulement en Italie, mais aussi en France, en Belgique, en Grande-Bretagne, en Allemagne, en Pologne et dans d'autres pays européens, ainsi qu'aux Etats-Unis d'Amérique. L'Institut des études étrusques et italiques de Florence demeure le centre moteur de toutes ces activités internationales comme du nouveau *Corpus* des miroirs étrusques à décor figuré. A partir des chaires de Rome et de Florence, l'enseignement universitaire de l'étruscologie s'est étendu à d'autres universités italiennes; à l'étranger il commence à se développer (même s'il est encore souvent dispensé au sein d'une discipline plus vaste) en Autriche, en Allemagne, en France, en Belgique.
De ce tableau purement scientifique, passons maintenant aux plus larges retombées de cette discipline dans le domaine culturel. Il faut sans doute rappeler les références au monde étrusque qu'on trouve dans la littérature européenne – italienne, française, anglaise – et dont nous avons déjà donné quelques exemples. Mais c'est le début de la “Saison des expositions étrusques” qui marque le véritable réveil de l'intérêt dans l'opinion publique et dans la presse: bien que conçues comme des initiatives scientifiques, sélectionnant toujours, ou presque toujours, les objets exposés et les critères d'exposition selon des principes rigoureusement scientifiques, ces manifestations destinées à un vaste public visent pour l'essen-

tiel à la vulgarisation des connaissances. La première d'entre elles, intitulée "Art et civilisation des Etrusques", qui réunissait des objets empruntés pour l'occasion aux musées italiens, fut présentée en 1955 et 1956, d'abord à Zurich, puis à Milan et par la suite à La Haye, à Paris, Oslo et Cologne. Elle fit découvrir à l'opinion publique et à la critique une civilisation, et surtout un art, jusque-là pratiquement inconnus ou oubliés, et fit véritablement sensation. L'Etrurie devint à la mode. Les collections d'objets de fouilles étrusques connurent un succès soudain, mais qui favorisa malheureusement, il faut le dire, les fouilles clandestines et les exportations illégales de ces objets archéologiques vers les marchés d'art transalpins. On imita les bijoux étrusques, et la mode féminine subit elle-même quelque influence étrusque.

Au cours des années suivantes, d'autres expositions, de moindre envergure, ou visant seulement à présenter de nouvelles découvertes, furent montées en Italie et à l'étranger (à Vienne, à Stockholm). En 1985, qui fut qualifiée d' "année étrusque", plusieurs initiatives virent le jour grâce au soutien que l'Etat italien et la Région toscane apportèrent au "*Progetto Etruschi*". On organisa à cette occasion différentes manifestations culturelles, mais aussi scientifiques comme, à Florence, le second Congrès international étrusque. L'exposition intitulée *Civiltà degli Etruschi*, sur la civilisation étrusque dans son ensemble, présentée à Florence, fut complétée par des expositions thématiques dans différentes cités de Toscane, et à Pérouse; d'autres eurent lieu ensuite en Lombardie (à Milan et Mantoue), en Emilie (à Bologne) et dans le Latium (à Viterbe et Rome). Parmi les manifestations organisées hors d'Italie, la plus importante fut l'exposition *Die Welt der Etrusker*, présentée dans différentes villes d'Europe orientale et, pour finir, à Viterbe.

Le vecteur de publicité extraordinaire que constitue une exposition ne pouvait manquer de susciter au cours de ces dernières années, comme après l'exposition de 1955-1956, un fort renouveau d'intérêt pour les Etrusques et leur civilisation, à plusieurs niveaux et sous les formes les plus diverses. Outre le large écho que leur ont réservé la presse et les autres médias, en Europe et aux Etats-Unis, on a assisté à une véritable "course" des éditeurs, désireux de publier au moins un titre en relation avec la civilisation étrusque. Cette hâte a parfois nui considérablement au sérieux des ouvrages édités (sans parler de toutes les publications de pacotille qui ont fait un plus ou moins large recours à la bande dessinée et ont inondé les librairies et les kiosques à journaux).

Reste à souligner un aspect marginal de ce renouveau, qui ne manque pas d'un certain intérêt. Le "réveil étrusque" du début du siècle ne peut être considéré, on l'a vu, indépendamment des tendances nouvelles, antitraditionnalistes, voire même anticlassiques, de l'art contemporain. A leur tour, certaines des caractéristiques, désormais bien connues, de l'art étrusque - notamment sa manière sommaire, géométrisante, dénuée de sensibilité naturaliste, qui accentue, surtout dans la sculpture, les détails expressifs - ont eu aussi une influence, qui est loin d'être négligeable, sur l'œuvre de plusieurs artistes contemporains, A. et M. Martini, L. Andreotti, R. Romanelli, G. Manzù, E. Greco, entre autres. Tout l'art européen résonne d'échos de même nature, et c'est aussi une bonne illustration des rapports que le monde moderne se reconnaît avec l'antique Etrurie.

Gustave VI Adolphe, le “roi archéologue”

Carl Nylander

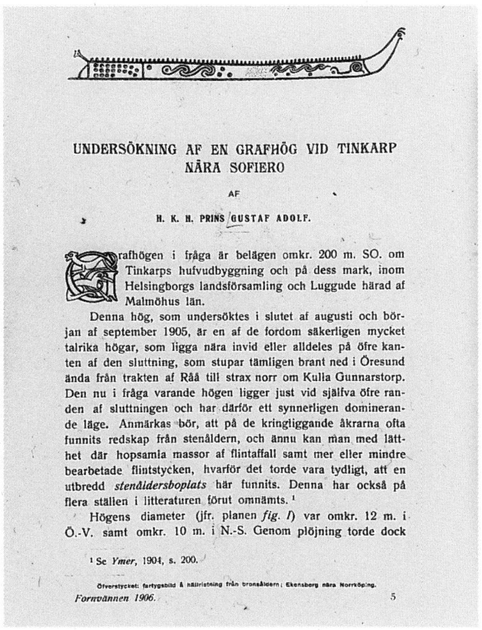

UNDERSÖKNING AF EN GRAFHÖG VID TINKARP
NÄRA SOFIERO

AF

H. K. H. PRINS GUSTAF ADOLF.

Grafhögen i fråga är belägen omkr. 200 m. SO. om Tinkarps hufvudbyggning och på dess mark, inom Helsingborgs landsförsamling och Luggude härad af Malmöhus län.

Denna hög, som undersöktes i slutet af augusti och början af september 1905, är en af de fordom säkerligen mycket talrika högar, som ligga nära invid eller alldeles på öfre kanten af den sluttning, som stupar tämligen brant ned i Öresund ända från trakten af Råå till strax norr om Kulla Gunnarstorp. Den nu i fråga varande högen ligger just vid själfva öfre randen af sluttningen och har därför ett synnerligen dominerande läge. Anmärkas bör, att på de kringliggande åkrarna ofta funnits redskap från stenåldern, och ännu kan man med lätthet där hopsamla massor af flintaffall samt mer eller mindre bearbetade flintstycken, hvarför det torde vara tydligt, att en utbredd *stenåldersboplats* här funnits. Denna har också på flera ställen i litteraturen förut omnämts.[1]

Högens diameter (jfr. planen *fig. I*) var omkr. 12 m. i Ö.-V. samt omkr. 10 m. i N.-S. Genom plöjning torde dock

[1] Se *Ymer*, 1904, s. 200.

Öfverstycket: fartygsbild & hällristning från bronsåldern; Ekensberg nära Norrköping.

Fornvännen 1906. 5

Frontispice de la deuxième publication
de Gustave-Adolphe de Suède
sur le tumulus de Tinkarp près de Sofiero
1906
Rome, Istituto Svedese di Studi Classici

Dans la foule pittoresque des princes érudits et férus d’histoire que l’on rencontre en Orient et en Occident, le “roi archéologue” Gustave VI Adolphe de Suède (1882-1973) occupe une place importante et unique. Nous manquons encore du recul nécessaire pour apprécier avec sérénité la personnalité de ce monarque si aimé et si respecté. Sentimentalisme et préjugés risquent d’altérer l’analyse, encore incomplète, de ses multiples activités. Pour aborder la figure de ce “roi archéologue”, il faudra donc se demander s’il offre un exemple de dilettantisme éclairé - comme il n’est pas rare d’en rencontrer - ou bien d’un engagement réel et sérieux dans l’étude scientifique du passé. La question est loin d’être anodine et se teinte souvent d’une nuance polémique: qu’un roi favorise une discipline universitaire spécifique (et coûteuse) peut aisément susciter des remous dans le milieu académique, comme au dehors. L’analyse se complique en outre du fait que Gustave-Adolphe n’a laissé qu’un nombre limité de documents écrits et que son abondante correspondance doit rester scellée jusqu’en l’an 2023 (cinquante ans après sa disparition). Quoi qu’il en soit, les faits parleront d’eux-mêmes et permettront d’apprécier la portée de ses activités. On rappellera d’entrée de jeu une vérité que beaucoup d’archéologues parvenus à des postes de responsabilité ont été amenés à méditer: il y a un temps pour les fouilles et les recherches et un temps pour favoriser les fouilles et les recherches des autres.

A l’occasion d’un discours de remerciement qu’il prononça en 1955 à l’université d’Oxford, quand le titre de docteur *honoris causa* lui fut décerné, le roi Gustave VI Adolphe raconta comment, dès l’âge de quinze ans, fasciné par les tombes préhistoriques qui se trouvaient autour du palais de Tullgarn, résidence d’été de la famille royale, et animé par l’espoir d’y trouver des trésors, il entreprit en 1898 ses premières fouilles. Au commencement, ses méthodes de fouille étaient rudimentaires, mais au cours des étés suivants (1899-1901 et 1903-1904), sa technique et ses connaissances s’affinèrent sensiblement. En 1901, lors d’un voyage en Italie, pays qui lui deviendra très cher, il entreprenait, à dix-neuf ans à peine, ses premières fouilles italiennes dans la villa San Michele d’Axel Munthe à Capri.

Ce n’était donc pas un prince tout à fait novice qui entreprit en 1902 des études d’archéologie, alors que la discipline venait d’être introduite à l’université d’Uppsala. C’est là que, à dix-neuf ans, Gustave-Adolphe suggéra à son professeur Oscar Almgren de fouiller l’énorme “colline du roi Björn” près d’Häga, et convainquit ses parents de financer l’entreprise (1902-1903). Celle-ci se révéla d’une portée considérable: cette imposante colline recelait une riche tombe princière du milieu du IIe millénaire av. J.-C. Ce chantier de fouilles, et des études universitaires effectuées sous la direction de bons professeurs, firent franchir au prince le seuil du pur amateurisme et l’amenèrent à considérer plus justement l’archéologie comme une branche des sciences humaines qui requiert une longue préparation. Au cours de l’été 1903, il étudia les incisions sur pierre de l’Östergötland qu’il présenta dans sa première publication scientifique. En 1905 et 1907, il étudia quelques tombes du premier âge du bronze en Scanie et publia les résultats de ses recherches.

Gustave-Adolphe de Suède en train de fouiller une tombe néolithique à Fjärestad, en 1906
Rome, Istituto Svedese di Studi Classici

En 1907, la même année, Oscar II, son grand-père, mourut. Gustave-Adolphe devint prince héritier et ses nouvelles obligations limitèrent son activité sur les chantiers, mais non ses études, ni ses contacts avec les archéologues. En 1912 et en 1921, il réussit à participer aux fouilles de deux tombes, l'une de l'âge du fer dans le Smäland, l'autre de l'âge de la pierre en Scanie.

En 1920, en Grèce, puis avec les fouilles suédoises (1922-1930) à l'Asiné d'Homère en Argolide, une nouvelle étape de sa formation d'archéologue commença. Gustave-Adolphe connaissait déjà l'Italie et avait entrepris, en 1905, un voyage en Egypte, mais la Grèce lui ouvrait des perspectives plus vastes. Il mesura surtout la portée de l'héritage classique dans notre culture et la beauté intemporelle de l'art grec. C'est à ce prince que l'on doit l'initiative des fouilles d'Asiné, qui eurent l'importance que l'on sait pour l'archéologie suédoise, et ce fut lui qui, en assumant la présidence de la "Commission d'Asiné", procura les fonds nécessaires. Il prit également part à la première campagne de fouilles et mit au jour une tombe à chambre de l'époque mycénienne.

En 1927, Gustave-Adolphe visita le Japon et la Corée. Au Japon, il participa à des fouilles sur des sites de l'âge de la pierre et, en Corée, aux fouilles d'une tombe princière. La même année débutait une autre aventure archéologique suédoise importante: la grande expédition de Chypre (1927-1931) que le prince héritier soutint et suivit avec attention pendant toute sa durée. En 1930, il participa aux fouilles d'une nécropole archaïque, près de Stylli.

Les années précédant son accession au trône en 1951 lui avaient permis, malgré ses autres charges et activités, de faire un grand voyage en Orient (1934-1935), et de visiter des lieux historiques et des chantiers de fouilles (Babylone, Persépolis...). Il eut en outre l'occasion de se consacrer à l'archéologie en Suède même (Barsebäck, Vallhager, Ageröd). Même pendant son règne, il trouva le temps de suivre de près les importantes recherches archéologiques de l'île d'Helgö dans l'archipel de Stockholm et de Skedemosse sur l'île d'Öland (1959-1964) et de commencer une recherche sur l'âge de la pierre aux environs d'une petite maison de pêcheur qu'il possédait en Laponie.

Dès ses premières études d'archéologie, le prince héritier avait consacré tous ses

Relevé autographe de la maison-étrusque de San Giovenale
executé par Gustave VI Adolphe de Suède
octobre 1963
Rome, Istituto Svedese di Studi Classici
Cat. 618

Gustave VI Adolphe de Suède
en train de faire le relevé de la maison étrusque de San Giovenale
octobre 1963
Rome, Istituto Svedese di Studi Classici
Photo Börje Blomé

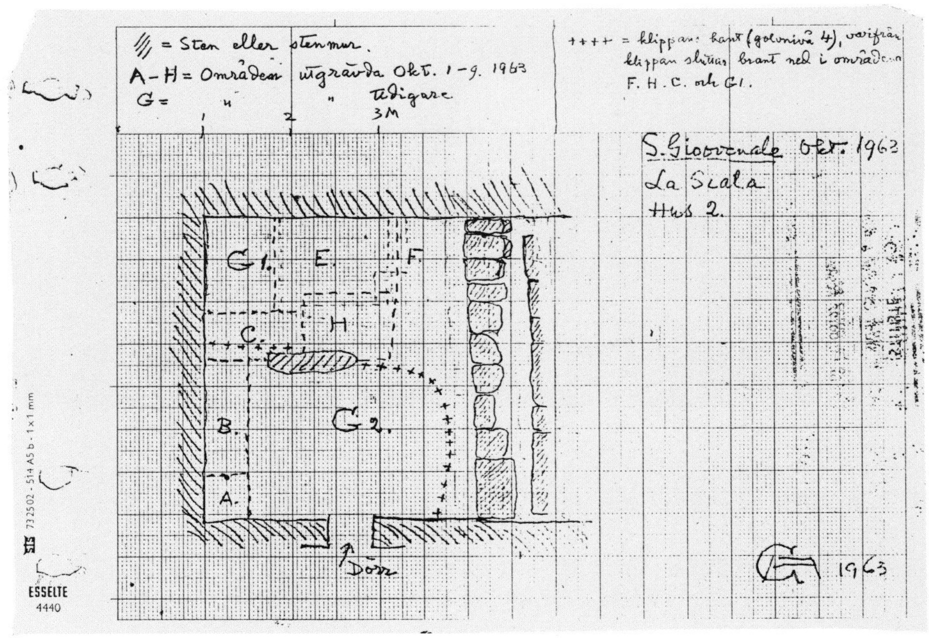

instants de loisir non seulement aux fouilles, aux études d'archéologie et d'histoire de l'art, mais aussi à la création de collections raffinées d'art chinois et de monnaies grecques. Il sut également jouer un rôle décisif dans le développement des sciences humaines en Suède. En tant que président de l'Académie des belles lettres, d'histoire et d'histoire de l'art et que président du "Fonds pour les sciences humaines" ainsi que de divers et importants conseils et commissions, il put exercer une action déterminante sur le développement de la recherche archéologique et de l'histoire de l'art. Le Musée égyptien et celui d'Extrême-Orient furent créés à son initiative et sous sa conduite, tandis que les anciennes collections de Chypre trouvèrent place au sein du vaste musée de la Méditerranée. Il fut également à l'origine de la création du Laboratoire C14 et de l'Institut d'ostéologie qui s'installa dans son palais d'Ulriksdal. Ses initiatives en tant que fondateur, puis pendant de nombreuses années comme président des Instituts suédois d'Etudes classiques de Rome (1929) et d'Athènes (1948), eurent une portée considérable. Ces organismes naquirent tous deux à la suite de débats au palais royal de Stockholm et dans le but de permettre aux étudiants et aux chercheurs suédois d'établir des contacts plus étroits et plus concrets avec le monde méditerranéen et la grande tradition classique. Il est incontestable que l'intérêt passionné que Gustave VI Adolphe portait à l'archéologie suédoise facilita ses travaux quand, dans les années soixante-dix, un mauvais vent commença à souffler sur l'étude des sciences humaines, et quand les autorités politiques et l'opinion publique tentèrent d'imposer des critères d'"utilité" et de "profit" dans l'université.
Ce fut donc en qualité d'archéologue confirmé et de sage humaniste que le sou-

verain Gustave VI Adolphe (à soixante-quatorze ans!), commença ses recherches en Etrurie (1957-1978) et s'engagea ainsi, au milieu des années cinquante, avec ses amis Axel Boëthius et Erik Wetter, et avec Renato Bartoccini, surintendant pour l'Etrurie méridionale, dans son entreprise scientifique la plus significative, celle qui deviendra, pour lui et beaucoup d'autres, la plus grande aventure archéologique. Le projet visait à éclaircir un certain nombre de questions essentielles que posait la culture étrusque et à offrir en même temps aux jeunes archéologues suédois la possibilité d'acquérir sur le terrain, dans un pays de culture classique, les méthodes exigeantes de l'archéologie moderne. Les noms de San Giovenale, de Luni sul Mignone et d'Acquarossa sont aujourd'hui liés à de très importantes découvertes et à l'acquisition de connaissances nouvelles sur les Etrusques et leurs prédécesseurs, mais aussi au souvenir du roi Gustave Adolphe qui participa aux quinze premières campagnes de fouilles, de 1957 à 1972: jusqu'à l'âge de quatre-vingt-dix ans. Dans les superbes paysages de l'Etrurie, le roi pouvait oublier ses nombreuses obligations officielles et, avec des collaborateurs de tous âges, se consacrer en toute liberté à son activité favorite: la découverte patiente et attentive du passé.

Mais efforçons-nous à présent de préciser la contribution du roi Gustave VI Adolphe à ces fouilles sur lesquelles on a tant écrit. Il est évident que le poids de son engagement, et celui de la Cour, facilita d'une manière tout à fait exceptionnelle le financement et l'organisation de grands chantiers, qui impliquaient de très nombreux participants et collaborateurs. Il facilita également dans tous les domaines les relations avec les autorités italiennes. Il est incontestable que, sans l'action du roi, le programme aurait été beaucoup plus limité et les résultats plus modestes.

Mais il convient de souligner par ailleurs que, contrairement à ce que l'on a trop souvent affirmé, le roi Gustave VI Adolphe ne dirigea d'aucune façon les fouilles d'Etrurie. Le projet de recherche scientifique et la conduite des travaux sur le terrain furent toujours confiés au directeur de l'Institut suédois d'Etudes classiques de Rome ainsi qu'à d'autres archéologues confirmés. Une atmosphère de franc dialogue régnait sur le chantier, et l'on respectait naturellement l'exceptionnelle expérience sur le terrain du *primus inter pares* qui depuis 1898 avait participé dans divers pays et pendant cinquante saisons à plus d'une trentaine de fouilles. Mais le roi se soumit toujours de bonne grâce aux directeurs scientifiques du projet et aux responsables des différents secteurs de fouille, même lorsqu'il s'agissait de jeunes étudiants. Qui a pu suivre de près son travail sur les chantiers ou étudier ses journaux de fouilles peut témoigner de ses compétences techniques, de sa prudence avisée et de la sûreté exemplaire de son jugement. Il en est de même de son érudition, de son ouverture d'esprit et de son aptitude à "sentir" et à mémoriser les objets, ceux de la vie quotidienne aussi bien que les œuvres d'art. Il était sensible aux choses concrètes, au réel et au tangible; le travail pratique sur le terrain et les problèmes quotidiens de l'archéologue le fascinaient apparemment davantage que les spéculations abstraites et les théories académiques.

Le roi Gustave VI Adolphe sut ainsi allier la modestie, le respect envers les archéo-

Gustave VI Adolphe de Suède tenant une plaque de revêtement des bâtiments étrusques d'Acquarossa (zone F), en 1969
Rome, Istituto Svedese di Studi Classici
Photo Pressens Bild

logues universitaires et une autorité sur le terrain à la fois discrète et ferme. Ses contributions majeures comme archéologue furent celles d'un grand novateur, d'un instigateur et d'un défenseur de projets de grande envergure. S'il eut souvent un rôle de protagoniste ou de porte-parole, ce fut toutefois sans l'avoir recherché.

L'inlassable passion pour l'archéologie qui l'anima toute sa vie fut sa propre récompense. C'est en cela surtout que le "roi archéologue" fut un grand humaniste.

BIBLIOGRAPHIE:

La bibliographie qui suit ne comporte que les ouvrages d'archéologie rédigés par le prince-roi Gustave-Adolphe, et un très petit nombre de témoignages divers; on a voulu éviter les trop nombreux textes d'éloges. Les journaux de fouilles inédits et d'autres documents appartiennent au palais royal de Stockholm, aux Archives nationales, au Musée historique national, à l'Académie royale d'Histoire et d'Antiquité et à l'Institut suédois d'Etudes classiques de Rome.

Architettura etrusca nel Viterbese [...] (Cat. Exp.), Rome 1986; Gustaf Adolf, dans "Östergötlands Fornminnesförening" 1904, p. 1-6; Gustaf Adolf, dans "Fornvännen" 1906, p. 53-62; Gustaf Adolf, Stockholm 1935; Gustaf VI Adolf, Oxford 1955; L.O. Lagerqvist-M.Odelberg, Stockholm 1972; M. Pallottino, dans "Studi Etruschi" XL, p. 603-605; M. Pallottino, dans *Svenska Institutet i Rom 1926-1976*, Viterbe 1976; P. Romanelli, dans "Studi Romani" 1973, p. 509-510; E. Wetter *et al.*, Malmö 1972.

543. Franciszek Smuglewicz

Intérieur, plan et détail de la Tombe du Cardinal
Gravure, mine de plomb
Haut. 20 cm, long. 33,5 cm
Paris, Bibliothèque Nationale, Cabinet des Estampes, inv. Vb 132, vol. XIV

Cette planche a été exécutée d'après les dessins réalisés par F. Smuglewicz pour Byres. Il s'agit, semble-t-il, d'une épreuve préparatoire pour la planche X (*Partie des catacombes ou hypogées étrusques de l'antique Tarquinia, près de Corneto*, gravée par T. Piroli en 1783) du manuscrit de l'*Histoire de l'Art par les Monuments* de Seroux d'Agincourt, dont l'auteur disait tenir les dessins de Byres lui-même.

Sur le manuscrit de Seroux d'Agincourt et sur T. Piroli: *Bibliotheca Etrusca* (Exposition), Rome, 1985, n° 12a p. 131 (F. Prinzi).

544. Franciszek Smuglewicz

Tarquinia, Tombe du Cardinal, vers 1766
Varsovie, Bibliothèque de l'Université, collection royale T 175 n° 38/1, autrefois dans la Collection S.A. Poniatowski
Haut. 24 cm, long. 32,3 cm

Dessin à la plume aquarellé sur papier blanc ligné. Deux fragments de la frise.

W. Dobrowolski, dans "Bulletin du Musée National de Varsovie", 19, 1978, p. 97-119.

545-549
Franciszek Smuglewicz

Dessins des tombes de Tarquinia, vers 1766
Wutzbourg, Martin von Wagner Museum

Les dessins des tombes des Ceisinie, du Cardinal, de la Tapisserie et du Biclinium font partie du legs de Martin von Wagner. Ils furent exécutés à Tarquinia par le peintre polonais Smuglewicz dans les années soixante du XVIIIe siècle; c'est à partir de ces originaux qu'on exécuta les gravures qui illustrent l'ouvrage de J. Byres, *Hypogaei or Sepulchral Caverns of Tarquinia, the Capital of the Ancient Etruria*, édité seulement en 1840. Ces décors ont aujourd'hui disparu et ces dessins, malgré leur facture romantique, n'en ont que plus de valeur.

H. Möbius, dans "Römische Mitteilungen" LXXIII-LXXIV, 1966-1967, p. 53 sq.; W. Dobrowolski, dans "Bulletin du Musée National de Varsovie" XIX, 1978, p. 97-119; M. Cristofani, 1983, p. 108-109; W. Dobrowolski, dans *Secondo Congresso Internazionale Etrusco. Atti* (1989), p. 205-212.

545.

Inv. HZ 10 164 (ancien inv. 114.92)
Tombe du Cardinal, partie de la frise avec quatre figures dont plusieurs sont ailées
Plume et mine de plomb
Haut. 13,5 cm, long. 47,5 cm

546.

Inv. HZ 10 167 (ancien inv. 114.97)
Tombe du Cardinal, partie de la frise avec scène de combat
Plume et mine de plomb
Haut. 14,5 cm, long. 48,5 cm

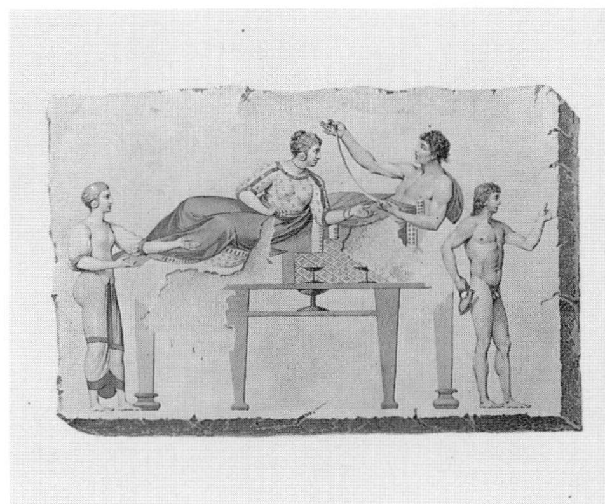

547.

Inv. HZ 10 173 (ancien inv. 114.81)
Tombe du Biclinium, scène de banquet: couple étendu sur une *kliné*, servante et serviteur
Plume et mine de plomb
Haut. 28,4 cm, long. 39,2 cm

548.
Inv. HZ 10 175 et HZ 10 176
(anciens inv. 114.79 et 114.80)
Tombe de la Tapisserie, fragments de la tenture et démons féminins et masculins ailés
Plume et mine de plomb
Haut. 17,8 cm, long. 23,3 cm

549.
Inv. HZ 10 154 (ancien inv. 114/153 D.437)
Tombe des Ceisinie, vue d'ensemble de la chambre funéraire
Plume et mine de plomb
Haut. 34,5 cm, long. 50 cm

550. James Byres

Hypogaei, or Sepulchral Caverns of Tarquinia, the Capital of Ancient Etruria
Londres, F. Howard 1842
Reliure d'époque en demi-chagrin
Grand in folio
Rome, Istituto Archeologico Germanico

L' "antiquaire" anglais John Byres avait essayé, sans succès, dans les années 1760 de publier à Rome ce recueil de gravures sur cuivre auquel avaient collaboré deux artistes, Christopher Norton et Franciszek Smuglewicz. Mais ce n'est qu'en 1842 que, grâce à Elizabeth Caroline Hamilton-Gray, ce grand ouvrage sur les tombes de Tarquinia alors connues vit enfin le jour.

M. Cristofani, Rome, 1983, p. 108; Ouvrage collectif, *Bibliotheca Etrusca* (Exposition), Rome, 1985, p. 128 sq.

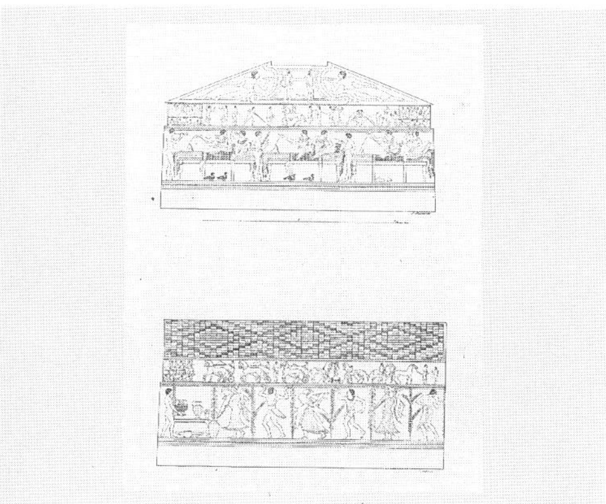

551. Otto Magnus von Stackelberg, August Kestner

Unedierte Gräber von Corneto, 1828
Demi-reliure en parchemin, d'époque
Grand in folio
Rome, Istituto Archeologico Germanico

Les quarante-huit lithographies ne sont que les tirages d'épreuves pour un ouvrage sur la peinture funéraire de Tarquinia conçu par O.M. von Stackelberg, A. Kestner et F. Thürmer, mais qui ne fut jamais réalisé. Les planches reproduisent des vues, des sections et des plans des tombes étrusques des Biges, des Inscriptions, du Baron, de la Mer et des Lions.

Ouvrage collectif, *Malerei der Etrusker in Zeichnungen des 19. Jahrhunderts* (Exposition), Mayence, 1987, p. 17 sq.; p. 218 sq. (C. Weber-Lehmann).

552-553 Georg G. Friedrich Ziebland

Dessins de la Tombe des Inscriptions à Tarquinia, novembre 1827
Plume et aquarelle
Munich, Architektursammlung der Technische Universität

En novembre 1827, au cours de son séjour en Italie, Ziebland, qui avait obtenu une bourse du roi Louis de Bavière, copia à Rome les dessins qu'Otto Magnus von Stackelberg, August Kestner et Friedrich Thürmer avaient exécutés durant l'été d'après les peintures funéraires étrusques de Tarquinia. Les copies minutieuses de Ziebland pallient la perte des originaux de Stackelberg.

Ouvrage collectif, *Malerei der Etrusker* (Exposition), Cologne, 1987, p. 19 (C. Weber-Lehmann et H. Lehmann).

552.
Scène de danse
Haut. 36,5 cm, long. 47,5 cm
Inv. 1.16

553.
Course des chevaux
Haut. 19,6 cm, long. 51,2 cm
Inv. 1.17

554. Ercole Ruspi

"Portrait de son père Carlo Ruspi"
Huile sur toile
Haut. 63 cm, long. 49 cm. Signé et daté 1862
Rome, Pontificia Insigne Accademia Artistica dei Virtuosi al Pantheon

Ce portrait représente Carlo Ruspi l'année précédant sa mort (1863), en uniforme et décoré de la croix de chevalier de l'ordre pontifical de Saint-Grégoire-le-Grand. Cette distinction, qui lui fut décernée entre 1836 et 1837, fut le couronnement d'une brillante carrière d'"artiste archéologue" comme il aimait lui-même à se définir. Carlo Ruspi était membre de la Congrégation des Virtuosi depuis 1820.

Ouvrage collectif, *Malerei der Etrusker in Zeichnungen des 19. Jahrhunderts* (Exposition), Mayence, 1987, p. 220, fig. 12 (C. Weber-Lehmann).

555-558
Carlo Ruspi

Relevés de la Tombe du Triclinium, 1832
Plume et aquarelle sur papier calque; dessin grandeur nature, inscriptions autographes
Rome, Istituto Archeologico Germanico

Ces relevés d'une minutie exceptionnelle furent exécutés par Ruspi en préparation du fac-similé de la Tombe du Triclinum qu'il réalisera en 1833 à la demande de l'administration pontificale. Il les utilisera à nouveau pour le fac-similé commandé par Louis Ier de Bavière, et pour l'exposition Campanari de Londres.

Ouvrage collectif, *Malerei der Etrusker* (Exposition), Cologne, 1987, p. 22 sq. et p. 129 sq. (C. Weber-Lehmann et H. Lehmann).

555.
Paroi d'entrée, quatre feuilles
45 x 83 cm, 45 x 84 cm, 104 x 108 cm, 111 x 98 cm

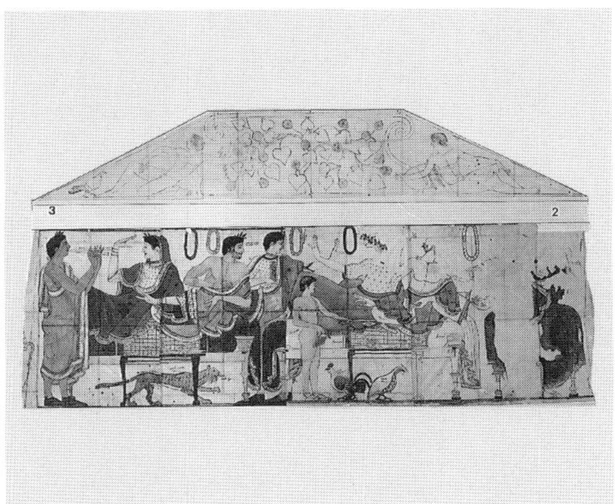

556.
Paroi du fond, six feuilles
49,5 x 111 cm, 38 x 24,5 cm, 104 x 32 cm, 104 x 74 cm, 105 x 76 cm, 106 x 108 cm

557.
Paroi de droite, quatre feuilles
107 x 96 cm, 108 x 130 cm, 98 x 75 cm, 22 x 36,5 cm

558.
Paroi de gauche, cinq feuilles
105 x 108 cm, 104 x 75 cm, 107 x 87 cm, 107 x 76 cm, 107 x 92 cm

559. Gregorio Mariani

Tarquinia, Tomba del Triclinio
Fac-similé du mur du fond, 1895
Haut. 218 cm, larg. 325 cm
Copenhague, Ny Carlsberg Glyptotek
Inv. HIN 95 (IN 1441a)

Ce fac-similé est une copie, d'après le fac-similé du Vatican de Carlo Ruspi, que Gregorio Mariani réalisa en 1895 à la demande de Carl Jacobsen, sous la direction scientifique d'Helbig. Mariani a scrupuleusement respecté l'original de Ruspi (1833), y compris dans les détails qu'il avait rajoutés pour compléter la scène du banquet.

C. Weber-Lehmann et H. Lehmann, dans *Etruskische Malerei*, 1987, p. 29 sq.; M. Moltesen - C. Weber-Lehmann, Copenhague, 1991, p. 11 sq.; p. 64 sq.

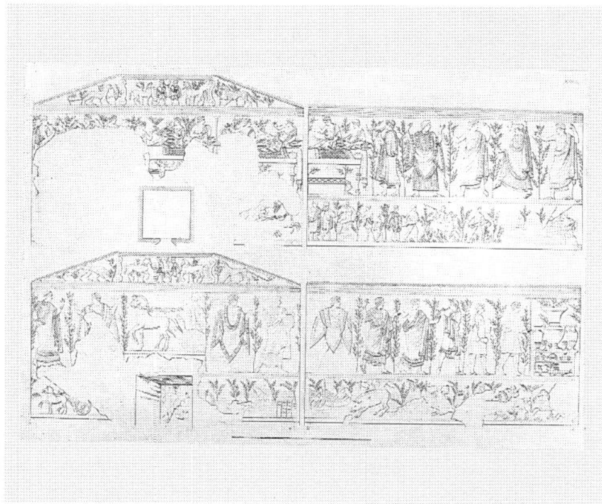

560. Carlo Ruspi

Tarquinia, Tomba Querciola
Reproductions des quatre parois, juin 1831
Mine de plomb, plume et aquarelle
Haut. 40 cm, long. 56 cm
Rome, Archivio dell'Istituto Archeologico Germanico

La tombe de la Querciola, comme celle du Triclinium, a été dessinée par Ruspi quelques semaines seulement après sa découverte.

Ouvrage collectif, *Malerei der Etrusker* (Exposition), Cologne, 1987, p. 19 sq. et p. 170 sq. (C. Weber-Lehmann et H. Lehmann).

MONUMENTI INEDITI
PUBBLICATI
DALL'INSTITUTO DI CORRISPONDENZA ARCHEOLOGICA.
VOL. II.
MONUMENTS INÉDITS
PUBLIÉS
PAR L'INSTITUT DE CORRESPONDANCE ARCHÉOLOGIQUE.
TOME SECOND.
ROMA E PARIGI.

561. Monumenti Inediti

Monumenti Inediti pubblicati dall'Instituto di Corrispondenza Archeologica, vol. I, 1829-1833
Grand in folio
Paris, Bibliothèque de l'Institut de France

L'Instituto di Corrispondenza Archeologica publiait trois périodiques: les *Annali*, pour les essais importants, le *Bullettino*, pour les brefs comptes-rendus, et les *Monumenti Inediti*, qui proposait des planches - chalcographies ou lithographies -, en grand format. L'ouvrage est ouvert à la planche XXXIII où sont reproduites les peintures de la Tombe Querciola de Tarquinia; la chalcographie a été exécutée d'après une aquarelle de Carlo Ruspi (n° 560).

562-565
Leo von Klenze

Esquisse pour la décoration de la Salle des Vases de l'Alte Pinakothek de Munich
Munich, Staatliche Graphische Sammlungen
Vers 1838

Pour ces esquisses destinées à la décoration de la Salle des Vases, Leo von Klenze s'inspira des fac-similés que C. Ruspi avait réalisés en 1835 à la demande de Louis Ier de Bavière. Ces derniers ont aujourd'hui disparu. La Salle des Vases de l'Ancienne Pinacothèque, inaugurée en juin 1840, a entièrement brûlé avec l'ensemble de ses décors durant la seconde guerre mondiale.

R. Wünsche, dans *Ein griechischer Traum, Leo von Klenze der Archaeologe*, 1986, p. 71 sq., fig. 51-52; F.W. Hamdorf, p. 332, n° 100-101; Ouvrage collectif, *Malerei der Etrusker* (Exposition), Cologne, 1987, p. 23 sq. (C. Weber-Lehmann et H. Lehmann).

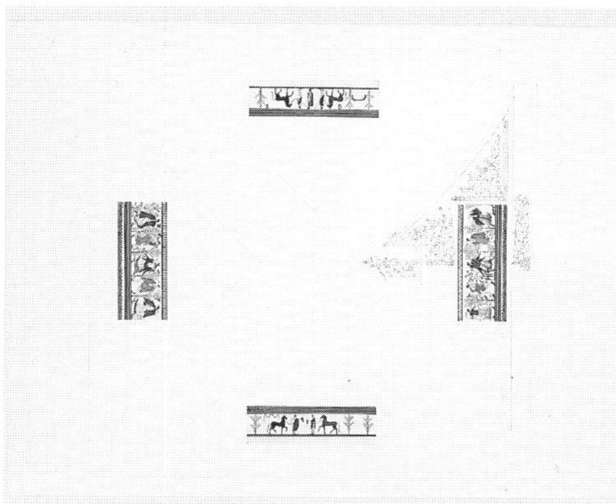

562.

Projet de décor d'une lunette reproduisant la paroi du fond de la Tombe des Biges
Plume, mine de plomb et aquarelle
Haut. 48,5 cm, larg. 39 cm. Inv. 26462

563.

Projet de décor de trois parois reproduisant les peintures des tombes du Mort, du Triclinium, et de la Querciola
Mine de plomb, plume et aquarelle
Haut. 40,1 cm, long. 57,4 cm. Inv. 26460

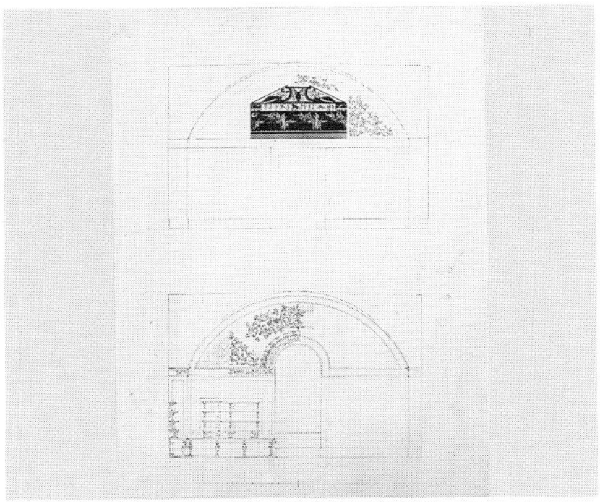

564.
Projet de décor d'une voûte d'arêtes reproduisant des peintures de la Tombe du Triclinium et de la Tombe du Baron
Mine de plomb, plume, aquarelle
Haut. 51,9 cm, long. 38,4 cm. Inv. 26463

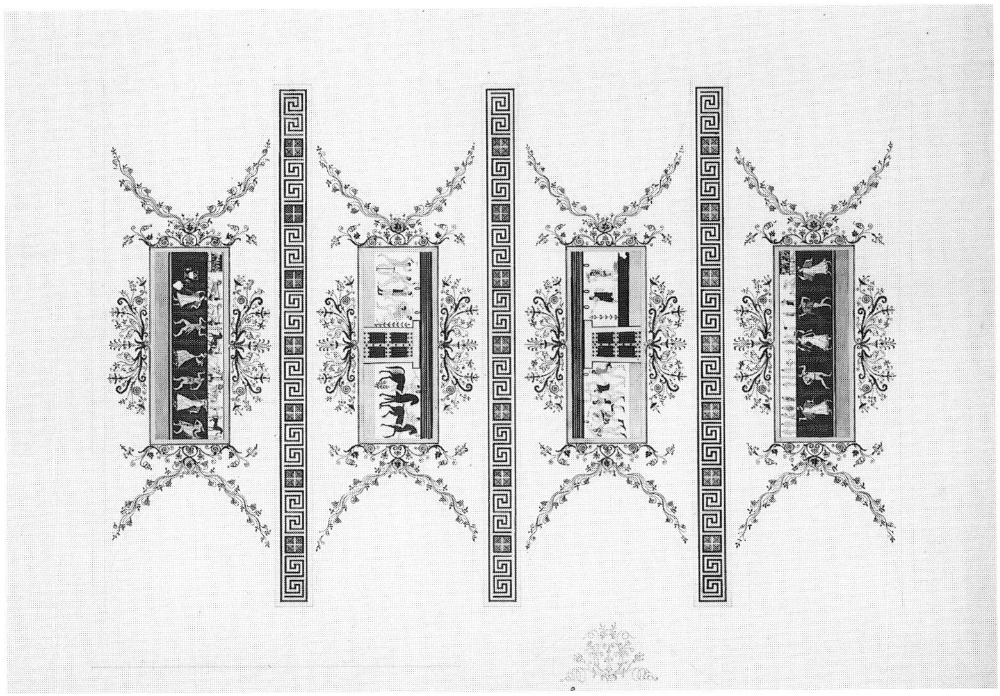

565.
Projet de décor pour un plafond reproduisant les peintures de la Tombe des Biges et de la Tombe des Inscriptions
Mine de plomb, plume, aquarelle
Haut. 39,7 cm, long. 51,2 cm. Inv. 26459

566-567
Gottfried Semper

Dessins de la Tombe du Typhon à Tarquinia
Berlin, Pergamonmuseum, Gerhardischer Apparat

Ces dessins sont des copies que Gerhard fit probablement exécuter par Müller, d'après les relevés originaux de Gottfried Semper, pour sa collection de dessins d'après des monuments antiques (Gerhardischer Apparat). C'est en avril 1833, en compagnie de l'architecte Karl Friedrich Scheppig, que Semper mesura et dessina cette tombe, découverte en décembre 1832, pour l'intégrer dans ses *Monumenti Inediti* (II, 1834-1838, pl. 3.5). Gerhard utilisa ce dessin comme modèle notamment pour une figure de la frise ornant le Cabinet étrusque de l'Altes Museum de Berlin (exécutée par B.W. Rosenthal); Semper quant à lui reprit certains motifs pour la décoration du Palais Japonais de Dresde.

Ouvrage collectif, *Die Welt der Etrusker* (Exposition), 1988, p. 404 sq., p. 420 (M. Kunze); Ouvrage collectif, *Malerei der Etrusker in Zeichnungen des 19. Jhs.*, 1987, p. 21 (C. Weber-Lehmann - H. Lehmann).

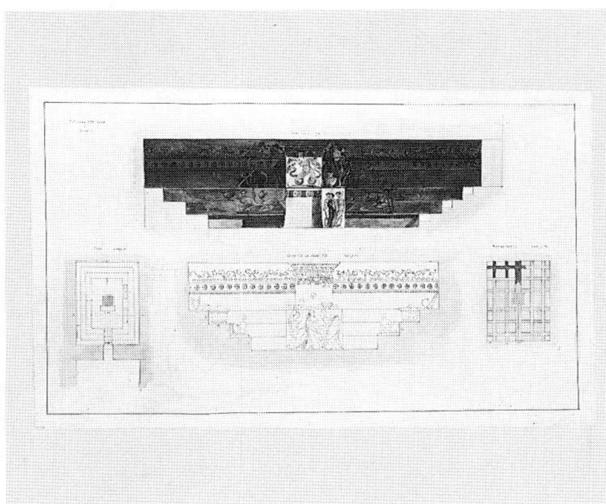

566.
Plan, plafond, sections longitudinale et transversale de le Tombe du Typhon
Plume et aquarelle
Haut. 26,4 cm, long. 41,8 cm
Vol. 7, 13 c

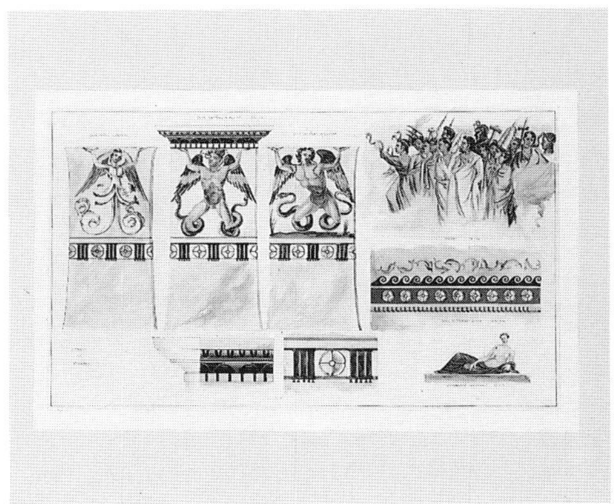

567.
Pilastre central et cortège des magistrats de la paroi de droite; détails de la frise et couvercle du sarcophage de la Tombe du Typhon
Plume et aquarelle
Haut. 26,4 cm, long. 41,8 cm
Vol. 7, 13 d

568-581
Les architectes de l'Académie de France

Pensionnaire de l'Académie de France à Rome de 1824 à 1830, Henri Labrouste (1801-1875), curieux de toutes les époques et de tous les styles que lui offrait l'Italie, dessine les tombes étrusques de Tarquinia, Vulci, Norchia, Castel d'Asso... et étudie avec soin l'arc extradossé des portes de Pérouse, Volterra ou Faléries, dont il vantera plus tard à ses élèves les qualités constructives et formelles.
Les découvertes opérées en Toscane autour de 1830 donnent, en effet, aux hôtes de la Villa Médicis, encore interdits de voyage en Grèce, l'occasion d'études renouvelées de l'antiquité: les références étrusques ne manquent pas non plus dans les œuvres de Vaudoyer, Goujon ou Baltard.

E. Millet, dans "Bulletin de la Société centrale des Architectes", 1879-1880, p. 25-26; L. Banti, dans "Studi Etruschi" 35, 1967, p. 575 sq.

568. Henri Labrouste
Porte antique à Perugia
Plume et aquarelle. B.g.: *h.L.*
Haut. 42 cm, larg. 26 cm
Paris, Bibliothèque Nationale, Cabinet des Estampes, inv. Vb 132p

569. Henri Labrouste
Murs et porte de la ville de Faleri près Civita Castellana, 1829
Plume et aquarelle. H.d.: *Faleri 1829*. B.g.: *h.L.*
Haut. 25 cm, long. 40 cm
Paris, Bibliothèque Nationale, Cabinet des Estampes, inv. Vb 132s, vol. XIII

570. Henri Labrouste
Composition antique par P.F. Henri Labrouste [...] *fait a Paestum*, 1826: *Restauration d'une des portes de la ville*
Envoi de Rome de quatrième année (1828)
Plume, aquarelle et mine de plomb
Haut. 81 cm, larg. 61,5 cm
Paris, Académie d'Architecture, inv. 1976.91

Labrouste assemble dans cette composition des éléments antiques empruntés à différents sites d'Italie: Agrigente pour les Atlantes, Volterra pour la porte elle-même dont l'arc extradossé est tout comme celui de la porte de la citadelle étrusque décoré de trois têtes, les cités d'Etrurie et du Latium enfin pour les murs "cyclopéens" qui bordent et soutiennent la voie d'accès à la ville.

C. de Vaulchier, *Catalogue*..., vol. I, Paris, 1987, n° 255-1, p. 164-165.

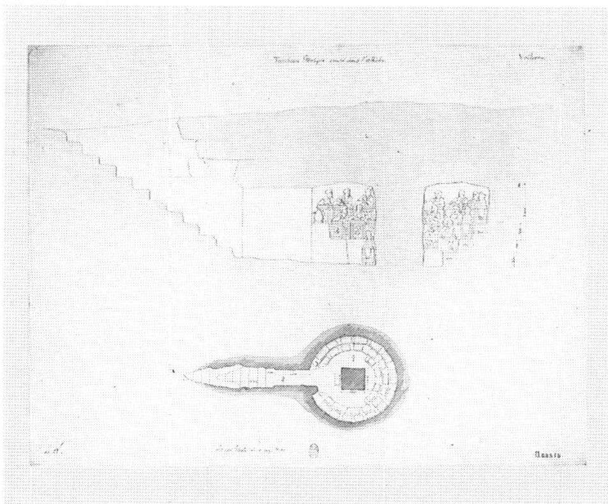

571. Henri Labrouste
Volterra, tombeau étrusque creusé dans l'albâtre
Plume et aquarelle. B.g.: *h.L.*
Haut. 20,5 cm, larg. 26 cm
Paris, Bibliothèque Nationale, Cabinet des Estampes, inv. Vb 132q

572. Henri Labrouste
Entre Monte Romano et Corneto, 1829
Plume et aquarelle.
H.d.: *Corneto 1829*. B.g.: *h.L.*
Haut. 26 cm, larg. 20 cm
Paris, Bibliothèque Nationale, Cabinet des Estampes, inv. Vb 132s, vol. XIII

573. Henri Labrouste
Tumulus, Vue de la nécropole de Tarquinia, 1829
Mine de plomb, plume, aquarelle
H.d.: *Corneto 1829*
Haut. 42 cm, larg. 26 cm
Paris, Bibliothèque Nationale, Cabinet des Estampes, inv. Vb 132s, vol. XIII

574. Victor Baltard
Tombeaux étrusques près de Corneto
Plume et aquarelle
B.d.: *V. Baltard*
Haut. 49 cm, larg. 30 cm
Paris, Bibliothèque Nationale, Cabinet des Estampes, inv. Vb 132s, vol. XIII

575. Henri Labrouste
Tombe des Biges, 1829
Plume, mine de plomb et aquarelle
H.d.: *Corneto 1829*. B.g.: *h.L.*
Haut. 41 cm, larg. 26 cm
Paris, Bibliothèque Nationale, Cabinet des Estampes, inv. Vb 132s, vol. XIII

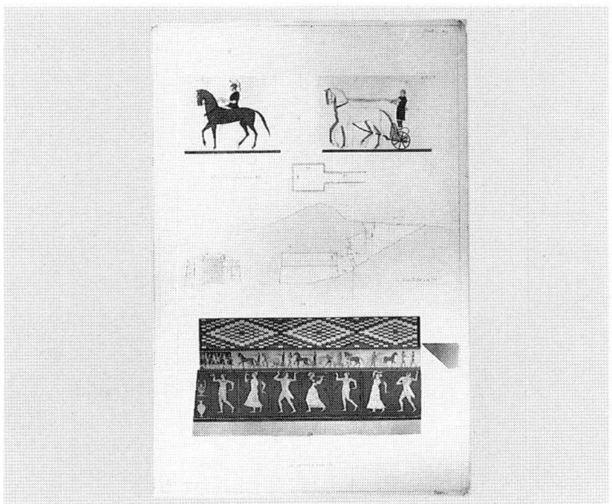

576. Henri Labrouste
Tombe des Biges, 1829
Plume, mine de plomb et aquarelle
H.d.: *Corneto 1829*. B.g.: *h.L.*
Paris, Bibliothèque Nationale, Cabinet des Estampes, inv. Vb 132s, vol. XIII

577. Henri Labrouste
Tombe du Baron, 1829
Plume et aquarelle
H.d.: *Corneto 1829*. B.g.: *h.L.*
Haut. 41 cm, larg. 26 cm
Paris, Bibliothèque Nationale, Cabinet des Estampes, inv. Vb 132s, vol. XIII

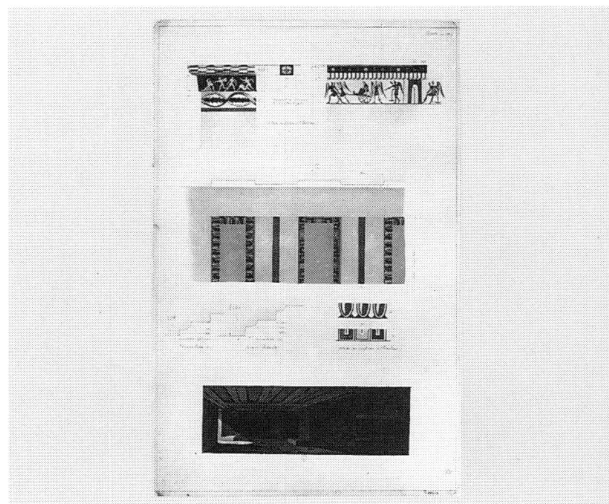

578. Henri Labrouste
Tombe du Cardinal, 1829
Plume et aquarelle
H.d.: *Corneto 1829*
Haut. 42 cm, larg. 26 cm
Paris, Bibliothèque Nationale, Cabinet des Estampes, inv. Vb 132s, vol. XIII

579. Victor Baltard

Tombeau étrusque près de Corneto (Tombe du Cardinal)
Plume et aquarelle. B.d.: *V. Baltard*
Haut. 49 cm, larg. 39 cm
Paris, Bibliothèque Nationale, Cabinet des Estampes, inv. Vb 132s, vol. XIII

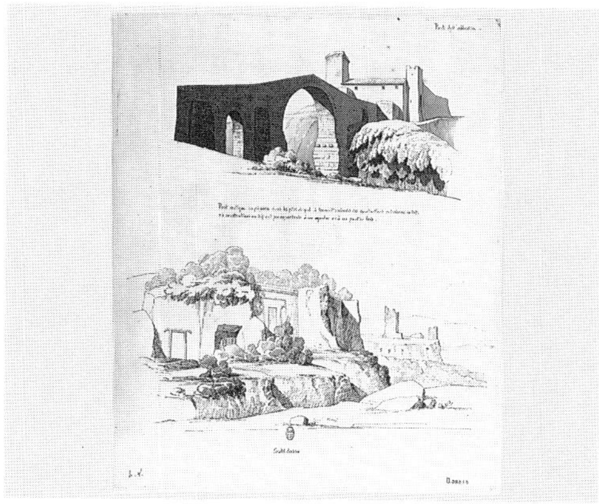

580. Henri Labrouste

Ponte dell'Abbadia, Castel d'Asso
Plume et lavis. B.g.: *H.L.*
Haut. 25,9 cm, larg. 20 cm
Paris, Bibliothèque Nationale, Cabinet des Estampes, inv. Vb 132b

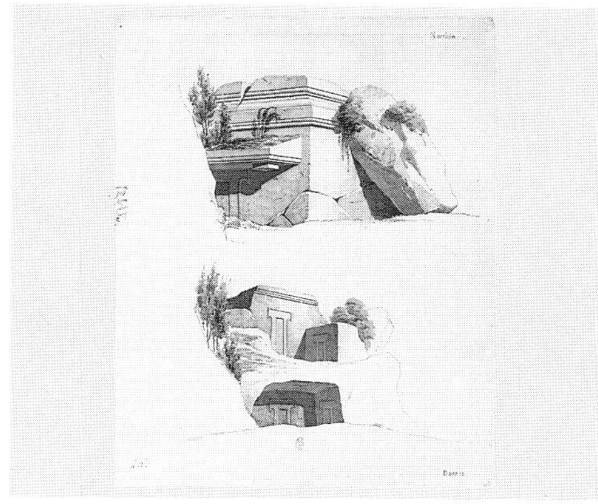

581. Henri Labrouste

Norchia
Plume et lavis. B.g.: *H.L.*
Haut. 26 cm, larg. 20,5 cm
Paris, Bibliothèque Nationale, Cabinet des Estampes, inv. Vb 132s, vol. XIV

Faux, pastiches, imitations

582. Fibule

Or, ivoire
Long. 6,3 cm, haut. 2 cm
Rome, Museo Nazionale di Villa Giulia
Inv. 84982, ancienne Collection Castellani
Provenance inconnue

Fibule *a sanguisuga*, à étrier allongé; arc constitué par une succession de disques en ivoire, alternant avec des plaquettes en or et réunis par une pâte résineuse. Monogramme ƆC des Castellani à l'intérieur de l'étrier.
Imitation Castellani de la seconde moitié du XIXe siècle, d'après des prototypes d'Etrurie et du Latium datant de l'âge du fer et de l'époque orientalisante.

Inédite

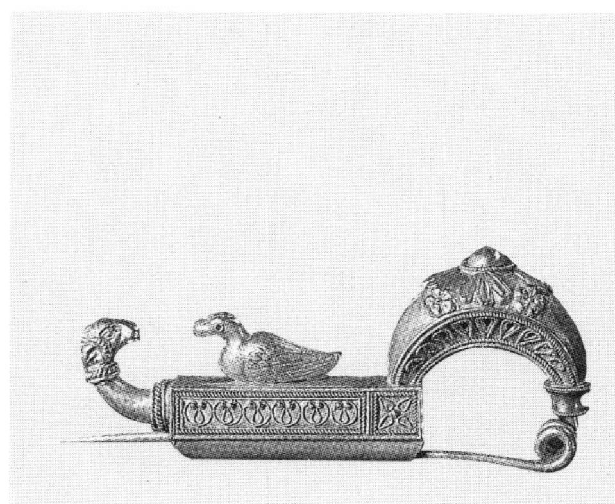

583. Fibule

Or, décor au repoussé, en granulation et en filigrane
Long. 6,2 cm, haut. 2,5 cm
Rome, Museo Nazionale di Villa Giulia
Inv. 85000, ancienne Collection Castellani
Provenance inconnue

Fibule *a sanguisuga* à long étrier surmonté d'un petit canard et extrémité terminée en tête de bélier. L'étrier et l'arc présentent un décor complexe de motifs floraux et géométriques réalisés en granulation et en filigrane. Au revers de l'arc, le monogramme habituel des Castellani: ƆC.
Imitation Castellani de la seconde moitié du XIXe siècle s'inspirant de modèles étrusques de la seconde moitié du VIIe siècle av. J.-C.

Inédite

584. Fibule
Or, décor en granulation
Long. 11,8 cm, haut. 3,3 cm
Rome, Museo Nazionale di Villa Giulia
Inv. 85004, ancienne Collection Castellani
Provenance inconnue

Fibule *a drago*, richement décorée sur l'arc et l'étrier, de motifs géométriques en granulation. Sur l'étrier longue inscription en lettres étrusques. Sur le côté, le monogramme habituel: ƆC.
Copie Castellani, exécutée dans la seconde moitié du XIXe siècle; elle reproduit une fibule autrefois dans la collection Campana et aujourd'hui au Louvre (n° 123). Les fibules *a drago*, ornées d'une très riche décoration en granulation, sont répandues dans le monde étrusque, dans le second quart du VIIe siècle av. J.-C.

G. Munn, Londres 1983, p. 106 n° 128, fig. 128.

585. Fibule
Or, granulation
Long. 9,7 cm, haut. 2,7 cm
Rome, Museo Nazionale di Villa Giulia
Inv. 85002, ancienne Collection Castellani
Provenance inconnue

Fibule *a sanguisuga* à long étrier décoré de motifs géométriques et d'une tresse continue en granulation. Sur l'arc sont soudées deux rosettes dont les pétales sont formés d'un fil mince, enroulé en spirale. Au revers de l'étrier le monogramme habituel: ƆC. Copie Castellani de la seconde moitié du XIXe siècle, d'après des modèles étrusques de la seconde moitié du VIIe siècle av. J.-C.

Inédite. Pour le type, voir la fibule à sanguisuga de Tuscania à Londres, British Museum: M. Cristofani-M. Martelli (sous la dir. de), Novare, 1983, fig. 107, p. 282, n° 107.

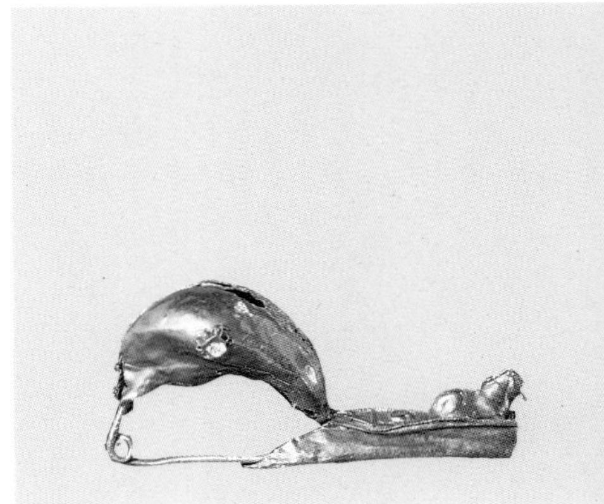

586. Fibule
Or
Long. 3,5 cm, haut. 1,5 cm
Rome, Museo Nazionale di Villa Giulia
Inv. 53854, ancienne Collection Castellani
Provenance: Cerveteri

Fibule *a sanguisuga*, formée de deux feuilles d'or repliées et soudées dans le sens de la longueur. De chaque côté de l'arc, deux rosettes en fil d'or enroulé en spirale. Long étrier, fait d'une feuille d'or rabattue, se terminant à son extrémité en petit lion couché.
Troisième quart du VIe siècle av. J.-C.

Inédite
Pour le type de fibule *a sanguisuga*, voir la fibule à sanguisuga de Véies, tombe de Pantanaccio: M. Cristofani - M. Martelli (sous la dir. de), Novare, 1983, p. 278, n° 121 (M.A. Rizzo).

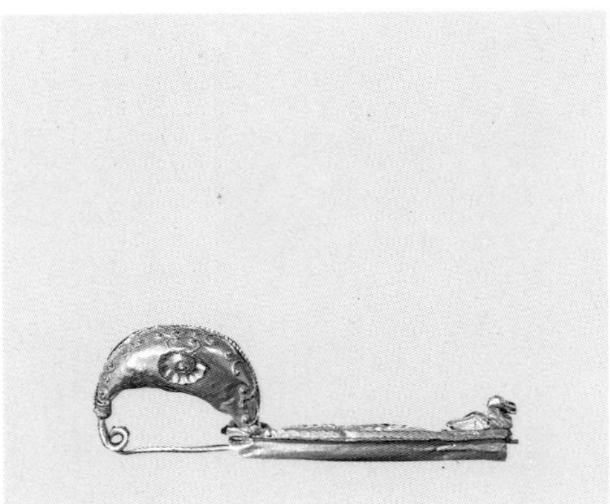

587. Fibule
Or, décor au repoussé et en granulation
Long. 5,5 cm
Rome, Museo Nazionale di Villa Giulia
Inv. 53851, ancienne Collection Castellani
Provenance: Cerveteri

Fibule *a sanguisuga*. Long étrier, orné à l'extrémité d'un canard. Arc richement décoré.
Milieu du VIe siècle av. J.-C.

G. Proietti, Rome, 1980, n° 40, p. 337.

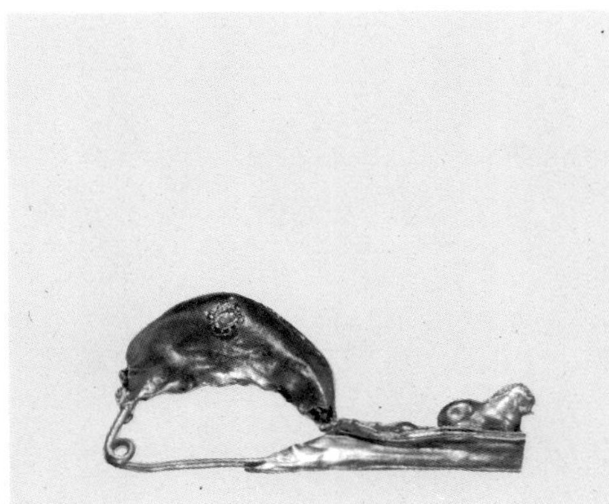

588. Fibule
Or, feuilles martelées et soudées
Long. 3,2 cm
Rome, Museo Nazionale di Villa Giulia
Inv. 53849, ancienne Collection Castellani
Provenance: Cerveteri

Fibule *a sanguisuga*. Ornée d'une rosette des deux côtés de l'arc, petits disques gravés sur la partie supérieure de l'étrier et, à l'extrémité, minuscule félin.
Type particulièrement répandu dans la région de Vulci.
Milieu du VIe siècle av. J.-C.

I. Caruso, Rome, 1988, p. 13, n° 8.

589. Collier
Or, ambre
Long. du collier 27,5 cm, haut. des pendeloques 1,4-2,2 cm
Rome, Museo Nazionale di Villa Giulia
Inv. 53269, ancienne Collection Castellani
Provenance: Palestrina, tombe Castellani (?)

Collier constitué de 14 pendeloques d'ambre trapézoïdales, à bélière cylindrique horizontale, alternant avec 15 petites sphères en or lisse. Ce type de bijou est commun en milieu latial et falisque. Remonté par les Castellani dans la seconde moitié du XIXe siècle.
Première moitié du VIIe siècle av. J.-C.

M. Cristofani-M. Martelli (sous la dir. de), Novare, 1983, p. 278, n° 89 (M.A. Rizzo).

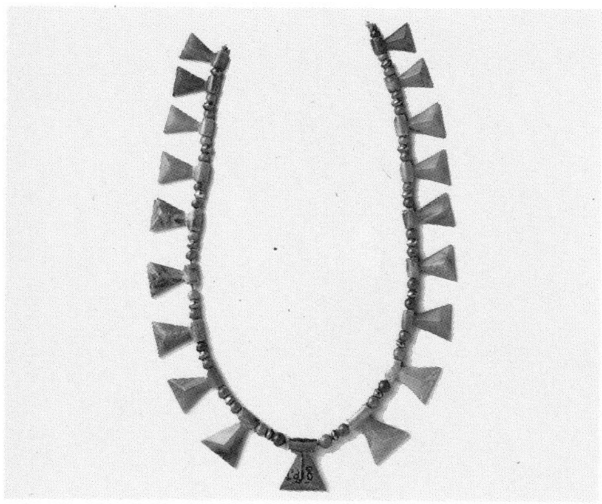

590. Collier

Or, ambre
Long. du collier 38,2 cm, haut. pendentif 2 cm
Rome, Museo Nazionale di Villa Giulia
Inv. 84988, ancienne Collection Castellani

Collier formé de 19 pendeloques trapézoïdales à bélière cylindrique horizontale, alternant avec 35 perles d'ambre rondes et 18 perles en feuille d'or. Imitation Castellani de la seconde moitié du XIXe siècle utilisant probablement du matériel archéologique assemblé d'après des modèles antiques connus en milieu falisque et latial.

Inédit
Voir n° 589 et pour le type de la pendeloque en ambre: E. Hall Dohan, Philadelphie, 1942, n° 558 pl. XXI, n° 558 (tombe 23M de Narce).

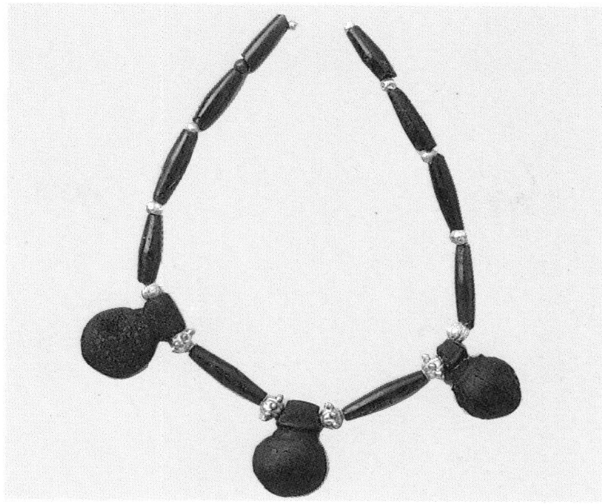

591. Collier

Or, ambre
Long. du collier 27,5 cm
Haut. du pendentif 2,4 cm
Rome, Museo Nazionale di Villa Giulia
Inv. 53364, ancienne Collection Castellani

Collier formé de dix perles tubulaires, de trois pendentifs d'ambre en forme de *bulle* aplatie alternant avec huit petites sphères en feuille d'or, de quatre perles décorées de granules dans la partie médiane et de deux perles ornées de motifs gravés.
Il s'agit probablement d'un montage Castellani rassemblant des éléments antiques datants de la première moitié du VIIe siècle av. J.-C.

Inédit

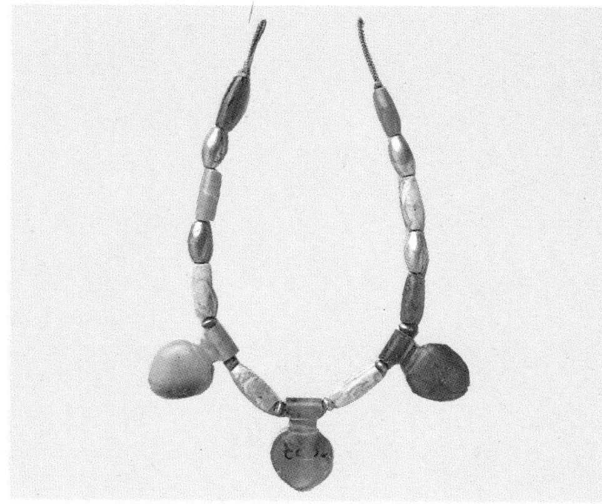

592. Collier

Or, ambre
Long. du collier 25 cm
Haut. des pendentifs 3,2 cm
Rome, Museo Nazionale di Villa Giulia
Inv. 84986, ancienne Collection Castellani

Collier constitué d'une succession de huit cylindres, de trois pendentifs en forme de *bulle* en ambre, de quatre perles tubulaires et de six petites sphères aplaties en feuille d'or. Imitation Castellani de la seconde moitié du XIXe siècle, d'après des prototypes d'époque orientalisante. Voir, pour le modèle, un autre collier de la collection Castellani, n° 591.

Inédit

593. Bague ornée d'un scarabée

Or, cornaline, granulation
Diam. max. de l'anneau 2,5 cm; diam. de la cornaline entre 0,6 et 1 cm
Rome, Museo Nazionale di Villa Giulia
Inv. 54574, ancienne Collection Castellani
Provenance: Cerveteri (?)

Bague à chaton mobile enfilé sur un axe; anneau fait d'une tige creuse à section circulaire; scarabée bombé, en cornaline, décoré, sur sa partie plane, d'un cerf paîssant. Aux deux extrémités du chaton, motif floral.
Cornaline antique (seconde moitié du Ve - début du IVe siècle av. J.-C.); pour le reste, le microscope a révélé que l'on avait affaire à une falsification Castellani du XIXe siècle.

Inédite

594. Bague ornée d'un scarabée

Or, cornaline, granulation et filigrane
Diam. de l'anneau 2,2 cm, diam. du chaton ovale entre 1 et 2,1 cm
Rome, Museo Nazionale di Villa Giulia
Inv. 85033, ancienne Collection Castellani

Anneau à section tubulaire, chaton ajouré, mobile, cornaline antique. Le scarabée est enchâssé dans une monture décorée de motifs triangulaires, obtenus grâce au filigrane et à la granulation. Sur la surface plane de la cornaline est gravée une figure masculine.
Imitation Castellani de la seconde moitié du XIXe siècle utilisant une cornaline antique provenant de fouilles et datable du VIe ou du Ve siècle av. J.-C.

Inédite

595. Collier

Or et cornaline
Long. 39,5 cm
Paris, Musée du Louvre, inv. Bj 521-544, ancienne Collection Campana
Provenance probable: Vulci

Collier constitué de 23 scarabées de cornaline, la plupart de type *a globuli*, insérés dans des montures en or et alternant avec 24 perles creuses en or elles aussi; deux dauphins en feuille d'or font fonction de fermoir. Pastiche.
Scarabées: V^e^-IIIe siècle av. J.-C.; perles en or: VIe siècle av. J.-C.; fermoir: Tarente, début du IIe siècle av. J.-C.; montures des scarabées Bj 540, 537, 522: IVe-IIIe siècle av. J.-C.; autres montures et assemblage du collier: atelier Castellani, 1859.

A. de Ridder, 1924, n° 521-544, pl. X.

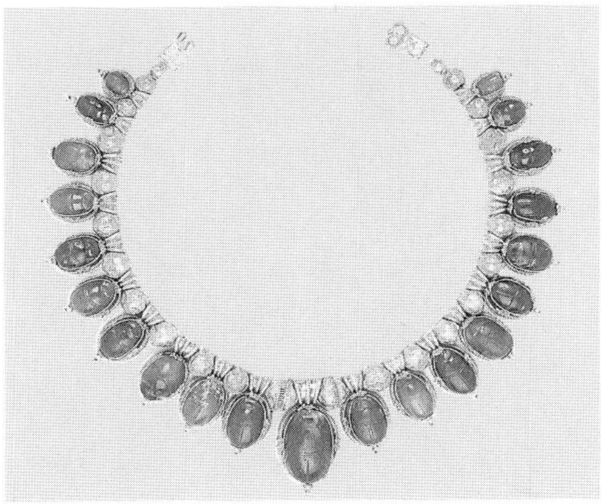

596. Collier

Or et cornaline
Long. 28,5 cm
Londres, British Museum
Inv. GR 1872. 6-4. 649
Acquis en 1872 par Alessandro Castellani; autrefois dans la collection du prince Canino

Constitué de 21 scarabées de cornaline de type *a globuli* à monture en or, et de 22 perles creuses. Pastiche.
Eléments antiques datables entre le VIe et le IIIe siècle av. J.-C.; l'assemblage et les montures ont été exécutés par l'atelier Castellani (vers 1870).

F.H. Marshall, 1911-1969, n° 2273; P. Zazoff, 1968, *passim*; M. Jones (sous la dir. de), 1990, n° 172; *DBI*, vol. 21, 1978, p. 590-605 s.v. *Castellani* (G. Bordenache Battaglia).

597. Collier

Or, cornaline, granulation et filigrane
Long. du collier: 43 cm, haut. des pendants 2,8 cm
Rome, Museo Nazionale di Villa Giulia
Inv. 85029, ancienne Collection Castellani

Collier formé de 24 perles sphériques en feuille d'or à décor de granulation, et de 25 scarabées en cornaline. Ces scarabées sont enchâssés à jour et suspendus à un large crochet qui est orné de motifs floraux. Il manque, au revers, le monogramme habituel: ƆC.
Imitation Castellani de la seconde moitié du XIXe siècle exécutée d'après des modèles étrusques des VIe et Ve siècle av. J.-C., et comportant probablement quelques scarabées antiques.

Inédit

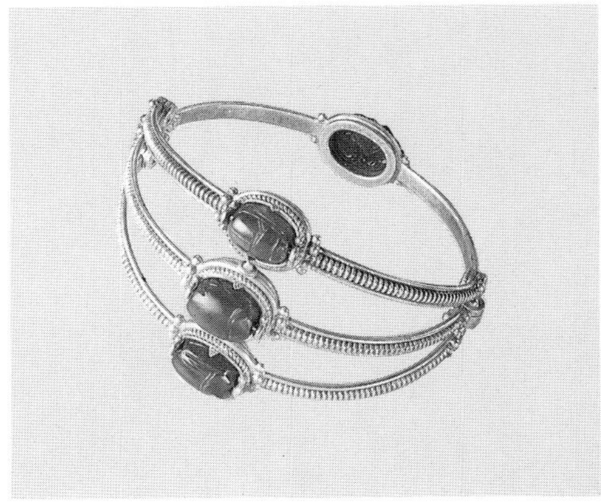

598. Bracelet

Or, cornaline
Diam. max. 6,5 cm, haut. 2,6 cm
Rome, Museo Nazionale di Villa Giulia
Inv. 85030, ancienne Collection Castellani

Bracelet composé de quatre tiges en or à section semi-circulaire godronnées sur la face visible, et à charnières. Au milieu de chaque demi-cercle, est enchâssé à jour, dans une monture à godrons, un scarabée de cornaline. Les quatre scarabées sont de type *a globuli*.
Au revers du bracelet, le monogramme habituel: ƆC.
Création Castellani exécutée dans la seconde moitié du XIXe siècle.

Inédit

599. Collier

Or. Repoussé, filigrane et granulation
Long. 36,3 cm, haut. de la tête 4 cm
Paris, Musée du Louvre, Département des Antiquités grecques, étrusques et romaines, inv. Cp 198 (n° usuel Bj 498), ancienne Collection Campana
Provenance inconnue

De la chaînette tressée pend une tête du dieu fluvial Achéloüs finement travaillée au repoussé, les cheveux stylisés en spirales filigranées, la barbe et une partie des cheveux rendus par une très fine granulation. Ce bijou étrusque, le plus fameux, de la collection Campana inspira aux orfèvres du XIXe siècle une série d'imitations.
Vers 480 av. J.-C.

M. Cristofani, Novare, 1983, n° 163, p. 295, fig. p. 179; G.C. Munn, Fribourg, 1984, n° 83, p. 76.

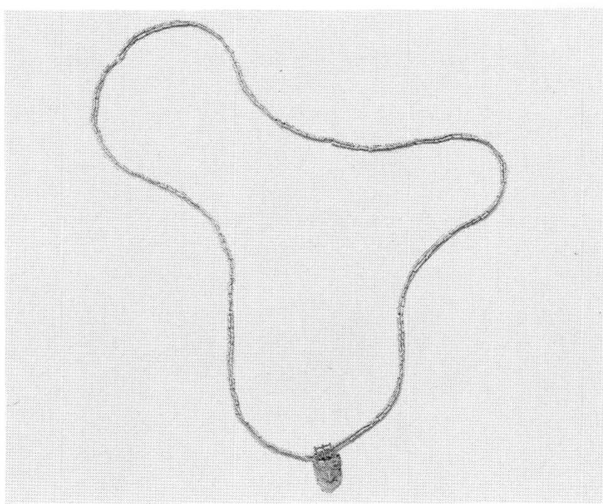

600. Collier

Or, os, décor au repoussé
Long. du collier 94 cm
Haut. pendentif 3,6 cm, larg. 2,1 cm
Rome, Museo Nazionale di Villa Giulia
Inv. 53600, ancienne Collection Castellani

Collier composé d'éléments constitués de deux petits cylindres. Pendentif en os avec masque d'Achéloüs, suspendu par une large bélière. Il s'agit probablement d'un montage Castellani utilisant des éléments antiques. Le pendentif à tête d'Achéloüs est datable de la fin du Ve siècle av. J.-C.

Inédit
Pour le masque d'Achéloüs, cf. le pendentif de Palestrina: M. Cristofani - M. Martelli (sous la dir. de), Novare, 1983, n° 164, p. 295 (M.A. Rizzo).

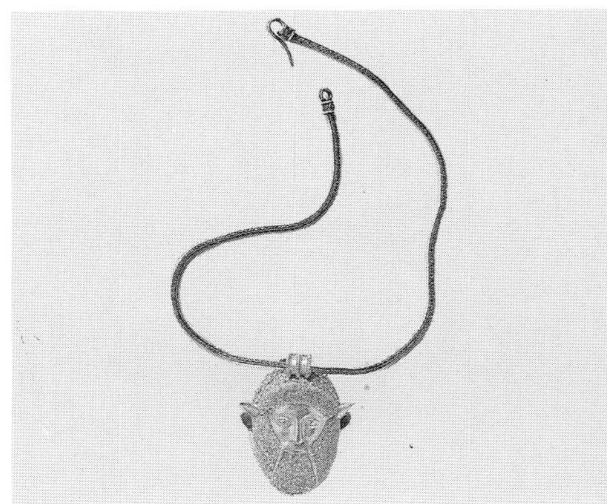

601. Collier

Or, fonte à la cire perdue, très fine granulation et filigrane
Long. du collier 30,7 cm, pendentif 3,5 × 4,2 cm
Rome, Museo Nazionale di Villa Giulia
Inv. 85057, ancienne Collection Castellani

Chaînette à mailles flexibles. Pendentif à masque d'Achéloüs en fonte à cire perdue. Les détails sont rendus en granulation et en filigrane. Monogramme des Castellani au revers de l'Achéloüs: ƆC.
Copie Castellani de la seconde moitié du XIXe siècle, d'après des prototypes diffusés en Etrurie. Semblable au n° 599.

Inédit

602. Collier

Or, fonte à la cire perdue, filigrane et repoussé
Long. du collier 40,5 cm, haut. pendentif 3,3 cm, larg. 2,3 cm
Rome, Museo Nazionale di Villa Giulia
Inv. 85055, ancienne Collection Castellani

Chaîne à maille très fine, tubulaire et flexible; à chaque extrémité deux paires de petits cylindres, en feuille d'or. Pendentif à tête d'Achéloüs de type archaïque tardif, obtenue par fusion à partir d'un modèle en cire. Imitation d'un type de pendentif particulièrement répandu en Etrurie, exécutée par l'atelier Castellani dans la seconde moitié du XIXe siècle. Au revers du pendentif, monogramme: ƆC.

Inédit

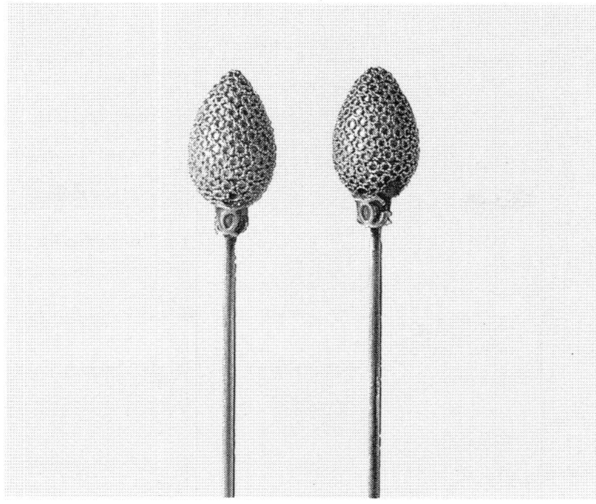

603.-604. Deux épingles

Or, granulation
Haut. 6-6,5 cm
Rome, Museo Nazionale di Villa Giulia
Inv. 85042 et 85043, ancienne Collection Castellani

Longue épingle se terminant, au sommet, en forme de pomme de pin. Celle-ci est décorée suivant une technique créant, visuellement, un effet très similaire à celui de la granulation *a pulviscolo*, mais qui est obtenu par application de minuscules cercles en relief. Monogramme ƆC placé à la base de la pomme de pin.
Réalisées par l'atelier Castellani, dans la seconde moitié du XIXe siècle, d'après des modèles étrusques du second quart du VIIe siècle av. J.-C.

Inédites

605. Boucle d'oreille

Feuille d'or, filigrane
Haut. 2,8 cm, larg. 1,2 cm
Rome, Museo Nazionale di Villa Giulia
Inv. 53686, ancienne Collection Castellani
Provenance: Tuscania

Disque concave en feuille d'or, à l'intérieur duquel est enchâssée, dans une monture filigranée, une rosette en relief. Une petite amphore est suspendue à ce disque.
Type répandu durant toute la période hellénistique tant en Etrurie que dans l'Italie méridionale.
Fin du IIIe-début du IIe siècle av. J.-C.

Inédite
Pour le type, cf.: M. Cristofani-M. Martelli (sous la dir. de), Novare, 1983, p. 67, p. 313 n° 250 (M.A. Rizzo); Ouvrage collectif, *Gli ori di Taranto* (Exposition), Milan, 1984, p. 166, type II C.

606. Boucles d'oreilles

Or, granulation
Haut. 3,4 cm, larg. 1,2 cm
Rome, Museo Nazionale di Villa Giulia
Inv. 85044 a et b, ancienne Collection Castellani

Disque concave à godrons, dans lequel est insérée une rosette en relief décorée en granulation. Au disque est suspendue une petite amphore à anses surélevées, et décorée, *a pulviscolo*, d'un motif de losanges réservés sur la panse. Au revers du disque, figure le monogramme habituel: ƆC. Imitation Castellani de la seconde moitié du XIXe siècle à partir de modèles étrusques et tarentins des IIIe-IIe siècles av. J.-C.

Inédites

607. Boucles d'oreilles

Or, granulation *a pulviscolo*
Haut. 3,2 cm, larg. 1,2 cm
Rome, Museo Nazionale di Villa Giulia
Inv. 85068, ancienne Collection Castellani

Disque concave en forme de rosette à pétales bordés d'un filet, et bouton central décoré *a pulviscolo*. Pendentifs en forme de petite amphore décorée en filigrane sur l'épaule. Au revers du disque est gravé le monogramme habituel: ƆC. Imitation, exécutée par l'atelier Castellani dans la seconde moitié du XIXe siècle, à partir de prototypes hellénistiques répandus en Etrurie et en Italie méridionale.

Inédites
Pour le type, cf.: M. Cristofani-M. Martelli (sous la dir. de), Novare, 1983, p. 67, p. 313, n° 250 (M.A. Rizzo); Ouvrage collectif, *Gli ori di Taranto* (Exposition), Milan, 1984, p. 166, type II C.

608. Collier

Or, grenats
Long. du collier 43 cm, haut. du pendentif 2,8 cm
Rome, Museo Nazionale di Villa Giulia
Inv. 85020, ancienne Collection Castellani

Collier composé d'éléments sphériques en feuille d'or, et de 21 pendeloques enfilées sur une chaîne tubulaire, flexible, à maillons articulés. Les pendeloques, en forme de petites amphores stylisées, à anses surélevées, contiennent chacune, serti à jour, un grenat en forme de goutte, de couleur rouge violacé avec l'image d'un petit amour en diverses attitudes. Il manque, au revers, le monogramme habituel: ƆC. Création des Castellani.

Inédit

Les Etrusques dans la littérature éuropéenne

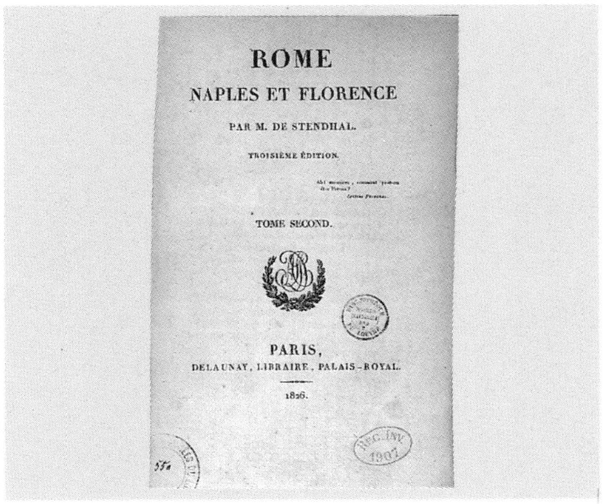
ROME

NAPLES ET FLORENCE

PAR M. DE STENDHAL.

TROISIÈME ÉDITION.

TOME SECOND.

PARIS,

DELAUNAY, LIBRAIRE, PALAIS-ROYAL.

1826.

609. Stendhal

Rome, Naples et Florence, Paris 1826
2 volumes, in 8°
En exposition: vol. I, frontispice; vol. II, p. 135, *Volterra*
Paris, Bibliothèque Centrale des Musées de France

En 1820 Stendhal fait à Volterra sa première "vraie" rencontre avec l'Etrurie et consacre, dans cette édition de *Rome, Naples et Florence*, quelques lignes à la description de la ville. Il s'indigne avec une passion toute romantique "contre les Romains qui vinrent troubler, sans autre titre que le courage féroce, ces républiques d'Etrurie, qui leur étaient si supérieures par les richesses et par l'art d'être heureux".

J. Heurgon, dans *Comptes-Rendus de l'Académie des Inscriptions et Belles-Lettres*, 1973, p. 591-600; *Stendhal* (sous la dir. de V. del Litto), Paris, 1973, p. 494, 1746.

610. Aldous Huxley

Those Barren Leaves, Londres-Paris, The Albatros, 1947
In 8°
Rome, Collection Massimo Pallottino

Ce roman fut edité à Londres en 1925 mais A. Huxley (1894-1963) en commença la rédaction en 1924, lors d'un séjour en Toscane, qui fut sans doute à l'origine de son intérêt pour l'univers des Etrusques.

S. Bedford, Londres, 1987.

611. Aldous Huxley

Point Counter Point, Londres, Chatto and Windus, 1954
In 8°
Rome, Collection Massimo Pallottino

Publié à Londres en 1928, ce roman reflét l'influence des séjours prolongés que fit Huxley en Italie (et en Toscane) ainsi que ses liens d'amitié avec D.H. Lawrence, autre homme de lettres britannique sensible aux suggestions du "mythe" étrusque.

S. Bedford, Londres, 1987.

612. David Herbert Lawrence

Etruscan Places, Londres, Martin Secker, 1933
In 8°
Londres, Collection Denys et Sybille Haynes

Parue en édition posthume, cette œuvre réunit les compte-rendus d'un voyage en Etrurie que l'auteur se proposait d'utiliser pour un travail d'envergure sur les Etrusques et leur civilisation. L'Etrurie de Lawrence (1885-1930) n'est pas celle des archéologues et des historiens, mais une Etrurie perçue à travers une sensibilité esthétique et littéraire personnelle qui tente de saisir le "secret" de la liberté et de la bonne humeur avec lesquelles les Etrusques conçoivent la vie.

M. Pallottino, dans *Quaderni dell'Associazione Culturale Italiana*, 24, 1957, p. 5-22.

613. Gabriele D'Annunzio

Forse che sì forse che no, Milan 1910 (Treves éd.)
In 8°
Rome, Biblioteca Nazionale Centrale

Le sombre paysage de Volterra et ses vestiges étrusques ne sont pas qu'un simple décor mais constituent le thème dominant de ce roman, considéré comme l'un des meilleurs de D'Annunzio.

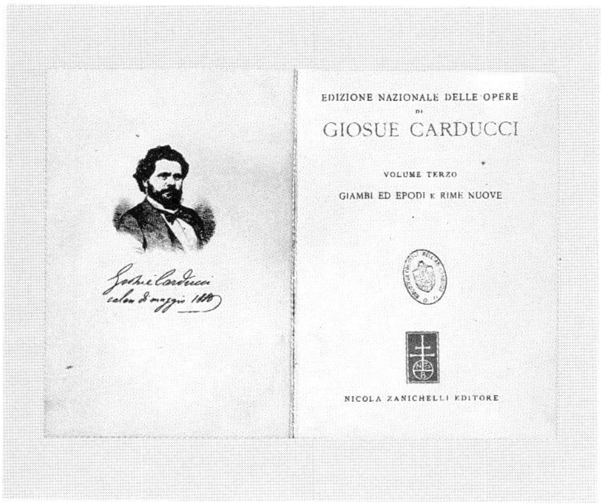

614. Giosue Carducci

Giambi ed Epodi e Rime Nuove, Bologne 1935
(Vol. III de l'édition nationale des œuvres de G.C., Zanichelli éd.)
In 8°
Bologne, Biblioteca Comunale dell'Archiginnasio

On peut lire ici les vers 79 et suiv. du poème "Ripresa. Avanti! Avanti!" (*Giambi ed Epodi,* XV) dont le thème principal est l'évocation de l'Etrurie maritime septentrionale.
Giambi ed Epodi, Iere éd. 1867-1879
Rime Nuove, Iere éd. 1861-1887

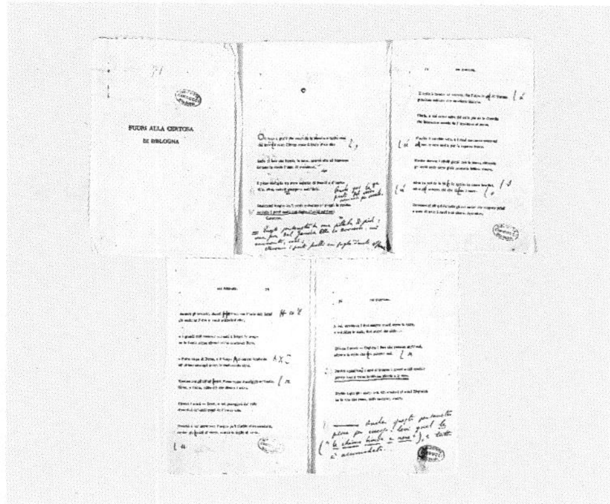

615. Giosue Carducci

"Fuori alla Certosa di Bologna" (*Odi Barbare*, XII)
Tirage d'épreuve avec corrections autographes
5 feuillets
Haut. 15,5 cm, larg. 10 cm
Bologne, Biblioteca Comunale dell'Archiginnasio, Manoscritti Carducci, cart. II, poesie, n° 99, f. 71-76

Ce poème, parmi les plus connus de Carducci, est en quelque sorte la transposition poétique des théories historiques de l'archéologue Edoardo Brizio.
Odi Barbare, Iere éd. 1877-1889

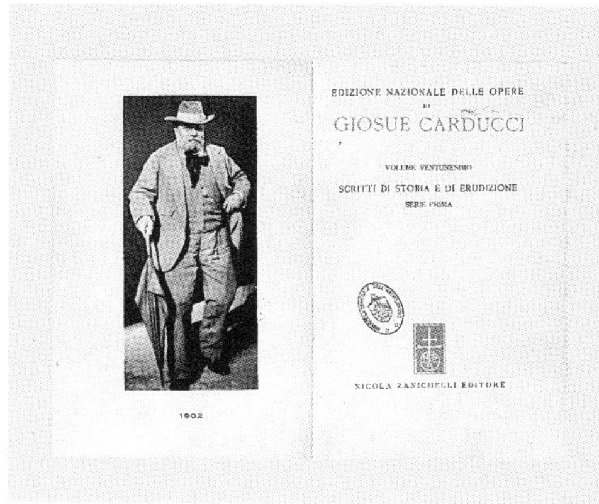

616. Giosue Carducci

Scritti di storia e di erudizione, Bologne 1937
(Vol. XXI de l'édition nationale des œuvres de G.C., Zanichelli éd.)
In 8°
Bologne, Biblioteca Comunale dell'Archiginnasio

Longtemps secrétaire de la Deputazione di Storia Patria pour les provinces de Romagne, Carducci rédigea les comptes-rendus de diverses séances publiés dans le volume exposé ici. Aux pages 80-81 (Rapport de la séance Reggio Emilia, 26 mai 1869), l'auteur consacre quelques lignes aux recherches de Giovanni Gozzadini à Villanova et Marzabotto et colore sa prose de notes poétiques, d'affirmations positivistes, animées d'un ardent esprit anticlérical.

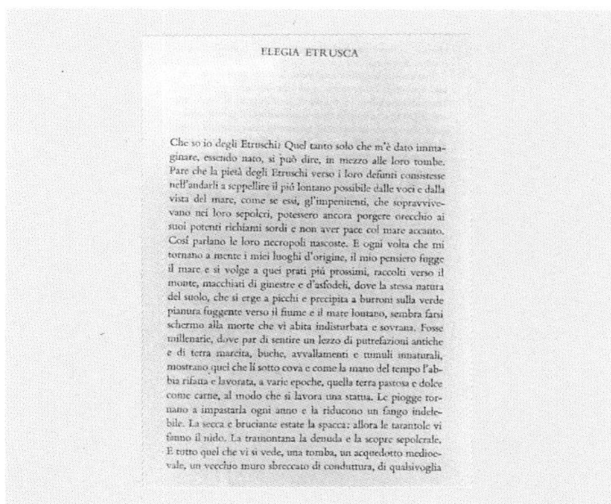

ELEGIA ETRUSCA

Che so io degli Etruschi? Quel tanto solo che m'è dato immaginare, essendo nato, si può dire, in mezzo alle loro tombe. Pare che la pietà degli Etruschi verso i loro defunti consistesse nell'andarli a seppellire il piú lontano possibile dalle voci e dalla vista del mare, come se essi, gl'impenitenti, che sopravvivevano nei loro sepolcri, potessero ancora porgere orecchio ai suoi potenti richiami sordi e non aver pace col mare accanto. Cosí parlano le loro necropoli nascoste. E ogni volta che mi tornano a mente i miei luoghi d'origine, il mio pensiero fugge il mare e si volge a quei prati piú prossimi, raccolti verso il monte, macchiati di ginestre e d'asfodeli, dove la stessa natura del suolo, che si erge a picchi e precipita a burroni sulla verde pianura fuggente verso il fiume e il mare lontano, sembra farsi schermo alla morte che vi abita indisturbata e sovrana. Fosse millenarie, dove par di sentire un lezzo di putrefazioni antiche e di terra marcita, buche, avvallamenti e tumuli innaturali, mostrano quel che lí sotto cova e come la mano del tempo l'abbia rifatta e lavorata, a varie epoche, quella terra pastosa e dolce come carne, al modo che si lavora una statua. Le piogge tornano a impastarla ogni anno e la riducono un fango indelebile. La secca e bruciante estate la spacca: allora le tarantole vi fanno il nido. La tramontana la denuda e la scopre sepolcrale. E tutto quel che vi si vede, una tomba, un acquedotto medioevale, un vecchio muro sbreccato di condutura, di qualsivoglia

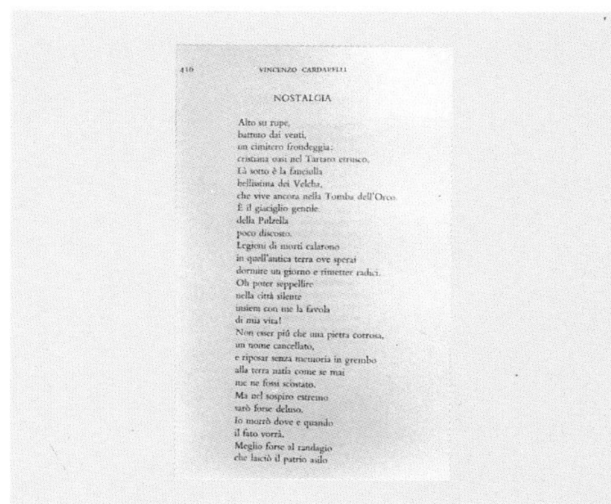

416 VINCENZO CARDARELLI

NOSTALGIA

Alto su rupe,
battuto dai venti,
un cimitero frondeggia:
cristiana oasi nel Tartaro etrusco.
Là sotto è la fanciulla
bellissima dei Velcha,
che vive ancora nella Tomba dell'Orco.
È il giaciglio gentile
della Pulzella
poco discosto.
Legioni di morti calarono
in quell'antica terra ove sperai
dormire un giorno e rimetter radici.
Oh poter seppellire
nella città silente
insiem con me la favola
di mia vita!
Non esser piú che una pietra corrosa,
un nome cancellato,
e riposar senza memoria in grembo
alla terra natía come se mai
me ne fossi scostato.
Ma nel sospiro estremo
sarò forse deluso.
Io morrò dove e quando
il fato vorrà.
Meglio forse al randagio
che lasciò il patrio asilo

617. Vincenzo Cardarelli

Opere complete, éditées par G. Raimondi
Vérone 1962 ("I classici contemporanei italiani", éd. Mondadori)
In 8°
Rome, Collection Massimo Pallottino

Dans l'œuvre de Cardarelli, tant littéraire que poétique, apparaissent de très nombreuses références à sa Tarquinia natale. On peut lire ici le poème "Nostalgia", publié par Mondadori (1942) dans le recueil *Poesie*: "Alto su rupe, / battuto dai venti, / un cimitero frondeggia: / cristiana oasi nel Tartaro etrusco. / Là sotto è la fanciulla / bellissima dei Velcha, / che vive ancora nella Tomba dell'Orco. [...]".

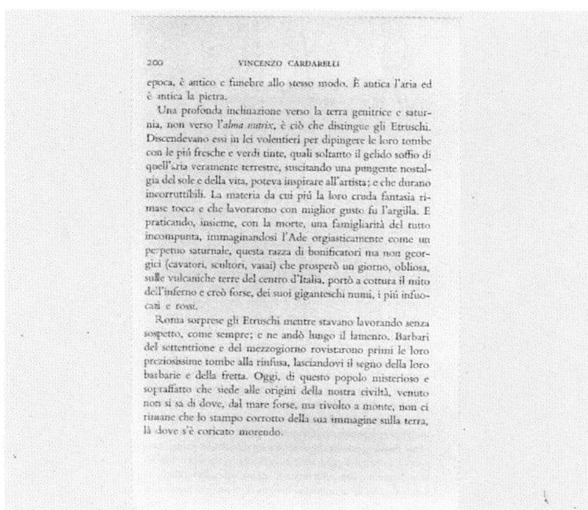

200 VINCENZO CARDARELLI

epoca, è antico e funebre allo stesso modo. È antica l'aria ed è antica la pietra.

Una profonda inclinazione verso la terra genitrice e saturnia, non verso l'*alma mater*, è ciò che distingue gli Etruschi. Discendevano essi in lei volentieri per dipingere le loro tombe con le piú fresche e verdi tinte, quali soltanto il gelido soffio di quell'aria veramente terrestre, suscitando una pungente nostalgia del sole e della vita, poteva inspirare all'artista; e che durano incorruttibili. La materia da cui piú la loro cruda fantasia rimase tocca e che lavorarono con miglior gusto fu l'argilla. E praticando, insieme, con la morte, una famigliarità del tutto incompunta, immaginandosi l'Ade orgiasticamente come un perpetuo saturnale, questa razza di bonificatori ma non georgici (cavatori, scultori, vasai) che prosperò un giorno, obliosa, sulle vulcaniche terre del centro d'Italia, portò a cottura il mito dell'inferno e creò forse, dei suoi giganteschi numi, i piú infuocati e rossi.

Roma sorprese gli Etruschi mentre stavano lavorando senza sospetto, come sempre; e ne andò lungo il lamento. Barbari del settentrione e del mezzogiorno rovistarono primi le loro preziosissime tombe alla rinfusa, lasciandovi il segno della loro barbarie e della fretta. Oggi, di questo popolo misterioso e sopraffatto che siede alle origini della nostra civiltà, venuto non si sa di dove, dal mare forse, ma rivolto a monte, non ci rimane che lo stampo corrotto della sua immagine sulla terra, là dove s'è coricato morendo.

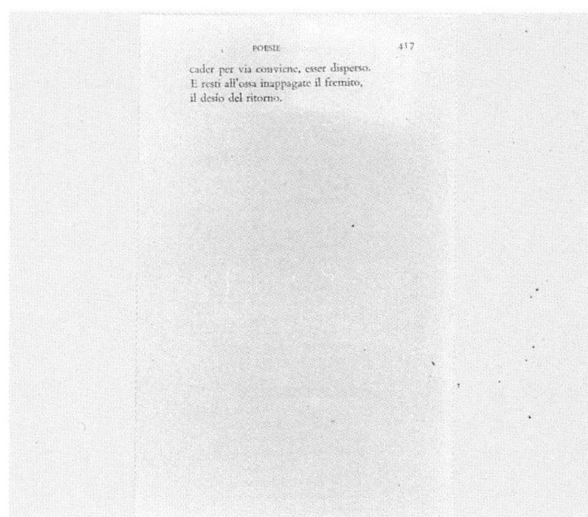

POESIE 417

cader per via conviene, esser disperso.
E resti all'ossa inappagate il fremito,
il desío del ritorno.

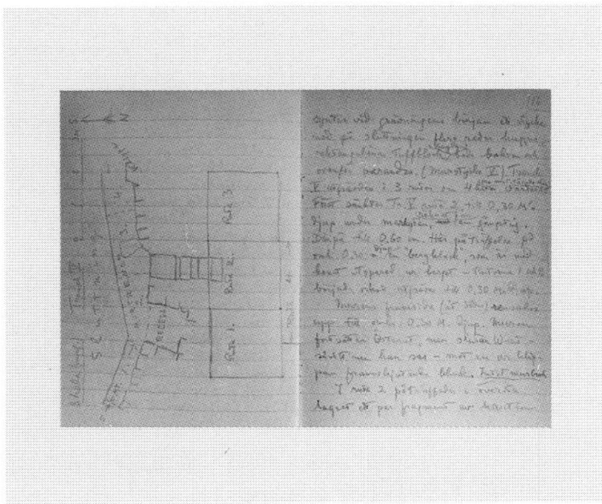

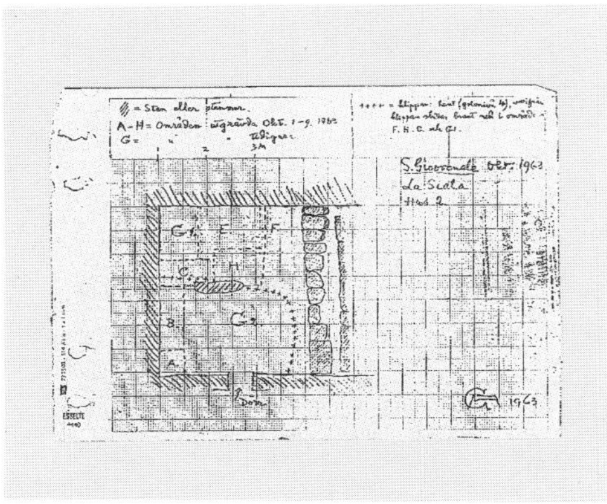

618. Carnet de fouille du roi Gustave VI Adolphe de Suède

Haut. 15,5 cm, larg. 11 cm
Rome, Istituto Svedese di Studi Classici

Ce carnet contient les notes et les relevés exécutés par le roi Gustave VI Adolphe de Suède, pendant la campagne de fouilles menée, sur l'acropole de San Giovenale (Viterbe), par l'Istituto Svedese di Studi Classici de Rome, en octobre 1961. Les pages auxquelles le carnet est ouvert, montrent le relevé d'une tranchée et les commentaires qui le complètent.

619. Mallette contenant des instruments de fouille

Bois avec applications en métal; à l'intérieur, planche amovible à compartiments
Haut. 14,5 cm, long. 47 cm, larg. 22 cm
Rome, Istituto Svedese di Studi Classici

Cette mallette contient les instruments qu'utilisa personnellement le roi Gustave VI Adolphe de Suède, lorsqu'il participa activement à la campagne de fouilles que l'Istituto Svedese di Studi Classici de Rome entreprit à San Giovenale (Viterbe): niveau, mètre rigide, ficelle, truelle, pinceaux, craies, étiquettes, enveloppes pour mettre les petites pièces, crayons, carnets, feuilles de papier millimétré, *et caetera*.

620. Le roi Gustave VI de Suède

Photographie
Rome, Istituto Svedese di Studi Classici

Dans les années soixante, Gustave VI Adolphe de Suède participa régulièrement aux campagnes de fouilles, organisées en Etrurie par l'Istituto Svedese di Studi Classici de Rome. Sur cette photo, datant de 1969, le roi montre une plaque de revêtement architectural, d'un édifice archaïque d'Acquarossa (zone F), à Viterbe.

TABLE CHRONOLOGIQUE
BIBLIOGRAPHIE GENERALE
INDEX DES NOMS
INDEX TOPOGRAPHIQUE DES ŒUVRES

Chronologie

Xe siècle av. J.-C.	Fin de la civilisation du bronze en Italie et apparition des premières différences culturelles "régionales" entre les futurs groupes ethniques.
IXe-VIIIe siècle av. J.-C.	Période villanovienne. Achèvement du processus de formation du peuple étrusque. Noyaux de peuplement étrusque dans la région de Salerne et en Emilie-Romagne. Premières exportations de produits étrusques au-delà des Alpes.
Vers 814 av. J.-C.	Fondation de Carthage par les Phéniciens.
Vers 775 av. J.-C.	Fondation de l'emporion de Pythécuses par les Eubéens.
753 av. J.-C.	Fondation de Rome.
Vers 750 av. J.-C.	Fondation de la colonie de Cumes par les Eubéens.
Seconde moitié du VIIIe siècle av. J.-C.	Incursions de pirates étrusques sur les côtes orientales de la Sicile. Arrivée en Etrurie de vases et d'artisans eubéens.
Fin du VIIIe siècle av. J.-C. - débuts du VIe siècle av. J.-C.	Période orientalisante.
Fin du VIIIe siècle av. J.-C. - débuts du VIIe siècle av. J.-C.	Arrivée en Etrurie de l'alphabet eubéen.
Vers 660 av. J.-C.	Arrivée à Caere du fabricant de vases Aristonothos, originaire de Grèce.
Vers 657 av. J.-C.	Arrivée à Tarquinia de Démarate de Corinthe, accompagné d'artistes.
Dernier quart du VIIe siècle av. J.-C.	Début de l'exportation du vin de l'Etrurie dans le bassin occidental de la Méditerranée (Midi de la France, Catalogne, côte méditerranéenne de la péninsule Ibérique, zone du détroit de Gibraltar, Sardaigne).
615 av. J.-C.	Début de la dynastie étrusque à Rome (Tarquin l'Ancien)
Environ 600 av. J.-C.	Fondation de la colonie de Marseille par les Phocéens. Premières vagues celtiques en Italie du Nord.
Débuts du VIe siècle av. J.-C. - débuts du Ve siècle av. J.-C.	Période archaïque.
Première moitié du VIe siècle av. J.-C.	Résidences princières de Murlo et d'Acquarossa. Temples étrusques de la première phase. Fondation du sanctuaire de Gravisca.

578-534 av. J.-C.	Règne de Servius Tullius, réforme "démocratique".
Environ 565 av. J.-C.	Fondation de la colonie phocéenne d'Alalia (Corse).
Seconde moitié du VIe siècle av. J.-C.	Temples étrusques de la deuxième phase. Fondation du sanctuaire de Pyrgi. Expansion étrusque dans la plaine du Pô et en Campanie. Début de l'exportation du vin de l'Etrurie, par voie de terre, vers l'aire celtique.
546 av. J.-C.	Occupation de l'Asie Mineure par les Perses et exode des artistes ioniens vers l'Etrurie.
Environ 540 av. J.-C.	Bataille d'Alalia (dite aussi "de la mer de Sardaigne").
534-509 av. J.-C.	Règne de Tarquin le Superbe, réaction tyrannique à Rome.
525 av. J.-C.	Victorie d'Aristodème de Cumes sur les Etrusques.
509 av. J.-C.	Chute de la monarchie étrusque à Rome et institution de la république. Arrivée à Rome de Lars Porsenna, roi de Chiusi. Dédicace du temple de Jupiter Capitolin à Rome, au décor duquel a travaillé le sculpteur Vulca (originaire de Véies).
504 av. J.-C.	Victoire d'Aristodème de Cumes et des Latins sur Arrunte Porsenna à Ariccia.
Premier quart du Ve siècle av. J.-C.	Les Etrusques tentent (en vain) d'assiéger les îles Lipari.
Débuts du Ve siècle av. J.-C. - IVe siècle av. J.-C.	Période classique.
480 av. J.-C.	Victoire des Syracusains sur les Carthaginois à Himère.
477 av. J.-C.	Guerre entre Rome et Véies et massacre des Fabius au Crémère.
474 av. J.-C.	Victoire des Syracusains sur les Etrusques à Cumes; Hiéron dédie des prises de guerre au Zeus d'Olympie.
Environ 453 av. J.-C.	Incursions victorieuses des Syracusains dans la région minière du Nord de l'Etrurie. Les grandes villes du Sud de l'Etrurie, Caere, Tarquinia et Vulci, sont en crise tandis que se développe Populonia, au nord, favorisée par sa situation dans une région minière.
Seconde moitié du Ve siècle av. J.-C. - IVe siècle av. J.-C.	Les villes situées à l'intérieur des terres, le long de la vallée du Tibre, Véies, Faléries, Volsinies, Chiusi, Pérouse et Arezzo, qui sont caractérisées par une économie agricole, assument un rôle essentiel dans le processus de réception et d'assimilation des expériences figuratives grecques.
428 av. J.-C.	Guerre entre Rome et Véies; mort de L. Tolumnius, roi de Véies, au cours d'un combat.
426 av. J.-C.	Conquête de Fidène par les Romains et trêve entre Rome et Véies.
414-413 av. J.-C.	Participation des Etrusques (des soldats de Tarquinia conduits par Velthur Spurinna?) à l'expédition des Athéniens contre Syracuse, qui se solde par un échec.
405-396 av. J.-C.	Guerre entre Rome et Véies; Véies est occupée et détruite, son territoire annexé et distribué à la plèbe romaine.
Débuts du IVe siècle av. J.-C.	Arrunte de Chiusi invite les Celtes à venir en Etrurie; les Celtes descendent en Italie centrale.
384 av. J.-C.	Le sanctuaire de Pyrgi est mis à sac par les Syracusains.
373 av. J.-C.	Colonies de droit latin à Sutri et à Nepete.
358-351 av. J.-C.	Guerre entre Rome et Tarquinia, et trêve de 40 ans entre les deux cités.
Seconde moitié du IVe siècle av. J.-C.	Dans les villes côtières de l'Etrurie méridionale, une aristocratie terrienne s'affirme et étend son influence vers l'intérieur des terres; grandes tombes peintes de Vulci et de Tarquinia, tombes décorées de stucs à Caere.
338 av. J.-C.	Rupture de la Ligue latine par Rome.
302 av. J.-C.	Dans les luttes intestines qui ont lieu à Arezzo, Rome intervient en faveur de la faction aristocratique.
Fin du IVe-IIe siècle av. J.-C.	Période hellénistique. Les Etrusques et les Italiques sont intégrés dans l'armée professionnelle romaine. Construction des routes consulaires traversant l'Etrurie: voies Aurelia, Claudia, Cassia, Amerina, Flaminia.
295 av. J.-C.	Victoire des Romains sur les Etrusques et leurs alliés gaulois à Sentinum.
292 av. J.-C.	Victoire de Rome sur Roselle.
280 av. J.-C.	Victoire de Rome sur Vulci et Volsinies.
273 av. J.-C.	Fondation de la colonie de droit latin de Cosa.
264 av. J.-C.	Dans les luttes intestines qui ont lieu à Volsinies (Orvieto), Rome intervient en faveur de la faction aristocratique; destruction de Volsinies et transfert de ses habitants dans la plaine, à Volsinii Novi (Bolsena). Fondation de la colonie de droit romain de Castrum Novum.
247 av. J.-C.	Fondation de la colonie de droit romain d'Alsium.

245 av. J.-C.	Fondation de la colonie de droit romain de Fregenae.
241 av. J.-C.	Victoire de Rome sur Faléries (Civita Castellana), destruction de la ville et transfert de ses habitants dans la plaine, à Falerii Novi (Santa Maria di Falleri).
225 av. J.-C.	Victoire des Romains sur les Gaulois au cap Télamon.
205 av. J.-C.	Caere, Populonia, Tarquinia, Volterra, Arezzo, Pérouse, Chiusi et Roselle contribuent avec leurs propres ressources à l'expédition qui conduira Scipion à vaincre Hannibal à la bataille de Zama.
Ier siècle av. J.-C.	Traduction en latin (perdue) des livres de la *disciplina* étrusque.
90-88 av. J.-C.	Guerre sociale; les populations italiques installées au sud du Pô accèdent à la citoyenneté romaine. Fin des cultures "régionales" de l'Italie antique. Le latin s'affirme comme langue officielle en Italie.
83-82 av. J.-C.	Campagne de Sylla contre les Etrusques.
49-42 av. J.-C.	Les populations de l'Italie du Nord accèdent à la citoyenneté romaine.
41-40 av. J.-C.	Guerre entre Rome et Pérouse, anéantissement des traditions étrusques.
27 av. J.-C.	Auguste divise l'Italie en régions; l'Etrurie est la *Regio* VII.
Fin du Ier siècle av. J.-C. - début du Ier siècle après J.-C.	Verrius Flaccus, *Rerum Etruscarum libri* (perdus).
41-54 après J.-C.	Règne de Claude: politique favorable à la renaissance des traditions étrusques. Claude, *Tyrrhenika* (perdus).
IIe - IIIe siècle	Les sarcophages romains à figures à demi étendues renvoient à la typologie étrusque.
IIe - IVe siècle	Témoignages épigraphiques et historiques relatifs à la survivance des haruspices étrusques.
XVe siècle	Collections d'"antiquailles" chez les artistes, les gens de lettres, les nobles et les princes; en Toscane, on y trouve des pièces étrusques, surtout des figurines de bronze. Elaboration à Florence et à Viterbe, en liaison avec la situation politique contemporaine, d'un "mythe" étrusque fondé sur la tradition littéraire ancienne et sur certaines élucubrations d'origine biblique dues à des clercs de l'époque: dans la Florence républicaine de la première moitié du siècle, on fait référence aux cités libres de l'antique Etrurie; dans la Florence médicéenne de la seconde moitié du siècle, on évoque le monarque étrusque Porsenna.
1446-1452	L.B. Alberti, *De re aedificatoria.*
1451-1456	A. Averlino (Filarète), *Trattato di architettura.*
Dernières décennies du XVe siècle-première moitié du XVIe siècle	Les sarcophages de la Renaissance à figures à demi étendues (Sigüenza, cathédrale; Rome, Sainte-Marie-du-Peuple; Paris, Louvre; Florence, église de la Santissima Annunziata) renvoient à la typologie étrusque.
1498	Annius de Viterbe, *Antiquitatum variarum volumina XII.*
1507	Découverte du tumulus de Castellina in Chianti, peut-être utilisé comme modèle pour un dessin de mausolée que l'on attribue à Léonard de Vinci.
1520-1540	Dessins d'Antonio da Sangallo le Jeune, relatifs à la reconstruction du labyrinthe de Chiusi, au plan de Tarquinia, à la Porta Marzia et à des inscriptions étrusques de Pérouse.
1537-1575	Principat de Côme Ier de Médicis: le soutien apporté aux recherches effectuées sur les Etrusques est lié à la ligne suivie en politique étrangère.
1540	Fondation à Florence de l'*Accademia degli Umidi* que Côme Ier renomme *Accademia Fiorentina*: les érudits y discutent des Etrusques.
1550	L. Alberti, *Descrittione di tutta Italia.*
1551	S. Serlio, *I primi cinque libri dell'architettura.* G. Postel, *De Etruriae regionis... originibus institutis religione et moribus.*
1553	Découverte de la *Chimère* d'Arezzo.
1566	Découverte de la statue de l'*Orateur* (l'"Arringatore"); on croit alors qu'elle représente Scipion l'Africain.
1570	Côme Ier devient Grand-Duc de Toscane et reçoit le titre de *Magnus Dux Etruriae.*
1596	L. Pindemonte, *Breve compendio di tutte le Historie Toschane.*
Première moitié du XVIIe siècle	Création du Museo Cartaceo Dal Pozzo et du musée Kircher, qui comprennent des pièces étrusques (essentiellement des miroirs et des urnes).
1616-1619	T. Dempster, *De Etruria Regali* (rédaction du texte).
1638	F. Ciatti, *Delle memorie... di Perugia.*
1699	Découverte à Tarquinia de la Tombe Tartaglia, la première tombe peinte qui sera reproduite.

1719-1724	B. de Montfaucon, *L'antiquité expliquée... en figures.*
1723-1726	Publication du *De Etruria Regali* de T. Dempster par F. Buonarroti, qui ajoute au texte un appendice de *Conjecturae et explicationes* et une série de 93 planches d'illustrations hors-texte.
1726	Fondation de l'*Accademia Etrusca* de Cortone.
1728-1735	L. Bourguet, essais sur les *Tables* de Gubbio (considérées comme étrusques) dans la "Bibliothèque Italique" de Genève.
1735	Fondation de la *Società Colombaria* de Florence.
1737-1743	A.F. Gori, *Museum Etruscum.*
1739	S. Maffei, *Della nazione etrusca et degli Itali primitivi.*
1750	A.F. Gori-Rom. Venuti-Rid. Venuti, *Museum Cortonense.*
1752-1765	A.C.Ph. de Caylus, *Recueil d'antiquités égyptiennes, étrusques, grecques et romaines.*
1755-1757	Voyage en Italie de J.-J. Barthélemy, qui visite les antiquités d'Herculanum et d'Etrurie et rencontre les érudits italiens de l'époque.
1756	G.M. Lampredi, *Saggio sopra la filosofia degli antichi Etruschi.*
1760	G.M. Lampredi, *Del governo civile degli antichi Toscani e delle cause della loro decadenza.*
1761	Piranèse, *Della magnificenza ed architettura de' Romani.*
1764	J.-J. Winckelmann, *Geschichte der Kunst des Alterthums* (première édition).
1764-1766	F. Smuglewicz exécute des dessins des tombes peintes de Tarquinia pour un ouvrage (jamais publié) de J. Byres sur l'histoire des Etrusques; ces dessins seront utilisés dans l'ouvrage posthume de ce dernier, *Hypogaei or Sepulchral Caverns of Tarquinia...*
1766-1767	P.F. d'Hancarville, *Antiquités étrusques, grecques et romaines tirées du Cabinet de M. Hamilton à Naples.* Les illustrations de cette oeuvre sont à la base du "style étrusque": elles inspirèrent les *Cammini* de Piranèse, la décoration des "chambres étrusques" de certaines résidences aristocratiques en Europe, les porcelaines de plusieurs fabriques européennes, de nombreux dessins de meubles...
1767	J.-J. Winckelmann, *Monumenti antichi inediti spiegati e illustrati.*
1767-1772	M. Guarnacci, *Origini italiche.*
1767-1775	G.B. Passeri, *Picturae Etruscorum in vasculis.*
1769	Inauguration à Burslem (Staffordshire) de la manufacture de porcelaine *Etruria* de J. Wedgwood. G.B. Piranèse, *Ragionamento apologetico in difesa dell'architettura egizia e toscana. Diverse maniere d'adornare i cammini ed ogni altra parte degli edifizi desunte dall'architettura egizia, etrusca e greca.*
1772-1774	C.G. Heyne, essais dans les *Novi Commentarii Societatis Regiae Scientiarum Gottingensis.*
1773-1779	"Etruscan Rooms" de R. Adam à Derby House et Osterley Park.
1777	"Etruscan Room" de J. Wyatt à Heaton Hall.
1779-1780	Services de porcelaine de "style étrusque" produits par la Real Fabbrica Ferdinandea de Naples.
1789	Présentation, à l'exposition de l'Académie de Berlin, d'un vase de porcelaine, dit "ciste mystique", imitant, par sa forme cylindrique, les cistes de Préneste, et produit par la Manufacture royale de Berlin. L. Lanzi, *Saggio di lingua etrusca e di altre nazioni d'Italia.*
1806	L. Lanzi, *Dei vasi antichi volgarmente chiamati etruschi.*
1810	G. Micali, *L'Italia avanti il dominio dei Romani* (première édition).
Première moitié du XIXe siècle	Présence du monde étrusque dans la littérature française (Stendhal, Balzac, Mérimée, Murger).
1820	Les fouilles archéologiques dans les Etats Pontificaux ne peuvent plus avoir lieu sans la permission des autorités (Edit Pacca).
Vers 1820	Début de l'activité des orfèvres Castellani, du père Pio Fortunato d'abord, puis de ses deux fils, successivement, Augusto et Alessandro: ils imitent les techniques et les modèles de l'orfèvrerie étrusque.
1821-1826	F. Inghirami, *Monumenti etruschi o di etrusco nome.*
1823	Reprise des fouilles à Tarquinia à l'initiative de C. Avvolta. Découverte de la Tombe du Guerrier.
1823-1828	*Cénacle des Hyperboréens*, à Rome. C. Ruspi en fera partie, qui plus tard dessinera les tombes peintes de Tarquinia.
1825	Découverte des premières tombes peintes de Tarquinia (Mare, Leoni, Labrouste). Début des fouilles menées par les frères Candelori dans la nécropole de Vulci.

1826	F. Orioli, *Dei sepolcrali edifizi dell'Etruria media e in generale dell'architettura tuscanica.*
1828	K.O. Müller, *Die Etrusker* (œuvre complétée et rééditée par W. Deecker en 1877). Début des fouilles des frères Campanari et de Lucien Bonaparte dans la nécropole de Vulci.
1829	Fondation à Rome de l'*Instituto di Corrispondenza Archeologica.*
1834	Décoration par P. Palagi du "Cabinet étrusque" du château de Racconigi (Turin): scènes inspirées des peintures de la Tombe du Baron, à Tarquinia, et du répertoire des vases grecs.
Vers 1835	Début des fouilles de G. Campana.
1836	Fouilles Regolini-Galassi à Caere.
1837	Inauguration du *Museo Gregoriano Etrusco*, au Vatican. Exposition organisée par les frères Campanari à Pall Mall (Londres).
1839-1897	E. Gerhard-G. Körte-A. Klügman, *Etruskiche Spiegel.*
1840	Fouille de l'hypogée des Volumni à Pérouse. E.C. Hamilton Gray, *The Sepulchres of Etruria.*
1842	J. Byres, *Hypogaei or Sepulchral Caverns of Tarquinia, the Capital of Ancient Etruria* (édité par W. Howard).
1842-1857	Séjour en Italie de S.J. Ainsley, qui reproduit des paysages et des ruines étrusques.
1843	Décoration par W. Rosendhal du "Cabinet étrusque" de l'Altes Museum de Berlin, avec des scènes tirées des peintures des tombes de Tarquinia. L'exemple sera suivi par G. Semper dans la décoration du "Palais japonais" de Dresde.
1844	Découverte du vase François dans une tombe étrusque de Chiusi.
1846-1851	L. Canina, *Antica Etruria marittima.* Acquisition des bandelettes de la momie de Zagreb, l'unique *liber linteus* de l'Antiquité: il contient le plus long texte étrusque qui nous soit parvenu.
1848	G. Dennis, *The Cities and Cemeteries of Etruria* (deuxième édition, 1878; troisième édition, 1883).
1854	Découverte à Villanova (Bologne) d'une nécropole de l'âge du fer qui donnera son nom à la culture de cette période en Etrurie, dans la plaine du Pô et en Campanie.
Vers 1860	Début de la dispersion de la collection Campana: ses pièces se retrouveront dans les collections des musées de Paris (Louvre), Berlin, Saint-Pétersbourg, Bruxelles, Londres, Munich, Florence, Bologne et Rome.
1862-1864	A. Noël Des Vergers, *L'Etrurie et les Etrusques. Dix ans de fouilles dans les maremmes toscanes.*
1867-1880	G.F. Gamurrini - A. Fabretti, *Corpus Inscriptionum Italicarum, Glossario, Supplementi* et *Appendice.*
1870	Création à Florence du *Museo Etrusco Centrale*, le futur Musée archéologique.
1870-1916	H. Brunn-G. Körte, *I rilievi delle urne etrusche.*
1872	Début des fouilles systématiques des nécropoles d'Orvieto.
1876	Début des "Notizie degli Scavi di Antichità" publiées par l'*Accademia dei Lincei* à Rome.
1889	Création à Rome du Musée de la Villa Giulia. J. Martha, *L'art étrusque.*
1893	Début du *Corpus Inscriptionum Etruscarum.*
1895-1910	O. Montelius, *La civilisation primitive en Italie.*
1895-1913	Copies des peintures des tombes de Tarquinia par A. Morani, à l'initiative de C. Jacobsen et W. Helbig, conservateurs à la Ny Carlsberg Glyptotek de Copenhague.
Seconde moitié du XIXe siècle - première moitié du XXe siècle	Reflets du monde étrusque dans la littérature italienne (Carducci, D'Annunzio, Malaparte).
1916	Découverte de l'Apollon de Véies.
1925	Naissance à Florence du *Comitato Permanente per l'Etruria.*
1926	Premier Congrès National Etrusque (Florence).
1927	Naissance de la revue "Studi Etruschi".
1928	Premier Congrès International Etrusque (Florence, Bologne).
1932	Transformation du *Comitato Permanente per l'Etruria* en *Istituto di Studi Etruschi*, devenu ensuite l'*Istituto Nazionale di Studi Etruschi e Italici.*
premières décennies du XXe siècle	Reflets du monde étrusque dans la littérature anglaise (Lawrence, Huxley).
1955-1956	Première grande exposition étrusque à Zurich, Milan, Paris, La Haye, Oslo et Cologne.
1964	Découverte à Pyrgi de trois lamelles d'or écrites en étrusque (deux d'entre elles) et en phénicien (la troisième).
1985	*Progetto Etruschi*: exposition présentée (après 1985 également) dans plusieurs villes de la Toscane, du Latium, de l'Ombrie et de la Lombardie. Deuxième Congrès International Etrusque (Florence).
1988-1989	Exposition "Le Monde des Etrusques: objets archéologiques des musées des pays socialistes" à Berlin, Budapest, Prague, Léningrad, Varsovie et Viterbe.

Bibliographie générale

ABREVIATIONS:

Corpus Inscriptionum Etruscarum (CIE)
Corpus Inscriptionum Italicarum (CII)
Corpus Inscriptionum Latinarum (CIL)
Corpus Vasorum Antiquorum (CVA)
Lexicon Iconographicum Mythologiae Classicae (LIMC)
Revue d'Epigraphie Etrusque (REE)

1485
L.B. Alberti, *De Re Aedificatoria*, Florence (I[e] éd. imprimée; éd. critique, Milan 1966)

1511
M. Vitruvius per Jocundum solito castigatior factus [...], Venise (I[e] éd. illustrée du *De Architectura*)

1550
L'Architettura di Leonbattista Alberti tradotta in lingua fiorentina da Cosimo Bartoli [...], Florence (éd. sous la direction de C. Bartoli, illustrée pour la première fois par *De Re Aedificatoria*)

1562
J. Barozzi da Vignola, *La Regola delli Cinque Ordini d'Architettura*, Rome

1563
J. Shute, *The First and Chief Groundes of Architecture [...]*, Londres

1567
D. Barbaro (et A. Palladio), *I dieci libri dell'architettura di M. Vitruvio, tradutti et commentati da M. Barbaro*, Venise (I[e] éd. 1556)

1570
A. Palladio, *I Quattro Libri dell'Architettura [...]*, Venise

1615
V. Scamozzi, *Dell'Idea dell'Architettura Universale*, Venise

1723-1724
T. Dempster, *De Etruria regali libri VII [...]*, Florence

1737-1743
A.F. Gori, *Museum Etruscum [...]*, Florence

1752-1767
A.C.Ph. Caylus (comte de), *Recueil d'Antiquités égyptiennes, étrusques, grecques, romaines et gauloises*, 7 vol., Paris

1758
B. Galiani, *L'Architettura di M. Vitruvio Pollione, colla traduzione e commento [...]*, Naples

1761
G. Piranesi, *Della Magnificenza ed Architettura de' Romani*, Rome

1765
G. Piranesi, *Osservazioni [...] sopra la Lettre de M. Mariette e Parere sull'Architettura*, Rome

1769
G. Piranesi, *Ragionamento apologetico in difesa dell'architettura Egizia e Toscana*, Rome

1773-1882
R. et J. Adam, *The Works in Architecture*, 3 vol., Londres

1787
J.F. Ortiz y Sanz, *Los diez libros de Architectura de M. Vitruvio Pollion [...]*, Madrid

1806
L. Lanzi, *De' vasi antichi dipinti volgarmente chiamati etruschi*, Florence

1815
St.K. Potocki, *O sztuce u Dawnych czyli Winkelman Polski*, II, Varsovie

1821-1826
F. Inghirami, *Monumenti etruschi o di etrusco nome [...]*, [Fiesole]

1832
G. Micali, *Monumenti per servire alla storia degli antichi popoli italiani*, Florence (I[e] éd. 1810)

1839-1897
E. Gerhard - G. Körte - A. Klügmann, *Etruskische Spiegel*, I-V, Berlin

1844
G. Micali, *Monumenti inediti a illustrazione della storia degli antichi popoli italiani*, Florence

1846-1851
L. Canina, *L'antica Etruria Marittima*, Rome

1847
L. Canina, *L'antica Città di Veji descritta e dimostrata con i monumenti*, Rome

1851
J.I. Hittorff, *Restitution du temple d'Empédocle à Sélinonte, ou l'architecture polychrome chez les Grecs*, Paris

1858-1881
L. Lindenschmit, *Die Altertümer unserer heidnischen Vorzeit*, Mayence

1860
G. Semper, *Der Stil, I, Die textile Kunst für sich betrachtet und in Beziehung zur Baukunst*, Francfort

1862
C. Clément, *Catalogue des Bijoux du Musée Napoléon III*, Paris

1862-1864
A.N. Des Vergers, *L'Etrurie et les Etrusques*, Paris

1865
G.C. Conestabile, *Pitture murali a fresco e suppellettili etrusche in bronzo e in terra cotta scoperte in una necropoli presso Orvieto nel 1863 da Domenico Golini*, Florence

1867
C.F. Wiberg, *Der Einfluß der klassischen Völker auf den Norden durch den Handelsverkehr*, Hambourg

1870
C.F. Wiberg, *Über den Einfluß der Etrusker und Griechen auf die Bronzekultur*

1870-1916
H. Brunn-G. Körte, *I rilievi delle urne etrusche*, Rome-Berlin

1871-1882
E. de Meester de Ravestein, *Musée de Ravestein. Catalogue descriptif*, 3 vol., Liège

1874
H. Genthe, *Über den etruskischen Tauschhandel nach dem Norden*, Francfort

1877
J.N. von Sadowski, *Die Handelsstraßen der Griechen und Römer durch das Flußgebiet der Oder, Weichsel, des Dniepr und Niemen an die Gestade des Baltischen Meeres*, Poznań

1879-1880
E. Millet, *Henri Labrouste*, dans "Bulletin de la Société centrale des Architectes", p. 25-26

1880
G.F. Gamurrini, dans "Notizie degli Scavi", p. 219
E. de Meester de Ravestein, *Musée de Ravestein. Notice*, Bruxelles (IIe éd. 1884)

1881
R. Maffei, *Tre Volterrani: Enrico Ormanni, Giovanni Cosimo Villifranchi, Mario Guarnacci*, Pise, p. 51 sq.

1882
A. Michaelis, *Ancient Marbles in Great Britain*, Cambridge

1885
O. Montelius, *Om tidsbestämning inom bronsåldern, med särskildt afseende på Skandinavien*, Kungl. Vitterhets Historie och Antikvitetsakademien (voir traduction anglaise 1986)

1886-1986
J. Hampel, *A bronzkor emlékei Magyarhonban*, Budapest

1888
T. Dempster, dans *Dictionary of National Biography*, sous la direction de L. Stephen, Londres

1895
E. Babelon-A. Blanchet, *Catalogue des bronzes antiques de la Bibliothèque Nationale*, Paris

1897
G. Pellegrini, dans "Notizie degli Scavi", p. 386 sq.

1898
L. Savignoni, *Di un nuovo sarcofago della necropoli di Cerveteri*, dans "Monumenti Antichi dell'Accademia dei Lincei", 8, p. 521 sq.

1899
W. Froehner, *Collections du Château de Gołuchów. Antiquités*, Paris
H.B. Walters, *Catalogue of Bronzes, Greek, Roman and Etruscan, British Museum*, Londres

1899-1901
G. Körte, dans *Antike Denkmäler*, II, Berlin

1903
K. Hadaczek, *Der Ohrschmuck der Griechen und Etrusker*, Vienne

1904
Gustaf Adolf, *Fornlämningar i trakten kring Norrköping*, dans "Östergötlands Fornminnesförening", p. 1-6
S. Reinach, *Esquisse d'une histoire de la Collection Campana*, dans "Revue Archéologique", 4, p. 180-199, 363-384

1905
S. Reinach, *Esquisse d'une histoire de la collection Campana*, dans "Revue Archéologique", 5, p. 57-92, 208-240, 343-364

1906
Gustaf Adolf, *Undersökning af en grafhög vid Tinkarp nära Sofiero*, dans "Fornvännen", p. 53-62
K. Hadaczek, *Zur Geschichte des etruskischen Einflüsses in Mitteleuropa*, dans "Mitteilungen des Deutschen Archäologischen Instituts. Römische Abteilung", 21, p. 387-393

1908
A. Michaelis, *Ein Jahrhundert kunstarchäologischer Entdeckungen*, Leipzig (IIe éd.; trad. it. *Un secolo di scoperte archeologiche*, Bari, 1912)

1911
F.H. Marshall, *Catalogue of the Jewellery, Greek, Etruscan and Roman in the Department of Antiquities*, British Museum, Londres

1912
A. Michel-G.Migeon, *Le Musée du Louvre*, Paris

1913
T. Ashby, *Thomas Jenkins in Rome*, dans "Papers of the British School at Rome", 6, p. 8, 487-511

1914
J. Déchelette, *Manuel d'archéologie préhistorique, celtique et gallo-romaine, Note additionnelle*, t. II, IIIe partie, Paris

1915
A. de Ridder, *Bronzes antiques du musée du Louvre*, Paris

1918
A. Della Seta, *Il Museo di Villa Giulia*, Rome

1919
R. de Orueta, *La escultura funeraria en España*, Madrid
F.R. Shapley, *A Student of Ancient Ceramics, Antonio Pollajuolo*, dans "The Art Bulletin", 2, p. 78 sq.

1921
A. Minto, *Marsiliana d'Albegna*, Florence
F. Weege, *Etruskische Malerei*, Halle

1922
P. Vitry, *La sculpture de la Renaissance*, Paris

1924
F. Behn, *Hausurnen*, Berlin
A. de Ridder, *Musée du Louvre. Catalogue sommaire des bijoux antiques*, Paris

1925
L. Gasperetti, *Appunti sulle "Origini Italiche" di Mario Guarnacci e sull'utopia della "sapientia antiquissima"*, dans "Rassegna Volterrana", II, 3, p. 127-140

1926
M. Serrano y Sanz, dans "Boletín de la Real Academia de la Historia, Madrid", p. 186 sq.

1929
P.Fabia, *La table claudienne de Lyon*, Lyon
P. Jacobsthal-A. Langsdorff, *Die Bronzeschnabelkannen*, Berlin

1930
H. Sauer, *Die archaischen etruskischen Terrakottasarkophage aus Caere*, Rendsburg
B. Sprockhoff, *Zur Handelsgeschichte der germanischen Bronzezeit*, Berlin

1931
O.A. Erich, *Die Darstellung des Teufels in der christlichen Kunst*, Berlin
A. Jalabert, *La sculpture française*, Paris

1932
F. Magi, *Stele e cippi fiesolani*, dans "Studi Etruschi", 6, p. 11-87

1933
D. Levi, *L'arte etrusca e il ritratto*, dans "Dedalo", 13, p. 193-228

1934
Ed. Bulanda, *Etruria i Etruskowie*, Lwów
F. De Ruyt, *Charun, démon étrusque de la mort*, Rome

1935
G. Avakian, *Rilievi inediti di monumenti etruschi e romani*, dans "Ephemeris Dacoromana", 6, p.129 sq.
G.Q. Giglioli, *L'arte etrusca*, Milan
Gustaf Adolf, *Kronprinsparets Orientresa. En minnesbok i bilder. September 1934-januari 1935*, Stockholm

1936
C. Clemen, *Fontes historiae religionum primitivarum [...]*, Bonn

1938
U. Middeldorf, dans "The Art Quarterly. Detroit Institute of Art", 1, p. 109 sq.
I. Szeligowska, *L'art décoratif étrusque*, Cracovie

1940
A. Andrèn, *Architectural Terracottas from Etrusco-Italic Temples*, Lund-Leipzig
A. Minto, *Populonia. Nuova tomba a camera scoperta sul Poggio della Porcareccia*, dans "Notizie degli Scavi", p. 385 sq.

1941
F. Magi, *La raccolta Benedetto Guglielmi nel Museo Gregoriano Etrusco*, II, Rome
O. Vessberg, *Studien zur Kunstgeschichte der römischen Republik*, Lund-Leipzig

1943
A. Minto, *Populonia*, Florence
J. Sundwall, *Die älteren italischen Fibeln*, Berlin

1944
P. Jacobsthal, *Early Celtic Art*, Oxford (IIe éd. 1969)

1946
P.J. Riis, *The Bronze Statuette from Uffington, Berkshire*, dans "Journal of Roman Studies", 36, p. 43-47

1946-1947
A. Mansuelli, *Gli specchi figurati etruschi. Stile e cronologia*, dans "Studi Etruschi", 19, p. 9 sq.

1948
A. García Bellido, *Hispania Graeca*, Barcelone
R. Herbig, *Götter und Dämonen der Etrusker*, Mayence

1949
M. Almagro, *Los hallazgos de bucchero etrusco hacia Occidente y su significado*, dans "Boletín Arqueológico de Tarragona" 49, p. 97-102
M. Pallottino, dans "Studi Etruschi", 13, p. 455 sq., REE n. 1

1950
D.B. Harden, *Italic and Etruscan Finds in Britain*, dans *Atti del I Congresso di Preistoria e Protostoria Mediterranea*, Florence, p. 315-324
M. Pallottino, *Il grande acroterio femminile di Veio*, dans "Archeologia Classica", 2, p. 122-179

1951
M. Almagro, *Guia de Ampurias*, Barcelone
M.L. Bernhard, *St.K.Potocki, Kolekcjoner waz greckich*, dans "Meander", 6, 8-9, p. 430-449
F. Poulsen, *Catalogue of Ancient Sculpture*, Copenhague

1952
R. Herbig, *Die jüngeretruskischen Steinsarkophage*, Berlin
G. von Merhart, *Studien über einige Gattungen von Bronzegefäßen*, dans *Festschrift des römisch-germanischen Zentralmuseums in Mainz*, II, Mayence

1953
H.P. Fourest, *La céramique européenne*, Paris
E. Stefani, *Veio. Tempio detto dell'Apollo*, dans "Notizie degli Scavi", p. 29 sq.

1954
G. Kossack, *Donauländisches Symbolgut der Urnenfelder- und Hallstattzeit Mitteleuropas*, Berlin (Röm.-german. Forsch., 20)
G. Kossack, *Pferdegeschirr aus Gräbern der älteren Hallstattzeit Bayerns*, dans "Jahrbuch des Römisch-Germanischen Zentralmuseums Mainz", 1, p. 111-178
M. Pallottino, *Le tombe di Tarquinia*, dans *Grandi scoperte archeologiche*, Turin (Edizioni Radio Italiana, 25), p. 22-33

1955
F. Benoit, *L'art primitif méditerranéen de la vallée du Rhône*, Aix-en-Provence
G.Q. Giglioli, *Il museo Campana e la sua vicenda*, dans "Studi Romani", 3, p. 292-300, 418-434
Gustaf VI Adolf, *Fornkunskap och konstforskining* (Discours prononcé à l'occasion de sa reception comme docteur honoris causa), Oxford (trad. it. dans "Opuscula Romana", 19, 1992)
O. Haas, *Die Entstehung der Runenschrift*, dans "Lingua Posnaniensis", 5, p. 41-58
W. Lusetti, *Alceo Dossena*, Rome

1955-1956
M. Pallottino, *Nuovi spunti di ricerca sul tema delle magistrature etrusche*, dans "Studi Etruschi", 24, p. 45-72

1956-1957
M. Pallottino, *Deorum sedes*, dans *Studi in onore di A. Calderini e R. Paribeni*, Milan, p. 223-234

1957
J. Bérard, *La colonisation grecque de l'Italie Méridionale et de la Sicile dans l'antiquité*, Paris
E. Fiumi, *Materiali volterrani nel Museo Archeologico di Firenze*, dans "Studi Etruschi", 25, p. 463 sq.
R. Herbig, *Zur Religion und Religiosität der Etrusker*, dans "Historia", 6, p. 123 sq.
J. Heurgon, *L'Etat étrusque*, dans "Historia", 6, p. 63 sq.
S. Mazzarino, *Sociologia del mondo etrusco e problemi della tarda etruscità*, dans "Historia", 6, p. 98 sq.
M. Pallottino, *Scienza e poesia alla scoperta dell'Etruria*, dans "Quaderni dell'Associazione Culturale Italiana", 24, pp. 5-22
E. Paribeni, *Due figure bronzee da un tripode*, dans "Bolletino d'Arte", 42, p. 218-221
F. Staré, *Polmesečne britve iz Jugoslavije*, dans "Arheoloski Vestnik", 8, p. 204-222

1957-1959
L.J. Łuka, *Importy italskie i wschodnio-alpejskie oraz ich naśladownictwa na obszarze kultury łuzyckiej okresu halsztackiego w Polsce* (Résumé: *Les importations de l'Italie et des Alpes orientales et leurs imitations locales chez la population de la civilisation "Lusacienne" de la période de Hallstatt en Pologne)*, dans "Slavia Antiqua", 6, p. 1 sq.

1958
W. Barner, dans "Germania", 36, p. 177 sq.
C. Brandi-L.Vlad Borrelli-G.Urbani, dans *Enciclopedia Universale dell'Arte*, s.v. *Falsificazione*, V, Venise-Rome, p. 312-321
D. Heitkamp, *Berliner Museen*, dans "Berichte der Preussischen Kunstsammlungen. N.F.", 8, p. 34 sq.
M. Pallottino, *Il culto degli antenati in Etruria ed una probabile equivalenza lessicale etrusco-latina*, dans "Studi Etruschi", 26, p. 49 sq.

1959
F. Arnau, *Kunst der Fälscher. Fälscher der Kunst*, Düsseldorf
G. Camporeale, *Le scene etrusche di "protesi"*, dans "Mitteilungen des Deutschen Archäologischen Instituts. Römische Abteilung", 66, p. 31 sq.
A. Chastel, *Art et humanisme à Florence au temps de Laurent le Magnifique*, Paris
G. Kossack, *Südbayern während der Hallstattzeit*, Berlin (Röm.-german. Forsch., 24)
K. Kromer, *Das Gräberfeld von Hallstatt*, Florence
H. Müller-Karpe, *Beiträge zur Chronologie der Urnenfelderzeit nördlich und südlich der Alpen*, Berlin (Röm.-german. Forsch., 22)
J.P. Riis, *The Danish Bronze Vessels of Greek, Early Campanian, and Etruscan Manufactures*, dans "Acta Archaeologica", 30, p. 1 sq.
P. Ward-Jackson, *Osterley Park*, Londres

1960
C. Benedetti, *La tomba vetuloniese del Littore. II*, dans "Studi Etruschi", 28 p. 449 sq.
W.L. Brown, *The Etruscan Lion*, Oxford
D. Mustilli, dans *Enciclopedia dell'Arte Antica Classica e Orientale*, s.v. *Falsificazione*, III, Rome, p. 576-589
S. Paglieri, *Origine e diffusione delle navi etrusco-italiche*, dans "Studi Etruschi", 28, p. 209 sq.
M. Sordi, *I rapporti romano-ceriti e l'origine della civitas sine suffragio*, Rome
M. Zuffa, *Infundibula*, dans "Studi Etruschi", 28, p. 165-208

1961
A. Arribas-G. Trias de Arribas, *Un interesante "hallzago cerrado" en el yacimento de Ullastret*, dans "Archivio Español de Arqueología", 34, p. 18-40
D.V. Bothmer-J.V. Noble, *An Inquiry into the Forgery of the Etruscan Terracotta Warriors in the Metropolitan Museum of Art*, New York
S. De Marinis, *La tipologia del banchetto nell'arte etrusca arcaica*, Rome
F. Eckstein, dans *Enciclopedia dell'Arte Antica Classica e Orientale*, s.v. *Iperborei*, IV, Rome, p. 176-178
J. Heurgon, *La vie quotidienne chez les Etrusques*, Paris
A. Hus, *Recherches sur la statuaire en pierre étrusque archaïque*, Paris (Bibl. des Ecoles Françaises d'Athènes et de Rome, 198)
Mostra dell'arte delle situle dal Po al Danubio, Florence
R. Krautheimer, *Albertis Templum Etruscum*, dans "Münchner Jahrbuch der Bildenden Kunst", 12, p. 65-72
O. Kurz, *Falsi e falsari*, Venise
H. Müller-Karpe, *Die Vollgriffschwerter der Urnenfelderzeit aus Bayern*, Munich (Münchner Beiträge zur Vor- und Frühgeschichte, 6)
M. Pallottino, *Luigi Lanzi fondatore degli studi di storia, storia della civiltà e storia dell'arte etrusca*, dans "Studi Etruschi", 29, p. XXI-XXXVII
B. Stjernquist, *The Problems of the House and Face Urns*, dans "Simris", 2, p. 45 sq.

1962
V. Cardarelli, *Opere complete*, sous la direction de G. Raimondi, Milan
J. Fleming, *Robert Adam and his Circle in Edinburgh and Rome*, Londres
W. Lucke-O.H.Frey, *Die Situla in Providence (Rhode Island)*, Berlin
P. Treves, *Giuseppe Micali*, dans *Lo studio dell'antichità classica nell'Ottocento*, I, Milan-Naples, p. 293-311
P. Treves, *Lo studio dell'antichità classica nell'Ottocento*, Milan-Naples

1963
J.D. Beazley, *Attic Red-Figure Vase-Painters*, Oxford (IIe éd.)
R. Bloch, *Les prodiges dans l'antiquité*, Paris
J. Close Brooks, *Proposta per una suddivisione in fasi*, dans "Notizie degli Scavi", p. 53 sq.
W. Helbig, *Führer durch die öffentlichen Sammlungen klassischer Altertümer in Rom*, I, Tübingen (IVe éd.)
G.A. Mansuelli, *La casa etrusca di Marzabotto. Constatazioni sui nuovi scavi*, dans "Mitteilungen des Deutschen Archäologischen Instituts. Römische Abteilung", 70, p. 44 sq.
M. Pallottino, dans *Enciclopedia Universale dell'Arte*, s.v. *Orientalizzante*, X, Venise-Rome, p. 223-237
H. Rix, *Das etruskische Cognomen*, Wiesbaden

1964
G. Calza, *Scavi di Ostia. I ritratti*, Rome (Ostie, V)
H. Daniel, *Devils, Monsters, and Nightmares*, Londres-New York
R. Hampe-E.Simon, *Griechische Sagen in der frühen etruskischen Kunst*, Mayence
C. Laviosa, *Scultura tardo-etrusca di Volterra*, Florence
E.P. Loeffler, *A Lost Etruscan Painted Tomb*, dans *Essays in memory of Karl Lehmann*, sous la direction de L. Freman Sandler, New York, p. 198-208
F. Magi, *Le stele arcaiche dal Tirreno all'Adriatico*, dans *Problemi di storia e archeologia dell'Umbria* (Actes du Ier congrès d'études ombriennes), Pérouse, p. 175 sq.
E. Panofsky, *Grabplastik*, Cologne

1965
A. Neppi Modona, *Riflessioni sul problema delle sopravvivenze etrusche nell'arte italiana*, dans "Arte Lombarda", p. 13 sq.
S.R. Pierce, *Thomas Jenkins in Rome*, dans "Antiquaries Journal", 45, p. 200-229
F. Roncalli, *Le lastre dipinte da Cerveteri*, Firenze

1966
L.B. Alberti, *L'Architettura*, sous la direction de G. Orlandi et P. Portoghesi, Milan
B. Brenk, *Tradition und Neuerung in der christlichen Kunst des ersten Jahrtausends. Studien zur Geschichte des Weltgerichtsbildes*, Vienne (Wiener Byzantinische Studien, 3)
J. Heurgon, *Życie codzienne Etrusków*, Varsovie
W. Krause, *Die Runeninschriften im älteren Futhark, I. Text; II. Tafeln*, Göttingen (Abhandlungen der Akademie der Wissenschaften in Göttingen, phil.-hist. Klasse, 3, Folge 65)
A. Momigliano, *Ancient History and the Antiquarians*, dans *Studies in Historiography*, Londres

F. Nicosia, *Due nuovi cippi fiesolani*, dans "Studi Etruschi", 34, p. 159-161
F. Nicosia, *Il tumulo di Montefortini e la tomba dei Boschetti a Comeana*, Florence
K. Sagar, *The Art of D.H.Lawrence*, Cambridge
D. Stillman, *The Decorative Work of Robert Adam*, Londres

1966-1967
H.Möbius, *Zeichnungen etruskischer Kammergräber und Einzelfunde von James Byres*, dans "Mitteilungen des Deutschen Archäologischen Instituts, Römische Abteilung", 73-74, p. 53-71

1967
C. Albore-Livadie, *L'épave étrusque du Cap d'Antibes*, dans "Rivista di Studi Liguri", 33, p. 300 sq.
L. Banti, *Disegni di tombe e monumenti etruschi fra il 1825 e il 1830: l'architetto Henri Labrouste*, dans "Studi Etruschi", 35, p. 575 sq.
R. Bloch, *Etruskowie*, Varsovie
G. Camporeale, *La tomba del Duce*, Florence
E. Di Filippo, *Rapporti iconografici di alcuni monumenti dell'arte delle situle*, dans "Venetia", 1, p. 99 sq.
H. Jucker, dans *Propyläen Kunstgeschichte* 1, Berlin, p. 322
G.B. Pellegrini-A.L.Prosdocimi, *La lingua venetica, I. Le iscrizioni*, Padoue-Florence
D. Stillman, *Robert Adam and Piranesi*, dans *Essays in the History of Architecture presented to Rudolf Wittkower*, Londres, p. 197-206
B. Stjernquist, *Ciste a cordoni*, Bonn

1968
B.F. Cook, *A Class of Etruscan Bronze Omphalos-Bowls*, dans "American Journal of Archaeology", 72, p. 337-344
T. Dohrn, *Der Arringatore*, Berlin
K. Düwel, *Runenkunde*, Stuttgart (IIe éd. 1983)
S. Gabrovec, *Grab s trinožnikom iz Novega Mesta*, dans "Arheoloski Vestnik", 19, p. 53-60
H. Hencken, *Tarquinia, Villanovans and Early Etruscans*, Cambridge (Mass.)
G.A. Mansuelli, *Individuazione e rappresentazione storica dell'arte estrusca*, dans "Studi Etruschi", 36, p. 3 sq.
M. Pallottino, *Etruskowie*, Varsovie
M. Pallottino, *Testimonia Linguae Etruscae*, Florence (IIe éd.)
R.A. Staccioli, *Modelli di edifici etrusco-italici. I modelli votivi*, Florence
W. Szafrański, *W sprawie Etrusków nad Baltykien* (Summary: *The Etruscans along the Baltic*), dans "Pomorania Antiqua", 2, p. 17 sq.
H. Thrane, *Eingeführte Bronzeschwerter aus Dänemarks jüngerer Bronzezeit (Periode IV-V)*, dans "Acta Archaeologica", 39, p. 143-218
P. Zazoff, *Etruskische Skarabäen*, Mayence

1968-1969
A.L.Prosdocimi, *Una iscrizione inedita dal territorio atestino. Nuovi aspetti epigrafici linguistici culturali dall'area paleoveneta*, dans "Atti Istituto Veneto SS.LL.AA.", 127, p. 123-181

1968-1970
C. De Simone, *Die griechischen Entlehnungen im Etruskischen*, 2 vol., Wiesbaden

1969
B. Banti, *Il mondo degli Etruschi*, Rome (IIe éd.)
A. Bocquet, *Musée dauphinois. Catalogue des collections préhistoriques et protohistoriques*, Grenoble
G. Buchner, *Mostra degli scavi di Pithecusa*, dans "Dialoghi di Archeologia", 3, 1-2 (Rencontre d'études sur les origines de la colonisation grecque en Occident)
G. Camporeale, *I commerci di Vetulonia in età orientalizzante*, Florence
M. Cristofani, *Appunti di epigrafia etrusca arcaica*, dans "Annali della Scuola Normale Superiore di Pisa", s. II, 38, p. 99-112.
"Dialoghi di Archeologia", 3, 1-2 (Rencontre d'études sur les origines de la colonisation grecque en Occident)
B. Fothergill, *Sir William Hamilton: Envoy Extraordinary*, Londres
O.-H. Frey, *Die Entstehung der Situlenkunst*, Berlin (Röm.-germ. Forsch., 31)
F.-W. von Hase, *Die Trensen der Früheisenzeit in Italien*, Munich (Prähistorische Bronzefunde XVI, 1)
B. Liou, *Praetores Etruriae XV populorum*, Bruxelles
G. von Merhart, *Hallstatt und Italien, Gesammelte Aufsätze zur frühen Eisenzeit in Italien und Mitteleuropa*, sous la direction de G. Kossack, Mayence
J.A. Pfiffig, *Die Etruskische Sprache*, Graz
W. Schule, *Die Meseta-Kulturen der iberischen Halbinsel*, Berlin
M. Torelli, *Senatori etruschi della tarda repubblica e dell'impero*, dans "Dialoghi di Archeologia", 3, 1-2, (Rencontre d'études sur les origines de la colonisation grecque en Occident), p. 285 sq.
G.Valentini, *Il motivo della potnia theron sui vasi di bucchero*, dans "Studi Etruschi", 37, p. 411 sq.
Wedgwood Museum Barlaston, cat. exposition, Newcastle-upon-Tyne
E. Zwierlein-Diehl, *Antike Gemmen in Deutschen Sammlungen, Band II, Berlin*, Munich

1970
V. Bianco Peroni, *Le spade nell'Italia continentale*, Munich (Prähistorische Bronzefunde, IV, 1)
S. Boucher, *Importations étrusques en Gaule à la fin du VIIe siècle av. J.-C.*, dans "Gallia", 28, p. 193-206
G. Colonna, *Bronzi votivi umbro-sabellici a figura umana. I. Periodo "arcaico"*, Florence
G. Colonna, *Una nuova iscrizione etrusca del VII secolo e appunti sull'epigrafia ceretana dell'epoca*, dans "Mélanges d'Archéologie et d'Histoire", 82, p. 637 sq.
E. Colonna Di Paolo-G.Colonna, *Castel d'Asso*, Rome
A. Greifenhagen, *Schmuckarbeiten in Edelmetall*, I, Berlin
P.G. Guzzo, *Una classe di brocchette in bronzo*, dans "Rendiconti dell'Accademia dei Lincei. Classe di scienze morali, storiche e filologiche", s. VIII, 25, 3-4, p. 87 sq.
M. Napoli, *La Tomba del Tuffatore. La scoperta della grande pittura greca*, Bari

1970-1971
M.E.Aubet, *Los marfiles orentalizantes de Praeneste*, Barcelone

1971
M. von Albrecht, *Meister römischen Prosa von Cato bis Apuleius. Interpretationen*, Heidelberg
La città etrusca e italica preromana (Actes du congrès d'études sur la ville étrusque et italique préromaine, Bologne 1970), Bologne
G. Colonna, dans "Studi Etruschi", 39, p. 369-371, REE n. 69
M. Cristofani, *Appunti di epigrafia etrusca arcaica. Postilla: la più antica iscrizione di Tarquinia*, dans "Annali della Scuola Normale Superiore di Pisa", s. III, 1, p. 295-299
G.Q. Giglioli-G. Camporeale, *La religione degli Etruschi*, dans *Storia delle religioni*, sous la direction de P.Tacchi Venturi-G. Castellani, II, Turin (VIe éd.), p. 539 sq.
W.V. Harris, *Rome in Etruria and Umbria*, Oxford
H. Hencken, *The Earliest European Helmets. Bronze Age and Early Iron Age*, Cambridge (Mass.)
A. Jockenhövel, *Die Rasiermesser in Mitteleuropa*, I. Munich (Prähistorische Bronzefunde VIII, 1)
K. Kilian, *Früheisenzeitliche Funde aus der Südostnekropole von Sala Consilina (Provinz Salerno)*, Heidelberg
T. Malinowski, *Über den Bernsteinhandel zwischen den sudöstlichen baltischen Ufergebieten und dem Süden Europas in der frühen Eisenzeit*, dans "Prähistorische Zeitschrift", 46, 1, p. 102 sq.
G. Morigi Govi, *Il tintinnabulo della "Tomba degli Ori" dell'Arsenale Militare di Bologna*, dans "Archeologia Classica", 23, p. 211-235
E. Risch, *Die Räter als sprachliches Problem*, dans *Das Räterproblem in geschichtlicher, sprachlicher und archäologischer Sicht*, Bâle (Schriftenreihe des rätischen Museums Chur 10, Kl. Schr., B. 1981), p. 710-717
G. Ronzitti Orsolini, *Il mito dei sette a Tebe nelle urne volterrane*, Florence
I. Strøm, *Problems Concerning the Origin and Early Development of the Orientalizing Style*, Odense

1972
The Age of Neoclassicism, cat. exposition, Londres
J. Bialostocki, *Spätmittelalter und beginnende Neuzeit*, dans "Propyläen Kunstgeschichte", 7
M. Bonamici, *Contributi al più antico bucchero decorato a rilievo*, dans "Studi Etruschi", 40, p. 95-114
M. Cristofani, *Sull'origine e la diffusione dell'alfabeto etrusco*, dans *Aufstieg und Niedergang der römischen Welt*, sous la direction de I. Temporini, I, 2, Berlin-New York, p. 466-489.
S. Donadoni, *"Or l'Etruria a sé t'appella"*, dans "La Parola del Passato", 27, p. 397-406
N. Gabrielli, *Racconigi*, Turin
P.G. Guzzo, *Le fibule in Etruria dal VI al I secolo*, Florence
L.O. Lagerqvist-M. Odelberg, *Kingen gräver. En bok om arkeologer och arkeologi*, Stockholm
F. Nicosia, *Un bucchero di Artimino*, dans "Studi Etruschi", 40, p. 375-390
F.H. Pairault, *Recherches sur quelques séries d'urnes de Volterra à représentations mythologiques*, Rome
M.K. Sarbiewski, *Dii gentium, seu theologia, philosophia, tam naturalis quam ethica, politica, oeconomica, astronomia ceteraeque artes et scientiae sub fabulis theologiae etnicae a veteribus contentae, XXIII, 11. 17-19*, dans *Dii gentium. Bogowie pogan. Wstep, opracowanie i przeklad J.Stawecka*, Ossolineum
J.G. Szilágyi, *Vases plastiques étrusques en forme de singe*, dans "Revue Archéologique", p. 111-126
E. Wetter-C.E. Östenberg-M.Moretti, *Med Kungen på Acquarossa. Den arkeologiska utgrävningen av en etruskisk stad*, Malmö

1972-1973
M. Pallottino, *La Sicilia fra l'Africa e l'Etruria: problemi storici e culturali*, dans "Kokalos", 18-19, p. 48 sq.

1973
J. Adhémar-F. Cachin, *Degas, gravures et monotypes*, Paris
B. Bouloumié, *Les œnochoés en bronze du type Schnabelkanne en France et en Belgique*, dans "Gallia", 31, p. 1-35
B. Bouloumié, *Les œnochoés en bronze du type "Schnabelkanne" en Italie*, Rome
A.E. Feruglio, dans "Studi Etruschi", 41, p. 293-295, REE n. 40
F. Fischer, *Keimelia. Bemerkungen zur kulturgeschichtlichen Interpretation des sogenannten Südimports in der späten Hallstatt- und frühen Latène-kultur des westlichen Mitteleuropa*, dans "Germania", 51, p. 436-459
O.-H. Frey-F. Schwappach, *Studies in Early Celtic Design*, dans "World Archaeology", 4, p. 339-356
J. Heurgon, *La découverte des Etrusques au début du XIXe siècle*, dans "Comptes-Rendus de l'Académie des inscriptions et Belles-Lettres", p. 3-12
J. et L. Jehasse, *La nécropole préromaine d'Aléria*, suppl. de "Gallia"
A. Maggiani, *Coppa fenicia da una tomba villanoviana di Vetulonia*, dans "Studi Etruschi", 41, p. 73 sq.
M. Pallottino, *Gustavo VI Adolfo, Re di Svezia*, dans "Studi Etruschi", 41, p. 603-605
R. Peroni, *Studi di cronologia hallstattiana*, Rome
E. Peruzzi, *Origini di Roma*, II, Bologne

D.E. Rhodes, *Dennis of Etruria*, Londres
Le ricerche epigrafiche e linguistiche sull'etrusco, Florence
Roma medio-repubblicana, Rome
P. Romanelli, *Gustavo VI Adolfo di Svezia*, dans "Studi Romani", 21, p. 509-510
Stendhal (Henri Beyle, dit), *Voyages en Italie*, sous la direction de V. del Litto, Paris

1973-1974
S. Bedford, *Aldous Huxley: A Biography*, Londres (I: *1894-1939*, 1973; II: *1939-1963*, 1974)

1974
J.D. Beazley, *The Berlin Painter*, Mayence
W. Drack, *Die späte Hallstattzeit im Mittelland und im Jura*, dans *Ur- und Frühgeschichtliche Archäologie der Schweiz*, IV, Bâle, p. 19 sq.
A. Duval-C. Eluère-J.-P. Mohen, *Les fibules antérieures au VIe siècle av. notre ère trouvées en France*, dans "Gallia", 32, p. 1-61
B. Ford, *James Byres, Principal Antiquarian for the English Visitors to Rome*, dans "Apollo", juin, p. 446-461
B. Ford, *Thomas Jenkins, Banker, Dealer and Unofficial English Agent*, dans "Apollo", juin, p. 416-425
R.D. Gempeler, *Die etruskischen Kanopen*, Einsiedeln
P. Harbison-L.R. Laing, *Some Iron Age Mediterranean Imports in England*, Oxford (British Archaeological Reports, 5)
A. Jockenhövel, *Eine Bronzeamphore des 8. Jahrhunderts v.Chr. in Gevelinghausen*, Kr. Meschede (Sauerland), dans "Germania", 52, p. 16 sq. et p. 25 sq.
I. Krauskopf, *Der thebanische Sagenkreis und andere griechische Sagen in der etruskischen Kunst*, Mayence
R. Lunz, *Studien zur End-Bronzezeit und älteren Eisenzeit im Südalpenraum*, Florence
N. Parise, dans *Dizionario Biografico degli Italiani (DBI)*, s.v. *Campana*, XVII, Rome, p. 349-355
V.I. Piljavskij, *L'Ermitage, l'histoire et l'architecture des Bâtiments*, Leningrad
F. Prayon, *Zum ursprünglichen Aussehen und zur Deutung des Kultraumes in der Tomba delle Cinque Sedie bei Cerveteri*, dans "Marburger Winckelmann-Programm", p. 3-15
M. Praz, *Gusto neoclassico*, Milan (IIIe éd.)
M. et F.Py, *Les amphores étrusques de Vaunage et Villevielle (Gard)*, dans "Mélanges d'Archéologie et d'Histoire de l'Ecole Française de Rome. Antiquité", 86, p. 141-254
O. Terrosi Zanco, *Possibili antiche vie commerciali tra l'Etruria e la zona teramana*, dans *Aspetti e problemi dell'Etruria interna* (Actes du VIIIe Congrès National d'Etudes Etrusques et Italiques), Florence, p. 162-167
P. Zazoff, *Zur Geschichte des Stosch'scen Steines*, dans "Archäologischer Anzeiger", p. 466 sq.

1975
K. Alison, *The Story of Wedgwood*, Londres
J.M. Blazquez, *Tartessos y los orígenes de la colonización fenicia en Occidente*, Salamanque (IIe éd.)
J. Boardman, *Athenian Red-Figured Vases. The Archaic Period*, Londres
G. Colonna, *Basi conoscitive per una storia economica dell'Etruria*, dans "Istituto Italiano di Numismatica. Annali. Supplemento", 22, [1977], p. 3 sq.
P. Coretti Irdi, dans *Studi sulla cronologia delle civiltà di Este e Golasecca*, Florence, p. 157 sq.
Corpus delle urne volterrane di età ellenistica. 1, sous la direction de M. Cristofani *et al.*; 2, 1 (1977); 2, 2 (1986) sous la direction de G. Cateni
M. Cristofani, *Considerazioni su Poggio Civitate* (Murlo, Siena), dans "Prospettiva", 1, p. 9 sq.
M. Cristofani, *Statue-cinerario chiusine di età classica*, Rome
G. Fogolari, *La protostoria delle Venezie*, dans *Popoli e Civiltà dell'Italia antica*, IV, Rome, p. 127 sq.
Galeria Sztuki Starozytnej Muzeum Narodowego w Warszawie. Przewodnik, Varsovie
A. Giuliano, *Una oinochoe greco-orientale nel Museo di Villa Giulia*, dans "Bollettino d'Arte", 60, p. 165 sq.
R. Herbig, *Götter und Dämonen der Etrusker*, Mayence (IIe éd.)
P. Mingazzini, dans *Archeologica. Scritti in onore di Aldo Neppi Modona*, Florence, p. 387 sq.
M. Nielsen, *The Lid Sculptures of Volterrean Cinerary Urns*, dans "Acta Instituti Romani Finlandiae", 5, p. 323-325
C.E. Östenberg, *Case etrusche ad Acquarossa*, Rome
F.-H. Pairault-Massa, *Nouvelles études sur des urnes de Volterra*, dans "Mélanges d'Archéologie et d'Histoire de l'Ecole Française de Rome. Antiquité", 87, p. 213 sq.
J.A. Pfiffig, *Religio Etrusca*, Graz
C. Pfister Roesgen, *Die etruskischen Spiegel des 5. Jhs.-v. Chr.*, Berne-Francfort
F. Prayon, *Frühetruskische Grab- und Hausarchitektur*, Heidelberg
M. Torelli, *Elogia Tarquiniensia*, Florence

1975-1976
F. Prayon, *L'oriente e la statuaria etrusca*, dans "Colloqui del Sodalizio", II, 5, [1977], p. 168 sq.

1976
Aspects de l'art des Etrusques, cat. exposition, Pontoise
S. Boucher, *Recherches sur les bronzes figurés de la Gaule préromaine et romaine*, dans *Bibliothèques des Ecoles Françaises d'Athènes et de Rome*, 228, Paris-Rome
B. Bouloumié, *Les stamnoi étrusques de bronze trouvés en Gaule*, dans "Latomus", 37/1, p. 3-24
G. Colonna, *Scriba cum rege sedens*, dans *Mélanges offerts à Jacques Heurgon*, Rome
L'Etrusco arcaico (Actes du colloque, Florence 1974), Florence (Biblioteca di Studi Etruschi, 10)
E. Fiumi, *Volterra etrusca e romana*, Pise
M. Gras, *La piraterie tyrrhénienne en Mer Egée: mythe ou réalité?*, dans *Mélanges offerts à Jacques Heurgon*, Rome, p. 341 sq.
Ch. Hawkes-P.-M. Duval (sous la direction de), *Celtic Art in Ancient Europe - L'art celtique en Europe protohistorique*, Londres-New York-San Francisco
A. Hus, *Stendhal et les Etrusques*, dans *Mélanges offerts à Jacques Heurgon*, Rome, p. 436-469
C. Morigi Govi, *La Collezione etrusco-italica*, dans *Pelagio Palagi artista e collezionista*, cat. exposition, Bologne
Padova preromana, cat. exposition, Padoue
M. Pallottino, *L'archeologia svedese in Italia e l'opera del Re Gustavo VI Adolfo*, dans *Svenska Institutet i Rom 1926-1976*, sous la direction de C.E. Östenberg, Viterbe
M. Pallottino, dans *Mélanges offerts à J. Heurgon*, Rome, p. 771-777
Pelagio Palagi artista e collezionista, cat. exposition, Bologne
R.A. Staccioli, dans *Mélanges offerts à Jacques Heurgon*, Rome, p. 961 sq.
Zabytki archeologiczne Zakladu Archeologii Sródziemnomorskiej Uniwersytetu Jagiellońskieg. Katalog, sous la direction de M.L. Bernhard, Cracovie

1977
L. Bonfante, *The Corsini Throne*, dans "The Journal of the Walters Art Gallery", 36, p. 111 sq.
L. Campani Gabellieri, *Viaggio di Corot in Toscana*, dans "Rassegna Volterrana", 42, p. 5-29
G. Colonna, *Nome gentilizio e società*, dans "Studi Etruschi", 45, p. 175 sq.
M. Cristofani-M. Martelli (sous la direction de), *Caratteri dell'ellenismo nelle urne etrusche*, Florence
B. D'Agostino, *Tombe "principesche" dell'orientalizzante antico da Pontecagnano*, dans "Monumenti Antichi", s.misc. II, 1
F. Delpino, dans *La civiltà arcaica di Vulci e la sua espansione* (Actes du Xe Congrès d'Etudes Etrusques et Italiques, Grosseto-Roselle-Vulci 1975), Florence, p. 173 sq.
P.-M. Duval, *Les Celtes*, Paris
K. Kilian, *Das Kriegergrab von Tarquinia*, dans "Jahrbuch des Deutschen Archäologischen Instituts", 92, p. 24-98
A. Neppi Modona, *Cortona etrusca e romana nella storia e nell'arte*, Florence (IIe éd.)
M. Pallottino, *Vasari e la chimera*, dans "Prospettiva", 8, p. 4-6
H.H. Scullard, *Le città etrusche e Roma*, Milan (IIe éd.)
M. Sprenger, *Die Etrusker. Kunst und Geschichte*, Munich
M. Torelli, *Il santuario di Gravisca*, dans "La Parola del Passato", 32, p. 398 sq.
H. Wrede, *Stadtrömische Monumente, Urnen und Sarkophage des Klinentypus in den beiden ersten Jahrhunderten n. Chr.*, dans "Archäologischer Anzeiger", p. 395-431

1977-1978
P.N. Furbank, *E. M. Forster, A Life*, Londres (I: *The Growth of the Novelist*, 1977; II: *Polycrates' Ring*, 1978)

1978
G. Beard, *The Work of Robert Adam*, Edimbourg
A. Beijer, *Proposta per una suddivisione delle anfore a spirali*, dans "Mededelingen van het Nederlands Instituut te Rome", 40, p. 7 sq.
A. Boëthius, *Etruscan and Early Roman Architecture*, Harmondsworth
F. Boitani, *Le ceramiche decorate di importazione greco-orientale di Gravisca*, dans *Les céramiques de la Grèce de l'Est et leur diffusion en Occident*, Naples, p. 216 sq.
G. Bordenache Battaglia-G.Monsagrati, dans *Dizionario Biografico degli Italiani (DBI)*, s.v. *Castellani*, XXI, Rome, p. 590-605
A.Carola Perrotti, *La porcellana della Real Fabbrica Ferdinandea*, Naples
G. Colonna, *Archeologia dell'età romantica in Etruria: i Campanari di Toscanella e la tomba dei Vipinana*, dans "Studi Etruschi", 46, p. 81-117 (appendice: "Le scoperte Campana a Cerveteri")
E. Colonna Di Paolo-G. Colonna, *Norchia*, I, Rome
M. Cristofani, *Sugli inizi dell'etruscheria: la pubblicazione del 'De Etruria Regali' di Thomas Dempster*, dans "Mélanges d'Archéologie et d'Histoire de l'Ecole Française de Rome. Antiquité", 90, p. 577-625
M. Cristofani, *Rapporto sulla diffusione della scrittura nell'Italia antica*, dans "Scrittura e civiltà", 2, 5-33
W. Dobrowolski, *The Drawings of Etruscan Tombs by Franciszek Smuglewicz and his Cooperation with James Byres*, dans "Bulletin du Musée National de Varsovie", 19, p. 97-119
P.-M. Duval, *Die Kelten*, Munich, p. 47 sq.
M. Egg, *Ein italischer Kammhelm aus Hallstatt*, dans "Archäologisches Korrespondenzblatt", 8, p. 37-40
M. Giuffrida, *La "pirateria etrusca" fino alla battaglia di Cuma*, dans "Kokalos", 24, p. 175 sq.
A.M. Giusti, dans *Il Museo dell'Opificio delle Pietre Dure*, Florence-Milan, p. 328
M. Hastings, *Sir Richard Burton, a Biography*, Londres
M. Martelli, *Un passo di Ugolino Verino, una collezione, un "castellum" etrusco*, dans "Prospettiva", 15, p. 12-18
M. Martelli Cristofani, *La ceramica greco-orientale in Etruria*, dans *Les céramiques de la Grèce de l'Est et leur diffusion en Occident*, Paris-Naples, p. 150-212
M. Pallottino, *La langue étrusque. Problèmes et perspectives*, Paris
M. Pallottino-M. Pandolfini Angeletti (sous la direction de), *Thesaurus Linguae Etruscae, Primo Indice Lessicale*, Rome
A.L. Prosdocimi (sous la direction de), *Lingue e dialetti dell'Italia antica*, Rome (Popoli e civiltà dell'Italia antica, 5)
J. Wilton-Ely, *The Mind and Art of G.B. Piranesi*, Londres
R. Woytowitsch, *Die Wagen der Bronze- und frühen Eisenzeit in Italien*, Munich (Prähistorische Bronzefunde, XVII, 1)

Z. Zygyulski Jr., *Musée national de Cracovie. Collections Czartoryski. Histoire et pièces choisies*, Varsovie

1978-1979

G. Gualandi, *Neoclassico e antico. Problemi e aspetti dell'archeologia nell'età neoclassica*, dans "Ricerche di storia dell'arte", 8, p. 5 sq.

1978-1980

F. Roncalli, *Osservazioni sui libri lintei etruschi*, dans "Rendiconti della Pontificia Accademia Romana di Archeologia", 50-52, [1982], p. 3-21

1979

Berlin und die Antike, cat. exposition, Berlin

V. Bianco Peroni, *I rasoi nell'Italia continentale*, Munich (Prähistorische Bronzefunde, VIII, 2)

B. Bouloumié, *Essai de classification du bucchero trouvé à Saint-Blaise (Fouilles H.Rolland)*, dans *Le bucchero nero étrusque et sa diffusion en Gaule méridionale* (Actes de la Table-Ronde d'Aix-en-Provence 1975), Bruxelles (Collection Latomus, 160), p. 111 sq.

Le bucchero nero étrusque et sa diffusion en Gaule méridionale (Actes de la Table-Ronde d'Aix-en-Provence 1975), Bruxelles (Collection Latomus, 160)

F. Canciani, *Coppe "fenicie" in Italia*, dans "Archäologischer Anzeiger", p. 1-6

F. Canciani-F. von Hase, *La tomba Bernardini di Palestrina*, Rome

U. Fischer, *Ein Grabhügel der Bronze- und Eisenzeit im Frankfurter Stadtwald*, Francfort

H.-E. Joachim, *Das Rheinische Landesmuseum Bonn*, suppl. 1, Bonn

M. Martelli, *Prime considerazioni sulla statistica delle importazioni greche in Etruria nel periodo arcaico*, dans "Studi Etruschi", 47, p. 37 sq.

F. Moosleitner, *Ein hallstattzeitlicher "Fürstensitz" am Hellbrunnerberg bei Salzburg*, dans "Germania", 57, p. 53 sq.

H. Nothdurfter, *Die Eisenfunde von Sanzeno*, Berlin (Röm.-german. Forsch., 38)

M. Pallottino, *Signa Adulterina*, dans *Saggi di Antichità*, III, Rome, p. 1171-1192

G. Radke, *Die Götter Altitaliens*, Münster (IIe éd.)

T. Rasmussen, *Bucchero Pottery from Southern Etruria*, Cambridge

F. Roncalli, *Appunti sulle "urne veienti" a bauletto*, dans *Studi in onore di F. Magi*, Pérouse, p. 157-167

P. Stary, *Feuerböcke und Bratspieße aus eisenzeitlichen Gräbern der Apennin-Halbinsel. Ein Beitrag zu den Jenseitsvorstellungen italischer Völker*, Marbourg (Kleine Schriften aus dem Vorgeschichtlichen Seminar Marburg, 5)

L.B. Van der Meer, *Jecur Placentinum and the Orientation of the Etruscan Haruspex*, dans "Bulletin Antieke Beschaving", 54, p. 49 sq.

O. Vasori, *Disegni di antichità etrusche agli Uffizi*, dans "Studi Etruschi", 47, p. 125 sq.

1979-1990

G. Bordenache Battaglia-A. Emiliozzi, *Le ciste prenestine, Corpus I*, Rome

1980

L. Aigner Foresti, *Der Ostalpenraum und Italien: Ihre kulturellen Beziehungen im Spiegel der anthropomorphen Kleinplastik aus Bronze des 7. Jhs. v.Chr.*, Florence

C. Ampolo (sous la direction de), *La città antica*, Rome-Bari

W. Angeli, dans E. Lessing, *Hallstatt. Bilder aus der Frühzeit Europas*, Munich

M. Bonamici, *Sui primi scavi di Luciano Bonaparte a Vulci*, dans "Prospettiva", 21, p. 6-24

G. Bordenache Battaglia, *Oreficerie Castellani*, dans *Il Museo Nazionale Etrusco di Villa Giulia*, sous la direction de G. Proietti, Rome, p. 319-348

B. Bouloumié, *Recherches sur les importations étrusques en Gaule du VIIIe au IVe siècle av. J.-C.*, thèse de Doctorat d'Etat-Sorbonne, Paris

D. Buten, *18th Century Wedgwood*, New York

G. Cipriani, *Il mito etrusco nel rinascimento fiorentino*, Florence

G. Colonna, *Graffiti etruschi in Linguadoca*, dans "Studi Etruschi", 48, p. 181-185

G. Colonna, *Problemi dell'archeologia e della storia di Orvieto etrusca*, dans "Annali della Fondazione per il Museo Claudio Faina", 1, p. 43-58

G. Colonna, *Rapporti artistici fra il mondo paleoveneto e il mondo etrusco*, dans *Este e la civiltà paleoveneta a cento anni dalle prime scoperte* (Actes du XIe Congrès de l'Institut d'Etudes Etrusques et Italiques, Este-Padoue 1979), Florence, p. 177-190

B. D'Agostino, *Grecs et "Indigènes" sur la côte Tyrrhénienn au VIIe siècle. La trasmission des idéologies entre élites sociales*, dans *L'archéologie aujourd'hui*, Paris, p. 207 sq.

"Dialoghi di Archeologia", n.s., 2 ("La formazione della città nel Lazio")

K. Dobiat, *Das hallstattzeitliche Gräberfeld von Kleinklein und seine Keramik*, Graz (Schild von Steier, Beiträge zur steirischen Vor- und Frühgeschichte und Munzkunde, Beiheft 1)

U. Fischer Graf, *Spiegelwerkstätten in Vulci*, Berlin

O.-H. Frey, *Der Westhallstattkreis im 6. Jahrhundert v. Chr.*, dans *Die Hallstattkultur. Frühform europäischer Einheit*, cat. exposition, Steyr, p. 80-116

M. Guarducci, *La cosidetta fibula praenestina. Antiquari, eruditi e falsari nella Roma dell'Ottocento*, dans "Memorie dell'Accademia nazionale dei Lincei", s. VIII, 24, 4, p. 413-574

Die Hallstattkultur. Frühform europäischer Einheit, cat. exposition, Steyr

A. Hus, *Les Etrusques et leur destin*, Paris

E. Lessing, *Hallstatt, Bilder aus der Frühzeit Europas*, Vienne

I. Malinowska, *Dekoracja malarska Gabinetu Etruskiego w Muzeum Wilanowskim*, dans "Studia Wilanowskie", 6, p. 83-101

M. Martelli, *Il mito Etrusco nel principato mediceo: nascita di una coscienza critica*, dans *Le arti del principato mediceo*, Florence, p. 1 sq.

M. Martelli, dans *Palazzo Vecchio: committenza e collezionismo medicei, 1537-1610*, cat. exposition, Florence, p. 30-31, 35, 39-40

A. Miobedzki, *Architektura polska XVII wieku*, Varsovie

G. Proietti (sous la direction de), *Il Museo Nazionale Etrusco di Villa Giulia*, Rome

A. Prosdocimi, *Le necropoli euganee ed una tomba della Villa Benvenuti in Este*, dans "Bollettino di Paletnologia Italiana", p. 91 sq.

F. Roncalli, *Carbasinis voluminibus implicati libri. Osservazioni sul liber linteus di Zagabria*, dans "Jahrbuch des Deutschen Archäologischen Instituts", 95, p. 227 sq.

K. Sagar, *The Life of D.H.Lawrence*, Londres

A. Rathje, *Silver Reliefs Bowls from Italy*, dans "Analecta Romana Instituti Danici", 9, p. 7-20

1980-1989

G. Colonna, *Riflessi dell'epos greco nell'arte degli Etruschi*, dans *L'epos greco in Occidente* (Atti del XIX convegno di studi sulla Magna Grecia), Naples, p. 303 sq.

1981

L. Bonfante, *The Corsini Throne and a Man in the Pot*, dans *Coins, Culture and History in the Ancient World, Numismatic and other Studies in Honor of B. L. Trell*, Detroit, p. 105 sq.

B. Bouloumié, *Le vin étrusque et la première hellénisation du Midi de la Gaule*, dans "Revue archéologique de l'Est et du Centre-Est", 32, [1982], I, p. 75-81 ("Etudes J.-J. Hatt")

P. Bruschetti, *Una singolare edizione delle Tavole di Gubbio*, Cortone (Accademia Etrusca. Note e Documenti, 10)

G. Colonna, dans *L'Etruria Mineraria* (Actes du XIIe Congrès d'Etudes Etrusques et Italiques, Florence-Populonia-Piombino 1979), Florence, p. 443 sq.

M. Cristofani, *Il cratere François nella storia dell'archeologia "romantica"*, dans "Bollettino d'Arte", s.sp. I, p. 11-23

L'Etruria Mineraria (Actes du XIIe Congrès d'Etudes Etrusques et Italiques, Florence-Populonia-Piombino 1979), Florence

Die Göttin von Pyrgi, Florence (Biblioteca di Studi Etruschi, 12)

F.W. von Hase, *Zum Beginn des Fernhandels von und nach Etrurien unter besonderer Berücksichtigung der frühesten mittelitalischen Funde in Griechenland*, dans *Die Aufnahme fremder Kultureinflüsse in Etrurien und das Problem des Retardierens in der etruskischen Kunst* (Schriften des Deutschen Archäologen-Verbandes, V) Mannheim, p. 9 sq.

S. Haynes, *Die Tochter des Augurs. Aus dem Leben der Etrusker*, Mayence

M. Lejeune, *Un nom étrusque de l'alphabet?*, dans "Revue des Etudes Latines", 59, p. 77 sq.

F. Lo Schiavo, *Osservazioni sul problema dei rapporti fra Sardegna ed Etruria in età nuragica*, dans *L'Etruria Mineraria* (Actes du XIIe Congrès d'Etudes Etrusques et Italiques, Florence-Populonia-Piombino 1979), Florence, p. 299-314

J. Maluquer de Motes (M.E. Aubet), *Andalucía y Estremadura*, Barcelone, p. 321-323

M. Martelli, dans *L'Etruria Mineraria* (Actes du XIIe Congrès d'Etudes Etrusques et Italiques, Florence-Populonia-Piombino 1979), Florence, p. 399 sq.

Materiali per servire alla storia del vaso François, dans "Bollettino d'Arte", s. sp. I

J.P. Morel, *Le commerce étrusque en France en Espagne et en Afrique*, dans *L'Etruria Mineraria* (Actes du XIIe Congrès d'Etudes Etrusques et Italiques, Florence-Populonia-Piombino 1979), Florence, p. 464-508

H. Philipp, *Bronzeschmuck aus Olympia*, Berlin, p. 292-293

G. Proietti, dans *Prima Italia*, Rome, p. 224

G. Radke, *Viae publicae Romanae*, Bologne

F. Roncalli, *Die Tracht des Haruspex als frühgeschichtliches Relikt in historischer Zeit*, dans *Die Aufnahme fremder Kultureinflüsse in Etrurien und das Problem des Retardierens in der etruskischen Kunst*, (Schriften des Deutschen Archäologen-Verbandes, V), Mannheim, p. 124-132

P.F. Stary, *Zur eisenzeitlichen Bewaffnung und Kampfesweise in Mittelitalien*, Mayence

M. Torelli, *Il commercio greco in Etruria tra l'VIII ed il VI secolo a.C.*, dans *Il commercio greco nel Tirreno in età arcaica*, Salerno, p. 67 sq.

Vitruve, *Vitruvii De Architectura Libri Decem (I sec. a.C.)*, sous la direction de K. Fensterbusch, Darmstadt

1981-1991

G. Schiller, *Ikonographie der christlichen Kunst*, Gütersloh

1982

L. Agostiniani, *Le "iscrizioni parlanti" dell'Italia antica*, Florence

B. Bouloumié, *L'épave étrusque d'Antibes et le commerce en Méditerranée occidentale au VIe siècle av. J.-C.*, Marbourg (Kleine Schriften aus dem Vorgeschichtlichen Seminar Marburg, 10)

D. von Bothmer, dans *The Vatican Collections. The Papacy and Art*, New York, p. 190

A. Comella, *Il deposito votivo presso l'Ara della Regina*, Rome

W. Culican, *Cesnola Bowl 4555 and Other Phoenician Bowls*, dans "Rivista di Studi Fenici", 10, p. 13-32

J.M. Dentzer, *Le Motif du Banquet couché dans le Proche Orient et le monde grec du VIIe au VIe siècle av. J.C.*, Paris

J. Dular, *Halstatska Keramika v Sloveniji*, Dela SAZU 23, Ljubljana

P.-M. Duval-V. Kruta (sous la direction de), *L'art celtique de la période d'expansion, IVe et IIIe siècles avant notre ère*, Genève-Paris

A.E. Feruglio (sous la direction de), *Pittura Etrusca a Orvieto*, cat. exposition, Orvieto

M. Grant, *Le città e i metalli. Società e cultura degli Etruschi*, Florence

Guida alla città etrusca e al Museo di Marzabotto, Bologne

N.B. Hartmann, *Iron-Working in Southern Etruria in Ninth and Eighth Centuries B.C.*, Ann Arbor

M.C. Hellmann, *Envois de Rome et archéologie grecque, dans Paris-Rome-Athènes, Les voyages en Grèce des architectes français aux XIXe et XXe siècles*, cat. exposition, Paris

U. Höckmann, *Die Bronzen aus dem Fürstengrab von Castel San Mariano bei Perugia*, Munich, *Katalog der Bronzen I*

G. Koch, *Römische Sarkophage*, dans *Handbuch der Archäologie*, Munich

G. Kossack, *Früheisenzeitlicher Gütertausch*, dans "Savaria", 16, p. 95-112

A. Maggiani, *Qualche osservazione sul Fegato di Piacenza*, dans "Studi Etruschi", 50, [1984], p. 53-88

J. Ogoen, *Jewellery of the Ancient World*, Londres

A. Ottani Cavina, *Il Settecento e l'antico*, dans *Storia dell'arte italiana*, II, 2^e partie, Turin, p. 599-655

P. Parrini *et al.*, *Etruscan Granulation, Analysis of Orientalizing Jewelry from Marsiliana d'Albegna*, dans "American Journal of Archaeology", 86

Pittura Etrusca a Orvieto, cat. exposition sous la direction de A. E.Feruglio, Orvieto

B.B. Shefton, *Greeks and Greek Imports in the South of the Iberian Peninsula*, dans *Phönizier im Westen*, sous la direction de H.G. Niemeyer, Mayence, p. 337-370

C. Rolley, *Les vases de bronze de l'archaïsme récent en Grande Grèce*, Centre Jean Bérard, Institut Français de Naples, Naples

M. Torelli, *Per una definizione del commercio greco-orientale: il caso di Gravisca*, dans *I Focei dall'Anatolia all'oceano* (Actes du Congrès, Naples 1981), dans "La Parola del Passato", 37, p. 304 sq.

1982-1984

G. Maetzke, *Il santuario etrusco italico di Castelsecco (Arezzo)*, dans "Rendiconti della Pontificia Accademia Romana di Archeologia", 55-56, [1985], p. 35 sq.

1983

C.W. Beck, *Der Bernsteinhandel: Naturwissenschaftliche Gesichtspunkte*, dans "Savaria", 16, p. 11 sq.

A. Bocquet, *Aperçu sur les rapports entre les Alpes et l'Italie*, dans *Congrès national des Sociétés Savantes*, Grenoble

B. Bouloumié, *Remarques sur la diffusion d'objets grecs et étrusques en Europe centrale et nord-occidentale* (Nord-Süd Beziehungen, Intern. Kolloquium Bozsok-Szombathely), dans "Savaria", 16, p. 181-192

B. Bouloumié, *Le vin étrusque*, dans "Quaderni della Scuola di Specializzazione in viticoltura ed enologia" (Université de Turin), 7, p. 165-188

B. Bouloumié, *Le vin et la mort chez les "Princes" celtes*, dans *L'imaginaire du vin, Colloque pluridisciplinaire* (Dijon 1981), Marseille, p. 15-24

G. Colonna, dans "Studi Etruschi", 51, [1985], p. 236-238, REE n. 47

M. Cristofani, *La scoperta degli Etruschi: Archeologia e antiquaria nel '700*, Rome

M. Cristofani-M. Martelli (sous la direction de), *L'oro degli Etruschi*, Novare

B. D'Agostino, *L'immagine, la pittura e la tomba nell'Etruria arcaica*, dans "Prospettiva", 32, p. 2 sq.

J.P. Descoeudres-R.Kearsley, *Greek Pottery at Veii: Another Look*, dans "British School of Athens", 78, p. 9 sq.

K. Düwel, *Runenkunde*, Stuttgart (I^e éd. 1968)

F. Fay-Hallé-B. Mundt, *La porcelaine européenne au XIXe siècle*, Fribourg

A. Guidi, *Scambi tra la cerchia hallstattiana orientale e il mondo a sud delle Alpi nel VII secolo a.C.*, Marbourg (Kleine Schriften aus dem Vorgeschichtlichen Seminar Marburg, 13)

H.-V. Herrmann, *Altitalisches und Etruskisches in Olimpia*, dans "Ann. Sc. At." (Annuario della Scuola Archeologica di Atene), 61, [1984], p. 271 sq.

L'immagine dell'antico fra Settecento e Ottocento. Libri di archeologia nella Biblioteca Comunale dell'Archiginnasio, cat. exposition, Bologne

W. Kimmig, *Die griechische Kolonisation im westlichen Mittelmeergebiet und ihre Wirkung auf die Landschaften des westlichen Mitteleuropa* (Erste Th.-Mommsen-Vorlesung, 1982), Mayence

M. Martelli, *Il "Marte" di Ravenna*, dans "Xenia", 6, p. 25-36

A. Morandi, *Le pitture della Tomba del Cardinale* (Monumenti della Pittura Antica scoperti in Italia, fasc. VI), Rome

G.C. Munn, *Les bijoutiers Castellani et Giuliano*, Fribourg

A.L. Prosdocimi, *Puntuazione sillabica e insegnamento della scrittura nel venetico e nelle fonti etrusche*, dans "AION. Linguistica", 5, p. 75-126

E.H. Richardson, *Etruscan Votive Bronzes; Geometric, Orientalizing, Archaic*, Mayence

F. Roncalli, *Etrusco Cver-Cvera = greco* Aγαλμα, dans "La Parola del Passato", 38, p. 288-300

Gli Uffizi, Quattro secoli di una Galleria (Congrès international d'études, fonts et documents), Florence

I. Wehgartner, *Attisch Weissgrundige Keramik*, Mayence

J. Wolters, *Die Granulation. Geschichte und Technik einer alten Goldschmiedekunst*, Munich

1983-1984

M. Cristofani, *Vasari e le antichità*, dans "Prospettiva", 33-36, p. 367 sq.

1984

A.-M. Adam, *Bronzes étrusques et italiques de la Bibliothèque Nationale*, Paris

M. Bonghi Jovino (sous la direction de), *Ricerche a Pompei. L'insula 5 della Regio VI dalle origini al 79 d.C.*, Rome

A.M. Brizzolara, *La commissione ausiliaria di Antichità e Belle Arti*, dans *Dalla Stanza delle Antichità al Museo Civico. Storia della formazione del Museo Civico Archeologico di Bologna*, cat. exposition sous la direction de C. Morigi Govi et G. Sassatelli, Bologne

G. Camporeale, *La caccia in Etruria*, Rome

G.L. Carancini, *Le asce nell'Italia continentale*, II, Munich (Prähistorische Bronzefunde, IX, 12)

G. Colonna, *Le copie ottocentesche delle pitture etrusche e l'opera di Carlo Ruspi*, dans *Dalla Stanza delle Antichità al Museo Civico. Storia della formazione del Museo Civico Archeologico di Bologna*, cat. exposition sous la direction de C. Morigi Govi et G. Sassatelli, Bologne, p. 375 sq.

G. Colonna, *La cultura scientifica a Roma 1870-1911*, dans *Roma Capitale 1870-1911*, cat. exposition, p. 69 sq.

G. Colonna-F.-W. von Hase, *Alle origini della statuaria etrusca: La tomba delle statue presso Ceri*, dans "Studi Etruschi", 52, [1986], p. 13-59

M. Cristofani (sous la direction de), dans *Gli Etruschi. Una nuova immagine*, Florence

M. Cristofani, *Nuovi spunti sul tema della talassocrazia etrusca*, dans "Xenia", 8, p. 3 sq.

Dalla Stanza delle Antichità al Museo Civico. Storia della formazione del Museo Civico Archeologico di Bologna, cat. exposition sous la direction de C. Morigi Govi et G.Sassatelli, Bologne

A. Dawson, *Masterpieces of Wedgwood in the British Museum*, Londres

F. Delpino, *Sulla presenza di oggetti enotri in Etruria: la Tomba Poggio Impiccato 6 di Tarquinia*, dans *Studi di antichità in onore di Guglielmo Maetzke*, Rome, p. 257 sq.

L. Donati, *Un nuovo tipo di coperchio antropoide a Saturnia*, dans *Studi di antichità in onore di Guglielmo Maetzke*, Rome, p. 273 sq.

M.A. Fugazzola Delpino, *La cultura villanoviana: guida ai materiali della prima età del ferro del Museo di Villa Giulia*, Rome

F.W. von Hase, *Die goldene Prunkfibel aus Vulci, Ponte Sodo*, dans "Jahrbuch des Römisch-Germanischen Zentralmuseums Mainz", 31, p. 247-304

J.M. Hemelrijk, *Caeretan Hydriae*, Mayence

P.H.G. Howes Smith, *Bronze Ribbed Bowls from Central Italy and Etruria Import and Imitation*, dans "Bulletin Antieke Beschaving", 59/2, p. 73 sq.

J.R. Jannot, *Les reliefs archaïques de Chiusi*, Rome

I. Krauskopf, dans *LIMC*, s.v. *Eros*, IV

A. Maggiani-E. Simon, *Il pensiero scientifico e religioso*, dans *Gli Etruschi. Una nuova immagine*, sous la direction de M.Cristofani, Florence, p. 136 sq.

T. Malinowski, *Kontakte polnischer Gebiete mit Mittelmeerküstenräumen in der Bronze- und Früheisenzeit*, dans "Münstersche Beiträge zur antiken Handelsgeschichte", 3, 2, p. 18-42

C. Morigi Govi-G. Sassatelli (sous la direction de), *Dalla Stanza delle Antichità al Museo Civico. Storia della formazione del Museo Civico Archeologico di Bologna*, cat. exposition, Bologne

G.C. Munn, *Castellani and Giuliano*, Fribourg

F. Nicosia, *Introduzione*, dans *Cento preziosi etruschi*, Florence, p. VII-XVI

Gli ori di Taranto, Milan

B. Origo Crea (sous la direction de), *Etruria Svelata. I disegni di Samuel James Ainsley nel British Museum*, avec un texte de M. Pallottino et une note de S. Haynes, Rome

The Painter as Printmaker, cat. exposition sous la direction de S.W. Reed et B.S. Shapiro (Boston-Philadephie), Boston

M. Pallottino, *Etruscologia*, Milan (VIIe éd.)

M. Pallottino-M. Pandolfini Angeletti (sous la direction de), *Thesaurus Linguae Etruscae, Primo Indice Lessicale, supplemento*, Rome

A.L. Prosdocimi, *Le Tavole Iguvine*, I, Florence

S.W. Reed-B.S. Shapiro (sous la direction de), *The Painter as Printmaker*, cat. exposition (Boston-Philadelphie), Boston

E. Richardson, *The Lady at the Fountain*, dans *Studi di antichità in onore di G. Maetzke*, II, Rome, p. 451 sq.

D. Ridgway, *L'alba della Magna Grecia*, Milan

H. Rix, *La scrittura e la lingua*, dans *Gli Etruschi. Una nuova immagine*, sous la direction de M. Cristofani, Florence, p. 210 sq.

G. Sassatelli, *La "Galleria della pittura etrusca" nel salone X*, dans *Dalla Stanza delle Antichità al Museo Civico. Storia della formazione del Museo Civico Archeologico di Bologna*, cat. exposition sous la direction de C. Morigi Govi et G. Sassatelli, *Bologne*, p. 365 sq.

M. Scarpignato, *Sulle collezioni Feoli e Candelori: contributo alla conoscenza delle oreficerie vulcenti e del collezionismo ottocentesco*, dans "Bollettino dei Monumenti, Musei e Gallerie Pontificie", 5, p. 13-31

S. Sievers, *Die Kleinfunde der Heuneburg*, Berlin (Röm.-german. Forsch., 42)

J. Steingräber, *Catalogo ragionato della pittura etrusca*, Milan

M. Torelli-M. Cristofani, *La società e lo stato*, dans *Gli Etruschi. Una nuova immagine*, sous la direction de M. Cristofani, Florence, p. 101 sq.

K. Türr, *Fälschungen antiker Plastik seit 1800*, Berlin

1985

L'Accademia Etrusca, cat. exposition (Cortone), sous la direction de P. Barocchi et D. Gallo, Florence-Milan

E. Barni-G. Paolucci, *Archeologia e antiquaria a Chiusi nell'Ottocento*, Milan

P. Barocchi-D. Gallo (sous la direction de), *L'Accademia Etrusca*, cat. exposition (Cortone), Florence-Milan

M. Barresi, *Trattatistica architettonica e ordine tuscanico*, dans G. Morolli, *"Vetus Etruria". Il mito degli Etruschi nella letteratura architettonica, nell'arte e nella cultura da Vitruvio a Winckelmann*, Florence, p. 293 sq.

J.-C. Bessac-B. Bouloumié, *Les stèles de Glanum et de*

Saint-Blaise et les sanctuaires préromains du Midi de la Gaule, dans "Revue archéologique de Narbonnaise", 18, p. 127-187
Bibliotheca Etrusca. Fonti letterarie e figurative tra XVIII e XIX secolo nella Biblioteca dell'Istituto Nazionale di Archeologia e Storia dell'Arte, cat. exposition sous la direction de G. Morghen, Milan
P. Bocci Pacini-A. Maggiani, *Una particolare idria a figure nere del Museo Archeologico di Firenze*, dans "Bollettino d'Arte", 70, 2, p. 49-54
P. Bocci Pacini-P. Zamarchi Grassi, *La collezione archeologica nel Museo dell'Accademia Etrusca a Cortona*, dans "Accademia Etrusca di Cortona. Annuario", 21 [1984], p. 128 sq.
F. Boitani, dans *Civiltà degli Etruschi*, cat. exposition sous la direction de M. Cristofani, Florence-Milan, p. 181-185
G.F. Borsi, *L'Etruscan Taste*, dans *La Fortuna degli Etruschi*, cat. exposition sous la direction de G.F. Borsi, Milan, p. 74-79
G.F. Borsi (sous la direction de), *La Fortuna degli Etruschi*, cat. exposition, Milan
G.F. Borsi, *Piranesi e il mito etrusco*, dans *La Fortuna degli Etruschi*, cat. exposition sous la direction de G.F. Borsi, Milan, p. 59-73
B. Bouloumié, *Les vases de bronze étrusques et leur diffusion hors d'Italie*, dans *Il commercio etrusco arcaico* (Actes du Congrès, Rome 1983), Rome (Quaderni del Centro di Studio per l'archeologia etrusco-italica), p. 167-178
F. Buranelli, *L'urna Calabresi di Cerveteri*, Rome, p. 43
G. Camporeale, *La cultura dei "principi"*, dans *Civiltà degli Etruschi*, cat. exposition sous la direction de M. Cristofani, Florence-Milan, p. 78-84
G. Camporeale (sous la direction de), *L'Etruria mineraria*, cat. exposition (Portoferraio-Populonia-Massa Marittima), Florence-Milan
A. Carandini (sous la direction de), *La romanizzazione dell'Etruria. Il territorio di Vulci*, cat. exposition, Florence-Milan
A. Carola Perrotti, *Domenico Venuti e i rinvenimenti vascolari di Sant'Agata dei Goti: prime notizie sugli scavi e sui restauri*, dans "Accademia Etrusca di Cortona. Annuario", 21 [1984], p. 279 sq.
G. Colonna (sous la direction de), *Santuari d'Etruria*, cat. exposition, Florence-Milan
Il commercio etrusco arcaico (Actes du Congrès, Rome 1983), Rome (Quaderni del Centro di Studio per l'archeologia etrusco-italica)
M.L. Conforto-S. Pannella, dans *Roma Antiqua. "Envois" degli architetti francesi (1788-1924). L'area archeologica centrale*, cat. exposition, Rome, p. 258-291
M. Cristofani (sous la direction de), *I bronzi degli Etruschi*, Novare
M. Cristofani (sous la direction de), *Civiltà degli Etruschi*, cat. exposition, Florence-Milan
M. Cristofani, *Il cosiddetto specchio di Tarchon: un recupero e una nuova lettura*, dans "Prospettiva", 41, p. 4 sq.
M. Cristofani-M. Martelli, dans *L'Etruria mineraria*, cat. exposition sous la direction de G. Camporeale (Portoferraio-Populonia-Massa Marittima), Florence-Milan, p. 84 sq.
F. Delpino, *Cronache Veientane. Storia delle ricerche archeologiche a Veio. I. Dal XIV alla metà del XIX secolo*, Rome
L'Etruria mineraria, cat. exposition sous la direction de G. Camporeale (Portoferraio-Populonia-Massa Marittima), Florence-Milan
K. Földes-Papp, *Dai graffiti all'alfabeto. La storia della scrittura*, Milan
E. Formigli, *Tecniche dell'oreficeria etrusca e romana. Originali e falsificazioni*, Florence
La Fortuna degli Etruschi, cat. exposition sous la direction de G.F. Borsi, Milan
M. Gras, *Trafics tyrrhéniens archaïques*, Rome
S. Haynes, *Etruscan Bronzes*, Londres
G. Krämer, *Die Vollgriffschwerter in Österreich und der Schweiz*, Munich (Prähistorische Bronzefunde IV, 10), p. 35 sq.
A. Maggiani (sous la direction de), *Artigianato artistico in Etruria*, cat. exposition, Florence-Milan
E. Mangani, dans *Artigianato artistico in Etruria*, cat. exposition, sous la direction de A. Maggiani, Florence-Milan, p. 167 sq.
M. Martelli, *I luoghi e i prodotti dello scambio*, dans *Civiltà degli Etruschi*, cat. exposition sous la direction de M. Cristofani, Florence-Milan, p. 175-181
G. Morghen (sous la direction de), *Bibliotheca Etrusca. Fonti letterarie e figurative tra XVIII e XIX secolo nella Biblioteca dell'Istituto Nazionale di Archeologia e Storia dell'Arte*, cat. exposition, Milan
G. Morolli, *Dal tempio etrusco all'ordine tuscanico: le origini mitiche dell'arte edificatoria nella trattatistica architettonica*, dans *Fortuna degli etruschi*, cat. exposition sous la direction de G.F. Borsi, Milan, p. 82-101
G. Morolli, *"Vetus Etruria". Il mito degli Etruschi nella letteratura architettonica, nell'arte e nella cultura da Vitruvio a Winckelmann*, Florence
M. Pallottino-M. Pandolfini Angeletti (sous la direction de), *Thesaurus Linguae Etruscae, Primo Indice Lessicale, Ordinamento inverso dei lemmi*, Rome
G. Pianu, *I luoghi della pittura figurativa*, dans M. Torelli, *L'arte degli Etruschi*, Rome-Bari, p. 269 sq.
F. Prinzi, *Viaggi e viaggiatori in Etruria nei secoli XVIII e XIX*, dans *Bibliotheca Etrusca. Fonti letterarie e figurative tra XVIII e XIX secolo nella Biblioteca dell'Istituto Nazionale di Archeologia e Storia dell'Arte*, cat. exposition sous la direction de G. Morghen, Milan, p. 119-146
M. Py, *Les amphores étrusques de Gaule méridionale*, dans *Il commercio etrusco arcaico* (Actes du Congrès, Rome 1983), Rome (Quaderni del Centro di Studio per l'archeologia etrusco-italica), p. 73-94
M.G. Rak, *Il modello etrusco: falso e moda nelle arti applicate nel tardo Settecento e primo Ottocento*, dans *Bibliotheca Etrusca. Fonti letterarie e figurative tra XVIII e XIX secolo nella Biblioteca dell'Istituto Nazionale di Archeologia e Storia dell'Arte*, cat. exposition sous la direction de G. Morghen, Milan, p. 147-191
F. Roncalli (sous la direction de), *Scrivere etrusco*, Milan
F. Roncalli, *Storia delle scoperte e della ricerca*, dans *Etruskische Wandmalerei*, sous la direction de S. Steingräber, Stuttgart-Zurich
K. Sagar, *D.H. Lawrence: Life into Art*, Londres
Santuari d'Etruria, cat. exposition sous la direction de G. Colonna, Florence-Milan
M. Scarpignato, *Oreficerie etrusche arcaiche*, Rome
S. Stopponi (sous la direction de), *Case e palazzi d'Etruria*, Florence-Milan
J.P. Thuillier, *Les jeux athlétiques dans la civilisation étrusque*, Rome
M. Torelli, *I duodecim populi Etruriae*, dans "Annali della Fondazione per il Museo Claudio Faina", 2, p. 37-53
B. Van De Walle, *Emile de Meester de Ravestein (1813-1889)*, dans *Liber Memorialis 1835-1985*, Bruxelles, p. 149-155
Volsinii e la dodecapoli etrusche (Actes du Colloque, Orvieto 1983), dans "Annali della Fondazione per il Museo Claudio Faina", 2
M. Willaume, *Le Berry à l'Age du fer*, dans "British Archaeological Reports", International Series, 247

1985-1986

S. Fatti, *Notizie e considerazioni sul cinerario bronzeo perugino dell'Ermitage*, dans "Annali della Facoltà di Lettere e Filosofia dell'Università di Perugia. Studi Classici", 23, n.s. IX, p. 141-151

1986

A. Andrèn, *Deeds and Misdeeds in Classical Art and Antiquities*, Partille
Architettura etrusca nel Viterbese, Ricerche svedesi a San Giovenale e Acquarossa 1956-1986, Rome
M. Bonghi Jovino (sous la direction de), *Gli Etruschi di Tarquinia*, cat. exposition (Milan), Modène
B. Bouloumié, *Vases de bronze du service du vin*, dans *Italian Iron Age Artefacts in the British Museum. Papers of the Sixth British Museum Classical Colloquium* (1984), Londres, p. 63-79
G. Camporeale, *Presenze hallstattiane nell'orientalizzante vetuloniese*, dans "Studi Etruschi", 54, [1988], p. 3-14
G.Camporeale, *Vita privata*, dans *Rasenna. Storia e civiltà degli Etruschi*, Milan, p. 239-308
G. Colonna, *Il bicchiere con iscrizione da Castelletto Ticino e l'adozione della scrittura nell'Italia nordoccidentale, 2. L'iscrizione*, dans "Studi Etruschi", 54, [1988], p. 130-159
G. Colonna (sous la direction de), *Tuscania*, Sienne
G. Colonna, *Urbanistica e architettura*, dans *Rasenna. Storia e civiltà degli Etruschi*, Milan, p. 371-530
M. Cristofani, *Economia e Società*, dans *Rasenna. Storia e civiltà degli Etruschi*, Milan, p. 77-156
B. Cunliffe, *Greeks, Romans and Barbarians. Spheres of Interaction*, Londres
K. de Kersauson, *Catalogue des portraits romains*, t. I, Paris
M. Egg, *Italische Helme*, dans *Römisch-germanisches Zentralmuseum*, 11, Mayence
Gli Etruschi di Tarquinia, cat. exposition sous la direction de M. Bonghi Jovino (Milan), Modène
Filippo Buonarroti e la cultura antiquaria sotto gli ultimi Medici, cat. exposition sous la direction de D.Gallo, Florence
D. Gallo (sous la direction de), *Filippo Buonarroti e la cultura antiquaria sotto gli ultimi Medici*, cat. exposition, Florence
M. Gambari-G.Colonna, *Il bicchiere con iscrizione arcaica da Castelletto Ticino e l'adozione della scrittura nell'Italia nord-occidentale*, dans "Studi Etruschi", 54, [1988], p. 119-164
I. Krauskopf, dans LIMC, s.v. *Charu(n)*, III, Zurich-Munich, p. 225 sq.
K. Kromer, *Das östliche Mitteleuropa in der frühen Eisenzeit (7.-5. Jh. v. Chr.) - seine Beziehungen zu den Steppenvölkern und antiken Hochkulturen*, dans "Jahrbuch des Römisch-Germanischen Zentralmuseums Mainz", 33, p. 21-93
V. Kruta, *Le corail, le vin et l'arbre de vie: Observations sur l'art et la religion des Celtes du Ve au Ier siècle av. J.-C.*, dans "Etudes Celtiques", 23, p. 26 sq.
F. Lo Schiavo, *L'età dei nuraghi*, dans *Il Museo Sanna in Sassari*, Milan-Sassari
A. Maggiani, *La divination oraculaire en Etrurie*, dans "Caesarodunum", suppl., 56, p. 6 sq.
O. Montelius, *Dating in the Bronze Age with Special Reference to Scandinavia*, Kungl. Vitterhets Historie och Antikvitetsakademien (traduction anglaise de l'édition suédoise de 1885)
G. Morolli, *"Le membra degli Ornamenti"; Sussidiario illustrato degli ordini architettonici[...]*, Florence
The Paintings of Benjamin West, Londres
M. Pallottino, *I documenti scritti e la lingua*, dans *Rasenna. Storia e civiltà degli Etruschi*, Milan, p. 311-367
M. Pallottino, dans "Vjesnik", s. III, 19, p. 1 sq.
O. Paoletti, *Una coppa geometrica euboica da Tarquinia*, dans "Archäologischer Anzeiger", p. 407-414
E. Paschinger, *Zur Ikonographie der Malereien im Tumulusgrab von Kizilbel aus etruskologischer Sicht*, dans "Oesterreichische Jahreshefte", 56, Beiblatt, p. 1-48
H. Polenz, *Hallstattzeitliche "Fremdlinge" in der Mittelgebirgszone nördlich der Mainlinie*, dans "Marburger Studien zur Vor- und Frühgeschichte", 7, p. 213-247 ("Gedenkschrift für G. von Merhart zum 100. Geburtstag")
G. Postel, *De Etruriae regionis originibus, institutis, religione et moribus*, sous la direction de G. Cipriani, Rome
G. Pucci, *Antichità e manifatture: un itinerario*, dans *Memoria dell'antico nell'arte italiana*, III, Turin, p. 253-292

F. Roncalli, *L'arte*, dans *Rasenna. Storia e civiltà degli Etruschi*, Milan, p. 533-676
N.J. Spivey-T.S. Rasmussen, *Dioniso e i pirati nel Toledo Museum of Art*, dans "Prospettiva", 44, p. 2 sq.
N. Thomson de Grummond, *Rediscovery*, dans *Etruscan Life and Afterlife*, sous la direction de L. Bonfante, Warminster, p. 18 sq.; Détroit, p. 36-37
M. Torelli, *La storia*, dans *Rasenna. Storia e civiltà degli Etruschi*, Milan, p. 15 sq.
R. Wünsche, dans *Ein griechischer Traum, Leo von Klenze der Archäologe*, cat. exposition, Munich, p. 71 sq.

1987

R. Adam (sous la direction de), *Répertoire des importations étrusques et italiques en Gaule*, Tours, suppl. de "Caesarodunum", 57, t.I
M.P. Baglione, *Il santuario del Portonaccio a Veio: precisazioni sugli scavi Stefani*, dans "Scienze dell'Antichità", I, p. 381-417
G. Barbieri, dans *L'alimentazione nel mondo antico*, Rome, p. 144
G. Bartoloni (sous la direction de), *Le urne a capanna rinvenute in Italia*, Rome
S. Bedford, *Aldous Huxley. A Biography*, Londres
G. Bermond Montanari, *L'arte delle situle*, dans *La formazione della città in Emilia Romagna*, cat. exposition sous la direction de G. Bermond Montanari (Bologne), II, Bologne, p. 69-70
G. Bermond Montanari (sous la direction de), *La formazione della città in Emilia Romagna*, cat. exposition (Bologne), II, Bologne
H. Blanck-C. Weber-Lehmann (sous la direction de), *Malerei der Etrusker in Zeichnungen des 19. Jahrhunderts*, cat. exposition (Cologne), Mayence
B. Bouloumié, *Le rôle des Etrusques dans la diffusion des produits étrusques et grecs en milieu préceltique et celtique*, dans F. Fischer-B. Bouloumié-Ch. Lagrand, *Hallstatt-Studien/Etudes hallstattiennes, Tübinger Kolloquium zur westeuropäischen Hallstattzeit, Acta Humaniora*, Weinheim, p. 20-43
P. Bruschetti, *Gemme del Museo dell'Accademia Etrusca di Cortona*, dans "Accademia Etrusca di Cortona. Annuario", 22, [1985-86], p. 7-70
F. Buranelli, *Carlo Ruspi: Restaurator und Künstler-Archäologe*, dans *Malerei der Etrusker in Zeichnungen des 19. Jahrhunderts*, cat. exposition sous la direction de H. Blanck-C. Weber-Lehmann (Cologne), Mayence, p. 42-47
F. Buranelli (sous la direction de), *La tomba François di Vulci*, cat. exposition (Cité du Vatican), Rome
L. Calzavara Capuis, *Rapporti culturali veneto-etruschi nella prima età del ferro*, dans *Gli Etruschi a nord del Po*, sous la direction de R. De Marinis, I, Mantoue, p. 90-102
M. Cataldi Dini, *La tomba dei Demoni Azzurri*, dans *Tarquinia: ricerche, scavi e prospettive* (Actes du Colloque, Milan), sous la direction de M. Bonghi Jovino et C. Chiaramonte Treré, Milan, p. 37-57
G. Colonna, *Il maestro dell'Ercole e della Minerva. Nuova luce sull'attività dell'officina veiente*, dans "Opuscula Romana", 16, p. 7 sq. ("Lectiones Boëthianae", VI)
G. Colonna, *Note preliminari sui culti del santuario del Portonaccio a Veio*, dans "Scienze dell'Antichità", 1, p. 419-446
M. Cristofani, *Ancora sul cosiddetto specchio di Tarchon*, dans "Prospettiva", 51, p. 46 sq.
M. Cristofani, *Pittura funeraria e celebrazione della morte: il caso della Tomba dell'Orco*, dans *Tarquinia: ricerche, scavi e prospettive* (Actes du Colloque, Milan 1986), sous la direction de M. Bonghi Jovino et C. Chiaramonte Treré, Milan, p. 191-202
R. De Marinis, *I commerci dell'Etruria con i paesi a nord del Po dal IX al VI secolo a.C.*, dans *Gli Etruschi a nord del Po*, sous la direction de R. De Marinis, I, Mantoue, p. 52 sq.
R. De Marinis (sous la direction de), *Gli Etruschi a nord del Po*, I-II, Mantoue
C. de Vaulchier-P. Dufournet, *Catalogue des collections, Académie d'Architecture*, I, Paris
Etrusker in der Toskana, Etruskische Gräber der Frühzeit, cat. exposition, Hambourg
La formazione della città in Emilia-Romagna, cat. exposition sous la direction de G. Bermond Montanari (Bologne), II, Bologne
O.-H. Frey, *I rapporti commerciali tra l'Italia settentrionale e l'Europa centrale dal VII al IV secolo a.C.*, dans *Gli Etruschi a nord del Po*, sous la direction de R. De Marinis, II, Mantoue, p. 11 sq.
F.M. Gambari, *Castelletto Ticino (NO): tomba del Bacile*, dans *Gli Etruschi a nord del Po*, sous la direction de R. De Marinis, II, Mantoue, p. 81-84
F. Gaultier, *Dal Gruppo della Tolfa alla Tomba dei Tori; tra ceramica e pittura parietale*, dans *Tarquinia. Ricerche, scavi e prospettive* (Actes du Colloque, Milan 1986), sous la direction de M. Bonghi Jovino et C. Chiaramonte Treré, Milan, p. 209-218
G.V. Gentili, dans *La formazione della città in Emilia Romagna*, cat. exposition sous la direction de G. Bermond Montanari (Bologne), II, Bologne, p. 248-249
F. Haskell, *Past and Present in Art and Taste*, New Haven-Londres, p. 32 sq.
S. Haynes, *The Augur's Daughter. A Story of Etruscan Life*, Londres
I. Krauskopf, *Todesdämonen und Totengötter im vorhellenistischen Etrurien. Kontinuität und Wandel*, Florence (Biblioteca di Studi Etruschi, 16)
V. Kruta, *Le masque et la palmette au IIIe siècle av. J.-C.: Loisy-sur-Marne et Brno-Malomeřice*, dans "Etudes Celtiques", 24, p. 20 sq.
C.R. Ligota, *Annius of Viterbo and Historical Method*, dans "Journal of the Warburg and Courtauld Institute", 50, p. 43 sq.
Malerei der Etrusker in Zeichnungen des 19. Jahrhunderts, cat. exposition sous la direction de H. Blanck et C. Weber-Lehmann (Cologne), Mayence
M. Martelli (sous la direction de), dans *La Ceramica degli Etruschi. La pittura vascolare*, Novare
F. Moosleitner, *Arte protoceltica a Salisburgo*, cat. exposition (Florence), Salzbourg, p. 35-63
F. Nicosia, dans *Etrusker in der Toskana, Etruskische Gräber der Frühzeit*, cat. exposition, Hambourg, p. 158-159
G. Parmeggiani, *Spina. La necropoli: le tombe più antiche*, dans *La formazione della città in Emilia-Romagna*, cat. exposition sous la direction de G.Bermond Montanari (Bologne), II, Bologne, p. 192-196
L. Pauli, *La società celtica transalpina nel V secolo a.C.*, dans *Gli Etruschi a nord del Po*, sous la direction de R. De Marinis, II, Mantoue, p. 18 sq.
M.A. Rizzo, *La ceramica a figure nere*, dans *La Ceramica degli Etruschi*, sous la direction de M. Martelli, Novare, p. 31 sq.
N.J. Spivey, *The Micali Painter and his Followers*, Oxford
La tomba François di Vulci, cat. exposition sous la direction de F. Buranelli (Cité du Vatican), Rome
M. Torelli, *La società etrusca*, Rome
Trésors des Princes Celtes, cat. exposition (Paris), Paris
L.B. Van der Meer, *The Bronze Liver of Piacenza*, Amsterdam
C. Weber-Lehmann-H. Lehmann, *Die Zeichnungen aus dem Jahrzehnt 1825-1835*, dans *Malerei der Etrusker in Zeichnungen des 19. Jahrhunderts*, cat. exposition sous la direction de H. Blanck et C. Weber-Lehmann (Cologne), Mayence, p. 16-41, 129, 170, 218 sq.

1987-1988

J. Fogel-T. Makiewicz, *La sconosciuta importazione etrusca in Cujavia (Polonia Centrale) e la questione della presenza degli Etruschi nel Baltico*, dans "Studi Etruschi", 55, p. 123-130

1988

L. Agostiniani-O. Mjordt-Vetlesen, *Lessico etrusco cronologico e topografico*, Florence
L. Aigner-Foresti, *Zeugnisse etruskischer Kultur im Nordwesten Italiens und in Südfrankreich. Zur Geschichte der Ausbreitung etruskischer Einflüsse und der etruskisch-griechischen Auseinandersetzungen* (Österr. Akademie der Wissenschaften. Phil.-hist. Kl. Sitzungsber, 507), Vienne
D.A. Amyx, *Corinthian Vase-Painting of the Archaic Period*, Berkeley-Los Angeles-Londres
Archeologia in Valdichiana, Rome
M. Bats, *Les inscriptions et graffites sur les vases céramiques de Lattara protohistorique*, dans "Lattara", 1, p. 157-158
B. Bouloumié, *Le symposion gréco-étrusque et l'aristocratie celtique*, dans *Les Princes Celtes et la Méditerranée, Rencontres de l'Ecole du Louvre* (Actes du Congrès, Paris 1987), Paris, p. 343-383
M.-F. Briguet, *Le Sarcophage des Epoux de Cerveteri du Musée du Louvre*, Paris
P. Bruschetti-M. Gori Sassoli-M.C. Guidotti, *Il Museo dell'Accademia Etrusca di Cortona*, Cortone
Z. Bukowski, *Critically About the So-Called Amber Route in the Odra and Vistula Basins in the Early Iron Age*, dans "Archaeologia Polona", 28, p. 71-122
I. Caruso, *Collezione Castellani: le oreficerie*, Rome
L. Cerchiai, *La situle de type kurd découverte dans la tombe 4461 de Pontecagnano*, dans *Les princes Celtes et la Méditerranée. Rencontres de l'Ecole du Louvre* (Actes du Congrès, Paris 1987), Paris, p. 103-108
B. Chaume, *Les tumulus hallstattiens de Poiseul-la-Ville (Côte d'Or)*, dans *Rencontres de l'Ecole du Louvre*, Paris, p. 241-252
A.M. Chieco Bianchi, *I Veneti*, dans *Italia omnium terrarum alumna. La civiltà dei Veneti, Reti, Liguri, Celti, Piceni, Umbri, Latini, Campani e Lapigi*, sous la direction de G. Pugliese Carratelli, Milan, p. 1-98
P. Coco, *Teoria del falso d'arte*, Padoue
G. Colonna, *L'iscrizione etrusca del piombo di Linguadoca*, dans "Scienze dell'antichità", 2, p. 547-555
G. Colonna, *I latini e gli altri popoli del Lazio*, dans *Italia omnium terrarum alumna. La civiltà dei Veneti, Reti, Liguri, Celti, Piceni, Umbri, Latini, Campani e Lapigi*, sous la direction de G. Pugliese Carratelli, Milan, p. 411-528
M. Cristofani, *Micali, l'Etruria e gli Inglesi*, dans *Un artista etrusco e il suo mondo: il pittore di Micali*, Rome, p. 44-47
J. de la Genière, *Les acheteurs des cratères corinthiens*, dans "Le Bulletin de Correspondance Hellénique", 112, p. 83-90
M. Desittere, *Paletnologi e studi preistorici nell'Emilia-Romagna dell'Ottocento*, Reggio Emilia
W. Dobrowolski, *St.K.Potocki a greckie wazy malowane*, dans "Biuletyn Historii Sztuki", 50, 1-2, p. 71-80
La formazione della città preromana in Emilia-Romagna, I et II, Bologne
E. Formigli, *Impiego di raggi-x e microscopio elettronico nell'identificazione di falsificazioni di oreficeria antica*, dans *Atti della II Conferenza Internazionale sulle prove non distruttive*, Pérouse
K. Gschwantler, *Das Helmdepot von Negau*, dans *Antike Helme*, cat. exposition (Stadtmuseums Linz-Nordico), Linz, p. 35 sq.
G. Guidi, *Storia della paletnologia*, Rome-Bari
W. Kimmig, *Das Kleinaspergle*, Stuttgart
I. Kriseleit, dans *Die Welt der Etrusker. Archäologische Denkmäler aus Museen der sozialistischen Länder, Staatliche Museen zu Berlin/DDR*, cat. exposition sous la direction de M. Kunze, Berlin, p. 54, 59 sq.
V. Kruta, *L'art celtique laténien du Ve siècle av. J.-C.: le signe et l'image*, dans *Les princes Celtes et la Méditerranée. Rencontres de l'Ecole du Louvre* (Actes du Congrès, Paris 1987), Paris, p. 81-92
V. Kruta, *I Celti*, dans *Italia omnium terrarum alumna. La civiltà dei Veneti, Reti, Liguri, Celti, Piceni, Umbri, Latini, Campani e Lapigi*, sous la direction de G. Pugliese Carratelli, Milan, p. 261-311
M. Kunze, *Etruskische Kunst in Berlin*, dans *Die Welt*

der Etrusker. Archäologische Denkmäler aus Museen der sozialistischen Länder, Staatliche Museen zu Berlin/DDR, cat. exposition, Berlin, p. 397-406
M. Kunze (sous la direction de), *Die Welt der Etrusker. Archäologische Denkmäler aus Museen der sozialistischen Länder, Staatliche Museen zu Berlin/DDR*, cat. exposition, Berlin
M. Lejeune-J. Pouilloux-Y. Solier, *Etrusque et ionien archaïques sur un plomb de Pech-Maho (Aude)*, dans "Revue archéologique de Narbonnaise", 21, p. 19-59
A. Maggiani, *Argos, Janus, Culśanś. A proposito di un sarcofago di Tuscania*, dans "Prospettiva", 52, p. 2-9
G.A. Mansuelli, *L'ultima Etruria*, Bologne
M. Meli, *Alamannia Runica. Rune e cultura nell'alto medioevo*, Vérone
G. Morolli, *L'Architettura di Vitruvio. Una guida illustrata*, 2 vol., Florence
E. Pack, dans *I Romani di Chiusi*, sous la direction de G. Paolucci, Rome, p. 37
J. Pouilloux, *Un texte commercial ionien trouvé en Languedoc et la colonisation ionienne*, dans "Scienze dell'antichità", 2, p. 535-546
Les princes Celtes et la Méditerranée. Rencontres de l'Ecole du Louvre (Actes du Congrès, Paris 1987), Paris
M.A. Rizzo, *Il pittore di Micali e la sua scuola*, dans *Un artista etrusco e il suo mondo*, Rome, p. 81
C. Rolley, *Importations méditerranéennes et repères chronologiques*, dans *Rencontres de l'Ecole du Louvre*, Paris, p. 93-101
B.B. Shefton, dans W. Kimmig, *Das Kleinaspergle*, Stuttgart, p. 104 sq.
M. Torelli, *«Etruria principes disciplinam doceto». Il mito normativo dello specchio di Tuscania*, dans *Studia Tarquiniensia*, Rome, p. 109-118
C. Weber-Lehmann, *Malerei der Etrusker in Zeichnungen des 19. Jahrhunderts - Ein Nachtrag*, dans "Mitteilungen des Deutschen Archäologischen Instituts. Römische Abteilung", 95, p. 383 sq.
Die Welt der Etrusker. Archäologische Denkmäler aus Museen der sozialistischen Länder, Staatliche Museen zu Berlin/DDR, cat. exposition sous la direction de M. Kunze, Berlin

1989
R. Adam (sous la direction de), *Répertoire des importations étrusques et italiques en Gaule*, Tours, suppl. de "Caesarodunum", 58, t. II
M. Almagro-Gorbea, *L'Etruria e la Penisola Iberica. Stato attuale della questione sui ritrovamenti di ceramiche*, dans *Secondo Congresso Internazionale Etrusco. Atti* (Florence 1985), t. II, Rome, p. 1149-1160
Antichità dall'Umbria a Budapest e Cracovia, cat. exposition, Milan
G. Bartoloni, *La cultura villanoviana*, Rome
C. Blackett-Ord, dans *La Révolution française et l'Europe*, cat. exposition (Paris), Paris
R. Bloch, *Points de vue actuelle sur la religion étrusque*, dans *Secondo Congresso Internazionale Etrusco. Atti* (Florence 1985), t. II, Rome, p. 895-905
B. Bouloumié, *L'Etrurie et les ressources de la Gaule*, dans *Secondo Congresso Internazionale Etrusco. Atti* (Florence 1985), t. II, Rome, p. 813-892
B. Bouloumié, *Les sources complémentaires d'approvisionnement en métaux de l'Etrurie orientalisante et archaïque*, dans *Minería y Metalurgia en las antiguas civilizaciones mediterraneas y europeas, Coloquio intern. asociado* (Madrid 1985), I, Madrid, p. 213-221
M.-F. Briguet, *Le sarcophage des Epoux de Cerveteri au Musée du Louvre*, Florence
G. Camporeale, *Gli Etruschi e le risorse minerarie: aspetti e problemi*, dans *Minería y Metalurgia en las antiguas civilizaciones mediterraneas y europeas, Coloquio intern. asociado* (Madrid 1985), I, Madrid, p. 205 sq.
G. Camporeale, *La mitologia figurata nella cultura etrusco arcaica*, dans *Secondo Congresso Internazionale Etrusco. Atti* (Florence 1985), t. II, Rome, p. 905 sq.
T.H. Carpenter, *Beazley Addenda, Additional References to ABV, ARV² & Paralipomena*, Oxford (IIe éd.)
E. Corradini, dans *Dyonisos. Mito e Mistero*, Bologne, p. 157
M. Cristofani, *Gli Etruschi del mare*, Milan (IIe éd.)
M. Cristofani, *Ripensando Pyrgi*, dans *Miscellanea ceretana*, I, Rome, p. 85-93
W. Dobrowolski, *La Tomba del Triclinio*, dans *Secondo Congresso Internazionale Etrusco. Atti* (Florence 1985), Rome, p. 205-212
F. Gaultier-D.Briquel, *Réexamen d'une inscription des collections du Louvre: un Mézence à Caere au VIIe siècle av. J.-C.*, dans "Comptes-Rendus de l'Académie des Inscriptions et Belles-Lettres", janvier-mars, p. 99-115
J.M.J. Gran-Aymerich, *Les matériaux hors d'Etrurie. Le cas de la Gaule et les travaux en cours à Bourges-Avaricum*, Vienne
F.W. von Hase, *Etrurien und das Gebiet nordwärts der Alpen in der ausgehenden Urnenfelder- und frühen Hallstattzeit*, dans *Secondo Congresso Internazionale Etrusco. Atti* (Florence 1985), t. II, Rome, p. 1031-1061
H. Lehmann, *Ludwig I. und Etrurien*, dans "Zeitschriften für bayer. Landesgeschichte", 52, p. 617-622
A. Maggiani, *Immagini di aruspici*, dans *Secondo Congresso Internazionale Etrusco. Atti* (Florence 1985), t. II, Rome, p. 1557-1563
M. Martelli, *La ceramica greca in Etruria: problemi e prospettive di ricerche*, dans *Secondo Congresso Internazionale Etrusco. Atti* (Florence 1985), t. II, Rome, p. 781-811
R. et V. Megaw, *Celtic Art. From its beginnings to the Book of Kells*, Londres
G. Morolli, *Templi etruschi "o di etrusco nome" tra archeologia e trattatistica architettonica*, dans *Secondo Congresso Internazionale Etrusco. Atti* (Florence 1985), Rome, p. 173-198
L'ombra di Core. Disegni del fondo Palagi della Biblioteca dell'Archiginnasio, cat. exposition, Bologne
M. Pallottino, *Prospettive attuali del problema delle origini etrusche*, dans *Secondo Congresso Internazionale Etrusco. Atti* (Florence 1985), t. I, Rome, p. 55-62
F. Prayon, *L'architettura funeraria etrusca. La situazione attuale delle ricerche e problemi aperti*, dans *Secondo Congresso Internazionale Etrusco. Atti* (Florence 1985), t. I, Rome, p. 441-443
L. Quilici, *Le antiche vie dell'Etruria*, dans *Secondo Congresso Internazionale Etrusco. Atti* (Florence 1985), t. I, Rome, p. 451-506
La Révolution française et l'Europe, cat. exposition (Paris), Paris
D. Ridgway, *James Byres and the Ancient State of Italy: Unpublished Documents in Edinburgh*, dans *Secondo Congresso Internazionale Etrusco. Atti* (Florence 1985), Rome, p. 213-229
Secondo Congresso Internazionale Etrusco. Atti (Florence 1985), t. I-III, Rome
B.B. Shefton, *Zum Import und Einfluß mediterraner Güter in Alteuropa*, dans "Kölner Jahrbuch für Vor- und Frühgeschichte", 22, p. 207-220
M. Sordi, *Storiografia e cultura etrusca nell'Impero Romano*, dans *Secondo Congresso Internazionale Etrusco. Atti* (Florence 1985), Rome, p. 41-51
Swiat Etrusków. Przewodnik po wystawie w Muzeum Narodowym w Warszawie, Varsovie
G. Tanelli, *I depositi metalliferi dell'Etruria e le attività estrattive degli Etruschi*, dans *Secondo Congresso Internazionale Etrusco. Atti* (Florence 1985), t. II, Rome, p. 1409-1417
S. Tovoli, *La necropoli villanoviana Benacci Caprara di Bologna*, Bologne

1989-1990
G. Colonna, *Il posto dell'Arringatore nell'arte etrusca di età ellenistica*, dans "Studi Etruschi", 56, [1991], p. 99-122
G. Colonna, *"Tempio" e "santuario" nel lessico delle lamine di Pyrgi*, dans "Scienze dell'Antichità", 3-4, p. 197-216
F. Delpino, *Siderurgia e protostoria italiana*, dans "Studi Etruschi", 56, [1991], p. 3-9

1990
R. Adam (sous la direction de), *Répertoire des importations étrusques et italiques en Gaule*, Tours, "Caesarodunum", suppl. 59, t. III
M.J. Aitken, *Science Based Dating in Archaeology*, Londres-New York
A. Bottini, *Il candelabro etrusco di Ruvo del Monte*, dans "Bollettino d'Arte", 59, p. 1 sq.
F. Catalli, *Monete etrusche*, Rome
J. Champaux, *Sors oraculi: Les oracles en Italie sous la République et l'Empire*, dans "Mélanges d'Archéologie et d'Histoire de l'Ecole Française de Rome, Antiquité", 102, p. 271 sq.
La Chimera e il suo mito, cat. exposition (Arezzo), Florence
B. D'Agostino, *Military Organization and Social Structure in Archaic Etruria*, dans *The Greek City from Homer to Alexander*, Oxford, p. 59-82
W. Dobrowolski, *La Tomba dei Sacerdoti Danzanti a Corneto*, dans *Die Welt der Etrusker* (Colloque international, Berlin 1988), sous la direction de H. Heres et M. Kunze, Berlin, p. 307 sq.
De Dugourc à Pernon, cat. exposition (Lyon), Lyon
O. Eluère, *Les secrets de l'or antique*, Düdingen-Guin
E. Formigli-W.D. Heilmeyer, *Tarentiner Goldschmuck in Berlin*, dans *Berliner Winckelmannsprogramm*, Berlin, p. 130-131
F. Gaultier, *Un nouvel Hermès étrusque au Louvre*, dans "La Revue du Louvre", fasc. 1, p. 1-6
Gens Antiquissimae Italiae, Antichità dall'Umbria a Leningrado, cat. exposition (Leningrad), Pérouse
A. Gonzales Palacios, dans *El arte de la Corte de Nápoles en el siglo XVIII*, cat. exposition, Madrid, p. 197
J. et E.Gran Aymerich, *La recherche sur le bucchero et la place de la collection Campana (au Louvre, Bruxelles et l'Ermitage)*, dans *Die Welt der Etrusker* (Colloque international, Berlin 1988), sous la direction de H. Heres et M. Kunze, Berlin, p. 326-339
J.R. Jannot, *A propos d'une fibule étrusque; la fibule d'or de Saint-Aignan (Loire-Atlantique)*, dans "Caesarodunum", suppl. 59, p. 85-88
M. Jones-P. Craddock-N. Barker (sous la direction de), *Fake? The Art of Deception*, Londres
F. Jurgeit, *Fragmente eines etruskischen Rundthrons in Karlsruhe*, dans "Mitteilungen des Deutschen Archäologischen Instituts. Römische Abteilung", 97, p. 1-32
A. Maggiani, *La Chimera di Arezzo*, dans *La Chimera e il suo mito*, cat. exposition (Arezzo), Florence, p. 53-63
A. Marinetti, *Le tavolette alfabetiche di Este*, dans M. Pandolfini-A.L. Prosdocimi, *Alfabetari e insegnamento della scrittura in Etruria e nell'Italia antica*, Florence (Biblioteca di Studi Etruschi, 20), p. 95 sq.
D. Modonesi, *Museo Maffeiano. Urne etrusche e stele paleovenete*, Bergame
S. Moyano, *Quality vs. History: Schinkel's Altes Museum and Prussian Arts Policy*, dans "The Art Bulletin", 62, 4, p. 585 sq.
J.H. Oakley, *The Phiale Painter (Kerameus 8)*, Mayence
M. Pandolfini-A L. Prosdocimi, *Alfabetari e insegnamento della scrittura in Etruria e nell'Italia antica*, Florence (Biblioteca di Studi Etruschi, 20)
B. Raftery (sous la direction de), *L'art celtique*, Paris
N.H. Ramage, *Sir William Hamilton as Collector*, dans "American Journal of Archaeology", 94, p. 469 sq.
H. Rix (sous la direction de), *Etruskische Texte*, Tübingen
M.A. Rizzo, *Le anfore da trasporto e il commercio etrusco arcaico*, Rome
A. Romualdi, *L'area archeologica di Val Fucinaia*, dans *Campiglia Marittima - Percorsi storici e turistici*, San Giovanni Valdarno, p. 133-135
La scrittura nell'Etruria antica, dans "Annali della Fondazione per il Museo Claudio Faina", 4
M. Torelli, *Storia degli Etruschi*, Rome-Bari (IIe éd.)

Voyage en Massalie, 100 ans d'archéologie en Gaule du Sud, cat. exposition, Marseille
C. Weber-Lehmann, *Die Dokumentation der etruskischen Grabmalerei durch Wolfgang Helbig*, dans *Die Welt der Etrusker* (Colloque International, Berlin 1988), sous la direction de H. Heres et M. Kunze, Berlin, p. 321 sq.
C. Weber-Lehmann, *Die Dokumentation der etruskischen Grabmalerei aus dem Nachlaß Alessandro Moranis*, dans "Opuscula Romana", 18, p. 159 sq.
G. Zimmer, *Griechische Bronzegußwerkstätten*, Berlin

1991
M. Barnabei-F. Delpino (sous la direction de), *Le "Memorie di un Archeologo" di Felice Barnabei*, Rome
R. Bloch, *La divination*, Paris
Q. Bocquet, *L'archéologie de l'Age du Fer* dans *les Alpes occidentales françaises*, dans "Revue archéologique de Narbonnaise", suppl. 22 ("Les Alpes à l'Age du Fer"), p. 91-155
M. Bound, *The Giglio Wreck*, dans "ENAΛΙΑ", suppl., p. 26
G. Camporeale, *La collezione C.A. Impasti e buccheri. I*, Rome
G. Camporeale, *Considerazioni sul commercio etrusco in età arcaica*, dans *La presencia de material etrusco en la Península Ibérica*, sous la direction de J.Ramesal et O. Musso, Barcelone, p. 61-68
Les Celtes, cat. exposition (Venise), Milan
Les Celtes dans le Jura, cat. exposition (Pontarlier, Lons-le-Saunier), Yverdon-les-Bains
I Celti, cat. exposition (Venise), Milan
F. Citera, *Aux origines du néo-classicisme à Sèvres*, dans "L'Objet d'Art", 213, p. 52-67
A. Coen, *Complessi tombali di Cerveteri con urne cinerarie tardo-orientalizzanti*, Florence
M. Cristofani, *Chimereide*, dans "Prospettiva", 61, p. 2-5
M. Cristofani, *Introduzione allo studio dell'etrusco*, Florence (IIe éd.)
M. Cristofani, *Pech-Maho (Aude)*, dans "Studi Etruschi", 57, p. 285-287, REE n. 54
M. Cristofani, *La scoperta degli Etruschi*, Rome (Quaderno di documentazione dell'Enciclopedia multimediale)
De Corot aux Impressionnistes, cat. exposition, Paris
C. de Simone, *Etrusco Laucie Mezentie*, dans "Archeologia Classica", 43, p. 559-573 (*Miscellanea etrusca e italica in onore di Massimo Pallottino*)
C. Dunning, *Parures italiques sur le plateau suisse*, dans "Revue archéologique de Narbonnaise", suppl. 22 (Les Alpes à l'Age du Fer"), p. 367-377
M. Egg, *Neues zum Fürstengrab von Strettweg*, dans "Archäologie Österreichs. Mitteil. der Österr. Gesellschaft für Ur- und Frühgeschichte", 41, 2/2, p. 25 sq.
F.-M. Gambari, *Commerce étrusque et relations transalpines*, dans "Revue archéologique de Narbonnaise", suppl. 22 ("Les Alpes à l'Age du Fer"), p. 401-414
L. Malnati-V. Manfredi, *Gli Etruschi in Val Padana*, Milan
M. Martelli, *I Fenici e la questione orientalizzante in Italia*, dans *Atti del II Congresso Internazionale di Studi Fenici e Punici*, III, Rome, p. 1049-1072
J. Martinez-Pinna, *Aristocracia y comercio en la Etruria arcaica*, dans *La presencia de material etrusco en la Península Ibérica*, sous la direction de J. Ramesal et O. Musso, Barcelone, p. 35-59
J. Michálek, *Le tombe principesche di Chlum*, dans *I Celti*, cat. exposition (Venise), Milan, p. 186-187
M. Moltesen-C. Weber-Lehmann, *The Copies of Etruscan Tomb Paintings in the Ny Carlsberg Glyptotek*, Copenhague
S. Plouin-M.P. Koenig, *Quelques éléments sur le problème des importations italiques en Alsace aux VIe-Ve siècles av. J.-C.*, dans "Les Cahiers alsaciens d'Archéologie, d'Art et d'Histoire", 34, p. 37-44
G. Prüssing, *Die Bronzegefässe in Österreich*, Stuttgart
J. Ramesal-O. Musso (sous la direction de), *La presencia de material etrusco en la Península Ibérica*, Barcelone
M.A. Rizzo, *Le anfore da trasporto e il commercio etrusco-arcaico*, I, Rome
Sethos - ein Pharaonengrab, cat. exposition, Bâle
P. Stary, *Mediterrane Einfuhrgüter während der Früheisenzeit in England und Skandinavien*, dans "Mitteilungen des Deutschen Archäologischen Instituts. Römische Abteilung", 98, p. 1-31
A. Zifferero, *Miniere e metallurgia estrattiva in Etruria meridionale: per una lettura critica di alcuni dati archeologici e minerari*, dans "Studi Etruschi", 57, p. 201 sq.

1992
Etrusker nördlich von Etrurien. Etruskische Präsenz in Norditalien und nördlich der Alpen sowie ihre Einflüsse auf die einheimischen Kulturen (Actes du Symposion de Vienne - Schloß Neuwaldegg 1989), sous la direction de L.A. Aigner Foresti, Vienne
J. Bouzek, *Die Etrusker und Böhmen*, dans *Etrusker nördlich von Etrurien. Etruskische Präsenz in Norditalien und nördlich der Alpen sowie ihre Einflüsse auf die einheimischen Kulturen* (Actes du Symposion de Vienne - Schloß Neuwaldegg 1989), sous la direction de L.A. Aigner Foresti, Vienne, p. 361 sq.
F. Buranelli, *Gli scavi a Vulci della società Vincenzo Campanari. Governo Pontificio (1835-1837)*, Rome
I.E.M. Edlund-Berry, *The Seated and Standing Statue Akroteria from Poggio Civitate (Murlo)*, Rome
J. Gran Aymerich, *Les matériaux étrusques hors d'Etrurie. Le cas de la Gaule et les travaux en cours à Bourges-Avaricum*, dans *Etrusker nördlich von Etrurien. Etruskische Präsenz in Norditalien und nördlich der Alpen sowie ihre Einflüsse auf die einheimischen Kulturen* (Actes du Symposion de Vienne - Schloß Neuwaldegg 1989), sous la direction de L.A. Aigner Foresti, Vienne
F.-W. von Hase, *Etrurien und Mitteleuropa - Zur Bedeutung der ersten italisch-etruskischen Funde der späten Urnenfelder- und frühen Hallstattzeit in Zentraleuropa*, dans *Etrusker nördlich von Etrurien. Etruskische Präsenz in Norditalien und nördlich der Alpen sowie ihre Einflüsse auf die einheimischen Kulturen* (Actes du Symposion de Vienne - Schloß Neuwaldegg 1989), sous la direction de L.A. Aigner Foresti, Vienne, p. 235-266
W. Kimmig, *Archäologische Zeugnisse der Etrusker im nordwestlichen Voralpenraum*, dans *Etrusker nördlich von Etrurien. Etruskische Präsenz in Norditalien und nördlich der Alpen sowie ihre Einflüsse auf die einheimischen Kulturen* (Actes du Symposion de Vienne - Schloß Neuwaldegg 1989), sous la direction de L.A. Aigner Foresti, Vienne, p. 281 sq.
L. Pauli, *Die historische Entwicklung im Gebiet der Golasecca-Kultur*, dans *Etrusker nördlich von Etrurien. Etruskische Präsenz in Norditalien und nördlich der Alpen sowie ihre Einflüsse auf die einheimischen Kulturen* (Actes du Symposion de Vienne - Schloß Neuwaldegg 1989), sous la direction de L.A. Aigner Foresti, Vienne, p. 179 sq.
J.G. Szilágyi, *Ceramica etrusco-corinzia figurata*, Florence

En cours d'impression:
J. Alvar, *El tráfico comercial etrusco en el extremo Occidente*, dans *Flotta e commercio greco, cartaginese ed etrusco nel mar Tirreno*, (Ravello 1987)
G. Colonna, *Introduzione*, dans *La collezione Casuccini*, sous la direction de M.T. Falconi Amorelli, I, Rome (1992)
G. Colonna, *Appendice* a *I sarcofagi chiusini di età ellenistica*, dans *La civiltà di Chiusi e del suo territorio* (Actes du XVIIe Congrès d'Etudes Etrusques, Chianciano Terme 1988), Florence
G. Colonna, *I sarcofagi chiusini di età ellenistica*, dans *La civiltà di Chiusi e del suo territorio* (Actes du XVIIe Congrès d'Etudes Etrusques, Chianciano Terme 1988), Florence
D'après les maîtres, cat. exposition (Paris), Paris
M. Egg, *Das Fürstengrab von Strettweg in der Obersteiermark*, Mayence
M. Gedl, *Die Fibeln in Polen*, Munich (Prähistorische Bronzefunde, XIV, 10)
J. Gran Aymerich, *Los etruscos y la Península Ibérica: los hallazgos de Málaga y su significacion. Homenaje al Prof. J.M. Blázquez*, Madrid
S. Haynes, *The Bronze Head-vase from Gabii in the Louvre; its History and its Echoes*
P. Nadalini, *Le Musée Campana: Origine et fondation des collections. L'organisation du Musée et le problème de la restauration*, dans *Anticomanie? La collection d'antiquités en France aux XVIIIe et XIXe siècles* (Actes du colloque, Montpellier 1988)
H. Rix, *Thesen zum Ursprung der Runenschrift*, dans *Abhandlungen der Akademie der Wissenschaften in Wien* (Conférence de 1989)

Index des noms

Index topographique des oeuvres

Auteurs des notices

Irène Aghion: 403, 404, 405, 406, 407, 408, 409, 410, 411, 412

Elisabetta Baggio Bernardini: 337

Silvia Bertone: 4, 5, 6, 96, 97, 98, 99, 100, 124, 126, 127, 128, 129, 130, 131, 132, 133, 134, 135, 136, 137, 138, 139, 142, 143, 144, 145, 146, 147, 158, 211, 219, 222, 223, 231

Maria Chiara Bettini: 1, 35, 36, 37, 38, 39, 40, 42, 43, 44, 45, 46, 47, 48, 77, 81, 82, 88, 89, 90, 103, 104, 109, 110, 111, 112, 114, 115, 116, 117, 121, 125, 148, 149, 150, 151, 152, 153, 154, 155, 156, 189, 210, 217, 234, 241, 244, 245, 246, 249 bis, 250, 251, 253, 254, 256, 258, 259, 261, 264, 265, 267, 269, 274, 296, 297, 298, 299, 300, 323, 338, 340, 342, 382, 475, 476, 477, 478, 479, 480, 481, 482, 483, 484, 485, 486, 487, 488

Horst Blanck: 496, 498, 499, 505, 550, 551, 560, 561

Maria Bonghi Jovino: I pannello

Bernard Bouloumié: 278, 279, 280, 281, 282, 283, 284, 285, 286, 287, 288, 289, 290

Marie-Françoise Briguet: 49, 95, 119, 171, 220, 221, 305, 345, 370, 371, 509, 511, 512, 515, 516, 539, 599, 540, 541, 542

Paolo Bruschetti: 176, 177, 389, 390, 391, 392, 393, 417, 419

Francesco Buranelli: 178, 190, 192, 466, 467, 470, 471

Giovannangelo Camporeale: 7, 64, 91, 195, 198, 204, 208, 209, 218, 262, 301, 302, 303, 304, 339, 350, 380

Ida Caruso: 582, 583, 584, 585, 586, 589, 590, 591, 592, 593, 594, 597, 598, 600, 601, 602, 603, 604, 605, 606, 607, 608

Gabriele Cateni: 196, 214, 224, 225, 226, 386, 387, 388, 402, 420, 421

Mariagrazia Celuzza: 106, 205

Jacques Chamay: 314

Giovanni Cipriani: 359, 364, 365, 374, 381

Giovanni Colonna: 554

Lucia Corsi: 84, 85, 201, 202, 203

Francesca Curti: 140, 193, 215, 216, 227, 240, 268, 366

Filippo Delpino: 13, 14, 15, 16, 17, 18, 19, 20, 21, 22, 23, 431, 438, 443, 444, 445, 447, 448, 464, 465, 469, 472, 474, 489, 492, 493, 495, 497, 504, 518, 519, 520, 521, 522, 523, 524, 525, 526, 527, 528, 529, 530, 531, 610, 611, 612, 613, 614, 615, 616, 617

Martine Denoyelle: 113

Paola Desantis: 65, 66, 67, 68, 69, 70, 71, 72, 207

Anna Maria Esposito: 29, 30, 31, 32, 33, 34, 41, 79, 105, 249

Anna Eugenia Feruglis: 206

Françoise Gaultier: 107, 118, 173, 236, 239, 252, 291, 292, 293, 306, 311, 312, 315, 320, 321, 322, 324, 325, 326, 385, 413, 415, 416, 418, 425, 426, 427, 428, 432, 433, 434, 435, 436, 437, 439, 440, 441, 442, 452, 453, 454, 455, 456, 473, 494, 532, 534, 535, 536, 537, 538, 543, 568, 569, 570, 571, 572, 573, 574, 575, 576, 577, 578, 579, 580, 581, 609

Annamaria Giusti: 446

Giulia Gorgone: 462, 463

Sybille Haynes: 450, 451, 490, 491

Mario Iozzo: 160, 377

Adriano Maggiani: 200

Luigi Malnati: 8, 9, 10, 11, 12, 348

Anna Marinetti: 351, 352, 353

Maria Grazia Marzi: 414

Denise Modonesi: 422

Cristiana Morigi Govi: 255, 335, 461

Carl Nylander: 559, 618

Lucia Pagnini: 78, 86, 93, 101, 102, 120, 257, 260, 263, 266, 271, 272, 309

Emanuela Paribeni: 175, 373

Alessandra Parrini: 50, 51, 52, 53, 54, 55, 56, 57, 58, 59, 60, 61, 62, 63, 74, 75, 76, 87, 108, 122, 123, 157, 159, 161, 162, 163, 164, 165, 166, 167, 168, 169, 170, 172, 174, 179, 180, 181, 182, 183, 184, 185, 186, 187, 188, 191, 194, 197, 212, 213, 228, 229, 230, 232, 233, 235, 237, 238, 273, 275, 276, 277, 316, 317, 346, 347, 355, 356, 357, 360, 361, 362, 363, 383, 384, 394, 395, 396, 397, 398, 399, 423, 424, 429, 430, 458, 459, 510, 513, 514, 517, 533, 587, 588

Gertrud Platz-Horster: 595, 596

Danièle Ros: 73, 294, 295, 307, 308, 310, 318, 319, 327

Angela Ruta Serafini: 243, 336

Giuseppe Scardigli: 358

Francesca Tropea: 2, 3, 24, 25, 26, 27, 28, 83, 92, 199, 270, 313, 367, 368, 369, 372, 375, 376, 378, 379

Girolamo Zampieri: 354

Cornelia Weber-Lehmann: 506, 507, 508, 544, 545, 546, 547, 548, 549, 552, 553, 555, 556, 557, 562, 563, 564, 565, 566, 567

Irma Wehgartner: 80, 94, 141, 242, 247, 248, 328, 329, 330, 331, 332, 333, 334, 341, 343, 344, 349, 400, 401, 457, 460, 468, 500, 501, 502, 503

Sources iconographiques

Les textes du catalogue en langue étrangère ont été traduits en français par:
Lydie Echassériaud
Aude Virey-Wallon
Christine Piot
Christiane Thiollier
Marie-Françoise Briguet
François-René Daillie
Martine Lion
Alain Madeleine-Perdrillat
Steva
Colette Orsat

Cartographie
Studio Aguilar

Toutes les photos en noir et blanc qui illustrent les notices des sujets exposés ont été fournis par les directions départementales et par les musées, sauf différente mention

A.C.L., Bruxelles
198
Alinari, Florence
239
Jörg P. Anders, Berlin
305 (Cat. 460), 307
Bildarchiv Preussischer Kulturbesitz (Berlin), Ingrid Geske-Heiden
40-41, 336, 337
Bildarchiv Preussischer Kulturbesitz (Berlin), Isolde Luckert
286 (Cat. 400)
A. Bracchetti
328, 329, 332, 333, 334 (à droite)
Juan Luis Castaño
179
CNRS - Centre Camille Julian, Aix-en-Provence
172, 173
Marzio Cresci
70
Edena, Paris
325 (Cat. 516)
Fotocielo, Rome
94-95
Gruppo Editoriale Fabbri, Ufficio Fotografico (responsabile Roberto Esposito):
Piero Baguzzi: 23, 39, 46, 48, 49, 50, 54, 55, 68, 69, 77, 81, 82-83, 98, 99, 106-107, 162, 199, 212, 226, 234, 235, 343, 419, 421, 432, 434, 435, 436 (Cat. 600-601-602), 437
Piero Baguzzi / Mario Matteucci: 274, 278, 279, 280-281
Alberto Bertoldi: 165, 189, 201, 210, 211, 213 (Cat. 346), 285, 301, 320
Roberto Esposito: 228, 323
Alfredo Loprieno: 295
Mario Matteucci: 56, 73, 80, 220, 227, 282, 308, 309, 327
S. Habič, N.M., Ljubljana
159, 204, 205
M.J. Lambert
187
David Lees
62, 100-101
Erich Lessing
156, 232
Φ. Hjort-Sørensen
218
Ole Haupt Atelier Sorte Hest
222, 237
Luciano Pedicini, Naples
306
M. Pedone, Milan
96
Gracieusement prêtes par Credito Italiano
90, 97
Publiaerfoto, Milan
51, 67
R.M.N., Paris
85, 436 (Cat. 599)
M. Chuzeville: 47, 60, 61, 91, 352, 353, 355, 357
M. Coppola: 305 (Cat. 454-455), 361, 433
C. Larrieu: 26, 283, 287, 289 (Cat. 404), 297 (à gauche), 313 (Cat. 416), 331, 344 (Cat. 518), 345
H. Lewandowski: 298, 316
Massimo Roncella, Orvieto
240, 243 (en haut)
M. Sarri
334 (à gauche), 335, 338, 339
Scala, Florence
89, 242, 291
Schecter Lee
317 (Cat. 450)
Soprintendenza alle Antichità d'Etruria, Florence
34, 35, 36, 37, 43, 75, 93, 109, 284
Soprintendenza Archeologica Etruria Meridionale
166
Soprintendenza Archeologica per l'Emilia Romagna
207 (à gauche)
Soprintendenza Archeologica per la Toscana, Florence
58, 59, 108, 277, 459
Statens Historiska Museer, Stockholm
219
Studio Christa Koppermann, Gauting (Munich)
52, 206
Studio C.N.B.C., Bologne
202, 203
Studio Robert, Bourges
183

Ce livre a été imprimé sur papier
Larius Matt Satin de gr./mq. 130
des Cartiere Burgo

Photocomposition Grande - Monza

Achevé d'imprimer au mois
de septembre 1992
par l'imprimerie de
Gruppo Editoriale Fabbri S.p.A. - Milan, Italie